GOETHES ITALIENISCHE REISE
Eine Hommage an ein Land, das es niemals gab

IL VIAGGIO IN ITALIA DI GOETHE
Un omaggio a un paese mai esistito

GOETHES ITALIENISCHE REISE

Eine Hommage an ein Land, das es niemals gab

IL VIAGGIO IN ITALIA DI GOETHE

Un omaggio a un paese mai esistito

SKIRA

GOETHES ITALIENISCHE REISE

Eine Hommage an ein Land, das es niemals gab

Tiroler Landesmuseum Ferdinandeum
26. Juni – 26. Oktober 2020

IL VIAGGIO IN ITALIA DI GOETHE

Un omaggio a un paese mai esistito

Tiroler Landesmuseum Ferdinandeum
26 giugno – 26 ottobre 2020

Zur Ausstellung / Esposizione

*Direktor der / Direttore dei
Tiroler Landesmuseen*
Peter Assmann

Konzept / Ideazione
Peter Assmann, Johannes Ramharter,
Helena Pereña unter Mitwirkung von /
con la collaborazione di Ralf Bormann

*Ausstellungsassistenz / Assistente
all'esposizione*
Astrid Flögel

*Ausstellungsgestaltung / Progetto
espositivo*
ma.lo architectural office – Eva López,
Markus Malin

Ausstellungsgrafik / Grafica
himmel. Studio für Design und
Kommunikation – Kurt Höretzeder,
Thomas Schrott

Leihverkehr / Gestione prestiti
Annette Lill-Rastern (Leitung /
responsabile), Christina Heppke, Jana
Hess, Wolfgang Praßl; PONTE
Organisation für kulturelles
Management GmbH

Restaurierung / Restauro
Laura Resenberg (Leitung /
responsabile), Claudia Bachlechner,
Alexander Fohs, Ulrike Fuchsberger-
Schwab, Marlene Sprenger-Kranz

Ausstellungsbauten / Allestimento
Hannes Würzl (Leitung / responsabile),
Felix Federer, Walter Kelmer, Marcus
Steurer, Martin Vögele

*Vermittlungsarbeit / Mediazione
culturale*
Katharina Walter (Leitung /
responsabile), Laura Manfredi,
Irmgard Mellinghaus

*Öffentlichkeitsarbeit & Marketing /
Pubbliche relazioni e marketing*
Michael Zechmann (Leitung /
responsabile), Clara Maier, Paul
Neuner, Andre Rompf, Lisa Saxl

Leihgeber / Prestatori

Albertina, Wien
Art for Art, Wien
Augustiner Chorherrenstift St. Florian,
Kunstsammlungen
Belvedere, Wien
Benediktinerstift Göttweig,
Sammlungen
Fondazione Forma per la Fotografia
Milano/Contrasto Galleria Milano
Gemäldegalerie der Akademie der
bildenden Künste Wien
Goethe-Museum Düsseldorf. Anton-
und-Katharina-Kippenberg-Stiftung
Haus-, Hof- und Staatsarchiv, Wien
Klassik Stiftung Weimar, Goethe- und
Schiller-Archiv
Klassik Stiftung Weimar, Herzogin
Anna Amalia Bibliothek
Klassik Stiftung Weimar, Museen
Barbara Klemm
Kunstsammlung der Georg-August-
Universität Göttingen
Kunstsammlungen Chemnitz –
Museum Gunzenhauser. Eigentum der
Stiftung Gunzenhauser
Kupferstichkabinett der Akademie der
bildenden Künste Wien
Oberösterreichisches Landesmuseum,
Numismatische Sammlung, Linz
Residenzgalerie Salzburg
Salzburg Museum
Stiftsmuseum Klosterneuburg
Technisches Museum Wien
Universität für angewandte Kunst
Wien, Kunstsammlung und Archiv
Universität Graz, Institut für Antike/
Archäologische Sammlungen
Universität Wien, Archäologische
Sammlung
Universitätsbibliothek Salzburg,
Grafiksammlung
Universitätsbibliothek Wien
Vorarlberg, Privatsammlung
Wienbibliothek im Rathaus,
Musiksammlung
Wien Museum
sowie private Leihgeberinnen
und Leihgeber / e altri prestatori
e prestatrici privati

Zum Katalog / Catalogo

Herausgeber / A cura di
Peter Assmann, Helena Pereña,
Johannes Ramharter

Redaktion / Redazione
Helena Pereña, Astrid Flögel

*Lektorat der deutschen Texte / Revisione
dei testi tedeschi*
Astrid Flögel

*Lektorat der italienischen Texte /
Revisione dei testi italiani*
Rosanna Dematté, Alessandra Papi

Dank / Ringraziamenti

Besonderer Dank gilt folgenden Personen für wertvolle Hinweise und/ oder Unterstützung bei der Vorbereitung der Ausstellung und der vorliegenden Publikation / Un ringraziamento speciale a tutte le persone elencate qui di seguito che hanno contribuito con i loro preziosi consigli e il loro appoggio alla realizzazione della mostra e del presente volume:

Richard Andergassen
Mag. Peter Aufreiter
Lea Bachmann
Claudia Bauer
Dr. Bettina Baumgärtel
Dr. Mag. Karl Berger
Jan Böttger
Dr. Friedrich Buchmayr
Dr. Frédéric Bußmann
Sarah Caliciotti, BA
Franca Candrian
Cristina D'Alessandro
Alessandro Degnoni
Mag. Rosanna Dematté
Henrike Dustmann
Gözde Duzer
KR Mag. Harald R. Ehrl
Dr. Anita Eichinger, MA
Dr. Hannes Etzlstorfer
Dr. Bernhard Fischer
Marcello Francone
Mag. Werner Friepesz
Elena Gaiardelli
Mag. (FH) Cornelia Gasser
Sonja Gehrisch, MA
HR Dr. Gerhard Gonsa, MAS
Dr. Franz Gratl
Jasha Greenberg
Mag. Verena Gstir, MA
Katharina Haase
Dr. Thomas Habersatter
Stefan Hager
Hubert Haider
Désirée Hailzl, MA

Sandra Haupt
OR Silvia Herkt, BA, MA
Sonja Hirmann
GF Direktor Hon.-Prof. Mag. Dr. Martin Hochleitner
Dr. Cecilie Hollberg
Prof. Dr. Wolfgang Holler
MMag. Andreas Holzmann
MMag. Wolfgang Christian Huber
Mag. Peter Husty
Prof. Dr. Joseph Imorde
Ilse Jung
HR Mag. Thomas Just
Dr. Ingrid Kastel
Susanne Kathrein
Dr. Josef Kirchberger
Franziska Kleinschmidt
Barbara Klemm
Dr. Gabriele Klunkert
Ingrid Knauf
Ann-Charlotte Knochenhauer
Roberto Koch
Mag. Beatrix Koll
Veronika Kolomaznik
Johanna Kraschitzer
Mag. Kathrin Kratzer, MA
Rainer Krauß
Claudia Küchler
Florian Kugler
Sabine Küßner
Mag. Renate Landstetter
Dr. Reinhard Laube
Doreen Leberecht
Manuela Lechner
Katja Lehmann
Univ.-Prof. Dr. Manfred Lehner
Carmen Lenoir
Sarah Leyck
Katja Lorenz
Eva Lorenzo
Pietro Della Lucia
Mag. Dr. Lucia Luidold
Abt Mag. Columban Luser
Dr. Golo Maurer
Dr. Christof Metzger
Univ.-Prof. Dr. Marion Meyer

Leonora Mistretta
Jutta Mohr
Dipl.Ing. Dr. Otmar Moritsch
Mag. Maria Moser
Assoz. Prof. Mag. Dr. Florian M. Müller, Bakk.
Mag. Bernadette Mußbacher
Dr. Julia M. Nauhaus
Katrin Neumann
Mag. Judith Niedermair-Altenburg
Johanna Niedrist, MA
Simona Obholzer
Dr. Erika Oehring
Bernhard Ornezeder
Alessia Paladini
Alessandra Papi
Serena Parini
Susanne Passauer
Ann-Sofie Persson
Johannes Plattner
Olga Pohankova
Dr. Johannes Pommeranz
Cristina Pradella
Esther Praher
HR Doz. Dr. Bernhard Prokisch
Mag. Stephan Pumberger
Dr. Walter Putschögl
Gerald Raab
Dr. Hansjörg Rabanser
Cosima Rainer
Mag. Bernhard Rameder
Franz Reischl
Prof. Luigi Reitani
Dr. Elisabeth Resmann
Anja Richter
Stella Rollig
Marta Romeo, BA
Vincenza Russo
MMag. Dr. Ursula Schachl-Raber
Univ.-Prof. Dr. Peter Scherrer
MMag. René Schober
Dr. Peter Scholz
Prof. Dr. Klaus Albrecht Schröder
Univ.-Prof. Dr. Sebastian Schütze
Simona Scuri
Silvia Seidermann

HR Mag. Maria Seissl
Mag. Roland Sila
Matthias Sillaber
Dr. Jonathan Singerton
Mag. Karin Skarek, MBA
Mag. Wolfgang Sölder
Dr. Anne-Katrin Sors
Dr. Heike Spies
Dr. Claudia Sporer-Heis
Mag. Monica Strinu
VR Univ.-Prof. Dr. Ulrike Tanzer
Mag. Dr. Barbara Tasser
Prof. Dr. Michael Thimann
Dr. Massimo Vitta Zelman
Cornelia Vogt
Vorarlberg, Privatsammlung
Mag. Kyra Waldner
Dr. Florian Waldvogel
Ingeborg Walter
Natasha Wichmann
Prof. Dr. Christof Wingertszahn
Mag. Barbara Wolf, BA
Sabine Wölfel, MA
Dr. Roberto Zapperi
Regine Zeller, MA (LIS)
Tim Zimmermann
HR Dr. Gabriele Zuna-Kratky

und die privaten Leihgeberinnen und Leihgeber, die namentlich nicht genannt werden möchten / grazie infine a tutti i prestatori privati che non vogliono essere citati.

Jahr für Jahr fahren zahllose Urlauber durch das Tal von Inn, Eisack und Etsch in den Süden. Viele leben in der Hoffnung, dem grauen Alltag für einige wenige Tage oder Wochen in eine Welt zu entfliehen, in der immer die Sonne scheint und in der man unbeschwert und heiter am Strand das Leben genießen kann.

Alle diese Reisenden stehen in einer jahrtausendelangen Tradition, in der Kaiser in den Süden zogen, um die Legitimation ihrer Herrschaft einzuholen, Händler in der Hoffnung auf Gewinn, Künstler in der Erwartung der Erweiterung ihres künstlerischen Horizonts. Der Grund, warum sich eine Ausstellung mit der „Italienischen Reise" von Johann Wolfgang von Goethe beschäftigt, liegt nicht darin, dass er ein literarisches Tagebuch über diese Fahrt in den Süden hinterlassen hat. Reisebeschreibungen von Italien gab es früher schon, etwa von Michel de Montaigne oder auch Wolfgangs Vater, Johann Caspar von Goethe. Reisebeschreibungen gab es auch danach viele, etwa von Seume oder Charles Dickens.

Was Goethes Reise für uns so interessant macht, ist die Tatsache, dass er der Erste ist, der wie wir alle eine echte Urlaubsreise in den Süden unternimmt. Goethe hat auf seiner Fahrt keinerlei wie immer geartete Verpflichtung, er muss sich an keinen Reiseplan eines vorgesetzten Fürsten halten, er muss auf der Reise nicht einmal einer Arbeit nachgehen, um seinen Unterhalt zu verdienen, er ist durch kontinuierliche Überweisungen aus Weimar frei, seinen Neigungen zu folgen, und das für die beachtliche Periode von eineinhalb Jahren.

In diesem Sinn ist er mit all den Erholungssuchenden des modernen Tourismus vergleichbar. Wie diese hat er seine positiv gefärbten Vorstellungen über das Land, zu dem er sich aufmacht, und wenn seine Erwartungen auch ganz anderer Art sind, als die der heutigen Reisenden, so sind sie in gleicher Weise irreale Idealbilder, die mit dem Alltagsleben in Italien wenig gemein haben.

Goethe ist aber, und das unterscheidet ihn von der überwiegenden Zahl der heutigen Touristen, ein offener und aufmerksamer Beobachter, dessen Interesse nicht nur auf die antiken Reste des Landes beschränkt ist. So kann ihn ein Taschenkrebs, der ihm in Venedig über den Weg läuft, zu komplexen eigenen Überlegungen animieren. Alles, was er aber wahr- nimmt, ist für ihn Anlass und Gegenstand zu kreativer Gestaltung, ob nun in Form von Zeichnungen, die in großer Fülle in der Klassik Stiftung Weimar erhalten sind, oder auch literarischen Arbeiten, beginnend von Dramen, wie dem Torquato Tasso, oder auch kulturhistorischen Essays über die Baukunst, die nach der Rückkehr nach Weimar publiziert wurden.

Goethe ist sich dieser seiner Freiheit, die damals die seltene Ausnahme ist, bewusst. Er weiß um die einmalige Gelegenheit, die administrativen Verpflichtungen in Weimar

Ogni anno, folle di turisti attraversano le valli dell'Inn, dell'Isarco e dell'Adige dirette verso il Sud. La maggior parte di loro è mossa dal desiderio di evadere dalla grigia routine quotidiana rifugiandosi, per giorni o settimane, in un luogo dove splende sempre il sole, dove godersi la vita e trascorrere ore allegre e spensierate su una delle tante spiagge assolate.

Tutti questi viaggiatori fanno parte di una tradizione millenaria che risale al tempo in cui gli imperatori si spostavano al Sud per legittimare il proprio dominio, e lo stesso facevano i mercanti desiderosi di accrescere i loro profitti, come pure gli artisti che ambivano ad ampliare i propri orizzonti. Il motivo che ci ha spinto a dedicare una mostra al "Viaggio in Italia" di Goethe non è tanto il suo celeberrimo diario letterario: il Bel Paese era già stato raccontato da altri autori stranieri – basti pensare a Michel de Montaigne o al padre dello stesso Wolfgang, Johann Caspar von Goethe – e lo sarà anche in seguito da scrittori come Charles Dickens o Johann Gottfried Seume.

Ciò che rende così interessante ai nostri occhi l'esperienza italiana di Goethe è che il grande scrittore tedesco è il primo a intraprendere un viaggio verso il Sud per prendersi una vacanza, esattamente come facciamo noi oggi. In Italia, non ha alcun obbligo, non deve adattarsi a un programma di viaggio stabilito da un'autorità superiore, e nemmeno lavorare per guadagnarsi da vivere poiché, grazie al denaro che gli arriva regolarmente da Weimar, per il considerevole periodo di un anno e mezzo è completamente libero di seguire le sue inclinazioni.

Sotto questo aspetto è paragonabile ai turisti di oggi che viaggiano in cerca di relax. Come loro, anche Goethe parte per l'Italia con idee – peraltro positive – sul Paese verso cui è diretto e sebbene le sue aspettative siano molto diverse da quelle dei moderni viaggiatori, si tratta in entrambi i casi di immagini ideali, che poco hanno a che fare con la realtà italiana.

Goethe, però – e questo lo distingue dalla stragrande maggioranza dei turisti di oggi – è un osservatore aperto e attento, il cui interesse non si limita alle antiche rovine. A Venezia ad esempio, il comportamento dei granchi attira la sua attenzione ispirandogli considerazioni complesse. Ogni esperienza gli fornisce lo spunto e il soggetto per nuove creazioni, che si tratti di disegni – conservati in gran numero nella Klassik Stiftung Weimar – o di opere letterarie, come il dramma Torquato Tasso e i saggi storico-culturali sull'architettura, che verranno pubblicati dopo il rientro a Weimar.

Di questa libertà, all'epoca più unica che rara, Goethe è del tutto consapevole. Lasciarsi alle spalle i compiti amministrativi che è tenuto a svolgere a Weimar e ritrovare la sua vena creativa in Italia – dove peraltro si reca in incognito – sono per lui un'opportunità unica. Lo si deduce in particolare dalle lettere che invia in patria durante il suo secondo

hinter sich zu lassen und in Italien, geschützt durch ein Inkognito, seine künstlerische Kreativität wiederzufinden. Das wird besonders deutlich durch die Briefe, die er von seiner zweiten Italienreise, die ihn im Auftrag des Herzogs von Weimar wenig später, 1790, nach Venedig führte, nach Hause schickte. Hier ist er nicht mehr Herr seiner selbst, sondern muss sich nach den Wünschen seiner Herrschaft richten, und mit einem Mal schmerzhaft wird ihm der Unterschied zwischen Urlaub und Dienstreise, um einen modernen Ausdruck zu verwenden, bewusst, wenn er an Herzog Carl August am 3. April schreibt, „dass [s]einer Liebe für Italien durch diese Reise ein tödlicher Stoß versetzt wird."

Die Ausstellung im Ferdinandeum und die begleitende Publikation geben einen tieferen Einblick in Goethes Italienerfahrungen und bieten darüber hinaus eine kritische Auseinandersetzung mit der Entstehung und Verbreitung von Italienbildern nicht nur aus historischer Perspektive. Denn die Konstruktion des „Südens" dient ebenso einer Erzählung des „Nordens", die bis heute Fortbestand hat. Diese thematische Spannbreite darzustellen, wäre ohne die erhellenden Beiträge der Buchautorinnen und -autoren nicht möglich gewesen. Neben dem ganzen Ausstellungsteam aus verschiedenen Abteilungen bestehend danken wir auch sehr herzlich allen wissenschaftlich tätigen Mitarbeiterinnen und Mitarbeiter der Tiroler Landesmuseen für ihre zahlreichen Anregungen und Hilfestellungen, die dazu beigetragen haben, aus diesem Projekt eine große Teamleistung zu machen.

Nicht minder verbunden sind wir externen Partnerinnen und Partner, die uns stets mit Rat und Tat unterstützt haben wie Univ.-Prof. Dr. Ulrike Tanzer, der Vizerektorin für Forschung der Universität Innsbruck und Leiterin Brenner-Archivs, und Dr. Barbara Tasser, der Leiterin des Italien-Zentrums. Zum großen Dank verpflichtet sind wir den zahlreichen Leihgeberinnen und Leihgebern, allen voran Dr. Ulrike Lorenz, Präsidentin der Klassik Stiftung Weimar, Prof. Dr. Wolfgang Holler, Generaldirektor der Museen der Klassik Stiftung, und Dr. Kristin Knebel, Leiterin der dortigen Sammlungen. Denn ohne die reichen Bestandskonvoluten aus Weimar wäre das Projekt nicht möglich gewesen.

Das Gesicht der Ausstellung haben die Architekten Eva López und Markus Malin in Zusammenarbeit mit dem Gestaltungsbüro von Kurt Höretzeder und Thomas Nikolaus Schrott geprägt, indem sie nicht nur einen überzeugenden und ebenso eleganten wie modernen Parcours geschaffen haben, sondern auch Goethes literarische Auseinandersetzung mit seiner Italienreise buchstäblich an die Wand geworfen haben. Dadurch bilden Literatur und bildende Kunst den Rahmen eines Ausstellungsbesuches der besonderen Art.

Zu unserem Ausstellungsprojekt ist ein umfangreiches Begleitprogramm erarbeitet worden. Zahlreiche Veranstaltungen beschäftigen sich vor allem mit historischen und

viaggio, che lo porterà a Venezia poco dopo, nel 1790, questa volta per conto del duca di Weimar. Stavolta non è più padrone di se stesso, ma deve conformarsi ai desideri del suo signore. All'improvviso si rende dolorosamente conto della differenza tra una vacanza e un viaggio di lavoro (per usare un'espressione moderna), quando il 3 aprile scrive al duca Carl August che quel viaggio infliggerà "un colpo fatale" al suo amore per l'Italia.

Oltre ad approfondire l'esperienza dell'Italia da parte di Goethe, la mostra al Ferdinandeum e il catalogo che l'accompagna esaminano in maniera critica il processo che ha portato alla creazione e alla diffusione di una certa immagine del Paese, non soltanto dal punto di vista storico. Di fatto, la costruzione del "Sud" serve a una narrazione del "Nord" che prosegue ancora oggi. Non sarebbe stato possibile dar conto di una gamma tematica così ampia senza gli illuminanti contributi degli autori di questo volume. Oltre all'équipe (composta da vari dipartimenti) che ha permesso la realizzazione della mostra, desideriamo esprimere un sincero ringraziamento alle collaboratrici e ai collaboratori scientifici dei Tiroler Landesmuseen che con i loro suggerimenti e il loro costante aiuto hanno reso questo progetto un grande lavoro di squadra.

La stessa gratitudine va a tutte quelle persone esterne ai musei che ci hanno sostenuto con le parole e con i fatti, come la professoressa Ulrike Tanzer, vice-rettrice per la ricerca all'Università di Innsbruck e responsabile dell'Archivio del Brennero, e a Barbara Tasser, direttrice del Centro Studi Italia. Siamo profondamente riconoscenti ai numerosi prestatori e prestatrici, in primo luogo a Ulrike Lorenz, presidente della Klassik Stiftung Weimar, al professor Wolfgang Holler, direttore generale dei Musei della Klassik Stiftung, e a Kristin Knebel, direttrice delle collezioni; la realizzazione del nostro progetto sarebbe stata impossibile senza il ricco fondo dell'istituzione di Weimar.

L'allestimento della mostra è stato affidato agli architetti Eva López e Markus Malin che, in collaborazione con lo studio di design di Kurt Höretzeder e Thomas Nikolaus Schrott, hanno creato un percorso convincente, elegante e moderno, ricoprendo letteralmente le pareti con le testimonianze del confronto letterario di Goethe con il suo viaggio in Italia. In questo modo la letteratura e le arti visive fanno da cornice a un'esperienza museale del tutto particolare.

Il progetto espositivo comprende un ricco programma di eventi, molti dei quali incentrati sulle immagini dell'Italia del passato e del presente. Oltre a ciò, in collaborazione con il MAG (Museo Alto Garda) di Riva del Garda, sarà inaugurata una mostra partner dedicata in particolare alla costruzione di immagini paesaggistiche. L'esposizione, curata da Rosanna Dematté, si rifà in maniera diretta all'esperienza del paesaggio descritta da

aktuellen Italienbildern, zudem präsentieren wir aber auch eine Partnerausstellung in Kooperation mit dem MAG (Museo Alto Garda) in Riva, die sich in spezieller Weise mit der Konstruktion von Landschaft(sbildern) auseinandersetzt. Die von Rosanna Dematté kuratierte Ausstellung bezieht sich damit direkt auf jene von Goethe an diesem Ort beschriebene Landschaftserfahrung, die er erstmals auf seiner Reise mit „Italien“ konnotierte. Hier danken wir insbesondere unseren Sponsoren (Gardasee Zeitung und Mantova Fashion Outlet). Wir hoffen, mit unserem Ausstellungsprojekt zur Reflexion über nationale Kulturkonstrukte anregen zu können … „Et in Arcadia nos“.

> Wohin gehen wir?
> Immer nach Hause.
> *Novalis*

Die Poesie des Reisens liegt nicht im Ausruhen vom heimischen Einerlei, von Arbeit und Ärger, nicht im zufälligen Zusammensein mit anderen Menschen und im Betrachten anderer Bilder. Sie liegt auch nicht in der Befriedigung einer Neugierde. Sie liegt im Erleben, das heißt im Reicherwerden, im Zunehmen unseres Verständnisses für die Einheit im Vielfältigen, für das große Gewebe der Erde und Menschheit, im Wiederfinden von alten Wahrheiten und Gesetzen unter ganz neuen Verhältnissen.

Hermann Hesse, Über das Reisen *(1904)*

Peter Assmann, Helena Pereña, Johannes Ramharter

Goethe proprio in questo luogo, il primo a essere associato alla parola "Italia" nel suo diario. Vogliamo qui ringraziare in modo particolare i nostri sponsor (Gardasee Zeitung e Mantova Fashion Outlet).

Ci auguriamo che questo progetto espositivo possa ispirare una riflessione sui concetti culturali che sono alla base delle diverse identità nazionali… "Et in Arcadia nos".

Dove andiamo?
Sempre verso casa.
Novalis

La poesia del viaggiare non consiste nel prendere una pausa dalla monotonia della vita quotidiana, dal lavoro e dalle seccature, non nella casuale compagnia di altri esseri umani o nella contemplazione di immagini diverse, e neppure nella soddisfazione di una curiosità. Consiste invece nel vivere l'esperienza, cioè nell'arricchimento interiore, nell'accresciuta capacità di comprendere l'unità nel molteplice, il grande intreccio della terra e dell'umanità, nel ritrovare verità e leggi antiche in circostanze del tutto nuove.

Hermann Hesse, Über das Reisen *(Sul viaggiare, 1904)*

Peter Assmann, Helena Pereña, Johannes Ramharter

Inhalt / Sommario

Goethes Italienreise – Die Erfindung eines Landes, das es niemals gab

Peter Assmann

„Es ist mir wirklich auch jetzt nicht etwa zumute, als wenn ich die Sachen zum erstenmal sähe, sondern als ob ich sie wiedersähe."[1]

Johann Wolfgang (seit 1782 von) Goethe reist nach Italien, zweimal im Zeitraum zwischen September 1786 und Mai 1788, und sieht dort, was er bereits kennt. 1813 bis 1817 fasst er diese Italienerfahrungen zu einem Buch zusammen, das sich den Charakter einer authentischen Reisebeschreibung gibt und doch eine durchgängige literarische Komposition ist. Ein Text, der sich aus vielen Textquellen zusammensetzt und zum einen die Ich-Suche eines Künstlers zum Inhalt hat, zum anderen ein Italienbild konstruiert, das sich zuvorderst als Erfahrungsraum klassischer Schönheit und zugleich als Ort der poetischen Lebensfreude präsentiert. Eine quasi ideale Kombination, die als kulturelle Konstruktion souverän die folgenden Jahrhunderte überdauert: „Et in Arcadia ego" – Italien wird topografisch zum Arkadien, der idyllischen Ideallandschaft, wie sie in der griechisch-römischen Literaturtradition oftmals beschrieben wird und für Goethe vor allem in der Version Vergils im Sinne einer selektiven Wahrnehmungsleitlinie maßgebend geworden ist.

Goethes Text bestimmt damit ein dauerhaft in die „deutsche" Kultur implantiertes Italienbild, ein Sehnsuchtsort der Künste, der Kunst, des lebendigen Wohlgefühls. Er beschreibt ein ideales Urlaubsland in einer Zeit, als es für den Großteil der Menschen keinen Urlaub gibt, auch für jene zentrale – durchaus selektive – Rezeptionsgruppe, die seinen Text liest.

Goethe reist in jeder Hinsicht privilegiert: sehr gut finanziell ausgestattet und im offiziellen Urlaubsmodus befreit von den Mühen seiner Amtstätigkeit als Minister. So schnell konnten ihm das nicht viele Menschen nachmachen.

Aber der italienbezogene Sehnsuchtsvirus wirkt mehr als nachhaltig, insbesondere in jenen nachfolgenden Zeiten, als ein Italienurlaub für immer mehr Bevölkerungsschichten eine reale Möglichkeit wird. Noch 178 Jahre nach seinem Erscheinungsdatum ist sein Buch beispielsweise die Basis eines Italien-Reality-Checks und zugleich die Geschichte eines mehrfachen *culture clash* im Film *Go Trabi Go*, der diesmal eine Familie aus Ostdeutschland auf der Basis seines Textes in „sein" Italien führt. Die Protagonisten – nach der Maueröffnung ist es ihnen endlich möglich, den heiß ersehnten Urlaub im Westen zu realisieren – erleben das gelobte Kulturland allerdings dann in anderen vielfach vorbekannten Klischees, genauso bildhaft

Il viaggio in Italia di Goethe:
la scoperta di un paese mai esistito

Peter Assmann

"E anche adesso, in realtà, non ho affatto l'impressione di vederle per la prima volta, bensì di rivederle"[1].

Johann Wolfgang Goethe (il *von* lo acquisisce nel 1782) visita l'Italia in due occasioni tra il settembre 1786 e il maggio 1788, per vedere con i suoi occhi un Paese che conosce già. Dal 1813 al 1817 raccoglie queste esperienze italiane in un libro che, pur essendo una composizione letteraria, ha il carattere di un'autentica descrizione di viaggio. Il testo si avvale di varie fonti bibliografiche e se da un lato è il diario di un artista alla ricerca del proprio Io, dall'altro costruisce un'immagine dell'Italia come spazio in cui toccare con mano la bellezza classica e al tempo stesso luogo di una poetica gioia di vivere. Una combinazione per così dire ideale, che nei secoli successivi sopravvivrà con l'autorità di un modello culturale. "Et in Arcadia ego": l'Italia si trasforma per Goethe nell'Arcadia, il paesaggio idilliaco spesso descritto nella tradizione letteraria greco-romana, per lui diventato un punto di riferimento che determina la sua percezione selettiva soprattutto nella versione virgiliana.

Il testo goethiano delinea così un'immagine dell'Italia che si è radicata in modo duraturo nella cultura tedesca: un luogo del desiderio, il Paese delle arti e dell'arte tout court, associato a un senso di benessere carico di vitalità. L'autore descrive la meta ideale per una vacanza in un periodo in cui per la maggior parte delle persone – compreso il ristretto gruppo cui è rivolto in primis il suo scritto – le vacanze non esistono.

Goethe è un turista privilegiato sotto ogni punto di vista: ha solide basi economiche e la sua vacanza è ufficialmente svincolata dagli impegni legati al suo ruolo di ministro. Ben pochi potrebbero permettersi altrettanto.

Ma il virus del "mal d'Italia" avrà un effetto più che duraturo, soprattutto negli anni che seguono, quando una vacanza nel Bel Paese diventerà una possibilità reale per strati sempre più ampi della popolazione. 178 anni dopo la data di pubblicazione, ad esempio, il suo libro viene ancora utilizzato come punto di partenza per un *reality check* dell'Italia e allo stesso tempo per raccontare uno scontro di culture nel film *Go Trabi Go* (titolo italiano: *Quella Trabant venuta dall'Est*) in cui una famiglia della Germania orientale viaggia in auto lungo l'Italia goethiana. I protagonisti – che dopo la caduta del Muro possono finalmente realizzare l'agognata vacanza in Occidente – vivono però la tanto decantata terra della cultura seguendo altri cliché,

vorgeprägt wie Goethes niedergeschriebene Reiseschilderung. Vom Dolcefarniente bis zum Improvisationstalent, vom guten Essen bis zum mehr oder weniger charmanten durchgängigen kleinkriminellen Charakter der meisten hier lebenden Menschen wird fast nichts an italienbezogenen Vorurteilen ausgelassen.

Interessant erscheint, dass es sowohl bei Goethe wie auch bei seinen vielen Nachfolgeprodukten stets um ein gesamtes Italienbild geht, dabei ist die kulturelle und politische Realität der Apenninenhalbinsel zur Zeit von Goethes Reise (bis heute) von auffallender Zersplitterung der Verhältnisse geprägt. Seit Jahrhunderten ist diese europäische Halbinsel politisch und kulturgeschichtlich vielfältigst facettiert und in permanenten internationalen Zuordnungsauseinandersetzungen verstrickt, was zu sehr deutlichen regionalen Unterschieden geführt hat. Bis heute sind diese im kritischen Vergleich deutlich erkennbar, auch wenn es seit der Gründung eines italienischen Nationalstaates in diesem Lande ganz besonders intensive Bemühungen um nationale Inszenierungsformen gibt. Bei jeder noch so kleinen Veranstaltung wird auch gegenwärtig die Nationalhymne gesungen und die Trikolore demonstrativ aufgezeigt. Konsumprodukte des Alltags sind ebenfalls in besonderer Weise national aufgeladen. „Caffè", „pizza" und „spaghetti" erweisen sich allerdings bei näherer, auf kulturgeschichtlicher Forschung basierender Betrachtung als (imagemäßig höchst erfolgreiche) kulinarische Produkttraditionen des 20. Jahrhunderts, jedoch ohne gesellschaftliche Verankerung in den Jahrhunderten vorher.[2] Goethe beschreibt in seinem Text nur wenige kulinarische Erfahrungen, am prägnantesten wohl, als ihm am Gardasee eine frisch gefangene Seeforelle serviert wird und er dieses Erlebnis in die Gesamtheit einer hier nunmehr verorteten „italienischen" Landschaftssituation einbettet. Ähnliche Freude bereitet ihm der Fischmarkt in Venedig. In Sizilien verweist er auf besonders geformte Nudeln aus dem seltenen (und daher teuren) Grano Duro. Von „caffè", „spaghetti" und „pizza" (obwohl er sich auch lange in Neapel aufhält und die dortigen Essensgewohnheiten ausführlich beschreibt) ist nie die Rede.

Diese seine Rede ist durchwegs eine deutsche. Er vermerkt zwar in Torbole angekommen „Wie froh bin ich, daß nunmehr die geliebte Sprache lebendig, die Sprache des Gebrauchs wird!"[3] und beschreibt – vor allem in Venedig – viele Theaterbesuche. Nach seiner heiß ersehnten Ankunft in Rom reiht er sich jedoch ein in die jahrhundertelange Geschichte der Deutschrömer, die bis heute aktuell ist. Goethe schreibt und redet in Italien vor allem Deutsch mit seiner Freundesrunde, Französisch mit Fremden und in Gesellschaftskreisen (in dieser Sprache zitiert er auch) und beachtet sehr wenig die regionalen Sprachdifferenzen. Dies gilt umso mehr bei seinen von Rom aus unternommenen Reisen in den Süden Italiens, wo er sich zudem stets der Dienste eines „Fremdenbetreuers" bedient. Kurz vor Rom auf seinem Eiltrip in die „ewige Stadt", den er ohne einen solchen Reiseassistenten organisiert, beschreibt er auch so etwas wie eine Reisekrise und findet markant kritische Worte zur Italienrealität: „Dieses Italien, von Natur höchlich begünstiget, blieb in allem Mechanischen und Technischen, worauf doch eine bequemere und frischere Lebensweise gegründet ist, gegen alle Länder unendlich zurück."[4] „Jetzt fühl' ich wohl die Verwegenheit, unvorbereitet und unbegleitet in dieses Land zu gehen. Mit dem verschiedenen Geld, den Vetturinen, den Preisen, den schlechten

determinati da una visione del Paese tanto fantasiosa quanto quella dipinta da Goethe. Dal "dolce far niente" al talento per l'improvvisazione, dal buon cibo al carattere truffaldino (più o meno fascinoso) che accomuna gran parte della popolazione: un elenco pressoché completo di tutti i pregiudizi legati all'Italia.

È interessante notare come Goethe e gli altri dopo di lui dipingano un quadro unitario dell'Italia, anche se la realtà politica e culturale della penisola è sempre stata caratterizzata da condizioni straordinariamente frammentate. Per secoli il Paese ha presentato molteplici sfaccettature dal punto di vista politico e storico-culturale ed è stato coinvolto in lunghe dispute internazionali per la ripartizione di determinate zone, cosa che ha portato a evidenti differenze tra regione e regione. A un esame critico, queste sono tuttora chiaramente riconoscibili, anche se dalla fondazione dello Stato nazionale si sono fatti grandi sforzi per creare un'immagine nazionale unitaria. A ogni evento, per quanto modesto, ancora oggi si canta l'inno nazionale e il tricolore sventola a titolo dimostrativo. Anche i prodotti di consumo quotidiano assumono il ruolo di rappresentanti della nazione, anche se a un'osservazione meno superficiale e basata sulla ricerca storico-culturale, caffè, pizza e spaghetti si rivelano parte della tradizione culinaria del XX secolo senza alcuna radice sociale nei secoli precedenti[2]. Nel *Viaggio* Goethe descrive raramente le sue esperienze culinarie e lo fa in modo assai sintetico, come quando sul lago di Garda gli viene servita una trota appena pescata ed egli inserisce l'accaduto nel contesto di un paesaggio oramai identificato come "italiano". Gioie simili lo attendono al mercato del pesce a Venezia; in Sicilia cita una pasta dalla forma strana fatta con il raro (e quindi costoso) *grano forte*. Di caffè, spaghetti e pizza (sebbene egli sia stato a lungo a Napoli e descriva in modo esauriente le abitudini alimentari locali) non parla mai.

Questo suo modo di narrare è prettamente tedesco. Appena arrivato a Torbole annota: "Come sono contento che questa lingua amata diventi ormai la lingua viva, la lingua dell'uso!"[3]; poi, soprattutto a Venezia, descrive i diversi spettacoli teatrali cui assiste. Eppure, dopo il tanto bramato arrivo a Roma, anche lui si conforma alla storia plurisecolare dei "romani tedeschi", ancora attuale ai giorni nostri. In Italia scrive e parla prevalentemente nella propria lingua con la sua cerchia di amici, in francese con gli stranieri e "in società" (usa questa lingua anche per le citazioni), e presta poca attenzione alle differenze linguistiche regionali. Ciò è ancor più vero nel viaggio da Roma verso il Sud, durante il quale si avvale sempre dei servizi di un "accompagnatore di stranieri". Poco prima di giungere a Roma, durante il frettoloso tragitto verso la "città eterna" organizzato senza alcun assistente, descrive anche qualcosa che somiglia a un momento di crisi e usa termini sorprendentemente critici nei confronti della realtà italiana: "Quest'Italia, tanto favorita dalla natura, è rimasta enormemente indietro rispetto agli altri paesi per tutto ciò che meccanica e tecnica, sulle quali senza dubbio si fonda ogni progresso verso un'esistenza più comoda e più sciolta"[4]. "Ora m'accorgo di quanto sia temerario avventurarsi senza compagni e impreparati in questo paese. La diversità del danaro, i vetturini, i prezzi, le cattive locande sono un tormento giornaliero, a tal punto che chi, come me, viaggi da solo per la prima volta cercando e sperando un godimento incessante, non può che sentirsi molto oppresso. Io null'altro mi proponevo che vedere il paese a qualunque costo; e dovessero pur trascinarmi fino a Roma legato alla ruota d'Issione,

Abb. 1 Gianni Berengo Gardin,
*Il passaggio in Bacino San Marco,
visto da Via Garibaldi*, 2013,
Silberner Salzdruck auf Aluminium
montiert, Fondazione Forma per
la Fotografia, Mailand/Contrasto
Galleria, Mailand

Fig. 1 Gianni Berengo Gardin,
*Il passaggio in Bacino San Marco,
visto da Via Garibaldi*, 2013,
stampa ai sali d'argento montata
su alluminio, Fondazione Forma
per la Fotografia, Milano/
Contrasto Galleria, Milano

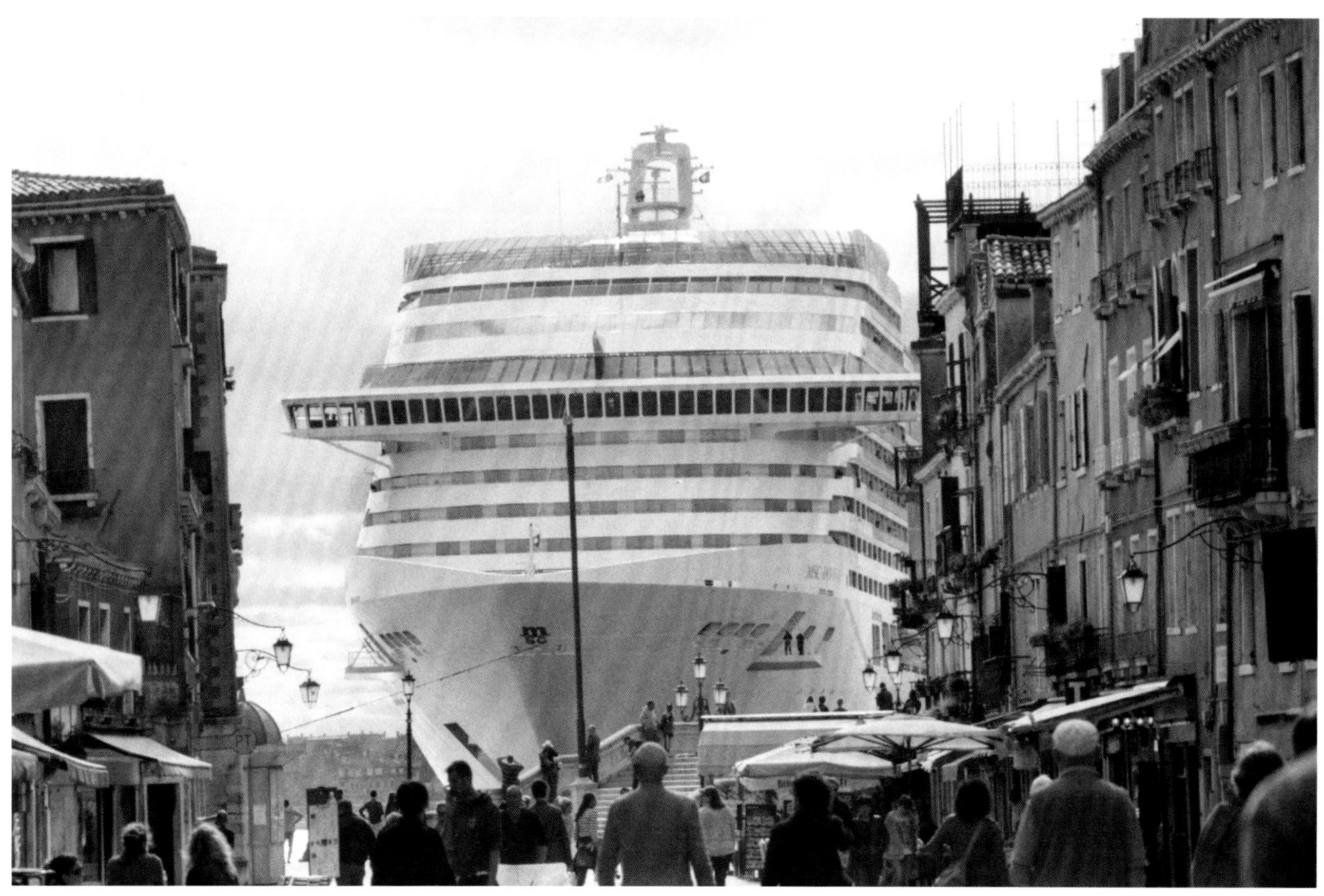

Abb. 2 Michele Marieschi, *Die Ponte di Cannaregio*, 1742, Öl auf Leinwand, Gemäldegalerie der Akademie der bildenden Künste Wien

Fig. 2 Michele Marieschi, *Il Ponte di Cannaregio*, 1742, olio su tela, Gemäldegalerie der Akademie der bildenden Künste Wien

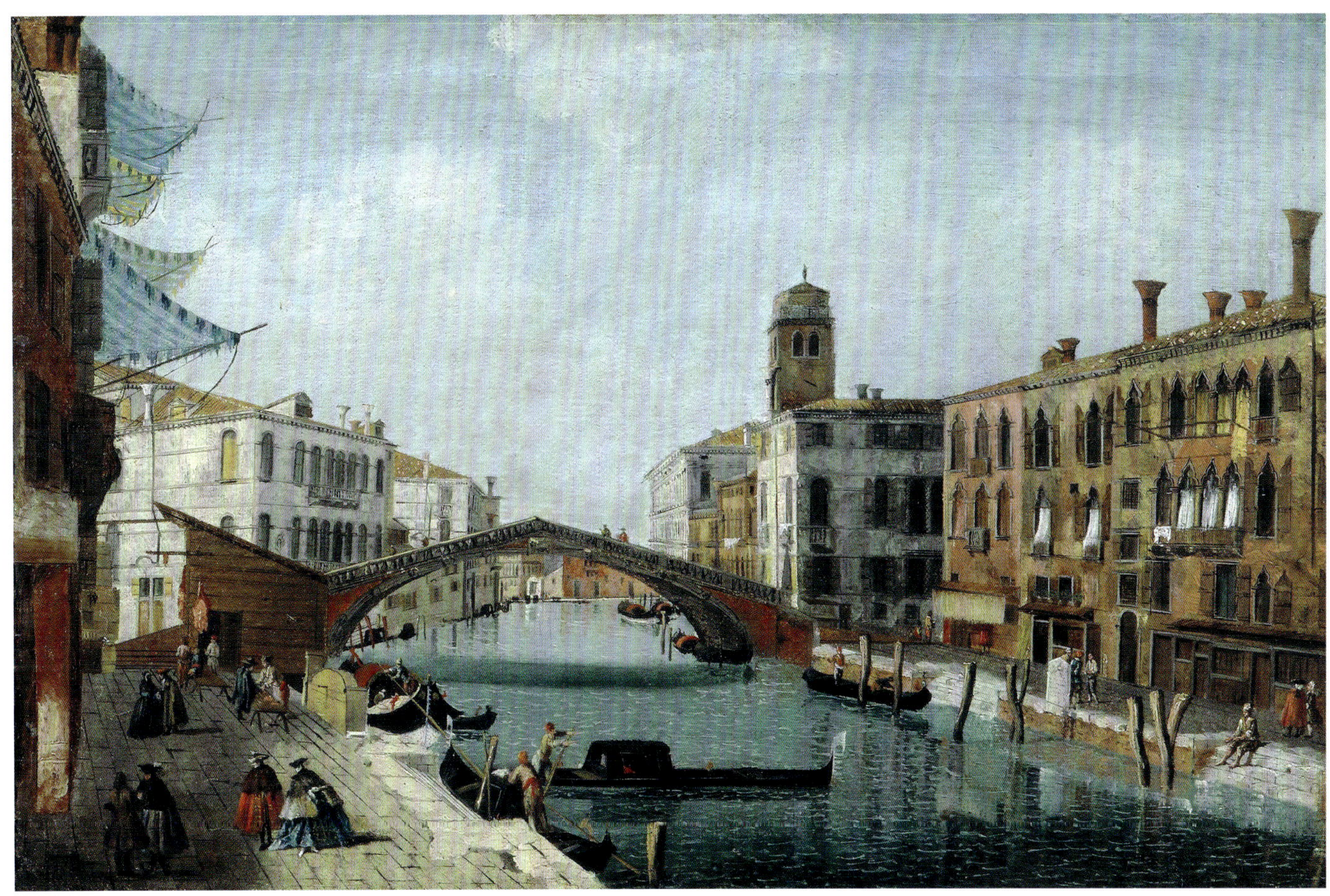

Wirtshäusern ist es eine tagtägliche Not, daß einer, der zum ersten Male wie ich allein geht und ununterbrochenen Genuß hoffte und suchte, sich unglücklich genug fühlen müßte. Ich habe nichts gewollt, als das Land zu sehen, auf welche Kosten es sei, und wenn sie mich auf Ixions Rad nach Rom schleppen, so will ich mich nicht beklagen"[5] – aber Goethe lässt es sich nicht verdrießen und sucht und findet weiterhin vor allem Schönes.

Goethe zitiert bei seinen Reisebeschreibungen konsequent bis zum Schluss Kunst(vor)erfahrungen, vorbekannte Bildwelten und individuelle Künstlerpersönlichkeiten mit ausgeprägtem Personalstil; er sieht Italien durch die Brille der Kunst. Eine kurz beschriebene Szenerie in Venedig wird wie folgt kommentiert: „Das hätte Canalett malen sollen."[6] Weitere in solchen Wahrnehmungszusammenhängen zitierte Künstlerpersönlichkeiten sind Roos, Gerard Dou, Lorrain oder Poussin als stilgebende Gestalter seiner eigenen Landschaftserfahrungen. „Man sah keine Natur mehr, sondern nur Bilder, wie sie der künstlichste Maler durch Lasieren auseinandergestuft hätte."[7] Vor allem aber sucht und findet er ein Naheverhältnis zu den in Rom lebenden Malerpersönlichkeiten aus Deutschland, an der Spitze – von Goethe hoch verehrt – Angelika Kauffmann (1741–1807), die schließlich auch künstlerisch mit ihm zusammenarbeitet und sogar ein Porträt des Dichters anfertigt. Auch Goethe selbst will in Italien zum gültigen bildenden Künstler reifen. Er fertigt viele Landschaftszeichnungen an, bemüht sich um eine Aus-/Fortbildung als Zeichner, nicht nur in der Landschaft, sondern auch am menschlichen Modell, und wagt sich schließlich sogar an ein Skulpturprojekt. Der klassizistische, in Italien lebende Maler Jakob Philipp Hackert (1737–1807) ist ihm hierbei eine wichtige Bezugspersönlichkeit. Goethe strebt eine künstlerische Entwicklung an, sucht und findet aber auch die Wahrnehmung von Italien als umfassenden Kunstraum. „Meinen Tag habe bestmöglichst angewendet, um zu sehen und wiederzusehen, aber es geht mit der Kunst wie mit dem Leben: Je weiter man hineinkommt, je breiter wird sie."[8] „Ich mache diese wunderbare Reise nicht, um mich selbst zu betrügen, sondern um mich an den Gegenständen kennenzulernen; […]",[9] so war sein Vorsatz am Anfang der Italienfahrt. Schließlich in Rom angekommen, schwärmt er: „[W]ohin ich gehe, finde ich eine Bekanntschaft in einer neuen Welt, es ist alles, wie ich's mir dachte, und alles neu."[10] Und hält begeistert fest: „[…] und ich zähle einen zweiten Geburtstag, eine wahre Wiedergeburt, von dem Tag, da ich Rom betrat."[11] Immer mehr setzt sich jedoch das Bemühen um eine zeitlich „übergeordnete" Wahrnehmung durch, die zunehmend den Alltag oder konkrete Einzelbeobachtungen hinter sich lässt: „Ich will Rom sehen, das bestehende, nicht das mit jedem Jahrzehnt vorübergehende."[12] Dies gilt im besonderen Maße für seine als italienisch bestimmten Lebenswahrnehmungen, die sich zunehmend pauschaler zusammengefasst präsentieren. In Neapel, gegen Schluss seiner Reisebeschreibungen, legt er gleichsam die bis heute gültigen (Vor-)Urteile über die Eigenschaften der Italiener fest: lebensfroh, aber arbeitsscheu, stets bereit, Feste zu feiern, aber wenig an konsequentem technischen Fortschritt oder Forschung interessiert. „Ich weiß wohl, daß dies viel zu allgemein gesagt ist und daß die Charakterzüge jeder Klasse nur erst nach einer genaueren Bekanntschaft und Beobachtung rein gezogen werden können, allein im ganzen würde man doch, glaube ich, auf diese Resultate treffen."[13]

non mi lamenterò"[5]. Eppure tutto ciò non riesce a fermare Goethe, che continua a ricercare e trovare soprattutto il bello.

In tutto il *Viaggio in Italia* l'autore cita regolarmente esperienze artistiche precedenti, repertori visivi ben noti e singole personalità con un marcato stile individuale: in breve, vede l'Italia con gli occhi dell'arte. La sintetica descrizione di uno scenario veneziano viene commentata come segue: "Un soggetto adatto alla pittura del Canaletto"[6]. In contesti diversi cita numerosi altri artisti – da Roos a Gerard Dou, da Lorrain a Poussin – come creatori capaci di dettare lo stile delle sue esperienze paesaggistiche. "Ciò che si vedeva non era più la natura, ma una serie di quadri che un provetto pittore avesse ottenuti graduandone a una a una le velature"[7]. Ma soprattutto Goethe continua a cercare una stretta relazione con i pittori tedeschi residenti a Roma, in primis con la tanto ammirata Angelika Kauffmann (1741-1807), che infine collaborerà con lui eseguendo persino un suo ritratto. In Italia, lo stesso Goethe diviene un valido artista figurativo: realizza molti schizzi di paesaggi, si impegna per formarsi e perfezionarsi come disegnatore, non solo di paesaggi ma anche di modelli umani, e arriva persino a cimentarsi nel progetto di una scultura. In tutto ciò Jakob Philipp Hackert (1737-1807), pittore classicista che vive in Italia, è per lui un'importante personalità di riferimento. Goethe aspira quindi a evolversi come artista, ma scopre anche che l'Italia può essere percepita come uno spazio artistico a tutto tondo. "Ho impiegato la mia giornata, come meglio ho potuto, a vedere e a rivedere, ma è per l'arte come per la vita: più ti addentri e più vasto si fa il campo"[8]. "Lo scopo di questo mio magnifico viaggio non è quello d'illudermi, bensì di conoscere me stesso nel rapporto con gli oggetti; […]"[9]: questa è la sua intenzione iniziale. Quando finalmente arriva a Roma è elettrizzato: "Ovunque vado, scopro in un mondo nuovo cose che mi son note; tutto è come me l'ero figurato, e al tempo stesso tutto nuovo"[10]. E continua entusiasta: "[…] e io conto d'esser nato una seconda volta, d'essere davvero risorto, il giorno in cui ho messo piede in Roma"[11]. Tuttavia prevale sempre più il tentativo di raggiungere una conoscenza che *travalichi* il tempo, poco legata al quotidiano o alle singole osservazioni concrete: "Voglio vedere Roma, la Roma che resta, non quella che scompare ogni dieci anni"[12]. Ciò è vero in particolar modo per la sua percezione della vita italiana, riassunta in modo via via sempre più sintetico. A Napoli, verso la fine del resoconto, sancisce in un certo senso i (pre)giudizi – validi ancora oggi – sul carattere degli italiani: pieni di vita, ma lavativi, sempre pronti a far festa, ma poco interessati a un costante progresso tecnico o alla ricerca. "So bene che il mio discorso è un po' troppo generico, e che non è possibile tracciare nitidamente le caratteristiche di ciascuna classe, se non dopo precisa cognizione ed osservazione; ma a grandi linee sarebbero questi, credo, i risultati a cui si approderebbe"[13].

Goethe torna sempre a rivolgersi anche a un pubblico tedesco colto. Cita in modo molto diretto quanto ha appreso in patria sull'Italia e cerca al contempo delle conferme "immaginarie" alle sue descrizioni e riflessioni letterarie. "[Q]uando tornerò, giudicherete voi come l'ho veduta"[14].

Nei primi giorni di viaggio il testo è ancora dominato dal carattere descrittivo. Nella regione delle Alpi raccoglie qua e là campioni di rocce come un collezionista e registra puntualmente gli elementi che osserva[15], ma soprattutto è mosso dal

Immer wieder wendet sich Goethe auch an ein deutsches, gelehrtes Publikum. Er zitiert ganz direkt bisherige Italienlehrerfahrungen in seiner Heimat und sucht gleichsam „imaginäre" Bestätigungen für seine Beschreibungen und literarischen Reflexionen. „[W]enn ich wiederkomme, sollt Ihr beurteilen, wie ich gesehen habe."[14]

In den ersten Tagen seiner Reise dominiert noch der beschreibende Charakter seines Textes, im Alpenraum nimmt er da und dort im Sinne eines Sammlers Gesteinsproben und punktuelle Beobachtungsmomente auf,[15] ist aber vor allem vom Gedanken getrieben, so rasch wie möglich nach Rom zu kommen. Da bleibt sehr vieles unerwähnt, was seinem „Traum von der Antike"[16] nicht entspricht, nicht zuletzt auch die Kunst der Renaissance in Florenz.

Goethes „Italienische Reise" ist ein geistiges Konstrukt auf der Basis vorbekannter intellektueller Diskurssysteme eines in Deutschland erprobten klassizistischen Kunstweltbildes, das als durchgängige Referenzfolie hinter allen seinen Beschreibungen liegt; eine klare ästhetische und lebenssinnstiftende Zielvorstellung, die alle von Goethe in Italien besuchten Orte arkadisch „(v)erklärt".

„Jedes tiefe Denken sucht die Ferne: die der Zeit, die des Raums. Es gibt kein tiefes Denken über Naheliegendes; darüber kann man nur sinnieren." (Heimito von Doderer, *Commentarii 1951–1956*).

[1] Goethe, Johann Wolfgang von: *Italienische Reise*. Mit zeitgenössischen Illustrationen, Hamburg 2018, S. 135.
[2] Kaller, Martina: „Die Erfindung von ‚Pizza & Pasta': Italienisches Essen und italienische Einwanderung in den USA im 19. und 20. Jahrhundert", in: Amenda, Lars/Langthaler, Ernst: *Kulinarische „Heimat" und „Fremde": Migration und Ernährung im 19. und 20. Jahrhundert* (= Jahrbuch für Geschichte des ländlichen Raumes 10), Innsbruck–Wien 2013, S. 54–71.
[3] Goethe: *Italienische Reise* (wie Anm. 1), S. 31.
[4] Goethe: *Italienische Reise* (wie Anm. 1), S. 162.
[5] Goethe: *Italienische Reise* (wie Anm. 1), S. 163.
[6] Goethe: *Italienische Reise* (wie Anm. 1), S. 68.
[7] Goethe: *Italienische Reise* (wie Anm. 1), S. 346f.
[8] Goethe: *Italienische Reise* (wie Anm. 1), S. 143.
[9] Goethe: *Italienische Reise* (wie Anm. 1), S. 52.
[10] Goethe: *Italienische Reise* (wie Anm. 1), S. 170.
[11] Goethe: *Italienische Reise* (wie Anm. 1), S. 202.
[12] Goethe: *Italienische Reise* (wie Anm. 1), S. 213.
[13] Goethe: *Italienische Reise* (wie Anm. 1), S. 475.
[14] Goethe: *Italienische Reise* (wie Anm. 1), S. 455.
[15] Vgl. Landesmuseum Schloss Tirol (Hg.): *Reisen durch Tirol von Dürer bis Heine*, Katalog Landesmuseum Schloss Tirol 1998, Meran 1998.
[16] Vgl. Tiroler Landesmuseum Ferdinandeum (Hg.): *Goethe und Tirol*, Katalog Tiroler Landesmuseum Ferdinandeum 1982, Innsbruck 1982.

pensiero di arrivare a Roma il più presto possibile. In questa fase viene tralasciato tutto ciò che non corrisponde al suo "sogno dell'antichità"[16], non ultima l'arte del Rinascimento a Firenze.

Il *Viaggio in Italia* di Goethe è una costruzione del pensiero basata su un sistema di dibattito intellettuale già noto, legato alla visione classicista del mondo tipicamente tedesca che attraversa come un filo rosso tutte le sue descrizioni; una chiara concezione estetica ed esistenziale alla luce della quale l'autore interpreta, trasfigurandoli secondo l'ideale arcadico, i luoghi visitati in Italia.

"Ogni pensiero profondo guarda lontano, nel tempo come nello spazio. Non c'è alcun pensiero profondo su ciò che è vicino; su questo si può solo meditare". (Heimito von Doderer, *Commentarii 1951-1956*).

[1] J.W. von Goethe, *Viaggio in Italia*; Venezia, 12 ottobre 1786; traduzione di Emilio Castellani; commento di Herbert von Einem adattato da Emilio Castellani; prefazione di Roberto Fertonani, Mondadori, Milano 2005.
[2] M. Kaller, *Die Erfindung von "Pizza & Pasta": Italienisches Essen und italienische Einwanderung in den USA im 19. und 20. Jahrhundert*, in: L. Amenda, E. Langthaler, *Kulinarische "Heimat" und "Fremde": Migration und Ernährung im 19. und 20. Jahrhundert* (= Jahrbuch für Geschichte des ländlichen Raumes 10), Innsbruck-Wien 2013, pp. 54-71.
[3] Goethe, cit., Rovereto, sera dell'11 settembre 1786.
[4] Goethe, cit., Perugia, sera del 25 ottobre 1786.
[5] Goethe, cit., Perugia, sera del 25 ottobre 1786.
[6] Goethe, cit., Vicenza, sera del 21 settembre 1786.
[7] Goethe, cit., Palermo, sabato 7 aprile 1787.
[8] Goethe, cit., Bologna, sera del 19 ottobre 1786.
[9] Goethe, cit., Verona, 17 settembre 1786.
[10] Goethe, cit., Roma, primo novembre 1786.
[11] Goethe, cit., Roma, 3 dicembre 1786.
[12] Goethe, cit., Roma, 29 dicembre 1786.
[13] Goethe, cit., Napoli, 28 maggio 1787.
[14] Goethe, cit., Napoli, 17 maggio 1787.
[15] Cfr. Museo provinciale di Castel Tirolo (a cura di), *Attraverso le Alpi. Appunti di Viaggio da Dürer a Heine*, catalogo del Museo provinciale di Castel Tirolo, Merano 1998.
[16] Cfr. Tiroler Landesmuseum Ferdinandeum (a cura di), *Goethe und Tirol*, catalogo del Tiroler Landesmuseum Ferdinandeum 1982, Innsbruck 1982.

Arkadien – Ein Land, das es niemals gab

Johannes Ramharter

Einleitung

Sollte Johann Wolfgang von Goethe (1749–1832) vor dem Aufbruch zu seiner Italienreise von 1786 einen Blick in Zedlers Universallexikon geworfen haben, um sich über die von ihm später erwähnte Landschaft Arkadien zu informieren, so hätte er die ernüchternde Antwort erhalten, die Arkadier wären Leute „die nicht fähig [sind], sich in ihren eigenen Bergen zu erhalten." Das Lexikon zitiert danach den antiken Autor Strabo, nach dem „zu seiner Zeit fast alles in Arkadien wüst und öde gelegen" wäre.[1] Das soll die Gegend sein, deren Besuch Goethe am Beginn seiner *Italienischen Reise* sich stolz rühmt und von der er im zweiten Teil seines Fausts schreibt, sein Glück solle „arkadisch frei"[2] sein?

Antike Wurzeln

Der Ursprung des wundersamen Kultes um Arkadien als einer „geistigen Landschaft"[3] liegen beim antiken Dichter Publius Vergilius Maro (70–19 v. Chr.). Bruno Snell, der diesen Begriff für das langlebige Idealreich der Dichtung geprägt hat, verweist auf den antiken Autor Polybios (um 200–um 120 v. Chr.), von dem Vergil inspiriert worden wäre, wenn er schreibt, „Polybios konnte berichten (4,20), dass die Arkader von früher Jugend an daran gewöhnt würden, sich im Singen zu üben und dass sie mit großem Eifer mancherlei musikalische Wettkämpfe abhielten. Das las Vergil, als er an seinen Hirtengedichten, den *Eklogen*, schrieb, und bezog es ohne weiteres auf die arkadischen Hirten, denn Arkadien war Hirtenland und Heimat des Hirtengottes Pan, der die Syrinx erfunden hatte – und so ließ er seine Hirten in Arkadien leben und dichten."

In seinen Hirtengedichten konnte Vergil zudem auf griechische Vorbilder zurückgreifen, hier vor allem auf den Dichter Theokrit (um 270 v. Chr.), auf dessen Werk sich zahlreiche Anspielungen in den Eklogen finden. Diese Gedichte, als Idyllen bezeichnet, entstanden freilich nicht auf der Peloponnes, wo das geografische Arkadien gelegen ist, sondern in Syracus auf Sizilien. Als örtliche Verbindung zwischen beiden Orten konnte die Quellnymphe Arethusa verstanden werden, von deren unterirdischem Fluss man annahm, dass er den arkadischen Fluss Alpheios mit Sizilien verband.[4] Diese Übertragung aus der realen griechischen Landschaft nach Italien wird bei Vergil noch weitergeführt, wenn er die Wettkämpfe der musischen Hirten an den heimatlichen Mincio bei Mantua verlegt. Die Aeneis berichtet überdies von

Arcadia: un paese che non è mai esistito

Johannes Ramharter

Introduzione

Se nel 1786, prima di partire per il suo viaggio in Italia, Johann Wolfgang von Goethe (1749-1832) avesse dato un'occhiata all'*Universallexikon* di Zedler per informarsi sul paesaggio dell'Arcadia di cui poi avrebbe scritto, avrebbe trovato la deludente descrizione degli Arcadi come un popolo "che non [è] in grado di vivere nelle sue montagne". Il *Lexikon* cita poi Strabone, che scrive: "a suo tempo in Arcadia [era] quasi tutto desolato e sterile"[1]. Era quella la regione che all'inizio del *Viaggio in Italia* il poeta di Weimar si vanta con tanto orgoglio di avere visitato, e che richiama nella seconda parte del *Faust* con i versi "la nostra felicità sia arcadicamente libera"?[2]

Radici antiche

Le radici del singolare culto dell'Arcadia come "paesaggio spirituale"[3] affondano nella poesia classica di Virgilio (70-19 a.C.). Bruno Snell, che ha coniato l'espressione per designare questo regno ideale della poesia, rimanda allo storico greco Polibio (200-120 a.C. circa), al quale Virgilio si sarebbe ispirato: "Polibio […] poteva tuttavia raccontare (IV, 20) che gli abitanti dell'Arcadia venivano fin dalla prima giovinezza esercitati al canto, e si impegnavano con molto fervore nelle varie gare musicali. Ciò lesse Virgilio, mentre attendeva alla composizione delle sue poesie pastorali, le Egloghe; e attribuì senz'altro queste usanze ai pastori arcadi, poiché l'Arcadia era un paese di pastori e patria del loro dio Pan, che aveva inventato la ninfa naiade Siringa. Così fece vivere e cantare i suoi pastori in Arcadia".

Nelle sue poesie pastorali Virgilio poté rifarsi a modelli greci, in particolare a Teocrito (270 a.C. circa), alla cui opera si trovano molte allusioni nelle *Egloghe*. Le poesie di Teocrito, o idilli, non furono composte nel Peloponneso, dove è situata l'Arcadia geografica, ma a Siracusa, in Sicilia. Il collegamento tra i due luoghi può essere individuato nella fonte della ninfa Aretusa, il cui corso sotterraneo si riteneva che unisse la Sicilia con il fiume arcade Alfeo[4]. Questo spostamento in Italia del paesaggio reale greco prosegue quando Virgilio ambienta le gare poetiche tra i pastori sul Mincio, presso la nativa Mantova. Proseguendo, racconta nell'*Eneide* del primo insediamento degli Arcadi nei pressi di Roma, segnando il definitivo inglobamento di questo mitico popolo di pastori nella genealogia romana[5].

der frühen Ansiedlung der Arkadier bei Rom, womit dieses mythische Hirtenvolke endgültig in die Ahnenreihe der Römer eingegliedert ist.[5]

Die Beschreibungen des Musenreiches Arkadien entspricht allgemein dem Topos des *Locus amoenus*, eines heiteren Ortes in der Natur mit schattigen Bäumen, rauschenden Bächen und sanften Blumenwiesen; ein Ort, der vor allem fernab jeder beschränkenden Zivilisation gelegen ist, ein idealer Ort für Liebende, um einander zu treffen. Freilich sind die antiken Dichter nicht so naiv, dieses Bild nicht als ein Ideal zu erkennen, das eine Gegenwelt zu den aktuellen Lebensumständen bildet. Zudem klingt in den Eklogen immer wieder der politische Hintergrund der Entstehungszeit durch, etwa in der Erwähnung der Vertreibung von Siedlern in Oberitalien durch die Ansiedlung von Veteranen der Legionen oder in der berühmten – durch Jahrhunderte hindurch christlich umgedeuteten – 4. Ekloge, die das Kommen einer neuen Zeit durch die Geburt eines Kindes prophezeit.

Holzberg weist auf die humoristischen Züge der X. Ekloge Vergils hin, in der in arkadischer Umgebung das Liebesleid des römischen Dichters Gaius Cornelius Gallus thematisiert ist, ein Autor, dessen Werk bedauerlicherweise nicht überliefert ist: „Man bedenke, was hier dargeboten wird: der vornehme Römer Gallus, der es im realen Leben bis zum Statthalter der Provinz Ägypten bringen sollte, unter einem arkadischen Felsen, dem Liebestod nahe, umringt von Schafen, Hirten und griechischen Göttern. Konnten zeitgenössische Leser sich des Schmunzelns erwehren, wenn sie sich das bildlich vorstellten? Ich glaube nicht.“[6] Diese humoristisch übertriebene Spannung zwischen einer irrealen heilen Welt und dem römischen Alltagsleben findet sich noch deutlicher in der bekannten Satire des Horaz (65–8 v. Chr.), in der der Wucherer Alfius von einem unbeschwerten Landleben träumt und knapp bevor er den entscheidenden Schritt zum Bauernleben antritt, sich doch wieder dem geschäftigen Wirtschaftsleben zuwendet.[7]

Selbst wenn Alfius davon träumt, sich unter einer alten Eiche behaglich im Gras auszustrecken und von dem Rauschen des Laubes und dem Rieseln des Baches in den Schlaf geleitet zu werden, so darf dabei nicht vergessen werden,[8] dass Arkadien nicht das Paradies ist und dass, ungeachtet der Leichtigkeit der Lebensumstände, die allgemeinen Bedingungen menschlicher Existenz auch für die dort ansässigen Hirten aufrecht bleiben. Zu diesen unausweichlichen Bedingungen gehört auch der Tod als elementares Ziel menschlichen Lebens. Vergil exemplifiziert dies am Ableben des Daphnis.[9] Hier findet sich auch der Ursprung der Grabinschrift, die in vielfachen Varianten in der Folge Bedeutung erlangen sollte, deren Anfang Vergil wie folgt nennt, „Daphnis war ich in Wäldern.“ In der Literatur wird in diesem Zusammenhang immer wieder auf einen Holzschnitt in Sebastian Brants (1457–1521) *Vergilausgabe*[10] verwiesen, der drei kniende Hirten vor dem Sarkophag des Daphnis zeigt und damit die Grundelemente der Bilder von Guercino und Poussin, von denen in der Folge noch die Rede sein wird, vorwegnimmt. „Bei Vergil nun spricht der noch lebende Daphnis; er imaginiert sich als Toter im Sarkophag und der Eigenname und das ‚ego‘ changieren unauflöslich zwischen dem Sprecher und dem stummen Toten und entsprechen dem ‚bin‘ und ‚war‘; auf dem Holzschnitt aber […] eine in sich abgeschlossene Grabinschrift präsentiert. Jetzt redet – in dieser weiten, dominierenden Sinnebene – nur noch der tote Daphnis und spricht von dem Ich in den ‚silvae‘ in der Vergangenheit.“[11]

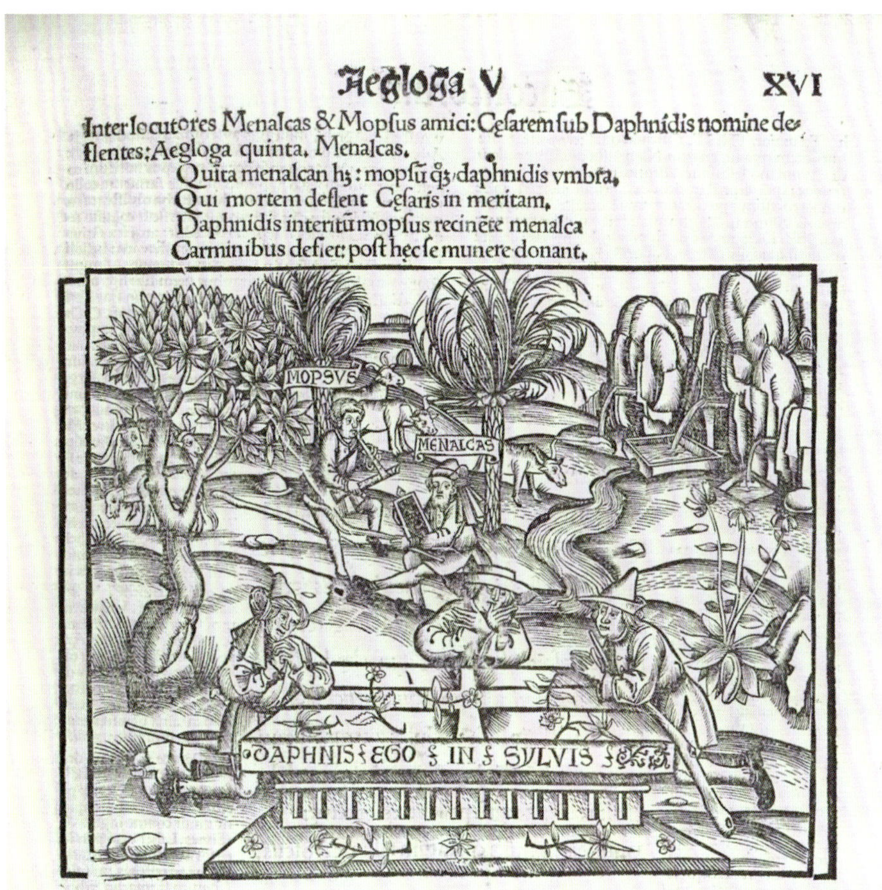

La descrizione del regno delle muse in Arcadia corrisponde al topos del *locus amoenus*, un luogo felice nella natura con alberi ombrosi, ruscelli mormoranti e dolci prati fioriti; un luogo, soprattutto, lontano da ogni vincolo della civiltà, un luogo ideale per gli amanti, fatto per incontrarsi. Va da sé che i poeti antichi non sono tanto ingenui da non riconoscere in questa immagine un ideale contrappunto alle condizioni di vita del presente. Nelle *Egloghe*, inoltre, echeggia costantemente il panorama politico dell'epoca in cui furono composte: nell'accennare all'episodio della espulsione dei coloni dall'Italia settentrionale per fare posto all'insediamento dei veterani delle legioni, o nella celebre egloga quarta, per secoli interpretata in senso cristiano, dove la nascita di un bambino preannuncia l'avvento di una nuova èra.

Niklas Holzberg richiama l'attenzione sui tratti umoristici dell'egloga X, che, sullo sfondo dell'Arcadia, canta le pene d'amore del poeta romano Gaio Cornelio Gallo, la cui opera sfortunatamente è andata interamente perduta: "Riflettiamo su ciò che viene qui proposto: il nobile romano Gallo, che nella vita reale fu governatore della provincia d'Egitto, sotto una roccia d'Arcadia, prossimo a morire d'amore in mezzo a pecore, pastori e dèi greci. Nel figurarsi la scena, i lettori contemporanei potevano non lasciarsi sfuggire un sorriso? Io credo di no"[6]. Questa tensione esagerata in senso umoristico tra un mondo irreale incontaminato e la vita quotidiana a Roma, si ritrova ancora più marcata nella celebre

Wiedergeburt im Italien des 16. Jahrhunderts

Die Renaissance brachte in Italien auch die Wiederkehr des profanen Szenarios der Hirten und Nymphen, an deren Beginn das Werk von Giovanni Bocaccio (1313–1375) steht.[12] Die *Commedia delle ninfe fiorentine*, die 1342/1343 entstand, führt wieder in diese Welt, deren Held der Hirt Ameton ist, dessen wildes Wesen durch die Liebe zur Nymphe Lia geläutert wird. Hierin ist eine der Anregungen für die folgenreichste italienische Dichtung dieses Genres zu sehen, Jacopo Sannazaros (1457–1530) Werk *Arcadia*, erschienen 1504. Das Grab des Dichters in der von ihm gestifteten Kirche Santa Maria del Parto wurde von Herder auf dessen Italienreise in Neapel besucht.[13] Während bei Bocaccio die Landschaft Mittelitaliens den Schauplatz der Begegnung von Hirten und Nymphen ist, verlegt Sannazaro sein in zwölf Eklogen und verbindenden Prosastücken gegliedertes Werk nach Arkadien. Das Werk verfügt nur über einen schmalen Erzählungsbogen, Ziel ist vielmehr „die feine Orchestrierung der Stimmungen und die traumhafte Evokation von pastoralen Bildern.“[14] Damit lieferte Sannazaro wesentliche Anregungen für die profane Malerei des 16. und 17. Jahrhunderts. Ein gutes Beispiel ist Tizians Gemälde des *Ländlichen Konzertes* von 1510, aber auch die gesamte Villenarchitektur Oberitaliens beruht auf dem vom Dichter heraufbeschworenen Bild des heiteren Landlebens.[15] Dennoch durchzieht das Bild von Arkadien bei Sannazaro ein elegischer Grundzug, der sich schon bei dessen Vorbild Vergil findet. Die Hirten beklagen ihr Liebesleid oder betrauern den toten Freund Andreogeo in der V. Ekloge. Während aber der antike Dichter in seinem Werk sich auch auf eine freudvolle Zukunft bezieht, ist das Werk des Neapolitaners rückwärtsgewandt in der melancholischen Sehnsucht nach dem verlorenen Goldenen Zeitalter.

Dieser melancholische Grundzug findet sich bildlich umgesetzt in drei Gemälden, die zu den bedeutendsten Manifestationen Arkadiens in der Kunst zählen: dem Gemälde Guercinos (1591–1666), zwischen 1621 und 1623 entstanden, und den beiden etwas später entstandenen Gemälden zu diesem Thema von Nicolas Poussin (1594–1665). Ausgehend von Panofsky hat sich die Wissenschaft immer wieder auch unter Hinblick von Goethes Motto in den ersten Ausgaben seiner *Italienischen Reise* mit der Bedeutung der auf den Bildern zentral wiedergegebenen Inschrift „Et in Arcadia ego“ befasst.[16] In den genannten Bildern meditieren Hirten über den Tod, der bei Guercino im Sinne eines barocken Vanitas-Stilllebens durch einen Totenkopf repräsentiert ist, während Poussin sich stärker an die literarischen Vorlagen hält, bei der der Tod nur durch einen Sarkophag repräsentiert ist.

Panofsky weist auf die doppelte Deutungsmöglichkeit des Spruches hin, indem die Zeile einerseits als eine posthume Botschaft des Verstorbenen gedeutet werden kann, nach der auch er sein Leben in Arkadien verbracht hätte. Andererseits kann es aber auch im Sinne eines „Memento Mori“ als der Hinweis verstanden werden, nach dem auch die arkadischen Hirten der *Conditio humana* und damit der Begrenztheit des menschlichen Lebens unterworfen wären. Aus grammatikalischen Gründen gibt Panofsky in seiner Arbeit der zweiten Deutung den Vorzug. Diese Unsicherheit der Interpretation findet sich bereits in der zeitgenössischen Literatur, wenn Giovanni Pietro Bellori (1613–1696) die Text im Sinne Panofskys deutet, André Felibien (1619–1695) aber retrospektiv versteht.[17] Grundsätzlich ist aber zu fragen, ob die Bilder so eng miteinander verbunden sind, dass es eine eindeutige Auflösung des Mottos geben muss.

satira di Orazio (65-8 a.C.) in cui l'usuraio Alfio, che sogna una vita senza affanni in campagna, poco prima del passo decisivo sceglie comunque di tornare alla frenetica vita degli affari[7].

Anche quando Alfio sogna di stendersi comodamente sull'erba sotto una vecchia quercia e di addormentarsi cullato dallo stormire delle fronde e dal mormorio del ruscello, non si può dimenticare[8] che l'Arcadia non è il paradiso e che, indipendentemente dalla leggerezza offerta dall'ambiente, le condizioni generali dell'esistenza umana valgono anche per i pastori che vi vivono. Una di queste condizioni inevitabili è la morte, fine elementare della vita umana. Virgilio lo dimostra nella morte di Dafni[9]: qui si ritrova l'origine dell'epitaffio, che diventerà famoso in molteplici varianti e che si apre così: "Dafni fui nelle selve". A questo proposito la letteratura richiama sempre la xilografia dell'edizione di Virgilio curata da Sebastian Brant (1457-1521)[10] che raffigura tre pastori inginocchiati davanti al sarcofago di Dafni, anticipazione degli elementi base dei dipinti di Guercino e di Poussin sui quali torneremo più avanti. "In Virgilio è Dafni ancora in vita che parla: si immagina morto nel sarcofago, e il suo nome e il pronome, *ego*, oscillano indissolubilmente tra la voce che parla e il morto muto, e corrispondono al 'sono' e al 'fui'; nella xilografia invece [...] è presentato un epitaffio concluso in se stesso. Qui, in questo livello di significato ampio, dominante, a parlare è solo Dafni morto, e parla dell'*ego* nelle *silvae* al passato"[11].

La rinascita nell'Italia del Cinquecento

Con il Rinascimento tornò in Italia anche lo scenario profano di pastori e ninfe, già introdotto da Giovanni Boccaccio (1313-1375)[12]. La *Commedia delle ninfe fiorentine*, scritta nel 1342/1343, ci riconduce in questo mondo, che ha il suo eroe nel pastore Ameto, la cui natura selvaggia è purificata dall'amore per la ninfa Lia. Qui si trova una delle fonti di ispirazione per l'opera che più influenzò il genere in Italia: l'*Arcadia* di Jacopo Sannazaro (1457-1530), pubblicata nel 1504. La tomba del poeta, nella chiesa di Santa Maria del Parto, da lui fondata, fu visitata da Herder durante la tappa a Napoli del suo viaggio in Italia[13]. Mentre in Boccaccio il teatro dell'incontro tra i pastori e le ninfe è il paesaggio dell'Italia centrale, Sannazaro ambienta in Arcadia la sua opera, formata da dodici egloghe collegate tra loro da brani in prosa. L'arco narrativo è esile; lo scopo dell'opera è, piuttosto, "la raffinata orchestrazione di stati d'animo e l'evocazione onirica di immagini pastorali"[14]. Da Sannazaro vennero così spunti essenziali per la pittura profana del Cinque- e Seicento. Un buon esempio in tal senso è il *Concerto campestre* di Tiziano, dipinto nel 1510; ma anche tutta l'architettura delle ville dell'Italia settentrionale si rifà alla visione della lieta vita in campagna evocata dal poeta napoletano[15]. In ogni caso, la sua immagine dell'Arcadia è caratterizzata da un tratto elegiaco che è già presente nel modello virgiliano: nell'egloga V, ad esempio, i pastori cantano le loro pene amorose o piangono l'amico morto Androgeo. Tuttavia, mentre il poeta antico richiama anche un futuro gioioso, l'opera del Sannazaro guarda al passato, nella malinconica nostalgia dell'età d'oro perduta.

Questo tratto di malinconia è espresso simbolicamente in tre dipinti che sono tra le manifestazioni più importanti dell'Arcadia nell'arte: uno del Guercino

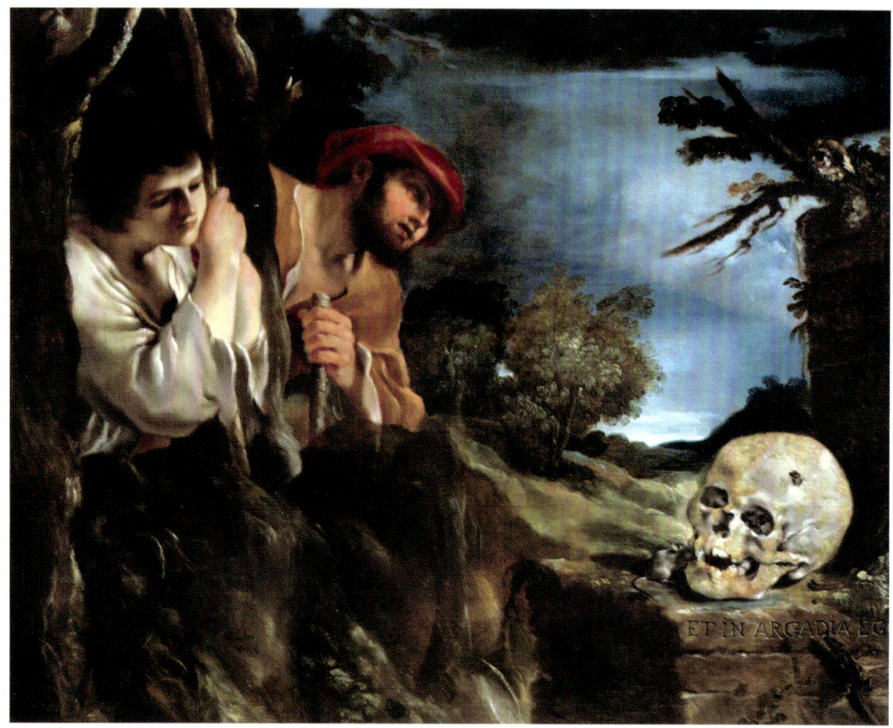

In diesem Sinn ist es also keine Frage des „entweder … oder", sondern des „sowohl … als auch", sodass bei Guercino der im Totenkopf verkörperte Tod, bei Poussin aber der im Grab geborgene Tote spricht. In jedem Fall ist die zuletzt genannte Interpretation die in der Folge fruchtbarere geworden, eindeutig etwa schon bei Denis Diderot (1713–1784).[18]

Im Zentrum von Goethes Interesse während seiner italienischen Reise stand ein anderer Dichter des 16. Jahrhunderts, dem er auch ein eigenes Theaterstück widmete: Torquato Tasso (1544–1595). Goethe besuchte am 2. Februar 1787 das Grab des Poeten in Sant'Onofrio in Rom. 1573 entstand dessen Hirtenspiel *Aminta*, das aus dem höfischen Kontext, in dem es entstand, als ein Lobpreis auf das unverfälschte Naturleben vor dem Hintergrund der Zwänge des Hofes zu verstehen ist. Diese Sehnsucht nach der Befreiung von der Etikette wurde zu einer Konstanten des höfischen Lebens, die ihren skurrilen Kulminationspunkt im Hameau von Schloss Versailles fand, in dem die Entourage der Königin Marie Antoinette (1755–1793) Landleben nachspielte. Diese Maskerade trägt aber nicht die humanistischen Züge der klassischen Arkadien-Vorstellung, bei der künstlerischer Wettstreit ein wesentliches Element des Hirten-Daseins bildet.[19] In diesem Zusammenhang sind auch die mit dem Mythos verbundenen Dichtergesellschaften zu erwähnen, wie der 1644 gegründete Pegnesische Blumenorden in Nürnberg, der bis heute besteht,[20] und die 1690 gegründete Accademia dell'Arcadia, der Goethe, ungeachtet des Mottos seiner *Italienischen Reise*, während seines Romaufenthaltes nur sehr zögerlich beitrat.

Wesentliches Element des vom zivilisatorischen Zwang befreiten Wunschlandes Arkadien ist die Vorstellung von der freien Liebe, deren Freuden nicht durch Eifersucht oder Zwietracht getrübt sind. Wenn Italien Schauplatz des utopischen Arkadien

(1591-1666), eseguito tra il 1621 e il 1623, e due con lo stesso soggetto di Nicolas Poussin (1594-1665), leggermente posteriori. Sulla scia di Panofsky, gli studiosi si sono sempre soffermati sul significato dell'iscrizione che sta al centro delle raffigurazioni, "Et in Arcadia ego", alla luce di quanto scrive Goethe nella prima edizione del *Viaggio in Italia*[16]. In questi tre dipinti i pastori meditano sulla morte, che in Guercino è rappresentata da un teschio, nello spirito di una Vanitas barocca, mentre Poussin si attiene maggiormente ai modelli letterari, dove la morte è adombrata da un sarcofago.

Panofsky fa notare la duplice possibilità di interpretazione del verso, che da un lato può essere letto come un messaggio postumo del defunto, secondo il quale anche lui avrebbe trascorso la sua vita in Arcadia. Dall'altro lato può essere interpretato come un "memento mori", che ricorda come anche i pastori arcadi siano soggetti alla condizione umana e alla finitezza della vita. Nel suo saggio Panofsky preferisce, per ragioni grammaticali, la seconda interpretazione. Questa incertezza interpretativa si riscontra già nella letteratura coeva: mentre Giovanni Pietro Bellori (1613-1696) legge il testo nel senso di Panofsky, André Felibien (1619-1695) lo intende nel senso retrospettivo[17]. Fondamentalmente, tuttavia, c'è da chiedersi se tra i dipinti vi sia un legame tanto stretto da imporre un'interpretazione univoca del verso. In quest'ottica, quindi, le due letture non si escludono necessariamente: in Guercino, chi parla è la Morte incarnata dal teschio, mentre in Poussin è il defunto racchiuso nella tomba. In ogni caso, è questa seconda interpretazione che è diventata più feconda, come testimonia già Denis Diderot (1713-1784)[18].

Durante il viaggio in Italia, al centro dell'interesse di Goethe c'era un altro poeta cinquecentesco: Torquato Tasso (1544-1595), al quale dedicò anche un dramma. Goethe ne visitò la tomba nella chiesa di Sant'Onofrio a Roma il 2 febbraio 1787. Nel 1573 Tasso compose il dramma pastorale *Aminta*, da leggersi come un elogio della semplice vita naturale sullo sfondo delle costrizioni imposte dalla corte, l'ambiente nel quale fu scritto. Questo anelito di liberazione dai vincoli dell'etichetta divenne una costante della vita di corte, toccando un culmine caricaturale nel Borgo della regina alla reggia di Versailles, dove Maria Antonietta (1755-1793) e il suo seguito simulavano la vita rurale. Era una mascherata che non aveva il carattere umanistico della rappresentazione classica dell'Arcadia, che ha nella competizione poetica uno dei suoi elementi essenziali[19]. A questo proposito sono da ricordare le associazioni poetiche ispirate al mito, come l'Ordine infiorato sul Pegnitz (Pegnesischer Blumenorden), fondato a Norimberga nel 1644 e tuttora esistente[20], e l'Accademia dell'Arcadia, fondata nel 1690, che durante il soggiorno romano Goethe, a dispetto del motto del *Viaggio in Italia*, frequentò con molta riluttanza.

Elemento essenziale dell'Arcadia come paese ideale liberato dalle costrizioni della civiltà è l'idea dell'amore libero, le cui gioie non sono offuscate da gelosia o discordia. Se l'Italia è il teatro dell'Arcadia utopistica, molti viaggiatori diretti a sud ne deducono che nella penisola valga anche quell'idea dell'amore; questo, almeno, lasciano presagire le *Elegie romane* di Goethe, composte dopo il ritorno dall'Italia, tra il 1788 e il 1790.

Roberto Zapperi, attento studioso del soggiorno italiano di Goethe, ha approfondito l'aspetto dell'effettivo sottofondo erotico del poeta di Weimar, smitiz-

ist, dann folgerten viele Reisenden auf ihrem Weg in den Süden daraus, dass dort auch die erwähnten Regeln der Liebe gelten. Das ist es, was zumindest die *Römischen Elegien* Goethes erwarten lassen, die nach der Rückkehr von der Italienreise, 1788 bis 1790 entstanden.

Roberto Zapperi, der kundige Forscher von Goethes italienischem Aufenthalt, ist der Frage nach dem tatsächlichen erotischen Hintergrund des Schaffens des Weimarer Dichters nachgegangen und entmythologisiert dessen Werk in dieser Hinsicht gewaltig. „Die käufliche Liebe war für Goethe ein etwas entwürdigender Notbehelf, zu dem er sich gezwungen sah, weil es ihm nicht gelang, eine Beziehung zu einer Frau herzustellen, die bereit war, Liebe und Sexualität zu verbinden, ohne ihren Partner sogleich unter das Joch der Ehe zu zwingen", lautet das ernüchternde Resümee des Autors.[21] Es zeigt sich somit auch an dieser Stelle, dass die Arbeiten Goethes ein literarisches Werk sind und keine Dokumentation realer Umstände. Die *Römischen Elegien* beruhen auf der antiken Liebesdichtung Ovids, Tibulls oder Properz und wollen zeigen, dass die antiken Sitten noch im Rom des ausgehenden 18. Jahrhunderts lebendig waren. Die realen Umstände waren freilich anders, als man es aus der antiken Literatur erwarten konnte, wie auch ein anderer Italienreisender, Johann Gottfried Seume (1763 – 1810), in anderem Zusammenhang erkennen musste. Die Suche nach den beim antiken Autor Plutarch gepriesenen Rosen von Paestum (1802) stieß in diesem Sinn beim örtlichen Wirten auf grundlegendes Unverständnis. Es galt auch für Goethe der Satz, der sich in seinem 1780 entstandenen Theaterstück über die Tragödie von Torquato Tasso schrieb, nach dem „erlaubt ist, was sich ziemt" und nicht „erlaubt ist, was gefällt."

Das englische Arkadien

Eine seltsame Verknüpfung mit überlieferten Traditionen des Ritterromans ging der Traum von Arkadien in England ein, eine Verknüpfung, die in Form des Landschaftsparks letztlich dem geistigen Reich Arkadien einen konkreten Schauplatz verschaffen sollte. Am Beginn dieser Entwicklung stand Philip Sidney (1554–1586), der 1580 das Epos *Arcadia* verfasste.[22] Dieses Werk ist aufs Engste mit den Landgütern von Henry Herberg, Earl of Pembroke (1538–1601), verbunden, der Sidneys Schwager war. Diesem literarischen Einfluss ist die Gestaltung von Wilton House zu verdanken.[23] Nach den politischen Auseinandersetzungen des 17. Jahrhunderts konnte sich die Freude an einem heiteren arkadischen Landschaftsgarten im 18. Jahrhundert voll entfalten. Dabei blieb die Vorbildhaftigkeit Italiens, das durch die Reisen des Adels in der Grand Tour erfahren wurde, unbestritten, am besten erkennbar in der Vorbildhaftigkeit der Bauten Palladios für die diversen Herrenhäuser.[24] Diese Verbindung wird in dem wohl einflussreichsten Landschaftsgarten, dem Park von Schloss Stourhead, ab 1742 angelegt, besonders deutlich, wenn die palladianischen Bauten zusätzlich noch mit Zitaten aus Vergils Werken beschriftet sind. Grundlage dieses arkadischen Prinzips der Gartengestaltung war vor allem das Werk *The Four Seasons* des Schottischen Dichters James Thomson (1700–1748). Die 1730 erschienene Ausgabe dieses Gedichts war von William Kent (1685–1748) illustriert, der als Gartengestalter der Begründer des englischen Landschaftsgartens wurde. Die Verse von Thomson beziehen sich ausdrücklich auf Vergil, wenn

Abb. 3 Nicolas Poussin, *Die Hirten von Arkadien*, um 1650/1655, Öl auf Leinwand, Musée du Louvre, Paris

Fig. 3 Nicolas Poussin, *I pastori dell'Arcadia*, 1650/1655 circa, olio su tela, Musée du Louvre, Parigi

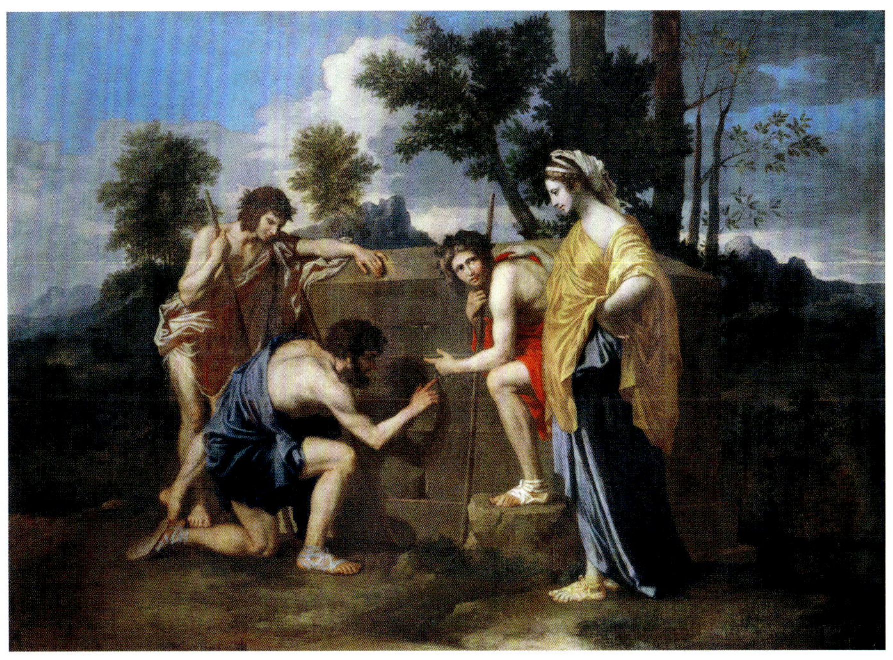

degradante, al quale si vedeva costretto perché non riusciva a stabilire una relazione con una donna che fosse disposta a unire amore e sessualità senza obbligare immediatamente il suo compagno al vincolo del matrimonio", riassume Zapperi con sobria concretezza[21]. Si dimostra così anche a questo proposito che quelle di Goethe sono opere letterarie, e non una documentazione di situazioni reali. Le *Elegie romane* si rifanno alla poesia amorosa di Ovidio, Tibullo o Properzio, e vogliono dimostrare che a Roma, sul finire del Settecento, gli antichi costumi erano ancora vivi. Ovviamente le condizioni reali erano diverse da quanto si poteva ricavare dalla letteratura antica, come dovette riconoscere anche un altro viaggiatore in Italia, Johann Gottfried Seume (1763-1810). Nel 1802 la sua ricerca delle rose di Paestum, elogiate nell'antichità da Plutarco, si scontrò con la fondamentale incomprensione dell'oste locale. Anche per Goethe valeva l'espressione, che egli riprende nell'opera teatrale dedicata alla tragedia di Torquato Tasso (1780): "Piaccia, se lice" e non "S'ei piace, ei lice".

L'Arcadia inglese

In Inghilterra il sogno dell'Arcadia si intrecciò in una singolare combinazione con le tradizioni del romanzo cavalleresco; combinazione che, nella forma del giardino paesaggistico, creò uno scenario concreto per il paesaggio spirituale dell'Arcadia. Alle origini di questo sviluppo sta Philip Sidney (1554-1586), che nel 1580 compose il romanzo in prosa e versi *Arcadia*[22]. Quest'opera ha uno stretto legame con le proprietà terriere di Henry Herberg, conte di Pembroke (1538-1601) e cognato di Sidney. È a questa influenza letteraria che si deve la realizzazione di Wilton House[23]. Dopo i disordini politici del Seicento, nel secolo seguente la gioia per l'atmosfera serena di un giardino arcadico poté esprimersi pienamente. L'esempio dell'Italia, che gli aristocratici potevano conoscere durante i loro Grand Tour, rimase indiscusso e

er sich auf sein Vorbild mit den Worten beruft, „such as the Mantuan Swain paints in imortal verse and machless song.“[25] Die bildliche Umsetzung der Idee des englischen Landschaftsgartens sind die Bilder Jakob Philipp Hackerts (1737–1807), auch wenn der Maler selbst, von einem kurzen Aufenthalt in Dover abgesehen, nicht in England war. In seinen arkadischen Landschaftsbildern, die nicht zufällig gerade englische Italienreisende begeisterten, findet sich die Verbindung von idyllischer Landschaft und italienisch klassischen Architekturelementen, die charakteristisch für die Struktur der Gartengestaltung in England war.[26] Beruht somit die Anlage dieser Parks auf einem pittoresken Element, nämlich der Schaffung von vielfältigen anregenden Aussichtspunkten in der Natur, so sind die Bilder Hackerts deren Umsetzung in Ölgemälden, wobei auch auf die Pastorale in der Staffage im Vordergrund nicht vergessen wird.

Arkadien in Deutschland

Bald schon fand der Landschaftspark auch Eingang in die mitteleuropäische Schlösserlandschaft. Zu nennen sind hier vor allem das Gartenreich in Wörlitz ab 1769 oder Schloss Schönbusch bei Aschaffenburg (1775). Neben der gezielten Wegführung der Besucher zu idyllischen Ausblicken spielt auch die Frage der Möblierung dieses kleinen Arkadiens eine wesentliche Rolle. Fester Bestandteil sind nicht nur Graburnen,[27] wie in Wörlitz, oder fantasievolle Bauerndörfer, wie in Aschaffenburg, immer wieder wird auch auf Italien Bezug genommen. Bestes Beispiel dafür ist der sogenannte „Stein“ in Wörlitz, ein künstlicher stark verkleinerter Vesuv, der in Form eines Feuerwerks ausbrechen konnte; die Imitation geht sogar so weit, dass die Villa des Grafen Hamilton in Neapel, die auch Goethe besuchte, in kleinem Maßstab am Fuße des künstlichen Berges nachgebildet ist. Der Bezug zum klassischen Arkadien konnte noch weiter gehen, wenn etwa in Kassel/Wilhelmshöhe das Grab des verehrten Dichters Vergil um die gleiche Zeit nachgebildet wird.[28] Goethe war selbst mehrfach in Wörlitz zu Gast und schrieb darüber an Frau von Stein: „Hier ist's jetzt unendlich schön. Mich hat's gestern Abend sehr gerührt. […] wie die Götter dem Fürsten erlaubt haben, einen Traum um sich herum zu schaffen.“ Auch wenn Goethe selbst auf die Vorbildwirkung von Wörlitz bei der ab 1782 erfolgten Anlage des Ilm-Parks beim Weimarer Schloss Bezug nimmt, so greift der letztgenannte Park als Rückzugsort viel weniger gestalterisch in die Natur ein, als die als „das Gartenreich“ bezeichnete didaktisch verstandene Anlage in Wörlitz.[29]

    In der deutschen Literatur offenbar erstmalig findet sich der Mythos von Arkadien im Buch des Freiburger Autors Johann Georg Jacobi (1740–1814) mit dem Titel *Winterreise* von 1769. Hier ist eindeutig dieselbe Interpretation des Sinnspruches auf dem Grabstein gegeben, die oben von Diderot zitiert wurde. In dieser Auffassung folgt dem Autor auch Friedrich Schiller (1759–1805) in seinem Gedicht *Resignation*, das mit folgenden Worten beginnt: „Auch ich war in Arkadien geboren, auch mir hat die Natur aus meiner Wiege Freud zugeschworen, Auch ich war in Arkadien geboren, Doch Tränen gab der kurze Lenz mir nur.“

    Vor diesem Hintergrund wird auch die Widmungsaufschrift Goethes in den frühen Ausgaben der *Italienischen Reise* zu verstehen sein. Es findet sich in diesem Werk der Dichtkunst somit gleich am Beginn das Spannungsverhältnis dieses sen-

gli aristocratici potevano conoscere durante i loro Grand Tour, rimase indiscusso e si riconobbe soprattutto nella ripresa del modello palladiano in tante dimore signorili[24]. Tale legame è particolarmente evidente nel giardino paesaggistico che esercitò l'influenza maggiore, il parco di Stourhead, realizzato a partire dal 1742: sui suoi edifici palladiani sono scritti versi di Virgilio. Alla base di questa ispirazione arcadica del giardino stava soprattutto l'opera *The Seasons* del poeta scozzese James Thomson (1700-1748). L'edizione del 1730 di questi poemetti fu illustrata da William Kent (1685-1748), architetto di giardini e fondatore del giardino paesaggistico inglese. I versi di Thomson si rifanno esplicitamente a Virgilio, evocato con queste parole: "come il Cigno di Mantova dipinge in versi immortali e in canto senza pari"[25]. La realizzazione pittorica dell'idea sottesa al giardino paesaggistico inglese si trova nei dipinti di Jakob Philipp Hackert (1737-1807), anche se l'artista, a parte un breve soggiorno a Dover, non fu mai in Inghilterra. Nei suoi paesaggi arcadici, che non a caso suscitarono l'entusiasmo dei viaggiatori inglesi in Italia, si ritrova quella combinazione di paesaggio idillico ed elementi architettonici classici che caratterizzava l'impianto dei giardini in Inghilterra[26]. Se la realizzazione di questi parchi si basa su un elemento pittoresco, vale a dire la creazione di diversi punti di veduta interessanti nella natura, i dipinti di Hackert ne sono la trasposizione pittorica, che, con le figure in primo piano, non trascura l'elemento pastorale.

L'Arcadia tedesca

Ben presto il parco paesaggistico fece il suo ingresso anche nei castelli dell'Europa centrale. A tale proposito sono da ricordare soprattutto il Gartenreich di Wörlitz, la cui realizzazione iniziò nel 1769, o il parco dello Schloss Schönbusch nei dintorni di Aschaffenburg (1775). In queste piccole Arcadie, oltre all'indirizzare il percorso dei visitatori verso le vedute idilliche, è importante l'aspetto dell'arredo. Elementi fissi dove i riferimenti all'Italia sono molto frequenti sono non solo le urne funerarie[27], come a Wörlitz, o fantasiosi villaggi contadini come ad Aschaffenburg. L'esempio migliore in tal senso è il cosiddetto "Stein", la Roccia, a Wörlitz. Si tratta di un piccolo Vesuvio artificiale che poteva eruttare fuochi d'artificio; l'imitazione arriva a tal punto che ai piedi del piccolo vulcano è riprodotta in scala ridotta la villa napoletana del conte Hamilton, visitata anche da Goethe. Il richiamo all'Arcadia classica poteva spingersi ancora oltre: nello stesso periodo, ad esempio, a Kassel Wilhelmshöhe venne replicata la tomba del venerato Virgilio[28]. Goethe fu più volte ospite a Wörlitz e ne scrisse a Charlotte von Stein: "Qui è meravigliosamente bello. Ieri sera [...] mi sono sentito pervaso da una grande commozione [...] gli dèi hanno concesso al principe di crearsi tutt'attorno un paese di sogno". Benché lo stesso Goethe ricordi che Wörlitz fu preso a modello per il parco sull'Ilm (realizzato a partire dal 1782) nei pressi del castello di Weimar, quest'ultimo, ideato come un luogo di ritiro, interviene sulla natura, modellandola, molto di meno rispetto al parco di Wörlitz, detto anche "il regno dei giardini" e improntato a un intento didattico[29].

Nella letteratura tedesca il mito dell'Arcadia compare per la prima volta nel *Winterreise* ("Viaggio invernale", 1769) del friburghese Johann Georg Jacobi (1740-1814), che interpreta l'iscrizione nel senso di Diderot. A questa interpretazione si rifà anche Friedrich Schiller (1759-1805), che apre l'ode *La rassegnazione* con queste

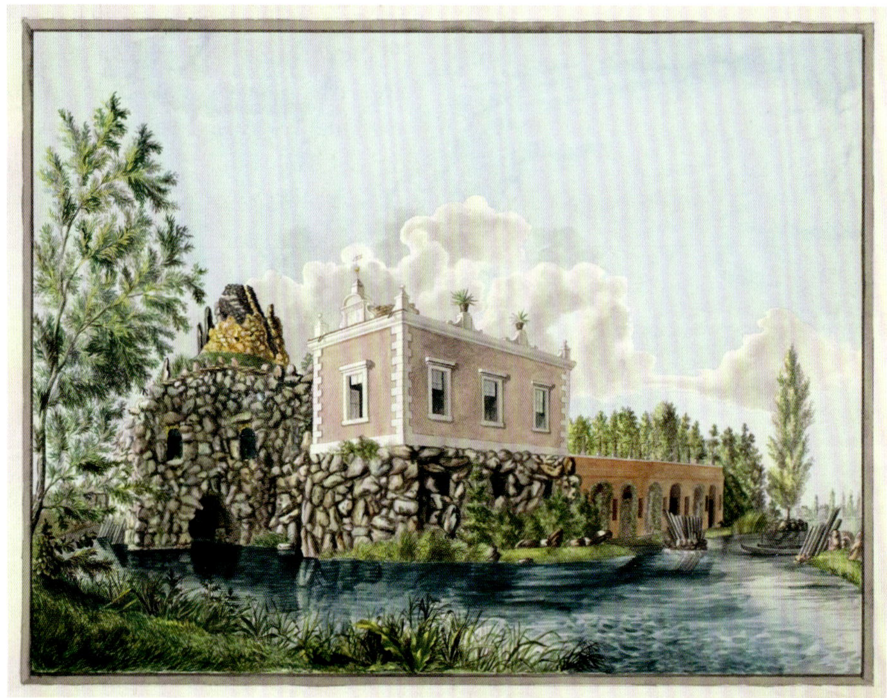

Abb. 4 Karl Kuntz, *Die Villa Hamilton und der „Stein" in Wörlitz*, 1797, Aquarell, LIECHTENSTEIN. The Princely Collections – Vaduz-Vienna

Fig. 4 Karl Kuntz, *Villa Hamilton e lo "Stein" a Wörlitz*, 1797, acquerello, LIECHTENSTEIN. The Princely Collections – Vaduz-Vienna

timentalen Mottos mit den banalen Lebensumständen des Dichters, denen er sich nur durch Flucht entziehen kann, man hätte ihn sonst nicht weggelassen, wie er erläuternd feststellt.

Flucht vor bedrängten Umständen, das ist das ständig wiederkehrende Motiv des Nordländers, der über die Alpen zieht. Schon Albrecht Dürer (1471–1528) hatte geklagt, er werde sich nach seiner Rückkehr nach der Sonne sehnen.[30] Nach Goethe ist es vor allem dessen Dichterkollege Franz Grillparzer (1791–1872), der seine Wiener Probleme auf der Fahrt in den Süden hinter sich lassen will. Nach dem Selbstmord von Bruder und Mutter brach der Dichter im März 1819 in den Süden auf. Finanziert wurde dieses Reise durch den Grafen Deym, in dessen Gefolge er die Reise unternahm, eine Reise, die erfolgreicher verlief als die vergleichbare Gotthold Ephraim Lessings (1729–1781), der für seine Fahrt in den Süden 50 Jahre zuvor die Finanzierung des Prinzen Leopold von Braunschweig benötigt hatte. Dieser Dichter hatte somit nicht die persönliche Freiheit, die der in Weimar beurlaubte Goethe genoss, und die Abhängigkeit von den Reiseplänen seines Dienstherrn dämpfte die Begeisterung für das Land erheblich. „Wahrhaft, ich sehne mich herzlich wieder nach Deutschland," klagte Lessing am 12. Juli 1775, „[d]enn in dieser Hitze in Italien herumreisen, um sich zu besehen, ist eine Sache, die mich gewaltig hinnimmt."[31] Auffällig ist auch der Unterschied von Lessings kärglichen Tagebuchaufzeichnungen im Vergleich zu Goethes *Italienischer Reise*. Dieter Hildebrandt stellt in seiner Lessing-Biografie überrascht fest: „[I]n Neapel staunt Lessing nicht über die Stadt, nicht über den Vesuv, nicht über den Anblick der sonnenflirrenden Bucht, nicht über die Dreieinigkeit aus Süden, Wasser und Zivilisation: Er schreibt sich – Kochrezepte auf."[32]

Eine derartige Enttäuschung übertriebener Italienerwartungen blieb Joseph von Eichendorff (1788–1857) erspart, da er selbst nie in Italien war. Sein Bild von

parole: "Ed io pure, io nacqui in Arcadia! La natura, quando dalla culla io emersi, la solenne promessa della felicità mi ha fatto. Io nacqui in Arcadia, ma una fuggitiva primavera non arrecommi che lagrime".

In questo senso va letta anche la dedica di Goethe riportata nelle prime edizioni del *Viaggio in Italia*. Così, proprio all'inizio di quest'opera letteraria, si trova espressa la tensione tra questo motto sentimentale e la banalità della vita dalla quale il poeta può sottrarsi solo con la fuga, altrimenti, spiega, non lo avrebbero lasciato andare.

La fuga da condizioni opprimenti è il motivo ricorrente dell'uomo del Nord che valica le Alpi. Già Albrecht Dürer (1471-1528) lamentava che al suo ritorno in Germania avrebbe bramato il sole[30]. Dopo Goethe, è soprattutto un altro poeta, Franz Grillparzer (1791-1872), che prova a lasciarsi alle spalle i problemi di Vienna intraprendendo un viaggio al Sud. Dopo il suicidio del fratello e della madre, nel marzo del 1819 Grillparzer partì al seguito del conte Deym, finanziatore del viaggio. Viaggio che si svolse più felicemente di quello di Gotthold Ephraim Lessing (1729-1781) il quale, cinquant'anni prima, aveva avuto bisogno del finanziamento del principe Leopoldo di Brunswick. Lessing non aveva la libertà personale di cui poteva godere Goethe, in congedo da Weimar, e la dipendenza dai programmi del suo padrone smorzò notevolmente il suo entusiasmo per l'Italia. "Davvero desidero di tutto cuore ritornare in Germania", lamentava Lessing il 12 luglio 1775, "perché viaggiare per l'Italia in questa calura, visitando ovunque, è una cosa che mi affatica enormemente"[31]. Degna di nota è anche la differenza tra le parche annotazioni nel diario di Lessing e il *Viaggio in Italia* di Goethe. Nella sua biografia di Lessing, Dieter Hildebrandt constata con stupore: "A Napoli Lessing non si meraviglia della città né del Vesuvio, e nemmeno della vista del golfo scintillante al sole e della trinità sud-acqua-civiltà; annota solo ricette di cucina"[32].

Una simile delusione di aspettative eccessive fu risparmiata a Joseph von Eichendorff (1788-1857), che in Italia non andò mai. Perciò la sua visione del paese rimane un'immagine incontaminata di nostalgia per un ideale che non si può definire in dettagli topografici. Lo si vede in modo particolarmente chiaro nel romanzo *Storia di un fannullone*, uscito nel 1826, in cui i problemi del protagonista si risolvono miracolosamente con un viaggio al sud. Queste idee, che, senza nominarlo esplicitamente, coincidono con il sogno secolare dell'Arcadia, sono espresse all'inizio, quando si legge: "L'Italia è un gran bel paese [...] dove il buon Dio pensa a tutto: ti stendi al sole e le fragole ti crescono in bocca"[33].

[1] J.H. Zedler, *Universal-Lexicon aller Wissenschaften und Künste*, Halle-Leipzig 1731-1754, supplemento 2, col. 162.

[2] J.W. von Goethe, *Faust, der Tragödie zweiter Teil*, III atto, V. 9.572. Michael Neumann, *Faust und Helena*, in Keller, Werner (a cura di), *Aufsätze zu "Faust II"*, Darmstadt 1992, p. 241.

[3] B. Snell, *L'Arcadia: scoperta di un paesaggio spirituale*, in Idem, *La cultura greca e le origini del pensiero europeo*, Einaudi, Torino 1963, pp. 387-418.

[4] Ovidio, *Metamorfosi*, libro V, vv. 571-641.

[5] Virgilio, *Eneide*, libro VIII, v. 51.

[6] N. Holzberg, *Vergil. Der Dichter und sein Werk*, München 2006, p. 89.

[7] Orazio, *Il libro degli epodi*, II.

[8] Orazio, *Il libro degli epodi*, II, vv. 23-28.

[9] Ricordiamo che nelle egloghe di Virgilio si trovano diverse allusioni ad avvenimenti politici contemporanei. Ad esempio, il lamento per il poeta pastore Dafni richiama l'assassinio di Giulio Cesare. Alden Smith (R. Alden Smith, *Vergil. Dichter der Römer*, Darmstadt 2012, p. 80) conferma questo collegamento richiamando l'ulteriore

diesem Land bleibt daher ein unversehrtes Sehnsuchtsbild eines Ideals, das topografisch im Detail nicht festzumachen ist. Besonders deutlich wird das in der Novelle *Aus dem Leben eines Taugenichts*, erschienen 1826, dessen Probleme sich in wundersamer Weise bei einer Reise in den Süden lösen. Diese Vorstellungen, die, ohne es namentlich zu erwähnen, dem jahrhundertealten Traum von Arkadien entsprechen, werden gleich zu Beginn exemplifiziert, wenn es heißt: „Italien ist ein schönes Land […] da sorgt der liebe Gott für alles, da kann man sich im Sonnenschein auf den Rücken legen."[33]

[1] Zedler, Johann Heinrich: *Universal-Lexicon aller Wissenschaften und Künste*, Halle–Leipzig 1731–1754, Supplement 2, Sp. 162.

[2] Goethe, Johann Wolfgang von: *Faust, der Tragödie zweiter Teil*, 3. Akt, V. 9.572. Neumann, Michael: „Faust und Helena", in: Keller, Werner (Hg.): *Aufsätze zu „Faust II"*, Darmstadt 1992, S. 241.

[3] Snell, Bruno: „Arkadien, die Entdeckung einer geistigen Landschaft", in: *Antike und Abendland*, Bd. 1, 1944, S. 26–41.

[4] Ovid: *Metamorphosen*, Fünftes Buch, V. 571–641.

[5] Vergil: *Äneis*, Achtes Buch, V. 51.

[6] Holzberg, Niklas: *Vergil. Der Dichter und sein Werk*, München 2006, S. 89.

[7] Horaz: *Buch der Epoden* 2.

[8] Horaz: *Buch der Epoden* 2, V. 23–28.

[9] Es ist am Rande zu vermerken, dass sich in den *Eklogen* des Vergil an vielfacher Stelle Anspielungen an aktuelle politische Ereignisse finden. So wird die Klage um den Hirten-Dichter Daphnis mit der Ermordung Caesars in Verbindung gebracht. Alden Smith (Smith, R. Alden: *Vergil. Dichter der Römer*, Darmstadt 2012, S. 80) bejaht diesen Zusammenhang unter Nennung der weiteren Literatur zu dem Thema, Michael von Albrecht (Albrecht, Michael von: *Vergil. Eine Einführung*, Heidelberg 2007, S. 26) lehnt ihn ab. Das ist aber für die Rezeptionsgeschichte nicht von Belang.

[10] Brant, Sebastian (Hg.): *Publii Vergilii Maronis Opera*, Straßburg 1502, S. 16ʳ.

[11] Brandt, Reinhard: *Arkadien in Kunst, Philosophie und Dichtung*, Freiburg im Breisgau–Berlin 2005, S. 45f.

[12] Hardt, Manfred: *Geschichte der Italienischen Literatur*, Frankfurt am Main 2003, S. 156.

[13] Maisak, Petra: „Et in Arcadia ego", in: Manger, Klaus (Hg.): *Italienbeziehungen des klassischen Weimar*, Tübingen 1997, S. 28; sowie Maisak, Petra: „Et in Arcadia ego. Zum Motto der ‚Italienischen Reise'", in: Göres, Jörn (Hg.): *Goethe in Italien*, Katalog Goethe-Museum Düsseldorf 1986, Düsseldorf 1986, S. 133–145.

[14] Hardt: *Geschichte* (wie Anm. 12), S. 265.

[15] Moehrke, Silke: *Bauern, Hirten und Gelehrte: Die italienische Villenkultur und Entwürfe ländlichen Lebens, zwischen Ideal und Wirklichkeit*, Gießen 2006, S. 127.

[16] Panofsky, Erwin: "'Et in Arcadia ego'. On the Conception of Transience in Poussin and Watteau", in: Klibansky, R./Paton, H. J. (Hg.): *Philosophy and History. Essays presented to Ernst Cassirer*, Oxford 1936, S. 223–254.

[17] Giovanni Pietro Bellori (*Le vite de' pittori, scultori ed architetti moderni*, Rom 1672, S. 448): „Et in arcadia ego, cioè, che il sepolcro si trova ancora in Arcadia, e la Morte a luogo in mezzo le felicità", bzw. André Félibien (*Entretiens sur les vies et sur les ouvrages des plus excellens peintres*, Bd. 4, Paris 1685): „on a voulu marquer que celui, qui est dans cette sépoulture a vécu an Arcadie et que la mort se rencontre parmi les plus grandes félicitez."

[18] Diderot, Denis: *De la poésie dramatique*, Amsterdam 1772, S. 355.

[19] Eine ähnliche Maskerade zeigt auch ein Gemälde von Seekatz, das die Familie Goethe im Schäferkostüm zeigt.

[20] Garber, Klaus: *Arkadien. Ein Wunschbild der europäischen Literatur*, München 2009, S. 43.

[21] Zapperi, Roberto: *Das Inkognito*, München, 1999, S. 144.

[22] Stewart, Alan: *Philip Sidney. A Double Life*, London 2001.

[23] Nicolson, Adam: *Arcadia. The Dream of Perfection in Renaissance England*, New York 2008.

[24] Ruff, Allan R.: *Arcadian Visions. Pastoral Influence on Poetry, Painting and the Design of Landscape*, Oxford 2015.

[25] Zitiert nach Ruff: *Arcadian Visions* (wie Anm. 24), S. 85.

[26] Wagner, Reinhard: „Italia et Britannia. Projektionen nationaler Identität in den arkadischen Landschaften Jakob Philipp Hackerts", in: Gaßner, Hubertus/Güse, Ernst-Gerhard: *Jakob Philipp Hackert. Europas Landschaftsmaler der Goethezeit*, Katalog Klassik Stiftung Weimar 2008 und Hamburger Kunsthalle 2008–2009, Weimar–Hamburg 2008, S. 60–69.

[27] „Der Tod scheint im Wörlitzer Park allgegenwärtig zu sein. In ihm wurden die im Säuglingsalter verstorbene Tochter des Fürstenpaares und der Gärtner Schoch begraben und auf dem alten Kirchhof befindet sich ein Sarkophag mit den Gebeinen Wörlitzer Bürger." (Mittelstädt, Ina: *Wörlitz Weimar Muskau. Der Landschaftsgarten als Medium des Hochadels [1760–1840]*, Köln–Weimar–Wien 2015, S. 128).

[28] Baum, Constanze: *Ruinenlandschaften. Spielräume der Einbildungskraft in Reiseliteratur und bildkünstlerischen Werken über Italien im 19. und frühen19. Jahrhundert*, Heidelberg 2014, S. 284.

[29] Mittelstädt: *Wörlitz* (wie Anm. 27), S. 230.

[30] Rebel, Ernst: *Albrecht Dürer*, München 1996, S. 232.

[31] Zitiert nach Grimm, Gunter/Breymayer, Ursula/Erhart, Walter: *Ein Gefühl von freierem Gefühl. Deutsche Dichter in Italien*, Berlin–Heidelberg 1990, S. 36.

[32] Hildebrandt, Dieter: *Lessing. Biographie einer Emanzipation*, Frankfurt am Main 1982, S. 395.

[33] Eberhardt, Otto: *Eichendorffs Taugenichts. Quellen und Bedeutungshintergrund*, Würzburg 2000, S. 285.

letteratura sul tema, mentre Michael von Albrecht (Michael von Albrecht, *Vergil. Eine Einführung*, Heidelberg 2007, p. 26) lo rigetta. In ogni caso, ai fini della storia della ricezione, si tratta di un dettaglio ininfluente.

[10] S. Brant (a cura di), *Publii Vergilii Maronis Opera*, Straßburg 1502, p. 16ᵣ.

[11] R. Brandt, *Arkadien in Kunst, Philosophie und Dichtung*, Freiburg im Breisgau-Berlin 2005, pp. 45 sg.

[12] M. Hardt, *Geschichte der Italienischen Literatur*, Frankfurt am Main 2003, p. 156.

[13] P. Maisak, *Et in Arcadia ego*, in Klaus Manger (a cura di), *Italienbeziehungen des klassischen Weimar*, Tübingen 1997, p. 28; e Petra Maisak, *Et in Arcadia ego. Zum Motto der "Italienischen Reise"*, in Jörn Göres (a cura di), *Goethe in Italien*, catalogo Goethe-Museum Düsseldorf 1986, Düsseldorf 1986, pp. 133-145.

[14] Hardt, *Geschichte der Italienischen Literatur*, cit., p. 265.

[15] S. Moehrke, *Bauern, Hirten und Gelehrte: Die italienische Villenkultur und Entwürfe ländlichen Lebens, zwischen Ideal und Wirklichkeit*, Gießen 2006, p. 127.

[16] E. Panofsky, *"Et in Arcadia ego". On the Conception of Transience in Poussin and Watteau*, in R. Klibansky e H.J. Paton (a cura di), *Philosophy and History. Essays presented to Ernst Cassirer*, Oxford 1936, pp. 223-254.

[17] G.P. Bellori (*Le vite de' pittori, scultori et architetti moderni*, Roma 1672, p. 448): "ET IN ARCADIA EGO cioè che il sepolcro si trova ancora in Arcadia, e la Morte hà luogo in mezzo le felicità"; André Félibien (*Entretiens sur les vies et sur les ouvrages des plus excellens peintres*, vol. 4, Paris 1685): "on a voulu marquer que celui, qui est dans cette sépoulture a vécu an Arcadie et que la mort se rencontre parmi les plus grandes félicitez".

[18] D. Diderot, *De la poésie dramatique*, Amsterdam 1772, p. 355.

[19] Una mascherata simile si ritrova in un dipinto di Johann Conrad Seekatz, che ritrae la famiglia di Goethe in vesti pastorali.

[20] K.Garber, *Arkadien. Ein Wunschbild der europäischen Literatur*, München 2009, p. 43.

[21] R. Zapperi, *Das Inkognito*, München 1999, p. 144.

[22] A. Stewart, *Philip Sidney. A Double Life*, London 2001.

[23] A. Nicolson, *Arcadia. The Dream of Perfection in Renaissance England*, New York 2008.

[24] A.R. Ruff, *Arcadian Visions. Pastoral Influence on Poetry, Painting and the Design of Landscape*, Oxford 2015.

[25] "Such as the Mantuan Swain paints in immortal verse and matchless song"; in Ruff, *Arcadian Visions*, cit., p. 85.

[26] R. Wagner, *Italia et Britannia. Projektionen nationaler Identität in den arkadischen Landschaften Jakob Philipp Hackerts*, in Hubertus Gaßner e Ernst-Gerhard Güse, *Jakob Philipp Hackert. Europas Landschaftsmaler der Goethezeit*, catalogo Klassik Stiftung Weimar 2008 e Hamburger Kunsthalle 2008-2009, Weimar-Hamburg 2008, pp. 60-69.

[27] "Nel parco di Wörlitz la morte è presente ovunque. Vi sono sepolti la figlia morta in fasce della coppia principesca e il giardiniere Schoch, e nel vecchio cimitero si trova un sarcofago con i resti dei cittadini di Wörlitz" (Ina Mittelstädt, *Wörlitz Weimar Muskau. Der Landschaftsgarten als Medium des Hochadels [1760-1840]*, Köln-Weimar-Wien 2015, p. 128).

[28] C. Baum, *Ruinenlandschaften. Spielräume der Einbildungskraft in Reiseliteratur und bildkünstlerischen Werken über Italien im 19. und frühen 19. Jahrhundert*, Heidelberg 2014, p. 284.

[29] Mittelstädt, *Wörlitz*, cit., p. 230.

[30] E. Rebel, *Albrecht Dürer*, München 1996, p. 232.

[31] In G. Grimm, U. Breymayer e W. Erhart, *Ein Gefühl von freierem Gefühl. Deutsche Dichter in Italien*, Berlin-Heidelberg 1990, p. 36. [Edizione italiana: *Storia e critica*, Deutsches Historisches Institut in Rom, 1992, p. 18.]

[32] D. Hildebrandt, *Lessing. Biographie einer Emanzipation*, Frankfurt am Main 1982, p. 395.

[33] J. von Eichendorff, *Storia di un fannullone*, tr. it. di U. Natoli, Einaudi, Torino 1971, p. 29.

Nördliche Spiegelungen – Italien und das höfische Weimar zur Goethezeit

Rainer Krauß

„Wer sich mit Ernst hier umsieht und Augen hat, zu sehen, muß solid werden, er muß einen Begriff von Solidität fassen, der ihm nie so lebendig ward. Der Geist wird zur Tüchtigkeit gestempelt, […] zu einem gesetzten Wesen mit Freude. Mir wenigstens ist es, als wenn ich die Dinge dieser Welt nie so richtig geschätzt hätte als hier. Ich freue mich der gesegneten Folgen auf mein ganzes Leben", lesen wir unter dem 10. November [1786] in Johann Wolfgang von Goethes erst 30 Jahre später, 1816, erschienen ersten Band der „Italienischen Reise". Diese bekenntnishaften Worte, schon dem zwölften Tage nach seiner Ankunft in Rom zugeordnet, könnten als Beleg und Prüfstein für die Italienbegeisterung und die Erwartungen an eine Reise im Weimar der zweiten Hälfte des 18. Jahrhunderts taugen.

Selbstverständlich gab es schon vor und in der ersten Hälfte des 18. Jahrhunderts in Sachsen-Weimar wissenschaftlichen und künstlerischen Austausch mit Italien.[1] Aber der allgemeine Wandel von der franko- zur italophilen Begeisterung, sowohl des Adels wie auch der bürgerlichen Elite, tritt erst mit dem Beginn der Aufklärung zutage. Ihr frühester Zeitpunkt ist für Weimar mit dem Eintritt Christoph Martin Wielands 1772 als Prinzenerzieher und 1775 mit Christian Joseph Jagemann (1735–1804) als Bibliothekar in den Dienst der Herzogin Anna Amalia (1739–1807) recht genau zu bestimmen. In Wieland (1733–1813) begegnen wir einem der bedeutendsten deutschen Aufklärer. Neben seiner eigenen literarischen Tätigkeit und als Übersetzer antiker Quellen stellt sein *Der Teutsche Merkur*[2] die wichtigste Leistung dar. Der *Merkur* wird zum Sprachrohr der kulturellen Elite. Die Breite und Vielfalt der Beiträge weisen auf die liberale und universelle Zielstellung hin. Im *Merkur* finden sich eine Vielzahl von Beiträgen, die über die politischen und geografischen Fakten des Länderbereichs berichten, den wir gegenwärtig als Nationalstaat Italien kennen und die sich vor allem auch zu künstlerischen Fragen äußern.[3] Die wichtigsten Weimarer Autoren sind Jagemann und schon seit seiner römischen Zeit ab 1794 Karl Ludwig Fernow (1763–1808), „[…] die bedeutendsten Vertreter der deutschen Italianistik."[4] Fernow, seit 1803 Professor in Jena, ist Nachfolger von Jagemann sowie enger Mitwirkender im Kreis der „Weimarer Kunstfreunde" um Goethe und Johann Heinrich Meyer (1760–1832). Seine Biografie über Jacob Asmus Carstens von 1806 zeigt ihn als konsequenten Vertreter der Autonomieästhetik. Aber auch Friedrich Justin Bertuch, Karl August

Riflessioni nordiche – l'Italia e la corte
di Weimar al tempo di Goethe

Rainer Krauß

"Chi sa guardare con serietà a queste cose e ha occhi per vedere deve rinsaldarsi, deve acquistare un'idea della solidità quale non ebbe mai così viva. Lo spirito s'impronta a vigorosità, si fa serio senza divenire arido, posato senza rinunciare alla gioia. Io perlomeno ho l'impressione di non aver mai apprezzato come qui il valore delle cose di questo mondo, e mi rallegro delle fauste conseguenze che ne ritrarrò per tutta la vita", leggiamo al 10 novembre [1786] nel primo volume del *Viaggio in Italia* di Johann Wolfgang von Goethe, pubblicato a trent'anni di distanza, nel 1816. Queste parole, vera e propria professione di fede scritta dodici giorni dopo l'arrivo a Roma, possono essere lette come testimonianza e veridicità dell'entusiasmo per l'Italia e delle aspettative legate alla sua visita nella Weimar della seconda metà del Settecento.

Naturalmente già nella prima metà del secolo, e ancora prima, nel ducato di Sassonia-Weimar non mancavano gli scambi artistici e scientifici con l'Italia[1]. Tuttavia, il generale cambio di passo nell'entusiasmo franco- e italofilo, tanto presso l'aristocrazia quanto nell'élite borghese, si manifestò con l'inizio dell'Illuminismo. La prima espressione di tale entusiasmo a Weimar può essere fatta risalire con precisione al 1772, con l'arrivo di Christoph Martin Wieland come precettore del principe, e al 1775, con la nomina di Christian Joseph Jagemann (1735-1804) a bibliotecario al servizio della duchessa Anna Amalia (1739-1807). Wieland (1733-1813) è uno dei più importanti illuministi tedeschi. Oltre alla sua attività di letterato e traduttore di fonti antiche, il suo contributo principale è costituito dalla rivista "Der Teutsche Merkur"[2], che divenne la voce dell'élite culturale. La portata e la varietà dei contributi pubblicati denotano la sua ideologia liberale e universale; vi sono riportati molti fatti politici, geografici e, soprattutto, artistici sul paese che oggi viene definito lo stato nazionale Italia[3]. I più importanti autori di Weimar ed "[…] esponenti di maggior spicco dell'italianistica tedesca"[4] sono Jagemann e, sin dal suo soggiorno romano (nel 1794), Karl Ludwig Fernow (1763-1808). Fernow, docente a Jena dal 1803, è un seguace di Jagemann e uno stretto collaboratore della cerchia dei "Weimarer Kunstfreunde", gli "amici dell'arte di Weimar" che si riuniscono intorno a Goethe e a Johann Heinrich Meyer (1760-1832). Fernow scrive una biografia su Jacob Asmus Carstens (1806), nella quale presenta l'artista come un coerente rappresentante dell'autonomia estetica. Anche

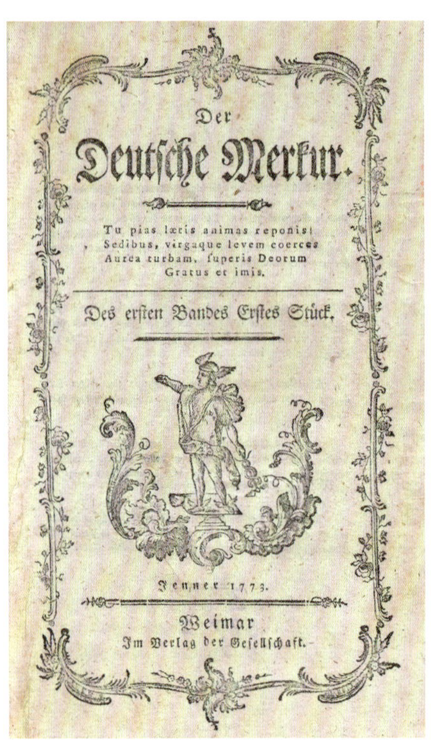

Abb. 1 Titelseite der 1. Ausgabe
des *Der Teutsche Merkur*, 1773,
Klassik Stiftung Weimar, Herzogin
Anna Amalia Bibliothek

Fig. 1 Frontespizio della prima
edizione di "Der Teutsche Merkur",
1773, Klassik Stiftung Weimar,
Herzogin Anna Amalia Bibliothek

Böttiger, Goethe, Herder, Schiller und Wieland selbst veröffentlichen Beiträge zu Italien im *Merkur* (Abb. 1).

Als Jagemann nach Weimar kommt, ist er schon als ausgewiesener Italienkenner bekannt. Seit Ende der Fünfzigerjahre bis 1774 hauptsächlich in Florenz lebend, befördert er den Kulturtransfer vor allem als Übersetzer und Sprachforscher. Noch vor dem Dienstantritt in Weimar veröffentlicht er 1775 sein erstes wichtiges Werk die *Geographische Beschreibung des Großherzogthums Toscana*, das ganz im Zeichen der Aufklärung steht und in dem er die Reformpolitik (Peter) Leopold II. (1747–1792) als Großherzog der Toscana würdigt. Neben der intensiven Mitwirkung am „Merkur" – er verfasst über 60 Beiträge – ist vor allem seine weitere publizistische Tätigkeit zu italienischen Themen von Bedeutung. So übersetzt er Teile aus Dantes *Hölle*, veröffentlicht von 1777 bis 1781 die *Geschichte der freyen Kuenste und Wissenschaften in Italien* in fünf Bänden, 1778 bis 1785 die aufklärerischen *Briefe über Italien*. Er ist damit weit über die Weimarer Kreise hinaus der wichtigste Vermittler italienischer Sprache, Dichtung und insgesamt der Kultur. Zugleich wirkt er als Sprachmittler. Sein Italienisch-Deutsches und Deutsch-Italienisches Wörterbuch von 1790 und 1791 sowie seine Sprachlehre von 1792 stellen systematisch aufgebaute deutsche Lehrbücher dar. Aber auch nach Italien hinein wirkt Jagemann, so übersetzt er Goethes *Werther* und *Hermann und Dorothea*.

Sein Meisterstück gelingt ihm aber mit der Wochenzeitschrift in italienischer Sprache, der *Gazzetta di Weimar*, als „Projekt italophiler Öffentlichkeitsarbeit".[5] Sie erscheint zwar ab dem 6. Januar 1787 bis zum 27. Juni 1789 nur in drei Jahrgängen, allerdings macht sie ihre Wirkung auch außerhalb der Weimarer Interessenten im gesamten Deutschen Reich zu einem einzigartigen Ereignis. „Sprachliche Eleganz mit angenehm-fesselnden Inhalt zu vereinen – das korrespondierte deutlich mit […] der wachsenden Italienbegeisterung in Weimar, […]"[6] ist festzuhalten (Abb. 2).

Und noch eines Mannes muss in diesem Zusammenhang gedacht werden: Karl Philipp Moritz (1756–1793) weilt zwar nur kurz, vom 4. Dezember 1788 bis zum 1. Februar 1789, auf Goethes Einladung in Weimar, tritt aber schon 1786 in Rom in engen Kontakt zu ihm. Das erste Treffen findet am 20. November statt und führt in der Folge zu einem intensiven Austausch über kunsttheoretische Fragen, in der Kunst als schöpferisches Produzieren gleich der Natur frei von allen politischen und religiösen Bindungen definiert wird, auch als Autonomieästhetik bezeichnet, und als deren Gründer Moritz gilt. Seine Veröffentlichung Über die b*ildende Nachahmung des Schönen* von 1788 setzt dafür den Maßstab. Auch Goethe richtet sein klassisches Kunstprogramm der späteren Weimarer Jahre daran aus. Einflussreich sind ebenfalls Moritz' 1792 und 1793 in drei Bänden erschienenen *Reisen eines Deutschen nach Italien in den Jahren 1786 bis 1788*, die Goethe übrigens für die Vorbereitung seiner eigenen *Italiänischen Reise* 1815 aus der Herzoglichen Bibliothek ausleiht.

Damit gelangen wir zu dem sicher wirkungsmächtigsten Ereignis: Goethes Reisen nach Italien und deren Folgen. Die äußerst umfänglichen Veröffentlichungen zu diesem Thema erlauben es, sich in dem hier gegebenen Rahmen ganz auf das für den Ereignisort Weimar Wesentliche zu konzentrieren.

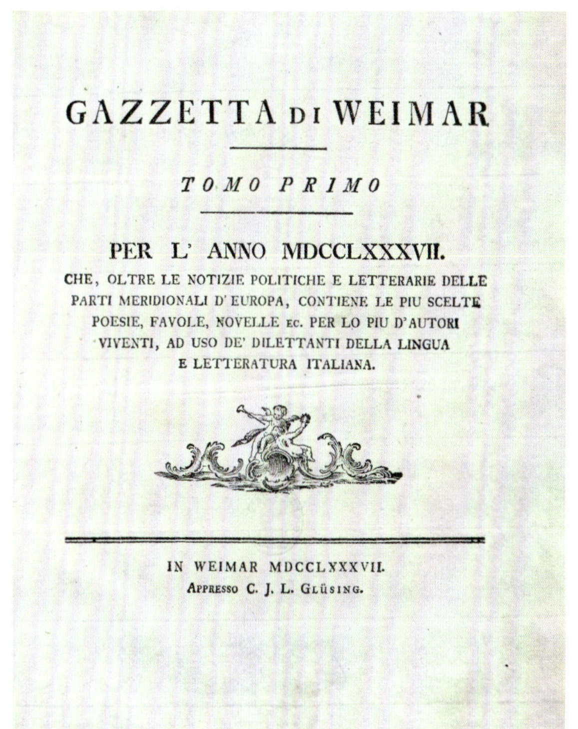

Friedrich Justin Bertuch, Karl August Böttiger, Goethe, Herder, Schiller e lo stesso Wieland pubblicarono sul "Merkur" scritti sull'Italia (fig. 1).

Quando arriva a Weimar, Jagemann è già noto come profondo conoscitore dell'Italia. Vissuto per lo più a Firenze (dal 1762 al 1774), contribuisce allo scambio culturale soprattutto come traduttore e linguista. Prima dell'incarico a Weimar, nel 1775 pubblica la sua prima opera importante, *Geographische Beschreibung des Großherzogthums Toscana* ("Descrizione geografica del Granducato di Toscana"), permeata di spirito illuminista, nella quale esprime il suo apprezzamento per la politica di riforme del granduca (Pietro) Leopoldo II (1747-1792). Oltre all'intensa collaborazione con il "Merkur", per il quale scrive più di sessanta articoli, è importante soprattutto la sua attività pubblicistica su argomenti italiani: traduce alcune parti dell'Inferno di Dante; tra il 1777 e il 1781 pubblica i cinque volumi della *Geschichte der freyen Kuenste und Wissenschaften in Italien* ("Storia delle arti liberali e delle scienze in Italia") e, tra il 1778 e il 1785, le *Briefe über Italien* ("Lettere sull'Italia") improntate ai valori dell'Illuminismo. Tutte queste attività lo rendono il più importante mediatore della lingua, della poesia e della cultura italiana in assoluto, ben oltre i circoli di Weimar. Nello stesso tempo Jagemann opera come mediatore linguistico. Il suo dizionario italiano-tedesco e tedesco-italiano, rispettivamente del 1790 e del 1791, e la grammatica del 1792 sono libri didattici sistematicamente strutturati. Non trascura neppure il versante tedesco-italiano, e traduce il *Werther* e *Hermann und Dorothea* di Goethe.

Il capolavoro di Jagemann è il settimanale in lingua italiana "Gazzetta di Weimar", "progetto di pubbliche relazioni italofile"[5]. Pur uscendo per sole tre annate, dal 6 gennaio 1787 al 27 giugno 1789, la rivista fa sentire la sua influenza al di là dei

Von Interesse ist sicher, wie und warum sich Goethe auf die Reise vorbereitet, denn er tat dies im Geheimen. Die Ursachen für den Reiseplan liegen offensichtlich in Goethes Enttäuschung über die geringe Wirksamkeit seiner amtlichen Tätigkeit und der mit ihr verbundenen Überlastung, die ihn zugleich von der künstlerischen Arbeit entfremdete. Wir würden dies gegenwärtig vermutlich als Burnout bezeichnen. Schon während der zweiten Harzreise 1783 freut er sich über das Fehlen der Belastungen als hoher Beamter. In den nächsten Jahren bereitet er die Reise vor. Die unauffällige Beschäftigung mit Italien ist für Goethe als aktives Mitglied des oben geschilderten Netzwerks der Italienbegeisterten, das sich vor allem am Hof Anna Amalias in den „Tafelrunden" zusammenfindet, problemlos. Nur gelegentlich blitzt in erhaltenen Briefen etwas auf, so wenn er sich am 8. Dezember 1783 an „Urfreund" Karl Ludwig von Knebel (1744–1834) für das übersandte Verzeichnis von Landkarten bedankt oder am 21. Mai 1786 Charlotte von Stein (1742–1827) berichtet, dass er mit Knebel italienischen Sprachunterricht an der Universität Jena besucht hat.[7] Nur dieses strengste Stillschweigen, selbst gegenüber den engen Vertrauten, macht die großartig inszenierte Flucht am 3. September 1786 möglich. Lediglich seinen Dienstherren und Freund Herzog Carl August (1757–1828) hat er im Sommer, allerdings recht apokryph, um einen längeren Urlaub gebeten. Im Abschiedsbrief vom 2. September[8] begründet er dies etwas genauer mit der Arbeit vor allem an den Manuskripten *Iphigenie auf Tauris*, *Egmont* und *Torquato Tasso* für die achtbändige Werkausgabe und dem *Faust*, ohne aber Ziel und Dauer der Reise zu nennen. Nur sein enger Vertrauter und Mitarbeiter Philipp Seidel (1755–1820) ist genauer informiert, um von Weimar aus alles in Goethes Sinn zu lenken. Inhaltlich gut vorbereitet, Sprache und Geografie vorab studiert, die notwendige Reiseliteratur im Gepäck, kommt Goethe am 28. Oktober 1786 in Rom an, dem Ort seiner Erwartungen und Hoffnungen. Zwar nicht unerkannt, aber mit dem Inkognito Johann Philipp Möller nach Bedarf umgehend,[9] lebt Goethe, seine Berufung als Dichter oder Maler klärend und seine Kunstanschauung entwickelnd, anderthalb Jahre in Italien. Am 24. April 1788 verlässt er Rom wieder.

Nach der Ankunft in Weimar am 18. Juni stürzt er sich auf literarische und naturkundliche Arbeiten. Er beginnt die Ergebnisse dieser ästhetischen Bildungsreise, die zum Höhepunkt in seinem Leben und später auch in der öffentlichen Wahrnehmung geworden ist, festzuhalten. Erstes Ergebnis sind die „Römischen Elegien", die bis 1790 entstehen und sowohl römische Erlebnisse wie die Liebe zu seiner Gefährtin Christiane Vulpius (1765–1816) wiedergeben. Unterbrochen wird die Arbeit durch die zweite Reise nach Italien, nach Venedig. Sie findet als angeordnete Dienstreise – Goethe soll Herzogin Anna Amalia nach Hause geleiten – unter völlig anderen Voraussetzungen statt und wird von ihm nicht so begeistert gefeiert: „ […] hier empfand Goethe offenbar während des ganzen Venedig-Aufenthaltes den unerwartet aufbrechenden Gegensatz zwischen Trivialität und Wunder, fratzenhafter Häßlichkeit und Schönheit […] als konstitutiv nicht nur für sein Erleben […], sondern für die Stadt selbst."[10] Die als Ergebnis entstandenen *Venetianischen Epigramme*, erotisch, volksnah, Venedig realistisch schildernd, kommentieren auch das Zeitgeschehen. Gleich den *Römischen Elegien* werden auch sie, abgemildert, Jahre später in Schillers *Horen* und anonym veröffentlicht. Die Auseinanderset-

confini di Weimar, in tutto l'impero germanico, divenendo un fenomeno unico nel suo genere. "Eleganza linguistica unita a contenuti piacevoli e avvincenti: questo corrispondeva chiaramente […] al crescente entusiasmo per l'Italia a Weimar […]"[6], non si può fare a meno di notare (fig. 2).

In questo contesto rimane da menzionare un'ultima figura: Karl Philipp Moritz (1756-1793), che a Weimar soggiorna brevemente (dal 4 dicembre 1788 al 1° febbraio 1789), invitato da Goethe, ma che è in stretto contatto con lui sin dal 1786, a Roma. Il primo incontro avviene il 20 novembre; seguirà un intenso confronto sulla teoria dell'arte, che sfocerà nella definizione dell'arte come produzione creativa libera da ogni vincolo religioso e politico, alla stregua della natura. È il concetto dell'autonomia estetica, di cui Moritz è considerato il fondatore, avendone definito i criteri nel volume Über die b*ildende Nachahmung des Schönen* ("Sull'imitazione del bello nell'arte"; 1788). Anche Goethe imposta su tali criteri il suo programma artistico classico degli ultimi anni di Weimar. Non sono meno importanti i tre volumi pubblicati da Moritz nel 1792 e nel 1793 con il titolo *Reisen eines Deutschen nach Italien in den Jahren 1786 bis 1788* ("Viaggi di un tedesco in Italia negli anni dal 1786 al 1788"), che figurano tra i libri che Goethe prende in prestito dalla biblioteca ducale nel 1815, durante la stesura del suo *Viaggio in Italia*.

Giungiamo così all'avvenimento culminante: i viaggi in Italia di Goethe e le loro conseguenze. L'estrema completezza delle pubblicazioni su questo argomento ci permette di concentrarci in questa sede sugli aspetti che riguardano più da vicino Weimar.

Interessante è certamente il come e perché Goethe si prepari al viaggio, visto che lo fece in segreto. I motivi di questo progetto sono da ricercare nella delusione per la scarsa efficacia dei suoi incarichi ufficiali e per il sovraccarico che comunque gliene deriva, distogliendolo dalla sua attività artistica: probabilmente oggi si definirebbe *burnout*. Già durante il secondo viaggio nello Harz, nel 1783, Goethe si rallegra di essere libero dal peso della sua carica di alto funzionario. Negli anni seguenti prepara il viaggio in Italia. Il suo interessamento non dà nell'occhio, essendo Goethe un attivo membro della rete, ricordata sopra, degli appassionati dell'Italia che si riuniscono nelle "tavole rotonde" alla corte di Anna Amalia. Le lettere giunte fino a noi lasciano trapelare qualcosa solo occasionalmente; ad esempio l'8 dicembre 1783, quando Goethe ringrazia il vecchio amico Karl Ludwig von Knebel (1744-1834) per l'elenco di carte geografiche che gli ha inviato, o il 21 maggio 1786, quando racconta a Charlotte von Stein (1742-1827) di avere frequentato con Knebel le lezioni di lingua italiana all'università di Jena[7]. Questo rigoroso silenzio, mantenuto anche con i più intimi, rende possibile la fuga, messa grandiosamente in scena il 3 settembre 1786. Soltanto al suo protettore e amico, il duca Carlo Augusto (1757-1828), durante l'estate Goethe ha chiesto una lunga vacanza, ancorché in termini piuttosto sibillini. Nella lettera di commiato del 2 settembre[8] motiva la richiesta con la necessità di lavorare ai manoscritti di *Ifigenia in Tauride*, *Egmont* e *Torquato Tasso* per l'edizione delle sue opere in otto volumi e del *Faust*, senza tuttavia specificare la destinazione e la durata del viaggio. Solo il fidato collaboratore Philipp Seidel (1755-1820) è informato con maggiore precisione, per dirigere tutto da Weimar secondo i desideri di Goethe. Ben preparato sui contenuti, studiate in anticipo la lingua e la

zung mit der ersten Reise nach Italien setzt sich nach der Rückkehr aus Venedig ebenso fort. Wichtigstes Ergebnis ist, dass Goethe in der Beschäftigung mit dem Werk Winckelmanns die Vorstellung einer künstlerisch-ästhetischen „Wiedergeburt" entwickelt. Sie wird zu einer festen Vorstellung im Weimarer Kreis, die Schrift *Winckelmann und sein Jahrhundert*, 1805 veröffentlicht, zum klassizistischen Kanon. Flankiert wird dies durch die Übersetzung der Autobiografie des Benvenuto Cellini, seit 1796 veröffentlicht, und die *Biographische Skizze* zu Hackert, 1811 in Buchform erschienen.

Das, was wir als *Italienische Reise* von Goethes Hand kennen, verarbeitet weniger künstlerisch-ästhetische Erkenntnisse, sondern gehört zum autobiografischen Spätwerk. „Die fiktionale Version der Italienischen Reise von 1816 im Vergleich zum Tagebuch für Charlotte von Stein von 1786"[11] ist eine Art Rechtfertigungsschrift, die motivieren, überzeugen und belehren will. Die beiden ersten Bände stehen in engem Zusammenhang mit *Aus meinem Leben. Dichtung und Wahrheit* von 1815 und sind, wie ihr Titel beweist, als deren Fortsetzung angelegt. Den dritten Band über den zweiten römischen Aufenthalt hat Goethe erst 1829 zusammengestellt und auch erst dann in der Ausgabe letzter Hand vom gleichen Jahr den drei Bänden den Titel *Italiänische Reise* beigegeben (Abb. 3).

Drei weitere bemerkenswerte Beispiele für von Weimar ausgehende Reisepläne, die zweifelsfrei durch die Italienbegeisterung angeregt worden sind, zeigen aufschlussreiche Unterschiede.

Bis in die Gegenwart eher wenig beachtet, reist Prinz Friedrich Ferdinand Constantin (1758–1793), der zweite Sohn Anna Amalias, noch vor Goethe nach Italien. Der von Knebel im Sinn der Aufklärung erzogene Constantin ist belesen[12] und sehr musikalisch, er spielt Geige und Flöte, sowie im höfischen Liebhabertheater. Am 11. Juni 1781 beginnt er in Begleitung des Legationsrats Johann Carl Albrecht (1736–1800), einem ausgewiesenen Italienkenner, die Reise, die ein Jahr dauert. Sein Tagebuch zeigt ihn „ […] als einen gebildeten Reisenden mit ungewöhnlichen und sympathischen persönlichen Formen der Kunstbetrachtung […]"[13], als wachen Beobachter der sozialen, gesellschaftlichen und politischen Verhältnisse. Aus Venedig schreibt er 1782 an Knebel: „Nicht eher will ich nach Hause, bis ich gut seyn kann, wenn anderst unser steiniger Boden es je erlaubt."[14] Und vorher 1781 aus Rom an seine Mutter: „Sie werden überzeugt seyn, daß mir alle diese herlichen grossen Sachen, so viel Eindruck auf meinen Geist und auf mein gantzes Wesen machen, daß ich wirklich mit mir eine neue Menschwerdung in Rom kann statt finden lassen."[15] Hier begegnet uns, Jahre vor Goethe, erstmals die Erwartung an eine Art Wiedergeburt durch diese Bildungsreise. Für Weimar bleiben die Erkenntnisse des Prinzen offensichtlich folgenlos, entfremdet von seinem regierenden Bruder und der indifferenten Haltung seiner Mutter zu ihm, wird erst in jüngster Zeit seine Rolle im klassischen Weimar neu bewertet. Ob Anna Amalia und Goethe von den Erträgen seiner Reise profitiert haben, ist nicht nachweisbar. 1784 beginnt der Prinz eine militärische Laufbahn in kursächsischen Diensten und verlässt damit Hof und Stadt für immer, am 6. September 1793 stirbt er nach kurzer Krankheit im Feldzug gegen Frankreich.

Nach Goethe gilt vor Ort vielleicht der Reise Anna Amalias die größte Aufmerksamkeit. „Ich glaube Italien ist für uns, was der Fluß Lehte den Alten

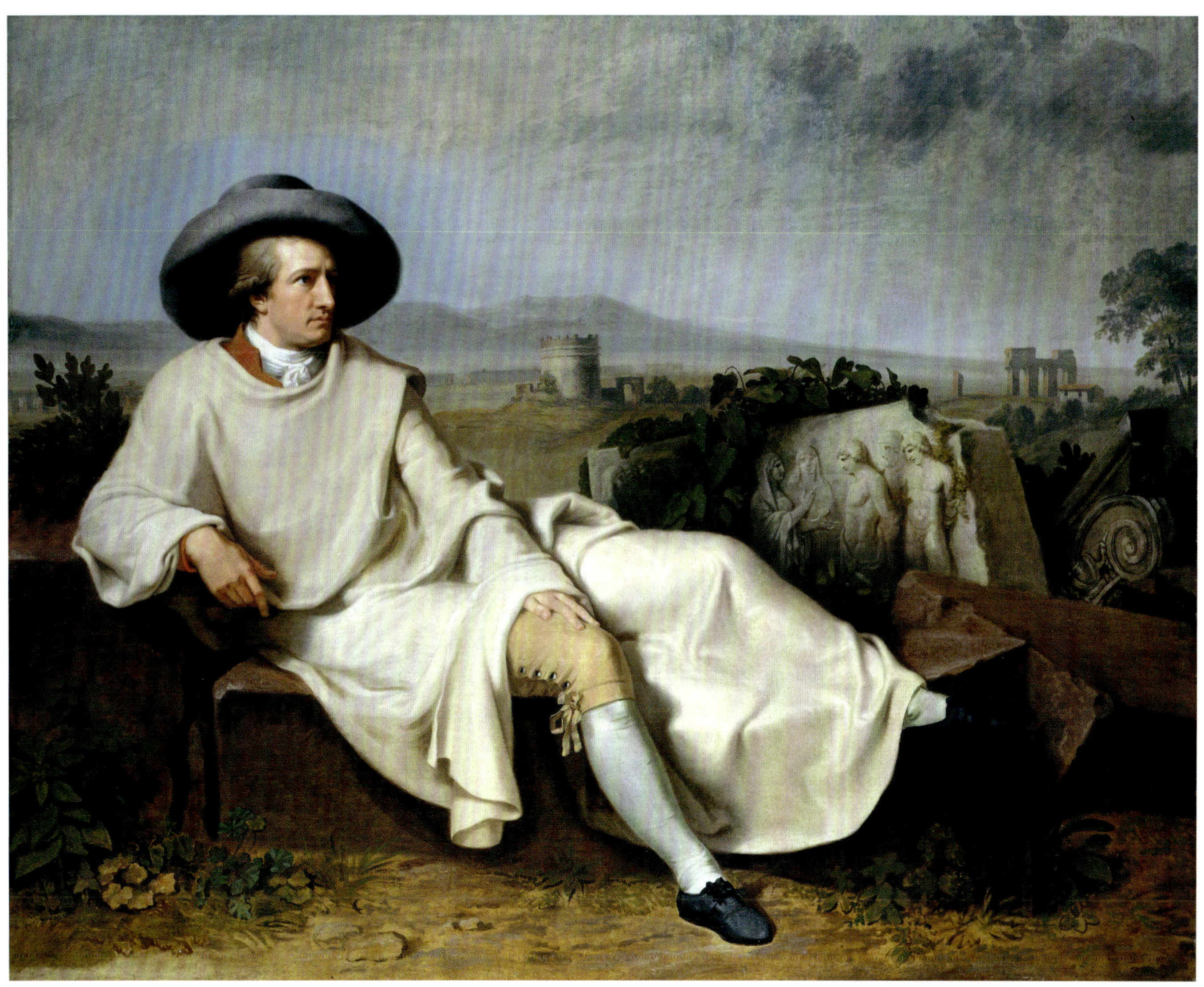

Abb. 3 Johann Heinrich Wilhelm
Tischbein, *Goethe in der
römischen Campagna*, 1787,
Öl auf Leinwand, Städel Museum,
Frankfurt am Main

Fig. 3 Johann Heinrich Wilhelm
Tischbein, *Goethe nella Campagna
romana*, 1787, olio su tela, Städel
Museum, Francoforte sul Meno

geografia, la necessaria letteratura di viaggio nel bagaglio, il 28 ottobre 1786 Goethe
giunge a Roma, il luogo delle sue aspettative e delle sue speranze. Non del tutto in
incognito ma all'occorrenza ricorrendo allo pseudonimo di Johann Philipp Möller[9],
trascorre in Italia un anno e mezzo, durante il quale chiarisce la sua vocazione di
pittore o poeta e matura la sua visione dell'arte. Riparte da Roma il 24 aprile 1788.

Arrivato a Weimar il 18 giugno, si butta nel lavoro letterario e di storia naturale. Inizia a mettere sulla carta i frutti di questo viaggio di formazione estetica,
che è diventato il punto culminante nella sua vita (e così sarà visto nella percezione
pubblica). Il primo di questi frutti sono le *Elegie romane*, cui lavora fino al 1790 e
in cui si riflettono tanto le esperienze romane quanto l'amore per la sua compagna
Christiane Vulpius (1765-1816). Il lavoro viene interrotto dal secondo viaggio in
Italia, questa volta a Venezia. Si tratta di un viaggio di servizio (Goethe deve accompagnare a casa la duchessa Anna Amalia) e come tale si svolge in condizioni
molto diverse e non è vissuto con tanto entusiasmo: "[…]durante tutto il soggiorno

war, man verjüngt sich, indem man alles Unangenehme, was man in der Welt erfahren hat, vergießt und dadurch ein neugeborner Mensch wird", schreibt Anna Amalia am 6. Januar 1788, somit noch vor ihrer Abreise im August, an Johann Heinrich Merck (1741–1791). Da wird vergleichbar mit Goethe der Vorgang der Erneuerung erwartet. Obwohl bei Anna Amalia und Constantin die Vorstellung der Erneuerung eine Rolle spielt, sind ihre Reisen doch geprägt von den höfischen Konventionen des Hochadels, so reist Anna Amalia mit angemessener Entourage. Aber sie reist gut vorbereitet, ab 1775 unterrichtet sie Jagemann in Italienisch, sie interessiert sich seit ihrer Jugend für italienische Theaterstücke und besonders für die Musik. Ihre Bibliothek umfasst laut Jagemanns Verzeichnis bei insgesamt 1.700 Werken reichlich 350 Titel zu mit Italien verbundenen Themen und sie besitzt eine umfangreiche Sammlung italienischer Musikwerke. Durch ihren Einfluss steht seit 1778 italienische Vokalmusik im Zentrum der Aufführungen der Hofkapelle. Anna Amalia trifft am 4. Oktober 1788 in Rom ein. „Ich finde mich hier ganz Seelig, und wünsche mir Keine andere Existenz. Ich werde schwanger von so vielen Schönen und herrlichen, daß ich mir nur eine glückliche Entbindung wünsche, mitzutheilen was ich empfangen habe", schreibt sie am 5. November an Goethe. Eine sehr weibliche Beschreibung ihres Zustands. Sie genießt die römische Zeit, vor allem aber ihren Aufenthalt in Neapel, wo sie in engem Kontakt mit dem Erzbischof Giuseppe Capecelatro (1744–1836) steht. Für die Herzogin spielt die Teilnahme am gesellschaftlichen Leben eine Rolle und weniger eine künstlerische „Wiedergeburt": „[…] die Reise diente [...] ihrem Privatvergnügen und ihrer Persönlichkeitsbildung."[16] Nur zögerlich erklärte sie sich zur Rückkehr nach Weimar bereit, wo sie am 18. Juni 1790 eintrifft. „Die Herzogin, so untröstlich über die erzwungene Heimkehr wie Goethe damals, war nur durch die Aussicht zu erheitern, daß man gemeinsam Italien um sich neu erschaffen werde."[17] Anna Amalia versucht an ihrem Witwenhof so etwas wie Italienidylle zu inszenieren, ihre kulturellen Interessen verbleiben aber im Reich der fürstlichen Liebhaberei. Sie beschäftigt sich hauptsächlich damit, „[…] ihr Italienerlebnis nach Weimar zu übertragen. Stets suchte sie nach neuen Formen, es für sich und für andere nutzbar zu machen. Anfang 1797 kulminierte dieses Unterfangen in den Briefen über Italien."[18] Die fünf Briefe sind vermutlich nach 1793 entstanden,[19] an eine fiktive Empfängerin gerichtet und handschriftlich verfasst.[20] Eine Publikation ist wahrscheinlich nicht geplant, sondern sie sind nur für den Freundeskreis bestimmt. Parallel dazu übt sie sich im Italienischen als Übersetzerin, Erzählerin und Briefschreiberin (Abb. 4).

Johann Gottfried Herder (1744–1803) reist wohl am ehesten unter den in Weimar versammelten Persönlichkeiten im Sinne des sich im letzten Drittel des 18. Jahrhunderts herausbildenden Standards der bürgerlichen Bildungs- und Forschungsreise, wie er bis in das 20. Jahrhundert gilt. Zumeist werden immer wieder die gleichen Ziele besucht, wirklicher Kontakt zum Alltag der Einheimischen findet nur begrenzt statt. Vielfältige Formen von Reisebeschreibungen sind das pflichtgemäße Ergebnis, auch um die Reise gegenüber den Zuhausegebliebenen besser zu begründen. Herder reist im August 1788 ab, begleitet von Oktober bis März Anna Amalia in Rom und Neapel und kehrt im Juli 1789 nach Weimar zurück. Er hat sich

a Venezia Goethe dové avvertire il dirompere inatteso del contrasto tra banalità e meraviglia, grottesca bruttezza e bellezza […] come parte integrante non solo della sua esperienza […], ma della città stessa"[10]. Gli *Epigrammi veneziani* che ne scaturiscono, erotici e popolari, dipingono un quadro realistico di Venezia e commentano l'attualità. Come le *Elegie romane*, verranno pubblicati a distanza di anni, mitigati e in forma anonima, nella rivista di Schiller "Horen". Le riflessioni sul primo viaggio in Italia proseguono anche dopo il ritorno da Venezia. Il risultato più importante è che Goethe, confrontandosi con l'opera di Winckelmann, elabora l'idea di una "rinascita" artistica ed estetica. Tale idea diventerà un concetto base nella cerchia di Weimar, e il saggio *Winckelmann und sein Jahrhundert* ("Winckelmann e il suo secolo", pubblicato nel 1805) il canone del classicismo. A questa attività si affianca la traduzione della vita di Benvenuto Cellini, pubblicata a partire dal 1796, e il lavoro all'autobiografia di Hackert, uscita in volume nel 1811 con il titolo di *Biographische Skizze*.

L'opera che conosciamo come *Viaggio in Italia* non elabora tanto concetti artistici ed estetici, ma rientra nella tarda produzione autobiografica. "Rispetto al diario per Charlotte von Stein del 1786, la versione romanzata del viaggio in Italia uscita nel 1816"[11] è una sorta di giustificazione, che si propone di motivare, convincere e istruire. I primi due volumi sono strettamente collegati con l'autobiografia del 1815 (*Dalla mia vita. Poesia e verità*) e, come suggerisce il titolo, sono pensati come una sua continuazione. Il terzo volume, dedicato al secondo soggiorno romano, viene composto nel 1829, e solo nell'edizione di quell'anno Goethe dà ai tre volumi il titolo di *Viaggio in Italia* (fig. 3).

Da Weimar partono altri tre importanti viaggi ispirati dall'entusiasmo per l'Italia, che presentano alcune interessanti differenze.

Scarsamente considerato fino a oggi, il principe Federico Ferdinando Costantino (1758-1793), secondo figlio di Anna Amalia, si reca in Italia prima di Goethe. Educato da Knebel nello spirito dell'Illuminismo, Costantino è colto[12] e musicale, suona il violino e il flauto e recita nel teatro amatoriale di corte. L'11 giugno 1781, accompagnato dal consigliere di legazione Johann Carl Albrecht (1736-1800), esperto conoscitore dell'Italia, parte per un viaggio che durerà un anno. Dal suo diario emerge "[…]un viaggiatore colto, con una personale visione dell'arte insolita e simpatica […]"[13], acuto osservatore delle condizioni sociali e politiche. Scrive a Knebel da Venezia nel 1782: "Non voglio tornare a casa finché non starò bene, se il nostro suolo pietroso lo permette"[14]. E prima, nel 1781, da Roma a sua madre: "Vi convincerete che tutte queste grandi e meravigliose cose colpiscono tanto il mio animo e tutto il mio essere, che posso realmente consentirmi di diventare, a Roma, una persona nuova"[15]. Anni prima di Goethe, incontriamo qui per la prima volta l'aspettativa che questo viaggio di formazione operi una sorta di rinascita. A Weimar le opinioni del principe rimangono evidentemente prive di conseguenze: allontanato dal fratello regnante e dall'indifferenza della madre nei suoi confronti, il suo ruolo nella Weimar classica viene rivalutato solo in tempi molto recenti. È impossibile stabilire se Anna Amalia e Goethe abbiano beneficiato dei frutti del suo viaggio. Nel 1784 Costantino inizia la carriera militare al servizio del Principato Elettorale di Sassonia, lasciando per sempre la corte e la

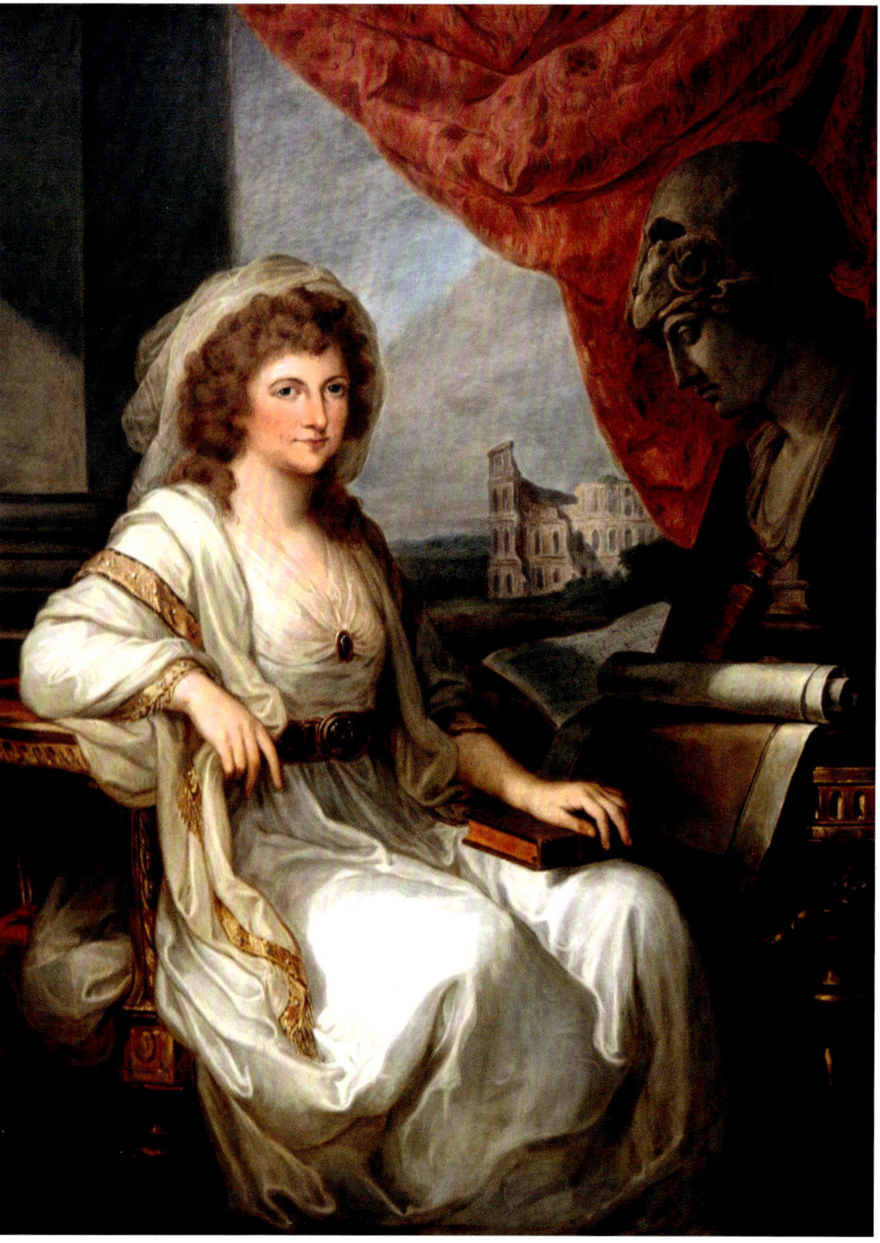

ein straffes Arbeitsprogramm auferlegt, um „mit genährtem u. erweitertem Geist"
heimkehren zu können.[21] Hier wird schon der andere Ansatz zu Goethe deutlich.
Herder schreibt nach der Reise am 17. Juli an Anna Amalia: „Man ist wie eine ge-
schwungene Glocke, die still steht und in sich selbst so wieder töhnt." „Auch wenn
sich kaum bestreiten lässt, dass Herder die Schriften Winckelmanns bewundert, so
hatte er sich doch bereits im ‚Briefwechsel über Oßian' 1773 von der Vorstellung
einer bildenden Nachahmung des Schönen nach dem Muster antiker Vorbilder
verabschiedet und in Gegenzug auf die Kulturtraditionen der nordeuropäischen
Länder aufmerksam gemacht."[22] Dazu passt, dass Herder noch einmal das Herz
in Florenz aufgeht, denn hier sieht man „Fußtritte von Menschen, nicht Heilige

città; morirà dopo una breve malattia nel corso della campagna contro la Francia il 6 settembre 1793.

Dopo quello di Goethe, l'attenzione maggiore va forse al viaggio di Anna Amalia: "Io credo che l'Italia sia per noi ciò che il fiume Lete era per gli antichi, si ringiovanisce dimenticando tutto ciò che di spiacevole si è vissuto nel mondo e rinascendo come una persona nuova", scrive la duchessa a Johann Heinrich Merck (1741-1791) il 6 gennaio 1788, quindi prima della sua partenza, avvenuta in agosto. Come per Goethe, c'è un processo di rinnovamento. Anche se l'idea del rinnovamento è importante sia per Anna Amalia sia per Costantino, i loro viaggi sono segnati dalle convenzioni dell'alta aristocrazia; Anna Amalia, ad esempio, viaggia con un seguito adeguato. È comunque ben preparata: dal 1775 studia l'italiano con Jagemann, e sin dalla giovinezza si interessa al teatro italiano, e soprattutto alla musica. Dal catalogo di Jagemann risulta che la sua biblioteca comprende almeno 350 volumi su temi riguardanti l'Italia per un totale di 1.700 titoli, e lei possiede una ricca collezione di opere musicali italiane; grazie alla sua influenza, dal 1778 la musica vocale italiana costituisce il repertorio principale delle esecuzioni della cappella di corte. La duchessa giunge a Roma il 4 ottobre 1788. "Qui mi trovo del tutto beata e non desidero un'altra esistenza. Sono gravida di tanta bellezza e meraviglia e mi auguro solo un parto felice per condividere ciò che ho ricevuto", scrive a Goethe il 5 novembre. Una descrizione molto femminile della sua condizione. Gode del periodo romano, ma soprattutto del soggiorno a Napoli, dove è a stretto contatto con l'arcivescovo Giuseppe Capecelatro (1744-1836). Per Anna Amalia la partecipazione alla vita sociale è più importante di una "rinascita" artistica: "[…] il viaggio serviva […] al suo piacere personale e allo sviluppo della sua personalità"[16]. Si dice esitante a tornare a Weimar, dove rientra il 18 giugno 1790. "La duchessa, così inconsolabile per il forzato ritorno in patria come a suo tempo Goethe, si rallegrava soltanto alla prospettiva che intorno a lei sarebbe stata ricreata l'Italia[17]. Alla sua corte di vedova, Anna Amalia cerca di mettere in scena qualcosa che somigli a un idillio italiano, ma i suoi interessi culturali non vanno oltre il passatempo principesco. Si dedica soprattutto a "[…] trasferire a Weimar il suo viaggio in Italia. Era alla ricerca continua di nuovi modi per renderlo godibile per sé e per gli altri. Questa impresa culminò all'inizio del 1797 con le lettere sull'Italia"[18]. Si tratta di cinque lettere, scritte a mano probabilmente dopo il 1793[19] e indirizzate a una destinataria immaginaria[20]. Presumibilmente non sono pensate per la pubblicazione, ma soltanto per la cerchia degli amici. Al tempo stesso la duchessa si esercita nell'italiano traducendo e scrivendo racconti e altre lettere (fig. 4).

Tra le personalità riunite a Weimar, Johann Gottfried Herder (1744-1803) è quella che più di tutte viaggia nello spirito che si va formando nella seconda metà del Settecento, quello del viaggio borghese di formazione e di ricerca quale si manterrà fino al Novecento. Si visitano per lo più le stesse destinazioni, un vero contatto con la quotidianità degli abitanti del luogo è limitato; varie forme di descrizione del viaggio sono d'obbligo, anche per motivare meglio il viaggio nei confronti di chi è rimasto a casa. Herder parte nell'agosto del 1788; da ottobre a marzo accompagna Anna Amalia a Roma e Napoli e torna a Weimar nel luglio del 1789. Si è dato un programma di lavoro serrato, per poter tornare "con lo spirito nutrito e ampliato"[21]. Qui è già ben visibile l'altro punto di contatto con Goethe. Finito il viaggio, il 17

u. Götzenbilder allein.“[23] Herder glaubt nicht, wie Goethe, in Italien den höchsten Maßstab künstlerischen Schaffens zu finden.

Die Italienbegeisterung war eine verbindende Kraft für Weimar im ausgehenden 18. Jahrhundert. Die nördlich der Alpen immer vorhandene Sehnsucht nach dem mediterranen Süden hat sicher dazu beigetragen. Besonders die Reisenden sind meinungsbildend. Sie geben, auch in den zahlreichen Briefen, durch den eigenen Blick auf das besuchte Land im Urteil gefestigt, ihre Erkenntnisse an das heimische Publikum weiter. Das Sammeln italienischer Kunst am Weimarer Hof und durch Goethe wird zum Standard, wenn auch keine spektakulären Ankäufe von Gemälden möglich sind. Die klassizistische Ausgestaltung des Stadtschlosses, das nach dem Vorbild römischer Landvillen erbaute „Römische Haus“, die Einrichtung des Goethe-Hauses – alle gegenwärtig zum „Welterbe“ gehörend – sind gleichfalls Resultate intensiver Beschäftigung mit der vorbildhaft wirkenden Kulturlandschaft Italiens.

Das Suchen nach den gemeinsamen kulturellen Wurzeln oder gerade deren Unterschiedlichkeit macht die klassische Zeit in Weimar bis in die Gegenwart so spannend.

[1] Vgl. dazu Seifert, Siegfried (Hg.): *Animo Italo–Tedesco. Studien zu den Italien-Beziehungen in der Kulturgeschichte Thüringens*, Weimar 1995.

[2] Das Periodikum erschien von 1773 bis 1789 unter dem Titel *Der Teutsche Merkur*, ab 1790 bis 1810 als *Der Neue Teutsche Merkur*.

[3] „Wieland […] ist es […] zu verdanken […] daß sich sein Teutscher Merkur, […] was Italien betrifft, zu einem der wichtigsten kulturellen Umschlagplätze […] entwickeln konnte.“ in: Kofler, Peter: „… *Wanderschaften durch gedruckte Blätter …*“. *Italien in Wielands „Merkur“*, Bozen 1997, S. 10f.

[4] Kofler: *Wanderschaften* (wie Anm. 3), S. 9.

[5] Berger, Leonie/Berger, Joachim: *Anna Amalia von Weimar. Eine Biographie*, München 2006, S. 161.

[6] Seifert, Siegfried: „‚Italien in Germanien‘. Streiflichter zu den Italienbeziehungen im ‚klassischen Weimar‘“, in: Ders. (Hg.): *Animo Italo–Tedesco* (wie Anm. 1), S. 89.

[7] Zapperi, Roberto: *Römische Spuren. Goethe und sein Italien*, München 2007, S. 33f.

[8] *Goethe, Johann Wolfgang: Sämtliche Werke*, Frankfurt am Main 1987–1989, II, 2, S. 648f.

[9] Umfassend dazu Zapperi, Roberto: *Das Inkognito. Goethes ganz andere Existenz in Rom*, München 1999. Zapperi weist nach, dass Goethe in Rom mit den Konventionen spielte, sie durchbrach und dieses Glücksgefühl voll auskostete.

[10] Miller, Norbert: *Der Wanderer – Goethe in Italien*, München 2002, S. 570f.

[11] Häntzschel, Günter: „Überschriften“ und „Kapitel“. Die „Welt“ der Venetianischen Epigramme Goethes, url: https://www.goethezeitportal.de/wiss/epigramme_haentzschel, S. 5 (Zugriff: 22.12.2019).

[12] Sigismund, Volker L.: *Ein unbehauster Prinz. Constantin von Sachsen-Weimar*, Hamburg 1984, S. 26.

[13] Krause, Reinhold/Seifert, Siegfried: „Das Tagebuch des Weimarischen Prinzen Constantin zu seiner Italienreise“, in: Seifert (Hg.): *Animo Italo–Tedesco* (wie Anm. 1), S. 78.

[14] Sigismund: *Ein unbehauster Prinz* (wie Anm. 12), S. 17.

[15] Sigismund: *Ein unbehauster Prinz* (wie Anm. 12), S. 16.

[16] Hollmer, Heide: *Anna Amalia von Sachsen-Weimar-Eisenach. Briefe über Italien*, St. Ingbert 1999, S. 96.

[17] Miller: *Der Wanderer* (wie Anm. 10), S. 591.

[18] Berger/Berger: *Anna Amalia* (wie Anm. 5), S. 175.

[19] Hollmer: *Anna Amalia* (wie Anm. 16), S. 92.

[20] Die Briefe sind in zwei Heften erhalten: Heft 1 im Freien Deutschen Hochstift, Goethe-Museum, Frankfurt am Main, Sign. 11706; Heft 2 in der Klassik Stiftung Weimar, Goethe- und Schiller-Archiv, Sign. 36 [VII,19].

[21] Herder, Johann Gottfried: *Italienische Reise. Briefe und Tagebuchaufzeichnungen 1788–1789*, hg. von Albert Meyer und Heide Hollmer, München 1989, S. 553. Die Brief- und Zitatsammlung war in dieser Form nicht von Herder geplant.

[22] Greif, Sebastian: „Ich bin nicht G[oethe].“ J. G. Herders Italienreise 1788/89, Kassel 2016, S. 20.

[23] Herder: *Italienische Reise* (wie Anm. 21), S. 473f.

luglio Herder scrive ad Anna Amalia: "Si è come una campana dopo che ha smesso di oscillare, che rimane ferma e risuona in se stessa". Anche se è praticamente fuori dubbio che Herder ammira gli scritti di Winckelmann, già nel *Briefwechsel* über *Oßian* ("Epistolario su Ossian"; 1773) ha abbandonato l'idea dell'imitazione del bello sul modello degli antichi per richiamare l'attenzione sulle tradizioni culturali dei paesi nordeuropei"[22]. È comprensibile che il suo cuore torni ad aprirsi a Firenze, perché lì si vedono "orme di uomini, e non solo santi e idoli"[23]. Diversamente da Goethe, Herder non crede di trovare in Italia il grado più alto della creazione artistica.

Sul finire del Settecento, l'entusiasmo per l'Italia rappresentò per Weimar una forza unificatrice. A ciò contribuì certamente il desiderio struggente del Sud mediterraneo, sempre presente al di là delle Alpi. Sono soprattutto i viaggiatori a influenzare le idee del pubblico in patria, trasmettendo, anche nelle numerose lettere che scrivono, la loro esperienza del paese visitato, filtrata attraverso il proprio sguardo. Alla corte di Weimar e per Goethe, collezionare arte italiana diventa prassi comune, anche se non sono possibili acquisti spettacolari. Il classicismo del castello, la "Casa romana" costruita sul modello delle ville rustiche romane, gli arredi della casa di Goethe – oggi tutti "patrimonio dell'umanità" – sono anch'essi il frutto di un intenso studio del paesaggio culturale italiano, preso a modello.

La ricerca tanto delle radici culturali comuni, quanto delle reciproche differenze, è ciò che rende tuttora così affascinante il classicismo di Weimar.

[1] Cfr. S. Seifert (a cura di), *Animo Italo-tedesco. Studien zu den Italien-Beziehungen in der Kulturgeschichte Thüringens*, Weimar 1995.

[2] Il periodico uscì dal 1773 al 1789 con il titolo "Der Teutsche Merkur", dal 1790 al 1810 come "Der Neue Teutsche Merkur".

[3] "Si deve a Wieland […] che il suo "Teutscher Merkur" […] per ciò che riguarda l'Italia, sia diventato uno dei più importanti luoghi di confronto", P. Kofler, *Wanderschaften durch gedruckte Blätter. Italien in Wielands "Merkur"*, Bozen 1997, pp. 10 sg.

[4] Kofler, *Wanderschaften*, cit., p. 9.

[5] L. Berger e J. Berger, *Anna Amalia von Weimar. Eine Biographie*, München 2006, p. 161.

[6] S. Seifert, *Italien in Germanien. Streiflichter zu den Italienbeziehungen im "klassischen Weimar"*, in Idem (a cura di), *Animo Italo-tedesco*, cit., p. 89.

[7] R. Zapperi, *Römische Spuren. Goethe und sein Italien*, München 2007, pp. 33 sg.

[8] J.W. Goethe, *Sämtliche Werke*, Frankfurt am Main 1987-1989, II, 2, pp. 648 sg.

[9] Cfr. R. Zapperi, *Das Inkognito. Goethes ganz andere Existenz in Rom*, München 1999. Zapperi osserva che a Roma Goethe giocava con queste convenzioni, le infrangeva e godeva appieno della felicità che ne ricavava.

[10] N. Miller, *Der Wanderer – Goethe in Italien*, München 2002, pp. 570 sg.

[11] G. Häntzschel, *"Überschriften" und "Kapitel". Die "Welt" der Venetianischen Epigramme Goethes*, https://www.goethezeitportal.de/wiss/epigramme_haentzschel, p. 5 (consultato il 22.12.2019).

[12] V.L. Sigismund, *Ein unbehauster Prinz. Constantin von Sachsen-Weimar*, Hamburg 1984, p. 26.

[13] R. Krause e S. Seifert, *Das Tagebuch des Weimarischen Prinzen Constantin zu seiner Italienreise*, in Seifert (a cura di), *Animo Italo-tedesco*, cit., p. 78.

[14] Sigismund, *Ein unbehauster Prinz*, cit., p. 17.

[15] Sigismund, *Ein unbehauster Prinz*, cit., p. 16.

[16] H. Hollmer, *Anna Amalia von Sachsen-Weimar-Eisenach. Briefe* über *Italien*, St. Ingbert 1999, p. 96.

[17] Miller, *Der Wanderer*, cit., p. 591.

[18] Berger e Berger, *Anna Amalia*, cit., p. 175.

[19] Hollmer, *Anna Amalia*, cit., p. 92.

[20] Le lettere sono conservate in due fascicoli: fascicolo 1, Freies Deutsches Hochstift, Goethe-Museum, Francoforte sul Meno, sign. 11706; fascicolo 2, Klassik Stiftung Weimar, Goethe- und Schiller-Archiv, sign. 36 [VII, 19].

[21] J.G. Herder, *Italienische Reise. Briefe und Tagebuchaufzeichnungen 1788-1789*, a cura di A. Meyer e H. Hollmer, München 1989, p. 553. La raccolta di lettere e citazioni in questa forma non è stata ideata da Herder.

[22] S. Greif, *"Ich bin nicht G[oethe]". J.G. Herders Italienreise 1788/89*, Kassel 2016, p. 20.

[23] Herder, *Italienische Reise*, cit., pp. 473 sg.

„Nun versteh' ich erst die Claude Lorrains […]".

Goethes erste italienische Reise im Lichte seiner Vorstellungen von Kunstwahrheit und Naturwirklichkeit

Hannes Etzlstorfer

Um des Natur- und Kunstgenusses willen überschreitet Johann Wolfgang von Goethe – abgesehen von den Reisen in die Schweiz – nur zweimal die Grenzen Deutschlands: für die erste italienische Reise vom September 1786 bis zum Mai 1788 und für die zweite vom März bis zum Mai 1790, während seine nach Polen (1790) und Frankreich (1792) unternommenen Abstecher politischen Verpflichtungen geschuldet sind.[1] Besonders eindrückliche ästhetische Erlebnisse sind Goethe auf seiner ersten „Italienischen Reise" gegönnt. Nur wenn er dieses Sehnsuchtsland auch geschaut, würde sich sein Wissen erst vertiefen können, weshalb bei Goethe das Schauerlebnis gegenüber anderen Genüssen den Vorrang einnimmt. Die an das Auge sich wendende Kunst ist daher auch der erste Gegenstand von Goethes Interesse und seine Briefe aus Italien die Berichte eines bildenden Künstlers – mehr als die eines Dichters.[2] „Anschauen und Anstaunen" sind seine Maxime, wie er dies auch in einem Brief an den Düsseldorfer Schriftstellerfreund[3], Philosophen und Wirtschaftsreformer Friedrich Heinrich Jacobi (1743–1819) formuliert: „Ich bin nun einmal einer der ephesischen Goldschmiede, der sein ganzes Leben im Anschauen und Anstaunen […] verbringt."[4] Es sind daher vor allem visuelle Eindrücke, die er seinem Tagebuch anvertraut. Auf der Basis dieser Notizen wie auch aus der Erinnerung kondensiert er dann seinen zweiteiligen Reisebericht unter dem Titel *Die italienische Reise*, der jedoch erst zwischen 1813 und 1817 veröffentlicht wird. Auf diese Weise avanciert Goethes bis zur Abreise streng geheim gehaltene Unternehmung zum Ideal der modernen Bildungsreise, in der nicht bloß das Kennenlernen historischer und künstlerischer Sehenswürdigkeiten Italiens thematisiert wird, sondern auch die Liebe zur Natur wie zur Kunst der Antike. Sie verhilft ihm so zur Selbstfindung bzw. Kultivierung seiner Persönlichkeit. Dabei löst er sich vom normativ kritischen Blick der Aufklärer, um so sein ästhetisiertes Italienbild zu generieren: Während etwa Johann Joachim Winckelmanns und Jean-Jacques Rousseaus gegenständliche Wahrnehmungen dem alleinigen Erwerb und der Verarbeitung von Fakten und Wissen dienen, ergänzt und vertieft sie Goethe zu einer innengeleiteten und an Idealen ausgerichteten Zweckbestimmung.[5] Goethe dient diese Reise daher auch der Abklärung des Verhältnisses zwischen seinen bildkünstlerischen Vorstellungen sonnendurchfluteter, arkadischer Ideallandschaften, seinem Antikenverständnis und der sich ihm nun auftuenden Naturlandschaft. Aus diesen

"Solo adesso capisco i quadri di Claudio di Lorena…"

Il primo viaggio in Italia di Goethe alla luce della sua concezione
sulla verità dell'arte e sulla realtà della natura

Hannes Etzlstorfer

Johann Wolfgang von Goethe varca solo due volte i confini della Germania (esclusi i viaggi in Svizzera) per godere della natura e dell'arte: per il primo viaggio in Italia (dal settembre 1786 al maggio 1788) e per il secondo (da marzo a maggio 1790), mentre i brevi soggiorni in Polonia (1790) e in Francia (1792) sono dovuti a impegni politici[1]. Durante il primo viaggio in Italia Goethe può vivere esperienze estetiche particolarmente suggestive. Solo guardando con i propri occhi questa terra del desiderio può approfondire le sue conoscenze: per questo l'esperienza visiva ha la preminenza rispetto ad altri piaceri. L'arte è dunque in primis oggetto del suo interesse, e le lettere dall'Italia sono i racconti di un artista visivo, più che di un poeta[2]. Contemplare e ammirare è il suo motto, come scrive in una lettera all'amico di Düsseldorf, lo scrittore, filosofo e riformatore economico Friedrich Heinrich Jacobi (1743-1819)[3]: "Io sono ormai uno degli orafi efesini che ha passato tutta la sua vita contemplando, ammirando e adorando il meraviglioso tempio della dea Artemide"[4]. Quelle che affida al diario, dunque, sono soprattutto impressioni visive. Sulla base di queste annotazioni, oltre che delle impressioni, condensa poi il resoconto delle sue esperienze nel volume *Viaggio in Italia*, dato alle stampe in due parti tra il 1813 e il 1817. Con questa pubblicazione l'impresa di Goethe, tenuta gelosamente segreta fino al momento della partenza, può essere intesa come ideale del moderno viaggio di formazione, concentrato non solo sulla conoscenza dei monumenti storici e artistici dell'Italia, ma anche sull'amore per la natura e per l'arte degli antichi. Così il viaggio lo aiuta nella ricerca di se stesso e nella coltivazione della sua personalità. In tal modo egli si svincola dallo sguardo critico e normativo degli illuministi per generare la sua personale visione estetica dell'Italia: se le osservazioni distaccate di Johann Joachim Winckelmann e Jean-Jacques Rousseau hanno il solo scopo di acquisire fatti e conoscenze, Goethe le integra e le approfondisce per una finalità interiore e rivolta all'ideale[5]. Ad esempio, questo viaggio lo aiuta anche a chiarire il rapporto tra la sua visione, fin qui maturata sui quadri, degli ideali paesaggi arcadici inondati di sole, la sua concezione dell'antico e il paesaggio naturale che ora gli si schiude. Attraverso queste esperienze giungerà poi alla conclusione che persegue la verità dell'arte solo il vero artista spirituale, che senza legge segue quell'unico cieco impulso verso la realtà della natura[6].

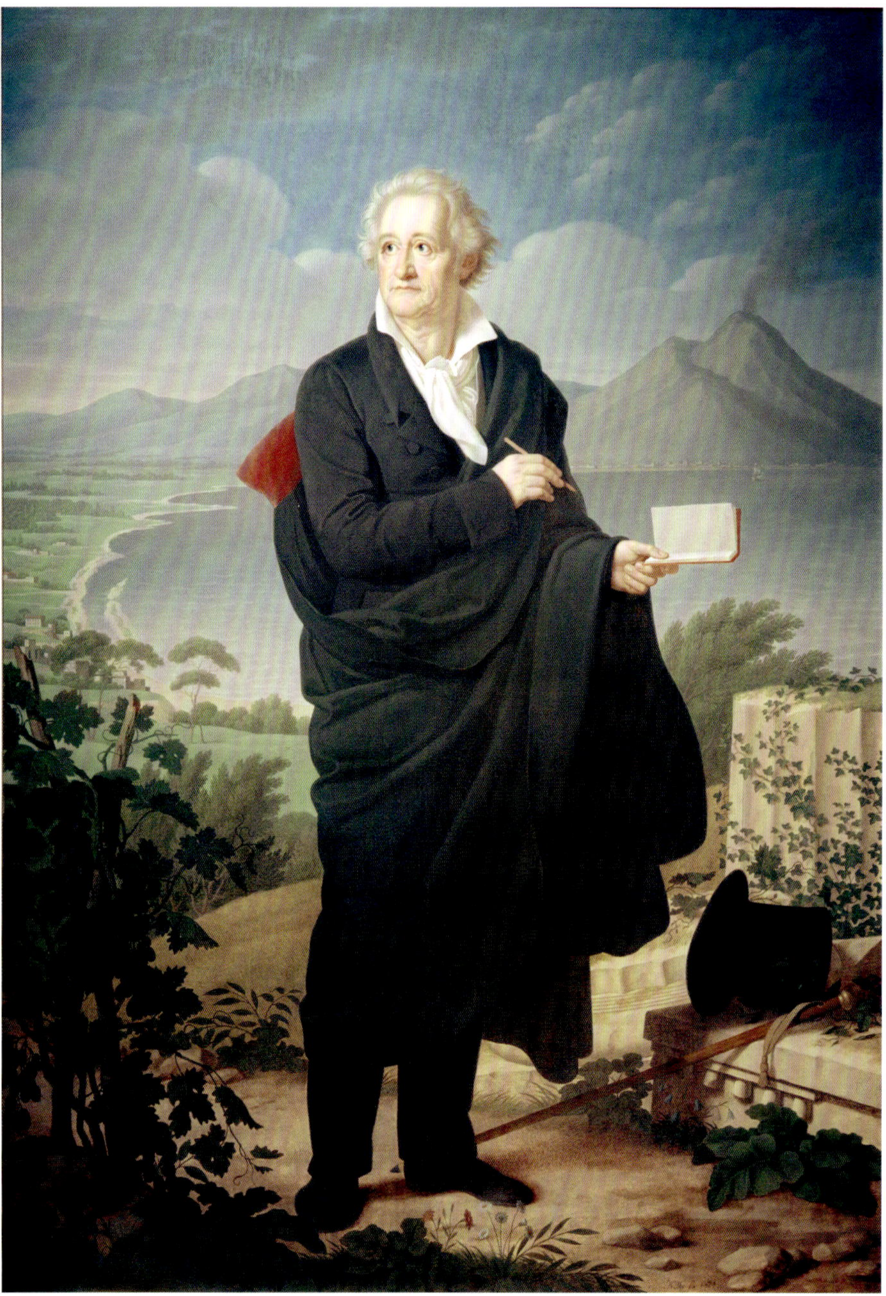

Erfahrungen sollte er dann zum Schluss kommen, dass nur der echte geistgebende
Künstler nach Kunstwahrheit strebt, der gesetzlose, der einem blinden Triebe folgt,
nach Naturwirklichkeit.[6]

„Den höchsten anschauenden Begriff von Natur und Kunst"
Im Zuge der Begegnung mit den Stätten und Zeugnissen des antiken Roms dürfte
sich Goethe überdies an jene Empfindungen erinnert haben, wie er sie bereits 1772
in Frankfurt bei der Besprechung von zwei Landschaften Lorrains zu Papier bringt:
„Zwey Landschaften von Claude Lorrain. Kinder des wärmsten poetischen Gefühls,

"[…] sull'idea più completa e concreta del rapporto fra natura e arte"
Durante i suoi incontri con i luoghi e le vestigia dell'antica Roma, è possibile che
Goethe si ricordi di quelle sensazioni già affidate alla carta nel 1772 a Francoforte,
a proposito di due paesaggi di Lorrain: "Due paesaggi di Claudio di Lorena. Figli
del più caldo sentimento poetico, ricchi di pensieri, castighi e vedute paradisiache
[…] sceso è il sole: compiuto il suo corso giornaliero, cala nella nebbia e tramonta
su rovine sparse in un'ampia regione. […] Sei crollato, impero: infranti i tuoi archi trionfali, sgretolati i tuoi palazzi, ricoperti di arbusti e cupi, e sulle tue tombe
vuote cala la nebbia nel bagliore del sole morente"[7]. In questa sede indagheremo
su cosa poggi la concezione goethiana del paesaggio ideale e della grandezza degli
antichi, e come si sia modificata durante il suo viaggio di formazione in Italia, così
ricco di riflessioni.

Il pensiero di Goethe ruota costantemente intorno alla reciproca relazione
tra natura e arte. La seguente annotazione, presa a Roma dopo avere visitato una
galleria con l'amico Jacob Philipp Hackert (1737-1807), pittore alla corte di Napoli
dove lo ha conosciuto[8], ha un carattere programmatico anche nel contesto che qui
ci interessa: "Insieme con Hackert ho visitato la galleria Colonna, che contiene
opere di Poussin, Claudio di Lorena, Salvator Rosa. Ho avuto da lui molte notizie
interessanti e approfondite su questi quadri […] Tutto ciò che m'ha detto non ha
modificato le mie idee, è valso anzi ad estenderle e a precisarle. Chi può tornare
subito a contemplare la natura e ritrovarvi e rileggervi ciò che quegli artisti vi
avevano trovato e più o meno esattamente imitato, sente il suo spirito allargarsi,
purificarsi e assurgere all'idea più completa e concreta del rapporto fra natura
e arte. E non voglio aver pace finché nulla rimanga in me allo stato di semplice
parola o di tradizione, ma tutto acquisti la vitalità dell'idea" (Roma, 27 giugno
1787). Fra il 3 settembre 1786 (quando, senza salutare nessuno, lascia le terme
di Karlsbad e parte per il Sud), e il 18 giugno 1788, quando rientra sano e salvo a
Weimar, ne ha ampiamente occasione.

Già a Innsbruck, quindi prima di varcare le Alpi, Goethe cede al fascino dei
paesaggi indescrivibilmente pittoreschi che gli si aprono: "Da Innsbruck in su è
sempre più bello, non c'è descrizione che valga. La strada ottimamente tracciata
sale per una stretta valle che manda le sue acque all'Inn e che offre agli occhi innumerevoli viste. Quando la strada rasenta le rupi più scoscese, e a volte è perfino
scavata dentro di esse, dall'altra parte si scorge invece un dolce declivio che offre
ancora spazio a magnifiche colture. Paesi, case, casupole, capanne, tutti imbiancati
a calce, spuntano tra i campi e i filari sull'alto, spazioso declivio. Ben presto ogni
cosa cambia aspetto; il suolo sfruttabile diventa prato, finché esso pure svanisce in
un ripido precipizio" (Brennero, 8 settembre 1786). In questa descrizione, come
anche nell'esaltazione delle scene più idilliache, echeggia quell'entusiasmo per la
natura che, dopo il romanzo epistolare di Rousseau *Julie ou la Nouvelle Héloïse* (ultimato nel 1758 e pubblicato nel 1761 ad Amsterdam), influenza profondamente i
movimenti letterari successivi[9]. Rousseau invita i viaggiatori a contemplare il paesaggio nella sua peculiare e naturale bellezza con entusiasmo e sentimento: "Uno
stupefacente miscuglio della natura selvatica e della natura educata denunciava
ovunque la mano dell'uomo dove non si sarebbe mai creduto che fosse penetrata:

reich an Gedanken, Ahndungen und paradisischen Blicken. […] herabgestiegen ist die Sonne, vollendet ihr Taglauf, sinkt in Nebel, und dämmert über Ruinen in weiter Gegend. […] Zusammengestürzt bist du Reich, zertrümmert deine Triumphbogen, zerfallen deine Palläste, mit Sträuchern verwachsen und düster, und über deiner öden Grabstätte dämmert Nebel im sinkenden Sonnenglanz."[7] Die Frage, woraus sich Goethes Vorstellungen von idealer Landschaft und antiker Größe speisen und wie sich diese im Zuge seiner an Reflexionen reichen Bildungsexkursion nach Italien gewandelt haben, soll hier skizziert werden.

Goethes diesbezügliches Denken kreist dabei immer wieder um die gegenseitige Beziehung von Natur und Kunst. Was Goethe in Rom nach einem gemeinsamen Galeriebesuch mit seinem deutschen Künstlerfreund und neapolitanischen Hofmaler Jacob Philipp Hackert (1737–1807) notiert, den er in Neapel kennenlernt,[8] hat auch in unserem Kontext programmatischen Charakter: „Ich war mit Hackert in der Galerie Colonna, wo Poussins, Claudes, Salvator Rosas Arbeiten zusammen hängen. Er sagte mir viel Gutes und gründlich Gedachtes über diese Bilder […]. Alles was er mir sagte, hat meine Begriffe nicht verändert, sondern nur erweitert und bestimmt. Wenn man nun gleich wieder die Natur ansehen und wieder finden und lesen kann, was jene gefunden und mehr oder weniger nachgeahmt haben, das muß die Seele erweitern, reinigen und ihr zuletzt den höchsten anschauenden Begriff von Natur und Kunst geben. Ich will nicht ruhen, bis mir nichts mehr Wort und Tradition, sondern lebendiger Begriff ist" (Rom, 27. Juni 1787). Und dazu bekommt Goethe zwischen dem 3. September 1786, als er von seiner Kur in Karlsbad ohne Abschied in den Süden aufbricht, und dem 18. Juni 1788, als er wieder wohlbehalten aus Italien kommend in Weimar eintrifft, genügend Möglichkeiten.

Bereits in Innsbruck – also kurz vor der Überquerung der Alpen – gerät Goethe in den Bann „unbeschreiblich" pittoresker Landschaften, die sich ihm nun eröffnen: „Von Innsbruck herauf wird es immer schöner, da hilft kein Beschreiben. Auf den gebahntesten Wegen steigt man eine Schlucht herauf, die das Wasser nach dem Inn zu sendet, eine Schlucht, die den Augen unzählige Abwechslungen bietet. Wenn der Weg nah am schroffsten Felsen hergeht, ja in ihn hineingehauen ist, so erblickt man die Seite gegenüber sanft abhängig, so dass noch kann der schönste Feldbau darauf geübt werden. Es liegen Dörfer, Häuser, Häuschen, Hütten, alles weiß angestrichen, zwischen Feldern und Hecken auf der abhängenden hohen und breiten Fläche. Bald verändert sich das Ganze; das Benutzbare wird zur Wiese, bis sich auch das in einen steilen Abhang verliert" (Brenner, 8. September 1786). In dieser Naturschilderung wie auch in der Verherrlichung idyllischer Naturszenen klingt jener naturschwärmerische Geist an, wie er seit Rousseaus Briefroman *Julie oder Die neue Heloise. Briefe zweier Liebenden aus einer kleinen Stadt am Fuße der Alpen* (französisch: *Julie ou la Nouvelle Héloïse*, 1758 vollendet bzw. 1761 in Amsterdam erstmals in Druck erschienen) großen Einfluss auf die nachfolgenden literarischen Bewegungen ausübt.[9] Darin ermutigt Rousseau den Reisenden, die Landschaft erstmals auch in ihrer eigentümlichen, natürlichen Schönheit schwärmerisch und sentimental wahrzunehmen: „Ein staunenswürdiges Gemisch von wilder und angebauter Natur verriet überall die Hand des Menschen. Wo man hätte glauben sollen, daß sie niemals hingedrungen wäre […]. Nicht nur das Werk der Menschenhand

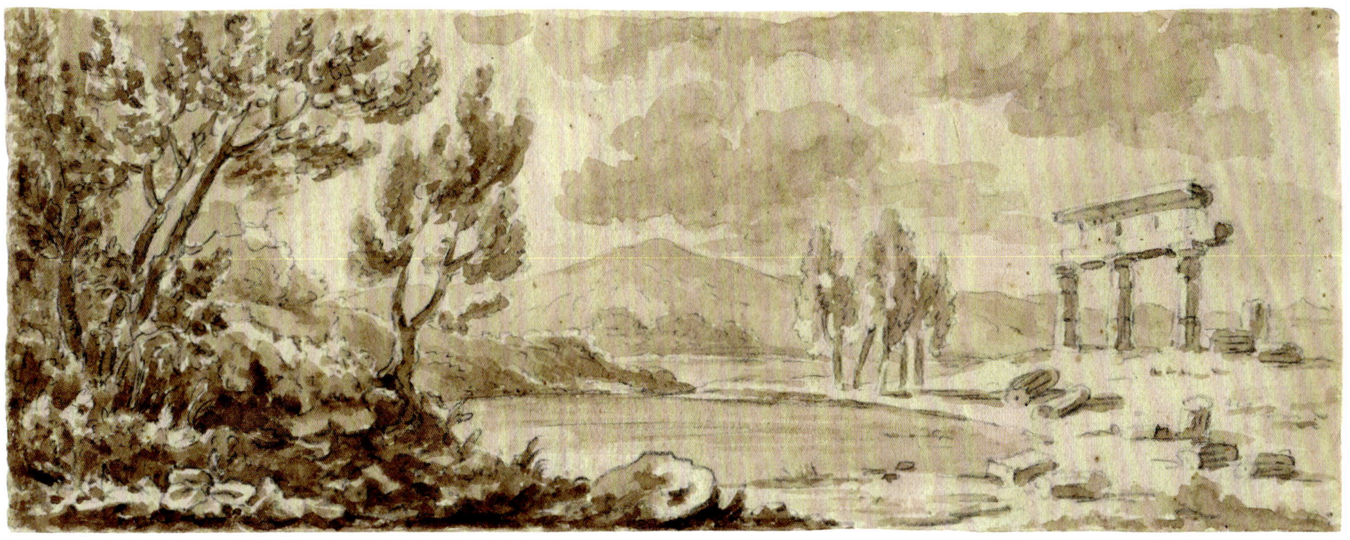

[…] Ma non soltanto il lavoro umano rendeva questi paesi così stranamente contrastanti: pareva che la natura si compiacesse di contraddire se stessa; da tanto era diversa nello stesso luogo, sotto vari aspetti!"[10]

"Adesso m'importano soltanto le impressioni dei sensi"

Non è certo il primo viaggio nelle Alpi intrapreso da Goethe: con i fratelli Christian e Friedrich Leopold conte di Stolberg, è già stato in Svizzera e nelle sue montagne, nell'estate del 1775, a ventisei anni[11] – un anno dopo aver ambientato *I dolori del giovane Werther* in paesaggi ancora fittizi, e il periodo in cui tentava di svincolarsi dalla relazione con Lili Schönemann[12]. Quella volta, raggiunto in cima al passo del San Gottardo da Jakob Ludwig Passavent (1751-1827)[13], amico di gioventù di Francoforte, compagno di passeggiate e vicario riformato, che gli propone di proseguire l'escursione nelle incantevoli regioni d'Italia, Goethe dice di non provarne alcun desiderio, soprattutto perché sente la Lombardia e l'Italia del tutto estranee[14]. Ci vorrà più di un decennio prima che si decida a intraprendere il lungo viaggio in Italia. E, in primo piano, ci sono le impressioni sensoriali: "Quelle che adesso m'importano sono soltanto le impressioni dei sensi, che nessun libro, nessun quadro può dare. Il fatto è che sto riprendendo interesse al mondo, sperimento il mio spirito d'osservazione e verifico la reale portata delle mie scienze e delle mie cognizioni; mi accerto se il mio occhio è chiaro, puro e lucido, se in questo passaggio veloce posso arricchirmi di nuove nozioni, e se le rughe che mi si sono formate e incise nell'animo possono essere ancora cancellate" (Trento, 11 settembre 1786).

"[…] il sole è caldo e si può credere nuovamente a un Dio"

E di luce e lucidità ne troverà in abbondanza: Goethe se ne accorge già sulla strada da Bolzano a Trento, ammettendo al tempo stesso che i meridionali nati qui potrebbero liquidare tanto entusiasmo per la luce come una puerile esagerazione: "Da Bolzano a Trento si procede per nove miglia in una valle fertile e sempre più

schuf in diesem Land so abenteuerliche Gegensätze; auch die Natur schien sich darin zu gefallen, sich mit sich selbst in Widerspruch zu setzen, so mannigfaltig stellte sie sich an dem nämlichen Orte auf den verschiedenen Seiten dem Blicke dar."[10]

„Mir ist jetzt nur um die sinnlichen Eindrücke zu tun"
Es ist freilich nicht die erste Reiseunternehmung, die Goethe in die Alpen führt: Schon im Sommer 1775 hat der damals 26-Jährige mit den Brüdern Christian und Friedrich Leopold Graf von Stolberg eine erste Reise in die Schweiz und seine Gebirgswelt unternommen[11] – ein Jahr nachdem er die *Leiden des jungen Werthers* noch in fiktiven Landschaften lokalisierte und sich zugleich vom Verhältnis mit Lili Schönemann wieder zu lösen suchte.[12] Als ihm damals bei der Besteigung des Schweizer Gotthardpasses der dazu gestoßene Frankfurter Jugendfreund, Wandergefährte und reformierte Hilfsprediger Jakob Ludwig Passavent (1751–1827)[13] auf der Passhöhe den Vorschlag macht, die Wanderung in die entzückenden Gegenden Italiens fortzusetzen, fühlt Goethe „jedoch keine Entschiedenheit in sich", zumal er die Lombardei und Italien noch „als ein ganz Fremdes" empfindet.[14] Es sollte mehr als ein Jahrzehnt dauern, bis sich Goethe zu seiner weitgedehnten Reise nach Italien entschließen kann. Und im Vordergrund stehen die sinnlichen Eindrücke: „Mir ist jetzt nur um die sinnlichen Eindrücke zu tun, die kein Buch, kein Bild gibt. Die Sache ist, dass ich wieder Interesse an der Welt nehme, meinen Beobachtungsgeist versuche und prüfe, wie weit es mit meinen Wissenschaften und Kenntnissen geht, ob mein Auge licht, rein und hell ist, wie viel ich in der Geschwindigkeit fassen kann, und ob die Falten, die sich in mein Gemüt geschlagen und gedrückt haben, wieder auszutilgen sind" (Trient, 11. September 1786).

„[…] die Sonne scheint heiß, und man glaubt wieder einmal an Gott"
Licht und Helligkeit, von denen hier die Rede ist, sollte Goethe in weiterer Folge zur Genüge vorfinden. Er nimmt diese Änderung bereits am Weg von Bozen nach Trient wahr, um sich zugleich einzugestehen, dass die hier geborenen Südländer soviel Schwärmerei für das Licht als kindische Übertreibung abtun könnten: „Von Bozen auf Trient geht es neun Meilen weg in einem fruchtbaren und fruchtbareren Tale hin. […] Hier scheint schon mehr Kraft und Leben, die Sonne scheint heiß, und man glaubt wieder einmal an Gott. […] Wenn mein Entzücken hierüber Jemand vernähme, der in Süden wohnte, von Süden herkäme, er würde mich für sehr kindisch halten. Ach, was ich hier ausdrücke, habe ich lange gewusst, so lange als ich unter einem bösen Himmel dulde; und jetzt mag ich gerne diese Freude als Ausnahme fühlen, die wir als eine ewige Naturnotwendigkeit immerfort genießen sollten" (Trient, 11. September 1786).

Je weiter Goethe unter dem gleißenden Sonnenlicht in den Süden Italiens vorrückt, umso mehr vermischen sich offensichtlich seine Erinnerungen mit jenen künstlerischen Italienbildern, mit denen er sich zu Hause im fernen Weimar über die Distanz zum Süden hinweggetröstet hat und die thematisch zwischen Antikenrezeption und der Idee der Ideallandschaft changieren. Es sind hier besonders die Landschaftsgemälde Claude Lorrains, zu denen sich Goethe stark hingezogen fühlt und die ihn seit 1772 bis kurz vor seinen Tod beschäftigen.[15] Dieser auch als Claude

fertile. Tutto ciò che tenta di vegetare sulle montagne qui ha già maggior vigore e vitalità, il sole è caldo e si può credere nuovamente a un Dio. […] Se qualcuno che abitasse nel Sud, o ne venisse, potesse intendere l'incanto che io qui provo, mi giudicherebbe molto puerile. Ah! Ciò che qui dico, lo sapevo da molto tempo, da tutto il tempo che ho sofferto sotto un cielo inclemente; e ora mi piace gustare come un fatto eccezionale questa gioia, che invece dovremmo godere ininterrottamente come un'eterna necessità di natura" (Trento, 11 settembre 1786).

Quanto più Goethe procede verso il meridione italiano sotto la luce brillante del sole, tanto più i suoi ricordi si mescolano con quelle immagini dell'Italia che a casa, nella lontana Weimar, lo consolavano per la distanza che lo separava dal sud, e che nei loro soggetti oscillano tra la ricezione degli antichi e la visione del paesaggio ideale. Quelli che esercitano l'attrazione più forte sono soprattutto i paesaggi di Claude Lorrain, di cui Goethe si interessa dal 1772 fino a poco prima della morte[15]. Questo pittore, noto anche come Claude Gel(l)ée, Claude de Lorrain, Claudio Lorenese o di Lorena (1600-1682) ma che Goethe chiama per lo più con il solo nome, Claude, si trasferisce in Italia probabilmente grazie al suo mestiere di cuoco pasticciere[16]. Claude vive a Roma dall'età di tredici anni e approda alla pittura di paesaggio attraverso il suo maestro, il quadraturista Agostino Tassi (1580 circa-1644). Con la sua visione lirico-romantica nobilita il genere e crea la categoria del paesaggio ideale, alla quale si dedicheranno numerosi seguaci ed epigoni. A Goethe – che possiede ventisette acqueforti originali[17], diverse incisioni tratte da dipinti, un disegno e un dipinto di Lorrain[18], attraverso i quali adotta per i propri disegni caratteristiche modalità rappresentative – questo viaggio in Italia schiude la visione viva di quei luoghi del desiderio al di là delle Alpi. È come se i dipinti di Claude lo avessero reso sensibile a quei fenomeni sottili della rappresentazione pittorica della natura che ora, con questo viaggio, vuole scoprire in prima persona. Per questo la seguente osservazione, fatta a Roma per puro piacere, ci sembra una sorta di feedback estetico: "Sopra la terra fluttua una foschia luminosa, quale si conosce dalle pitture e dai disegni di Claudio, ma come fenomeno naturale difficilmente lo si nota meglio che qui" (Roma, 19 febbraio 1787). Persino a distanza di settimane, nella lontana Palermo, la vista dell'effetto sfumato dei paesaggi pomeridiani sulla costa, rinnova in lui il ricordo dei paesaggi di Lorrain: "Non c'è parola atta ad esprimere la chiarità vaporosa che alitava intorno alle coste nello stupendo pomeriggio del nostro arrivo a Palermo: la purezza dei contorni, la morbidezza dell'assieme, la gamma delle sfumature, l'armonia che univa cielo, mare e terra Chi lo ha visto l'avrà in cuore per tutta la vita. Solo adesso capisco i quadri di Claudio di Lorena, e spero di poter un giorno, tornato al Nord, rievocare dal mio animo qualche pallida immagine di questa felice dimora" (Palermo, 3 aprile 1787). Il suo oscillare tra poesia e pittura gli dà uno sguardo particolare, come scrive all'amico e protettore Carlo Augusto di Sassonia-Weimar Eisenach (1757-1828) il 25 gennaio 1788: "I grandi scenari della natura avevano allargato il mio animo e appianato tutte le rughe, mi ero fatto un'idea della dignità della pittura di paesaggio, vidi Claude e Poussin con altri occhi"[19]. Ancora il Goethe maturo, nell'aprile del 1829, scrive a Eckermann che i quadri di Lorrain contengono "la più alta verità ma nessuna traccia di realtà. Claude Lorrain conosceva il mondo reale fin nei minimi dettagli e lo usava come strumento per esprimere il mondo del suo grande animo"[20].

Gel(l)ee, Claude de Lorrain oder als Claudio die Lorena bekannte Maler mit lothringischen Wurzeln (1600–1682), bei dessen Nennung sich Goethe zumeist auf den Vornamen Claude beschränkt, zieht angeblich dank seines anfänglichen Berufs als Pastetenbäcker nach Italien.[16] Claude hält sich bereits mit 13 Jahren in Rom auf und findet schließlich über seinen Lehrer Agostino Tassi (um 1580–1644), einem Vertreter der illusionistischen Deckenmalerei, zur Landschaftsmalerei. Er nobilitiert diese Sparte durch seine lyrisch-romantische Auffassung und bildet in weiterer Folge den Typus der Ideallandschaft aus, an dem sich zahlreiche Nachfolger und Epigonen abarbeiten. Goethe, der selbst 27 Originalradierungen[17], zahlreiche radierte Blätter nach Gemälden sowie eine Zeichnung und ein Gemäldes besitzt[18] und sich damit charakteristische Darstellungsweisen für sein eigenes zeichnerisches Œuvre zueigen macht, eröffnet sich erst mit dieser Italienreise eine lebendige Vorstellung von diesen Sehnsuchtsorten jenseits der Alpen. Es scheint, als hätten ihn erst Claudes Gemälde für jene subtileren Phänomene der künstlerischen Naturschilderung empfänglich gemacht, denen er sich nun auf dieser Italienreise selbst vergewissern will. Es erscheint uns daher wie eine ästhetische Rückkoppelung, wenn er in Rom vor lauter Entzückung notiert: „Über der Erde schwebt ein Duft des Tages über, den man nur aus Gemählden und Zeichnungen des Claude kennt, das Phänomen in der Natur aber nicht leicht so schön sieht als hier" (Rom, 19. Februar 1787). Selbst Wochen später fühlt sich Goethe angesichts des atmosphärischen Sfumatos der nachmittäglichen Küstenlandschaft vor Palermo erneut an die Landschaftsauffassung Claude Lorrains erinnert: „Mit keinen Worten ist die dunstige Klarheit auszudrücken, die um die Küsten schwebte, als wir am schönsten Nachmittage gegen Palermo anfuhren. Die Reinheit der Konture, die Weichheit des Ganzen, das Auseinanderweichen der Töne, die Harmonie von Himmel, Meer und Erde. Wer es gesehen hat, der hat es auf sein ganzes Leben. Nun versteh' ich erst die Claude Lorrains und habe Hoffnung, auch dereinst in Norden aus meiner Seele Schattenbilder dieser glücklichen Wohnung hervorzubringen" (Palermo, 3. April 1787). Goethe bezieht aus seiner Verschwisterung von Dichtung und Malerei einen besonderen Erkenntnisgewinn, wie er dies auch seinem Freund und Dienstherrn, Carl August von Sachsen-Weimar Eisenach (1757–1828) am 25. Jänner 1788 berichtet: „Die großen Scenen der Natur hatten mein Gemüth ausgeweitet und alle Falten herausgeglättet, von der Würde der Landschafts Mahlerey hatte ich einen Begriff erlangt, ich sah Claude und Poussin mit anderen Augen."[19] Selbst der reife Goethe äußert sich im April 1829 noch gegenüber Eckermann, die Bilder Claude Lorrains hätten „die höchste Wahrheit, aber keine Spur von Wirklichkeit. Claude Lorrain kannte die reale Welt bis ins kleinste Detail auswendig, und er gebrauchte sie als Mittel, um die Welt seiner schönen Seele auszudrücken."[20]

Ut pictura poesis
Goethe unterteilt nach Art eines Stufengebäudes der Kunst auch die Gattung der Landschaftsmalerei und billigt den Begriff „Landschaft" nur Kunstwerken höheren Ranges zu, während er „treu nach der Natur gemalte" Bilder lediglich Aussichten, Ansichten, Prospekte, Porträtlandschaften oder Abbildungen nennt, die seinem Verständnis nach bloß Wirklichkeitsforderungen zu befriedigen vermögen.[21] Was hat Goethe wohl unter den Landschaften höheren Ranges gemeint? Sollten sie ge-

Ut pictura poësis

Goethe divide la pittura di paesaggio in una sorta di palazzo delle arti e concede il nome di paesaggio solo alle opere di livello superiore, mentre le prospettive, le vedute, i prospetti, i ritratti di paesaggi o le illustrazioni, non sono più che "dipinti fedeli alla natura, in grado di soddisfare soltanto le istanze della realtà[21]. Che cosa intende esattamente Goethe per paesaggi di livello superiore? Forse rappresentano la poesia tradotta in pittura, secondo la massima di Orazio (65-8 a. C.) "ut pictura poësis"[22]? Nell'*Ars Poetica* si legge: "Ut pictura, poësis: erit quae, sie propius stes, te capiet magis; et quaedam, si longius abstes", ovvero "Sarà la poesia qual la pittura: un quadro colpirà più da vicino, più lungi un altro"[23]. Non è un caso che al passaggio dal Sette- all'Ottocento vi siano degli artisti che per propria convinzione attribuiscono alla poesia il primato tra le arti. Ad esempio Joseph Anton Koch, pittore tirolese e fondatore del movimento nazareno, parla dell'importanza della poesia: "L'arte poetica è la madre di tutte [le arti], senza di essa le altre devono volgersi al naturalismo, oppure diventare arti del bisogno, ovvero artigianato"[24]. Non sorprende che la discussione sull'*ut pictura poësis* si faccia virulenta proprio alle soglie del classicismo, come sempre quando la ricerca di confini chiari tra le arti si intensifica. Nel classicismo, sotto la pressione della logica, la narrazione prende il sopravvento (pittura di storia, arte del racconto, storiografia)[25].

"Il signor Hackert m'ha lodato"

Come Koch, nella Roma del tempo di Goethe un'intera generazione di artisti si ispira a Lorrain, sul quale vogliamo tornare a soffermarci un'ultima volta. All'incirca nello stesso periodo in cui Goethe scopre la pittura di paesaggio francese del Seicento, e in particolare l'opera di Claude Lorrain, il fondatore del paesaggio

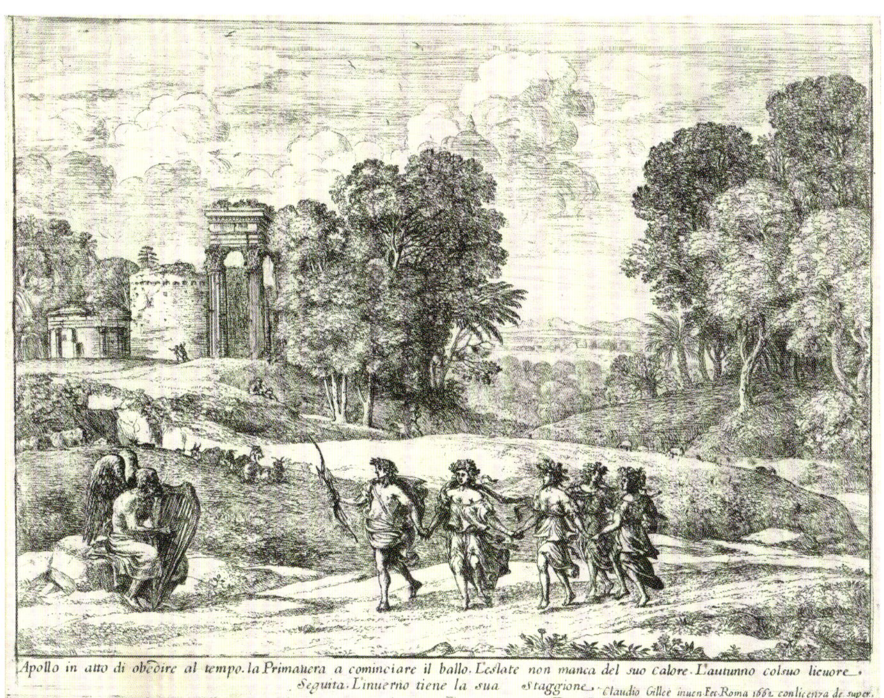

mäß des römischen Dichters Horaz (65–8 v. Chr.) und dessen Maxime „ut pictura poesis" in Malerei umgesetzte gemalte Dichtung darstellen?[22] In der *Ars poetica* des Horaz heißt es: „ut pictura poesis: erit quae, si propius stes, te capiat magis, et quaedam, si longius abstes. […]," das Eckart Schäffer mit „Eine Dichtung ist wie ein Gemälde: es gibt solche, die dich, wenn du näher stehst, mehr fesseln, und solche, wenn du weiter entfernt stehst […]" übersetzt.[23] Es ist kein Zufall, dass wir an der Wende vom 18. zum 19. Jahrhundert manchen Künstler ausmachen können, der aus eigener Überzeugung der Dichtung das Primat unter den Künsten einräumt. So schreibt etwa der Tiroler Maler und Gründervater der Nazarener Joseph Anton Koch in seinen 1810 verfassten *Gedanken eines in Rom lebenden Künstlers über die Kunst in den letzten Decennien des vorigen und dem ersten des laufenden Jahrhunderts* über die Bedeutung der *Ars poetica*: „Die Dichtkunst ist die Mutter von allen [Künsten], ohne sie müssen sich die andern zum Naturalismus wenden, oder Künste des Bedürfnisses, d. h. Handwerk werden."[24] Dass diese *ut pictura poesis*-Diskussion nun an der Schwelle zum Klassizismus virulent geworden ist, verwundert nicht. Sie bricht immer dann aus, wenn man vermehrt nach klaren Grenzen zwischen den Künsten sucht: Im Klassizismus dominiert unter dem herrschenden Logikdruck das Narrative (Historienbild, Erzählkunst, Historiografie).[25]

„Herr Hackert hat mich gelobt"

So wie Koch beruft sich im Rom der Goethezeit eine ganze Künstlergeneration auf Lorrain, den wir abschließend noch einmal in den Fokus rücken wollen. Denn etwa zur gleichen Zeit, als Goethe die Kunst der französischen Landschaftsmalerei des 17. Jahrhunderts und hier vor allem Claude Lorrain für sich entdeckt, findet dieser Begründer der Ideallandschaft auch unter den in Rom weilenden deutschen

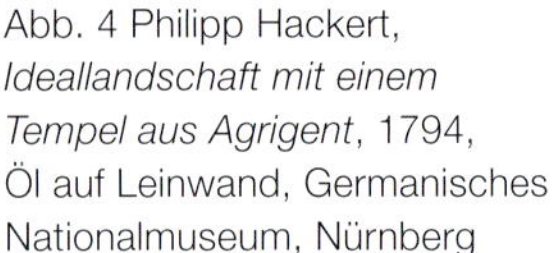

Abb. 4 Philipp Hackert, *Ideallandschaft mit einem Tempel aus Agrigent*, 1794, Öl auf Leinwand, Germanisches Nationalmuseum, Nürnberg

Fig. 4 Philipp Hackert, *Paesaggio ideale con un tempio di Agrigento*, 1794, olio su tela, Germanisches Nationalmuseum, Norimberga

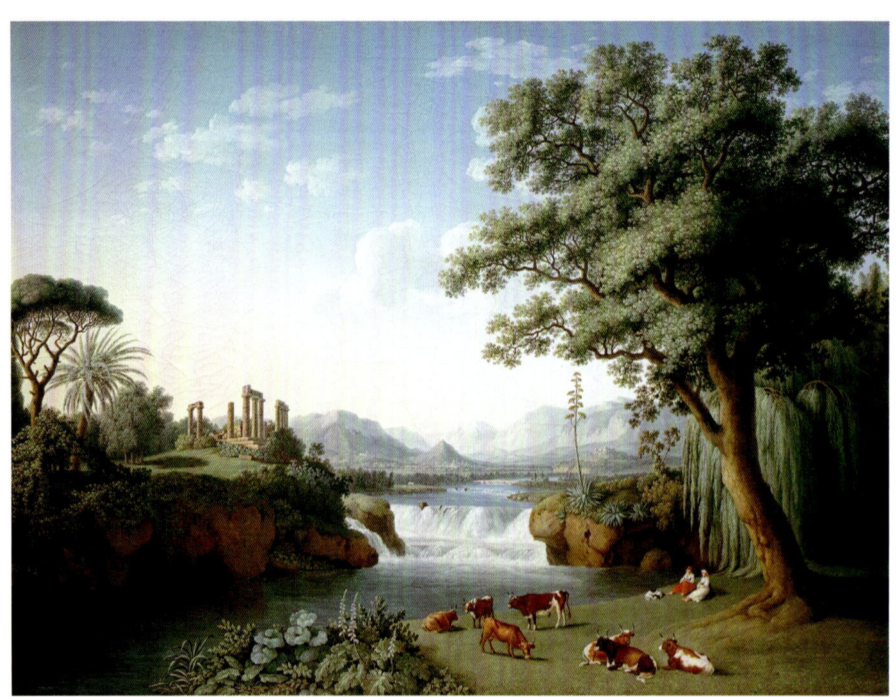

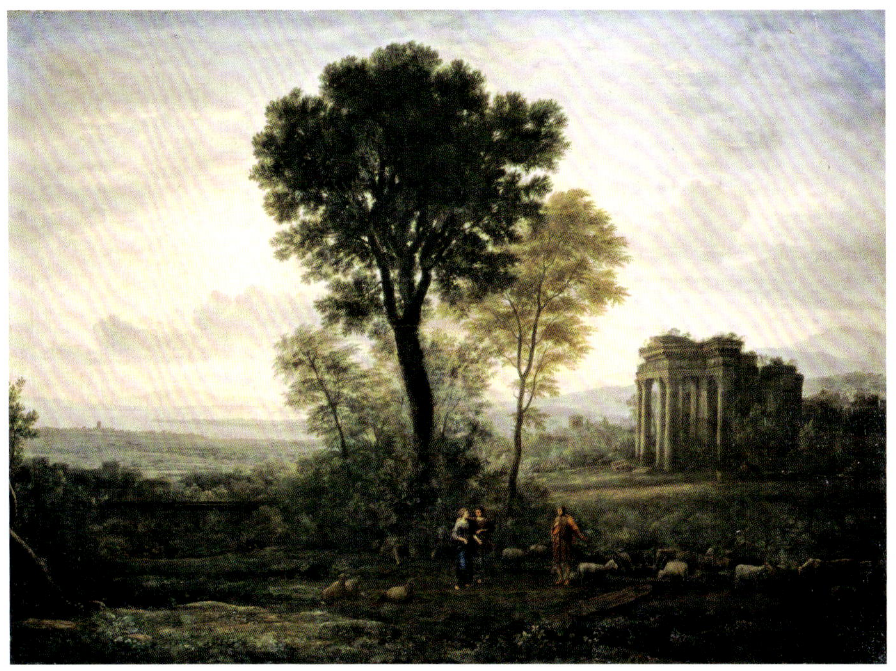

ideale trova seguaci anche tra i pittori tedeschi residenti a Roma: Jacob Philipp Hackert (1737-1807), originario di Prenzlau (Brandeburgo settentrionale), a Roma dal 1768 circa; Johann Christian Reinhart (1761-1847), proveniente dalla corte dell'Alta Franconia, attivo nella città eterna dal 1789 alla morte; il tirolese Joseph Anton Koch (1768-1839), dal 1795 alla fine della sua vita; e Johann Heinrich Wilhelm Tischbein (1751-1829), nativo di Haina nell'Assia, che vi trascorre lunghi anni[26]. Nel corso del suo viaggio Goethe conosce alcuni di loro, come Hackert e Tischbein. Hackert si reca in Italia con il fratello fin dal 1768, entrando in contatto con i mecenati Johann Friedrich Reiffenstein e William Hamilton e viaggiando per la penisola. La sua fama di paesaggista gli frutta presto le commissioni degli aristocratici europei. La carriera di Hackert giunge al culmine nel 1786, quando il re di Napoli Ferdinando IV lo nomina pittore di corte. L'incontro con Goethe avviene a Roma nel giugno del 1787, ed è descritto negli appunti di viaggio del poeta di Weimar: "V'ero andato col signor Hackert, il quale è un maestro straordinario nel ritrarre la natura e nel dare immediatamente forma al disegno. In quei pochi giorni ho imparato molto da lui. […] Il signor Hackert m'ha lodato e biasimato e ha continuato ad assistermi. Un po' per scherzo e un po' sul serio m'ha fatto la proposta di rimanere un anno e mezzo in Italia per addestrarmi su buoni fondamenti; m'ha assicurato che dopo questo tempo potrei essere contento dei miei lavori. Vedo bene io stesso come e quanto si debba studiare per aver ragione di certe difficoltà, che altrimenti ci schiaccerebbero per tutta la vita col loro peso" (Roma, 8 giugno 1787).

Goethe conosce fin troppo bene, per esperienza diretta, il problema del fallimento artistico, perché a volte anche obiettivi piccoli gli risultano troppo difficili, come confida nei suoi appunti all'inizio del viaggio in Italia: "La sera del 9, dopo aver terminato la prima parte del mio diario, volli ancora fare uno schizzo

Malern Nachfolger: Der aus Prenzlau (Nordbrandenburg) stammende Jacob Philipp Hackert (1737–1807) hält sich etwa seit 1768 in Rom auf, Johann Christian Reinhart (1761–1847) vom oberfränkischen Hof malt von 1789 bis zu seinem Tod in dieser Metropole am Tiber, der Tiroler Joseph Anton Koch (1768–1839) ist ab 1795 bis zu seinem Lebensende in der Ewigen Stadt tätig, längere Jahre in Rom verbringt auch der aus dem hessischen Haina gebürtige Johann Heinrich Wilhelm Tischbein (1751–1829).[26] Goethe trifft während seiner Italienreise auch einige dieser malenden Lorrain-Nachfolger wie etwa Hackert und Tischbein. Hackert geht bereits 1768 mit seinem Bruder nach Italien, wo er Kontakte zu den Kunstmäzenen Johann Friedrich Reiffenstein und William Hamilton findet und in weiterer Folge dal Land für sich entdeckt. Sein Ruf als bedeutender Landschaftsmaler beschert ihm hier auch bald Aufträge des europäischen Adels. Diese Karriere erfährt einen Höhepunkt, als ihn König Ferdinand IV. von Neapel 1786 zum Hofmaler bestimmt. Noch in Rom kommt es im Juni 1787 auch zur nachhaltigen Begegnung mit Goethe, der über diese in seinen Reiseaufzeichnungen notiert: „Ich war mit Herrn Hackert draußen, der eine unglaubliche Meisterschaft hat, die Natur abzuschreiben und der Zeichnung gleich eine Gestalt zu geben. Ich habe in diesen wenigen Tagen viel von ihm gelernt. […] Herr Hackert hat mich gelobt und getadelt und mir weiter geholfen. Er tat mir halb im Scherz, halb im Ernst den Vorschlag, achtzehn Monate in Italien zu bleiben und mich nach guten Grundsätzen zu üben; nach dieser Zeit, versprach er mir, sollte ich Freude an meinen Arbeiten haben. Ich sehe auch wohl, was und wie man studieren muss, um über gewisse Schwierigkeiten hinauszukommen, unter deren Last man sonst sein ganzes Leben hinkriecht" (Rom, 8. Juni 1787).

Und Goethe kennt dieses Problem des bildkünstlerischen Scheiterns nur zu gut aus eigener Erfahrung, überfordern ihn doch manchmal schon kleine Aufgabenstellungen, wie er dies zum Beispiel zu Beginn seiner Italienreise auch missmutig seinen Reiseaufzeichnungen anvertraut: „Am Neunten abends, als ich das erste Stück meines Tagebuchs geschlossen hatte, wollte ich noch die Herberge, das Posthaus auf dem Brenner, in seiner Lage zeichnen, aber es gelang nicht, ich verfehlte den Charakter und ging halb verdrießlich nach Hause" (Trient, 11. September 1786). Bereits nach einer Generation gerät Hackerts Kunst in den Ruf der Oberflächlichkeit, obwohl Goethe auf testamentarischen Wunsch Hackerts 1811 die ausführliche Selbstbiografie des Malers veröffentlicht.[27] Polemische Töne zu Hackerts Landschaftskunst kommen auch von jüngeren Malern wie dem bereits erwähnten Tiroler Joseph Anton Koch, der nur Lorrain, Salvator Rosa und Poussin volle Anerkennung zollt.[28] So äußert er sich dazu gegenüber seinem Freund, den ebenfalls aus Tirol (Lienz) stammenden Schriftsteller und Frankfurter Stadtpfarrer Beda Weber: „Lieber Freund! Wer die Welt, das Leben und die Natur nicht durch lange Studien und Erfahrungen in sich verarbeitet und das Verarbeitete sich ganz pflichtig macht, der wird vielleicht ein Hackert, aber kein Landschaftsmaler."[29]

„Tischbein muss ich noch vieles erzählen"
Goethe trifft in Rom auch auf seinen wohl prominentesten Porträtisten, den zwei Jahre jüngeren Maler Johann Heinrich Wilhelm Tischbein, für den er in einem Brief an Johann Gottfried Herder am 29. Dezember 1786 überschwängliches Lob parat

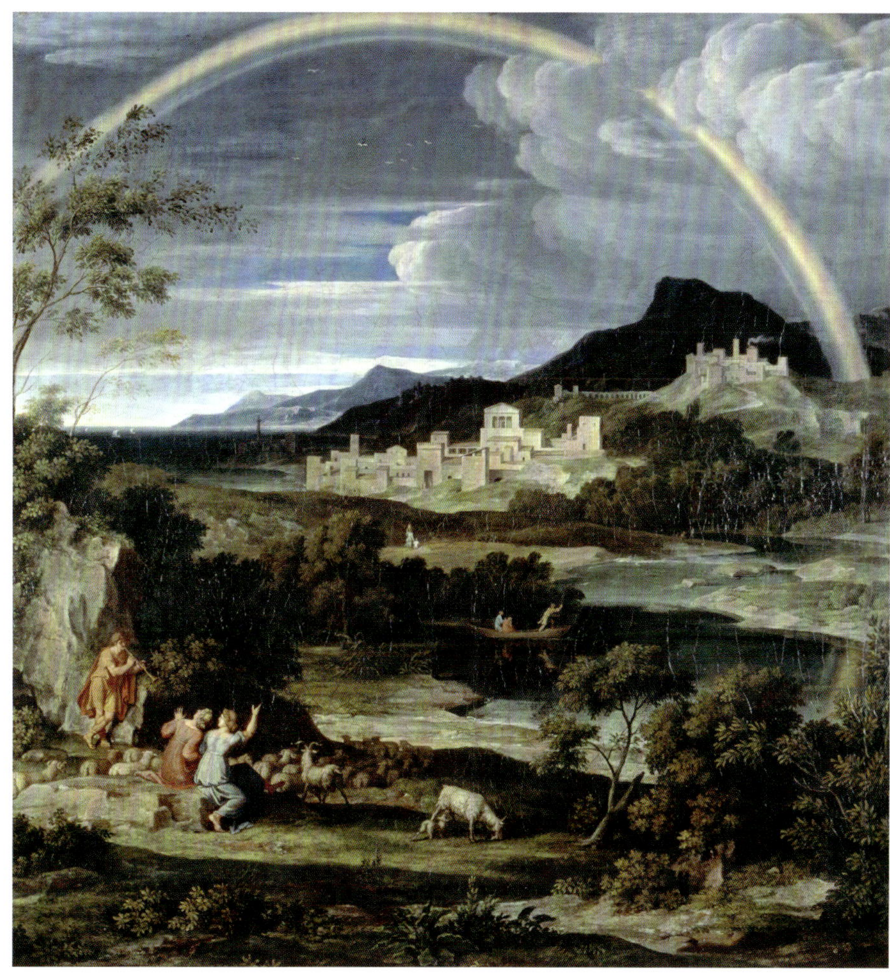

dal vero dell'albergo o casa di posta del Brennero, ma non mi riuscì; sbagliai il carattere del disegno e rincasai un po' indispettito" (Trento, 11 settembre 1786). Passata una sola generazione l'arte di Hackert assume fama di superficialità, nonostante nel 1811 Goethe, su richiesta testamentaria dello stesso artista, ne pubblichi l'autobiografia[27]. Voci polemiche verso i paesaggi di Hackert si levano dai pittori più giovani, come il già menzionato Joseph Anton Koch, che tributa pieno apprezzamento solo a Lorrain, Salvator Rosa e Poussin[28]. Così si esprime in proposito con Beda Weber, scrittore come lui tirolese (di Lienz) e parroco a Francoforte: "Caro amico! Chi non elabora dentro di sé il mondo, la vita e la natura con lungo studio ed esperienza e non si assoggetta interamente a quanto ha elaborato, quegli diventerà forse un Hackert, ma non un pittore di paesaggio"[29].

"Molto mi resta da dire di Tischbein"

A Roma Goethe conosce anche il suo principale ritrattista, Johann Heinrich Wilhelm Tischbein. Al pittore, che è di due anni più giovane, dedica parole di elogio entusiasta in una lettera a Johann Gottfried Herder del 29 dicembre 1786: "Non loderò mai abbastanza Tischbein e l'originalità con cui ha saputo perfezionarsi da sé"[30]. Tischbein, che si trova a Roma dal 1783 e fa grandi progressi in

hat: „Tischbeinen kann ich nicht genug loben, wie original er sich aus sich selbst heraus gebildet hat."[30] Tischbein, der sich seit 1783 in Rom aufhält und hier in allen Sparten eminente Fortschritte macht, gewährt hier auch Goethe Quartier, der so den künstlerischen Reifungsprozess des Malers aus nächster Nähe erleben kann:[31] „Von Tischbein muss ich noch vieles erzählen und rühmen, […] sodann aber dankbar melden, dass er die Zeit seines zweiten Aufenthalts in Rom über für mich gar freundschaftlich gesorgt hat, indem er mir eine Reihe Kopien nach den besten Meistern fertigen ließ, einige in schwarzer Kreide, andere in Sepia und Aquarell, die erst in Deutschland, wo man von den Originalen entfernt ist, an Wert gewinnen und mich an das Beste erinnern werden. Auf seiner Künstlerlaufbahn, da er sich erst zum Porträt bestimmte, kam Tischbein mit bedeutenden Männern, besonders auch zu Zürich, in Berührung und hat an ihnen sein Gefühl gestärkt und seine Einsicht erweitert" (Rom, 29. Dezember 1786). Wie sein „Untermieter Goethe" vermerkt, ist Tischbein bereits zum zweiten Male in Rom: Die Kasseler Akademie ermöglicht dem Künstler bereits 1778 einen Studienaufenthalt in Rom, den Tischbein aber aus Geldnot 1781 abbrechen muss. Erst 1783 kann er wieder nach Rom zurückkehren, nachdem ihm Herzog Ernst II. von Gotha-Altenburg durch Goethes Vermittlung eine Fortsetzung des Studienaufenthalts in Rom zusichert.[32] Hier freundet sich Tischbein nicht nur mit seinem Mentor Goethe an, sondern verewigt ihn 1786 auch im großformatigen Porträt *Goethe in der römischen Campagna* (heute im Städelschen Kunstinstitut in Frankfurt am Main) und reist mit ihm 1787 nach Neapel, wo sie am 25. Februar 1787 eintreffen. Weil sich Tischbein aber weigert, mit Goethe dann wie geplant gemeinsam von Neapel nach Sizilien weiterzureisen, kühlt sich diese Freundschaft merklich ab (Goethe kann ihm diesen Vertrauensbruch jahrzehntelang nicht verzeihen).[33]

„Ich verzieh es allen, die in Neapel von Sinnen kommen"
Dafür wird Goethe hier in Neapel durch die faszinierende und von Elementarkräften gezeichnete Landschaft gleichsam entschädigt: „Gestern bracht' ich den Tag in Ruhe zu, […] heute ward geschwelgt und die Zeit mit Anschauung der herrlichsten Gegenstände zugebracht. Man sage, erzähle, male, was man will, hier ist mehr als alles. Die Ufer, Buchten und Busen des Meeres, der Vesuv, die Stadt, die Vorstädte, die Kastelle, die Lusträume! […] Ich verzieh es allen, die in Neapel von Sinnen kommen, und erinnerte mich mit Rührung meines Vaters, der einen unauslöschlichen Eindruck besonders von denen Gegenständen, die ich heut zum ersten Mal sah, erhalten hatte" (Neapel, 27. Februar 1787). Der Anblick des Vesuvs mit seiner glühenden Lava zieht ihn schließlich gänzlich in den Bann: „Ich erblickte, was man in seinem Leben nur einmal sieht. […] Wir standen an einem Fenster des oberen Geschosses, der Vesuv gerade vor uns; die herabfließende Lava, deren Flamme bei längst niedergegangener Sonne schon deutlich glühte und ihren begleitenden Rauch schon zu vergolden anfing; der Berg gewaltsam tobend, über ihm eine ungeheure feststehende Dampfwolke, ihre verschiedenen Massen bei jedem Auswurf blitzartig gesondert und körperhaft erleuchtet. Von da herab bis gegen das Meer ein Streif von Gluten und glühenden Dünsten; übrigens Meer und Erde, Fels und Wachstum deutlich in der Abenddämmerung, klar, friedlich, in einer zauberhaften Ruhe" (Neapel, 2. Juni 1787).

tutti i campi, offre alloggio a Goethe, il quale può così seguirne da vicino la maturazione artistica[31]: "Molto mi resta da dire di Tischbein, da elogiarlo […] debbo pure aggiungere quanto gli sono grato perché in tutto il tempo del suo secondo soggiorno romano ha amichevolmente provveduto per me, facendo eseguire una serie di copie delle opere dei massimi maestri, parte a carboncino, parte a seppia o ad acquarello, che in Germania, a tanta distanza dagli originali, saranno più che mai preziose e mi rievocheranno queste cose mirabili. Nella sua carriera artistica, avendo scelto dapprima di dedicarsi al ritratto, Tischbein entrò in contatto, specialmente a Zurigo, con uomini eminenti, perfezionando accanto a loro la propria sensibilità e ampliando i propri orizzonti" (Roma, 29 dicembre 1786). Come informa il suo "subaffittuario Goethe", Tischbein si trova a Roma per la seconda volta: l'Accademia di Kassel gli ha concesso già nel 1778 un soggiorno di studio, che l'artista ha dovuto interrompere nel 1781 per difficoltà economiche. Può tornare a Roma solo nel 1783, dopo che il duca Ernesto II di Gotha-Altenburg, grazie all'intervento di Goethe, gli ha assicurato un prolungamento del soggiorno di studio[32]. A Roma Tischbein non solo stringe amicizia con il suo mentore, ma nel 1786 lo immortala nel grande ritratto *Goethe nella Campagna romana* (oggi a Francoforte sul Meno, Städelsches Kunstinstitut) e va con lui a Napoli, dove giungono il 25 febbraio 1787. Tuttavia, poiché Tischbein si rifiuta di proseguire il viaggio da Napoli alla Sicilia, come pure hanno programmato insieme, l'amicizia si raffredda notevolmente (per decenni Goethe non gli perdonerà questo tradimento di un patto di fiducia)[33].

"Siano perdonati tutti coloro che a Napoli escono di senno!"
A Napoli Goethe viene comunque ripagato della delusione dal fascino del paesaggio, con le sue forze elementari: "Ieri ho riposato per tutto il giorno […] oggi ci siamo dati alla pazza gioia e abbiamo dedicato il nostro tempo a contemplare meravigliose bellezze. Si dica o racconti o dipinga quel che si vuole, ma qui ogni attesa è superata. Queste rive, golfi, insenature, il Vesuvio, la città coi suoi dintorni, i castelli, le ville! […] Siano perdonati tutti coloro che a Napoli escono di senno! Ricordai pure con commozione mio padre, cui proprio le cose da me vedute oggi per la prima volta avevano lasciato un'impressione incancellabile" (Napoli, 27 febbraio 1787). Lo spettacolo del Vesuvio con la sua lava incandescente lo conquista definitivamente: "[…] e io vidi allora ciò che si vede una sola volta nella vita. […] Eravamo a una finestra dell'ultimo piano, col Vesuvio proprio di fronte, il sole era tramontato da un pezzo e il fiume di lava rosseggiava vivido, mentre il fumo che l'accompagnava andava prendendo una tinta dorata; la montagna mugghiava cupa, sovrastata da una gigantesca nube immobile, le cui masse a ogni nuovo getto si squarciavano balenando e illuminandosi come corpi solidi. Di lassù fin quasi al mare correva una lingua di braci e di vapori incandescenti; e mare e terra, rocce e alberi spiccavano nella luminosità del crepuscolo, chiari, placidi, in una magica fissità" (Napoli, 2 giugno 1787).

Ciò che Goethe descrive come un impressionante spettacolo della natura, è stato già fissato sulla tela da Michael Wutky (1739-1822). Originario di Krems, il pittore ha soggiornato a lungo a Napoli (dal 1772 al 1785) quando l'attività del

Abb. 7 Michael Wutky, *Krater des Vesuvs mit Staffagefiguren*, um 1779, Öl auf Karton, Kupferstichkabinett der Akademie der bildenden Künste Wien

Fig. 7 Michael Wutky, *Cratere del Vesuvio con figure*, 1779 circa, olio su cartone, Kupferstichkabinett der Akademie der bildenden Künste Wien

Abb. 8 Johann Wolfgang von Goethe, *Vesuvausbruch*, 1787, Feder in Schwarz über Spuren von Blei, Klassik Stiftung Weimar, Museen

Fig. 8 Johann Wolfgang von Goethe, *Eruzione del Vesuvio*, 1787, penna in nero su tracce di piombo, Klassik Stiftung Weimar, Museen

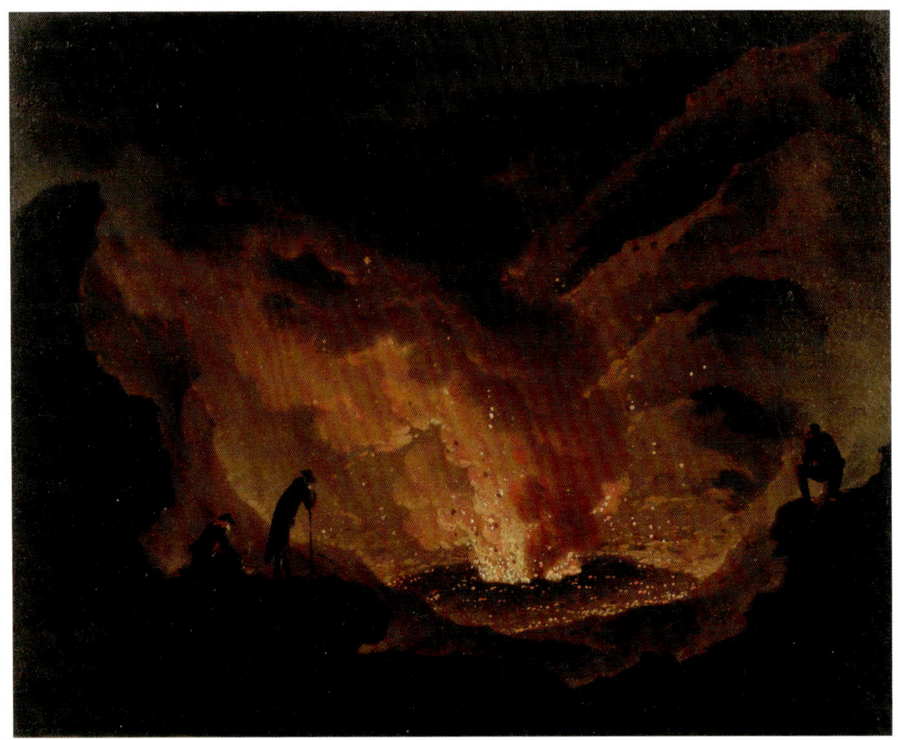

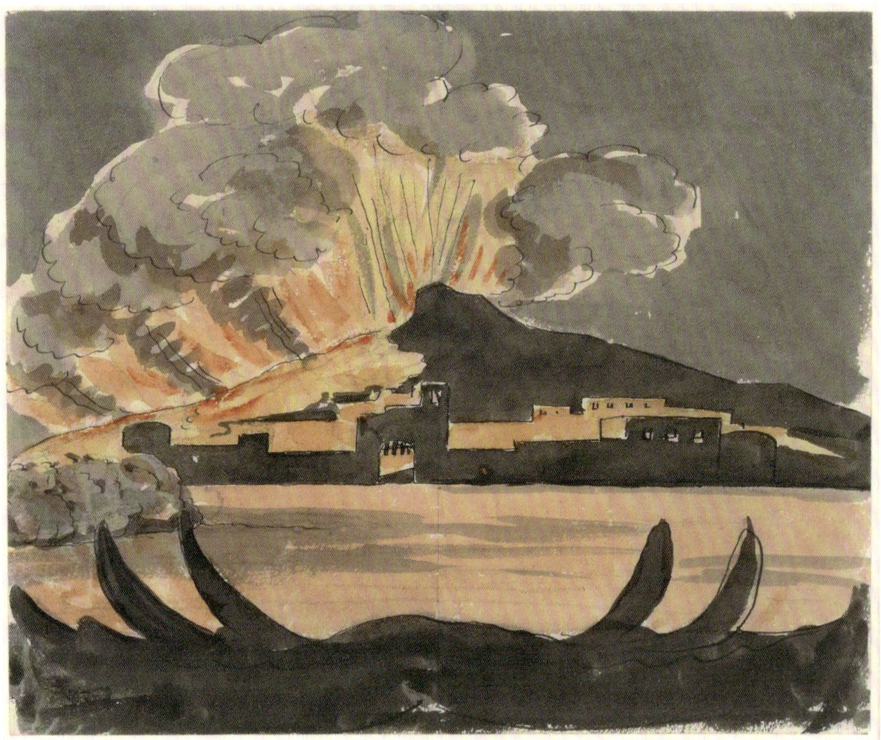

Vesuvio era particolarmente intensa. Inserendo nei suoi dipinti di grande effetto e minuziosamente descritti piccole figure di contorno (nello stile di Lorrain) e facendo risaltare il motivo principale – il vulcano fiammeggiante, che appartiene alla categoria del sublime – con degli alberi come repoussoir, anche Wutky si rifà al paesaggio ideale di Lorrain[34]. Non è documentato se Goethe conoscesse i quadri di Wutky con le eruzioni notturne e i fiumi di lava bollente. Sappiamo però che il suo consigliere artistico, Heinrich Meyer, non ha un buon giudizio del pittore, che scredita come autore di dipinti manierati e di facile effetto agli occhi di Goethe, il quale da parte sua non lo incontra mai personalmente[35].

A Napoli Goethe intrattiene rapporti di amicizia con l'inglese Sir William Douglas Hamilton (1730-1803), vulcanologo, collezionista di antichità, mecenate e ambasciatore presso la corte napoletana, conosciuto tra la seconda e la terza ascensione del Vesuvio[36]. Dopo anni di ricerche e numerose ascensioni al vulcano[37], Hamilton ha pubblicato più volte le sue osservazioni[38]. Segue con Michael Wutky la spettacolare eruzione dell'8 agosto 1779[39], che il pittore raffigura più volte[40].

Nella sua ricezione del Vesuvio, gli interessi di Goethe artista e scienziato si intrecciano tra loro: da un lato fissa con rapidi tratti di pennello il fenomeno del cratere che erutta fuoco; dall'altro, la sua mente di mineralogista e geologo si interroga sulla possibilità che la crosta terrestre si sia formata da fenomeni di vulcanismo. "Appena m'avvicino ai monti, vengo subito ripreso dalla mia attrazione per le pietre. Mi sembra d'essere Anteo, che si sente sempre rinvigorito man mano che vien messo più saldamente a contatto con la Terra sua madre" (Bologna, 20 ottobre 1786): con questa immagine un po' enfatica Goethe descrive il suo profondo interesse per la mineralogia, che lo accomuna a Wutky. Nel 1785, quando torna a Vienna, il pittore riporta dall'Italia una raccolta di tremila minerali[41]. Da parte sua, nonostante la passione per i diversi tipi di rocce, all'inizio del viaggio in Italia Goethe annota nel diario: "[…] in questo viaggio ho giurato di non caricarmi di sassi" (Monaco, 6 settembre 1786).

"La miglior conoscenza qui a Roma"
Pur con tutta l'ammirazione per lo spettacolo naturale del Vesuvio e per la bellezza dei paesaggi siciliani, Goethe è attratto da Roma. Al ritorno da Napoli e dalla Sicilia, conosce la pittrice Angelika Kauffmann (1741-1807), originaria di Coira (Canton Grigioni) e residente a Roma dal 1763, che in seguito definirà la sua "miglior conoscenza qui a Roma"[42]. Apprezzata e ricercata come ritrattista soprattutto nelle cerchie dei mecenati inglesi, Angelika Kauffmann è già allora una celebrità, tanto per l'aura di talento precoce, quanto per la sua bellezza. Dal 1782 ha uno studio in via Sistina, poco lontano dalla chiesa della Trinità dei Monti, che presto diventa un vivace luogo d'incontro per gli artisti e gli amanti dell'arte che si trovano a Roma[43]. "Domenica, 22 luglio, pranzai da Angelica; è ormai tradizione ch'io sia suo ospite domenicale. Prima di pranzo andammo in carrozza a palazzo Barberini per vedere lo stupendo Leonardo e l'amante di Raffaello, da lui ritratta. Guardar quadri con Angelica è assai piacevole, tanto educato è il suo occhio ed estese le sue cognizioni di tecnica pittorica. Per di più è assai sensibile a tutto

Was Goethe hier als effektvolles Naturschauspiel beschreibt, hat der aus Krems stammende Landschaftsmaler Michael Wutky (1739–1822) allerdings schon während seines mehrjährigen Aufenthalts in Neapel zwischen 1772 und 1785, als der Vesuv besonders aktiv war, in effektvolle wie akribisch beschreibende Gemälde umgesetzt. Auch Wutky adaptiert hier die Vorstellung von Lorrains Ideallandschaft, indem er in Gemälden des Vesuvausbruchs manchmal Staffagefiguren wie die Zuschauer und auch im Stil Claude Lorrains gehaltene Bäume als Repoussoirmotive dem dominanten, der Kategorie des „Erhabenen" angehörenden, feuerspeienden Vulkan gleichsam vorblendet.[34] Ob Goethe die Vesuv-Bilder Wutkys mit den nächtlichen Eruptionen und heißen Lavaströmen kannte, ist nicht belegt. Wir wissen allerdings, dass Goethes Kunstberater Heinrich Meyer den Maler Wutky nicht allzu positiv beurteilt hat und ihn gegenüber Goethe, den Wutky nie persönlich zu Gesicht bekam, als Maler von manierierten Effektstücken in Misskredit brachte.[35] Freundschaftlichen Verkehr unterhält Goethe hier in Neapel hingegen mit dem englischen Vulkanologen, Antikensammler, Mäzen und englischen Gesandten am neapolitanischen Hof, Sir William Douglas Hamilton (1730–1803), den er zwischen der zweiten und dritten Vesuvbesteigung kennenlernt.[36] Dieser hat seine wissenschaftlichen Beobachtungen nach langjährigen Forschungen und unzähligen Besteigungen des Vesuvs[37] mehrfach publiziert.[38] Er beobachtet gemeinsam mit Michael Wutky am 8. August 1779[39] den spektakulären Ausbruch des Vesuvs, den der Maler dann immer wieder in effektvollen Gemälden abgewandelt darstellt.[40]

In Goethes Rezeption des Vesuvs überschneiden sich seine Interessen als Künstler und Naturforscher: Einerseits hält er das Phänomen des speienden Feuerschlunds mit dem Pinsel skizzenhaft fest, andererseits kreisen seine Gedanken als Mineraloge und Geologe um Fragen nach der möglichen Entstehung der Erdkruste aus dem Vulkanismus. „Kaum nahe ich mich den Bergen, so werde ich schon wieder vom Gestein angezogen. Ich komme mir vor, wie Antäus, der sich immer neugestärkt fühlt, je kräftiger man ihm mit seiner Mutter Erde in Berührung bringt" (Bologna, 20. Oktober 1786) – derart überspitzt verweist Goethe auf sein großes Interesse an der Gesteinskunde, die er auch mit Wutky teilt: Als der Maler 1785 nach Wien zurückkehrt, bringt er auch eine 3.000 Stück umfassende Mineraliensammlung aus Italien mit.[41] Goethe hat trotz seines Faibles für die unterschiedlichen Gesteinsarten schon zu Beginn seiner Italienreise in sein Tagebuch notiert: „Ich habe geschworen, mich auf dieser Reise nicht mit Steinen zu schleppen" (München, 6. September 1786).

„Beste Bekanntschafft. hier in Rom"
Bei aller Bewunderung für das Naturschauspiel rund um den Vesuv und für die landschaftlichen Schönheiten Siziliens zieht es Goethe nach Rom. Goethe trifft auf seiner Rückreise aus Neapel bzw. Sizilien die seit 1763 in Rom weilende und aus Chur in Graubünden stammende Malerin Angelika Kauffmann (1741–1807), die Goethe in der Folge als seine „beste Bekanntschafft hier in Rom" bezeichnen sollte.[42] Diese vor allem bei ihrer britischen Gönnerschaft als gefragte Porträtistin geschätzte Künstlerin gilt schon damals ob ihres Nimbus der Frühbegabung wie auch der körperlichen Schönheit als eine Berühmtheit. Die Malerin betreibt ab 1782 nahe

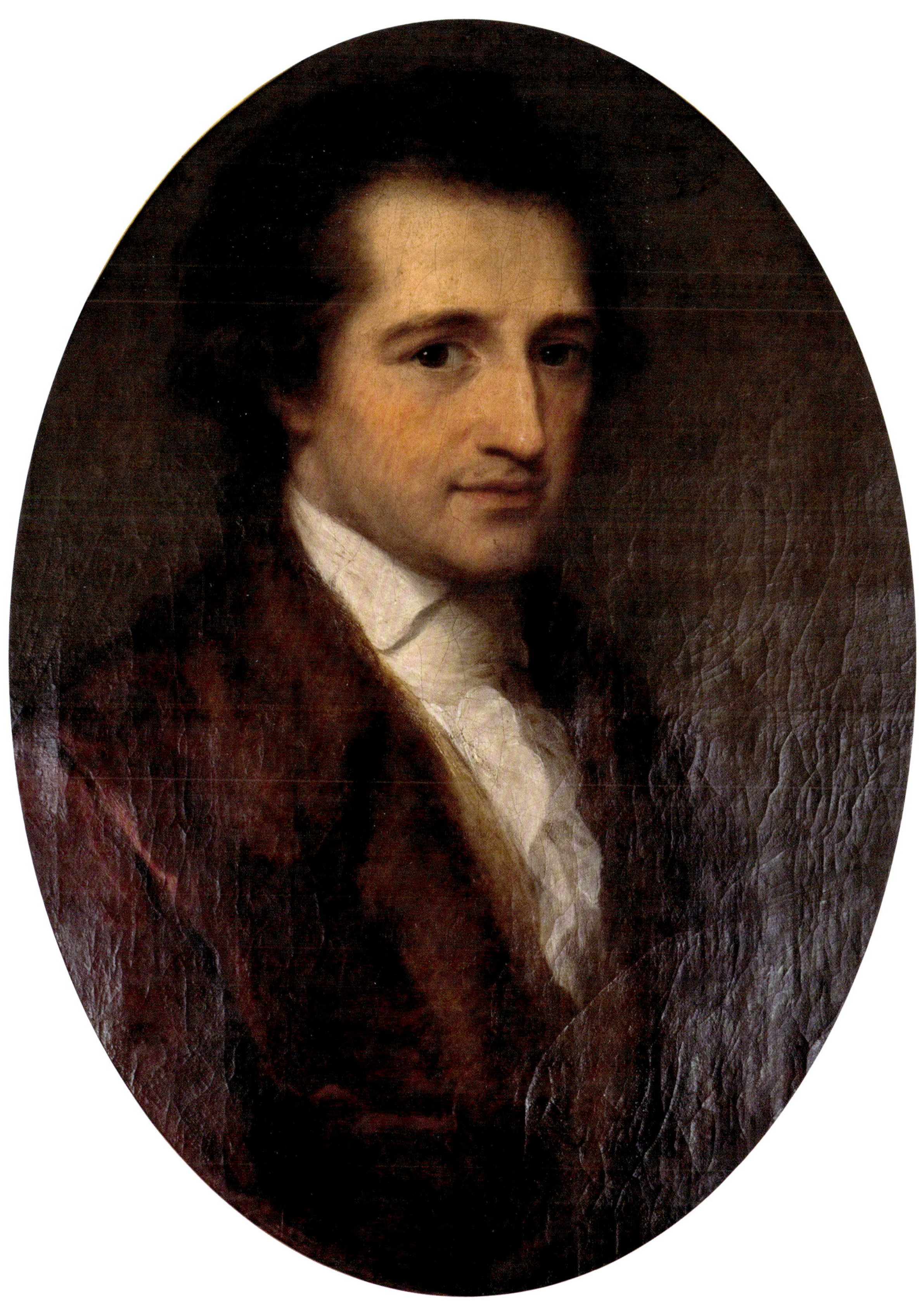

der römischen Kirche Trinità dei Monti oberhalb der Spanischen Treppe in der Via Sistina ein Atelier, das bald zum Tummelplatz für Kollegen und Kunstinteressierte wird, die sich in Rom aufhalten:[43] „Sonntags, den 22. Juli, aß ich bei Angelika; es ist nun schon hergebracht, dass ich ihr Sonntagsgast bin. Vorher fuhren wir nach dem Palast Barberini, den trefflichen Leonard da Vinci und die Geliebte des Raffaels, von ihm selbst gemalt, zu sehen. Mit Angelika ist es gar angenehm, Gemälde zu betrachten, da ihr Auge sehr gebildet und ihre mechanische Kunstkenntnis so groß ist. Dabei ist sie sehr für alles Schöne, Wahre, Zarte empfindlich und unglaublich bescheiden" (Rom, 22. Juli 1787). Das Porträt, das Angelika Kauffmann in eben diesem Jahr 1787 vom jungen Goethe in Rom malt,[44] lässt nicht nur die zarte Vertrautheit zwischen Angelika Kauffmann und dem jugendlichen Dichterfürst erahnen, sondern geriet ihr auch zum versteckten Selbstporträt.[45] Goethes Vergleich seiner Porträts von Tischbein und Kauffmann fällt unmissverständlich aus: „Mein Porträt (von Tischbein) wird glücklich, es gleicht sehr, und der Gedanke gefällt jedermann; Angelika malt mich auch, daraus wird aber nichts. Es verdrießt sie sehr, daß es nicht gleichen und werden will. Es ist immer ein hübscher Bursche, aber keine Spur von mir" (Rom, 27. Juni 1787).

„Eine wahre Wiedergeburt, von dem Tage, da ich Rom betrat"
Es ist Angelika Kauffmann, die auch zu den Förderinnen von Johann Joachim Winkelmann (1717–1768) zählt, den Begründer der Archäologie und der modernen Kunstgeschichte, der als Interpret des antiken Lebensideals und als Vordenker der Weimarer Klassik in Rom rasch zu einer historischen und wissenschaftlichen Instanz aufgestiegen ist. Winckelmann, dessen frühe Schriften Goethe schon in Leipzig unter Vermittlung des glühenden Winckelmann-Verehrers Adam Friedrich Oeser „mit Andacht in die Hände" nimmt, präjudizierte nachhaltig Goethes Blick auf das antike Rom.[46] Was bedeutet ihm diese Welthauptstadt der Antike? Nichts Geringeres als einen Neubeginn mittels Erneuerung der antiken Geisteswelt, wie Goethe ihn auch in den geradezu pathetisch anmutenden Briefzeilen, die Goethe im Dezember 1786 für seinen Freund Herder bestimmt, zum Ausdruck bringt: „An diesen Ort knüpft sich die ganze Geschichte der Welt an, und ich zähle einen zweiten Geburtstag, eine wahre Wiedergeburt, von dem Tage, da ich Rom betrat."[47] Es erfüllt sich gleichsam sein Traum von der Antike: „Alle Träume meiner Jugend seh' ich nun lebendig; die ersten Kupferbilder, deren ich mich erinnere (mein Vater hatte die Prospekte von Rom auf einem Vorsaale aufgehängt), seh' ich nun in Wahrheit, und alles, was ich in Gemälden und Zeichnungen, Kupfern und Holzschnitten, in Gips und Kork schon lange gekannt, steht nun beisammen vor mir; wohin ich gehe, finde ich eine Bekanntschaft in einer neuen Welt; es ist alles, wie ich mir's dachte, und alles neu" (Rom, 1. November 1786).

Seine erste Begegnung mit den diffus verstreuten Resten des antiken Roms fordert allerdings Goethes Imaginationskraft heraus, um sich eine Vorstellung von den einstigen Dimensionen dieses antiken Machtzentrums zu machen: „Gewiß man muß sich einen eignen Sinn machen, Rom zu sehn, alles ist nur Trümmer, und doch, wer diese Trümmer nicht gesehn hat, kann sich von Größe keinen Begriff machen."[48] Zudem bereitet ihm hier die offensichtliche Überlagerung der historischen

quanto è bello, vero e raffinato, e straordinariamente modesta" (Roma, 22 luglio 1787). Il ritratto che Angelika Kauffmann fa al giovane poeta proprio quell'anno, il 1787[44], non solo lascia intuire la tenera confidenza che esiste tra loro, ma diventa un autoritratto mascherato[45]. Il confronto che Goethe fa tra i suoi ritratti, quello eseguito da Tischbein e quello di Angelika Kauffmann, è inequivocabile: "Il mio ritratto procede felicemente, è molto somigliante e la sua concezione piace a tutti; Angelica pure mi ritrae, ma il risultato non è buono. Il vedere che non mi somiglia e non le riesce l'affligge di molto. È un bel giovane, certo, ma di me non c'è nemmeno l'ombra" (Roma, 27 giugno 1787).

"Una vera rinascita a partire dal momento in cui sono entrato a Roma"
Angelika Kauffmann è anche una protettrice di Johann Joachim Winkelmann (1717-1768), il fondatore dell'archeologia e della storia dell'arte moderna, interprete dell'ideale di vita antico e precursore del classicismo di Weimar, che a Roma è assurto presto al rango di autorità storica e scientifica. Winckelmann, i cui primi scritti Goethe "prende in mano con attenzione" già a Lipsia su segnalazione di Adam Friedrich Oeser, acceso ammiratore dello studioso, ha condizionato negativamente il suo sguardo sull'antica Roma[46]. Che cosa significa per Goethe la capitale mondiale dell'antichità? Niente di meno che un nuovo inizio, attraverso il rinnovarsi dello spirito antico, come scrive in una lettera dal tono quasi patetico all'amico Herder nel dicembre del 1786: "A questo luogo si riannoda tutta la storia del mondo, e io conto un secondo natalizio, una vera rinascita a partire dal momento in cui sono entrato a Roma"[47]. È come se il suo sogno dell'antico si avverasse: "Tutti i sogni della mia gioventù li vedo ora vivere; le prime incisioni di cui mi ricordo (mio padre aveva appeso ai muri d'un vestibolo le vedute di Roma) le vedo nella realtà, e tutto ciò che conoscevo già da lungo tempo, ritratto in quadri e disegni, inciso su rame o su legno, riprodotto in gesso o in sughero, tutto è ora davanti a me; ovunque vado, scopro in un mondo nuovo cose che mi son note; tutto è come me l'ero figurato, e al tempo stesso tutto nuovo" (Roma, 1° novembre 1786).

Eppure il primo incontro con le vestigia diffuse dell'antica Roma è una sfida alla sua capacità di immaginare le dimensioni di quello che era il centro del potere del mondo antico: "Certo bisogna crearsi un proprio modo di vedere Roma: tutto non è che rovine, eppure, chi queste rovine non le ha vedute non può avere un'idea di che cosa sia la grandezza"[48]. Inoltre, la stratificazione delle epoche storiche gli pone un problema di non poco conto: "Ma, confessiamolo, è una dura e contristante fatica quella di scovare pezzetto per pezzetto, nella nuova Roma, l'antica; eppure bisogna farlo, fidando in una soddisfazione finale impareggiabile. Si trovano vestigia di una magnificenza e di uno sfacelo che superano, l'una e l'altro, la nostra immaginazione. Ciò che hanno rispettato i barbari, l'han devastato i costruttori della nuova Roma" (Roma, 5 novembre 1786)[49].

In questo imponente paesaggio di antiche rovine, Goethe non riflette solo sulla dimensione storico-politica di quei luoghi ma, come artista e poeta, riconosce le qualità pittoresche che essi svelano: "Le macerie del monumento, così come si presentano oggi al nostro sguardo, potrebbero sempre – qualora un artista intel-

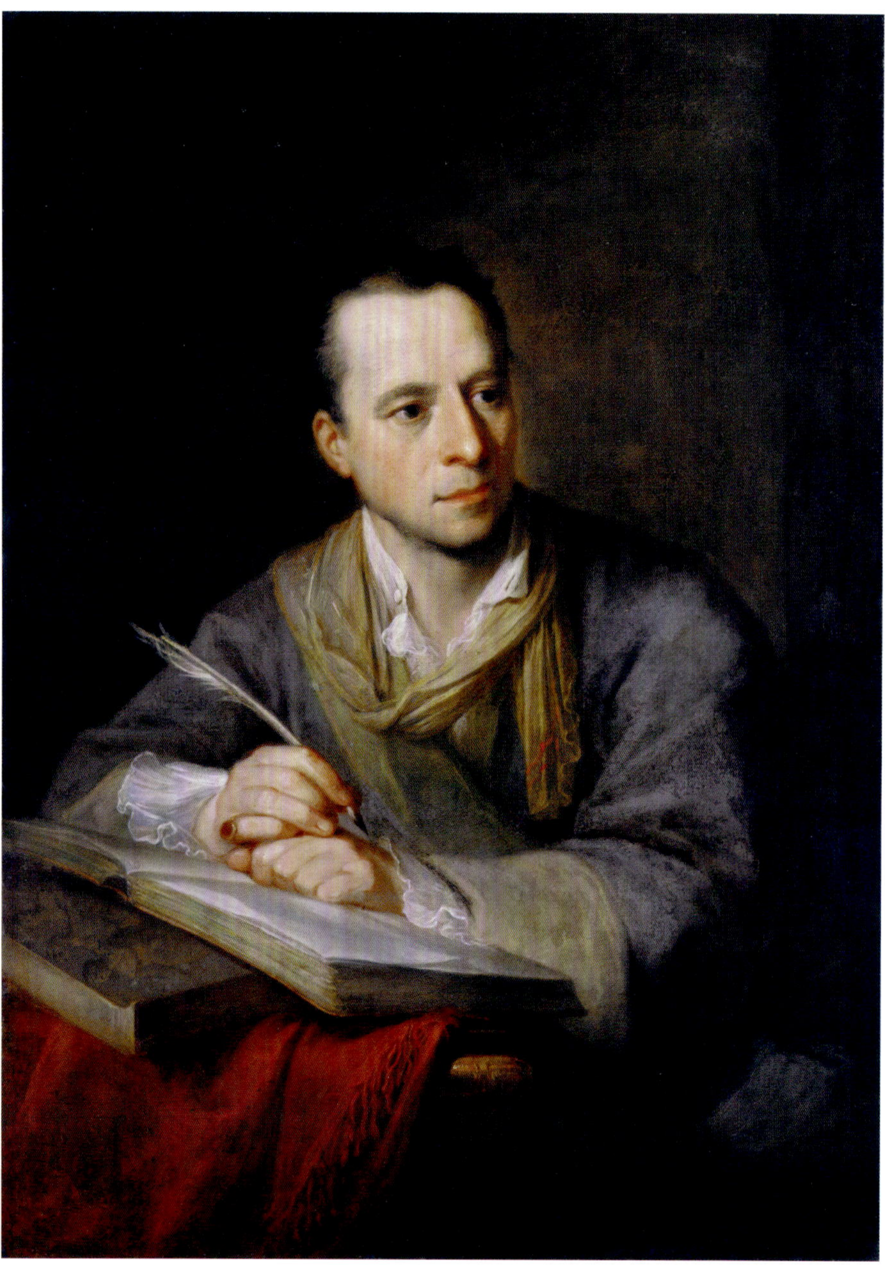

Abb. 10 Angelika Kauffmann,
*Bildnis Johann Joachim
Winckelmann*, 1764,
Öl auf Leinwand, Kunsthaus
Zürich, Geschenk Conrad Zeller,
1850

Fig. 10 Angelika Kauffmann,
*Ritratto di Johann Joachim
Winckelmann*, 1764, olio su tela,
Kunsthaus Zürich, donazione
Conrad Zeller, 1850

Epochen ein nicht geringes Problem: „Gestehen wir jedoch, es ist ein saures Geschäft, das alte Rom aus dem neuen heraus zu klauben, aber man muß es denn doch thun und zuletzt eine unschätzbare Befriedigung hoffen. Man trifft Spuren einer Herrlichkeit und einer Zerstörung, die beide über unsere Begriffe gehen! Was die Barbaren stehen ließen, haben die Baumeister des neuen Roms verwüstet." (Rom, 5. November 1786).[49]

Goethe besinnt sich in dieser imposanten antiken Ruinenlandschaft Roms aber nicht nur der historisch-politischen Dimension dieser Stätten, sondern erkennt als bildender Künstler und Dichter auch die pittoresken Qualitäten, die sich mit diesen Sujets eröffnen: „Der Gegenstand in Trümmern, wie er jetzt vor unsern Augen

ligente ed esperto intenditore volesse farne il tentativo – fornire materia a un bel quadro" (dicembre 1787)[50]. Gli diventa sempre più chiaro di non avere egli stesso gli strumenti per farlo. Goethe, che a lungo è stato indeciso se, malgrado il naturale talento poetico, non fosse piuttosto destinato a essere artista, trova la risposta durante il secondo soggiorno romano (1787-1788) di questo primo viaggio in Italia: "Ogni giorno mi si fa più chiaro che il mio vero destino è quello dello scrittore […] Dal mio lungo soggiorno a Roma avrò tratto il vantaggio d'aver rinunciato definitivamente all'esercizio delle arti figurative" (Roma, 22 febbraio 1788)[51].

"Ecco la nostra Arcadia!"

Ciò non diminuisce il suo piacere, perché crede ancora di avere finalmente trovato, tra le rovine romane, quell'Arcadia che fino a quel momento sembrava che gli si schiudesse solo nella pittura – ad esempio nei dipinti di Johann Heinrich Roos: "La campagna lungo il fiume e su per i colli è così fitta e intrecciata di piante da far pensare che si soffochino a vicenda: spalliere di viti, mais, gelsi, meli, peri, cotogni e noci. Al disopra dei muri affiora rigoglioso il sambuco; in solidi fusti l'edera sale su per le rocce e le ricopre largamente; la lucertola guizza nelle fenditure, e tutto ciò che si muove di qua e di là riporta alla mente le più care immagini dell'arte. Le trecce delle donne avvolte intorno al capo, gli uomini a petto nudo o con piccole giacche indosso, i magnifici buoi che vengono spinti dal mercato verso casa, gli asinelli curvi sotto la soma, tutto ha il movimento e la vita di un quadro di Heinrich Roos" (Trento, 11 settembre 1786). Che Goethe si richiami a Johann Heinrich Roos (1631-1685), il più famoso pittore tedesco di animali e paesaggi del Seicento, attivo alla corte del Palatinato, non dipende solo dal fatto che Francoforte, la sua città natale, fosse anche la patria d'elezione di Roos. Il tipo di paesaggi della Campagna, che Roos compone con grande varietà di rovine antiche, archi, vòlte, chiese e campanili in lontananza, corrisponde nella sua idealità a quella nostalgia di Arcadia che Goethe associa anche ai pastori raffigurati in un'esistenza libera e senza vincoli. Roos sa fondere armoniosamente vivaci scene popolate da pastori e pastorelle, contadini o cacciatori, con paesaggi all'antica in cui non prende tanto sul serio la topografia storica: e colloca in contesti paesaggistici completamente diversi le rovine del tempio di Giove o di Vespasiano, che in realtà si trovano nel Foro romano[52]. Tuttavia, mentre Roos non vede mai di persona quelle antiche vestigia romane, Goethe può sognare in modo nuovo il sogno dell'Arcadia tra le monumentali rovine del Foro e di altri luoghi: "Sceglievano a caso dei luoghi erbosi, sedendo su macerie o blocchi d'antiche architetture; e se tra loro c'era qualche cardinale, per tutto onore gli si concedeva un cuscino più morbido. Quivi discutevano in comune sulle loro opinioni, teorie, convinzioni; e quivi leggevano poesie con le quali si studiavano di resuscitare il sentimento dell'aurea antichità, dell'eletta scuola toscana. Vi fu allora chi gridò, preso da entusiasmo: Questa è la nostra Arcadia!; così ebbe origine il nome del sodalizio e, insieme, la sua fisionomia improntata all'idillio. Nessun patrocinio di grandi e di potenti doveva proteggerlo; non si ammettevano capi supremi né presidenti. Un Custode avrebbe aperto e chiuso le stanze degli Arcadi, e nei casi di necessità sarebbe stato affiancato da un consiglio eleggibile tra i soci più anziani" (Roma, gennaio 1787).

liegt, würde auf jeden Fall, wenn ein geistreicher und kenntnisgewandter Künstler es unternehmen wollte, immer noch ein angenehmes Bild geben" (Dezember 1787).[50] Dass er dazu selber nicht das Rüstzeug hat, wird ihm dabei jedoch auch immer deutlicher bewusst. Goethe, der lange geschwankt, ob er – ungeachtet seiner natürlichen dichterischen Begabungen – nicht vielleicht doch zum Künstler bestimmt ist, findet erst bei seinem zweiten Romaufenthalt (1787/1788) im Zuge dieser ersten italienischen Reise zur Klärung dieser Frage: „Täglich wird mir's deutlicher, daß ich eigentlich zur Dichtkunst geboren bin [...] Von meinem längeren Aufenthalt in Rom werde ich den Vorteil haben, daß ich auf das Ausüben der bildenden Kunst Verzicht tue" (Brief Goethes vom 22. Februar 1788).[51]

„Hier ist unser Arkadien!"
Das schmälert nicht seinen Genuss, glaubt er doch, hier in der römischen Landschaft endlich jenes Arkadien gefunden zu haben, das sich ihm bis zu diesem Zeitpunkt nur in der Bildwelt – etwa eines Johann Heinrich Roos – zu eröffnen schien: „Auf dem Lande, nah am Fluss, die Hügel hinauf ist alles so enge an- und ineinander gepflanzt, dass man denkt, es müsse eins das andere ersticken. – Weingeländer, Mais, Maulbeerbäume, Apfel, Birnen, Quitten und Nüsse. Über Mauern wirft sich der Attich lebhaft herüber. Efeu wächst in starken Stämmen die Felsen hinauf und verbreitet sich weit über sie; die Eidechse schlüpft durch die Zwischenräume, auch alles, was hin und her wandelt, erinnert einen an die liebsten Kunstbilder. Die aufgebundenen Zöpfe der Frauen, der Männer bloße Brust und leichte Jacken, die trefflichen Ochsen, die sie vom Markt nach Hause treiben, die beladenen Eselchen, alles bildet einen lebendigen, bewegten Heinrich Roos" (Trient, 11. September 1786). Dass sich Goethe hier an den bedeutendsten deutschen Tier- und Landschaftsmaler in der zweiten Hälfte des 17. Jahrhunderts erinnert, den kurpfälzischen Hofmaler Johann Heinrich Roos (1631–1685), hängt wohl nicht nur mit der Wahlheimat von Roos, Goethes Geburtsstadt Frankfurt, zusammen: Der Typus der Campagna-Landschaften, die Roos mittels antiker Ruinen, Torbögen, Gewölben, fernen Kirchenanlagen samt Campanile abwechslungsreich durchkomponiert, entspricht in seiner Idealität jener Sehnsucht nach Arkadien, die Goethe auch mit den dargestellten Hirten im freien und ungebundenen Dasein verbindet. Roos weiß belebte Staffageszenen mit Hirten und Hirtinnen, Landleuten oder Jägern harmonisch mit antikischen Landschaften bildmächtig zu amalgamieren, in denen er es freilich mit der historischen Topografie nicht so genau nimmt: Da werden schon einmal die auf dem römischen Forum erhaltenen Ruinen des Jupiter- oder Vespasiantempels in ganz andere Landschaftszusammenhänge gestellt.[52] Während Roos jedoch nie diese antiken Zeugnisse in Rom selber zu Gesicht bekommt, kann Goethe erst hier in der monumentalen Ruinenwelt des Forum Romanum und anderer antiker Stätten den Traum von Arkadien neu träumen: „Dort, an zufälligen Plätzen, lagerten sie sich auf dem Rasen, setzten sich auf architektonische Trümmer und Steinblöcke, wo sogar anwesende Kardinäle nur durch ein weicheres Kissen geehrt werden konnten. Hier besprachen sie sich untereinander von ihren Überzeugungen, Grundsätzen, Vorhaben; hier lasen sie Gedichte, in welchen man den Sinn des höheren Altertums, der edlen toskanischen Schule wieder ins Leben zu führen trachtete. Da rief denn

Durante il viaggio in Italia Goethe riversa la sua visione dell'idealità anche sulla scultura, soprattutto quella antica, che ha studiato in gioventù: già a Lipsia, all'Accademia del disegno di Adam Friedrich Oeser, conosce alcuni capolavori, ma può studiare dal vero solo un calco della testa del Laocoonte[53]. Oeser lo introduce anche alle idee di Winckelmann, che in un primo momento gli appaiono curiosamente enigmatiche, se non sibilline (come ammette in *Poesia e verità*) e che gli si chiariranno solo a Roma[54].

"Quest'anima […] si palesa nel volto del Laocoonte"
Come tanti viaggiatori a Roma, anche Goethe visita le vestigia del passato, ma la sua attenzione va soprattutto a quelle sculture antiche il cui valore è riconosciuto da tempo e che anche in Winckelmann hanno un ruolo importante[55]. Un posto particolare spetta al gruppo del Laocoonte, scoperto nel 1506 sull'Esquilino, copia romana del I secolo a.C. di un originale greco e già elogiato da Plinio il Vecchio, accolto nelle collezioni pontificie per desiderio di papa Giulio II nel marzo dello stesso 1506. Al Laocoonte Winckelmann lega la sua visione ideale dell'arte greca, anche se per lui bellezza ed espressione hanno significati opposti: "Infine la generale e principale caratteristica dei capolavori greci è una nobile semplicità e una quieta grandezza, sia nella posizione sia nell'espressione. Come la profondità del mare che resta sempre immobile per quanto agitata ne sia la superficie, l'espressione delle figure greche, per quanto agitate da passioni, mostra sempre un'anima grande e posata. […] Quest'anima, nonostante le più atroci sofferenze, si palesa nel volto del Laocoonte, e non nel volto solo. Il dolore che si mostra in ogni muscolo e in ogni tendine del corpo e che al solo guardare il ventre convulsamente contratto, senza badare né al viso né ad altre parti, quasi crediamo di sentire noi stessi, questo dolore dico, non si esprime per niente con segni di rabbia nel volto o nell'atteggiamento"[56]. Come evidenzia Kreikebom 1997, questo capolavoro ha sempre avuto una valenza di opera assoluta, di simbolo, e come tale ha superato indenne ogni mutamento del gusto[57]. Oltre che sulle qualità della scultura, Goethe si concentra sui singoli momenti drammatici della rappresentazione: "Tuttavia, ho indirizzato la mia più grande attenzione al gruppo del Laocoonte, nonostante io scelsi di pormi la domanda ormai più nota di come questa scultura non esprimesse, con tutta la sua interiore entità drammatica e attraverso la sua posa instabile, il tentativo di liberarsi dalla stretta dei serpenti. Ogni movimento delle tre figure deriva dalla concezione iniziale del gruppo: l'insieme della posa pluridirezionale della scultura è composto da due motivi, quello della lotta contro i serpenti e la fuga dal morso imminente, il tutto in torsione verso lo spazio esteriore. Per alleviare il dolore, l'addome doveva essere scolpito in modo retratto, cosi da soffocarne le grida. Pensai allora che il figlio minore non fosse stato morso, altrimenti come avrei interpretato la maestria di questa scultura?"[58]. Anche qui Goethe giunge alla conclusione che la bellezza non sta nell'oggetto ma nella forma, un'esperienza che questo viaggio in Italia gli dona sotto molteplici aspetti[59].

einer in Entzücken aus: ‚Hier ist unser Arkadien!‘ Dies veranlasste den Namen der Gesellschaft sowie das Idyllische ihrer Einrichtung. Keine Protektion eines großen und einflussreichen Mannes sollte sie schützen; sie wollten kein Oberhaupt, keinen Präsidenten zugeben. Ein Kustos sollte die arkadischen Räume öffnen und schließen und in den notwendigsten Fällen ihm ein Rat von zu wählenden Ältesten zur Seite stehen" (Rom, Jänner 1787).

Goethe überträgt auf seiner italienischen Reise seine Vorstellungen von Idealität auch auf die Skulptur – und hier vor allem auf jene der Antike, die er schon in seiner Jugend studiert: Als junger Student der Zeichenakademie Adam Friedrich Oesers lernt er bereits in Leipzig einige Hauptwerke – wie etwa die Laokoongruppe – kennen, von der Goethe allerdings nur einen Gipsabguss vom Kopf des Laokoon als Studienobjekt zu Gesicht bekommt.[53] Oeser ist es auch, der Goethe in die Welt von Winckelmanns Ideen einführt, die ihm vorerst jedoch merkwürdig, rätselhaft, ja sybillinisch erscheinen – wie er in *Dichtung und Wahrheit* bekennt – und sich ihm erst in Rom eröffnen.[54]

„Diese Seele schildert sich in dem Gesichte des Laokoons"
Wie viele Romreisende stattet auch Goethe den antiken Zeugnissen der Vergangenheit seinen Besuch ab, richtet dabei aber seine besondere Aufmerksamkeit auf jene prominente antike Skulpturen, deren Wert seit Langem anerkannt und auch bei Winckelmann eine größere Rolle spielen.[55] Hier kommt der 1506 auf dem Esquilin in Rom gefundenen antiken Laokoongruppe eine besondere Stellung zu, einer wohl um 200 v. Chr. entstandenen römischen Kopie einer griechischen Plastik, die bereits von Plinius dem Älteren gelobt wird. Bereits im März 1506 gelangt sie auf Wunsch von Papst Julius II. in die päpstlichen Sammlungen. An ihr macht Winckelmann auch sein Idealbild der griechischen Kunst fest, wenngleich ihm Schönheit und Ausdruck Gegensätze bedeuten: „Das allgemeine vorzügliche Kennzeichen der griechischen Meisterstücke ist endlich eine edle Einfalt, und eine stille Größe, sowohl in der Stellung als im Ausdrucke. So wie die Tiefe des Meers allezeit ruhig bleibt, die Oberfläche mag noch so wüten, ebenso zeiget der Ausdruck in den Figuren der Griechen bei allen Leidenschaften eine große und gesetzte Seele. […] Diese Seele schildert sich in dem Gesichte des Laokoons, und nicht in dem Gesichte allein, bei dem heftigsten Leiden. Der Schmerz, welcher sich in allen Muskeln und Sehnen des Körpers entdecket, und den man ganz allein, ohne das Gesicht und andere Teile zu betrachten, an dem schmerzlich eingezogenen Unterleibe beinahe selbst zu empfinden glaubet; dieser Schmerz, sage ich, äußert sich dennoch mit keiner Wut in dem Gesichte und in der ganzen Stellung."[56] Dieses Meisterwerk hat, wie Kreikebom 1997 ausführt, stets als absolutes Werk und Sinnbild gegolten und so auch jeden Geschmackswandel unbeschadet überdauert.[57] Goethe fokussiert neben den künstlerischen Qualitäten der Skulptur auch die einzelnen dramatischen Momente der Darstellung: „Auf Laokoon jedoch war meine größte Aufmerksamkeit gerichtet, und ich entschied mir die berühmte Frage, warum er nicht schreie, dadurch, dass ich mir aussprach, er könne nicht schreien. Alle Handlungen und Bewegungen der drei Figuren gingen mir aus der ersten Konzeption der Gruppe hervor. Die ganze so gewaltsame als kunstreiche Stellung des Hauptkörpers war aus zwei Anlässen zusammengesetzt. Aus dem

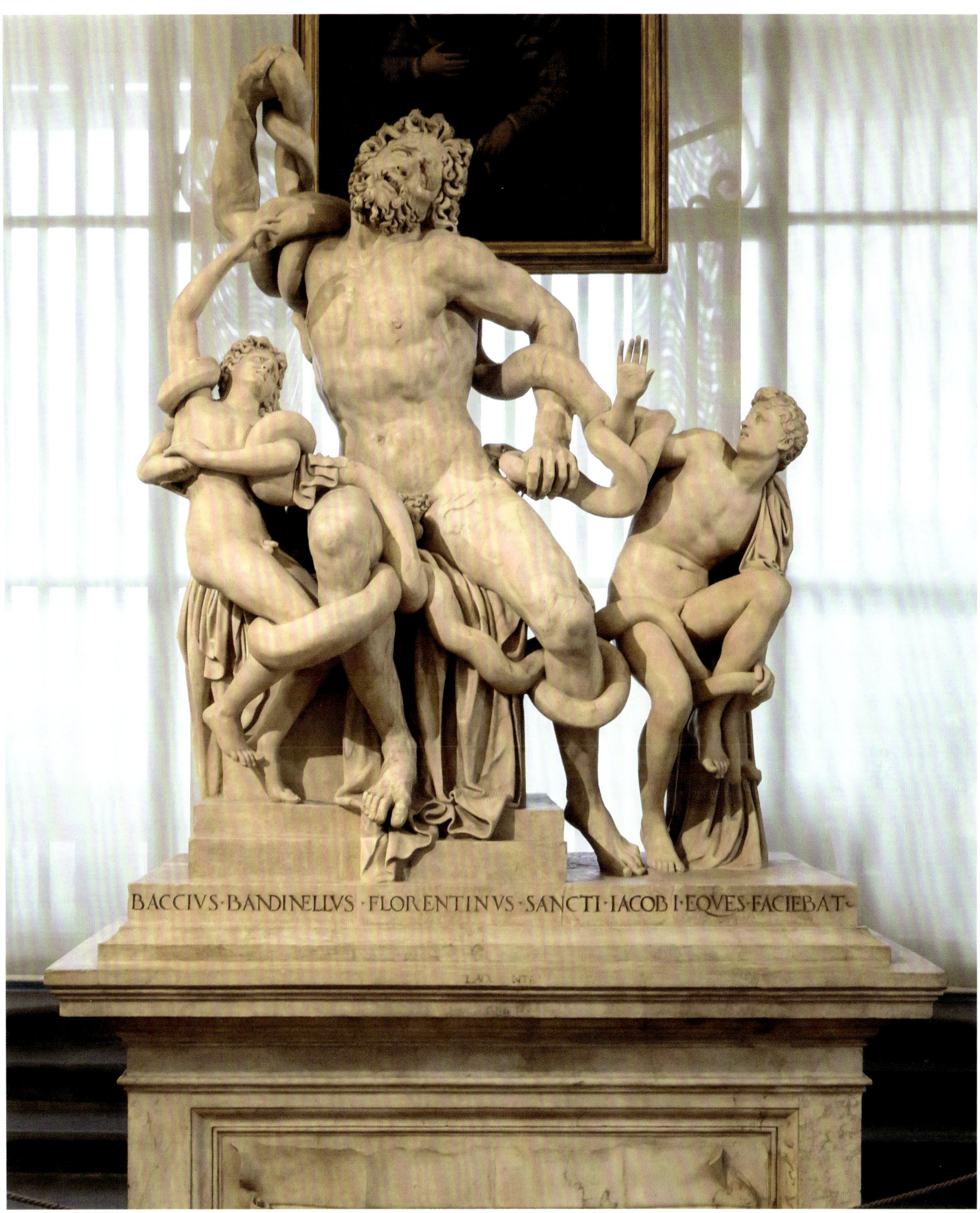

BACCIVS·BANDINELLVS·FLORENTINVS·SANCTI·IACOBI·EQVES·FACIEBAT·

Streben gegen die Schlangen und aus dem Fliehen vor dem augenblicklichen Biss. Um diesen Schmerz zu mildern, musste der Unterleib eingezogen und das Schreien unmöglich gemacht werden. So entschied ich mich auch, dass der jüngere Sohn nicht gebissen sei, und wie ich mir sonst noch das Kunstreiche dieser Gruppe auszulegen suchte."[58] Goethe kommt auch hier zur Erkenntnis, dass die Schönheit nicht im Gegenstand, sondern in der Form liegt – eine Erfahrung, die ihm diese italienische Reise in so vielen Bereichen beschert.[59]

[1] Börsch-Supan, Helmut: „Goethes Kenntnis von der Kunst der Goethezeit", in: Schulze, Sabine (Hg.): *Goethe und die Kunst*, Stuttgart 1997, S. 269–277, S. 273.

[2] Viëtor, Karl: *Goethe. Dichtung – Wissenschaft – Weltbild*, Bern 1949, S. 99.

[3] Über diese Freundschaft zu Pauli schreibt Goethe: „Wir liebten uns, ohne uns zu verstehen." Siehe dazu Nicolai, Heinz: *Goethe und Jacobi. Studien zur Geschichte ihrer Freundschaft*, Stuttgart 1965, S. 1.

[4] Goethe an Friedrich Heinrich Jacobi 10. Mai 1812, zitiert nach Witte, Bernd/Buck, Theo/Dahnke, Hans-Dietrich/Otto, Regine/Schmidt, Peter: *Goethe-Handbuch* Bd. 3: Prosaschriften, Stuttgart 1997, S. 450.

[5] Kraa, Klaus Peter: *Römische Elegien. Analysen zu Goethes Italienischer Reise*, München–Ravensburg 2015, S. 2f.

[6] Koschatzky, Walter: „Bemerkungen zur Graphik des 18. Jahrhunderts", in: Sandner, Oscar: *Angelika Kauffmann und ihre Zeitgenossen*, Katalog Vorarlberger Landesmuseum 1968 und Österreichisches Museum für Angewandte Kunst Wien 1968–1969, Bregenz 1968, S. 37–43, S. 40.

[7] Goethe, Frankfurter gelehrte Anzeigen: Englische Kupferstiche (1772). Zitiert nach Grumach, Ernst: *Goethe und die Antike. Eine Sammlung*, Berlin 1949, Bd. 1, S. 3.

[8] Engelhardt, Wolf von: *Goethe im Gespräch mit der Erde. Landschaft, Gesteine, Mineralien und Erdgeschichte in seinem Leben und Werk*, Stuttgart–Weimar 2003, S. 143.

[9] Sturma, Dieter: *Jean-Jacques Rousseau*, München 2001, S. 35.

[10] Rousseau, Jean-Jacques: *Die Neue Heloise. Deutsch von G. Julius*, Leipzig ²1859, Bd. 1, S. 49.

[11] Engelhardt: *Goethe im Gespräch* (wie Anm. 8), S. 8.

[12] Beutler, Ernst: „Lili. Wiederholte Spiegelungen", in: Beutler, Ernst (Hg.): *Essays um Goethe*, Wiesbaden 1947, Bd. 2, S. 1–160.

[13] Dechent, Hermann: „Passavent, Jakob Ludwig", in: Historische Commission bei der Königl. Akademie der Wissenschaften (Hg.): *Allgemeine Deutsche Biographie*, Leipzig 1887, Bd. 25, S. 196ff.

[14] Goethe, Johann Wolfgang von: *Wahrheit und Dichtung*, 19. Buch, in: Ders.: *Goethes poetische und prosaische Werke in zwei Bänden*, Stuttgart–Tübingen ²1846, 2. Bd., S. 833.

[15] Die erste Annäherung Goethes an Claude Lorrain ist durch eine Bemerkung in den *Frankfurter Anzeigen* des 6. Oktober 1772 dokumentiert. Noch wenige Monate vor seinem Tod, am 30. November 1831, geht Goethe bei der Betrachtung von Blättern der eigenen Sammlung erneut auf den Künstler ein. Siehe dazu Lenz, Christian: „Claude Lorrain im Urteil Goethes", in: Roethlisberger, Marcel (Hg.): *Im Licht von Claude Lorrain. Landschaftsmalerei aus drei Jahrhunderten*, Katalog Haus der Kunst München 1983, München 1983, S. 49–53, S. 49.

[16] Swoboda, Karl Maria: *Die großen Meister des 17. Jahrhunderts*. Textfassung unter der Mitarbeit von Maria Buchsbaum (= *Geschichte der bildenden Kunst 7*), Wien–München 1981, S. 211.

[17] Goethe verfügt damit fast über das ganze grafische Werk Claudes Lorrains. Siehe dazu auch den Katalog [o. Verf.]: *Claude Lorrain und die ideale Landschaft: Radierungen von Lorrain, Both, Berchem, Dujardin, Koch. Gemälde von Both, Patel, Olivier*, Katalog Stiftung Oskar Reinhart 1984, Winterthur 1984.

[18] Vgl. dazu Münz, Ludwig: *Zeichnungen und Radierungen*, Wien 1949, Abb. 118–120 sowie 150.

[19] Zitiert nach Grumach: *Goethe und die Antike* (wie Anm. 7), S. 33.

[20] Zitiert nach Moses, Stéphane: „Goethes Entdeckungen der französischen Landschaftsmalerei in Rom (1786–1788)", in: Chiarini, Paolo/Hinderer, Walter (Hg.): *Rom–Europa. Treffpunkt der Kulturen: 1780–1820*, Würzburg 2006, S. 29–42, S. 40.

[21] Lenz: *Claude Lorrain* (wie Anm. 15), S. 52.

[22] Siehe dazu auch Willems, Gottfried: *Anschaulichkeit. Zu Theorie und Geschichte der Wort-Bild-Beziehungen und des literarischen Darstellungsstils*, Tübingen 1989, S. 216f.

[23] Quintus Horatius Flaccus: *Ars Poetica*. Lateinisch/Deutsch, übersetzt von Eckart Schäffer, Stuttgart 1972, S. 361.

[24] Zitiert nach Prutz, Robert (Hg.): *Deutsches Museum. Zeitschrift für Literatur, Kunst und öffentliches Leben* 4, Leipzig 1854, S. 237.

[25] Mayr, Monika: *Ut pictura descriptio? Poetik und Praxis künstlerischer Beschreibung bei Flaubert, Proust, Belyi, Simon*, Tübingen 2001, S. 138.

[26] Roethlisberger (Hg.): *Im Licht* (wie Anm. 15), S. 243.

[27] Roethlisberger (Hg.): *Im Licht* (wie Anm. 15), S. 247.

[28] Holst, Christian von: *Joseph Anton Koch 1768–1839. Ansichten der Natur*, Katalog Staatsgalerie Stuttgart 1989, Stuttgart 1989, S. 25.

[29] Weber, Beda: „Koch in Rom, niedergeschrieben nach Notizen 1847", in: [o. Verf.]: *Charakterbilder*, Frankfurt am Main 1855; hier zitiert nach dem gekürzten Neudruck in: Hochland 32, 1934/1935, S. 439f.

[30] Zitiert nach Goethe, Johann Wolfgang von: *Briefe*, Bd. 7 I. 18. September 1786 – 10. Juni 1788, hg. von Volker Giel unter Mitarbeit von Susanne Fenske und Yvonne Pietsch, Berlin 2012, S. 151.

[1] H. Börsch-Supan, *Goethes Kenntnis von der Kunst der Goethezeit*, in Sabine Schulze (a cura di), *Goethe und die Kunst*, Stuttgart 1997, pp. 269-277 e 273.

[2] K. Viëtor, *Goethe. Dichtung – Wissenschaft – Weltbild*, Bern 1949, p. 99.

[3] A proposito dell'amicizia con Pauli, Goethe scrive: "Ci amavamo senza comprenderci". Cfr. H. Nicolai, *Goethe und Jacobi. Studien zur Geschichte ihrer Freundschaft*, Stuttgart 1965, p. 1.

[4] Goethe a Friedrich Heinrich Jacobi, 10 maggio 1812, in B. Witte, T. Buck, H.D. Dahnke, R. Otto e P. Schmidt, *Goethe-Handbuch*, vol. 3, *Prosaschriften*, Stuttgart 1997, p. 450. (In italiano in http://www.writingshome.com/ebook_files/158.pdf, p. 110.)

[5] K.P. Kraa, *Römische Elegien. Analysen zu Goethes Italienischer Reise*, München-Ravensburg 2015, pp. 2 sg.

[6] W. Koschatzky, *Bemerkungen zur Graphik des 18. Jahrhunderts*, in O. Sandner, *Angelika Kauffmann und ihre Zeitgenossen*, catalogo Vorarlberger Landesmuseum 1968 e Österreichisches Museum für Angewandte Kunst Wien 1968-1969, Bregenz 1968, pp. 37-43, p. 40.

[7] Goethe, *Englische Kupferstiche*, "Frankfurter gelehrte Anzeigen" 1772; cit. in E. Grumach, *Goethe und die Antike. Eine Sammlung*, Berlin 1949, vol. 1, p. 3.

[8] W. von Engelhardt, *Goethe im Gespräch mit der Erde. Landschaft, Gesteine, Mineralien und Erdgeschichte in seinem Leben und Werk*, Stuttgart-Weimar 2003, p. 143.

[9] D. Sturma, *Jean-Jacques Rousseau*, München 2001, p. 35.

[10] J.J. Rousseau, *Giulia o la nuova Eloisa. Lettere di due amanti di una cittadina ai piedi delle Alpi*, tr. it. di P. Bianconi, Milano, Rizzoli 2013, lettera XXIII a Giulia.

[11] Engelhardt, *Goethe im Gespräch*, cit., p. 8.

[12] E. Beutler, *Lili. Wiederholte Spiegelungen*, in E. Beutler (a cura di), *Essays um Goethe*, Wiesbaden 1947, vol. 2, pp. 1-160.

[13] H. Dechent, *Passavent, Jakob Ludwig*, in Historische Commission bei der Königl. Akademie der Wissenschaften (a cura di), *Allgemeine Deutsche Biographie*, Leipzig 1887, vol. 25, pp. 196 sg.

[14] J.W. von Goethe, *Wahrheit und Dichtung*, libro XIX, in Idem, *Goethes poetische und prosaische Werke in zwei Bänden*, Stuttgart-Tübingen² 1846, vol. II, p. 833.

[15] Il primo incontro di Goethe con Claude Lorrain è documentato da un commento nel "Frankfurter Anzeigen" del 6 ottobre 1772. Goethe tornerà a parlare del pittore il 30 novembre 1831, pochi mesi prima della morte, nel riguardare i fogli della sua collezione. Vedi C. Lenz, *Claude Lorrain im Urteil Goethes*, in M. Roethlisberger (a cura di), *Im Licht von Claude Lorrain. Landschaftsmalerei aus drei Jahrhunderten*, catalogo Haus der Kunst München 1983, München 1983, pp. 49-53, p. 49.

[16] K.M. Swoboda, *Die großen Meister des 17. Jahrhunderts*. Textfassung unter der Mitarbeit von M. Buchsbaum (*Geschichte der bildenden Kunst*, 7), Wien-München 1981, p. 211.

[17] In tal modo Goethe dispone dell'opera grafica quasi completa di Claude Lorrain. Vedi anche (s.a.), *Claude Lorrain und die ideale Landschaft: Radierungen von Lorrain, Both, Berchem, Dujardin, Koch. Gemälde von Both, Patel, Olivier*, catalogo Stiftung Oskar Reinhart 1984, Winterthur 1984.

[18] Cfr. L. Münz, *Zeichnungen und Radierungen*, Wien 1949, figg. 118-120 e 150.

[19] In Grumach, *Goethe und die Antike*, cit., p. 33. (Le citazioni italiane da lettere e diari sono tratte da: Goethe, *Diari e lettere dall'Italia (1786-1788)*, a cura di R. Venuti, traduzioni di A. Landolfi (Lettere), B. Talamo e R. Venuti (Diari), Artemide Edizioni, Roma 2002.

[20] In R. Venuti, *L'estetica goethiana dei "Propilei"*, in AAVV, *La città delle parole. Lo sviluppo del moderno nella letteratura tedesca*, Guida editori, Napoli 1993, p. 69.

[21] Lenz, *Claude Lorrain*, cit., p. 52.

[22] Vedi anche G. Willems, *Anschaulichkeit. Zu Theorie und Geschichte der Wort-Bild-Beziehungen und des literarischen Darstellungsstils*, Tübingen 1989, pp. 216 sg.

[23] Q.O. Flacco, *Dell'arte poetica*, traduzione di Natale Contini, Milano, Civelli 1869, pp. 44-45.

[24] J.A. Koch, *Gedanken eines in Rom lebenden Künstlers über die Kunst in den letzten Decennien des vorigen und dem ersten des laufenden Jahrhunderts* (1810), cit. in R. Prutz (a cura di), "Deutsches Museum. Zeitschrift für Literatur, Kunst und öffentliches Leben" 4, Leipzig 1854, p. 237.

[25] M. Mayr, *Ut pictura descriptio? Poetik und Praxis künstlerischer Beschreibung bei Flaubert, Proust, Belyi, Simon*, Tübingen 2001, p. 138.

[26] Roethlisberger (a cura di), *Im Licht von Claude Lorrain*, cit., p. 243.

[27] Roethlisberger (a cura di), *Im Licht von Claude Lorrain*, cit., p. 247.

[28] C. von Holst, *Joseph Anton Koch 1768-1839. Ansichten der Natur*, Katalog Staatsgalerie Stuttgart 1989, Stuttgart 1989, p. 25.

[29] B. Weber, *Koch in Rom, niedergeschrieben nach Notizen 1847*, in: (s.a.): *Charakterbilder*, Frankfurt am Main 1855; qui ripreso dalla nuova edizione ridotta in "Hochland" 32, 1934/1935, pp. 439 sg.

[30] In J.W. von Goethe, *Briefe*, vol. 7 I. 18 settembre 1786-10 giugno 1788, a cura di V. Giel, con la collaborazione di S. Fenske e Y. Pietsch, Berlin 2012, p. 151. [In italiano in *Diari e lettere dall'Italia (1786-1788)*, cit.]

[31] Goethe, *Briefe*, cit., p. 152. [In italiano in *Diari e lettere dall'Italia (1786-1788)*, cit.]

[32] J. Klauß, *"Der Kunschtmeyer" Johann Heinrich Meyer: Freund und Orakel Goethes*, Weimar 2001, p. 59. Vedi anche Allmuth Schuttwolf, *Ernst II. als Förderer Johann Heinrich Wilhelm Tischbeins. Ernst II. als Gemäldesammler*, in Stiftung Schloss Friedenstein (a cura di), *Die Gothaer Residenz zur Zeit Herzog Ernsts II. von Sachsen-Gotha-Altenburg*, catalogo Schloss Friedenstein 2004, Gotha 2004.

[33] Klauß, *"Der Kunschtmeyer"*, cit., p. 60.

[34] B. Borchhardt-Birbaumer, *Michael Wutky – Vesuvausbruch mit drei Zuschauern am Kraterrand*, in S. Rosenthal, B. Schwenk, A. Longhi, *Die Nacht*, catalogo della mostra Haus der Kunst München 1998, München 1998, p. 256.

[35] J. Müller-Tamm, *Michael Wutky – Vesuvausbruch, drei Zuschauer am Kraterrand*, in Schulze (a cura di), *Goethe und die Kunst*, cit., p. 415.

[36] Engelhardt, *Goethe im Gespräch*, cit., p. 143.

[31] Goethe: Briefe (wie Anm. 30), S. 152.

[32] Klauß, Jochen: *„Der Kunschtmeyer" Johann Heinrich Meyer: Freund und Orakel Goethes*, Weimar 2001, S. 59. Siehe dazu auch Schuttwolf, Allmuth: „Ernst II. als Förderer Johann Heinrich Wilhelm Tischbeins. Ernst II. als Gemäldesammler", in: Stiftung Schloss Friedenstein (Hg.), *Die Gothaer Residenz zur Zeit Herzog Ernsts II. von Sachsen-Gotha-Altenburg*, Katalog Schloss Friedenstein 2004, Gotha 2004.

[33] Klauß: *„Der Kunschtmeyer"* (wie Anm. 32), S. 60.

[34] Borchhardt-Birbaumer, Brigitte: „Michael Wutky – Vesuvausbruch mit drei Zuschauern am Kraterrand", in: Rosenthal, Stephanie/Schwenk, Bernhart/Longhi, Antje: *Die Nacht*, Katalog Haus der Kunst München 1998, München 1998, S. 256.

[35] Müller-Tamm, Jutta: „Michael Wutky – Vesuvausbruch, drei Zuschauer am Kraterrand", in: Schulze (Hg.): *Goethe und die Kunst* (wie Anm. 1), S. 415.

[36] Engelhardt: *Goethe im Gespräch* (wie Anm. 8), S. 143.

[37] Müller-Tamm, Jutta: „Pietro Fabris und Sir William Hamilton: Campi Phlegraei", in: Schulze (Hg.): *Goethe und die Kunst* (wie Anm. 1), S. 415, 417.

[38] Z. B. Hamilton, William: Campi Phlegraei: *Observations on the Volcanos of the Two Sicilies as they have been communicated to the Royal Society of London* […], Neapel 1776.

[39] Nachrichten von den bedrohlichen Aktivitäten des Vesuvs finden auch in den Zeitungen Niederschlag: So ist im *Beytrag zum Reichs=Postreuter* vom 16. September 1779 zu lesen: „Der Vesuv wirft wieder Feuer aus, doch nicht so stark, als am 8ten." In der Ausgabe (des *Reichs=Postreuters*) vom 19. November 1779 wir neuerlich Bezug genommen: „Auf den Länderm, die bey dem Ausbruche des Vesuv am 9ten August mit Asche überschüttet worden, hat sich ein besonderes Phänomen eräugt, dies nämlich, daß selbige solche Kräfte dadurch bekommen haben, daß die Fruchtbäume jetzt daselbst neue Blüthen und Früchte haben […]."

[40] Berger, Günther: *Relazione. Internationales Wien*, Frankfurt am Main 2009, S. 442.

[41] Boeckh, Franz Heinrich (Hg.): *Merkwürdigkeiten der Haupt= und Residenz=Stadt Wien und ihrer nächsten Umgebungen*, Theil 1, Wien 1823, S. 143.

[42] Angelika Kauffmanns erster Aufenthalt in Rom dauerte von Jänner bis Juli 1763 und (nach Neapel) vom 12. April 1764 bis 1. Juli 1765. Vgl. Clark, Anthony M.: „Roma mi è sempre in pensiero", in: Sandner: *Angelika Kauffmann* (wie Anm. 6), S. 5–17, S. 6, 59.

[43] Wenzel, Manfred (Hg.): *Goethe-Handbuch*. Supplemente Bd. 2 *Naturwissenschaften*, Stuttgart–Weimar 2012, S. 498.

[44] Das Originalgemälde befindet sich heute im Goethe-Nationalmuseum in Weimar.

[45] Schulze (Hg.): *Goethe und die Kunst* (wie Anm. 1), S. 164.

[46] Kreikebom, Detlev: „Verstreute Bemerkungen zu Goethes Anschauung antiker Kunst", in: Schulze (Hg.): *Goethe und die Kunst* (wie Anm. 1), S. 31–46, S. 31.

[47] Zitiert nach Müller-Seidel, Walter: *Die Geschichtlichkeit der deutschen Klassik. Literatur und Denkformen um 1800*, Stuttgart 1983, S. 138.

[48] Aus einem Brief Goethes aus Rom an seinen „Urfreund" Carl Ludwig von Knebel vom 17. November 1786. Zitiert nach Grumach: *Goethe und die Antike* (wie Anm. 7), S. 11.

[49] Zitiert nach Grumach: *Goethe und die Antike* (wie Anm. 7), S. 9.

[50] Zitiert nach Grumach: *Goethe und die Antike* (wie Anm. 7), S. 440.

[51] Einem, Herbert von: „Die bildende Kunst im Leben und Schaffen Goethes", in: Zeman, Herbert (Hg.): *Jahrbuch des Wiener Goethe-Vereins* Bd. 86/87/88 – 1982/1983/1984, S. 29–65, S. 31.

[52] Jedding, Hermann: *Johann Henrich Roos. Werke einer Pfälzer Tiermalerfamilie in den Galerien Europas*, Mainz 1998, S. 24.

[53] Einem: *Die bildende Kunst* (wie Anm. 51), S. 33.

[54] Einem: *Die bildende Kunst* (wie Anm. 51), S. 33.

[55] Kreikebom: *Verstreute Bemerkungen* (wie Anm. 46), S. 31.

[56] Winckelmann, Johann Joachim: *Gedanken über die Nachahmung der griechischen Werke in der Malerey und Bildhauerkunst*, Dresden–Leipzig ²1756, S. 80.

[57] Kreikebom: *Verstreute Bemerkungen* (wie Anm. 46), S. 31.

[58] Goethe, Johann Wolfgang von: *Wahrheit und Dichtung*, 11. Buch, in: Ders.: *Goethe's poetische und prosaische Werke* (wie Anm. 14), S. 761.

[59] Einem: *Die bildende Kunst* (wie Anm. 51), S. 47.

[37] J. Müller-Tamm, *Pietro Fabris und Sir William Hamilton: Campi Phlegraei*, in Schulze (a cura di), *Goethe und die Kunst*, cit., pp. 415, 417.

[38] Ad esempio W. Hamilton, *Campi Phlegraei: Observations on the Volcanos of the Two Sicilies As they have been communicated to the Royal Society of London [...]*, Napoli 1776.

[39] Notizia della minacciosa attività del Vesuvio si trova anche nei giornali; ad esempio, nel "Beytrag zum Reichs=Postreuter" del 16 settembre 1779 si legge: "Il Vesuvio erutta ancora fuoco, ma non tanto forte come l'8". Una nuova notizia si trova nel numero (del "Reichs=Postreuter") del 19 novembre 1779: "Nelle terre che nell'eruzione del 9 agosto furono ricoperte di cenere si è osservato un fenomeno particolare, e cioè questo: quelle stesse [terre] ne hanno ricavata tanta forza, che gli alberi da frutto che vi crescono hanno ora nuovi fiori e frutti [...]".

[40] G. Berger, *Relazioni. Internationales Wien*, Frankfurt am Main 2009, p. 442.

[41] F.H. Boeckh (a cura di), *Merkwürdigkeiten der Haupt- und Residenz-Stadt Wien und ihrer nächsten Umgebungen*, Theil 1, Wien 1823, p. 143.

[42] Il primo soggiorno romano di Angelika Kauffmann durò dal gennaio al luglio del 1763 e (dopo Napoli) dal 12 aprile 1764 al 1° luglio 1765. Cfr. A.M. Clark, *Roma mi è sempre in pensiero*, in Sandner, *Angelika Kauffmann*, cit., pp. 5-17 e 6, 59.

[43] M. Wenzel (a cura di), *Goethe-Handbuch. Supplemente*, vol. 2, *Naturwissenschaften*, Stuttgart-Weimar 2012, p. 498.

[44] Il dipinto originale a olio si conserva al Goethe-Nationalmuseum di Weimar.

[45] Schulze (a cura di), *Goethe und die Kunst*, cit., p. 164.

[46] D. Kreikebom, *Verstreute Bemerkungen zu Goethes Anschauung antiker Kunst*, in Schulze (a cura di), *Goethe und die Kunst*, cit., pp. 31-46, p. 31.

[47] Citato in "La nuova antologia di scienze, lettere ed arti", 1913, p. 612.

[48] Lettera da Roma all'amico di vecchia data Carl Ludwig von Knebel del 17 novembre 1786. In Grumach: *Goethe und die Antike*, cit., p. 11. [In italiano in *Diari e lettere dall'Italia (1786-1788)*, cit.]

[49] In Grumach, *Goethe und die Antike*, cit., p. 9. [In italiano in *Diari e lettere dall'Italia (1786-1788)*, cit.]

[50] In Grumach, *Goethe und die Antike*, cit., p. 440. [In italiano in *Diari e lettere dall'Italia (1786-1788)*, cit.]

[51] H. von Einem, *Die bildende Kunst im Leben und Schaffen Goethes*, in R. Zeman (a cura di), *Jahrbuch des Wiener Goethe-Vereins*, voll. 86/87/88-1982/1983/1984, pp. 29-65, p. 31. [In italiano in *Diari e lettere dall'Italia (1786-1788)*, cit.]

[52] H. Jedding, *Johann Henrich Roos. Werke einer Pfälzer Tiermalerfamilie in den Galerien Europas*, Mainz 1998, p. 24.

[53] Einem, *Die bildende Kunst*, cit., p. 33.

[54] Einem, *Die bildende Kunst*, cit., p. 33.

[55] Kreikebom, *Verstreute Bemerkungen*, cit., p. 31.

[56] J.J. Winckelmann, *Pensieri sull'imitazione dell'arte greca nella pittura e nella scultura*, in Idem, *Il bello nell'arte*, Einaudi, Torino 1948.

[57] Kreikebom, *Verstreute Bemerkungen*, cit., p. 31.

[58] J.W. von Goethe, *Wahrheit und Dichtung*, libro XI, in Idem, *Goethes poetische und prosaische Werke*, cit., p. 761.

[59] Einem, *Die bildende Kunst*, cit., p. 47.

Goethes Sammelleidenschaft

Wolfgang Sölder

Wenige Jahre nach Goethes Ableben 1832 veröffentliche sein letzter Privatsekretär, der Direktor der Großherzoglichen Kunstsammlungen zu Weimar und Nachlassverwalter des goetheschen Kunstbesitzes Johann Christian Schuchardt (1799–1870), 1848/1849 den Bestandskatalog zu dessen umfangreichen Sammlungen zur Natur und Kunst.[1] Deren Fülle bietet einerseits einen wertvollen Einblick in das vielschichtige literarische Werk des Dichters und seine wissenschaftlichen und kulturhistorischen Studien mit Bezügen auch zu seinen Sammelobjekten, andererseits in seine kunsthistorischen sowie naturwissenschaftlichen Facetten und vor allem in seine Sammelleidenschaft. Diese erwuchs aus seinen Jugendjahren im elterlichen „Haus zu den drei Leyern" in Frankfurt am Main mit umfangreicher, das universale Bildungsideal der Aufklärung widerspiegelnder Bibliothek und eigenen Räumlichkeiten für die Sammlungen seines Vaters Johann Caspar Goethe (1710–1782), darunter eine Gemälde- und grafische Sammlung mit Schwerpunkt auf zeitgenössischer regionaler Malerei u. a. der sog. Hollandisten, mit Francofurtensien, Veduten und Porträts, des Weiteren Kleinplastiken und Gipsreplikaten von Antiken, Souvenirs und Kunstgewerbe mit z. B. Gläsern aus Italien, einer Marmor- und Naturaliensammlung, Preziosen und Kuriositäten, wie etwa ein „unansehnlich Stück Holz" vom Mastbaum vom Schiff des Columbus. Die väterliche Sammlung im großbürgerlichen Umfeld folgte in Anlehnung an die fürstlichen Kunst- und Wunderkammern auch in der Hängung der Gemälde im Gemäldekabinett – nach Johann Wolfgang von Goethe „alle in schwarzen, mit goldenen Stäbchen verzierten Rahmen, systematisch angebracht" – noch dem Typ der universal ausgerichteten Kunstkammer.[2]

Johann Wolfgang von Goethe entwickelte hingegen in Weimar in seinem seit 1872 bis zum Lebensende bewohnten Haus am Frauenplan eine ähnlich breit gefächerte museale Sammelkonzeption; diese folgte allerdings systematisch einem auf die Moderne vorausweisenden fortentwickelten Kunst- und Naturverständnis.[3] Die dicht gefüllten Sammlungsräume im Vorderhaus – das Große Sammlungszimmer, das Majolika-, das Decken- und das Brückenzimmer – waren für Besucher unzugänglich.

Der offizielle Repräsentationsbereich u. a. mit den Gipsabgüssen der Statue eines betenden Knaben, eines Satyrs mit einem geschulterten Bock und dazwischen gestelltem Windspiel, den Büsten des Apolls von Belvedere und des Ares Borghese

La passione di Goethe per il collezionismo

Wolfgang Sölder

Dopo la morte di Goethe, avvenuta nel 1832, il direttore delle raccolte d'arte granducali di Weimar, ultimo segretario privato del poeta ed esecutore delle sue collezioni, Johann Christian Schuchardt (1799-1870), ne pubblicò l'inventario tra il 1848 e il 1849[1]. La ricchezza di queste raccolte di oggetti artistici e naturali, oltre a offrire uno spaccato prezioso della complessa opera letteraria e degli studi scientifici e storico-culturali di Goethe, getta luce sui suoi molteplici interessi storico-artistici, naturalistici e soprattutto sulla sua passione per il collezionismo. Una passione che si formò sin dalla giovinezza, nella "Haus zu den drei Leyern", la casa dove crebbe a Francoforte sul Meno, con la sua ricca biblioteca orientata all'ideale illuministico dell'educazione universale e gli spazi dedicati alle collezioni del padre, Johann Caspar Goethe (1710-1782). Queste collezioni comprendevano una raccolta di dipinti e opere grafiche incentrata sulla pittura regionale coeva, rappresentata, tra gli altri, dai cosiddetti "olandisti" e da pittori francofortesi, con vedute e ritratti. Le collezioni di Goethe padre contenevano inoltre piccole sculture e calchi di oggetti antichi, souvenir e manufatti, come ad esempio vetri italiani, marmi e oggetti naturali, preziosi e curiosità, tra cui un "logoro pezzo di legno" dell'albero maestro della nave di Colombo. Si trattava di una collezione che seguiva ancora, in un contesto altoborghese e in linea con i gabinetti d'arte e le Wunderkammer principesche, l'impianto della Kunstkammer universale: e questo anche nella disposizione dei quadri, che, come osserva Johann Wolfgang, erano "ordinati in maniera sistematica, e tutti in cornici nere decorate con listelli dorati"[2].

Nella sua casa sul Frauenplan a Weimar, dove abitò dal 1872 alla morte, anche Goethe elaborò un'idea di collezione museale eterogenea, seguendo tuttavia in maniera sistematica una concezione della natura e dell'arte che anticipa la modernità[3]. Gli ambienti della collezione vera e propria, nella parte anteriore della casa – la Sala grande, la Stanza delle maioliche, la Stanza del soffitto e la Stanza ponte –, non erano accessibili ai visitatori. La zona di rappresentanza ufficiale – con i calchi di una statua di fanciullo orante, di un satiro con un ariete sulle spalle e, in mezzo, un carillon a vento, oltre ai busti dell'Apollo del Belvedere e dell'Ares Borghese – proseguiva sulle scale e conduceva alla Sala gialla, con i calchi delle teste colossali dello Zeus di Otricoli e dell'Antinoo Mondragone, e poi nella Stanza

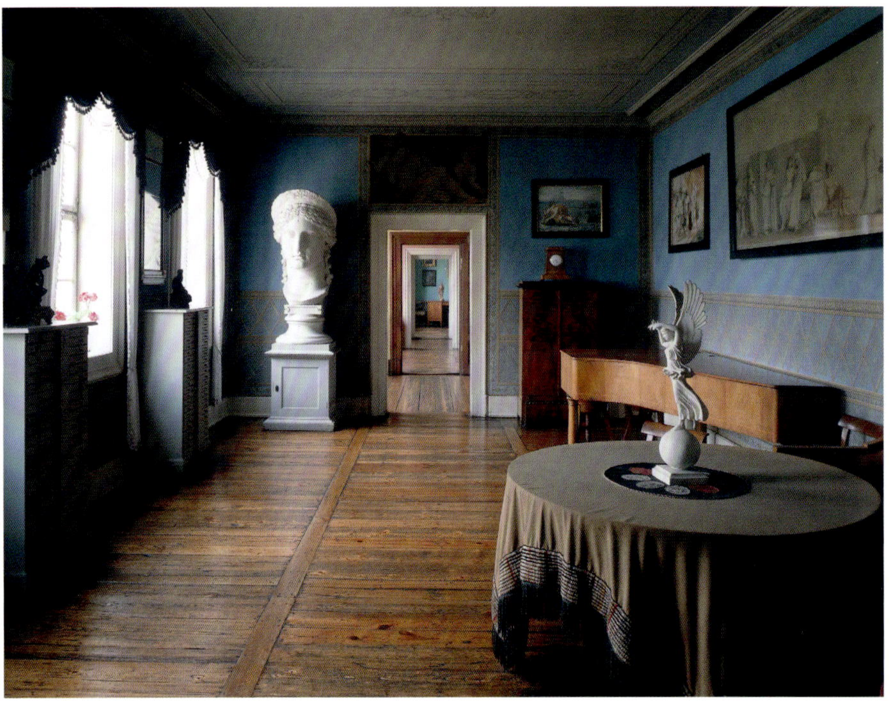

erstreckte sich über das Treppenhaus und führte in den Gelben Saal mit den Gips-repliken der Kolossalbüste des Zeus von Otricoli und des Kopfes von Antinous Mondragone weiter ins Junozimmer mit dem Gipsabguss der Kolossalbüste der Juno Ludovisi (Abb. 1) und von dort ins Urbinozimmer u. a. mit dem großforma-tigen Porträt des letzten Herzogs von Urbino, Francesco Maria II. della Rovere, und dem Gipsabguss der Medusa Rondanini auf einem Gestell für Grafikmappen.[4]

Diese Großrepliken waren teilweise Geschenke, etwa die Apoll-Büste vom Gothaer Herzog 1782 oder 1825 die Medusa vom bayerischen König Ludwig I. Al-leine die plastische Ausstattung seines Hauses mit Repliken von Antiken vermittelt eine Reminiszenz an seine eindrückliche Italienreise von 1786 bis 1788, ein Erin-nern an die mit Gipsabgüssen ausgestattete Wohnung in Rom und aufgrund von Transportproblemen in Italien verbliebenen Kopien: u. a. die Medusa Rondanini, die Juno Ludovisi, der Apoll von Belvedere und der Zeus von Otricoli.[5] Die Präsen-tation im Treppenhaus war metaphorisch eine Programmzone der Verwandlung von diesseitiger irdischer Existenz in eine höhere Seinsform, der Aufstieg vom Erd-geschoss in die erste Etage gleich dem Aufstieg in den Götterhimmel.[6]

Die Sammlung Goethes[7] umfasste neben 93 Gipsrepliken von Skulpturen und Reliefs u. a. 50 Gemälde, 9.179 Druckgrafiken, 2.512 Zeichnungen sowie wei-tere ca. 2.000 aus seiner Hand, als weitaus größten Bestand ca. 23.000 naturwis-senschaftliche Belege auch zur Mineralogie, Botanik und Osteologie, des Weiteren 1.926 Medaillen, 2.059 antike, mittelalterliche und neuzeitliche Münzen, Daktylio-theken mit 76 Gemmen und 8.022 Gemmenabdrücken,[8] eine kleine Suite an prä-historischen, römischen und mittelalterlichen Kleinfunden,[9] die sein engagiertes und förderndes Interesse an der lokalen archäologischen Bodenforschung andeutet und die durch seine Ehrenmitgliedschaft beim Thüringisch-Sächsischen Verein für

di Giunone, con il calco della grande testa della Giunone Ludovisi (fig. 1); da lì, nella Stanza di Urbino, con il grande ritratto di Francesco Maria II della Rovere duca di Urbino e il calco della Medusa Rondanini su un supporto per cartelle da grafica[4].

Alcuni di questi calchi erano regali, come l'Apollo del Belvedere, donato dal duca di Gotha nel 1782, e la Medusa, dal re di Baviera Luigi I nel 1825. Soltanto le sculture della casa privata, con calchi di statue antiche, sono una reminiscenza del suggestivo viaggio in Italia del 1786-1788, un ricordo dell'alloggio romano, anch'esso abbellito con calchi, e delle altre copie rimaste in Italia per difficoltà di trasporto: tra queste, la Medusa Rondanini, la Giunone Ludovisi, l'Apollo del Belvedere e lo Zeus di Otricoli[5]. Le scale dove le opere venivano collocate costituivano, in senso metaforico, la zona programmatica della trasformazione dell'esistenza terrena in una forma superiore dell'essere, e la salita dal pianterreno al primo piano era come l'ascesa all'empireo[6].

Oltre ai novantatré calchi in gesso di statue e rilievi, la collezione di Goethe[7] comprendeva cinquanta dipinti, 9179 stampe, 2512 disegni più altri circa 2000 di sua mano; il fondo di gran lunga più ricco, con circa 23.000 reperti di scienze naturali (mineralogia, botanica e osteologia); 1926 medaglie, 2059 monete tra antiche, medievali e moderne, dattilioteche contenenti settantasei gemme e 8022 impronte di gemme[8]; una selezione di piccoli reperti preistorici, romani e medievali[9], che testimonia il suo interesse e il sostegno alla ricerca archeologia locale, sottolineato dalla partecipazione come membro onorario alla Società della Turingia-Sassonia per lo studio dell'antichità patria e la conservazione dei suoi monumenti[10]; e poi 310 vasi di vetro, porcellana e ceramica, tra cui anche un centinaio di maioliche, una serie di vasi apuli ed etruschi e una lekythos italiota del V-IV secolo a.C.[11].

La ricca raccolta di 348 statuette comprendeva una serie di 100 manufatti di bronzo[12]: tra questi, statuette egizie, greche, italiche, etrusche e romane; elementi decorativi per vasi, frammenti di vasi e amuleti, statuette di fattura europea dal XII al XIX secolo; busti, utensili e recipienti in bronzo, oltre a copie, imitazioni e falsificazioni di bronzi antichi. Soggetti frequenti sono Ercole, guerrieri e figure di offerenti; tra le divinità del pantheon romano, Giove, Minerva, Venere, Diana, Mercurio e la Fortuna[13]. Di tutti i bronzetti non si conoscono né il luogo né il contesto di rinvenimento. Sono tutti oggetti ricevuti in dono o acquistati sul mercato, singolarmente o in lotti.

I disegni che Goethe eseguiva o faceva eseguire dei suoi bronzi sono un chiaro indizio dell'attenzione che dedicava alla raccolta delle statuette: come sagome appena abbozzate o silhouette, questi "fogli da conversazione" erano un ausilio nel confronto con i modelli bidimensionali, come le incisioni. Erano un mezzo di comunicazione immediato, ad esempio nel discutere questioni relative all'oggetto disegnato con Johann Heinrich Meyer, lo storico e teorico dell'arte che era il suo più stretto consigliere in materia di belle arti. Ancora, la ricerca dell'autografia degli oggetti incoraggiava un'osservazione "più precisa e puntuale" delle loro forme e dettagli; per questo non sorprende che si siano conservati proprio gli studi di manufatti piccoli, iconograficamente difficili da classificare[14].

Erforschung des vaterländischen Altertums und Erhaltung seiner Denkmale unterstrichen wird,[10] zudem 310 Gefäße aus Glas, Porzellan und Keramik, darunter rund 100 Majoliken sowie eine Kollektion antiker apulischer und etruskischer Gefäße, wie etwa ein italiotischer Lekythos aus dem 5./4. Jh. v. Chr.[11]

Die umfangreiche Kollektion von 348 Kleinplastiken umfasste auch eine Suite von 100 Kleinbronzen[12] – in der Masse ägyptische, griechische, italische und etruskische sowie römische Statuetten, Gefäßapplikationen, Gefäßteile und Amulette, in europäischen Werkstätten des 12. bis 19. Jahrhunderts gegossene Statuetten, Büsten, Gerät- oder Gefäßbronzen sowie Kopien, Nachempfindungen und Fälschungen antiker Bronzen. Häufig dargestellt sind Herkules, Krieger und Opfernde, unter den Göttern des römischen Pantheons bisweilen auch mehrfach vertreten Jupiter, Minerva, Venus, Diana, Merkur und Fortuna.[13] Von sämtlichen Kleinbronzen sind jeweils weder Fundort noch Fundzusammenhang bekannt. Sie waren Geschenke oder Ankäufe im Kunsthandel als Einzelstück oder im Konvolut.

Zeichnungen, die Goethe von seinen Bronzen anfertigte oder anfertigen ließ, geben einen deutlichen Hinweis auf seine intensive Befassung mit der Statuettensammlung – als rasch angefertigte „Silhouette" oder als „Schattenriß" waren diese Konversationsblätter hilfreich für die Suche von Vergleichen in zweidimensionalen Vorlagen, z. B. in Kupferstichwerken. Sie dienten als schnelle Kommunikationsmittel, um etwa mit dem Kunsthistoriker und -theoretiker Johann Heinrich Meyer, seinem engsten Berater in Belangen der bildenden Kunst, Fragen zum Objekt zu diskutieren. Deren Eigenhändigkeit förderte jedoch auch, die Gegenstände in Formen und Details „genauer und schärfer zu betrachten", und es verwundert deshalb nicht, dass sich gerade Studien der kleinen und ikonografisch schwierig einzuordnenden Objekte erhielten.[14]

In der Sammlung sind somit antike Kleinbronzen auch mit qualitativ hochwertigen Exponaten der italienischen Renaissance vereint, beispielsweise eine nach einem Modell von Giambologna (1529–1608) gegossene Statuette einer Badenden nach dem in der hellenistischen Plastik bekannten Motiv der kauernden Aphrodite und die beiden Stier-Statuetten nach oder von Gianfrancesco Susini (1585–1653) und Antonio Susini (1580–1624) (Abb. 2) nach Vorbildern des in Stiergestalt in Ägypten und seit dem Hellenismus in Griechenland und Rom verehrten Gottes Apis (Abb. 3).[15]

So vermitteln nach Kristin Knebel die wenigen ägyptischen Statuetten im Kontext mit den etruskischen bzw. italischen den ausgeprägten historischen Charakter dieser Kollektion. Goethe trug in dieser Sammlung figürliche Bronzen zusammen, welche die wesentlichen, von Johann Joachim Winckelmann in einer entwicklungsgeschichtlichen Reihung gesehenen Epochen der antiken Kunst und darüber hinaus vor allem der Renaissance vertreten.[16]

Ein Teil der bisweilen auf kubischen Holzsockeln oder auf gedrechselten Alabasterpostamenten montierten Statuetten wurden in den letzten Lebensjahren Goethes für interessierte Besucher in einem Glasschrank im Großen Sammlungszimmer verwahrt, andere lagerten in Schubladen, manche befanden sich vermutlich in einem Schrank im Majolikazimmer.[17]

Abb. 2 *Stier*, nach Gianfrancesco
Susini (1585–1653) und
Antonio Susini (1580–1624),
möglicherweise niederländischer
Guss, 17 Jh., Messing, Hohlguss,
Klassik Stiftung Weimar, Museen

Fig. 2 *Toro*, da Gianfrancesco
Susini (1585-1653) e Antonio
Susini (1580-1624),
presumibilmente fusione olandese,
XVII secolo, ottone, fusione a cera
persa, Klassik Stiftung Weimar,
Museen

Abb. 3 Bronzestatuette von
einem Stier, gefunden in Trient –
S. Antonio, um 200 n. Chr., Tiroler
Landesmuseum Ferdinandeum,
Vor- und Frühgeschichtliche und
Provinzialrömische Sammlungen

Fig. 3 Statuetta in bronzo
raffigurante un toro, rinvenuta
a Trento – S. Antonio, ca. 200
d.C., Tiroler Landesmuseum
Ferdinandeum, Vor- und
Frühgeschichtliche und
Provinzialrömische Sammlungen

Nella collezione si affiancano bronzetti e manufatti del Rinascimento italiano di pregevole qualità: tra questi, una statuetta raffigurante una bagnante ripresa da un modello del Giambologna (1529-1608), a sua volta ispirato al motivo ellenistico dell'Afrodite accovacciata, e i due piccoli tori di (o da) Gianfrancesco Susini (1585-1653) e Antonio Susini (1580-1624) (fig. 2), modellati a immagine di Api (fig. 3), il dio in forma di toro adorato in Egitto e, dall'età ellenistica, anche in Grecia e a Roma[15].

Come osserva Kristin Knebel, l'accostamento delle poche statuette egizie ad altre etrusche e italiche esprime lo spiccato carattere storico della collezione, in cui Goethe ha riunito bronzi figurati che rappresentano le principali epoche dell'arte antica – che Johann Joachim Winckelmann interpreta come una progressione evolutiva storica – e, dopo queste, soprattutto il periodo rinascimentale[16].

Negli ultimi anni della vita di Goethe una parte delle statuette, in alcuni casi montate su supporti di legno cubici o su piedistalli di alabastro tornito, venne collocata in una vetrina nella Sala grande, a beneficio dei visitatori; altre furono custodite in cassetti, altre ancora, probabilmente, in un armadio nella Stanza delle maioliche[17].

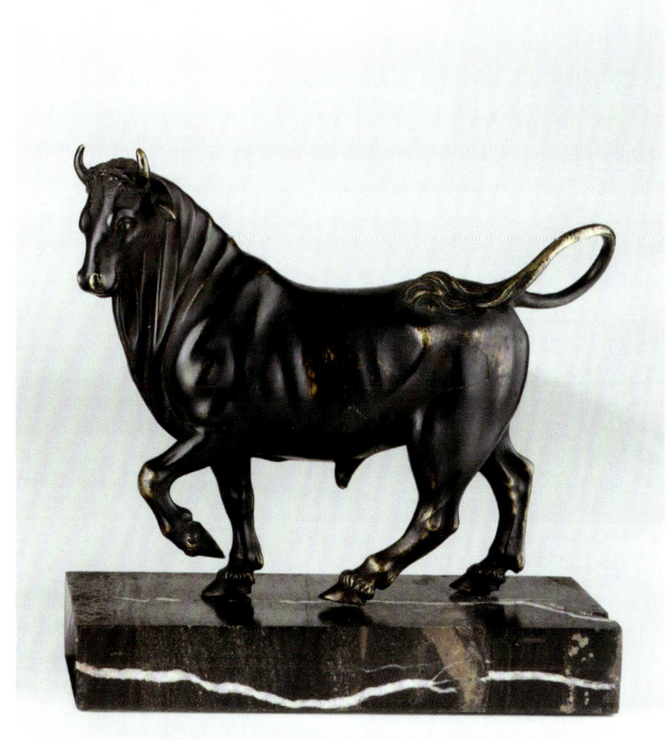

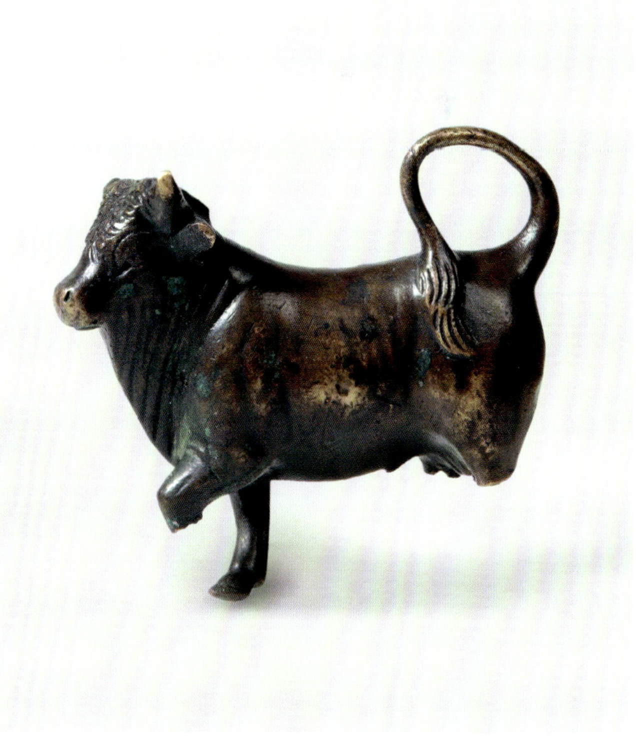

[1] Brandt, Philine: „Johann Christian Schuchardt als Kustos der Großherzoglichen und Goetheschen Sammlungen", in: Bertsch, Markus/Grave, Johannes (Hg.): *Räume der Kunst. Blicke auf Goethes Sammlungen*, Göttingen 2005, S. 102–121. – Schuchardt, Johann Christian: *Goethes Kunstsammlungen. 1. Theil: Kupferstiche, Holzschnitte, Radierungen; 2. Theil: Geschnittene Steine, Bronzen, Medaillen; 3. Theil: Mineralogische und andere naturwissenschaftliche Sammlungen*, Jena 1848–1849.

[2] Maisak, Petra: „Die Sammlungen Johann Caspar Goethes im »Haus zu den drei Leyern«. Goethes frühe Frankfurter Erfahrungen", in: Bertsch/Grave: *Räume der Kunst* (wie Anm. 1), S. 23–46.

[3] Maisak: *Die Sammlungen Johann Caspar Goethes* (wie Anm. 2), S. 44.

[4] Traeger, Jörg: „Goethes Vergötterung. Von der Kunstsammlung zum Dichterkult," in: Bertsch/Grave: *Räume der Kunst* (wie Anm. 1), S. 172–215, S. 173–191. – Grave, Johannes: „Goethes Kunstsammlungen und die künstlerische Ausstattung des Goethehauses", in: Beyer, Andreas/Osterkamp, Ernst (Hg.): *Kunst (= Goethe Handbuch*, Supplemente 3), Stuttgart–Weimar 2011, S. 46–83, 53ff., 70–82.

[5] Grave: „Goethes Kunstsammlungen" (wie Anm. 4), S. 53. – Grave, Johannes: „Erstarrung im Bild oder verlebendigende »Erinnerungs-Erbauung«? Goethe und das Bild im Interieur", in: Berndt, Frauke/Fulda, Daniel (Hg.): *Die Sachen der Aufklärung. Beiträge zur DGEJ-Jahrestagung 2010 in Halle a. d. Saale (= Studien zum achtzehnten Jahrhundert 34)*, Hamburg 2012, S. 402–412.

[6] Traeger: „Goethes Vergötterung" (wie Anm. 4), S. 173, 177.

[7] Trunz, Erich: „Goethe der Sammler", in: *Goethe-Jahrbuch* 89, 1972, S. 13–61.

[8] Grave: „Goethes Kunstsammlungen" (wie Anm. 4), S. 47, 56–61.

[9] Neumann, Gotthard: „Goethes Sammlung vor- und frühgeschichtlicher Altertümer", in: *Jahresschrift für Mitteldeutsche Vorgeschichte* 36, 1952, S. 184–242. – Grave: „Goethes Kunstsammlungen" (wie Anm. 4), S. 51.

[10] Kaufmann, Sylke/Kaufmann, Dieter: *Goethe, der Thüringisch-Sächsische Verein und die Entwicklung der Altertumskunde in den Jahrzehnten nach 1800 (= Beiträge zur Ur- und Frühgeschichte Mitteleuropas 27)*, Weißbach 2001.

[11] Klauß, Jochen: „Der Kunstsammler Goethe und die Seinigen", in: Baerlocher, Nicolas/Bircher, Martin (Hg.): *Goethe als Sammler. Kunst aus dem Haus am Frauenplan in Weimar*, Zürich 1989, S. 15–30, 44f., 142f. Nr. 38–42.

[12] Knebel, Kristin: *Goethe als Sammler figürlicher Bronzen. Sammlungsgeschichte und Bestandskatalog*, Weimar–Leipzig 2009.

[13] Knebel: *Goethe als Sammler* (wie Anm. 12), S. 50–144.

[14] Knebel: *Goethe als Sammler* (wie Anm. 12), S. 28, 31.

[15] Knebel: *Goethe als Sammler* (wie Anm. 12), S. 16f., 112f. Kat. 72, 119ff. Kat. 79f.

[16] Knebel: *Goethe als Sammler* (wie Anm. 12), S. 161.

[17] Knebel: *Goethe als Sammler* (wie Anm. 12), S. 22–26.

[1] P. Brandt, *Johann Christian Schuchardt als Kustos der Großherzoglichen und Goetheschen Sammlungen*, in M. Bertsch e J. Grave (a cura di), *Räume der Kunst. Blicke auf Goethes Sammlungen*, Göttingen 2005, pp. 102-121; J.C. Schuchardt, *Goethes Kunstsammlungen. 1. Theil: Kupferstiche, Holzschnitte, Radierungen; 2. Theil: Geschnittene Steine, Bronzen, Medaillen; 3. Theil: Mineralogische und andere naturwissenschaftliche Sammlungen*, Jena 1848-1849.

[2] P. Maisak, *Die Sammlungen Johann Caspar Goethes im »Haus zu den drei Leyern«. Goethes frühe Frankfurter Erfahrungen* in: Bertsch e Grave, *Räume der Kunst*, cit., pp. 23-46.

[3] Maisak, *Die Sammlungen Johann Caspar Goethes*, cit., p. 44.

[4] J. Traeger, *Goethes Vergötterung. Von der Kunstsammlung zum Dichterkult*, in Bertsch e Grave, *Räume der Kunst*, cit., pp. 172-215, e 173-191; J. Grave, *Goethes Kunstsammlungen und die künstlerische Ausstattung des Goethehauses*, in A. Beyer e E. Osterkamp (a cura di), *Kunst* (= *Goethe Handbuch*, Supplemente 3), Stuttgart-Weimar 2011, pp. 46-83, 53 sgg. e 70-82.

[5] Grave, *Goethes Kunstsammlungen*, cit., p. 53; J. Grave, *Erstarrung im Bild oder verlebendigende »Erinnerungs-Erbauung«? Goethe und das Bild im Interieur*, in F. Berndt e D. Fulda (a cura di), *Die Sachen der Aufklärung. Beiträge zur DGEJ-Jahrestagung 2010 in Halle a.d. Saale*, "Studien zum achtzehnten Jahrhundert" 34, Hamburg 2012, pp. 402-412.

[6] Traeger, *Goethes Vergötterung*, cit., pp. 173, 177.

[7] E. Trunz, *Goethe der Sammler*, in "Goethe-Jahrbuch" 89, 1972, pp. 13-61.

[8] Grave, *Goethes Kunstsammlungen*, cit., pp. 47, 56-61.

[9] G. Neumann, *Goethes Sammlung vor- und frühgeschichtlicher Altertümer*, in *Jahresschrift für Mitteldeutsche Vorgeschichte* 36, 1952, pp. 184-242; Grave, *Goethes Kunstsammlungen*, cit., p. 51.

[10] S. Kaufmann e D. Kaufmann, *Goethe, der Thüringisch-Sächsische Verein und die Entwicklung der Altertumskunde in den Jahrzehnten nach 1800* ("Beiträge zur Ur- und Frühgeschichte Mitteleuropas" 27), Weißbach 2001.

[11] J. Klauß, *Der Kunstsammler Goethe und die Seinigen*, in Nicolas Baerlocher e Martin Bircher (a cura di), *Goethe als Sammler. Kunst aus dem Haus am Frauenplan in Weimar*, Zürich 1989, pp. 15-30, 44 sg. e 142 sg.; nn. 38-42.

[12] K. Knebel, *Goethe als Sammler figürlicher Bronzen. Sammlungsgeschichte und Bestandskatalog*, Weimar-Leipzig 2009.

[13] Ivi, pp. 50-144.

[14] Ivi, pp. 28, 31.

[15] Ivi, pp. 16 sg. e 112 sg.; cat. 72, 119 sgg., cat. 79 sg.

[16] Ivi, p. 161.

[17] Ivi, pp. 22-26.

Goethe *incognito* in Rom

Roberto Zapperi

Goethe erreichte Rom am Abend des 29. Oktober 1786, aber von den Umständen seiner Ankunft in der Stadt seiner Träume hat er so gut wie nichts erzählt. Durch ihn selbst erfahren wir nur, dass er Rom wie alle von Norden her kommenden Reisenden durch Porta del Popolo betrat. Sicher ist, dass er nicht als Minister des Herzogs von Weimar in die ewige Stadt einzog, sondern als einer der vielen Touristen, die Rom besuchten. Goethe wollte nicht als der berühmte Dichter und hoher Würdenträger erkannt werden, seine Absicht war es, „inkognito" in Rom zu leben, um sich dem römischen Gesellschaftsleben zu entziehen und unbeschwert und unerkannt neue Erfahrungen zu sammeln.

Er hatte seine Reise im böhmischen Karlsbad begonnen, wohin er sich im Sommer 1786 zur Kur begeben hatte. Ohne seine Absichten Freunden und Bekannten mitzuteilen, war er plötzlich am 3. September 1786 mitten in der Nacht aufgebrochen, um sich von niemandem von der Reise, die einer Flucht glich, abhalten zu lassen. Keiner sollte wissen, wohin die Reise gehen sollte. Nur sein Diener Philipp Seidel wusste Bescheid, ihm hatte er am Tag vor der Abreise sein Ziel genannt: Rom. Um nicht erkannt zu werden, legte Goethe sich auch einen anderen Namen zu und gab sich als der Kaufmann Möller aus Leipzig aus. Dies hatte zur Folge, dass er sich passende Kleidung zulegen musste, um überzeugend als Kaufmann auftreten zu können. Dafür sorgte er dann im Laufe seiner Reise in den Süden.

Aus Karlsbad war er mit einem Mantelsack und einem Dachsranzen abgereist, in Regensburg kaufte er sich einen kleinen Koffer. Er trug eine Weste mit Ärmeln, einen Überrock, einen Mantel und Stiefel; auch ein Paar Taschenpistolen hatte er dabei, deren Gebrauch zum Glück nicht nötig wurde. Als er die deutsch-italienische Sprachgrenze überschritten und in Rovereto festgestellt hatte, dass nur noch Italienisch gesprochen wurde, probierte er seine Sprachkenntnisse aus. Er scheint mit dem Resultat zufrieden gewesen zu sein, denn in seinem Reisetagebuch merkte er an: „Wie froh bin ich daß die Geliebte Sprache nun die Sprache des Gebrauchs wird." Schon in Trient war ihm aber klar geworden, dass er völlig anders gekleidet war als in Italien üblich. Er schrieb: „Es hat kein Mensch Stiefeln an, kein TuchRock zu sehn. Ich komme recht wie ein nordischer Bär vom Gebirge. Ich will mir aber den Spas machen mich nach und nach in die Landstracht zu kleiden." In Verona ging er ans Werk, nachdem er festgestellt hatte, dass die Leute auf der Straße

Goethe in incognito a Roma

Roberto Zapperi

Goethe giunse a Roma la sera del 29 ottobre 1786. Riguardo le circostanze del suo arrivo non raccontò quasi nulla, se non di essere entrato nella città dei suoi sogni dalla Porta del Popolo, come tutti i viaggiatori provenienti dal Nord, confuso nella folla di turisti attratti dalla Città Eterna. Non voleva che la gente riconoscesse in lui il celebre poeta e l'alto dignitario della corte di Weimar, la sua intenzione al contrario era quella di vivere in incognito, per sfuggire alla vita sociale e fare nuove esperienze, senza doversi curare del giudizio degli altri.

Il suo viaggio ebbe inizio a Karlsbad, in Boemia, dove si era recato per una cura termale nell'estate del 1786. Senza informare amici e conoscenti delle sue intenzioni, il 3 settembre 1786 partì all'improvviso, nel cuore della notte, in modo da non essere distolto dal proposito di quel viaggio, che somigliava a una fuga. Nessuno doveva sapere dove sarebbe andato, nessuno tranne il suo domestico-tuttofare Philipp Seidel, al quale il giorno prima di partire rivelò in segreto la sua meta: Roma. Per evitare di essere riconosciuto, si procurò una falsa identità, fingendo di essere un commerciante di Lipsia di nome Philipp Möller. Per potersi presentare in modo convincente nei panni di un commerciante, durante il viaggio verso il Sud si procurò anche un abbigliamento adeguato.

Da Karlsbad partì con una sacca da viaggio e uno zaino di pelle di tasso, a Regensburg comprò una piccola valigia. Indossava un gilet con le maniche, una giubba, un mantello e gli stivali; aveva anche un paio di piccole pistole da tasca, che per fortuna si sarebbero rivelate inutili. Attraversato il confine linguistico tra Germania e Italia, e scoperto che a Rovereto si parlava solo l'italiano, si mise alla prova e a quanto pare rimase soddisfatto del risultato, perché nel suo diario di viaggio annotò: "Come sono contento che questa lingua amata diventi ormai la lingua viva, la lingua dell'uso!". Già a Trento si rese conto di essere vestito in modo completamente diverso dagli italiani: "Nessuno porta gli stivali e non si vedono neppure giubbe di panno. Sembro proprio un orso del Nord sceso dalle montagne. Però voglio togliermi la soddisfazione di vestirmi via via degli abiti locali". A Verona notò che la gente per la strada guardava meravigliata i suoi stivali, che lo identificavano immediatamente come un forestiero. Decise perciò di toglierseli e di vestirsi secondo i dettami della moda italiana. Parallelamente al diario, riportava giornalmente le sue spese su un apposito libro, dapprima in tedesco, poi, da

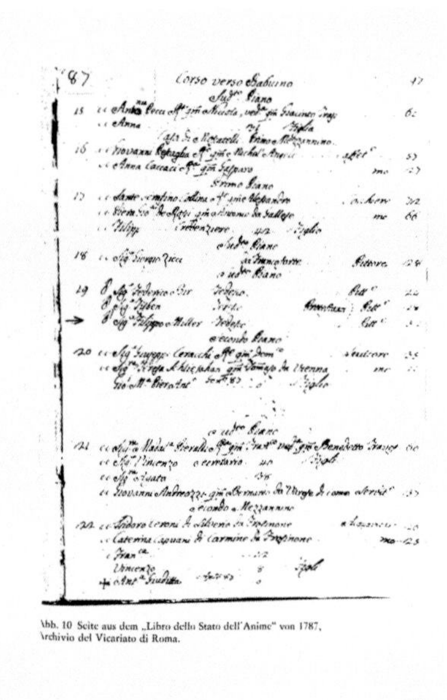

Abb. 1 Eintrag im Register der römischen Pfarrei Santa Maria del Popolo, Seite aus dem *Libro dello Stato dell'Anime* von 1787, abgebildet in einem Beitrag von Horst Claussen in: Goethe-Jahrbuch | Goethe-Jahrbuch – 107 | „Gegen Rondanini über …" Goethes römische Wohnung, S. 209

Fig. 1 Iscrizione nel registro della parrocchia di Santa Maria del Popolo, pagina tratta dal *Libro dello stato dell'anime* del 1787, riprodotta in un articolo di Horst Claussen, Goethe-Jahrbuch | Goethe-Jahrbuch – 107 | "Gegen Rondanini über…" Goethes römische Wohnung, p. 209

Abb. 2 Johann Heinrich Wilhelm Tischbein, *Johann Wolfgang von Goethe in seiner römischen Stube lesend auf zurückgekipptem Stuhl*, o. J., Technik/Material unbekannt, Klassik Stiftung Weimar, Museen

Fig. 2 Johann Heinrich Wilhelm Tischbein, *Johann Wolfgang von Goethe a Roma, mentre legge dondolandosi sulla sedia, nella sua stanza*, s.d., tecnica sconosciuta, Klassik Stiftung Weimar, Museen

verwundert auf seine Stiefel schauten, die ihn schon auf den ersten Blick als Fremden aus dem Norden kenntlich machten. Daher beschloss er, sie auszuziehen und sich ganz nach italienischer Mode zu kleiden. Parallel zum Tagebuch führte er auch ein Ausgabenbuch, zunächst in deutscher, dann von Malcesine an, dem ersten Ort der Republik Venedig an der Grenze zum Reich, in italienischer Sprache, in dem er Tag für Tag seine Ausgaben eintrug. Aus diesem Ausgabenbuch geht hervor, dass er Stoffe, Schuhe, Hemden und andere Kleidungsstücke erwarb und sich von einem Schneider in Verona eine seidene Hose und ein nicht näher beschriebenes Gewand anfertigen ließ. In Venedig kaufte er noch andere Kleidungsstücke dazu. Seitdem machte er sich den Spaß, als Italiener aufzutreten. Den weiten Mantel, mit dem er auf Tischbeins berühmten Porträt zu sehen ist, legte er sich erst in Rom zu, um sich vor der winterlichen Kälte zu schützen, „denn", so schrieb er in einem Brief an Fritz von Stein, „in meiner Stube ist weder Ofen noch Camin, und seit gestern weht ein Nordwind" (Abb. auf S. 47).

Nach fast zwei Monaten Reise kam Goethe endlich in Rom an, wo er sich, wie es Vorschrift war, registrieren lassen musste. Als Standesämter fungierten in der Stadt der Päpste die Pfarreien und so begab er sich Anfang 1787 in die zuständige Pfarrei Santa Maria del Popolo und diktierte dem Pfarrer seine Personalien. Er behielt zwar seinen angenommen Namen, wechselte aber den Beruf, denn er gab an, Filippo Möller zu heißen, 32 Jahre alt zu sein (sechs weniger, als er in Wirklichkeit war!) und den Beruf eines Malers auszuüben (Abb. 1). Im Einwohnerregister der Pfarrei steht außerdem verzeichnet, dass im ersten Stock der Casa Moscatelli zusammen mit anderen Bewohnern der „Sig. Filippo Miller Tedesco di anni 32" logierte. Obwohl der Pfarrer aufgrund seines Amts nicht ganz ungebildet war, hatte er doch Schwierigkeiten mit den deutschen Namen und verwandelte den Namen Möller, den Goethe ihm diktierte, in Miller. Auch die Namen von Goethes Mitbewohnern in der Casa Moscatelli, die der Maler Johann Heinrich Wilhelm Tischbein, Georg Schütz und Friedrich Bury, sind im Register der Pfarrei in entstellter Form eingetragen: aus Tischbein wurde Tisben, aus Schütz Zicci, aus Bury Bir.

Bei seiner Ankunft in Rom stützte sich Goethe vor allem auf die Hilfe Tischbeins, der seine Identität kannte. „Ich bin Goethe" – mit diesen Worten hatte er sich vorgestellt, als Tischbein ihn kurz nach der Ankunft in seiner ersten Herberge aufsuchte. Wie er in einem Brief an Lavater vom 9. Dezember 1786 schrieb, hatte er Tischbein bei dieser ersten Begegnung gebeten, ihm „ein klein Stüpgen, wo er in Schlaffen und ungehindert in arbeiten könte, und ein ganz einfaches Essen" zu besorgen. Deshalb konnte ihn Tischbein ohne Schwierigkeiten in der Wohnung unterbringen, in der er selbst bei der Familie Collina am Corso zur Untermiete wohnte. Er überließ Goethe das kleine Zimmer neben seinem eigenen, das gewöhnlich für seine Gäste reserviert war (Abb. 2). Tischbein beschrieb seinen illustren Gast auf diese Weise: „Da sizet er nun jezo und arbeitet des Morgens an seiner Efigenia ferdig zu machen, bis um 9 Uhr, den gehet er aus und sieht die grosen hiesigen Kunstwercke." Dies aber war, wie wir noch sehen werden, nur die halbe Wahrheit.

Auch in den folgenden Monaten gab Goethe das Spiel mit den Namen nicht auf. Im Februar 1787 brach er mit Tischbein zu einer Reise nach Neapel auf, weshalb er sich einen Tag vor der Abreise zusammmen mit ihm zur Botschaft des

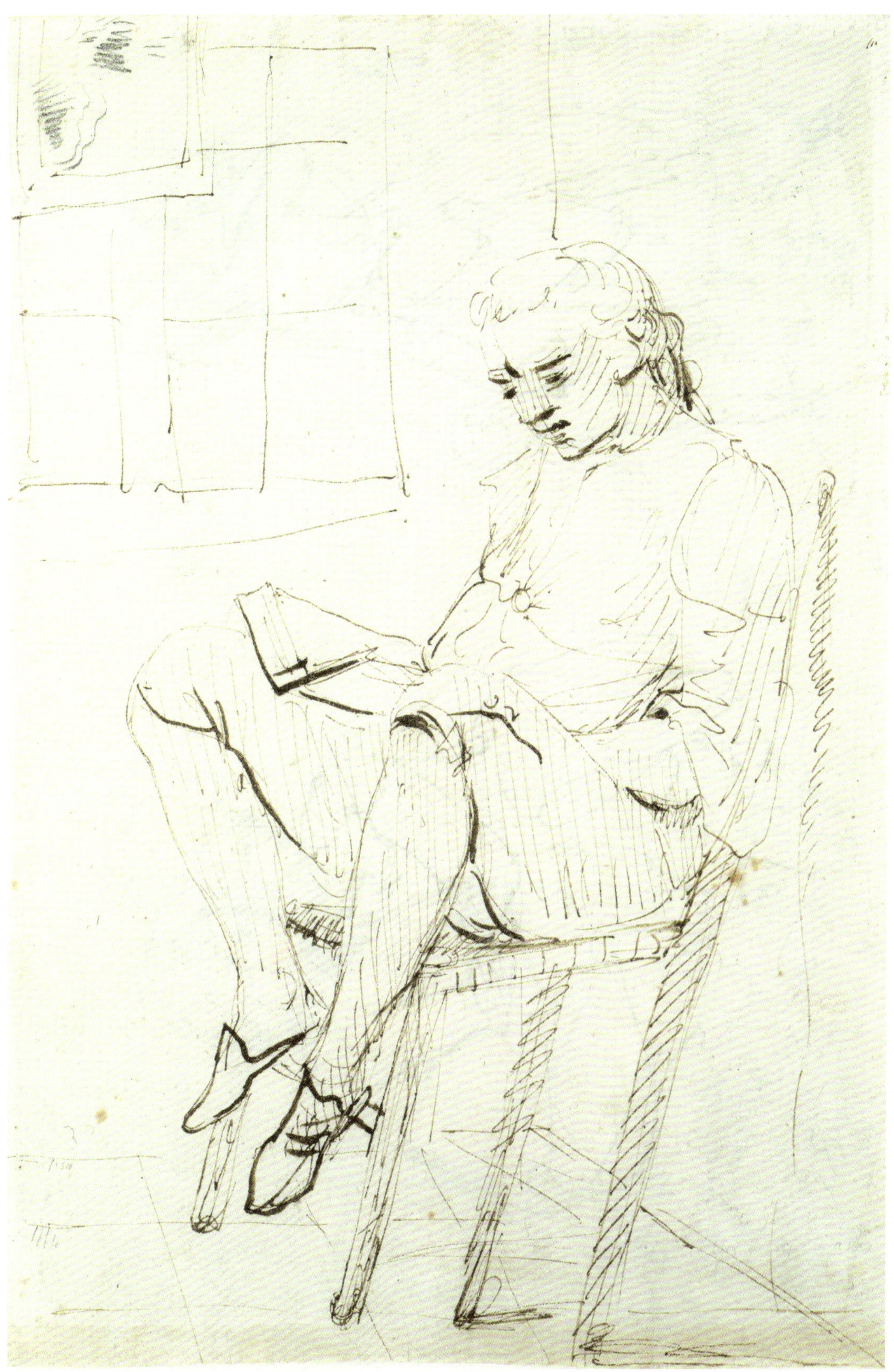

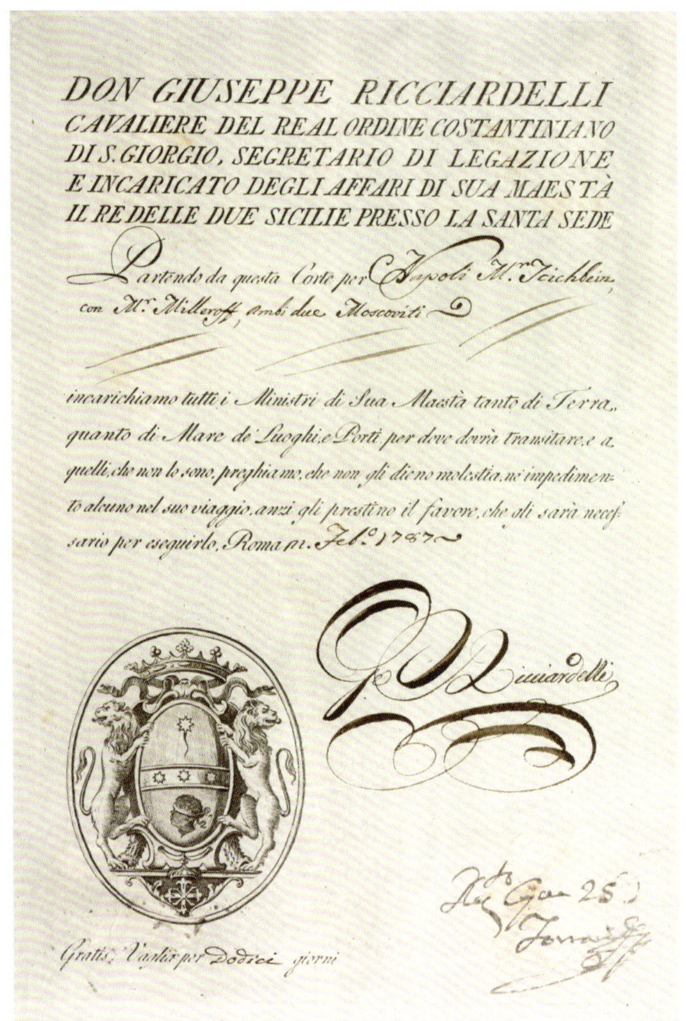

Königreichs beider Sizilien beim Heiligen Stuhl begab, um einen Passierschein für den Grenzübergang zwischen den beiden Staaten zu erhalten. Dabei gaben sie an, „Toichbein" und „Milleroff" zu heißen und aus Moskau zu stammen. Der Passierschein, gültig für zwölf Tage, ist in Goethes Nachlass erhalten und lautet auf diese beiden Namen (Abb. 3). Die kuriose Idee, sich als Russen auszugeben, stammte zweifellos von Goethe selbst, ein wahrer Artist des Inkognitos. In der Form Toichbein bekam der Name seines Begleiters einen exotischen Anstrich, wodurch aber auch einer möglichen Entlarvung vorgebeugt wurde, denn es war nicht leicht, Toichbein mit Disben oder Tisben, der italienischen Verballhornung von Tischbein in Verbindung zu bringen. Bei Milleroff war dagegen einfach dem von Möller in Miller umgewandelten Namen das typisch russische „off" angehängt worden. Goethe und Tischbein verkleideten sich als Russen in der Überzeugung, dass ein einfacher neapolitanischer Grenzbeamter zwischen einem Deutschen und einem Russen schwerlich unterscheiden konnte und keinen Verdacht schöpfen würde. Die falschen Namen häuften sich: Möller, Miller, Milleroff. Aber damit noch nicht genug: Ganz ohne sein Zutun wurde Goethe noch ein weiterer Name

Malcesine – la prima città della Repubblica di Venezia al confine con l'Impero – in italiano. Sappiamo così che acquistò stoffe, scarpe, camicie e altri capi d'abbigliamento e che a Verona si fece confezionare da un sarto dei pantaloni di seta e un altro abito non meglio specificato. A Venezia acquistò anche altri indumenti e si divertì a presentarsi come un italiano. L'ampio mantello che indossava nel celebre ritratto di Tischbein lo comprò a Roma per proteggersi dal freddo invernale, perché, scrisse in una lettera a Fritz von Stein, nella sua camera "non c'è né stufa né camino, e da ieri soffia un vento da nord" (fig. p. 47).

Dopo quasi due mesi di viaggio, arrivò finalmente a Roma e, all'inizio del 1787, andò a registrarsi nella parrocchia di Santa Maria del Popolo – nella città dei papi le parrocchie funzionavano come uffici anagrafici – dove dettò al parroco i suoi dati personali. Mantenne il nome che aveva scelto all'arrivo, ma cambiò professione: dichiarò così di chiamarsi Filippo Möller, di avere 32 anni (sei in meno di quanti ne avesse in realtà!) e di essere un pittore (fig. 1). Nello "stato delle anime" della parrocchia venne annotato che al primo piano di Casa Moscatelli, insieme ad altri residenti, abitava il "Sig. Filippo Miller Tedesco di anni 32". Anche se il parroco non doveva essere del tutto ignorante, grazie alla sua formazione, aveva evidenti difficoltà con i nomi tedeschi, tanto da cambiare il nome Möller in Miller. Anche i nomi dei coinquilini del poeta erano riportati in maniera distorta: i pittori Johann Heinrich Wilhelm Tischbein, Georg Schütz e Friedrich Bury divennero rispettivamente Tisben, Zicci e Bir.

Al suo arrivo a Roma, Goethe confidò soprattutto nell'aiuto di Tischbein, che conosceva la sua identità. Quando Tischbein andò a trovarlo nel suo primo alloggio, poco dopo il suo arrivo, il poeta si presentò dicendo semplicemente: "Sono Goethe". Come scrisse in una lettera a Lavater il 9 dicembre 1786, già in questo primo incontro chiese a Tischbein di trovargli una cameretta in cui poter dormire e lavorare indisturbato, consumando semplici pasti. Il pittore lo accolse volentieri nella casa di via del Corso dove lui stesso viveva in subaffitto, presso la famiglia Collina. Lasciò a Goethe la piccola stanza accanto alla sua, che riservava di solito agli ospiti (fig. 2). Così Tischbein descrisse l'ospite illustre: "Ora sta seduto là e lavora a completare la sua *Ifigenia* al mattino fino alle nove, quindi esce e va ad ammirare le grandi opere d'arte di qua". Ma questa, come vedremo, è solo una mezza verità.

Il gioco delle identità continuò anche nei mesi successivi. Nel febbraio 1787 Goethe decise di partire per Napoli con Tischbein, e il giorno prima della partenza si recò con lui all'ambasciata del Regno delle Due Sicilie presso la Santa Sede per ottenere il lasciapassare. Qui i due dichiararono di chiamarsi "Toichbein" e "Milleroff" e di venire da Mosca. Il lasciapassare con questi nomi, valido per dodici giorni, è conservato nel lascito di Goethe (fig. 3). La curiosa idea di fingersi russi è dovuta senza dubbio a Goethe stesso, vero artista dell'incognito. Il nome Toichbein non solo aveva un che di esotico, ma impediva anche un possibile smascheramento, dal momento che non era facile associarlo a Disben o Tisben – i modi più comuni di storpiare "Tischbein" per gli italiani. Nel caso di Milleroff, invece, Goethe si limitò ad aggiungere il tipico "off" russo al nome che da Möller era cambiato in Miller. I due amici si finsero russi nella convinzione che un semplice funzionario di frontiera napoletano difficilmente sarebbe stato in grado di

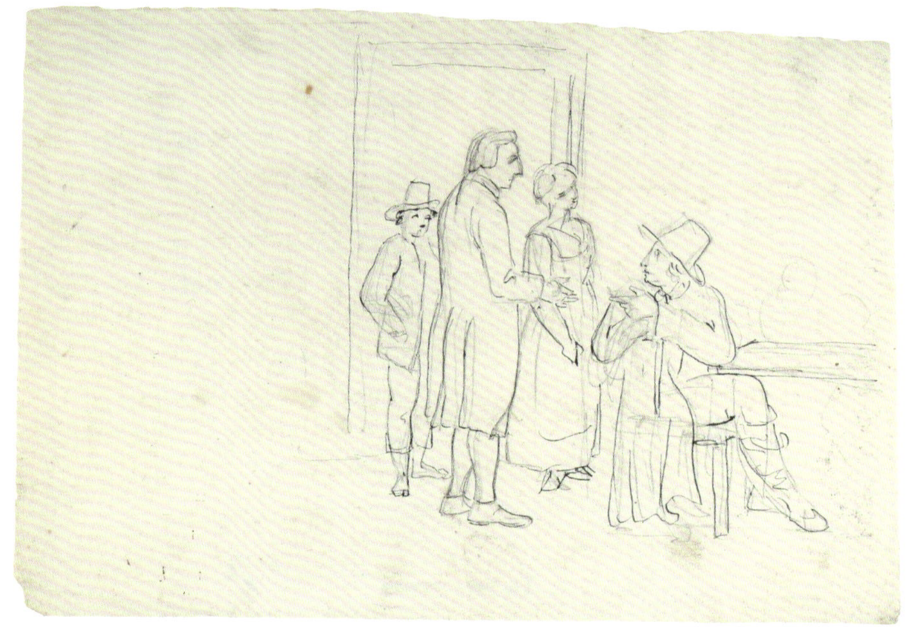

beschert. Es war der, unter welchem er in Rom bei den einfachen Leuten bekannt war. Hier kannte man ihn als den „Signor Filippo".

Goethes Interesse für das Leben des römischen Volks war nicht weniger groß, ja vielleicht noch größer als das an den Hinterlassenschaften der römischen Antike. Mit wachem Blick beobachtete er die Lebensweise und die Eigenheiten des Alltags in der ewigen Stadt, die Tischbein für ihn auch auf einigen Skizzen festhielt. Seine Wirtsleute am Corso, das Ehepaar Collina, beschreibt Goethe mit warmen Worten: „Die Hausleute sind ein redliches altes Paar, die alles selbst machen und für uns wie Kinder sorgen. Sie waren untröstlich, als ich von der Zwiebel Suppe nicht aß, wollten gleich eine andere machen [...]." Im Haushalt ging es wie folgt zu: „Unsre Alte kocht, unser Alter...schleicht herum, die hinckende Magd schwätzt mehr als sie thut, ein Bedienter, […], bessert die Röcke aus und wartet auf." Wir sehen sie alle mit Goethe zusammen auf einer Skizze Tischbeins (Abb. 4).

Goethes häusliche Umgebung war friedlich und angenehm, doch auf den Straßen ging es rauer zu. Da waren vor allem die vielen Mordtaten, die Goethe erschreckten, auch weil sie auf allgemeine Gleichgültigkeit stießen: „[...] es ist ein sonderbar Volck", schrieb er an Frau von Stein. „Was allen Fremden auffällt und was heute wieder die ganze Stadt reden, aber nur reden macht, sind die Todtschläge die ganz was gemeines sind. Viere sind schon, seit ich hier bin erschlagen worden." (Abb. 5) Auch Tiere mussten nicht weniger gewalttätig ihr Leben lassen, wie Goethe bei einem Spaziergang auf dem Campo Vaccino, dem heutigen Forum, beobachten konnte. Hier befanden sich der Schweinemarkt und die offizielle Schlachtstätte der Tiere. Goethe beschrieb dem jungen Fritz von Stein die blutige Schlachterei sehr anschaulich: „Die Schweine werden zu Hunderten zwischen Stangen eingesperrt; auf ein gegebenes Zeichen hin springen Kerls hinein zu den Tieren, ergreifen sie, rammeln sich mit ihnen herum und stoßen ihnen unter der einen Vorderpfote ein rundes Eisen in den Leib, das sie, weil es oben eine Art Haken hat, mit der flachen

distinguere tra un tedesco e un russo e non avrebbe avuto alcun sospetto. Pian piano i nomi fittizi cominciavano ad accumularsi: Möller, Miller, Milleroff. Ma non è tutto. A Roma, Goethe era conosciuto con un altro nome ancora, quello con cui lo chiamava la gente comune: "Signor Filippo".

L'interesse di Goethe per la vita del popolo romano era forse addirittura maggiore di quello che nutriva per il patrimonio della Roma antica. Osservava con sguardo attento il modo di vivere e le abitudini quotidiane, che Tischbein fissò per lui in alcuni schizzi. Goethe descrisse i suoi padroni di casa con parole affettuose: "I padroni di casa sono un'anziana coppia, gente per bene che fa tutto da sé e ci tratta come figli. Ieri si disperarono vedendo che non mangiavo la zuppa di cipolle, e avrebbero voluto subito preparare qualche altra cosa [...]". Questo il ménage casalingo: "La nostra vecchia cucina e il nostro vecchio [...] gira per la casa, la serva zoppa chiacchiera più di quanto non lavori, un servitore [...] rattoppa i vestiti e serve a tavola". Tutti questi personaggi sono ritratti insieme a Goethe in uno schizzo di Tischbein (fig. 4).

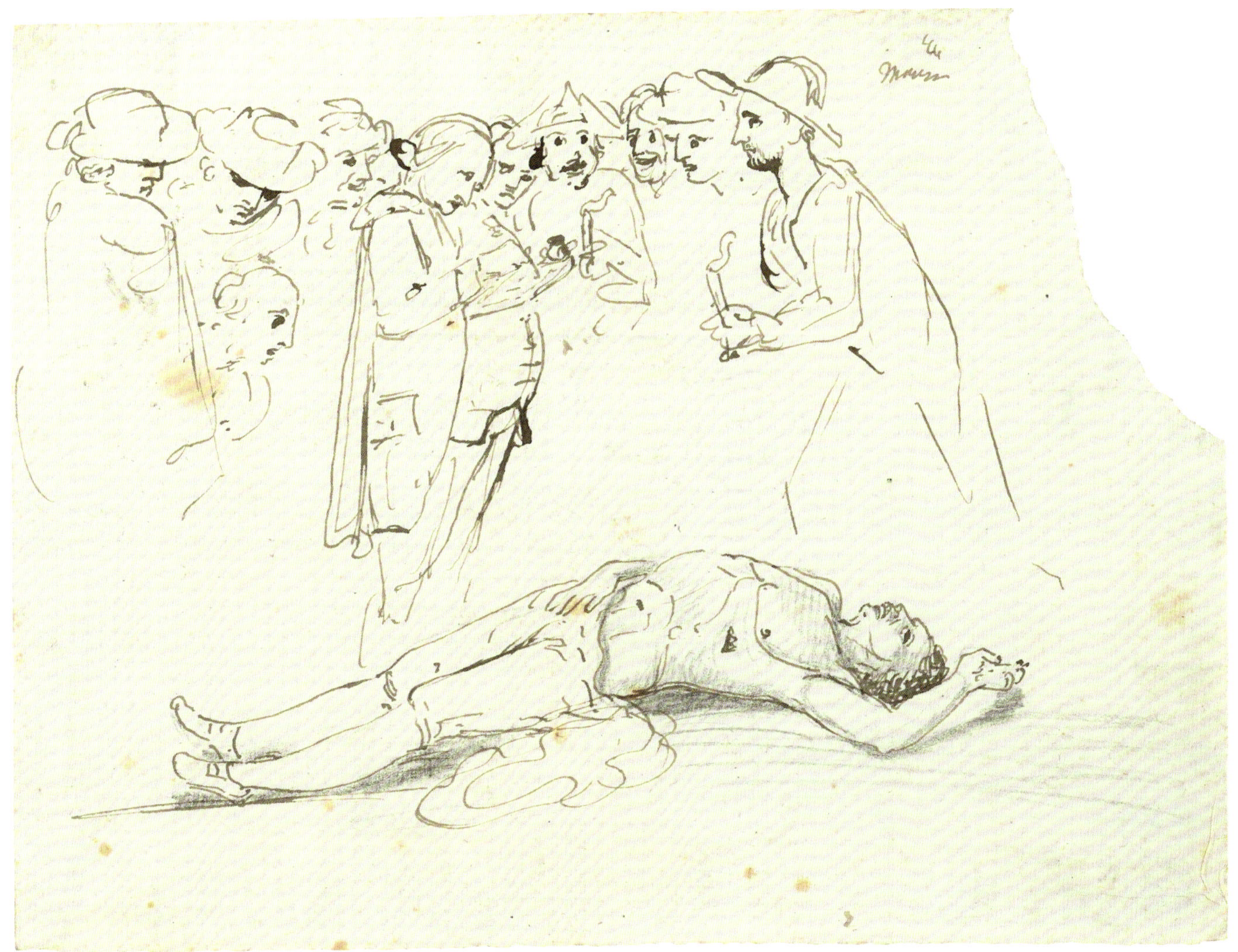

Hand in der Wunde herumleiern, bis das Tier tot ist." Wie Goethe Fritz erklärte, handelte es sich bei diesem „ammazzamento" um eine von der Stadtregierung vorgeschriebene Handlung, „weil hier alles Monopol ist, und die Regierung die Schweine aufkauft, schlachten läßt und dann an die Fleischer austeilt". Goethe konnte mit eigenen Augen sehen, wie die Versorgung der Stadt mit Fleisch von der Obrigkeit gewährleistet wurde.

Noch etwas anderes fiel Goethe auf den Straßen auf. Er hörte oft abends merkwürdige schrille Töne, eine Art Geschrei. In Wirklichkeit handelte es sich jedoch um Gesänge, „ritornelli" oder „stornelli", bestehend aus einfachen Melodien, die sich auf immer gleiche Weise wiederholten und fast immer die Liebe zum Thema hatten, manchmal aber auch Schmähungen enthielten. Für ein an der hohen Musik geschultes Ohr war es schwierig, dieses vokale Phänomen einzuordnen. Nach der Rückkehr nach Weimar veröffentlichte Goethe einen kurzen Aufsatz mit dem Titel *Volksgesang*, in dem er sich auch mit den römischen Ritornelli beschäftigte. Hier beschrieb er diese eigenartigen Gesänge so: „Eben so ist Ton und Manier der Singenden oder vielmehr Schreyenden so vollkommen überein, daß man durch alle Straßen von Rom immer denselben tollen Menschen zu hören glaubt. Gewöhnlich hört man sie nur in der Dämmerung oder zur Nachtzeit; so bald sie sich frey und losgebunden fühlen, geht dieses Geschrey los […] Selten sind die Worte verständlich, und ich erinnere mich nur einigemal einen solchen Sänger verstanden zu haben." Goethe hielt also Augen und Ohren offen, um die vielfältigen Seiten des Lebens in der ewigen Stadt geradezu wie ein Ethnologe zu erfassen. An welchem Ort konnte er aber besser mit dem römischen Volk in Berührung kommen als in den einfachen Schenken und Gaststätten, den römischen Osterien?

Goethe suchte die Osterien gerne auf und wenn wir seinen eigenen Angaben glauben wollen, begegnete er hier auch der großen Liebe, die er in den *Römischen Elegien* besang. Dem Maler und Archäologen Johann Karl Wilhelm Zahn, der ihn 1827 in Weimar besuchte, erzählte er folgende Geschichte: „Ja, ich habe meine Zeit gut angewendet, sie nicht mit Visiten vertrödelt, sondern emsig die Stadt und das Volk studiert," um dann auch auf die Osterien zu sprechen zu kommen: „Kennen Sie auch die *Osteria alla Campana*?", fragte er Zahn. „Die Weinschenke zur Glocke?" „Gewiß", war die Antwort. „Wir deutschen Künstler haben noch im vorigen Jahren Geburtstag dortselbst gefeiert." Goethe hörte von Zahn auch, dass sich dort seit seiner Zeit nichts verändert hatte und sagte schließlich: „In dieser Osteria hatte ich meinen gewöhnlichen Verkehr. Hier traf ich die Römerin, die mich zu den ‚Elegien‘ begeisterte. In Begleitung ihres Oheims kam sie hierher, und unter den Augen des guten Mannes verabredeten wir unsere Zusammenkünfte, indem wir den Finger in den verschütteten Wein tauchten und die Stunde auf den Tisch schrieben." Und zum Beweis rezitierte er einige Verse aus den *Elegien*: Nur einmal nennt Goethe in diesem Werk, und zwar in der achtzehnten Elegie, den Namen der Geliebten, Faustine. Aber gab es diese Faustine wirklich? Oder war sie nur eine Schöpfung des Dichters, eine poetische Erfindung?

Tatsächlich war zur Zeit von Goethes Aufenthalt in Rom Faustine ein beliebter römischer Mädchenname. Allein im Einwohnerregister der Pfarrei Santa Maria del Popolo, zu der Goethes Wohnung gehörte, sind sieben Frauen mit diesem

Se l'ambiente domestico era tranquillo e piacevole, la vita nelle strade era molto più difficile. A spaventare Goethe erano soprattutto i numerosi omicidi, che avvenivano nell'indifferenza generale: "è uno strano popolo", scrisse alla signora Von Stein. "Ciò che fa colpo su tutti gli stranieri, e che attualmente è oggetto dei discorsi (ma solo dei discorsi) dell'intera città, è la frequenza con cui si commettono gli omicidi. In queste tre settimane già quattro persone sono state uccise nel nostro quartiere" (fig. 5). Anche gli animali venivano uccisi in modo altrettanto violento, come Goethe ebbe modo di osservare durante una passeggiata sul Campo Vaccino, l'odierno Foro, dove avevano luogo il mercato e il macello del bestiame. In una lettera al giovane Fritz von Stein, Goethe descrisse la scena sanguinosa in modo molto vivido: "I maiali vengono rinchiusi a centinaia; a un cenno convenuto, i giovanotti saltano nel recinto, afferrano gli animali, lottano con loro e a ognuno piantano in corpo, sotto una delle zampe anteriori, un ferro ricurvo che, dotato in cima di un uncino, girano a mani nude nella ferita finché l'animale non muore" (fig. 6). Come spiega a Fritz, questo *ammazzamento* era disposto dal governo della città, "perché qui tutto è in regime di monopolio, ed è quindi il governo che fa incetta di maiali, li fa scannare e poi li distribuisce ai macellai". Goethe poté quindi vedere con i propri occhi come l'approvvigionamento di carne per i cittadini fosse garantito dalle autorità.

Camminando per la strada, notò qualcos'altro. Spesso, la sera, sentiva strani suoni, simili a grida stridule. Erano i famosi "stornelli", canti dalla melodia semplice che si ripeteva sempre allo stesso modo: quasi sempre brani che parlavano d'amore, ma che a volte contenevano anche insulti e ingiurie. Non era facile per un orecchio allenato alla musica "colta" classificare questo fenomeno vocale. Tornato a Weimar, Goethe pubblicò un breve saggio intitolato *Volksgesang*, in cui si occupava anche degli stornelli romani, descrivendoli così: "Il tono e la maniera dei cantanti, o piuttosto urlanti, coincide così perfettamente che attraverso tutte le strade di Roma si crede di sentire sempre la stessa persona impazzita. Normalmente si sentono solo al crepuscolo o di notte; appena si sentono liberi e sciolti da ogni vincolo cominciano questi urli. […] Raramente si capiscono le parole e mi ricordo di avere capito solo qualche volta un tale cantante". Goethe teneva gli occhi e le orecchie aperti per cogliere i molteplici aspetti della vita nella Città Eterna, quasi come un etnologo. E quale posto migliore per entrare in contatto con il popolo romano se non le celeberrime osterie?

Goethe andava volentieri all'osteria, e volendo credere a quanto affermava lui stesso, fu qui che incontrò il grande amore celebrato nelle *Elegie romane*. Al pittore e archeologo Johann Karl Wilhelm Zahn, che si recò in visita da lui a Weimar nel 1827, dichiarò: "Ho impiegato bene il mio tempo, non l'ho sprecato a fare visite, ma ho studiato assiduamente la città e il popolo". Poi gli chiese se conoscesse l'osteria "Alla campana". "Certo. Noi artisti tedeschi abbiamo festeggiato ancora lo scorso anno il compleanno proprio lì", gli rispose l'amico. Dopo aver saputo da Zahn che nulla era cambiato dai suoi tempi, Goethe gli rivelò: "Frequentavo abitualmente questa osteria. Lì incontrai la romana che mi ispirò le *Elegie*. Veniva in compagnia di suo zio e sotto gli occhi del brav'uomo ci davamo i nostri appuntamenti, intingendo il dito nel vino versato e scrivendo l'ora sul tavolo". E per provarlo, gli recitò alcuni versi delle *Elegie*, dove il nome dell'amata, Faustina,

Namen aufgeführt, sieben Faustinen, die in Goethes engster Nachbarschaft lebten. Jedoch gibt es keinen Anhaltspunkt dafür, dass die von Goethe geliebte und in den *Römischen Elegien* besungene Frau auch im realen Leben Faustine hieß. Überhaupt hat Goethe erst in einem zweiten Moment diesen Namen ins Manuskript eingefügt und dabei die ursprünglichen Worte „mein Mädchen" durchgestrichen. Dass eine Geliebte, wie immer sie auch geheißen haben mag, tatsächlich existierte, geht indes aus einem Antwortbrief Goethes an Herzog Carl August von Weimar vom 16. Februar 1788 hervor, in dem er schrieb: „Sie schreiben so überzeugend, daß man ein cervello tosto sein müßte, um nicht in den süßen Blumengarten gelockt zu werden. Es scheint, daß Ihre guten Gedancken unterm 22. Januar unmittelbar nach Rom gewürckt haben, denn ich könnte schon von einigen anmuthigen Spazirgängen erzählen. So viel ist gewiß und haben sie, als ein Doctor longe experientissimus, vollkommen recht, daß eine dergleichen mäßige Bewegung das Gemüth erfrischt und den Körper in ein köstliches Gleichgewicht bringt." Die Terminologie ist euphemistisch, der Sinn der Worte aber eindeutig. „Spaziergang" und „Garten" waren geläufige sexuelle Metaphern.

In einem weiteren Brief an den Herzog vom 17. März 1788 spielte Goethe noch einmal auf dieses Verhältnis an, denn er schrieb: „Diese Woche geht im Taumel vorüber, man muß mit dem Strome fortziehen. Sobald uns der dritte Feyertag erschienen ist, mache ich ernstliche Anstalt zur Abreise. Ich erwarte noch einiges von Neapel, habe für mich und andre mancheley in Ordnung zu setzen, sovielerley Fäden abzulösen, die sich dieses Jahr angesponnen und seit Ihrem Maynzer Briefe sich mit einiger Sicherheit fester geknüpft haben." Goethe schreibt von fester gewordenen Fäden, es kann sich also nicht um eine gelegentliche sexuelle Beziehung gehandelt haben. Er stellt das Verhältnis als ein festes und kontinuierliches dar, das auch sein Gefühl so tief berührt zu haben scheint, dass er es nur mit großer Mühe auflösen kann.

Sante Collina, Goethes Hauswirt, stellte monatlich eine Liste der verzehrten Speisen auf, die er Goethe am Monatsende zur Bezahlung vorlegte und die manchen Einblick in Goethes Leben in Rom gewähren – scheinbar unverfängliche Dokumente, die Goethe in seinem Archiv aufbewahrte. Aus diesen geht hervor, dass Goethe öfter Gäste zum Essen einlud, deren Namen Collina aber nicht angibt. Bei genauerer Untersuchung dieser Liste stellte sich heraus, dass seit Dezember eine ungenannte Person auf einmal häufig als Goethes Gast an den Mittag- und Abendessen teilnahm, eine Person, die allem Anschein nach mit Goethes Geliebter identifiziert werden darf. Ein weiteres Dokument, das Goethe ebenfalls in seinem Archiv aufhob, zeugt jedoch eindeutig von einem Liebesverhältnis Goethes in der ewigen Stadt. Es handelt sich um ein von einer Frau geschriebenes Billet ohne Datum und Unterschrift, welches besagt: „Io vorei sapere perche sete ieri a sera an dato a cosi via senza dirmi niente io io credo che che vi siete piliato colara ma io spero di no io sono tutta per lei amatima se potete come io amo a lei io sspero di avere una bona risposta da lei che pero che non sia io o pensato adio adio" („Ich möchte wissen, warum Ihr gestern Abend so fortgegangen seid, ohne mir etwas zu sagen. Ich fürchte, Ihr seid zornig mit mir, aber ich hoffe nicht. Ich bin ganz für Sie. Liebt mich, wenn Ihr könnt, so wie ich Sie liebe. Ich hoffe, eine gute Antwort von Ihnen zu haben, die, ich hoffe, nicht so

ricorre solo una volta, nella diciottesima poesia. Ma questa Faustina sarà esistita davvero? O è solo una creazione della sua mente, un'invenzione poetica?

In effetti, all'epoca del soggiorno romano di Goethe, Faustina era un nome molto diffuso. Il registro delle anime della sola parrocchia di Santa Maria del Popolo, alla quale faceva capo la casa in cui abitava il poeta, elenca sette donne con questo nome: ben sette Faustine che vivevano nel suo stesso quartiere. Tuttavia, non vi è alcuna prova che la romana cantata nelle *Elegie* si chiamasse davvero Faustina. Infatti, solo in un secondo momento Goethe riportò questo nome nel manoscritto, sostituendolo all'espressione "mein Mädchen" (la mia ragazza). L'esistenza di un'amante, qualunque fosse il suo nome, è tuttavia evidente dalla lettera di Goethe al duca Carl August datata 16 febbraio 1788: "Ella scrive in modo così convincente, che bisognerebbe essere un *cervello tosto* per non lasciarsi attirare nel dolce giardino fiorito. Sembra che i Suoi voti augurali del 22 gennaio abbiano avuto qui a Roma effetti immediati: potrei infatti già raccontare di alcune piacevoli passeggiate. È più che certo, ed Ella, che è un dottore *longe experientissimus*, ha perfettamente ragione che un simile, moderato esercizio fisico ritempri l'animo e ponga il corpo in un prezioso equilibrio". La terminologia è eufemistica, ma il significato è chiaro: "passeggiata" e "giardino" erano metafore sessuali comuni.

In un'altra lettera al duca, del 17 marzo 1788, Goethe allude ancora una volta a questa relazione: "Questa settimana sta trascorrendo nello stordimento, bisogna andarsene seguendo la fiumana. Allo spuntare del terzo giorno di festa mi preparerò seriamente a partire. Attendo ancora alcune cose da Napoli. Ho varie faccende da sistemare per me e per altri, parecchi fili da sciogliere che si sono annodati quest'anno e che sicuramente, dopo la sua lettera da Magonza, sono diventati più stretti". Questo riferimento ai fili diventati più stretti suggerisce che non si trattò di un'occasionale relazione sessuale, ma di un legame solido e duraturo, che sembra averlo toccato nel profondo, tanto da poter essere sciolto solo con grande difficoltà.

Sante Collina, il padrone di casa di Goethe, redigeva regolarmente una lista dei suoi pasti, che il poeta provvedeva a saldare alla fine di ogni mese. Questi documenti apparentemente innocui, che il poeta conservava nel suo archivio, ci danno un'idea della vita che conduceva a Roma. Da essi sappiamo ad esempio che Goethe invitava spesso a cena amici e conoscenti, anche se Collina non menziona i loro nomi. Un esame più attento di questo elenco rivela che dal mese di dicembre Goethe iniziò a invitare spesso a pranzo o a cena una persona non meglio identificata, che con ogni probabilità non era altri che la sua amante. Un documento conservato nell'archivio goethiano fornisce la prova della sua storia d'amore nella Città Eterna. Si tratta di un biglietto scritto da una donna, senza data né firma, che recita: "Io vorei sapere perché sete ieri a sera an dato a cosi via senza dirmi niente io io io credo che vi siete piliato colara ma io spero di no io sono tutta per lei amatima se pote venire io amo a lei io sspero di avere una bona risposta da lei che pero che non sia io o pensato adio adio" ("Vorrei sapere, perché ieri sera ve ne siete andato via senza dirmi niente. Temo che vi siete arrabbiato con me, ma spero di no. Sono tutta per voi. Amatemi se potete, come io amo voi. Spero di avere una buona risposta da voi, e che le cose non stiano come pensavo. Addio, addio"; fig. 7).

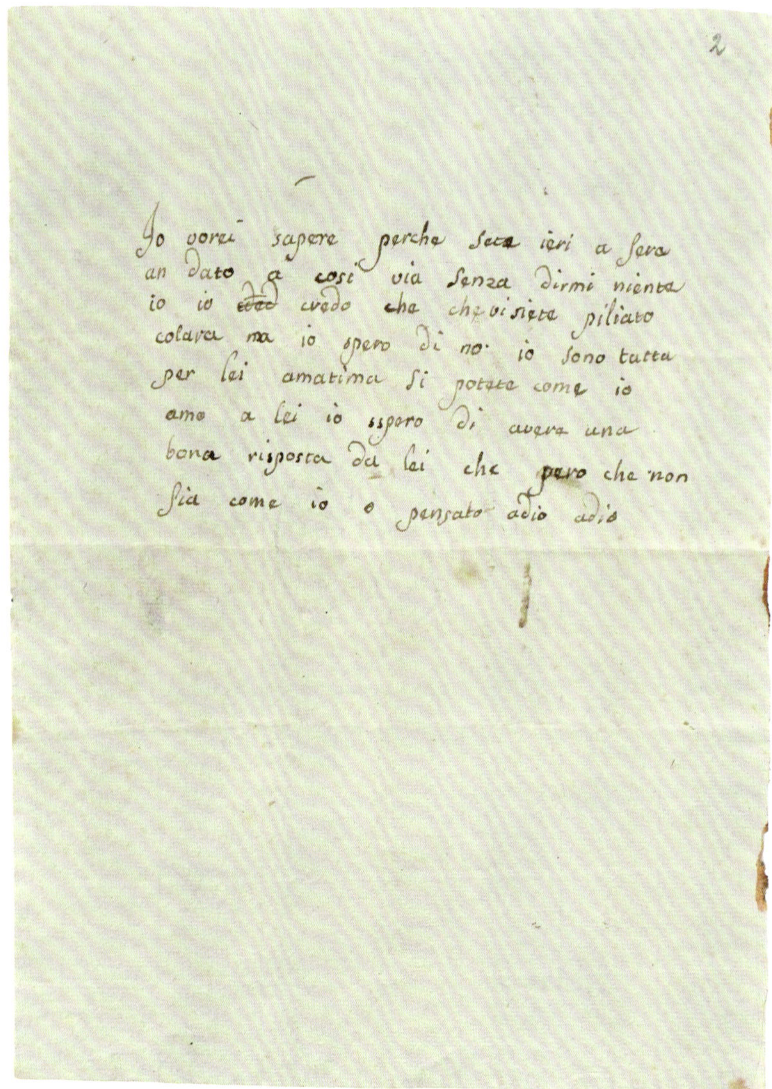

ist, wie ich gedacht habe. Adieu, Adieu") (Abb. 6). Der Text lässt erkennen, dass die Absenderin nur sehr mangelhaft schreiben konnte. Die Orthografie ist voller Fehler, jede Zeichensetzung fehlt, auch die einfachsten Regeln der Grammatik scheinen der Schreiberin unbekannt zu sein. Durchgestrichene Worte, fehlerhafte Trennungen und Wiederholungen verschlimmern noch das Bild. Dies alles zeigt, dass die Schreiberin nur einen sehr elementaren Unterricht genossen haben musste – in Rom kein Wunder, wo die Mädchen in den öffentlichen Schulen vor allem Häkeln, Stricken und Nähen lernten. Dennoch ist der Inhalt eindeutig: Es handelt sich um einen Liebesbrief, aus dem ein echtes, aufrichtiges Gefühl spricht, und er erinnert an den Anfang der sechsten Elegie, wo es heißt: „Kannst du, o Grausamer! mich in solchen Worten betrüben? Reden so bitter und hart liebende Männer bei Euch?"

Es bleibt indessen noch eine Schwierigkeit zu überwinden, um den Brief tatsächlich der römischen Geliebten Goethes zuschreiben zu können, denn der Brief ist an Tischbein adressiert. Auf der Rückseite des Blatts steht oben rechts zu-

Il testo, zeppo di errori di ortografia e totalmente privo di punteggiatura, rivela l'ignoranza dell'autrice, che mostra di non conoscere neanche le più semplici regole grammaticali; parole cancellate, sillabazioni sbagliate e ripetizioni peggiorano ulteriormente la situazione. È evidente che si tratta di una ragazza che ha ricevuto un'educazione molto elementare – e non c'è da meravigliarsene visto che nelle scuole pubbliche romane le giovani imparavano soprattutto a lavorare all'uncinetto, a maglia e a cucire. Tuttavia, si tratta chiaramente di una lettera d'amore che esprime un sentimento autentico e sincero, ed evoca l'inizio della sesta elegia: "Come puoi tu, crudele, con tali parole accorarmi? Parlan sì amari e duri forse tra voi gli amanti?".

Vi è tuttavia un ostacolo da superare per attribuire lo scritto all'amante romana di Goethe, e cioè che la missiva è indirizzata a Tischbein. Sul retro del foglio, in alto a destra, c'è prima di tutto il nome "Disbein" barrato, con sotto l'indirizzo "all sivore Disbein in Roma", al signor Disbein a Roma. Malgrado ciò, è altamente

nächst ein durchgestrichenes „Disbein", darunter die Anschrift „all sivore Disbein in Roma", an Herrn Disbein in Rom. Es ist jedoch in hohem Maße unwahrscheinlich, dass der Brief an Tischbein gerichtet war. Tatsache ist, dass sich Goethe die Post aus Deutschland an Tischbeins Adresse schicken ließ, wobei Tischbeins Name auf den äußeren Umschlag geschrieben werden sollte, sein eigener erst auf einen zweiten im Inneren. Dies galt auch noch nach der Übersiedlung Tischbeins nach Neapel. Wir dürfen annehmen, dass Goethe selbst dem Mädchen den Namen Tischbein angab, denn es ist sicher, dass er auch ihm wie allen anderen Römern seine wahre Identität verbarg. Wahrscheinlich präsentierte er sich ihm mit dem gleichen Namen, unter dem er im ganzen Viertel bekannt war: als Signor Filippo.

Die Trennung von seiner römischen Geliebten war für Goethe sehr schmerzlich. Caroline Herder gestand er, dass er 14 Tage vor der Abreise täglich wie ein Kind geweint habe. Wir dürfen auch annehmen, dass er die Geliebte nicht mit leeren Händen zurückließ, denn es ist weitgehend bekannt, wie generös, feinfühlig und diskret er seine Freunde in Rom mit Geld, Geschenken und selbst persönlicher Pflege unterstützte. Einen Hinweis gibt der Auftrag, den er am 19. April 1788, kurz vor der Abreise, seinem Diener Philipp Seidel gab: „Sorge daß die Summe von 400 Scudi baldigst an H. Hofrath Reifenstein für Rechnung *Philipp Seidels* ausgezahlt werde, ich habe Ursache *deinen* Namen zu wählen." Wir dürfen annehmen, dass diese Summe für die Geliebte, ein einfaches Mädchen aus dem römischen Volk, bestimmt war.[1]

[1] Alle archivalischen und bibliografischen Belege finden sich in meinen zwei Büchern über Goethes Aufenthalt in Rom: Zapperi, Roberto: *Das Inkognito. Goethes ganz andere Existenz in Rom*, München 1999 (Taschenbuchausgabe München 2010), und Ders.: *Römische Spuren. Goethe und sein Italien*, München 2007. Beide Bücher sind im Verlag C. H. Beck, München erschienen.

improbabile che la lettera fosse destinata a Tischbein. Il fatto è che Goethe si faceva spedire la posta all'indirizzo dell'amico: di solito, il nome di Tischbein figurava sulla busta esterna e il suo su una seconda busta, all'interno. Questo proseguì anche dopo il trasferimento dell'amico a Napoli. Possiamo supporre che Goethe stesso abbia dato alla ragazza il nome di Tischbein, visto che sappiamo per certo che le nascose la sua vera identità – come a tutti gli altri romani, del resto. Probabilmente le si era presentato come il "signor Filippo", nome con cui era conosciuto in tutto il quartiere.

La separazione dall'amante fu molto dolorosa per Goethe, che confessò a Caroline Herder di aver pianto come un bambino ogni giorno per due settimane prima della partenza. È probabile che non l'abbia lasciata a mani vuote, poiché è noto con quanta generosità, sensibilità e discrezione trattasse gli amici romani, cui elargiva denaro e faceva doni, arrivando persino a occuparsi della loro cura personale. Un indizio in tal senso è l'incarico che diede al suo domestico Philipp Seidel il 19 aprile 1788, poco prima della partenza: "Fai in modo che la somma di 400 scudi sia accreditata al più presto al signor Consigliere Reifenstein *sul conto di Philipp Seidel*: ho le mie ragioni per scegliere il *tuo* nome". Abbiamo motivo di credere che la somma fosse destinata all'amata, una semplice ragazza del popolo[1].

[1] Tutti i riferimenti bibliografici e d'archivio si trovano nei miei due libri sul soggiorno di Goethe a Roma: R. Zapperi, *Una vita in incognito. Goethe a Roma*, Bollati Boringhieri, Torino 2000 e *Sulle tracce romane di Goethe*, Bonanno Editore, Acireale-Roma 2011.

„Er konnte nie ganz unglücklich werden, weil er sich immer wieder nach Neapel dachte."

Die Bedeutung Neapels für die Reisen und das spätere Leben von
Johann Caspar Goethe und Johann Wolfgang von Goethe

Jonathan Singerton

Schon ehe Johann Wolfgang von Goethe selbst nach Neapel kam, hatte er einen Bezug zu der Stadt: Sein Vater Johann Caspar Goethe (Abb. 1) war 1740 nach Neapel gereist. Der Besuch hatte bei Goethes Vater einen unauslöschlichen Eindruck hinterlassen, den er später in Erzählungen an den jungen Goethe weitergab, den diese Geschichten wiederum 1787 auf seiner Reise nach Neapel und Sizilien begleiteten. „Er konnte nie ganz unglücklich werden, weil er sich immer wieder nach Neapel dachte", erinnerte sich Goethe an einem der ersten Tage in dieser Stadt an seinen Vater.[1] Der Zugang der beiden zu Neapel war allerdings durchaus unterschiedlich: Johann Wolfgang sah die Stadt als ein Symbol der Antike, wo die Ausgrabungen in Pompeji und Herculaneum unter der Herrschaft der Bourbonen die Eliten zu Hunderten, wenn nicht Tausenden nach Neapel lockten. Für Johann Caspar war sie der Höhepunkt seiner Italienreise, die Krönung seines Lernens und seiner persönlichen Weiterbildung auf der Grand Tour.

Dieser Beitrag befasst sich mit der Bedeutung von Neapel für Johann Caspar und Johann Wolfgang von Goethe. Er erkundet Ähnlichkeiten und Gegensätze zwischen den Besuchen und zeigt dabei auf, wie sehr sich in den dazwischenliegenden 37 Jahren nicht nur die neapolitanische Geschichte, sondern auch die europäische Wahrnehmung und aufgeklärten Ideen verändert hatten. Die beiden Besuche von Vater und Sohn spiegeln die Dynamik dieser Periode des 18. Jahrhunderts wider, in der sich die Vorstellungen vom Reisen in mehrfacher Hinsicht veränderten, vom Sinn und Zweck des Reisens bis zum Ausmaß an Komfort.[2]

Die sich wandelnden aufgeklärten Ideen gaben den Ausschlag, wohin man reiste, was die Reisenden wahrnahmen, worauf sie achteten und sogar, was sie persönlich aus der Stadt mitnahmen. Sehr deutlich sind diese veränderten Vorstellungen bei den Neapelreisen der Goethes zu erkennen. Ein Vergleich von Johann Wolfgangs italienischer Reise mit der seines Vaters erlaubt gleichzeitig einen besseren Einblick in die Geisteswelt, in der sie lebten, und verdeutlicht den Einfluss und die Wirkung von Neapel auf das Leben und die Werke Goethes und seines Vaters.

Goethe und sein Vater

Unsere Reise muss zunächst mit den beiden Goethes beginnen. Johann Wolfgang von Goethe ist eine bekannte und vertraute Persönlichkeit, sein Vater eher weniger.

"Mio padre non poté mai essere del tutto infelice, perché il suo pensiero tornava sempre a Napoli".

L'importanza della città partenopea nei viaggi e nella vita di Johann Caspar Goethe e del figlio Johann Wolfgang von Goethe

Jonathan Singerton

Il legame di Johann Wolfgang von Goethe con Napoli precede di molti anni il suo soggiorno nella città partenopea ed è riconducibile al padre Johann Caspar (fig. 1), che vi si era recato nel 1740 riportandone un'impressione indelebile. I racconti paterni di quel viaggio accompagneranno il poeta quando, nel 1787, anche lui partirà alla volta di Napoli e della Sicilia. "Mio padre non poté mai essere del tutto infelice, perché il suo pensiero tornava sempre a Napoli"[1], scrive Goethe in uno dei primi giorni della sua permanenza. I due hanno tuttavia un orientamento molto diverso: Johann Wolfgang vede nella città il luogo simbolo del mondo antico, un luogo visitato da centinaia, se non migliaia, di rappresentanti dell'élite, attratti soprattutto dagli scavi effettuati a Ercolano e Pompei sotto il dominio borbonico. Per Johann Caspar invece, Napoli è il momento culminante del viaggio in Italia, il coronamento dei suoi studi e della sua formazione durante il Grand Tour.

Nelle pagine che seguono illustrerò il significato della città di Napoli per Johann Caspar e Johann Wolfgang von Goethe. Esaminerò le analogie e i contrasti tra il viaggio dell'uno e dell'altro e mostrerò quanto non solo la storia di Napoli, ma anche la sensibilità europea e le idee illuministe fossero cambiate nei trentasette anni che separano il soggiorno del padre da quello del figlio. Entrambi riflettono le dinamiche di questo scorcio di Settecento, in cui l'idea stessa di viaggio era mutata sotto molteplici aspetti: dal senso e dallo scopo ai requisiti di comfort che ciascun visitatore si aspettava di trovare[2].

Le idee dell'Illuminismo, così come si andavano evolvendo, determinavano in buona parte la meta, ma anche la percezione dei viaggiatori, le cose a cui prestare attenzione e persino gli oggetti da riportare in patria. Questo cambiamento nel modo di pensare si evince chiaramente dai viaggi napoletani dei Goethe. Il confronto tra i due permette inoltre di conoscere meglio il loro mondo intellettuale e illustra l'influenza e l'impatto di Napoli sulla vita e le opere di Goethe e su quelle del padre.

Goethe e suo padre

Il nostro excursus deve necessariamente iniziare con le figure dei Goethe, padre e figlio. Se Johann Wolfgang è una personalità nota e familiare, il padre lo è un po' meno. Johann Caspar Goethe nacque nel 1710 nella Città libera e imperiale di

"

Johann Caspar Goethe wurde 1710 in der Freien Reichsstadt Frankfurt am Main geboren. Obwohl Sohn eines Schneiders, trat Johann Caspar, der ein intelligenter Bursche zu sein schien, im Alter von 15 Jahren ins Gymnasium ein und studierte anschließend, zunächst in Gießen und dann in Leipzig, Rechtswissenschaften. Im Jahr 1739 promovierte er und war kurz am Reichskammergericht in Wetzlar tätig. Er arbeitete weiterhin an den kaiserlichen Institutionen des Heiligen Römischen Reiches, zunächst beim Immerwährenden Reichstag in Regensburg, dann am Reichshofrat in Wien. Offenbar wollte Johann Caspar aber doch in seine Heimatstadt zurückkehren – in die freie Reichsstadt Frankfurt, seit Jahrhunderten Schauplatz der Wahl und schließlich auch der Krönung der Kaiser des Heiligen Römischen Reiches. Die Reise zurück nach Frankfurt sollte seinen Bildungsweg krönen. Das wollte er in weitem Bogen mit einer zweijährigen Bildungsreise verbinden. Im Dezember 1739 brach er von Wien zu einer Italienreise auf, die ihn in der Folge nach Paris und schließlich in seine Heimat zurückführte.[3]

Ende 1741 zurückgekehrt, sollte er nie wieder von dort wegziehen. Für die nächsten Jahre erklomm Johann Caspar die Karriereleiter der kaiserlichen Politik und stieg unter Kaiser Karl VII. zum wirklichen Reichshofrat auf. Dabei handelte es sich um ein erkauftes Amt, das er unter anderem aufgrund des Status seiner Familie in der Stadt erhielt: Sein Halbbruder war Stadtrat. Im August 1748 heiratete der damals 38-jährige Reichsrat die 17-jährige Katharina Elisabeth Textor, die älteste Tochter des Bürgermeisters der Stadt, Johann Wolfgang Textor, was die Bedeutung Johann Caspars innerhalb der städtischen Hierarchie unterstrich. Ein Jahr später wurde der Erbe dieser neuen Dynastie, Johann Wolfgang, geboren. Er war das erste von sieben Kindern, von denen nur er und seine Schwester Cornelia bis ins Erwachsenenalter überleben sollten. Familiär, finanziell und gesellschaftlich abgesichert, widmete sich Johann Caspar für den Rest seines Lebens den Büchern und der Weitergabe seines Wissens an seine Kinder.[4]

Johann Wolfgang stellte seinen Vater trotz dessen Fürsorglichkeit und Gelehrsamkeit ziemlich negativ dar. Das Bild, das generell von Johann Caspar vermittelt wird, ist das eines tyrannischen, starrsinnigen, ungeselligen, geizigen und wenig talentierten Menschen. Dies geht auf Goethes eigene Beschreibungen seines Vaters zurück, den er als kalte und abweisende Figur in Erinnerung hatte, im Gegensatz zur Wärme seiner Mutter, die ihm die Menschenliebe, die sein Werk kennzeichnete, eingeflößt habe. Am deutlichsten wird dies vielleicht im sechsten Gedicht der *Zahmen Xenien* (1797), in dem Goethe schreibt: „Vom Vater hab ich die Statur, Des Lebens ernstes Führen, Von Mütterchen die Frohnatur, Und Lust zu fabulieren."[5] Goethe hat diese Darstellung in seiner Autobiografie von 1810, *Aus meinem Leben. Dichtung und Wahrheit*, nochmals bekräftigt. In den ersten drei Büchern, die von Goethes Kindheit handeln, wird sein Vater als durchsetzungsstarker, kritischer und pedantischer Mann dargestellt.[6] Und doch sieht man im selben Werk auch Hinweise auf das Gegenteil und erahnt den starken italienischen Einfluss, den der ältere Goethe an seinen kleinen Sohn weitergegeben hatte. Zum Beispiel in der folgenden Passage: „Innerhalb des Hauses zog meinen Blick am meisten eine Reihe römischer Prospekte auf sich, mit welchen der Vater einen Vorsaal ausgeschmückt hatte, gestochen von einigen geschickten Vorgängern des Piranesi, die sich auf Architektur und Pers-

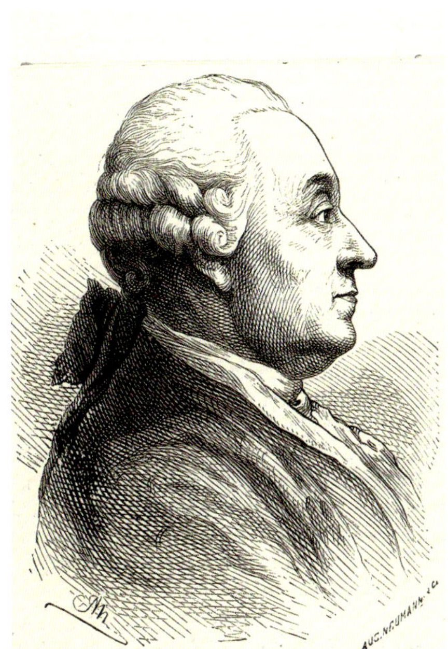

Abb. 1 August Naumann, *Johann Caspar Goethe*, o. J., Holzstich, Privatbesitz

Fig. 1 August Naumann, *Johann Caspar Goethe*, s.d., xilografia, Collezione privata

Francoforte sul Meno. Nonostante fosse figlio di un sarto, Johann Caspar entrò al ginnasio all'età di quindici anni per poi studiare legge, prima a Gießen e poi a Lipsia. Nel 1739 ottenne il dottorato e lavorò per un breve periodo a Wetzlar, come dipendente della Suprema corte di giustizia dell'Impero. Continuò a lavorare presso le istituzioni del Sacro Romano Impero, prima alla Dieta di Ratisbona, poi al Consiglio della corte imperiale di Vienna. Sembra tuttavia che Johann Caspar volesse tornare a Francoforte, per secoli luogo chiave delle elezioni e delle incoronazioni degli imperatori. Il ritorno nella città natale sarebbe stato il coronamento della sua formazione professionale, cui intendeva unire un viaggio di due anni utile a perfezionare la sua cultura. Nel dicembre del 1739 lasciò Vienna e partì per l'Italia, poi fece tappa a Parigi e tornò in patria alla fine del 1741[3].

Negli anni successivi Johann Caspar salì i gradi della gerarchia imperiale fino a divenire consigliere di corte sotto Carlo VII. Si trattava di un incarico assegnatogli anche per via della posizione della sua famiglia, dal momento che il fratellastro era consigliere comunale. Nell'agosto del 1748 l'allora trentottenne consigliere di corte sposò Katharina Elisabeth Textor, di diciassette anni, figlia maggiore del borgomastro Johann Wolfgang Textor: il matrimonio rafforzò ulteriormente il prestigio di Johann Caspar all'interno dell'amministrazione cittadina. L'erede della nuova dinastia, Johann Wolfgang, nacque un anno più tardi. Dopo di lui la coppia avrebbe avuto altri sei figli, dei quali solo lui e la sorella Cornelia sarebbero giunti all'età adulta. Ottenuta la stabilità familiare, economica e sociale, Johann Caspar dedicò il resto della sua vita ai libri e a trasmettere il proprio sapere ai figli[4].

Johann Wolfgang ci presenta il padre in modo piuttosto negativo, nonostante la sua erudizione e la sollecitudine di cui aveva sempre dato prova nei suoi confronti. L'immagine che generalmente si ha di Johann Caspar è quella di una persona tirannica, ostinata, asociale, avara e di scarso talento. Ciò è dovuto alle descrizioni di Goethe stesso, che ricordava il padre come un uomo freddo e sprezzante, a differenza della madre, una donna dal temperamento pieno di calore che gli aveva instillato l'amore verso il prossimo che caratterizza le sue opere. Tutto questo emerge in modo più chiaro nella sesta delle *Zahme Xenien* (1797), in cui scrive: "Di mio padre ho la statura morale, il modo vigoroso e serio di comportarmi nella vita. Di mia madre ho la natura gioiosa e il piacere di raccontare"[5]. Goethe sottolinea questo concetto anche nell'autobiografia del 1810, *Dalla mia vita. Poesia e verità*. Nei primi tre libri, in cui parla della sua infanzia, il padre è ritratto come un uomo imperioso, critico e pedante[6].

Eppure, nella stessa opera vi sono considerazioni che sembrano indicare il contrario e lasciano intuire l'amore per l'Italia che Goethe padre aveva trasmesso al figlio. Ad esempio, nel brano seguente: "All'interno della casa, a richiamare più di ogni altra cosa la mia attenzione era una serie di vedute di Roma con le quali il padre aveva decorato un'anticamera, incise da alcuni abili predecessori di Piranesi che conoscevano bene l'architettura e la prospettiva, e il cui tratto era molto chiaro e apprezzabile. Qui ogni giorno vedevo piazza del Popolo, il Colosseo, piazza San Pietro, la basilica, dall'interno e dall'esterno, Castel Sant'Angelo e altro ancora. Queste immagini esercitarono su di me un effetto profondo e il padre, altrimenti

pektive wohl verstanden, und deren Nadel sehr deutlich und schätzbar ist. Hier sah ich täglich die Piazza del Popolo, das Coliseo, den Petersplatz, die Peterskirche von außen und innen, die Engelsburg und so manches andere. Diese Gestalten drückten sich tief bei mir ein, und der sonst sehr lakonische Vater hatte wohl manchmal die Gefälligkeit, eine Beschreibung des Gegenstandes vernehmen zu lassen. Seine Vorliebe für die italienische Sprache und für alles, was sich auf jenes Land bezieht, war sehr ausgesprochen. Eine kleine Marmor- und Naturaliensammlung, die er von dorther mitgebracht, zeigte er uns auch manchmal vor, und einen großen Teil seiner Zeit verwendete er auf seine italienisch verfaßte Reisebeschreibung, deren Abschrift und Redaktion er eigenhändig, heftweise, langsam und genau ausfertigte. Ein alter heiterer italienischer Sprachmeister, Giovinazzi genannt, war ihm daran behülflich. Auch sang der Alte nicht übel, und meine Mutter mußte sich bequemen, ihn und sich selbst mit dem Klaviere täglich zu akkompagnieren; da ich denn das ‚Solitario bosco ombroso‘ bald kennen lernte, und auswendig wußte, ehe ich es verstand.“[7]

Obwohl Johann Caspar also gelegentlich in einem positiveren Licht, als sehr kultiviert gezeichnet wird, hat doch Goethes im Allgemeinen negativer Ton gegenüber seinem Vater das historische Verständnis von Johann Caspars Persönlichkeit geprägt und seinen Charakter, seine Liebe zu Italien und seine – manchmal bei Goethe erwähnte – liebenswerte väterliche Art in den Hintergrund gestellt. Briefe von Goethes Mutter erschienen bereits im 19. Jahrhundert und ihr maßgeblicher Einfluss auf die Weltanschauung ihres Sohnes ist in der Literatur bekannt.[8] Hingegen wurden die Schriften Johann Caspars erst Ende der 1920er-Jahre publiziert und erst 1932 kam sein Interesse für Italien wieder ans Licht.[9] Seine Briefe, die seine Ideen, seine finanzielle Situation und seinen Charakter besser als alle früheren Werke beleuchteten, wurden überhaupt erst 1946 von dem amerikanischen Professor Frank H. Reinsch herausgegeben. Seitdem erfuhr Johann Caspar eine zunehmende Rehabilitation, er verlor seinen ungerechtfertigten Ruf als Tyrann und gewann stattdessen die ihm zustehende Anerkennung als Italienkenner und Menschenfreund.[10] Die folgenden Abschnitte gehen von dieser neuen Wertschätzung aus und zeigen den positiven und tiefgreifenden Einfluss von Neapel auf Johann Caspar und im Weiteren von Johann Caspar auf das Leben von Johann Wolfgang von Goethe.

Johann Caspar Goethe und Neapel
Wie bereits erwähnt, begann Johann Caspar Goethe seine Bildungsreise nach Italien von Wien aus. Er verließ die kaiserliche Hauptstadt am 30. Dezember 1739. Die Umstände waren von Anfang an deutlich anders als bei der Reise seines Sohnes etwa 37 Jahre später. Im Jahre 1740 war man in den italienischen Hafenstädten äußerst besorgt wegen der Pest, da aus den osmanischen Provinzen ein Ausbruch dieser Krankheit gemeldet worden war. Alle Reisenden mussten daher vier Wochen an der Grenze verbringen, bevor ihnen die Einreise gestattet wurde. Niemand blieb davon verschont; in den 1810er-Jahren musste auch Königin Maria Carolina von Neapel-Sizilien auf ihrer Reise ins Exil nach Wien vier Wochen in Odessa in Quarantäne bleiben.[11] Johann Caspar wurde in Primolano an der Grenze zwischen Venetien und Südtirol unter Quarantäne gestellt. Für ihn war dies „ein neues und nicht geringeres Unglück“, trotz der Gelegenheit, unter den vielen anderen festge-

molto laconico, a volte aveva la gentilezza di fare una descrizione dell'oggetto. La sua predilezione per la lingua italiana e per tutto ciò che riguarda quel Paese era molto spiccata. A volte ci mostrava una piccola collezione di marmi e reperti naturali che aveva portato da lì, e passava molto del suo tempo sul suo diario di viaggio scritto in italiano, che copiava e correggeva a mano, a mo' di quaderno, con lentezza e precisione. Un vecchio e gioviale maestro di lingua italiana, di nome Giovinazzi, lo aiutava in questo. Il vecchio non cantava male e mia madre doveva accondiscendere ad accompagnare lui e se stessa quotidianamente al pianoforte, così che io appresi a conoscere 'Solitario bosco ombroso' e la seppi a memoria prima ancora di capirne le parole"[7].

Sebbene Johann Caspar sia occasionalmente dipinto dal figlio sotto una luce più positiva come un uomo molto colto, il tono generalmente negativo di Goethe nei confronti del padre ha influenzato storicamente la visione della sua personalità, relegando in secondo piano il suo carattere, l'amore per l'Italia e i modi amabili e paterni – cui pure il poeta talvolta accenna. Le lettere della madre di Goethe furono pubblicate già nell'Ottocento e la sua influenza decisiva sulla *Weltanschauung* del figlio è ben nota in letteratura[8]. Gli scritti di Johann Caspar, invece, sono stati pubblicati alla fine degli anni venti del Novecento e solo nel 1932 si è tornati a porre l'accento sul suo interesse per l'Italia[9]. Le sue lettere – che più di qualsiasi altra opera gettano luce sulle sue idee, sulla situazione finanziaria e sul carattere dell'uomo – sono state pubblicate dal professore americano Frank H. Reinsch solo nel 1946. Da allora Johann Caspar è stato progressivamente ri-abilitato, perdendo l'immotivata reputazione di tiranno e ottenendo finalmente il giusto riconoscimento per la sua profonda conoscenza dell'Italia e per la sua filantropia[10]. Questa nuova visione della personalità di Johann Caspar è il punto di partenza per le pagine che seguono, in cui cercherò di mostrare l'influenza positiva e profonda che Napoli ebbe sul padre di Goethe e successivamente quella che lui stesso esercitò sulla vita del figlio.

Johann Caspar Goethe e Napoli

Come già accennato, Johann Caspar Goethe partì da Vienna il 30 dicembre 1739, in circostanze che fin dall'inizio appaiono chiaramente diverse da quelle che avrebbero caratterizzato il viaggio del figlio circa trentasette anni dopo. Nel 1740 c'era molto allarme per la peste, specialmente nelle città portuali italiane, dopo che un focolaio della malattia era stato segnalato nelle province ottomane. Tutti i viaggiatori dovevano quindi trascorrere quattro settimane alla frontiera prima di poter entrare. Questa prassi non risparmiò nessuno: all'inizio dell'Ottocento anche la regina esule Maria Carolina d'Asburgo-Lorena, in viaggio verso Vienna, fu messa in quarantena a Odessa per quattro settimane[11]. Johann Caspar trascorse la quarantena a Primolano, al confine tra Veneto e Alto Adige. Per lui si trattò di "un evento nuovo e non meno sfortunato", nonostante l'opportunità di fare la conoscenza dei tanti altri viaggiatori che lì erano stati trattenuti[12]. Alla fine, però, proseguì il suo viaggio da solo, se non consideriamo il suo servo. Trascorse il resto del mese di febbraio a Venezia prima di recarsi a Padova, Bologna, Rimini, Ancona e Loreto, arrivando a Roma alla fine di marzo del 1740. La sua permanenza nel

haltenen Reisenden Anschluss zu finden.[12] Letztendlich fuhr er jedoch, abgesehen von seinem Diener, allein weiter. Den Rest des Februars verbrachte er in Venedig, bevor er nach Padua, Bologna, Rimini, Ancona und Loreto weiterreiste und Ende März 1740 in Rom ankam. Sein Aufenthalt am „wichtigsten Ort der katholischen Christenheit" war kurz, da er sehr rasch nach Neapel aufbrach.[13]

Johann Caspar Goethe verbrachte zwei Wochen in Neapel, vom 30. März bis zum 14. April 1740. Er empfand Neapel als Krönung seiner Reise: „Vielleicht ist Neapel auch immer noch die schönste unter allen schönen Städten",[14] rief er aus. An anderer Stelle sinnierte er darüber, ob die Stadt mit ihrer Bevölkerungsdichte und der „Pracht" ihrer Kirchen und der zahlreichen Paläste nicht beeindruckender sei als Rom.[15] Tatsächlich stellten die wichtigsten Sehenswürdigkeiten in Neapel für Johann Caspar die Kirchen dar, es war fast eine religiöse Pilgerfahrt für ihn. In Rom hatte er den großartigen Petersdom besichtigt und in Neapel war seine erste Unternehmung der Besuch der zahlreichen Kirchen, mit denen die Stadt prunkte. Er katalogisierte jedes einzelne Bild und verzeichnete Details der Skulpturen, Reliefs und Ornamente, die ihre Fassaden bedeckten – so wie er es später auch mit den Gemälden tat, die die Wände seines Hauses in Frankfurt schmückten, wie sich Johann Wolfgang erinnerte. Insgesamt besuchte und beschrieb Johann Caspar rund 26 Kirchen.[16]

Er muss während seiner Reise Aufzeichnungen seiner Eindrücke und Abschriften gemacht haben, denn 25 Jahre später verfasste er in seinem unveröffentlichten „Viaggio per l'Italia" eine ausführliche Schilderung seines italienischen Abenteuers in Form von 42 auf Italienisch geschriebenen Briefen an einen fiktiven Freund.[17] Sechs Briefe aus Neapel nahm Johann Caspar in diese Sammlung auf.[18] Diese Briefe vermitteln den wichtigsten Einblick in seinen dortigen Aufenthalt, sie offenbaren auch seine Absichten und Vorurteile. Als deutscher Lutheraner lehnte sich Johann Caspar gegen das betont katholische Umfeld der italienischen Städte, die er besuchte, auf. Das beste Beispiel dafür sind seine Überlegungen zum Fest des Heiligen Januarius (San Gennaro), dem Schutzpatron von Neapel. Das legendäre Blut des heiligen Märtyrers wird im Dom von Neapel in einer Ampulle aufbewahrt. Seit Jahrhunderten versammeln sich dreimal im Jahr die Gläubigen zu Tausenden, um in einer feierlichen Zeremonie seiner Verflüssigung beizuwohnen. Diese Feste fanden (und finden immer noch) Ende April, im September und Dezember statt, das heißt, dass Johann Caspar keine der offiziellen Zeremonien erlebt haben konnte. Wahrscheinlich stammte sein Wissen über solche Zeremonien aus den anderen Reiseberichten, die er in seinen eigenen „Viaggio" kopierte.[19] Trotzdem verfasste er in einem seiner Briefe einen verächtlichen Bericht, in dem er beschrieb, wie „[j]edermann sich auf die Knie wirft und [...] ganz trunken vor Frömmigkeit" werde. Gegen Ende desselben Briefes erklärte er ausdrücklich, dass dies „ein klarer Beweis für das Mißtrauen" sei.[20] Für Johann Caspar bestätigte die Reise nach Italien seine protestantische Voreingenommenheit gegenüber dem Katholizismus, im Gegensatz zur späteren Reise seines aufgeschlosseneren und weniger religiös bewegten Sohnes. Diese Einstellung scheint in der gesamten neapolitanischen Briefserie immer wieder durch, wie etwa als Johann Caspar in einem Brief von der überwältigenden Fülle von Fisch, Fleisch und Wein in der Stadt meinte, es „belästigt eine deutsche Nase erheblich".[21]

"luogo più importante della cristianità cattolica" fu breve, poiché molto presto partì per Napoli[13].

Johann Caspar Goethe rimase a Napoli due settimane, dal 30 marzo al 14 aprile 1740. La città partenopea costituì il coronamento del suo viaggio, tanto da fargli esclamare: "Forse è Napoli la città che rimane la più bella tra le belle"[14]. In altre occasioni rifletté se la città con tutta la gente che vi abitava e lo "sfarzo" delle sue chiese e palazzi non lasciasse un'impressione più profonda di Roma stessa[15]. In effetti per Johann Caspar erano le chiese i luoghi più importanti da visitare a Napoli, quasi che il suo fosse un pellegrinaggio religioso. A Roma aveva visitato la grandiosa basilica di San Pietro e appena arrivato a Napoli iniziò subito a recarsi nelle numerose chiese di cui si gloriava la città. Catalogò ogni singola immagine e contrassegnò i dettagli delle sculture, dei rilievi e degli ornamenti che ricoprivano le facciate – cosa che in seguito fece anche con i dipinti che adornavano le pareti della sua casa a Francoforte, come ricorda il figlio. Johann Caspar visitò e descrisse in tutto circa ventisei chiese[16].

Durante il viaggio fece dei disegni e delle copie di ciò che lo colpì perché venticinque anni dopo nel suo *Viaggio per l'Italia*[17] – che all'epoca non venne pubblicato – raccolse un'esauriente descrizione delle sue avventure italiane sotto forma di quarantadue lettere, tra cui sei da Napoli[18], scritte in italiano a un amico immaginario. Sono principalmente queste a svelarci i particolari del suo soggiorno napoletano e a far luce anche sui suoi propositi e pregiudizi. Da tedesco luterano qual è, si scaglia contro l'ambiente marcatamente cattolico delle città italiane. L'esempio lampante sono le riflessioni sulla festa di san Gennaro, martire e patrono di Napoli, il cui sangue leggendario è conservato in un'ampolla nel duomo. Da secoli, migliaia di fedeli si riuniscono tre volte l'anno per assistere alla liquefazione del sangue nel corso di una solenne cerimonia. Questi festeggiamenti continuano ad avere luogo ancora oggi alla fine di aprile, a settembre e a dicembre, ciò significa che il padre di Goethe non può aver assistito ad alcuna delle cerimonie ufficiali. Probabilmente ne era venuto a conoscenza dagli altri resoconti di viaggio che utilizzò per redigere il suo libro[19]. Malgrado ciò, in una delle lettere descrive l'avvenimento con parole sprezzanti: "[o]gnuno si butta in ginocchio [...] ebbro di devozione". Verso la fine chiarisce in modo esplicito come ciò sia "un chiaro segno di mancanza di fede"[20]. In Italia, Johann Caspar trovò la conferma dei suoi preconcetti protestanti rispetto al cattolicesimo, diversamente da quanto accadde a suo figlio, dal carattere più aperto e meno interessato alla religione. Nell'intera serie delle lettere napoletane questo atteggiamento traspare più volte, come ad esempio quando parla della straordinaria quantità di pesce, carne e vino presente in città che, commenta, "disturba notevolmente un naso tedesco"[21].

Gli altri aspetti a cui si interessò profondamente durante il soggiorno partenopeo furono le antichità e la natura. Come noterà poi anche il figlio, la città era dominata dalla presenza imponente del Vesuvio, ed entrambi scalarono la cima del vulcano per vedere da vicino i suoi immensi fiumi di lava. Il Vesuvio, divenuto famoso ai tempi di Plinio per il cataclisma che distrusse Pompei, era nuovamente attivo dalla metà del XVII secolo; l'ultima eruzione era avvenuta nel 1737, tre anni prima dell'arrivo di Johann Caspar. Questa intensa attività vulcanica aveva

Die Antike und die Natur waren die anderen Aspekte, die Johann Caspar während seiner Zeit in Neapel zutiefst interessierten. Wie auch beim Besuch seines Sohnes in Neapel dominierte die imposante Präsenz des Vesuvs die Landschaft. Und wie später sein Sohn bestieg auch Johann Caspar den Gipfel des Vulkans, um die schiere Unermesslichkeit seiner Lavaströme hautnah zu erleben. Berühmt für die Pompeji-Eruption zu Plinius' Lebzeiten, war der Vesuv ab Mitte des 17. Jahrhunderts wieder aktiv geworden und drei Jahre vor Johann Caspars Besuch im Jahr 1737 ausgebrochen. Diese vulkanische Intensität hatte Neapel wissenschaftliches Renommee eingebracht: Hier konnten die neuen rationalistischen Ideen der Aufklärung vor dem Hintergrund einer ebenso intensiven religiösen Praxis erprobt werden.[22] Für Johann Caspar hieß dieser neue aufgeklärte Ansatz, die Vorgänge um sich herum empirisch zu erforschen und die Behauptungen anderer unter Beweis zu überprüfen. Er transkribierte auch immer wieder Inschriften im Versuch, dadurch die Existenz kürzlich wiederentdeckter Ruinen für sich selbst nachzuweisen. Zwei Mal besuchte er die Stätten solcher Ausgrabungen, die der bourbonische Herrscher Karl III. von Neapel-Sizilien zur Erhöhung des Ansehens seines neuen unabhängigen Königreichs in Auftrag gab. Sowohl solche aufgeklärten archäologischen Unterfangen wie auch der Bau von aufwendigen Palästen wie jenem von Caserta trugen zu seinem Prestige bei.[23] Johann Caspar unternahm seine Exkursion nach Herculaneum in der Absicht, jeden Zweifel für die Leser auszuräumen und ein verlässlicher Augenzeuge zu werden. Bei einem Besuch in Pozzuoli, worin ihm später auch Johann Wolfgang folgte, versuchte Johann Caspar den berühmten Curiositäten der örtlichen Reiseführer nachzugehen. Am bekanntesten dafür war die Grotta del Cane, die so genannte Hundsgrotte, in der sich durch die vulkanische Aktivität der nahen phlegräischen Felder Kohlendioxid ansammelte, das bei Tieren, die näher am Boden waren als die Menschen, zum Ersticken führte. Die Führer kassierten für solche Shows vor und in der Höhle, bevor sie die Tiere – meist Hunde, daher der Name – wiederbelebten, indem sie sie in den nahe gelegenen See warfen, um sie aus dem Schock zu wecken. Johann Caspar wurde Zeuge, wie ein Hund und zwei Hühner dieses Schicksal erlitten.[24]

Die Zeit in Neapel stellte eine intensive und lebendige Periode für Johann Caspar dar und übte langanhaltenden Einfluss auf den Rest seines Lebens aus. Sein zweiwöchiger Aufenthalt hatte ihm viele Erinnerungen beschert, die er dann beim Verfassen des „Viaggio" in seinem späteren Leben in Frankfurt detailliert festhielt. Dort bestellte er auch die zusätzlichen Bücher für seinen halbfiktiven Bericht und hängte Gemälde mit italienischen Szenen auf, die den jungen Goethe faszinierten. Johann Caspar beherrschte die italienische Sprache und wollte seine italienische Seite auch in einem Gemälde verewigen. Mitte der 1760er-Jahre besuchte der Maler Johann Seekatz Frankfurt um die Zeit, in der Johann Caspar den „Viaggio" vollendete. Seekatz malte ein Familienporträt der Goethes in einer italienischen Szenerie. Johann Caspar befindet sich darin vor einer römischen Ruine, mit einer Hand in der Weste und beugt sich über seine sitzende Frau, als würde er ihr seine italienischen Geschichten erzählen. Währenddessen „steht der junge Goethe in der Nähe, gibt aber auf beide nicht Achtung, sondern bindet ein rothes Band um ein Lämmchen, seine Schwester steht daneben und im Hintergrunde als Genien die verstorbenen

procurato a Napoli una notevole rinomanza scientifica. La città, caratterizzata da un'intensa pratica religiosa, era in certo modo il luogo ideale per mettere alla prova le nuove idee razionalistiche dell'Illuminismo[22]. Per Johann Caspar ciò si tradusse in un nuovo approccio con cui analizzare in modo empirico le cose che aveva intorno e mettere alla prova le affermazioni altrui. Continuò a copiare iscrizioni col proposito di documentare per se stesso l'esistenza di rovine riscoperte di recente. Per due volte visitò i siti degli scavi che erano stati commissionati da Carlo III di Borbone, re di Napoli e di Sicilia, per accrescere la reputazione del nuovo regno indipendente. Queste imprese archeologiche di matrice illuminista, insieme alla costruzione di sontuosi palazzi come la reggia di Caserta, contribuirono ad accrescere il prestigio del re[23]. L'escursione a Ercolano fu intrapresa da Johann Caspar con l'intento di trasformarsi in un testimone oculare affidabile e fugare ogni dubbio nei lettori. Durante una visita a Pozzuoli, dove si recò in seguito anche il figlio, cercò di tener dietro alla guida che illustrava ai turisti le celebri curiosità del posto, la più nota delle quali era la Grotta del Cane, in cui l'anidride carbonica generata dall'attività vulcanica dei vicini Campi Flegrei si accumulava causando il soffocamento degli animali, più vicini degli uomini al terreno. Per questo tipo di spettacoli le guide si facevano pagare in anticipo all'interno della grotta, e poi facevano rinvenire gli animali – principalmente cani, da qui il nome della grotta – gettandoli nel lago adiacente: Johann Caspar fu testimone di questo trattamento, riservato a un cane e due galline[24].

Per lui il periodo trascorso a Napoli fu intenso e vivace ed esercitò un'influenza duratura sul resto della sua vita. Le due settimane di soggiorno gli regalarono molti ricordi che poi fissò in modo dettagliato nel *Viaggio* scritto a Francoforte. Fu qui che ordinò anche gli altri libri utilizzati per il suo resoconto in parte immaginario e affisse i dipinti con ambientazioni italiane che affascinarono il figlio da giovane. Johann Caspar padroneggiava la lingua italiana e volle immortalare in un dipinto il proprio "lato italiano". A metà degli anni sessanta del Settecento, quando stava terminando il *Viaggio*, giunse a Francoforte il pittore Johann Seekatz. Questi dipinse un ritratto di famiglia dei Goethe ambientato appunto nel Bel Paese. Johann Caspar è raffigurato davanti a delle rovine di epoca romana mentre, con una mano nel panciotto, si china su una donna seduta, come se le stesse narrando le sue avventure italiane. Intanto "il giovane Goethe, in piedi lì accanto, non presta loro attenzione, bensì lega un nastro rosso intorno a un vitellino, con la sorella da presso e sullo sfondo, come numi tutelari, i figli defunti dei Goethe". La scena, pervasa da una grande serenità, dimostra forse che Goethe aveva ragione a sostenere che il padre "non poté mai essere del tutto infelice, perché il suo pensiero tornava sempre a Napoli".

Johann Wolfgang von Goethe, Napoli e gli Hamilton

Il viaggio a Napoli rappresentò la realizzazione delle esperienze infantili di Johann Wolfgang, che era cresciuto con la passione per la storia, la cultura e la lingua italiana, seguendo così per molti versi le orme del padre. Per raggiungere Napoli compì il medesimo tragitto. Al suo arrivo, la madre condivise la sua eccitazione ed esclamò: "Per la gioia avrei voluto esultare, poiché il desiderio che nutriva la

Kinder der Goethe". Die ganze Szene wirkt sehr heiter. Sie ist vielleicht ein Beweis für die oben zitierten Worte Johann Wolfgangs, dass er „nie ganz unglücklich werden [konnte], weil er sich immer wieder nach Neapel dachte."

Johann Wolfgang von Goethe, Neapel und die Hamiltons
Die Reise nach Neapel stellte die Verwirklichung von Johann Wolfgang Goethes Kindheitserfahrung dar. Er war mit der Leidenschaft für italienische Geschichte, Kultur und Sprache aufgewachsen und in vielerlei Hinsicht folgte er damit den Fußstapfen seines Vaters. Er nahm die gleiche Route durch Italien bis nach Neapel. Goethes Mutter teilte die Aufregung ihres Sohnes bei seiner Ankunft und rief: „Jubelieren hätte ich vor Freude mögen daß der Wunsch der von frühester Jugend an in deiner Seele lag, nun in Erfüllung gegangen ist."[25] Erst durch die Weiterreise von Neapel überbot Goethe das Unterfangen seines Vaters: 37 Jahre zuvor endeten die Italienreisen in der Nähe der Stadt. Goethe konnte in Neapel auch mehr erfahren, als sein Vater sich hätte träumen lassen. Zu den Ausgrabungen in Herculaneum waren jene in der heute berühmten Stätte von Pompeji hinzugekommen. Dass Goethes Erfahrungen weiter gingen als die seines Vaters, zeugt auch davon, wieviel offener die Welt im späten als im frühen 18. Jahrhundert war. Außerdem reiste Goethe in Begleitung eines Künstlers, Johann Heinrich Wilhelm Tischbein (Abb. 2), der Goethe während seiner Tour in der Verfeinerung seiner künstlerischen Fähigkeiten in Zeichnen, Malen und Radierkunst unterwies. Weiterbildung stellte immer noch ein Schlüsselthema der Grand Tour dar, aber die Selbstentfaltung war zu einem der

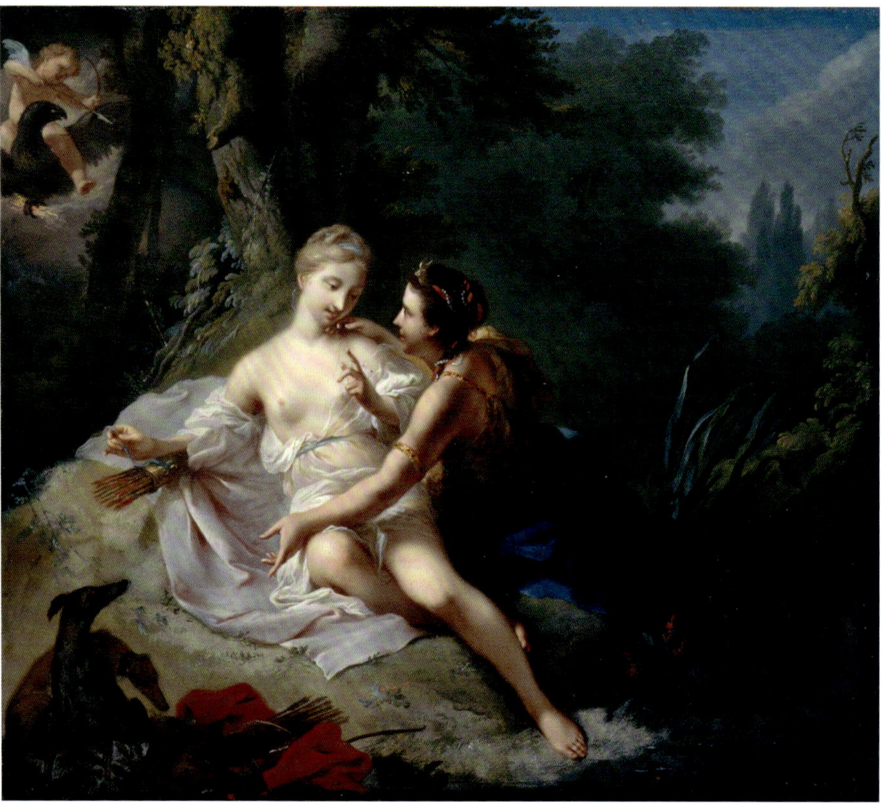

Abb. 2 Johann Heinrich Tischbein d. Ä., *Jupiter in Gestalt der Diana verführt Kallisto*, um 1756, Museumslandschaft Hessen Kassel, Gemäldegalerie Alte Meister

Fig. 2 Johann Heinrich Tischbein il Vecchio, *Giove sotto le spoglie di Diana seduce Callisto*, 1756 circa, Museumslandschaft Hessen Kassel, Gemäldegalerie Alte Meister, Kassel

tua anima sin dalla prima giovinezza ora si è realizzato"[25]. Soltanto con la partenza da Napoli l'impresa del figlio superò quella del padre, che trentasette anni prima aveva concluso qui il suo viaggio. Goethe imparò molto più di quanto il padre avesse potuto sognare, infatti oltre agli scavi di Ercolano era stato inaugurato il sito archeologico, oggi famosissimo, di Pompei. Le esperienze del figlio furono molto più ampie di quelle del padre, a dimostrazione della maggior apertura del mondo di fine Settecento rispetto ai primi decenni del secolo. Inoltre Goethe compì il suo viaggio in compagnia di un artista, Johann Heinrich Wilhelm Tischbein (fig. 2), il quale gli insegnò ad affinare le sue capacità artistiche nel disegno, nella pittura e nell'incisione all'acquaforte. La formazione era ancora un momento chiave del Grand Tour, ma per Goethe l'interesse principale era lo sviluppo personale e in quest'ottica il soggiorno napoletano gli dischiuse un mondo radicalmente nuovo. L'esperienza che più lo segnò fu l'incontro con gli Hamilton.

Dopo alcune settimane dal suo arrivo a Napoli, durante le quali si era immerso nella vita della città cogliendo impressioni, profumi e abitudini della popolazione, Goethe – insieme a Tischbein – incontrò per la prima volta gli Hamilton[26]. All'epoca il quasi cinquantenne Sir William (fig. 3) era ambasciatore britannico a Napoli da 23 anni[27], e ai suoi approfonditi studi sul Vesuvio, che lo aveva affascinato sin dal suo arrivo[28] era in parte dovuta la fama della città partenopea nel Settecento. Gli scritti sul vulcano e sul paesaggio circostante gli erano valsi la fama di aristocratico e studioso illuminista. Un altro suo hobby, la collezione di ceramiche greche e romane e in generale lo studio della storia antica della regione, aveva accresciuto ulteriormente la sua reputazione nell'ambito della comunità scientifica internazionale. In definitiva tra i visitatori stranieri Sir William attirava molti di quelli che – come Goethe – si consideravano conoscitori della cultura.

A Napoli Goethe conobbe anche Emma Lyon (fig. 4), l'amante di Sir William. I due si erano incontrati due anni prima a Londra e lei lo aveva poi seguito a Napoli. Alla corte borbonica la loro relazione aveva suscitato uno scandalo, infatti la prima moglie di Hamilton, Catherine, era morta nel 1782 e in molti ritenevano che fosse troppo presto per un nuovo legame, soprattutto con una donna di 35 anni più giovane. Per questa ragione quando Goethe visitò la città nel 1787 la coppia non aveva ancora potuto unirsi in matrimonio. Inoltre il comportamento di Emma non era gradito a corte: il suo fascino e la sua bellezza giovanile facevano apparire la loro relazione ancora più scandalosa sia Londra sia a Napoli. A peggiorare il tutto si aggiunga che Emma era considerata "una civetta", e si mormorava che in patria avesse avuto relazioni con diversi ministri.

Goethe vide in lei l'incarnazione della giovinezza e della felicità. Era spensierata e per lui costituiva la personificazione del carattere degli antichi. Ai suoi occhi il rapporto tra Emma e William rispecchiava la saggezza degli antichi, che raccomandavano di cogliere l'attimo e concedersi ogni emozione, in accordo con la natura. Le prime parole annotate nel *Viaggio in Italia* a proposito della coppia testimoniano questo sentimento: "Il cavalier Hamilton, che risiede qui come ambasciatore inglese, dopo essere stato a lungo un appassionato d'arte e aver ampiamente studiato la natura, ha trovato ora le massime gioie della natura e dell'arte sommate in una bella fanciulla: una giovane inglese sui vent'anni"[29]. Goethe colse

Hauptanliegen von Goethes Reise geworden. In dieser Hinsicht eröffnete Goethes Besuch in Neapel eine radikal neue Welt für ihn und die am stärksten prägende Erfahrung wurde seine Begegnung mit den Hamiltons.

Nach einigen Wochen seines ersten Neapelaufenthalts, in denen er Eindrücke, Gerüche und die Lebensart der Einwohner in sich aufnahm, traf Goethe gemeinsam mit Tischbein zum ersten Mal auf die Hamiltons.[26] Zu diesem Zeitpunkt war der fast 50-jährige Sir William Hamilton (Abb. 3) seit 23 Jahren britischer Botschafter in Neapel.[27] Seine Berühmtheit im 18. Jahrhundert verdankte Neapel unter anderem Sir William Hamilton und seinen umfangreichen Studien über den Vesuv, der ihn vom ersten Tag in der Stadt an in seinen Bann gezogen hatte.[28] Das Buch über den Vulkan und die Landschaft rundum brachten ihm den Ruf eines aufgeklärten Aristokraten und Gelehrten ein. Sein anderes „Hobby", das Sammeln griechischer und römischer Keramiken und generell das Studium der antiken Vergangenheit der Region, steigerte sein Ansehen in der internationalen wissenschaftlichen Gemeinschaft noch weiter. Kurz gesagt: Sir William Hamilton war ein Mann, der viele ausländische Besucher anzog, die sich – wie Goethe – als Kenner der Kultur sahen.

Das zweite Mitglied der Familie Hamilton, das Goethe in Neapel traf, war Emma Lyon (Abb. 4). Sie war die Geliebte von Sir William, den sie zwei Jahre zuvor in London kennengelernt hatte, bevor sie nach Neapel kam, um mit ihm dort zu leben. Ihre Beziehung löste am neapolitanischen Hof einen Skandal aus. Hamiltons erste Frau, Catherine Hamilton, war 1782 gestorben und viele hielten es für zu früh, dass er sich mit einer anderen Frau zusammentat, insbesondere mit einer wie Emma, die 35 Jahre jünger war als er. Aufgrund dieses Skandals konnte das Paar zum Zeitpunkt von Goethes Besuch im Jahr 1787 noch immer nicht heiraten. Außerdem war Emmas Verhalten nicht nach dem Geschmack des Hofes, ihr umwerfender Charme und ihre jugendliche Schönheit ließen ihre Beziehung in London und in Neapel nur noch skandalöser erscheinen. Erschwerend kam hinzu, dass sie als besonders kokette Frau galt, die mit verschiedenen Ministern in Großbritannien Verhältnisse gehabt haben solle.

Goethe sah in Emma die Verkörperung von Jugend und Glück. Sie war unbeschwert und personifizierte für ihn den Charakter der Menschen der Antike. Ihre Beziehung, so dachte Goethe, spiegle die Weisheit der Antike wider, den Augenblick zu leben und sich alle Emotionen zuzugestehen, im Einklang mit der Natur. Die ersten Worte in Goethes Bemerkungen über das Paar in seiner *Italienischen Reise* zeugen von dieser Empfindung: „Der Ritter Hamilton, der noch immer als englischer Gesandter hier lebt, hat nun nach so langer Kunstliebhaberei, nach so langem Naturstudium den Gipfel aller Natur- und Kunstfreude in einem schönen Mädchen gefunden. Er hat sie bei sich, eine Engländerin von etwa zwanzig Jahren."[29] Goethe zog es vor, das Positive, die Freude in ihrer Beziehung wahrzunehmen und nicht das Negative und Skandalöse, das so viele in Neapel und London darin sahen. Der „alte Ritter" Hamilton hatte in Goethes Augen durch die Gesellschaft der jungen Dame – oder, wie er Emma beschrieb, des „schöne[n] Weib[s]," des „Meisterstück[s] des großen Künstlers"[30] – sein Glück gefunden. Goethes Weggefährte in Neapel, Tischbein, teilte seine Meinung. Er schrieb später an einen Freund: „Hamilton ist durch

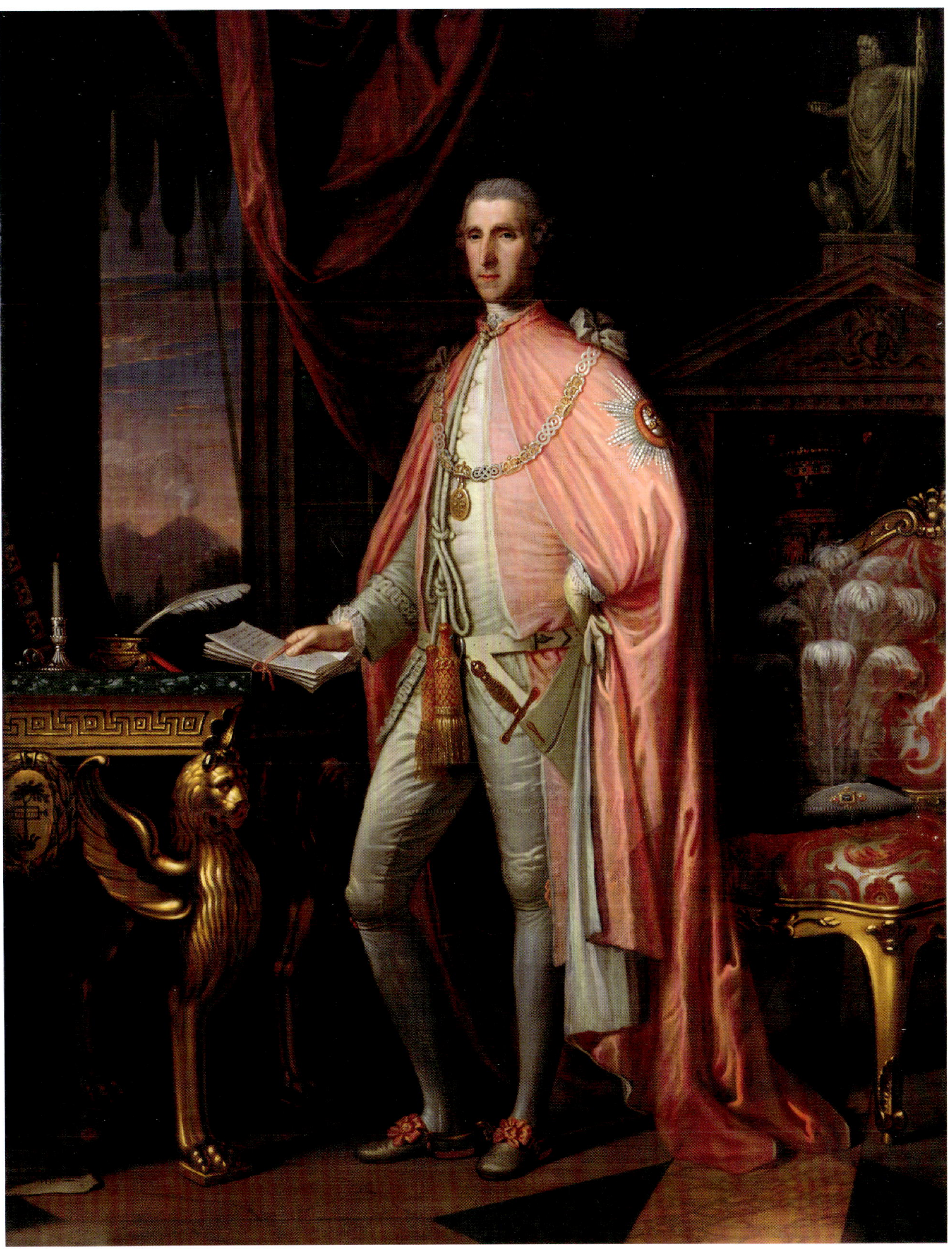

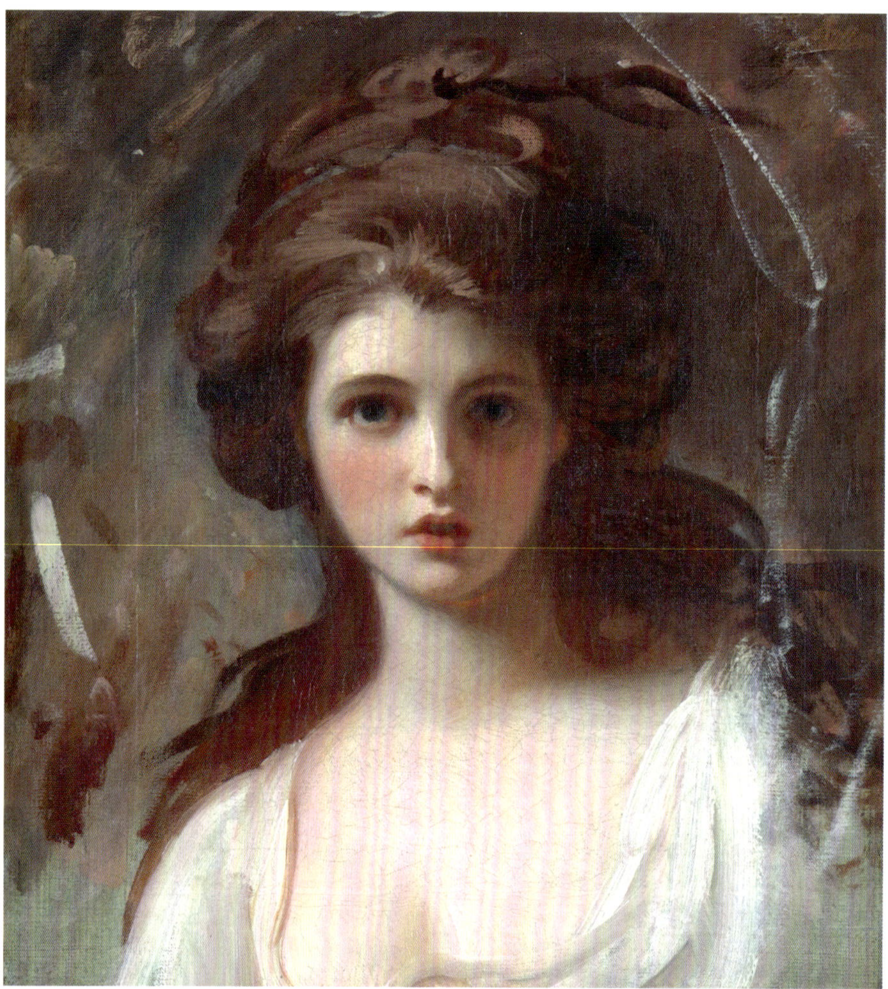

Abb. 4 George Romney,
Emma Hart als Kirke, ca. 1782,
Öl auf Leinwand, Tate, London

Fig. 4 George Romney, *Emma Hart
nelle vesti di Circe*, 1782 circa,
olio su tela, Tate, Londra

dieses Mädchen der glücklichste Mensch von der Welt, denn er denkt, dass er den Apoll und die Venus lebendig bei sich im Hause habe.“[31]

Am 16. März 1787 wurde Goethe in seinen Eindrücken weiter bestätigt. Emma veranstaltete eine Abendsoiree, bei der sie ihre berühmten „Attitüden“ vortrug. Diese „Attitüden“ waren eine tanzähnliche Präsentation, bei der Emma die Posen antiker Figuren einnahm, die auf den von Hamilton gesammelten Keramiken abgebildet waren (Abb. 5). Die tranceartigen Bewegungen von einer Pose zur anderen, dazu ihr freizügiges griechisches Kleid und die Schals machten den exotischen Akt umso beeindruckender und berühmter. Zahlreiche Künstler zeichneten Emma in ihren Posen. Goethe, vielleicht zu sehr von der Aufführung fasziniert, tat dies nicht. Er war voll und ganz auf ihren Auftritt konzentriert, wie seine detailreiche Beschreibung des Abends in seiner *Italienischen Reise* zeigt: „Sie ist sehr schön und wohl gebaut. [William] Hamilton hat ihr ein griechisch Gewand machen lassen, das sie trefflich kleidet, dazu löst sie ihre Haare auf, nimmt ein paar Schals und macht eine Abwechslung von Stellungen, Gebärden, Mienen etc., daß man zuletzt wirklich meint, man träume. Man schaut, was so viele tausend Künstler gerne geleistet hätten, hier ganz fertig in Bewegung und überraschender Abwechslung. Stehend, knie-

il lato positivo e gioioso del loro rapporto piuttosto che quello negativo o scandaloso che videro in tanti, sia a Napoli sia a Londra. Agli occhi di Goethe l'"anziano cavaliere" aveva trovato la felicità nella compagnia della giovane dama, o come egli la descrive, della "bella donna", del "capolavoro dell'artefice sommo"[30]. Anche il suo compagno di viaggio Tischbein era della medesima opinione e in seguito scrisse a un amico: "Grazie a questa ragazza Hamilton è l'uomo più felice della terra, poiché pensa di avere a casa presso di sé Apollo e Venere in carne e ossa"[31].

Il 16 marzo 1787 le impressioni di Goethe furono confermate: Emma si esibì in una soirée durante la quale mise in scena le sue celebri "attitudini", esibizioni simili a danze durante le quali assumeva le sembianze dei personaggi antichi raffigurati sulle ceramiche della raccolta di Hamilton (fig. 5). I cambi di posa effettuati come in trance, oltre al succinto costume greco e agli scialli rendevano ancor più emozionanti queste esotiche cerimonie. Numerosi furono gli artisti che ritrassero Emma in queste sue pose, ma non Goethe il quale, forse sopraffatto dall'esibizione, rimase totalmente concentrato su di lei e sullo spettacolo. Leggiamo la dettagliata descrizione che fece della serata nel suo *Viaggio in Italia*: "Molto avvenente e ben fatta [Hamilton] [l]'ha abbigliata alla greca, con un costume che la veste mirabilmente; ella poi si scioglie la chioma e, servendosi d'un paio di scialli, continua a mutar pose, gesti, espressioni eccetera, tanto che alla fine par davvero di sognare. Ciò che avrebbero aspirato a creare tante migliaia d'artisti lo vediamo come realtà in moto, come sorprendente successione di pose. In piedi, in ginocchio, seduta, sdraiata, seria, triste, maliziosa, sfrenata, contrita, provocante, minacciosa, timorosa e via dicendo: un'espressione segue a un'altra, e un'altra la sostituisce. Per ciascuna di esse ella sa scegliere e cambiare il drappeggio del velo, e con le stesse stoffe si acconcia in cento modi i capelli. L'anziano cavaliere le regge il lume ed è in costante adorazione davanti alla sua persona. Trova in lei tutte le immagini dell'antichità, i bei profili delle monete siciliane e persino l'Apollo del Belvedere"[32].

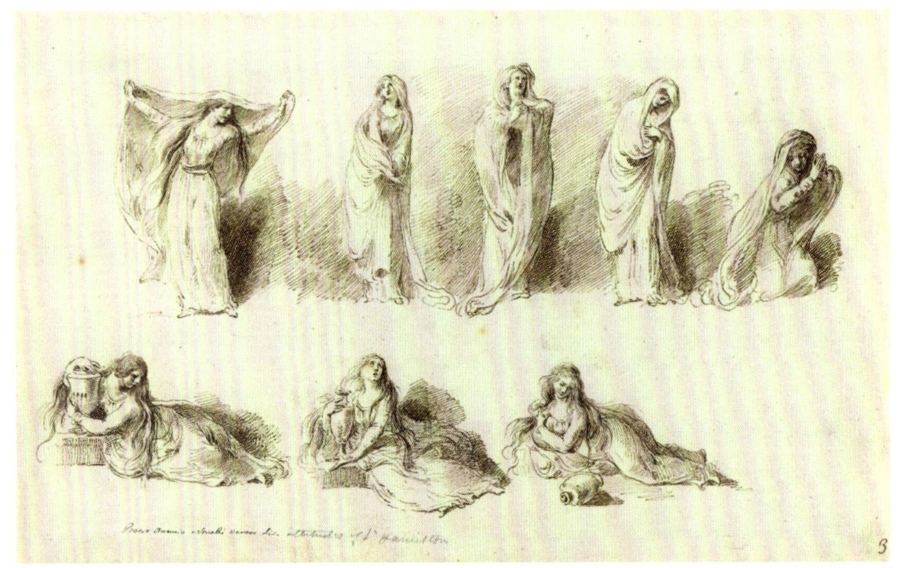

end, sitzend, liegend, ernst, traurig, neckisch, ausschweifend, bußfertig, lockend, drohend, ängstlich etc., eins folgt aufs andere und aus dem anderen. Sie weiß zu jedem Ausdruck die Falten des Schleiers zu wählen, zu wechslen, und macht sich hundert Arten von Kopfputz mit denselben Tüchern. Der alte Ritter hält das Licht dazu und hat mit ganzer Seele sich diesem Gegenstand ergeben. Er findet in ihr alle Antiken, alle schönen Profile, der sizilianischen Münzen, ja den Belvederschen Apoll selbst."[32]

Für Goethe brachte die Nachstellung der Antike in Emmas „Attitüden" die Zuseher den Menschen des Altertums und ihrer Welt näher.[33] Emmas Aufführung vertiefte die Überzeugung, zu der Goethe in Neapel gelangt war, nämlich, dass er vor Ort über die Sinne in die Welt der Antike eintauchen konnte, wenn er die klassischen Werke in Neapel sah, studierte, beobachtete und las. Er beschrieb diese neu gewonnene Erkenntnis in einem Brief an Herder: „die Odyssee [von Homer] ist für mich zu einer lebendigen Wahrheit geworden."[34]

Goethes Rückkehr und der Einfluss von Neapel
Nach einer Reise nach Sizilien und einem längeren Aufenthalt in Rom kam Goethe am 18. Juni 1788 wieder in Weimar an. Weniger als einen Monat später begann Goethe eine ernsthafte Liebesbeziehung mit der jungen Christiane Vulpius (Abb. 6, 7). Diese Beziehung sollte bis zum Tod Christiane andauern, die Heirat erfolgte 1806. Ihren Tod einige Jahre später betrachtete Goethe als einen der schlimmsten Momente seines Lebens. Im Sommer 1788 war Goethe jedoch voller Leidenschaft für

Abb. 6 Johann Wolfgang von Goethe, *Christiane Vulpius* (nach antiken Vorbilder stilisiertes Porträt), um 1788/1789, Bleistift und schwarze Kreide, Klassik Stiftung Weimar, Museen

Fig. 6 Johann Wolfgang von Goethe, *Christiane Vulpius* (ritratto stilizzato da modelli antichi), 1788/1789 circa, matita e gesso nero, Klassik Stiftung Weimar, Museen

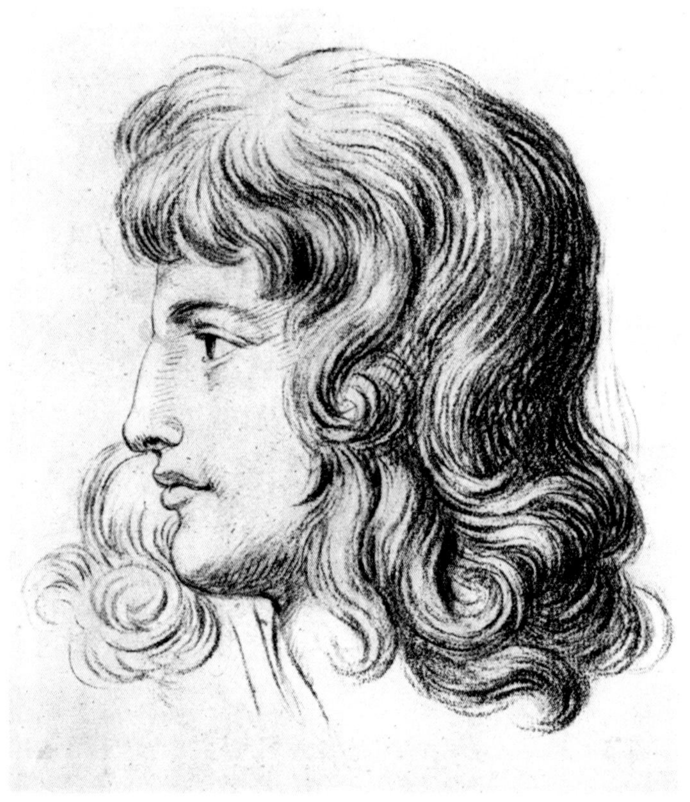

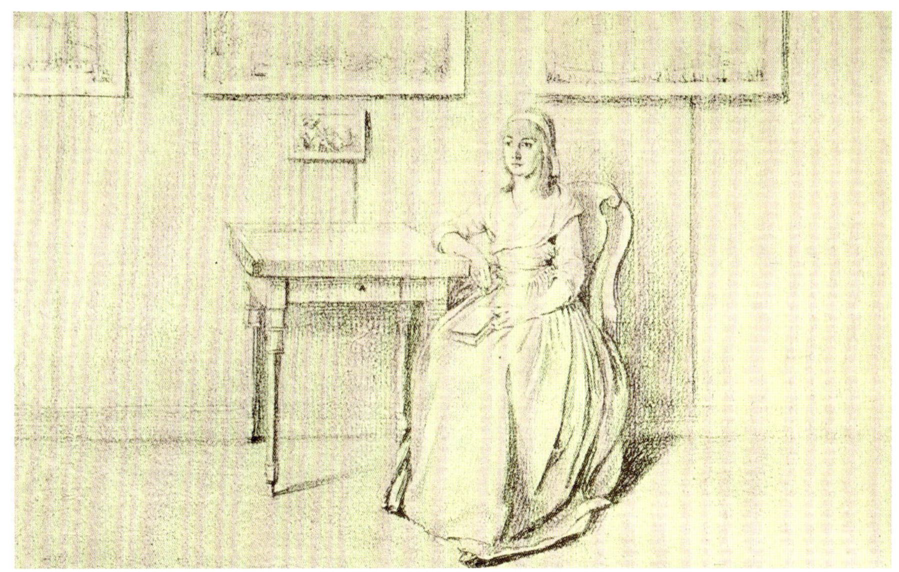

Per Goethe la rievocazione dell'antichità nelle "attitudini" di Emma avvicinava gli spettatori al mondo classico[33]. Il suo spettacolo rafforzò la convinzione che lo aveva portato a Napoli e cioè che ogni volta che vedeva, studiava, osservava e leggeva i classici a Napoli, stando sul posto poteva immergersi con tutti i sensi nel mondo antico. In una lettera a Herder descrisse questa nuova consapevolezza: "l'Odissea [di Omero] è divenuta per me una verità viva"[34].

Il rientro di Goethe e l'influsso di Napoli

Dopo un viaggio in Sicilia e un lungo soggiorno a Roma, il 18 giugno 1788 Goethe rientrò a Weimar. A distanza di meno di un mese cominciò una seria relazione sentimentale con la giovane Christiane Vulpius (figg. 6, 7), che sposò nel 1806. La morte di lei, avvenuta qualche anno dopo, sarà uno degli avvenimenti più tragici della sua esistenza. Tuttavia nell'estate del 1788 il poeta viveva ancora con passione il suo nuovo amore, tanto che per lei scrisse una raccolta di venti poesie classiche, le *Elegie romane*, nelle quali si riconosce l'influenza del soggiorno napoletano sul suo sentimento per Christiane.

Il rapporto tra i due mostrava molte somiglianze con quello tra Sir William Hamilton e Emma Lyon. Entrambe le donne erano giovani – avevano la stessa età – inoltre anche Christiane amava la danza e proveniva da un ceto sociale inferiore rispetto al celebre scrittore, come Emma rispetto all'ambasciatore Hamilton. Goethe incoraggiò l'amore di Christiane per il ballo, ritenendo che la sua danza rispecchiasse l'antichità quanto le *pose* di Emma. Proprio come molti artisti avevano fatto con Emma, anche lui ritrasse Christiane per evidenziare questo aspetto. Secondo Goethe i punti in comune più evidenti erano la differenza d'età e la vivacità del rapporto. Ma, come Hamilton, anch'egli era dell'opinione che il matrimonio fosse impraticabile nella fase iniziale della relazione. È chiaro che sentiva di aver trovato con Christiane Vulpius la propria strada verso la gioia, proprio come l'*anziano cavaliere* a Napoli. Il fatto che Goethe dopo il suo soggiorno sia rimasto

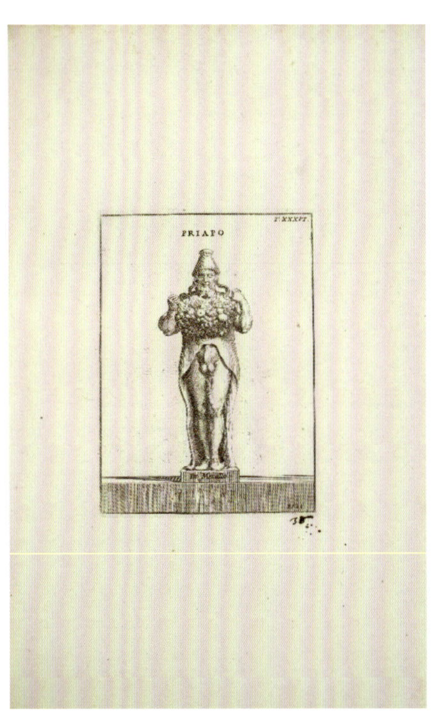

Abb. 8 Niccolo Galeotti
(Herausgeber) und Pietro Santo
Bartoli (Illustrator), *Museum
Odescalchum Sive Thesaurus
Antiquarum Gemmarum Cum
Imaginibus In Iisdem Insculptis,
Et Ex Iisdem Exsculptis*/2, 1752,
Universitätsbibliothek Heidelberg,
C 5691 Folio RES::2, Tafel 36,
urn:nbn:de:bsz:16-diglit-35070

Fig. 8 Niccolo Galeotti (curatore)
e Pietro Santo Bartoli (illustratore),
*Museum Odescalchum
Sive Thesaurus Antiquarum
Gemmarum Cum Imaginibus
In Iisdem Insculptis, Et Ex Iisdem
Exsculptis*/2, 1752, Heidelberg,
Universitätsbibliothek, C
5691 Folio RES::2, tavola 36,
urn:nbn:de:bsz:16-diglit-35070

seine neue Liebe, so sehr, dass er für sie eine Sammlung von 20 klassischen Liebesgedichten, die *Römischen Elegien*, schrieb. In diesen Gedichten ist deutlich zu erkennen, wie Goethes Besuch in Neapel seine Beziehung zu Christiane Vulpius und dieses Werk beeinflusst hat.

Die Beziehung zwischen Goethe und Christiane ähnelte sehr der zwischen Sir William Hamilton und Emma Lyon. Beide Frauen waren jung, Christiane im gleichen Alter wie Emma. Auch sie liebte das Tanzen und kam aus einem niedrigeren gesellschaftlichen Stand als der berühmte Schriftsteller, so wie Emma im Vergleich zu Botschafter Hamilton. Goethe förderte Christianes Liebe zum Tanz und fand, dass auch ihr Tanz genau wie Emmas „Attitüden" ein Spiegelbild der Antike sei. Er skizzierte Christiane in einer Weise, die diesen Aspekt hervorhob, so wie viele Künstler auch Emma gezeichnet hatten. Die größten Gemeinsamkeiten stellten für Goethe der Altersunterschied und die Lebendigkeit der Beziehung dar. Wie Hamilton war aber auch Goethe der Ansicht, dass eine Ehe in der Anfangsphase der Beziehung ein unmöglicher Schritt sei. Offensichtlich fühlte er, dass er mit Christiane Vulpius seinen eigenen Weg zur Freude gefunden hatte, so wie er es bei „dem alten Ritter" in Neapel erlebt hatte. Die Tatsache, dass Goethe nach seinem Besuch nicht nur mit Hamilton in Kontakt blieb, sondern sich auch jahrelang nach der Beziehung zwischen ihm und Emma erkundigte, bestärkt die Vermutung, dass Goethe die beiden als Modell für sein eigenes Verhältnis sah.

Goethe begann die *Römischen Elegien* auf der Rückreise nach Weimar, viele Verse waren von den griechischen Figuren auf Hamiltons Keramiken inspiriert.[35] Andere wurden von Werken angeregt, die er in Neapel erworben hatte, insbesondere von denen antiker Autoren wie Properz, Catull und Tibull. Alle zeigen Goethes Begeisterung für die italienische Antike. In einem seiner Gedichte schrieb er: „Froh empfind ich mich nun auf klassischem Boden begeistert."[36] Der Historiker David Constantine glaubt, dass „diese Gedichte [auch] das körperliche Wohlbefinden ausdrücken, das er in Italien erlebt zu haben glaubte".[37] Goethe hatte wahrscheinlich an Emmas „Attitüden" gedacht, als er folgende Worte schrieb: „Vor- und Mitwelt spricht lauter und reizender mit mir."[38] Goethe reflektierte dabei in gewisser Weise über seine Zeit in Neapel wie auch über seine neue Beziehung zu Christiane Vulpius in Weimar. Die *Elegien* wurden 1795 veröffentlicht, stießen allerdings bei den Kritikern auf heftigen Widerstand. Dafür gab es gute Gründe: Die Gedichte enthielten stark sexualisierte Beschreibungen der Liebe eines Dichters vor italienischer Kulisse. Eines der am stärksten sexualisierten Gedichte handelt von der Figur des Priapus, dem griechischen Gott der Fruchtbarkeit und der männlichen Genitalien. Goethe kannte die Figur des Priapus sicherlich schon vor seiner Reise nach Neapel, aber Hamilton hatte sie offensichtlich in Goethes Denken einzementiert. Priapus war nicht nur auf den Vasen in Hamiltons Sammlung abgebildet, sondern er stellte eine griechische Figur dar, die Hamilton zutiefst interessierte. Als europäischer Experte für antike Götter reiste er durch die neapolitanische Landschaft, nachdem er von einem Dorf gehört hatte, in dem die phallische Gottheit verehrt wurde.[39] Es ist also anzunehmen, dass die Figur des Priapus ein Gesprächsthema zwischen den beiden Männern war.

Goethe hatte nach seiner Italienreise ein verstärktes Interesse für Priapus entwickelt. Nach seiner Rückkehr nach Weimar schrieb Goethe für Herzog Karl

in contatto con Hamilton e che per anni si sia informato del rapporto tra lui e Emma, rafforza la convinzione che considerasse la coppia un modello da seguire nella propria relazione.

Iniziò le *Elegie romane* sulla via del ritorno a Weimar. Molti versi furono ispirati dai personaggi greci raffigurati sulle ceramiche di Hamilton[35], altri trassero spunto dalle opere che si era procurato a Napoli, soprattutto quelle di autori antichi come Properzio, Catullo e Tibullo. Tutti mostrano il suo entusiasmo per l'arte italiana antica. In una delle poesie scrive: "Lieto e ispirato or qui sul classico suolo mi sento"[36]. Lo storico David Constantine ritiene che "queste poesie esprimano [anche] il benessere fisico che egli riteneva di aver conquistato in Italia"[37]. Fu probabilmente pensando alle "attitudini" di Emma che Goethe scrisse di sentire "con forza più gentile parlarmi qui due mondi"[38]. Qui in un certo senso riflette sul tempo trascorso a Napoli e anche sulla nuova relazione con Christiane Vulpius a Weimar. Le *Elegie*, pubblicate nel 1795, incontrarono una netta opposizione da parte della critica. C'erano però dei buoni motivi: le poesie, ambientate in Italia, contenevano descrizioni amorose dalla spiccata connotazione sessuale. Una tra quelle in cui tali tratti sono più marcati parla di Priapo, il dio greco della fertilità e dei genitali maschili. Di certo Goethe conosceva il personaggio di Priapo già prima del viaggio a Napoli, ma evidentemente grazie a Hamilton questa figura si era consolidata nel suo pensiero. Priapo era raffigurato sui vasi della raccolta di Hamilton e suscitava un profondo interesse nel collezionista: esperto di divinità antiche a livello europeo, egli aveva viaggiato attraverso la provincia napoletana dopo aver sentito di un villaggio in cui si adorava la divinità fallica[39]. Si può quindi presumere che questo personaggio fosse argomento di discussione tra i due uomini.

Durante il viaggio in Italia crebbe l'interesse di Goethe nei confronti di Priapo. Dopo il suo ritorno a Weimar scrisse per il duca Karl August un commento a una raccolta di antiche poesie dedicate a questa divinità[40], inoltre tradusse una relazione inglese degli anni settanta del secolo incentrata sul suo culto nella provincia italiana – la relazione da cui aveva tratto ispirazione Hamilton per le sue ricerche[41]. Nelle *Elegie romane* si riferì a Priapo con queste parole: "Volentieri mi guardano ora gli uomini assennati, e a ognuno piace immaginarsi come l'artista l'ha pensato"[42]. L'interesse di Goethe per il dio della fertilità fu influenzato dalle scoperte e dagli studi di Hamilton e potrebbe rappresentare un omaggio al suo ospite e amico a Napoli, o anche un riferimento autobiografico alla nuova relazione amorosa con la Vulpius dopo il ritorno a Weimar[43]. In ogni modo, il tempismo e lo spiccato interesse per la divinità greca dimostrano in modo evidente l'influenza che ebbero su di lui il soggiorno napoletano e l'amicizia con l'archeologo inglese.

Conclusione

Il viaggio a Napoli costituì dunque un'esperienza determinante per due generazioni di Goethe[44]. Padre e figlio rimasero affascinati dalle opportunità offerte dalla città, dalla sua estrema vivacità, dalle mille cose da vedere, dagli scenari e, nel caso di Johann Wolfgang, anche dall'incontro con gli Hamilton. Peraltro i due erano andati a Napoli con intenzioni diverse: il padre intendeva imparare sperimentando e descrivendo l'ambiente circostante, ma cercando al tempo stesso di mettere

August einen Kommentar zu einer Priapus gewidmeten Sammlung alter Gedichte.[40] Er übersetzte auch einen englischen Bericht aus den 1770er-Jahren über die Verehrung des Gottes in der italienischen Provinz – den Bericht, der Hamilton zu seinen Forschungen inspiriert hatte.[41] In seinen *Römischen Elegien* bezog sich Goethe mit den Worten auf Priapus: „Gern erblicken mich nun verständige Männer, und denken mag sich jeder so gern, wie es der Künstler gedacht."[42] In dem Verweis auf den Gott der Fruchtbarkeit war Goethe von Hamiltons Interessen und Entdeckungen beeinflusst worden. Diese Bezugnahme könnte eine Hommage an seinen früheren Gastgeber und Freund in Neapel gewesen sein, wie auch eine Selbstreferenz auf seine neue Liebesbeziehung zu Christiane Vulpius nach seiner Rückkehr nach Weimar.[43] Jedenfalls sprechen die eigentümliche Zeitwahl und das starke Interesse Goethes an der griechischen Gottheit eindrücklich für den Einfluss seines Aufenthalts in Neapel und seiner Freundschaft mit Hamilton.

Schlussfolgerung

Der Besuch von Neapel stellte eine prägende Erfahrung für zwei Generationen der Familie Goethe dar.[44] Sowohl Johann Caspar Goethe als auch sein Sohn Johann Wolfgang waren fasziniert von den Möglichkeiten der Stadt, ihrem Lebensreichtum, ihren Sehenswürdigkeiten, Szenarien und, im Fall von Johann Wolfgang, von seiner Begegnung mit den Hamiltons. Dennoch waren beide Männer mit unterschiedlichen Absichten nach Neapel gereist. Für den Vater ging es darum, zu lernen, indem er die Umgebung um sich herum wahrnahm und aufzeichnete, anders gesagt, versuchte, eine gewisse Ordnung in das große Chaos der geschäftigen Szenen zu bringen, denen er in der Stadt begegnete und die seine „deutsche Nase" angriffen.[45] Sein Sohn Johann Wolfgang machte sich zwar ebenfalls auf den Weg nach Neapel, um dort zu lernen, aber seine Bildung war eher intrinsisch, nach innen gerichtet; er konzentrierte sich auf seine künstlerischen Fähigkeiten und die seine späteren Werke kennzeichnende Expressivität. Dieser entscheidende Unterschied zwischen ihnen wird in ihren Texten über ihre Reisen deutlich. Im Fall von Johann Caspar spiegelt die 25 Jahre dauernde Produktion seines „Viaggio" den nachhaltigen Einfluss seiner Begegnung mit Neapel wider, der auch die Jugendjahre seines Sohnes prägte. Johann Caspars Streben nach Perfektionierung seiner Kenntnisse der italienischen Sprache ist ein weiterer Beweis dafür, dass die neapolitanische Kultur für ihn nicht an der Grenze endete. Das italienisch geprägte Umfeld von Johann Wolfgangs Kindheit nahm die Erfahrungen, die er später in Neapel machte, vorweg. Der Anblick der italienischen Kunstwerke sowie das Mithören der Lektionen seines Vaters gaben den Ausschlag für seinen eigenen Wunsch, das neapolitanische Leben zu erfahren. Sein Ansatz, Neapel zu erleben, unterschied sich jedoch grundlegend von dem seines Vaters.

Während Johann Caspar die Sakralbauten intensiv auf ihre Inschriften und ihre spirituelle Bedeutung hin untersucht hatte, schenkte Johann Wolfgang diesen nur im Hinblick auf ihre ästhetischen Qualitäten oder die Darstellung Christi Beachtung.[46] Er verwies nicht auf die religiösen Unterschiede zwischen Lutheranern oder Protestanten und Katholiken, die die Kritik und Bewertung seines Vaters untermauert hatten. Dies spricht vom Wandel in den Vorstellungen von aufgeklärtem

ordine nel grande caos delle scene di vita quotidiana in cui si imbatteva in città e che infastidivano il suo "naso tedesco"[45]. Anche il figlio era andato a Napoli per imparare, tuttavia la sua formazione riguardava in primo luogo l'interiorità, la sua intima natura. Si concentrò sulle abilità artistiche e sull'espressività, come si vede dai lavori successivi. La netta differenza tra i due diventa evidente nei rispettivi diari di viaggio. Nel caso di Johann Caspar, la redazione del suo *Viaggio*, durata venticinque anni, rispecchia l'influsso duraturo esercitato dall'incontro con Napoli, che suggestionò anche il figlio negli anni della giovinezza. La smania del padre di perfezionare la conoscenza della lingua italiana è un'ulteriore riprova del fatto che per lui la cultura napoletana non si fermava alla frontiera. L'ambiente così impregnato di cultura italiana in cui Johann Wolfgang trascorse l'infanzia anticipò le sue successive esperienze a Napoli. La vista dei capolavori italiani e l'ascolto delle lezioni del padre furono determinanti per la nascita del suo desiderio di vivere in prima persona la città partenopea, anche se con un approccio fondamentalmente differente da quello paterno.

Se Johann Caspar studiò in modo approfondito le iscrizioni e il significato spirituale degli edifici sacri, Johann Wolfgang prestò attenzione soltanto alle loro qualità estetiche o alla rappresentazione di Cristo[46] e non fece mai riferimento alle differenze religiose tra luterani o protestanti e cattolici che avevano invece alimentato valutazioni e critiche da parte di suo padre. Tutto ciò dimostra la tra-

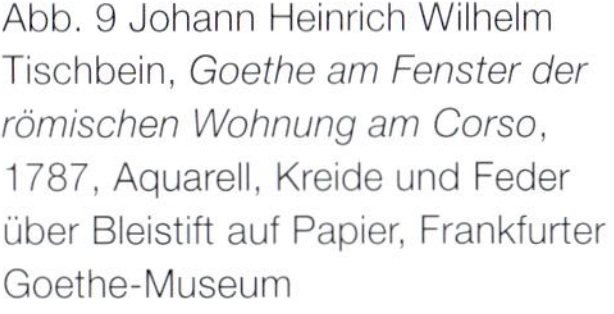

Abb. 9 Johann Heinrich Wilhelm Tischbein, *Goethe am Fenster der römischen Wohnung am Corso*, 1787, Aquarell, Kreide und Feder über Bleistift auf Papier, Frankfurter Goethe-Museum

Fig. 9 Johann Heinrich Wilhelm Tischbein, *Goethe alla finestra del suo appartamento romano sul Corso*, 1787, acquerello, matita, penna o gesso su carta, Frankfurter Goethe-Museum

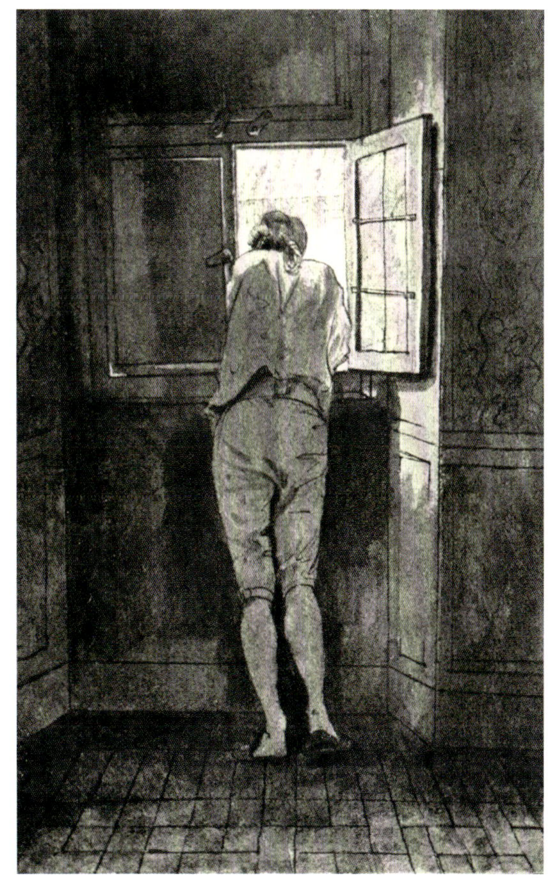

Verhalten vom Wissensdurst zur Toleranz, da Johann Wolfgang sich vielleicht dafür entschieden hatte, dem zu folgen, was man als „die neue Religion" der 1770er-Jahre bezeichnete: der Kunst.[47] Am deutlichsten ist dies in Goethes Austausch mit den Hamiltons zu erkennen, wobei die visuelle Ästhetik von Emmas „Attitüden" sowie der deutliche Altersunterschied des Paares den nachhaltigsten Eindruck bei Goethe hinterließen. Die Begegnung mit den Hamiltons wirkte sich nachweislich auf sein eigenes Liebesverhältnis mit Christiane Vulpius und sein literarisches Schaffen in den ersten Jahren nach seiner Rückkehr nach Weimar aus. Neapel war für beide Männer zu einem Symbol geworden und Neapel trug wiederum dazu bei, beide Männer zu Symbolen für die nachfolgenden Generationen zu machen.

[1] Goethe, Johann Wolfgang von: Neapel, 27. Februar 1787, in: Ders.: *Italienische Reise*, hg. von Hans Timotheus Kroeber, Leipzig 1913, S. 197.

[2] Buzzard, James: „The Grand Tour and After" (1660–1840) in: Hulme, Peter/Youngs, Tim (Hg.): *The Cambridge Companion to Travel Writing*, Cambridge 2002, S. 37–53; Batten, Charles: *Pleasurable Instruction. Form and Convention in Eighteenth Century Travel Literature*, Berkeley–London 1978.

[3] Meier, Albert: Nachwort, in: Goethe, Johann Caspar: *Reise durch Italien im Jahre 1740. Viaggio per l'Italia*, übersetzt von Albert Meier, München 1999.

[4] Maltzahn, Hellmut von: „Bücher aus dem Besitz des Vaters in Goethes Weimarer Bibliothek", in: *Jahrbuch des Freien Deutschen Hochstifts*, 1927, S. 363–382; Götting, Franz: „Die Bibliothek von Goethes Vater", in: *Nassauische Annalen* 64, 1953, S. 23–69.

[5] Goethe, Johann Wolfgang von: *Zahme Xenien VI*, in: Holzinger, Michael (Hg.): *Gedichte*, Berlin 2014, S. 711.

[6] Goethe, Johann Wolfgang von: *Aus meinem Leben. Dichtung und Wahrheit*, Bd. 1, Tübingen 1811, S. 3–500: verstreut.

[7] Goethe: *Dichtung und Wahrheit* (wie Anm. 6), S. 4f.

[8] Gibbs, Alfred S. (Hg.): *Goethe's Mother. Correspondence of Catherine Elizabeth Goethe with Goethe, Lavater, Wieland, Duchess Anna-Amalia of Saxe-Weimar, Friedrich von Stein and Others*, New York 1880; Heller, Marguerite: „Goethe and Music", in: *The German Quarterly* 22, Nr. 4, 1949, S. 205–208, S. 205.

[9] Glaser, Rudolf: *Goethes Vater. Sein Leben nach* Tagebüchern und Zeitberichten, Leipzig 1929; Schulenburg, Werner von der: *Johann Caspar Goethe. Vater eines Genies*, Berlin 1937; Goethe, Johann Caspar: *Viaggio in Italia* (1740), editiert von Arturo Farinelli, Rome 1932. Hier wird von der deutschen Übersetzung des Viaggio ausgegangen, siehe Goethe: *Reise* (wie Anm. 3).

[10] Reinsch, Frank H.: *The Correspondence of Johann Caspar Goethe*, Los Angeles 1946; Tudyka, Klaus: *Vom Vater hab ich die Statur: Johann Caspar Goethe – ein Lebensbild*, Steinberg 1997; Hopp, Doris/Seng, Joachim: *Goethe Pater. Johann Caspar Goethe (1710–1782). Kaiserlicher Rat – Jurist – Sammler – Frankfurter Bürger*, Frankfurt am Main 2010.

[11] Siehe Briefe der Königin Maria Carolina von Neapel-Sizilien an Kaiser Franz I.: Haus-, Hof-, und Staatsarchiv, Hausarchiv, Sammelbände, K. 44-7, fols. 16–22:

Maria Carolina an Franz datiert 5. November 1813, 16. November 1813, 20. November 1813, 17. Dezember 1813.

[12] Goethe: *Reise* (wie Anm. 3), S. 20.

[13] Brief vom 25. März 1740, in: Goethe: *Reise* (wie Anm. 3), S. 134.

[14] „Vielleicht ist Neapel auch immer noch die schönste unter allen schönen Städten, obwohl es doch oft schreckliche Erdbeben erleiden mußte." Brief vom 30. März 1740, in: Goethe: *Reise* (wie Anm. 3), S. 143.

[15] Brief vom 2. April 1740, in: Goethe: *Reise* (wie Anm. 3), S. 155.

[16] Brief vom 30. März 1740, in: Goethe: *Reise* (wie Anm. 3), S. 146f.

[17] Goethe: *Reise* (wie Anm. 3).

[18] Die Briefe sind wie folgt datiert: 30. März 1740, 2. April 1740, 5. April 1740, 8. April 1740, 10. April 1740 und 13. April 1740. Alle in Goethe: *Reise* (wie Anm. 3), S. 143–217.

[19] Meier: Nachwort (wie Anm. 3), S. 487–499.

[20] Brief vom 5. April 1740 in Goethe: *Reise* (wie Anm. 3), S. 168.

[21] Hachmeister, Gretchen L.: *Italy in the German Literary Imagination. Goethe's Italian Journey and its Reception by Eichendorff, Platen and Heine*, Rochester–Woodbridge 2002, S. 38; Meier, Albert: „Die deutsche Nase. Johann Caspar Goethe in Neapel", in: *Studi Germanici* 9, 2016, S. 51–64.

[22] Everson, Jane E.: „The Melting Pot of Science and Belief. Studying Vesuvius in Seventeenth-century Naples", in: *Renaissance Studies* 26, Nr. 5, 2012, S. 691–727.

[23] Acton, Harold: *The Bourbons of Naples (1734–1825)*, London 1998, S. 85–99; Dodero, Eloisa: *Ancient Marbles in Naples in the Eighteenth Century. Findings, Collections, Dispersals*, Leiden–Boston 2019, S. 246–251.

[24] Brief vom 8. April 1740, in Goethe: *Reise* (wie Anm. 3), S. 183f.

[25] Catharina Elisabeth Goethe an Johann Wolfgang von Goethe, datiert 17. November 1786, in: Köster, Albert (Hg.): *Briefe von Goethes Mutter*, Leipzig 1917, S. 92.

[26] Constantine, David: „Goethe and the Hamiltons", in: *Oxford German Studies* 26, Nr. 1, 1997, S. 101–131.

[27] Acton: *The Bourbons* (wie Anm. 23), S. 119ff.

[28] Sleep, Mark C. W.: „Sir William Hamilton (1730–1803). His Work and Influence in Geology", in: *Annals of Science* 25, Nr. 4, 1969, S. 319–338; Andrews, Noam:

sformazione delle idee e dei comportamenti nel corso dell'Età dei Lumi: dalla sete di conoscenza si passò alla tolleranza, e Johann Wolfgang potrebbe aver deciso di seguire quella che all'epoca era considerata "la nuova religione", cioè l'arte[47]. Anche lo scambio tra Goethe e gli Hamilton evidenzia bene questi aspetti, l'estetica visiva delle "attitudini" di Emma insieme alla notevole differenza di età tra lei e Sir William lasciarono un'impressione duratura sul poeta. L'incontro con gli Hamilton ebbe effetto sulla sua relazione con Christiane Vulpius e sulle creazioni letterarie realizzate nei primi anni del ritorno a Weimar. Per i due uomini Napoli divenne un simbolo e a sua volta contribuì a farli diventare entrambi simboli per le generazioni future.

[1] J.W. von Goethe, *Viaggio in Italia*; Napoli, 27 febbraio 1787; traduzione di Emilio Castellani; commento di Herbert von Einem adattato da Emilio Castellani; prefazione di Roberto Fertonani, Mondadori, Milano 2005.

[2] J. Buzzard, *The Grand Tour and After (1660-1840)*, in P. Hulme e T. Youngs (a cura di), *The Cambridge Companion to Travel Writing*, Cambridge 2002, pp. 37-53; C. Batten, *Pleasurable Instruction. Form and Convention in Eighteenth-Century Travel Literature*, Berkeley-London 1978.

[3] A. Meier, *Nachwort*, in J.C. Goethe, *Reise durch Italien im Jahre 1740. Viaggio per l'Italia*, traduzione di Albert Meier, München 1999.

[4] H. von Maltzahn, *Bücher aus dem Besitz des Vaters in Goethes Weimarer Bibliothek*, in "Jahrbuch des Freien Deutschen Hochstifts", 1927, pp. 363-382; F. Götting, *Die Bibliothek von Goethes Vater*, in "Nassauische Annalen" 64, 1953, pp. 23-69.

[5] J.W. von Goethe, *Zahme Xenien* VI, in M. Holzinger (a cura di), *Gedichte*, Berlin 2014, p. 711.

[6] J.W. von Goethe, *Aus meinem Leben. Dichtung und Wahrheit*, vol. 1, Tübingen 1811, pp. 3-500, *passim*.

[7] Goethe, *Dichtung und Wahrheit*, cit., p. 4 sg.

[8] A.S. Gibbs (a cura di), *Goethe's Mother. Correspondence of Catherine Elizabeth Goethe with Goethe, Lavater, Wieland, Duchess Anna-Amalia of Saxe-Weimar, Friedrich von Stein and Others*, New York 1880; M. Heller, *Goethe and Music*, in "The German Quarterly" 22, n. 4, 1949, pp. 205-208, p. 205.

[9] R. Glaser, *Goethes Vater. Sein Leben nach Tagebüchern und Zeitberichten*, Leipzig 1929; W. von der Schulenburg, *Johann Caspar Goethe. Vater eines Genies*, Berlin 1937; J.C. Goethe, *Viaggio in Italia (1740)*, edito da Arturo Farinelli, Roma 1932. Qui si utilizza la traduzione tedesca del *Viaggio*, vedi Goethe, *Reise*, cit.

[10] F.H. Reinsch, *The Correspondence of Johann Caspar Goethe*, Los Angeles 1946; K. Tudyka, *Vom Vater hab ich die Statur: Johann Caspar Goethe – ein Lebensbild*, Steinberg 1997; D. Hopp/J. Seng, *Goethe Pater. Johann Caspar Goethe (1710-1782). Kaiserlicher Rat – Jurist – Sammler – Frankfurter Bürger*, Frankfurt am Main 2010.

[11] Vedi le lettere della regina Maria Carolina d'Asburgo-Lorena all'imperatore Francesco I, datate 5 novembre 1813, 16 novembre 1813, 20 novembre 1813 e 17 dicembre 1813; Haus-, Hof-, und Staatsarchiv, Hausarchiv, Sammelbände, K. 44-7, foll. 16-22.

[12] Goethe, *Reise*, cit., p. 20.

[13] Lettera del 25 marzo 1740, in Goethe, *Reise*, cit., p. 134.

[14] "Forse è Napoli la città che rimane la più bella tra le belle, sebbene abbia dovuto spesso patire terremoti terribili." Lettera del 30 marzo 1740, in Goethe, *Reise*, cit., p. 143.

[15] Lettera del 2 aprile 1740, in Goethe, *Reise*, cit., p. 155.

[16] Lettera del 30 marzo 1740, in Goethe, *Reise*, cit., p. 146 sg.

[17] Goethe, *Reise*, cit.

[18] Le lettere sono datate 30 marzo 1740, 2 aprile 1740, 5 aprile 1740, 8 aprile 1740, 10 aprile 1740 e 13 aprile 1740. Tutte in Goethe, cit., pp. 143-217.

[19] Meier, *Nachwort*, cit., pp. 487-499.

[20] Lettera del 5 aprile 1740, in Goethe, *Reise*, cit., p. 168.

[21] G.L. Hachmeister, *Italy in the German Literary Imagination. Goethe's Italian Journey and its Reception by Eichendorff, Platen and Heine*, Rochester-Woodbridge 2002, p. 38; A. Meier, *Die deutsche Nase. Johann Caspar Goethe in Neapel*, in "Studi Germanici" 9, 2016, pp. 51-64.

[22] J.E. Everson, *The Melting Pot of Science and Belief. Studying Vesuvius in Seventeenth-Century Naples*, in "Renaissance Studies" 26, n. 5, 2012, pp. 691-727.

[23] H. Acton, *The Bourbons of Naples (1734-1825)*, London 1998, pp. 85-99; E. Dodero, *Ancient Marbles in Naples in the Eighteenth Century. Findings, Collections, Dispersals*, Leiden-Boston 2019, pp. 246-251.

[24] Lettera dell'8 aprile 1740, in Goethe, *Reise*, cit., p. 183 sg.

[25] Lettera di Catharina Elisabeth Goethe a Johann Wolfgang von Goethe, datata 17 novembre 1786, in A. Köster (a cura di), *Briefe von Goethes Mutter*, Leipzig 1917, p. 92.

[26] D. Constantine, *Goethe and the Hamiltons*, in "Oxford German Studies" 26, n. 1, 1997, pp. 101-131.

[27] Acton, *The Bourbons*, cit., pp. 119 sgg.

[28] C.W. Sleep, *Sir William Hamilton (1730-1803). His Work and Influence in Geology*, in "Annals of Science" 25, n. 4, 1969, pp. 319-338; N. Andrews, *Volcanic Rhythms. Sir William Hamilton's Love Affair with Vesuvius*, in "AA Files" 60, 2010, pp. 9-15.

[29] Goethe, *Viaggio in Italia,* cit., Caserta, 16 marzo 1787.

[30] Goethe, *Viaggio in Italia*, cit., Napoli, 22 marzo 1787.

„Volcanic Rhythms. Sir William Hamilton's Love Affair with Vesuvius", in: *AA Files* 60, 2010, S. 9–15.

[29] Goethe, Johann Wolfgang von: *Italienische Reise*, Berlin 2016, S. 209.

[30] Goethe: *Italienische Reise* (wie Anm. 29), S. 217.

[31] Tischbein an J. H. Merck, 10. Oktober 1787 in: Wagner, Karl (Hg.): *Briefe an J. H. Merck*, Darmstadt 1835, S. 507.

[32] Goethe: *Italienische Reise* (wie Anm. 29), S. 209.

[33] Maierhofer, Waltraud: „Goethe on Emma Hamilton's ‚Attitudes'", in: *Goethe Yearbook* 9, 1999, S. 222–252.

[34] Zitiert in Bies, Michael: *Im Grunde ein Bild. Die Darstellung der Naturforschung bei Kant, Goethe, und Alexander von Humboldt*, Göttingen 2012, S. 139.

[35] Constantine: „Goethe and the Hamiltons" (wie Anm. 26), S. 111f.

[36] Zitiert in Mason, Eve: „Erotica Romana", in: *The Cambridge Quarterly* 20, Nr. 1, 1991, S. 67.

[37] Constantine, David: *Fields of Fire. A Life of Sir William Hamilton*, London 2001, S. 111.

[38] Zitiert in Mason: „Erotica Romana" (wie Anm. 36), S. 67.

[39] Constantine: *Fields of Fire* (wie Anm. 37), S. 111.

[40] Richards, Robert J.: *The Romantic Conception of Life. Science and Philosophy in the Age of Goethe*, Chicago–London 2002, S. 387.

[41] Constantine: „Goethe and the Hamiltons" (wie Anm. 26), S. 113f.

[42] Zitiert in Uden, James: „Impersonating Priapus", in: *American Journal of Philology* 128, Nr. 1, 2007, S. 1–26, S. 1.

[43] Richards, Robert J.: „The Erotic Authority of Nature. Science, Art, and the Female during Goethe's Italian Journey", in: Daston, Lorraine/Vidal, Fernando (Hg.): *The Moral Authority of Nature*, Chicago 2010, S. 130–154.

[44] Goethes Sohn August von Goethe schaffte es nicht nach Neapel, er starb 1830 auf dem Weg dorthin in Rom. Siehe Beyer, Andreas/Radecke, Gabriele (Hg.): *August von Goethe. Auf einer Reise nach Süden*, München–Wien 1999.

[45] Meier: „Die deutsche Nase" (wie Anm. 21), S. 51–64.

[46] Siehe den Eintrag vom 17. Mai 1787, in: Goethe: *Reise* (wie Anm. 29), S. 255-257.

[47] Israel, Jonathan: *Democratic Enlightenment. Philosophy, Revolution, and Human Rights 1750–1790*, Oxford 2013, S. 756.

³¹ Lettera di Tischbein a J. H. Merck, 10 ottobre 1787, in K. Wagner (a cura di), *Briefe an J.H. Merck*, Darmstadt 1835, p. 507.

³² Goethe, *Viaggio in Italia,* cit., Caserta, 16 marzo 1787.

³³ W. Maierhofer, *Goethe on Emma Hamilton's „Attitudes"*, in "Goethe Yearbook" 9, 1999, pp. 222-252.

³⁴ Citato in M. Bies, *Im Grunde ein Bild. Die Darstellung der Naturforschung bei Kant, Goethe, und Alexander von Humboldt*, Göttingen 2012, p. 139.

³⁵ Constantine, *Goethe and the Hamiltons*, cit., p. 111 sg.

³⁶ Citato in E. Mason, *Erotica Romana*, in "The Cambridge Quarterly" 20, n. 1, 1991, p. 67.

³⁷ D. Constantine, *Fields of Fire. A Life of Sir William Hamilton*, London 2001, p. 111.

³⁸ Citato in Mason, *Erotica Romana*, cit., p. 67.

³⁹ Constantine, *Fields of Fire*, cit., p. 111.

⁴⁰ R.J. Richards, *The Romantic Conception of Life. Science and Philosophy in the Age of Goethe*, Chicago-London 2002, p. 387.

⁴¹ Constantine, *Goethe and the Hamiltons*, cit., p. 113 sg.

⁴² Citato in J. Uden, *Impersonating Priapus*, in "American Journal of Philology" 128, n. 1, 2007, pp. 1-26, p. 1.

⁴³ R.J. Richards, *The Erotic Authority of Nature. Science, Art, and the Female during Goethe's Italian Journey*, in L. Daston e F. Vidal (a cura di), *The Moral Authority of Nature*, Chicago 2010, pp. 130-154.

⁴⁴ Il figlio di Goethe, August, non riuscì a raggiungere Napoli, morì a Roma nel 1830 mentre vi era diretto. Vedi A. Beyer e G. Radecke (a cura di), *August von Goethe. Auf einer Reise nach Süden*, München-Wien 1999.

⁴⁵ Meier, *Die deutsche Nase*, cit., pp. 51-64.

⁴⁶ Vedi annotazione del 17 maggio 1787, in Goethe, *Viaggio*, cit., pp. 255-257.

⁴⁷ J. Israel, *Democratic Enlightenment. Philosophy, Revolution, and Human Rights 1750-1790*, Oxford 2013, p. 756.

Der unmögliche Laokoon
Auf der Suche nach einem verlorenen
Kunstereignis

Ralf Bormann

Je einsamer das Werk, festgestellt in die Gestalt, in sich steht,
je reiner es alle Bezüge zu den Menschen zu lösen scheint,
um so einfacher tritt der Stoß, daß solches Werk *ist*, ins Offene,
um so wesentlicher ist das Ungeheure aufgestoßen
und das bislang geheuer Scheinende umgestoßen.[1]

I.

„Es kommt mir vor, als hätte kein Kunstwerk solchen Schaden angerichtet in der Welt wie die Laokoon-Gruppe",[2] zürnt 1889 der Schweizer Künstler Karl Stauffer-Bern in einem Brief aus Rom an seine Geliebte über das dort unter den Inv.-Nrn. 1059, 1064 und 1067 in den Vatikanischen Museen bewahrte Bildwerk (Abb. 1).[3] In der Entdeckung und begeisterten Aufnahme des *Laokoon* rund 400 Jahre zuvor, am 14. Jänner 1506, erblickte Stauffer-Bern ein disruptives Moment, den Stoß ins Offene, wie Heidegger dergleichen nennt, welcher der Kunstentwicklung eine vollkommen neue Richtung, namentlich in den ungeliebten Barock gewiesen habe. Stauffer-Berns emotionales Unbehagen hierüber lässt an der Sinnhaftigkeit des den vorliegenden Zeilen vorangestellten Mottos zweifeln, denn von einer Bezugslosigkeit des Bildwerkes zu den Menschen kann schwerlich die Rede sein, es geht Stauffer-Bern vielmehr offenkundig rigoros an. Es will scheinen, als nehme Stauffer-Bern nicht nur am vom *Laokoon* ausgelösten Fortgang des Kunstgeschehens Anstoß; etwas an der Skulptur selbst lässt ihn unkomfortabel sein. Malraux schreibt über das „imaginäre Museum", der Zufall lasse die in ihm bewahrten Kunstwerke bisweilen zu Bruch gehen, und diese Verwandlungen anheimfallen, die die Zeit ihnen zufügt, doch am Ende wir es seien, die unter ihnen die Auswahl treffen. Oftmals freilich trage die Zeit ihr Scherflein dazu bei. „Ohne Zweifel sind manche Hauptwerke für immer verschwunden. Doch denen, die in zufälliger Vereinzelung auf uns gekommen sind, wird dadurch eine Größe zuteil, welche vielleicht täuscht."[4] Ist der *Laokoon*, auch jenseits seiner materiellen Eigenschaften – in seiner knapp unterlebensgroßen Höhe von 1,84 Metern, die aus der druck- und fotografischen Monumentalisierung des Bildwerkes nicht hervorgeht, überrascht sein Anblick im Original jedes Mal aufs Neue –, ein solcher Scheinriese?

Mit Dürers Kupferstich der *Melancholie* teilt der *Laokoon* das Schicksal, zu den Kunstwerken zu zählen, deren Schilderung zumeist damit eingeleitet wird, dass

Il Laocoonte impossibile:
sulle tracce di un caso artistico dimenticato

Ralf Bormann

Quanto più l'opera, raffermata nella forma, se ne sta in se stessa,
e quanto più puramente sembra sciogliere ogni legame con gli uomini,
tanto più semplicemente irrompe l'urto costituito dal fatto che essa *sia*,
così come tanto più essenzialmente urge quell'insolito che urta
e rovescia ciò che fino ad allora appariva solito[1].

I.

"Ho come l'impressione che nessuna opera d'arte al mondo abbia causato tanti danni quanti il gruppo del *Laocoonte*"[2]: così scriveva in tono irritato l'artista svizzero Karl Stauffer-Bern in una lettera spedita da Roma alla sua compagna nel 1889, a proposito del *Laocoonte* conservato nei musei Vaticani (Inv.-n. 1059, 1064 e 1067) (fig. 1)[3]. Nel ritrovamento del *Laocoonte* e nella sua entusiastica accoglienza quasi 400 anni prima, il 14 gennaio del 1506, Stauffer-Bern ravvisava una svolta epocale, il prodursi di quell'urto – per dirla con Heidegger – in grado d'imprimere una direzione assolutamente nuova all'evoluzione artistica successiva, destinata a culminare nel detestato barocco. Le parole risentite di Stauffer-Bern inducono a dubitare dell'applicabilità del pensiero di Heidegger, citato in apertura, al caso del *Laocoonte*, quanto meno in riferimento alla presunta assenza di un riferimento di quest'opera all'uomo; ciò non toglie, comunque, che il giudizio dell'artista svizzero suoni eccessivamente *tranchant*. È come se a irritare Stauffer-Bern fosse non solo l'evoluzione artistica innescata dal *Laocoonte*, ma anche qualcosa d'intrinseco alla scultura stessa che sembra metterlo a disagio. Nel "museo immaginario" di cui parla Malraux, il caso fa sì che alcune opere custodite in esso talvolta vadano distrutte e siano vittime di cambiamenti provocati dal tempo. Ma in fondo, al netto del logorio dei secoli, siamo noi a scegliere chi salvare e chi no. "È indubbio che alcuni capolavori siano andati perduti per sempre. Ma alle opere che per un processo d'isolamento casuale sono giunte fino a noi, viene attribuita una grandezza che forse è fuorviante"[4]. È mai possibile che il *Laocoonte*, anche a prescindere dalle sue modeste dimensioni – un'altezza di appena 1,84 metri esaltata dalla monumentalizzazione di foto e riproduzioni a stampa, e che comunque nulla toglie alla meraviglia che ogni volta si prova alla vista dell'originale – sia davvero un gigante fittizio?

La calcografia con la *Melencolia* di Dürer condivide con il *Laocoonte* il destino di quelle opere per le quali non scema mai l'interesse, a dispetto dei fiumi

zu kaum einem anderen Kunstwerk so viel geschrieben worden sei wie über sie; und gleichzeitig lassen sich noch immer Menschen finden, die weder von dem einen, noch dem anderen Werk je etwas gehört haben wollen. Weshalb aber interessiert uns der *Laokoon* im Zusammenhang mit der Reise Goethes nach Italien? Goethe erwähnt den *Laokoon* in seinem Reisebericht an keiner Stelle,[5] hat er dieses weltberühmte Bildwerk, dem er dessen ungeachtet 1798 eine eigene Abhandlung widmet, während seines insgesamt beinahe eineinhalbjährigen Aufenthaltes in Rom etwa gar nicht zu Gesicht bekommen?

Reisebeschreibungen sagen in der Regel mehr über ihre Verfasser aus, als dass sie dem Leser brauchbare Informationen über den bereisten Ort liefern. In erster Linie aber gibt der Reisebericht Aufschluss über einen ganz besonderen Personenkreis: namentlich seine in ihm adressierte Leserschaft, über deren Erwartungen und Wünsche sich aus der Lektüre einiges lernen lässt. Goethes Reisebericht bildet hier, insbesondere in seiner erst Jahrzehnte nach der Reise erschienenen, sorgsam redigierten, kontrollierten, rekonstruierten und literarisierten Form von 1816/1817, keine Ausnahme. Ein Grundzug der Hermeneutik besagt, das Werk wisse mehr über seinen Autor als dieser selbst; in Erweiterung dieser Prämisse mag danach gefragt werden, ob das Werk nicht auch mehr über seinen Leser wisse als dieser selbst. Empfängt wie Goethes Reisebericht auch der *Laokoon* seine Größe im Lichte der Erwartungen seines Betrachters, gibt Goethe uns doch gerade im Umgang mit dem *Laokoon* die Warnung auf den Weg, der Versuchung zu widerstehen, „die Wirkung, die das Kunstwerk auf uns macht, […] zu lebhaft auf das Werk selbst"[6] zu übertragen? Zählt sonach das Bild-

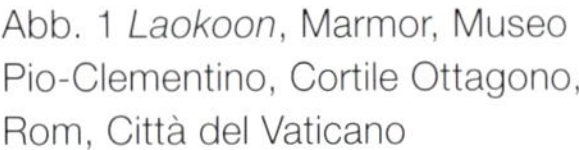

Abb. 1 *Laokoon*, Marmor, Museo Pio-Clementino, Cortile Ottagono, Rom, Città del Vaticano

Fig. 1 *Laocoonte*, marmo, Museo Pio-Clementino, Cortile Ottagono, Roma, Città del Vaticano

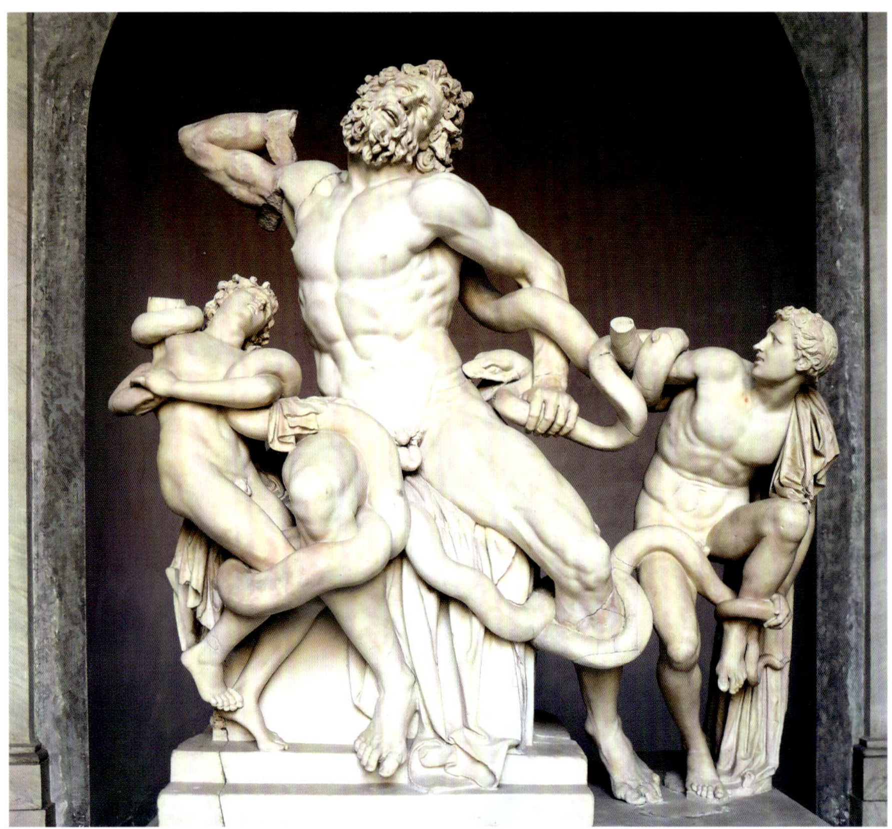

d'inchiostro e di parole che vi sono stati versati sopra. Ma perché occuparsi del *Laocoonte* parlando del *Viaggio in Italia* di Goethe? In nessun passo dell'opera si menziona la celeberrima scultura[5], malgrado il poeta tedesco vi avesse dedicato un saggio *ad hoc* nel 1798. È mai possibile che in quasi un anno e mezzo di soggiorno a Roma non abbia avuto mai occasione di andare ad ammirarla?

Di norma i racconti di viaggio forniscono al lettore più informazioni sull'autore che sui luoghi da lui visitati, anzi in prima istanza aprono uno squarcio sulla cerchia dei suoi lettori, su aspettative e desideri del pubblico che si accosta a questo genere letterario. Sicuramente il *Viaggio in Italia*, e in particolare l'edizione pubblicata a decenni di distanza dal rientro in patria di Goethe, a seguito di un'accurata rielaborazione letteraria avvenuta tra il 1816 e il 1817, non fa eccezione. Secondo uno dei fondamenti dell'ermeneutica, l'opera sa sul suo autore più dell'autore stesso; se ampliamo il senso di questa affermazione, potremmo chiederci se l'opera non ne sappia di più sul suo pubblico di lettori dei lettori stessi. Se la grandezza del *Laocoonte*, come nel caso del *Viaggio in Italia* di Goethe, dipende dalle attese della sua platea di ammiratori, non è possibile allora che Goethe, proprio in riferimento al *Laocoonte*, ci metta in guardia dalla tentazione di proiettare troppo precipitosamente l'effetto che l'opera d'arte produce su di noi sull'opera d'arte stessa[6]? Non è vero forse che una creazione artistica rientra tra quelle cose "vive e […] e consapevoli" che stanno intorno a noi, riprendendo le parole di Rilke, come ineludibili "confidenti delle nostre gioie e delle nostre pene"[7]? Ma che cosa sa l'opera d'arte di noi? Il *Laocoonte* è forse in grado di intuire qualcosa che a noi sfugge?

II.

Raramente nella storia della ricezione di un'opera si riscontra con tanta chiarezza una cesura così netta tra un prima e un dopo: tra le rappresentazioni di Laocoonte antecedenti e quelle successive al 14 gennaio del 1506. Da allora il gruppo scultoreo dei musei Vaticani sarebbe divenuto un modello imprescindibile per le future generazioni di artisti. "La creatività degli artisti dal Cinquecento all'Ottocento si espresse in un flusso inarrestabile di copie scolpite" di cui cat. 43 costituisce un esempio, ma anche "di incisioni e disegni"[8]. Come era prevedibile, fin dal giorno della sua scoperta il gruppo dei musei Vaticani venne considerato *opus omnibus et picturae et statuariae artis praeferendum*, con riferimento esplicito a Plinio che nel trentaseiesimo libro della *Naturalis historia*, aveva celebrato una scultura sullo stesso soggetto come opera d'arte d'impareggiabile bellezza[9]. Già nell'estate del 1506, per volere del suo nuovo proprietario, il pontefice Giulio II, il *Laocoonte* era stato esposto nel cortile del Belvedere appena ultimato e per l'occasione Jacopo Sadoleto aveva composto un carme celebrativo sul *divinae simulacrum artis*: "Opera di un'arte divina; la dotta antichità/ non ne poteva osservare una più nobile. Ora la rivedono / liberata dalle tenebre, le alte mura della rinata Roma"[10]. Duecentocinquanta anni dopo, Winckelmann affermerà con convinzione che questa sorta di "incunabolo" di pietra rappresentò (cat. 13), "per gli artisti dell'antica Roma ciò che oggi rappresenta per noi: il canone di Policleto; una regola perfetta dell'arte"[11].

Primi esempi di riproduzioni pittoriche del *Laocoonte* si trovano tra i dipinti parietali pompeiani, come l'affresco della Casa del Menandro, ancora *in*

werk zu jenen „belebten, […] uns mitwissenden Dinge[n]“, die als unhintergehbare
„Mitwisser unserer Not und Froheit“[7] uns umgeben, wie Rilke behauptet? Was aber
weiß das Bildwerk über uns? Ahnt der *Laokoon* etwas, das uns entgeht?

II.

Rezeptionsgeschichtlich lässt sich in seltener Eindeutigkeit sagen, dass die vor dem
14. Jänner 1506 entstandenen Laokoondarstellungen deutlich von denen unterschieden werden können, die in Kenntnis des aufgefundenen Bildwerks geschaffen
wurden: An seinem Vorbild kam von diesem Tage an niemand mehr vorbei. „Eine
schier unüberschaubare Flut von plastischen Nachbildungen“, für die Kat. 43 ein
Beispiel gibt, „Nachstichen und Nachzeichnungen durchtränkte die Phantasie der
Künstler vom 16. bis ins 19. Jahrhundert.“[8] Nichts anderes freilich ist zu erwarten,
wurde das Bildwerk doch bereits am Tage seiner Auffindung als das *opus omnibus
et picturae et statuariae artis praeferendum* angesprochen, als das Plinius im 36.
Band seiner *Naturalis historia* eine Skulptur desselben Themas als ein allen anderen
Werken der bildenden Kunst überlegenes Kunstwerk besingt.[9] Zur Aufstellung des
Laokoon im neu errichteten Belvedere des Vatikans durch seinen Käufer Papst Julius
II. bereits im Sommer des Fundjahres verfasste Jacopo Sadoleto ein Festgedicht auf
das *divinae simulacrum artis*, das „Bildwerk göttlicher Kunst; die alten Gelehrten
kannten / kein edleres. Jetzt sieht es wieder, befreit aus dem Dunkel, / des wie-
dererstandenen Rom wehrhafte Mauern.“[10] Diese steingewordene Inkunabel der
Renaissance war, wie Winckelmann (Kat. 13) ohne Abstriche auch 250 Jahre später
noch für seine Zeit enunziiert, „den Künstlern im alten Rom eben das, was er uns
ist; des Polyclets Regel; eine vollkommene Regel der Kunst.“[11]

Frühe Vorgänger der bildlichen Darstellung des Laokoon sind unter den
Pompejianischen Wandmalereien zu finden, so in situ das Fresko in der Casa del
Menandro (Abb. 2) sowie im Neapler Museo Archeologico Nazionale ein aus Pompeji transloziertes Fresko aus der Casa di Laocoonte.[12] Noch bekannter freilich ist
die Miniatur auf fol. 18v des um 400 n. Chr. entstandenen *Vergilius Vaticanus* (Abb.
3),[13] die eine skulptural anmutende Darstellung des Laokoon enthält, die große Ver-
wandtschaft mit der Wiedergabe des Laokoon auf der Rückseite einiger zwischen
356 und 394 n. Chr. geprägter Kontorniaten zeigt,[14] von denen gelegentlich gar
behauptet wird, ihnen habe bereits der seinerzeit noch zugängliche *Laokoon* zur
Vorlage gereicht.[15] Unter den neuzeitlichen Darstellungen, die vor dem 14. Jänner
1506 zur Ausführung gelangten,[16] sei hier nur Filippino Lippis wohl bereits 1492
abgebrochenes Freskenprojekt im Vestibül der Villa Lorenzos de’ Medici in Poggio
a Caiano angeführt, das auch eine Beschreibung bei Vasari erhalten hat, ohne dass
dieser das Motiv erkannt zu haben scheint.[17] Ein in den Uffizien bewahrter Entwurf
Lippis zeigt Laokoon mit schlangenumwundener ausgestreckter Rechten an seinem
Altar mit dem Tode ringend (Abb. 4);[18] auf dieses Projekt der Medici in Poggio a
Caiano wird noch einmal am Fuße dieser Zeilen zurückzukommen sein.

Nach dem 14. Jänner 1506 freilich „stehen alle Darstellungen Laokoons
im Bann der antiken Gruppe, selbst wenn man zuweilen ihrer Wirkung bewußt
auszuweichen trachtet.“[19] Doch nicht nur die Wiedergabe dieses Bildthemas, ganz
generell kamen viele bildliche Vorführungen starken Schmerzes fortan nicht ohne

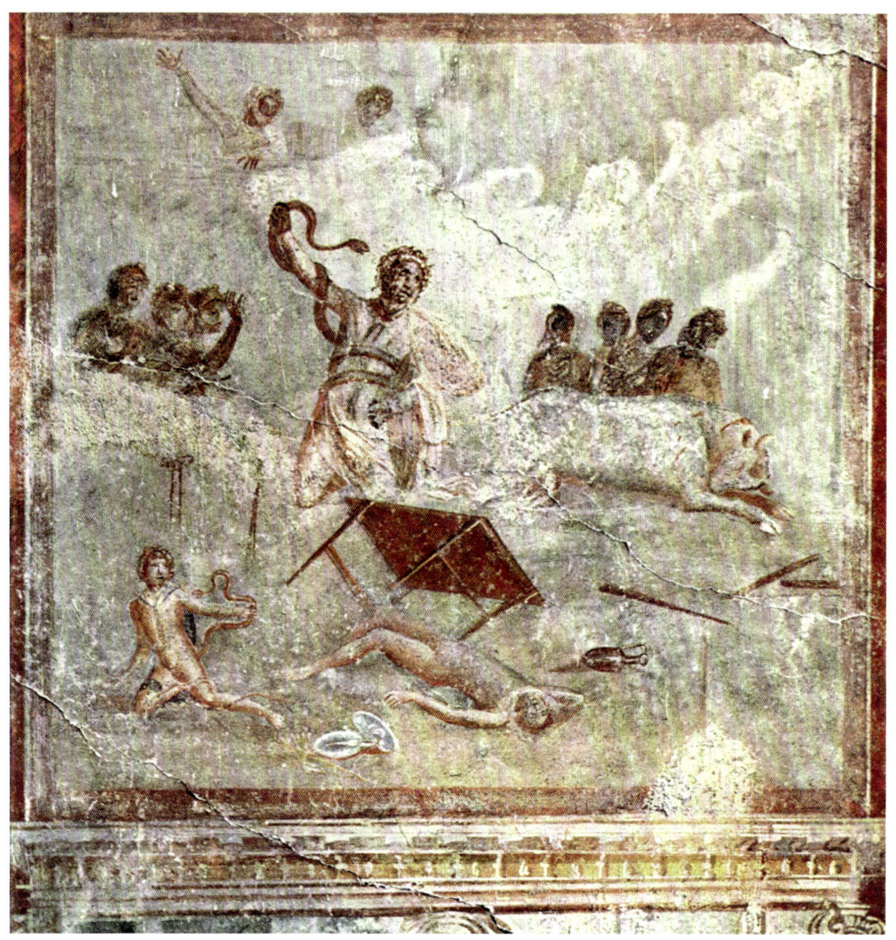

situ (fig. 2), e un affresco proveniente dalla Casa di Laocoonte, oggi conservato al Museo archeologico nazionale di Napoli[12]. Ancora più nota è sicuramente la miniatura del fol. 18v del *Virgilio Vaticano* (400 d.C.) (fig. 3)[13], contenente una rappresentazione influenzata da un modello scultoreo del *Laocoonte* molto vicino alla riproduzione del *Laocoonte* visibile sul *recto* di diversi contorniati coniati tra il 356 e il 394 d.C.[14], che alcuni studiosi ritengono a loro volta ispirati al gruppo del *Laocoonte* Vaticano, all'epoca non ancora perduto[15]. Tra le rappresentazioni della prima età moderna, anteriori al 14 gennaio del 1506[16], ci sarebbe solo il progetto di Filippino Lippi per un affresco nel vestibolo della villa di Lorenzo de' Medici a Poggio Caiano, progetto già naufragato nel 1492, ma di cui abbiamo una descrizione di Vasari, che tuttavia non sembra aver riconosciuto il soggetto[17]. Uno schizzo di Lippi conservato agli Uffizi, mostra Laocoonte con il braccio destro disteso, stretto tra le spire dei serpenti, mentre lotta con la morte in prossimità dell'altare (fig. 4)[18]; sul progetto della villa medicea di Poggio a Caiano torneremo alla fine di questo saggio.

"Tutte le raffigurazioni di Laocoonte successive al 14 gennaio del 1506 s'ispirano inequivocabilmente al gruppo antico, anche quando a volte tentano consapevolmente di sottrarsi alla sua influenza"[19]. E questo si riscontra non solo a livello della generica resa del tema mitologico classico, ma anche in partico-

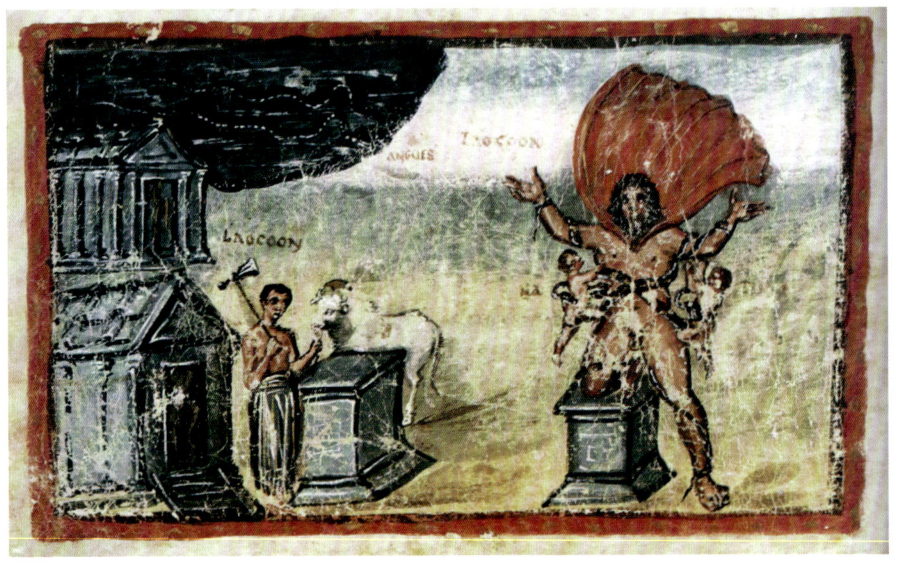

Abb. 3 *Tod des Laokoon*, um 400 n. Chr., Miniatur, Vergilius Vaticanus, fol. 18v., Biblioteca Apostolica Vaticana, Rom, Città del Vaticano

Fig. 3 *Morte di Laocoonte*, circa 400 d.C., miniatura, *Virgilio Vaticano*, fol. 18v, Biblioteca Apostolica Vaticana, Roma, Città del Vaticano

die Referenz dieses als *Exemplum doloris* ausgewiesenen Bildwerks aus. Neben den allbekannten Verarbeitungen des Typus *Laokoon* – Tizians auferstandener *Christus und Heiliger Sebastian* des 1520 bis 1522 entstandenen Averoldi-Altars in SS. Nazaro e Celso in Brescia (Abb. 5), Domenico Beccafumis in den 1520er-Jahren entstandener *Selbstmord des Cato von Utica* im Deckenfresko des Sieneser Palazzo Venturi, Michelangelos Pantokrator des *Jüngsten Gerichtes* an der Stirnseite der Sixtinischen Kapelle, entstanden 1536–1541, Gianlorenzo Berninis um 1656/1657 für die Cappella Chigi gemeißelter *Daniel in der Löwengrube* in S. Maria del Popolo in Rom, aber auch amüsante Verballhornungen wie Pieter Bruegels des Älteren trinkender Bauer in der Vorlage von 1568 (Abb. 6)[20] für den Kupferstich *Aestas*[21] – sei als letztes und zeitlich zudem außerordentlich frühes Beispiel die in den Älteren Kunsthistorischen Sammlungen des Ferdinandeums bewahrte, um 1510 geschaffene Plakette eines unbekannten Erzgießers nach Galeazzo Mondella genannt (Kat. 21). Sie zeigt als Teil des Passionsgeschehens den gegeißelten Christus in der unverkennbaren Pose des *Laokoon*, die beiden Peiniger ersetzen die Söhne, Christi Fesseln und die Geißel des linken Peinigers alludieren die Schlangen der antiken Vorlage. Der Bildhauer Gérard van Opstal, eingeladen, am 2. Juli 1667 die dritte Conférence an der Akademie in Paris zu übernehmen, hatte den *Laokoon* zu seinem Thema gewählt und beschloss seine Ausführungen mit dem Hinweis, Tizian, der „mehr in die Schönheit der Farben als in die Größe der Zeichnung verliebt gewesen"[22] sei, habe sich durch diese inflationäre Bildaneignung zu der spöttischen Zeichnung veranlasst gesehen, die Niccolò Boldrini als Holzschnitt ausgeführt habe (Kat. 36): „Damit habe er zu verstehen geben wollen, daß die Maler, die sich so eng an diese Statue hielten, nur wie Affen seien, die nur das, was andere vor ihnen geschaffen hätten, nachahmten, statt aus sich selbst Dinge hervorzubringen."[23]

III.

Allemal ikonografisch ist dieser Transfer erstaunlich, wenn die problematische Thematik der in Betracht kommenden, im *Laokoon* zur Ausführung gelangten my-

142

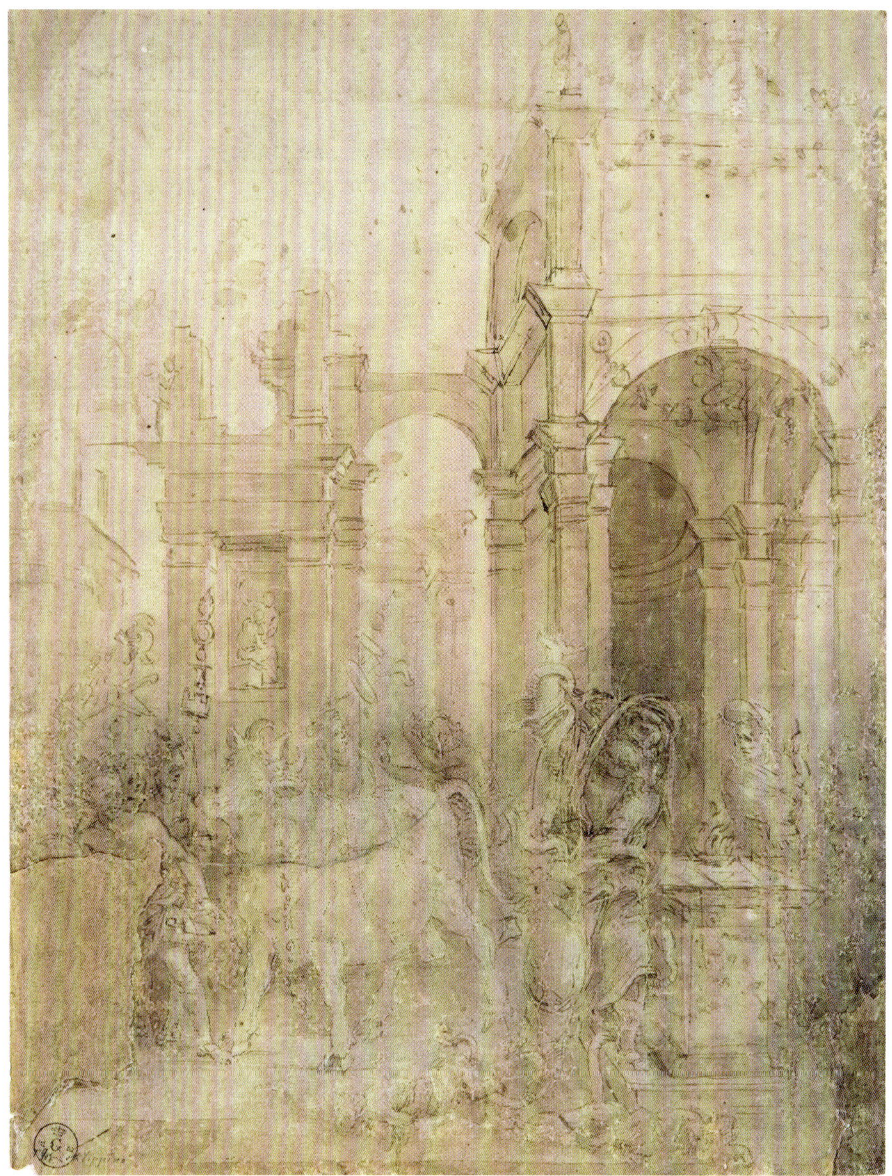

lare nella raffigurazione dell'esasperazione del dolore. Il *Laocoonte* del Vaticano diventa *exemplum doloris* nella celeberrima reinterpretazione che Tiziano ne dà nella *Resurrezione di Cristo* e nel *San Sebastiano* del *Polittico Averoldi*, realizzato tra il 1520 e il 1522 per la chiesa dei SS. Nazaro e Celso a Brescia (fig. 5). Lo stesso può dirsi del *Suicidio di Catone a Utica* che Domenico Beccafumi dipinge, negli anni venti del Cinquecento, sul soffitto di palazzo Venturi a Siena, o del Cristo del Giudizio universale nella cappella Sistina (1536-1541), o di *Daniele nella fossa dei leoni* scolpito da Gianlorenzo Bernini intorno al 1656/1657 per la cappella Chigi in S. Maria del Popolo a Roma. Non mancano anche divertenti caricature come quella del contadino brillo di Pieter Bruegel il Vecchio in un disegno preparatorio del 1568 (fig. 6)[20] per la calcografia intitolata *Aestas*[21]. Da ultimo vale la pena ricordare, in quanto esempio particolarmente precoce dell'associazione

143

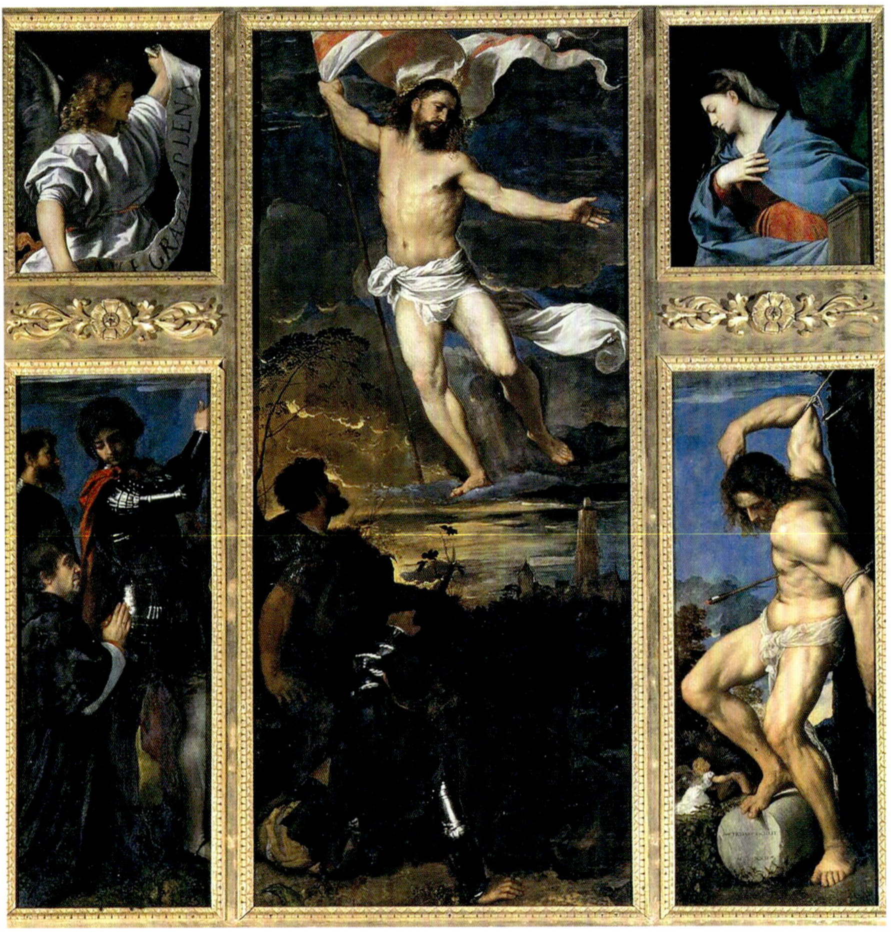

thologischen Vorlagen bedacht wird: Vergils *Aeneis* berichtet,[24] wie schon der nur fragmentarisch überlieferten *Iliu persis* des Arktinos von Milet zu entnehmen ist,[25] Laokoon sei wegen seiner Warnung vor dem Trojanischen Pferd und seinem darin liegenden Aufruhr und Verrat am Willen der Götter bestraft worden. Andere wissen davon, Laokoon habe gegen die zölibatäre Lebensweise eines Priesters verstoßen und sich zudem der Tempelschändung schuldig gemacht; in seinem Kommentar zu Vergils *Aeneis* führt Servius dazu Euphorions Tragödie über Laokoon an, wonach Laokoon dafür bestraft worden sei, vor dem Kultbild des Apollon seine Gattin Antiope beschlafen zu haben. Dieser Frevler also, der „herrliche Verbrecher" nach den Worten Wilhelm Heinses, verwandelt sich, geläutert zu einem *Exemplum doloris*, in den gegeißelten, auferstandenen und richtenden Christus.

Doch sind es nicht nur die dem *Laokoon* anhaftenden moralischen Defekte, denen das neuzeitliche Kunstgeschehen zu Leibe rückte, auch in kompositorischen Angelegenheiten erschien das Bildwerk verbesserungsbedürftig. Im 17. Jahrhundert verlagerte sich das Interesse an der Erscheinung des *Laokoon* von einer manieristischen Dramatisierung der Gruppe noch im 16. Jahrhundert hin zu seinen plastischen Qualitäten. Um die alsbald für defizitär angesehene Einansichtigkeit[26] der Laokoon-Gruppe zu ermäßigen (Abb. 7), beraubte Adrian de Vries mit seiner Nachschöpfung des antiken Bildwerks um 1623[27] Laokoon kurzerhand seiner bei-

del Laocoonte al tema del dolore, una placchetta oggi conservata tra le Ältere Kunsthistorische Sammlungen del Ferdinandeum, realizzata intorno al 1510 da un anonimo fonditore in bronzo citato da Galeazzo Mondella (cat. 21). In essa è ritratta una scena della Passione nella quale Cristo flagellato assume la posa inconfondibile del sacerdote troiano, gli aguzzini figurano al posto dei figli, mentre le catene di Cristo e il flagello del carceriere sulla sinistra evocano i serpenti del gruppo scultoreo antico. Invitato il 2 luglio del 1667 alla terza Conférence dell'Accademia di Parigi, lo scultore Gérard van Opstal concludeva il suo intervento sul tema del Laocoonte con un accenno al fatto che Tiziano, "più affascinato dalla bellezza dei colori che dalla grandezza del disegno"[22] sarebbe stato spinto dall'abuso dell'immagine del Laocoonte a realizzare una caricatura che sarebbe servita da modello per la xilografia di Niccolò Boldrini (cat. 36): "Con questa affermazione Tiziano stigmatizzava quei pittori che, rimanendo così pedissequamente fedeli al paradigma della statua antica, si comporterebbero come scimmie capaci soltanto d'imitare ciò che altri hanno creato, invece di realizzare qualcosa di personale"[23].

III.

Questo transfert iconografico *Laocoonte /exemplum doloris* stupisce particolarmente di fronte alla spinosa questione dei precedenti mitologici del gruppo antico. Nell'*Eneide* di Virgilio[24], come già nel frammentario *Iliu persis* di Arctino di Mileto[25], si racconta che Laocoonte sarebbe stato punito per essere andato contro la volontà degli dei, avendo messo in guardia i Troiani contro il cavallo di legno. Stando ad altre fonti, invece, Laocoonte avrebbe mancato al voto di castità legato alla sua condizione sacerdotale e si sarebbe reso per giunta colpevole della profanazione del tempio. Nel suo commento all'*Eneide*, Servio cita la tragedia di

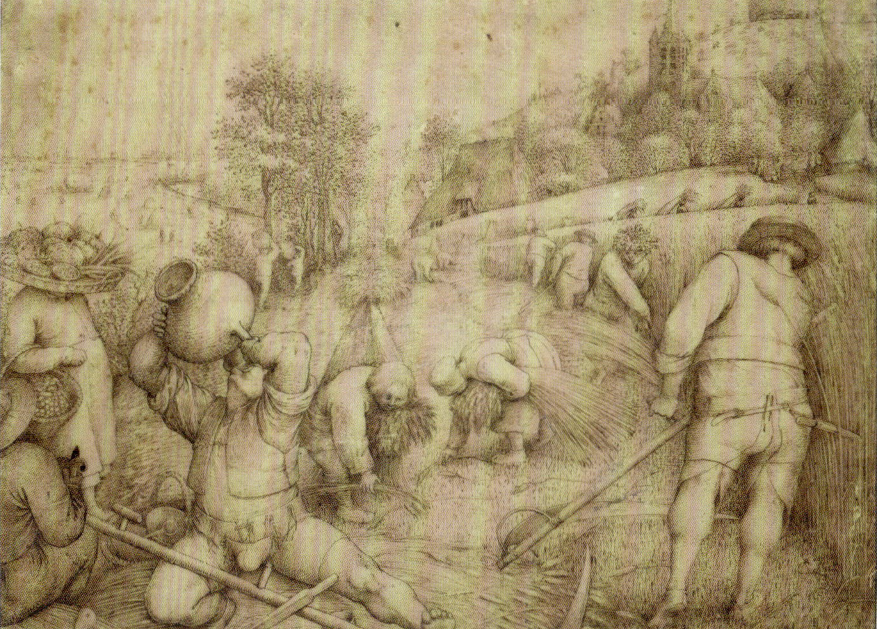

Abb. 6 Pieter Bruegel d. Ä., *Der Sommer. Landleute bei der Ernte*, 1568, Feder in Braun, Hamburger Kunsthalle

Fig. 6 Pieter Bruegel il Vecchio, *L'estate. La mietitura*, 1568, penna e inchiostro bruno, Hamburger Kunsthalle, Amburgo

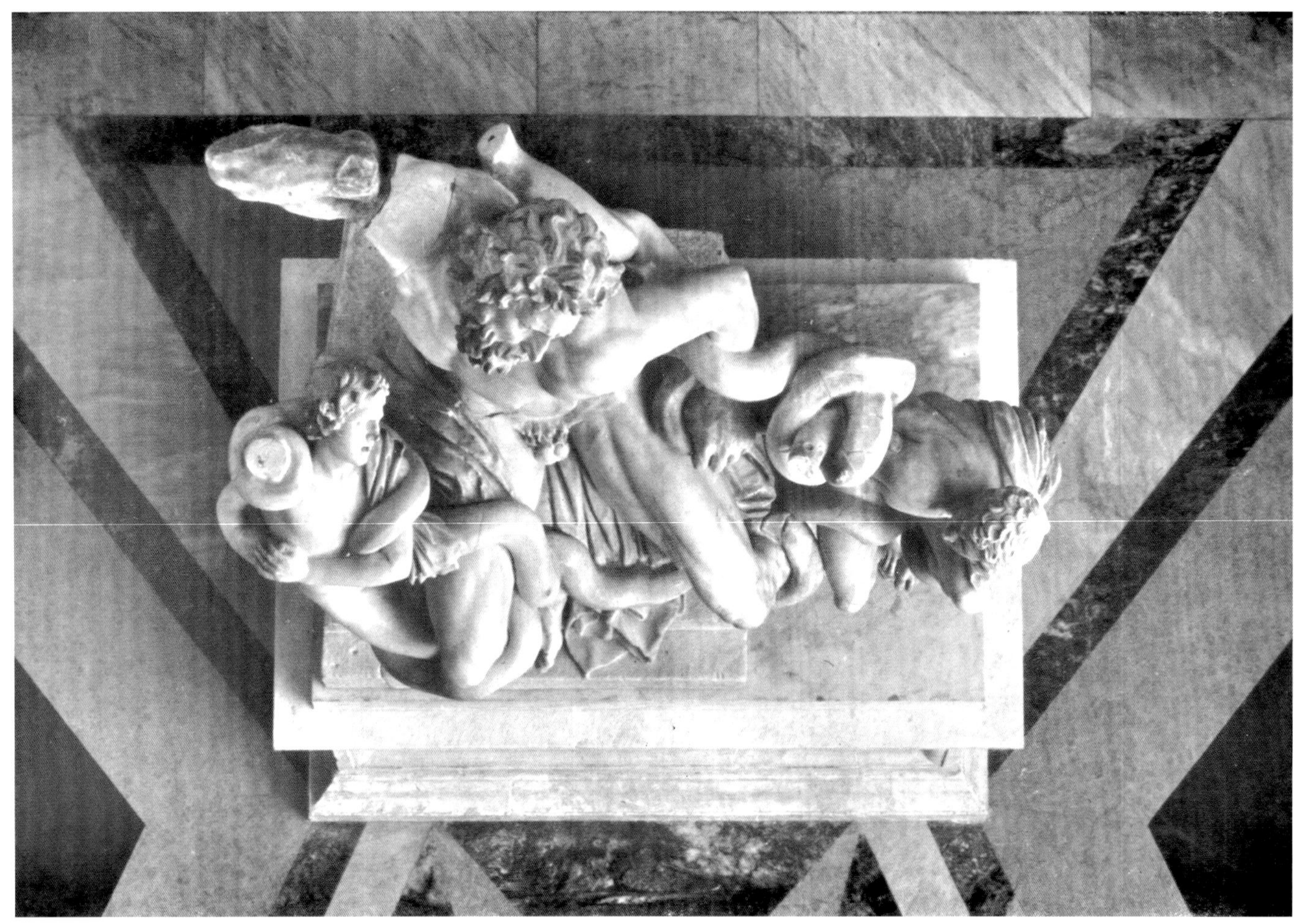

den flankierenden Söhne und überwand damit im kompositorischen wie buchstäblichen Sinne das Relief des antiken Vorbildes hin zu einer *Figura serpentinata* (Abb. 8). Aus der Unzahl von Detailstudien insbesondere der Mimik (Kat. 42) und Gestik des Laokoon und seiner Söhne spricht die barocke Affekten-Lehre. In der Nachfolge Rubens' etlicher originaler Zeichnungen und Kopien eigenhändiger Studien nach dem *Laokoon*[28] entstanden durch die Einnahme schräger Blickwinkel und der Wiedergabe ungewohnter Verkürzungen in barocker Verstoffwechselung des Bildwerkes Unmengen zu Papier gebrachter Erfassungen oder eher Begabungen plastischer Fülle mit dem Ziel, dem Stein die Anmutung seiner Verlebendigung zu verleihen (Kat. 31–34, 38–41).

Von Anbeginn war der Umgang mit der antiken Figurengruppe sonach ein außerordentlich invasiver, der nicht einmal vor der materiellen Substanz des antiken Bildwerkes selbst Halt machte. Stauffer-Bern beklagt die Politur, mit der die Skulptur entstellt worden sei, und die Ergänzung des zunächst verschollenen und 1905 auf nahezu wundersame Weise von Ludwig Pollak aufgefundenen,[29] 1957–1960 schließlich durch Filippo Magi mit dem Bildwerk vereinten originalen rechten Armes[30] beschäftigte Künstler, Kunsttheoretiker und Archäologen seit jeher, letztere gar bis auf den heutigen Tag. Die auf Empfehlung Michelangelos von seinem Mitar-

Euforione *Laocoonte*, in cui si racconta che il sacerdote sarebbe stato punito per aver posseduto la sua sposa Antiope davanti alla statua di Apollo. Questa figura negativa – "questo affascinante criminale" per dirla con Wilhelm Heinse – a seguito di un processo di trasfigurazione diventa *exemplum doloris*, e dunque Cristo flagellato, risorto e giudicante.

Oltre ai problemi morali legati alla figura di Laocoonte, gli artisti dell'età moderna si trovarono ad affrontare anche questioni più prettamente inerenti all'organizzazione compositiva dell'opera. Se nel Cinquecento ci si era focalizzati sulla drammatizzazione manieristica del gruppo, con il secolo successivo emerse in primo piano il tema del plasticismo. Per ovviare a quella che viene ora percepita come una limitante frontalità del gruppo antico (fig. 7)[26], nella sua copia del *Laocoonte* realizzata intorno al 1623[27], Adrian de Vries non si fa scrupolo di eliminare i due figli, collocati nell'originale accanto al sacerdote, e di trasformare di fatto il rilievo antico in una figura serpentinata (fig. 8). Dalla congerie di studi di dettaglio, soprattutto della mimica (cat. 42) e della gestualità di Laocoonte e dei suoi figli, emerge la teoria degli affetti barocca. Sulla scorta dei tanti disegni originali di Rubens e di copie di suoi studi autografi sul *Laocoonte*[28] vede la luce una quantità infinita di opere su carta che riproducono vedute di scorcio e

Abb. 8 Adriaen de Vries, *Laokoon*, um 1623, Bronze, vergoldet, Statens Museum for Kunst, Kopenhagen

Fig. 8 Adriaen de Vries, *Laocoonte*, circa 1623, bronzo dorato, Statens Museum for Kunst, Copenaghen

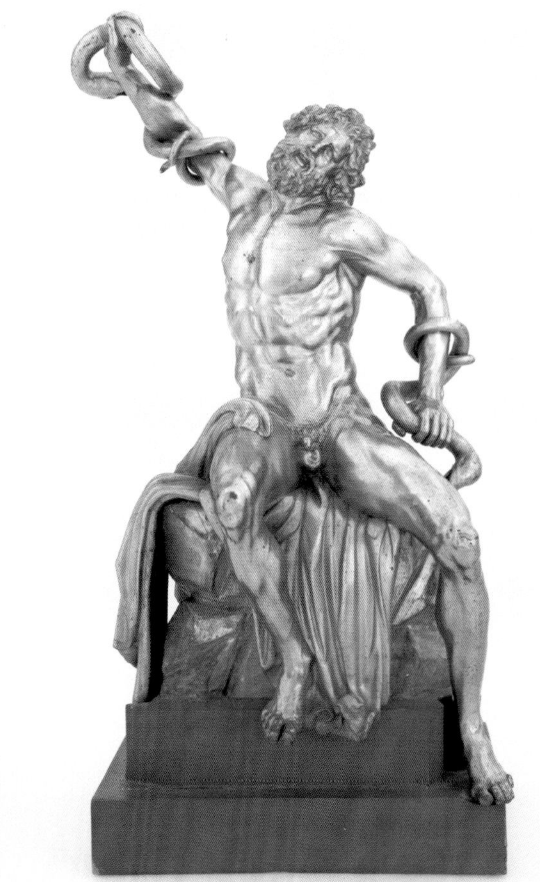

beiter Giovanni Angelo Montorsoli um 1532/1533 besorgte, wohl falsche Ergänzung eines ausgestreckten rechten Armes jedenfalls bestimmte bis zur restauratorischen Maßnahme Filippo Magis durch Jahrhunderte die herrschende Anschauung des Werkes (Abb. 9). Der von Montorsoli damit hergestellte „pathetisch–auftrumpfende Kontur"[31] des Bildwerkes blieb seitens der Künstlerschaft bis zuletzt nicht unangefochten, während in der akademischen und mitunter kunstfernen Betriebsamkeit am ausgestreckten Arme des *Laokoon* offenbar keine Langeweile aufkam (Kat. 27, 28, 30). Wenige Jahre nach Montorsolis Ergänzung war es gar dessen Lehrer Michelangelo selbst, der einen alternativen, nunmehr gebeugten Arm[32] meißelte und zu seiner Anbringung, die freilich nicht zur Ausführung gelangte, den originalen Schulteransatz des *Laokoon* noch weiter verstümmelte.[33] Terminus post quem dieses massiven Eingriffs ist das Jahr 1540. Der in der Schlacht bei Marignano siegreiche Franz I. von Frankreich hatte sich vom unterlegenen Papst Leo X. eine Überstellung des Originals oder wenigstens eine Wiederholung des *Laokoon* durch Baccio Bandinelli ausbedungen. Nachdem dieses Verlangen über Jahrzehnte unerhört geblieben war, veranlasste der König 1540 eine Gipsabformung des Bildwerkes, um sich von Francesco Primaticcio in Fontainebleau einen Bronzeabguss des Laokoon[34] anfertigen zu lassen. Dieser Abguss weist die dem Original zugefügte Verstümmelung noch nicht auf, so wie er überhaupt sich aller Ergänzungen enthält;[35] offenkundig hielt man in Fontainebleau den Streit um eine korrekte Rekonstruktion des rechten Armes noch nicht für entschieden.

Über alle Anläufe, es mit einem gebeugten Arm zu versuchen, obsiegte der Hang und Drang zum ausgestreckten Arm, alternative Entwürfe wurden auf Papier und in Nachschöpfungen ausgetragen: So zeigen Kat. 21 und Kat. 43 den Laokoon mit gebeugtem Arm, wie zuvor schon Beccafumi in seinem oben genannten Fresko sich auf einen geradezu verzerrt angewinkelten Arm festgelegt hatte; auch Tizians Spottbild (Kat. 36) zeigt den Affen-Laokoon mit seitenverkehrungsbedingt gebeugtem linken Arm. Baccio Bandinellis schon erwähnte Ausführung bevorzugt den gebeugten, nicht den ausgestreckten Arm – nach Bandinellis von Vasari überlieferter Selbstauskunft gedachte der Bildhauer mit seiner Kopie und den von ihm am Original zu besorgenden Bildhauerarbeiten die antike Skulptur noch zu übertreffen (siehe Abb. 11 auf S. 81). Weitere Beispiele sind die um 1535 entstandene Zeichnung des Amico Aspertini,[36] in der die Anlage des rechten Armes der durch Magi über 400 Jahre später erreichten Rekonstruktion erstaunlich nahe kommt. Auch Johann Heinrich Dannecker gelangte in seinen um 1785 zu Papier gebrachten „Aufzeichnungen zum Laokoon" zu einer ganz entsprechenden Auffassung.[37]

Einen drastischen, gleichwohl nicht unmittelbar ins Auge fallenden Beitrag zu dieser Querelle liefert der 1531, also in zeitlichem Zusammenhang der umstrittenen Montorsoli-Ergänzung, nach einer Zeichnung Bandinellis entstandene Kupferstich des Agostino Veneziano, der Bandinellis Zeichenakademie im vatikanischen Belvedere zeigt (Abb. 10).[38] Die Mitglieder der Akademie sind hier beim Zeichnen der Bildwerke im Kerzenschein angetroffen, dessen flackerndes Licht offenbar auch die Fantasie des Stechers belebt hat; so achte man auf die mittlere der im Hintergrund links auf dem Podest stehenden Statuetten, eine Mediceische Venus. Sie hält ihren rechten Arm, gewissermaßen in quantenmechanischem Vorgriff, in einer

singolari versioni ridotte del gruppo del Vaticano secondo una rielaborazione tipicamente barocca; non mancano peraltro anche virtuosistiche esibizioni di esuberanza plastica che mirano a restituire alla pietra la vitalità della carne (cat. 31-34, 38-41).

Fin dai primi tempi della sua scoperta, l'approccio al *Laocoonte* era stato particolarmente invasivo, arrivando addirittura a intaccare l'integrità fisica dell'opera. Stauffer-Bern criticava la lucidatura cui era stato sottoposto il gruppo, mentre da sempre il problema dell'integrazione del braccio destro, inizialmente perduto e poi quasi miracolosamente ritrovato da Ludwig Pollak[29], e riattaccato alla scultura tra il 1957 e il 1960 da Filippo Magi, ha visto impegnati artisti, storici dell'arte e architetti fino ai nostri giorni[30]. Tuttavia, fino all'intervento restauratore di Magi, l'immagine che per secoli aveva dominato dell'opera era stata quella caratterizzata dalla falsa integrazione di un braccio destro disteso realizzata intorno al 1532/1533 da un collaboratore di Michelangelo, Giovanni Angelo Montorsoli, su suggerimento dello stesso maestro (fig. 9). L'"accentuazione patetica"[31] che l'operazione di Montorsoli aveva conferito alla composizione di certo ha sollevato polemiche tra gli artisti fino in tempi recenti, mentre era stata serenamente accettata dal mondo accademico e da quello dei non addetti ai lavori (cat. 27, 28, 30). Alcuni anni dopo l'intervento di Montorsoli era stato lo stesso Michelangelo a scolpire un braccio sostitutivo, questa volta piegato[32], arrivando addirittura a danneggiare l'attacco originale della spalla della statua per procedere al suo fissaggio, che tra l'altro non fu mai effettuato[33]. Terminus post quem di questo pesante intervento è il 1540. Dopo la vittoria nella battaglia di Marignano, Francesco I di Francia aveva preteso dallo sconfitto pontefice Leone X il trasferimento dell'originale del *Laocoonte*, o quanto meno di una sua copia di mano di Baccio Bandinelli. Dopo decenni in cui queste richieste erano cadute nel vuoto, nel 1540 il re aveva ordinato un calco in gesso dell'opera, in modo che Francesco Primaticcio potesse ricavarne una copia in bronzo da collocare a Fontainebleau[34]. Quest'ultima non presenta ancora la mutilazione michelangiolesca, né figurano integrazioni[35], a dimostrazione del fatto che a Fontainebleau la questione di una ricostruzione filologicamente corretta del braccio destro non era stata ancora risolta.

Malgrado tra le varie versioni fosse alla fine prevalsa la scelta del braccio disteso, non mancano varianti a livello di disegni e di sculture che mostrano il Laocoonte con il braccio flesso, come cat. 21 e cat. n. 43, e il citato affresco di Beccafumi dove a essere piegato è addirittura il braccio sinistro, dettaglio quest'ultimo che caratterizza anche la caricatura di Tiziano con Laocoonte-scimmia (cat. 36). Per il suo *Laocoonte* Baccio Bandinelli preferì il braccio piegato; anzi, stando alla testimonianza di Vasari, l'artista avrebbe dichiarato che la sua copia e gli interventi di ripristino da lui eseguiti sulla statua antica avessero addirittura superato l'originale (cfr. fig. 11 a p. 81). Altre testimonianze in tal senso sono il disegno realizzato da Amico Aspertini intorno al 1535[36], in cui la postura del braccio destro della statua appare sorprendentemente simile alla ricostruzione effettuata più di 400 anni dopo da Magi, e i disegni su carta eseguiti da Johann Heinrich Dannecker intorno al 1785, contenenti anch'essi una versione del Laocoonte molto simile a quella di Magi[37].

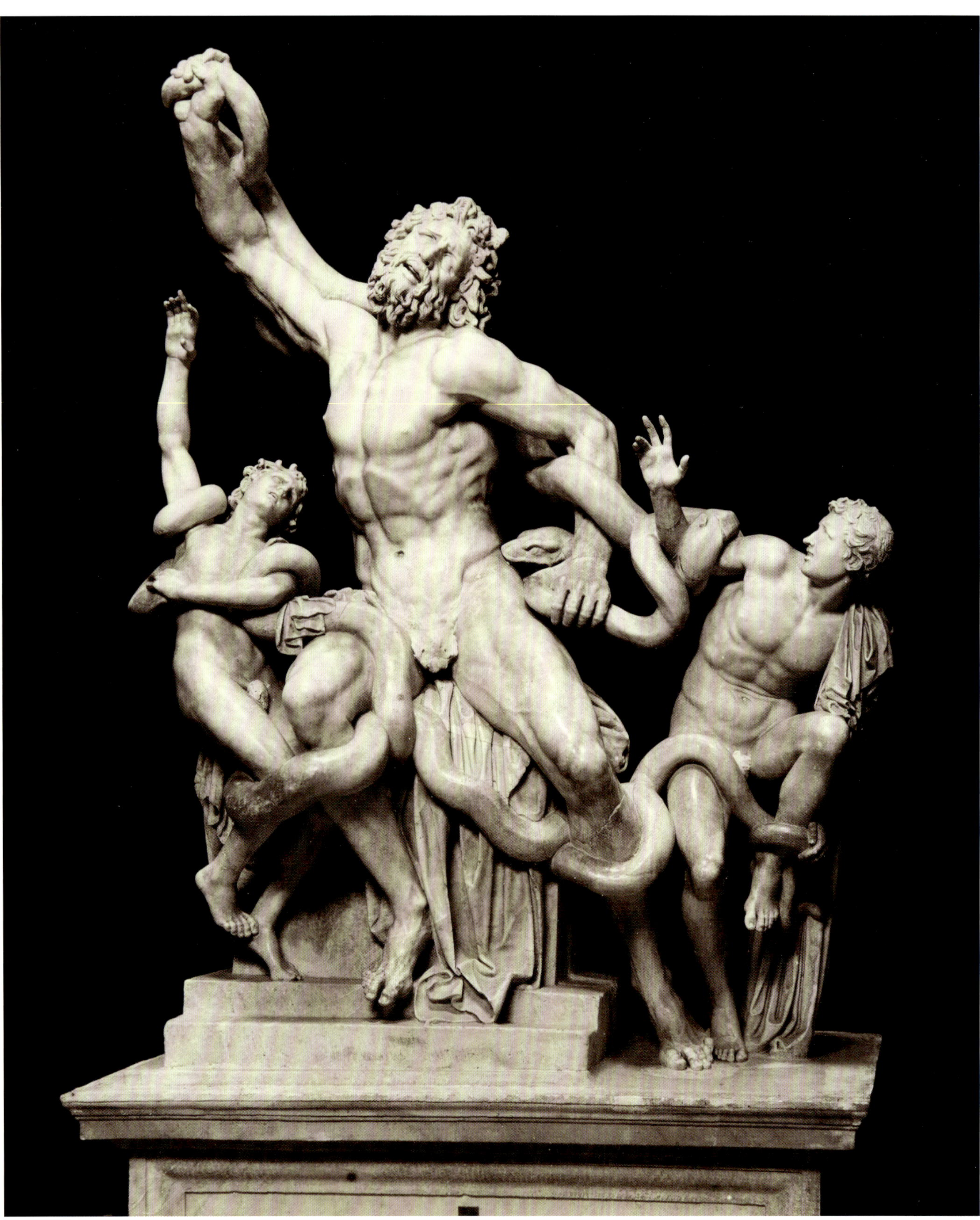

Un contributo a questa querelle, che rischia di sfuggire all'attenzione ma è invece molto significativo, è rappresentato da una calcografia del 1531, di fatto coeva al controverso restauro di Montorsoli, eseguita da Agostino Veneziano, su disegno di Bandinelli che mostra l'accademia di disegno dello stesso Bandinelli nel cortile vaticano del Belvedere (fig. 10)[38]. In essa figurano i membri della scuola impegnati a disegnare delle sculture al chiarore di una candela, la cui luce tremula ha acceso evidentemente anche la fantasia dell'incisore; delle tre statue visibili a sinistra sullo sfondo, poggiate su una pedana, soffermiamoci su una *Venere* medicea al centro. In una sorta di anticipazione delle teorie della meccanica quantistica, la figura ha il braccio destro levato e questo genera una sovrapposizione d'immagini che rinvia a due possibili posture: nella statua di pietra il braccio destro è portato con pudore davanti al corpo, come postula il tipo della *Venus pudica*, mentre in silhouette lo vediamo disteso.

IV.

Goethe stila per i suoi lettori una semplice guida alla corretta osservazione del *Laocoonte*: "Per capire veramente il *Laocoonte* occorre porsi a una giusta distanza, prima chiudendo gli occhi, poi aprendoli, poi chiudendoli subito di nuovo: così facendo si vedrà l'intero gruppo muoversi tanto da temere, una volta riaperti gli occhi, che tutto sia cambiato"[39]; è lo stesso effetto che si riscontra nella calcografia con l'accademia di disegno di Bandinelli "qualora si osservi il gruppo di notte alla luce di una candela", una moda, quella di ammirare le opere d'arte al lume di candela, che avrebbe preso piede nel Settecento[40]. Anche Lessing, nel suo *Laocoonte ovvero sui confini della pittura e della poesia*, parla, a proposito del Laocoonte, di questo momento d'illuminazione: "Quanto più vediamo, tanto più riusciamo a immaginare. Quanto più immaginiamo, tanto più crediamo di vedere"[41]. Che si tratti di questo attimo d'illuminazione, o della luce rivelatrice della candela, o ancora di una certa sensazione di disagio che si prova al cospetto del *Laocoonte* in generale e alla vista del restauro del suo braccio destro in particolare, si ha comunque l'impressione dell'esistenza di qualcosa che trascende il gruppo scultoreo, come se il *Laocoonte* del Belvedere alludesse a qualcosa "altro", che va oltre l'opera stessa. Winckelmann attribuiva il gruppo al periodo classico "nel suo momento di massimo splendore" per il semplice fatto "di meritarlo"[42], ma il classicismo del grande erudito tedesco era così distante dal nostro tanto discusso *Laocoonte* che al suo occhio felice sfuggiva del tutto la palese, come insanabile discrepanza esistente tra quest'ultimo e il *Doriforo* di Policleto che lui stesso citava, ma che obbedisce a tutt'altre regole[43]. Fin dai suoi primi approcci al *Laocoonte* Wilhelm Heinse riteneva "comico che proprio il Laocoonte venisse additato come un esempio dell'ideale di bellezza dei Greci", chiedendosi meravigliato "che cosa di seducente potesse esserci in un corpo dilaniato dagli effetti del veleno"[44]. Con felice intuizione, Christian Gottlob Heyne aveva assimilato la querelle del suo tempo sul *Laocoonte* alle fittizie battaglie di un don Chisciotte, alle cui fantasie "manca soltanto un oggetto reale, o almeno ben definito"[45]. Quell'avvertimento scagliato dal sacerdote insieme alla lancia, e ancora leggibile sulle sue labbra, a guardarsi dai Greci anche quando recano doni, espresso negli aulici versi virgiliani *timeo Danaos et dona ferentes*,

151

Superposition, in der Überlagerung zweier möglicher Zustände: In der Steinausführung ist der rechte Arm, wie für den Typus der Venus pudica zu wünschen, schamhaft vor den Körper geführt, im Schattenbild indessen sehen wir ihn – ausgestreckt.

IV.

Goethe gibt seinen Lesern zur rechten Betrachtung des *Laokoon* eine nicht unkomplizierte Anleitung an die Hand: „Um die Intention des Laokoons recht zu fassen, stelle man sich in gehöriger Entfernung, mit geschlossnen Augen, davor, man öffne sie und schliesse sie sogleich wieder, so wird man den ganzen Marmor in Bewegung sehen, man wird fürchten, indem man die Augen wieder öffnet, die ganze Gruppe verändert zu finden.“[39] Wie in Bandinellis Zeichenschule entstehe dieselbe Wirkung, „wenn man die Gruppe Nachts bey der Fakel sieht“, eine im 18. Jahrhundert aufkommende Mode des Kunstgenusses im Fackelschein.[40] Hierin liegt ein Anwendungsfall des fruchtbaren Augenblicks, den Lessing in seinen Überlegungen *Über die Grenzen der Mahlerey und Poesie* am *Laokoon* verwirklicht sah: „Je mehr wir sehen, desto mehr müssen wir hinzudenken können. Je mehr wir dazu denken, desto mehr müssen wir zu sehen glauben.“[41] Sei es dieser im Bildwerk festgehaltene fruchtbare Augenblick, sei es der diesen entbergende Flackerschein, sei es das Unbehagen am *Laokoon* im Allgemeinen oder an den Weisen der Rekonstruktion seines rechten Armes im Besonderen, etwas scheint über das vor uns stehende Bildwerk hinauszutreiben, als deute der *Laokoon* im Belvedere auf etwas, das jenseits von ihm liegt, als verweise er auf ein Drittes. Winckelmanns Klassizismus entfernte sich gar so weit von dem traktierten Bildwerk, dass er es der Zeit der Klassik „in ihrer vollkommensten Blüte“ schon deshalb gab, „weil es daraus zu sein verdiente“,[42] übersah Winckelmanns sonst so glückliches Auge dabei die offenkundige wie unüberbrückbare Diskrepanz zu dem von ihm selbst angeführten Polyklet,[43] dessen *Doryphoros* so gänzlich anderen Regeln gehorcht als der *Laokoon*. Wilhelm Heinse wunderte sich bereits bei seinen ersten Begegnungen mit dem Laokoon, es sei schon „komisch, daß man gerad beym Laokoon hat beweisen wollen, daß die Griechen alles ins schöne gearbeitet haben, als ob ein Körper von Gift durchwüthet und angeschwollen so reizend wäre.“[44] Christian Gottlob Heyne mag all dies aufgefallen sein, als er zur Laokoon–Debatte seiner Zeit schrieb, sie gleiche den imaginativen Gefechten eines Don Quixote, dessen Fantasien „nichts weiter fehlt, als nur – ein wirklicher, oder doch ein bestimmter Gegenstand“.[45] Die Laokoon zum Untergang gereichende Warnung vor den Griechen, namentlich sein zum geflügelten Wort nobilitiertes, dem Trojanischen Pferd mitsamt seinem Speer entgegengeschmettertes *timeo Danaos et dona ferentis*, „ich fürchte die Danaer, auch wenn sie Geschenke bringen“, mag noch immer von seinen Lippen abzulesen sein, bei der Beurteilung des Bildwerkes aber wurde ihr möglicherweise nicht die gebotene Aufmerksamkeit gegeben. Welchem Danaergeschenk mögen wir aufgesessen sein?

Kehren wir dazu nochmals zurück zu der Frage nach dem disruptiven Moment, den wir bislang in der Auffindung des *Laokoon* am 14. Jänner 1506 sahen, nachdem er über ein Jahrtausend vergraben und den Blicken der Menschen entzogen im Erdboden Roms seiner Entdeckung harrte. German Hafner[46] hat darauf aufmerksam gemacht, dass ein anderes Ereignis für den Fortgang des Geschehens

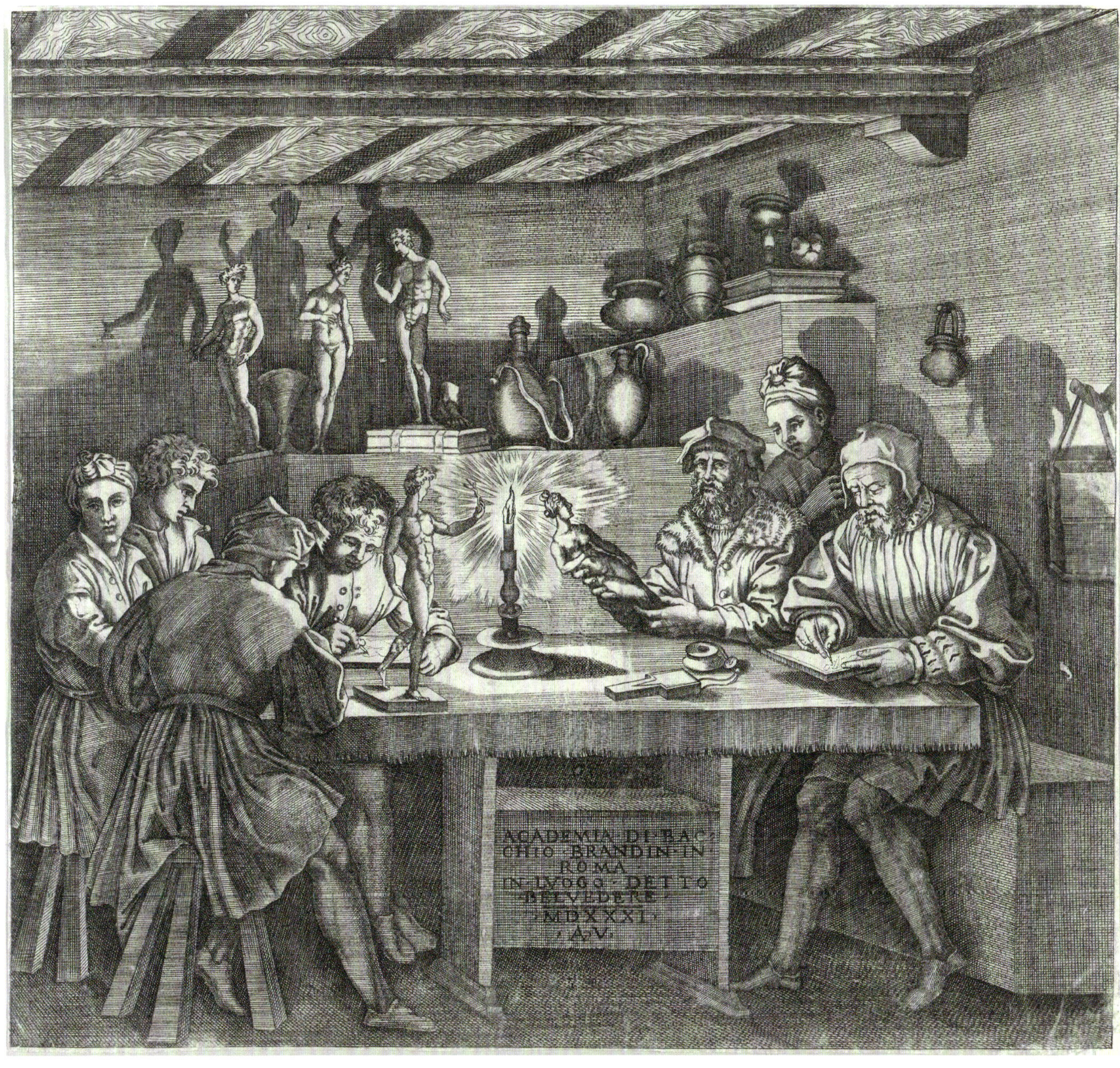

Abb. 10 Agostino Veneziano nach
Baccio Bandinelli, *Akademie-
Zeichnen bei Kerzenlicht*, 1531,
Kupferstich, Metropolitan Museum
of Art, New York

Fig. 10 Agostino Veneziano,
*Accademia di disegno al lume
di candela*, 1531, calcografia
su disegno di Baccio Bandinelli,
Metropolitan Museum of Art,
New York

era invece un aspetto cui non si era data la giusta attenzione nella considerazione dell'opera. E allora chiediamoci: con quali doni possono ingannarci i Greci?

Torniamo al punto di svolta che, come si è visto, è rappresentato da quel lontano 14 gennaio 1506, giorno in cui, dopo essere rimasto sepolto per più di un millennio tra le viscere di Roma, il *Laocoonte* si era nuovamente rivelato alla vista degli uomini. German Hafner[46] ha richiamato l'attenzione su un episodio ancora più gravido di conseguenze per il prosieguo degli eventi, del rinvenimento stesso dell'opera. Si tratta di un fatto accaduto il medesimo giorno della scoperta del *Laocoonte*, a distanza di alcune ore, e narrato in una lettera che Francesco da

noch weitaus verhängnisvoller war als die Auffindung des Bildwerkes selbst. Dieses Ereignis geschah am selben Tag der Entdeckung, nur wenige Stunden später, und ist in einem Brief des Francesco da Sangallo festgehalten, den dieser als über Siebzigjähriger am 28. Februar 1567 an Monsignore Spedalengo geschrieben hat. Francesco gibt darin aus gewiss großer zeitlicher Distanz Bericht – ein Vergleich zu Goethes lange nach seiner Reise verfasste Beschreibung mag sich manchem an dieser Stelle aufdrängen –, wie sein Vater, der Architekt Giuliano da Sangallo, am 14. Jänner 1506 zu einer Grabung gerufen wurde, die Felix De Fredis auf seinem nahe der Basiliken S. Maria Maggiore und S. Pietro in Vincoli gelegenen Grundstück unternahm. Es hatte sich an diesem Tag in Rom das Gerücht eines Fundes verbreitet, über den Papst Julius II. Auskunft zu erhalten wünschte. Mit seinem damals neunjährigen Sohn Francesco sowie Michelangelo trat Giuliano da Sangallo zu Fuß den Weg durch die Stadt an. Am Fundort eingetroffen, führte man die drei an ein Loch, das De Fredis in ein von ihm ausgegrabenes Gewölbe gebrochen hatte, und sie blickten in einen Raum. Dort erspähte Sangallo den *Laokoon*, und nach dem Zeugnis seines Sohnes habe dieser sogleich ausgerufen, „quello è Laocoonte, di cui fa mentione Plinio“:[47] Dies ist der Laokoon, den Plinius erwähnt. Noch im selben Monat überbringt Giovanni Sabatino de li Arienti der Marchesa von Mantua den Bericht eines Unbekannten, wonach in Rom der von Plinius beschriebene Laokoon gefunden worden sei,[48] und am 14. Februar 1506 sendet Giovanni Cavalcanti aus Rom an Luigi di Piero Guicciardini nach Florenz eine Beschreibung des Fundes, die ganz selbstverständlich die Abhängigkeit der Pliniusstelle von dem gefundenen Bildwerk voraussetzt.[49] Selbst die bald von Michelangelo dem Bildhauer Michele Christofano bemerkten wenigstens vier Fugen[50] konnten diese Überzeugung nicht mehr erschüttern, obwohl ihre Entdeckung das Bildwerk in einen unabweisbaren Widerspruch zur Beschreibung des Plinius brachte, nach der dieses *ex uno lapide*, aus einem Stein geschlagen worden sei; Plinius, so der die Beobachtung der beiden Bildhauer überliefernde Humanist Cesare Trivulzio im Fundjahr 1506, habe sich nach deren Einschätzung eben geirrt oder die Unwahrheit gesagt, um das Werk umso bewundernswerter erscheinen zu lassen.[51]

Wie aber kam der Architekt Giuliano da Sangallo überhaupt darauf, wohlgemerkt im Beisein des dazu stummen Michelangelo, eine solche belesene Identifikation vorzunehmen? Dazu muss noch einmal an das oben erwähnte, unvollendete Freskenprojekt des Filippino Lippi für die Villa Lorenzos de’ Medici in Poggio a Caiano erinnert werden, deren Vestibül Filippino Lippi bis 1492 mit dem *Tod des Laokoon* freskierte und zu dem sich ein Entwurf Lippis erhalten hat (Abb. 4). Giuliano da Sangallo aber war der Architekt dieser Villa und daher wird ihm die bei Plinius gegebene Beschreibung des *opus omnibus et picturae et statuariae artis praeferendum*, des allen anderen Werken der bildenden Kunst überlegenen Kunstwerkes, aus den Diskussionen mit Lippi geläufig gewesen sein.[52] Lippis Fresko des gleichen, nicht gerade häufigen Themas wird Sangallo in den Sinn gekommen sein, als er die schlangenumwundene Figurengruppe erblickte, und infolge dieser verlockenden Koinzidenz, namentlich eines antiken literarischen Nachweises immerhin des bedeutendsten Kunstwerkes der Antike auf der einen und einer zumindest thematisch passenden Skulptur auf der anderen Hand, war eine Identifikation in der

Sangallo scrisse più di settant'anni dopo, il 28 febbraio del 1567, a monsignor Spedalengo. A distanza di parecchi anni – proprio come farà Goethe con il reportage del suo viaggio in Italia – Francesco raccontava di come suo padre, l'architetto Giuliano da Sangallo, il 14 gennaio del 1506, fosse stato chiamato nei pressi di uno scavo effettuato nel terreno di Felice de Fredis, situato nei pressi delle basiliche di Santa Maria Maggiore e San Pietro in Vincoli. Quel giorno era circolata a Roma voce di un ritrovamento del quale il pontefice Giulio II voleva essere informato. Giuliano, insieme al figlio Francesco allora di nove anni, e a Michelangelo, si era incamminato per la città. Giunti sul posto, De Fredis li aveva condotti presso un'apertura praticata in un ambiente voltato che lui stesso aveva dissotterrato e lì avevano visto il *Laocoonte*. Secondo la testimonianza del figlio, Giuliano avrebbe allora esclamato: "Quello è Laocoonte, di cui fa mentione Plinio"[47]. Quello stesso mese Giovanni Sabatino degli Arienti riferiva alla marchesa di Mantova il racconto di uno sconosciuto, secondo cui a Roma era stato rinvenuto il *Laocoonte* descritto da Plinio[48]; ancora, il 14 febbraio del 1506, in una lettera inviata da Roma a Firenze, Giovanni Cavalcanti descriveva a Luigi di Piero Guicciardini la scoperta del gruppo antico, dando come scontata l'esistenza di una relazione diretta tra la testimonianza di Plinio e la scultura dissotterrata[49]. Né sarebbe servito a scalzare questa convinzione il precoce rilevamento da parte di Michelangelo e dello scultore Michele Cristofano di almeno quattro punti di giunzione[50] presenti sulla statua, che palesemente contraddicevano la descrizione fatta da Plinio di un *Laocoonte* scolpito *ex uno lapide*, ossia da un unico blocco di pietra. Ai due scultori, l'umanista Cesare Trivulzio avrebbe risposto, nel 1506, che Plinio si era sbagliato o aveva mentito per far apparire l'opera ancora più degna di ammirazione[51].

Ma come era giunto l'architetto Giuliano da Sangallo, tra l'altro senza che Michelangelo presente avesse nulla da ridire al riguardo, a proporre questa identificazione erudita? Per capirlo torniamo al già citato progetto portato avanti fino al 1492, e mai ultimato, di Filippino Lippi per l'affresco con la *Morte di Laocoonte* nel vestibolo della villa di Lorenzo de' Medici a Poggio a Caiano, di cui è rimasto uno schizzo dello stesso Lippi (fig. 4). Non a caso Giuliano da Sangallo era l'architetto di questa villa e dunque sicuramente doveva conoscere la descrizione pliniana dell'*opus omnibus et picturae et statuariae artis praeferendum*, grazie alle sue discussioni con Lippi[52]. L'affresco di quest'ultimo, su un soggetto non proprio comune, dovette tornargli in mente nel momento in cui vide il gruppo avvolto tra le spire dei serpenti e dunque da questa suggestiva coincidenza tra un'antica testimonianza letteraria relativa a una delle opere più celebri dell'Antichità da un lato, e dall'altro un gruppo scultoreo proprio su questo tema, sarebbe nata un'identificazione che nessuno al mondo avrebbe più osato contestare. Troppo calzante l'identificazione proposta spontaneamente da Sangallo, troppo sensazionale il ritrovamento perché qualcuno potesse mettere seriamente in discussione questa fortunata casualità.

V.

Avvenne così quell'"isolamento" dell'opera sul piano della sua ricezione estetica di cui parla Malraux: due opere distinte, quella descritta da Plinio e quella sco-

Welt, der kaum jemand widerstehen konnte. Allzu glücklich erschien die spontane Identifikationsleistung Sangallos, viel zu sensationell der Fund, als dass jemand dieses bequeme Zusammentreffen ernsthaft infrage gestellt hätte.

V.

Auf diese Weise geschah die von Malraux angesprochene Vereinzelung des Werkes auf rezeptionsästhetischer Ebene: Aus zwei verschiedenen Bildwerken, namentlich dem von Plinius beschriebenen und dem am 14. Jänner 1506 aufgefundenen, wurde eines. Und so kommen beim *Laokoon* zwei Dinge zusammen: die Überzeugung, das großartigste Kunstwerk der Antike vor sich zu haben, und die Unmöglichkeit des aufgefundenen Bildwerks, diesen Anspruch einzulösen. Die daraus zwischen Antikensehnsucht und dem Wunsch, die Antike zu überwinden, sich entspinnende künstlerische Auseinandersetzung beruht sonach auf einem der folgenreichsten produktiven Missverständnisse der europäischen Kunstgeschichte. Und so erstaunt uns auch nicht länger die hier gezeigte Laokoon-Darstellung Marco Dentes (Kat. 35), die anders als Dentes antiquarisch korrekte druckgrafische Wiedergabe des unergänzten *Laokoon*[53] offenkundig mit dieser Figuren-Gruppe nichts, mit der Darstellung im Vergilius Vaticanus (Abb. 3) sowie den damit verwandten Kontorniaten einiges gemein hat, insbesondere die Pathosformel der ἱκεσία, der Hikesie, der Schutzsuche am Altar. Zu Kat. 29 existiert eine für den *Antiquarum statuarum urbis Romae liber primus* in Gegenrichtung gestochene Kopie des Giovanni Battista de' Cavalieri von 1584, deren Inschrift den abgebildeten *Laokoon* ausweist als *Lacoontis signum e marmore mira arte factum in pontificio Viridario Romae / Non quale a Virgilio ac Plinio sed cuiusmodi a graecis poetis describitur*: Ein Bildwerk des Laokoon von wundersamer Kunst ist in dem Garten des Papstes zu Rom, nicht wie es von Virgil und Plinius, sondern wie es von den Griechen beschrieben wird. Warum auch sollten wir auf das Kunsturteil des Verfassers einer *Naturalis historia* vertrauen, der nota bene als Naturwissenschaftler über die Malerei anlässlich einer Abhandlung über Mineralien, über Bronzeplastik in einem Werk über Metalle und über gemeißelte Kunstwerke in einem Buch handelt, das sich Steine zum Gegenstand genommen hat? Und so enthüllt sich uns eine weitere und letzte Parallele zu Goethes *Italienischer Reise*, die dieser ebenfalls und nicht zuletzt als eine naturwissenschaftliche Expedition geplant hatte.

Giovanni Battista Agucchi, ein Freund der Gebrüder Carracci, berichtet von einer Unterhaltung, die Agostino und Annibale Carracci mit dem Kardinal Farnese und anderen Herren hohen Standes über den *Laokoon* führen. Agostino macht viele Worte über das Bildwerk und rühmt es in den höchsten Tönen. Mehrfach von seinem Bruder aufgefordert, in den Lobpreis einzustimmen, greift der schweigsam veranlagte Annibale schließlich zu einem Stück Kohle und zeichnet, als habe er das Bildwerk im Original vor sich („come havesse havuto dinanzi à gli occhi l'originale"),[54] allein aus seiner Vorstellung („fantasia")[55] und in den passendsten Umrissen den *Laokoon* an die Wand. Den erstaunten Gesprächspartnern aber verkündet er lachend, „Noi altri dipintori habbiamo da parlar con le mani",[56] wir anderen Künstler aber müssen mit den Händen sprechen, und da der Kardinal Gefallen an der Wandzeichnung findet, führt Annibale eilends eine weitere Zeichnung auf Papier

perta il 14 gennaio del 1506, sono diventate una sola, e nel *Laocoonte* finirono per convergere due aspetti: la convinzione di avere davanti la più grande opera d'arte dell'antichità, e l'impossibilità del gruppo ritrovato di soddisfare questa aspettativa. La dialettica tra nostalgia dell'antico e desiderio di superare gli antichi si fonda dunque su uno degli equivoci più gravidi di conseguenze della storia dell'arte europea. A questo punto non deve sorprenderci più la raffigurazione qui esposta di Marco Dente (cat. 35) che, al contrario delle incisioni filologicamente corrette di un *Laocoonte* senza integrazioni, dello stesso autore, non ha nulla a che spartire con il gruppo antico[53], mentre appare più vicina alla miniatura del *Virgilio Vaticano* (fig. 3) e alle immagini dei contorniati, in particolare per quanto riguarda il tema patetico dell'ἱκεσία, vale a dire della ricerca di protezione presso l'altare. Di cat. 29 esiste una copia – un'incisione specchiata – realizzata da Giovanni Battista de' Cavalieri nel 1584 per l'*Antiquarum statuarum urbis Romae liber primus*. Nella didascalia, a proposito del *Laocoonte* si legge: *Lacoontis signum e marmore mira arte factum in pontificio Viridario Romae / Non quale a Virgilio ac Plinio sed cuiusmodi a graecis poetis describitur* (Una statua di *Laocoonte* di mirabile bellezza si trova nei giardini pontifici a Roma, ma non è quella di cui parlano Plinio e Virgilio, bensì quella descritta dai poeti greci). Perché dunque dovremmo fidarci del giudizio dell'autore di una *Naturalis historia*, che, nota bene, parla della pittura in una dissertazione sui minerali, della scultura in bronzo in un'opera sui metalli, della scultura in pietra in un volume dedicato alle pietre? Ecco che emerge ancora un'ultima analogia con il *Viaggio in Italia* di Goethe, che in effetti era stato pensato in parte anche come spedizione scientifica.

Giovanni Battista Agucchi, un amico dei fratelli Carracci, racconta di una conversazione svoltasi tra Agostino e Annibale Carracci, il cardinale Farnese e altri personaggi di alto rango a proposito del *Laocoonte*. Dopo essersi profuso in grandi elogi della scultura, Agostino aveva invitato il fratello a unirsi al suo panegirico. Annibale allora, rimasto a lungo silente, prese un carboncino e, "come havesse havuto dinanzi à gli occhi l'originale"[54], basandosi esclusivamente sulla sua "fantasia"[55], disegnò sulla parete un *Laocoonte* incredibilmente fedele al modello antico. Ai suoi interlocutori sorpresi disse ridendo che: "Noi altri dipintori habbiamo da parlare con le mani"[56], e poiché al cardinale era piaciuto il disegno sulla parete, subito si affrettò a eseguire un secondo disegno, questa volta su carta "d'un altro Laocoonte di sua propria inventione, tutto diverso da quello antico di marmo"[57]. Come nella metafora della scala di Wittgenstein[58], non ha alcuna importanza se il *Laocoonte* sia effettivamente quello di pliniana memoria, né importa come vada interpretata questa descrizione in rapporto ai canoni estetici che l'hanno ispirata. Questo dimostra cat. 37: pur rimanendo chiaramente legata al tipo del *Laocoonte*, l'invenzione pittorica rivela qualcosa di nuovo, e la novità non si esaurisce semplicemente nel braccio destro del nudo maschile che è ritratto piegato. Questa volta il braccio è pronto a distendersi in un gesto estremo di difesa dall'osservatore.

aus, „d'un altro Laocoonte di sua propria inventione, tutto diverso da quello antico di marmo",[57] die einen anderen Laokoon seiner eigenen Erfindung vorstelle, völlig anders als der antike aus Marmor. Wie im Leitergleichnis Wittgensteins[58] spielt es keine Rolle, ob der *Laokoon* der von Plinius beschriebene Laokoon sei, und wie diese Beschreibung vor dem Geschmackshorizont ihrer Entstehungszeit überhaupt aufzufassen ist. Dies erweist Kat. 37. Unverkennbar im Typus des *Laokoon* gehalten, zeigt die Bildidee etwas Neues, und dieses Neue erschöpft sich nicht allein in dem rechten Arm des Männeraktes, der hier gebeugt wiedergegeben ist, dieses Mal, um ihn in einer Geste der Abwehr dem Betrachter entgegenzustrecken.

[1] Heidegger, Martin: „Der Ursprung des Kunstwerkes (1935/1936)", in: Ders.: *Holzwege*, Gesamtausgabe, I. Abteilung: Veröffentlichte Schriften 1913–1970, Bd. 5, Frankfurt am Main 1977, S. 1–74, S. 54; Hervorhebung im Original.

[2] Brief Karl Stauffer-Berns aus Rom vom 29. August 1889 nach Florenz an seine Geliebte Lydia Welti-Escher, zitiert nach Brahm, Otto: *Karl Stauffer-Bern. Sein Leben. Seine Briefe. Seine Gedichte*, Stuttgart 1892, S. 242–245, S. 243.

[3] Die Fotografie zeigt den Laokoon in seiner ihm im Zuge der Restaurierungskampagne 1957 bis 1960 zurückgegebenen Gestalt. Stauffer-Bern kannte das Bildwerk selbstredend noch in seiner um 1532/1533 durch die Montorsoli-Ergänzung ihm verliehenen Umrissführung. – Die Datierung der Skulpturengruppe ist hochumstritten und reicht derzeit von der späthellenistischen oder römischen 2. Hälfte des 1. Jahrhunderts v. Chr. bis in den Anfang des 1. Jahrhunderts n. Chr. Das Werk wird entweder als ein dieser Epoche angehöriges Original angesprochen oder als eine zu dieser Zeit entstandene Kopie nach einem verlorenen hellenistischen Bronzeoriginal des endenden 3. Jahrhunderts oder beginnenden 2. Jahrhunderts v. Chr. Einen guten Überblick zu diesen Datierungsfragen bietet Kunze, Christian: „Zur Datierung des Laokoon und der Skyllagruppe aus Sperlonga", in: *Jahrbuch des Deutschen Archäologischen Instituts* 111, 1996, S. 139–223.

[4] Malraux, André: „Das imaginäre Museum", in: Ders.: *Stimmen der Stille*, Baden–Baden 1956, S. 9–125, S. 65.

[5] 1769 sah Goethe im Mannheimer Antikensaal einen Gipsabguss des *Laokoon*, Goethe, Johann Wolfgang: *Dichtung und Wahrheit*, Frankfurt am Main–Leipzig [10]2000 ([1]1975), S. 556–559 (III, 11).

[6] Goethe, Johann Wolfgang: „Ueber Laokoon", in: Ders. (Hg): *Propyläen. Eine periodische Schrifft*. Ersten Bandes Erstes Stück, Tübingen 1798, S. 1–19, S. 11.

[7] Rainer Maria Rilke in einem Brief vom 13. November 1925 an Witold Hulewicz, zitiert nach Rilke, Rainer Maria: *Briefe*, Bd. 2: 1914 bis 1926, hg. von Karl Altheim, Wiesbaden 1950, S. 478–485, S. 483f.

[8] Winner, Matthias: „Zum Nachleben des Laokoon in der Renaissance", in: *Jahrbuch der Berliner Museen* 16, 1974, S. 83–121, S. 119.

[9] Plinius: *Naturalis historia* XXXVI, 37.

[10] *De Laocoontis statua Iacobi Sadoleti carmen*, deutsche Übersetzung zitiert nach Hafner, German: *Die Laokoon-Gruppen. Ein gordischer Knote*n (= Akademie der Wissenschaften und der Literatur. Abhandlungen der geistes- und sozialwissenschaftlichen Klasse, Jg. 1992, Nr. 5), Stuttgart 1992, S. 16.

[11] Winckelmann, Johann Joachim: *Gedanken über die Nachahmung der griechischen Werke in der Malerey und Bildhauerkunst*, Dresden–Leipzig [2]1756 ([1]1755), S. 3.

[12] Inv.-Nr. 111210.

[13] Cod. Vat. lat. 3225.

[14] Alföldi, Elisabeth: *Die Kontorniat-Medaillons*, Berlin 1976, S. 201, Nr. 83–86.

[15] Förster, Richard: „Laokoon-Denkmäler und -Inschriften", in: *Jahrbuch des Kaiserlich Deutschen Archäologischen Instituts* 6, 1891, S. 177–196, S. 177: „Wie die Gemälde zum Teil, so sind diese Contorniaten gänzlich von der vatikanischen Gruppe abhängig."

[16] Grundlegung zu Darstellungen des Laokoon-Themas im Mittelalter und der Renaissance: Förster, Richard: „Laokoon im Mittelalter und in der Renaissance", in: *Jahrbuch der Preußischen Kunstsammlungen* 27, 1906, S. 149–178; Winner: „Zum Nachleben" (wie Anm. 8).

[17] Vasari, Giorgio: *Le vite de' più eccellenti pittori, scultori e architetti*, hg. von Carlo Milanesi, Vincenzo Marchese und Carol Pini, Florenz 1846–1857, Bd. 3, S. 4.

[18] Filippino Lippi, *Tod des Laokoon*, Feder in Grau-Braun, grau-braun laviert, auf Papier, Gallerie degli Uffizi, Gabinetto dei Disegni e delle Stampe, Florenz, Inv. Nr. 169 F.

[19] Winner: „Zum Nachleben" (wie Anm. 8), S. 103.

[20] Feder in Braun auf braunem Papier, 220 × 286 mm, Hamburger Kunsthalle, Kupferstichkabinett, Inv. Nr. 21758 (https://online-sammlung.hamburger-kunst-halle.de/de/objekt/21758).

[21] New Hollstein (Bruegel) 62.30; Hollstein III.297.202; Hollstein IX.64.

[22] Zitiert nach Held, Jutta: *Französische Kunsttheorie des 17. Jahrhunderts und der absolutistische Staat. Le Brun und die ersten acht Vorlesungen an der königlichen Akademie*, Berlin 2001, S. 295–306, S. 305.

[23] Zitiert nach Held: *Französische Kunsttheorie* (wie Anm. 22), S. 306.

[24] Vergil: *Aeneis* II, S. 199–227. – Lodovico Dolce indessen vermutet in seinem 1557 in Venedig erschienenen *Dialogo della pittura*, es sei vielmehr Vergil gewesen, der sich von dem Bildwerk habe inspirieren lassen.

[25] Arktinos von Milet: *Epicorum Graecorum Fragmenta* 62, 11 = Proklos: Chrestomatia 239–251.

[26] Krahmer, Gerhard: „Die einansichtige Gruppe und

[1] M. Heidegger, *L'origine dell'opera d'arte*, testo tedesco a fronte, a cura di I. De Gennaro e G. Zaccaria, Milano 2012, p. 109.

[2] Lettera del 29 agosto 1889 spedita da Roma a Firenze da Karl Stauffer all'amata Lydia Welti-Escher, citata da O. Brahm, *Karl Stauffer-Bern. Sein Leben. Seine Briefe. Seine Gedichte*, Stuttgart 1892, pp. 242-245, p. 243.

[3] La fotografia mostra il *Laocoonte* dopo gli interventi di restauro eseguiti tra il 1957 e il 1960. Ovviamente Stauffer-Bern conosceva l'opera nella versione con l'integrazione operata da Montorsoli tra il 1532 e il 1533. Molto controversa è la datazione della scultura che oscilla dalla tarda età ellenistico-romana (II metà del I secolo a.C.) agli inizi del I secolo d.C. L'opera è stata considerata un originale appartenente al periodo sopra indicato, oppure la copia di un originale ellenistico in bronzo perduto, risalente alla fine del III o all'inizio del II secolo a.C. Per una rassegna su questi problemi di datazione vedi C. Kunze, *Zur Datierung des Laokoon und der Skyllagruppe aus Sperlonga*, in "Jahrbuch des Deutschen Archäologischen Instituts", 111, 1996, pp. 139-223.

[4] A. Malraux, *Il museo immaginario*, Torino 2007.

[5] Nel 1769, Goethe vide nell'Antikensaal di Mannheim una copia in gesso del *Laocoonte*; J.W. Goethe, *Dichtung und Wahrheit*, Frankfurt am Main-Leipzig [10]2000 ([1]1975), pp. 556-559 (III. 11).

[6] J.W. von Goethe, *Ueber Laokoon*, in Idem, *Propyläen. Eine periodische Schrifft. Ersten Bandes Erstes Stück*, Tübingen 1798, pp. 1-19, p. 11.

[7] Rainer Maria Rilke in una lettera del 13 novembre 1925 a Witold Hulewicz, citata da R.M. Rilke, *Briefe*, vol. 2, 1914-1926, a cura di Karl Altheim, Wiesbaden 1950, pp. 478-485, p. 483 sg.

[8] M. Winner, *Zum Nachleben des Laokoon in der Renaissance*, in "Jahrbuch der Berliner Museen", 16, 1974, pp. 83-121, p. 119.

[9] Plinio, *Naturalis historia*, XXXVI, 37.

[10] J. Sadoleto, *De Laocoontis statua Iacobi Sadoleti carmen*, in S. Settis e S. Maffei, *Laocoonte fama e stile*, Roma 1999, pp. 118-121.

[11] J.J. Winckelmann, *Gedanken über die Nachahmung der griechischen Werke in der Malerey und Bildhauerkunst*, Dresden-Leipzig [2]1756 ([1]1755), p. 3.

[12] Inv. N. 111210.

[13] Cod. Vat. lat. 3225.

[14] E. Alföldi, *Die Kontorniat-Medaillons*, Berlin 1976, p. 201, nn. 83-86.

[15] R. Förster, *Laokoon-Denkmäler und -Inschriften*, in "Jahrbuch des Kaiserlich Deutschen Archäologischen Instituts", 6, 1891, pp. 177-196, p. 177: "Come in parte le raffigurazioni pittoriche, anche questi contorniati dipendono interamente dal gruppo vaticano".

[16] Sulle rappresentazioni del tema di Laocoonte nel Medioevo, fondamentale il saggio di R. Förster, *Laokoon im Mittelalter und in der Renaissance*, in "Jahrbuch der Preußischen Kunstsammlungen", 27, 1906, pp. 149-178; Winner, *Zum Nachleben*, cit.

[17] G. Vasari, *Le vite de' più eccellenti pittori, scultori e architetti*, a cura di Carlo Milanesi, Vincenzo Marchese e Carol Pini, Firenze 1846-1857, vol. 3, p. 4.

[18] Filippino Lippi, *La morte di Laoconte*, penna e inchiostro grigio-bruno, acquerellatura grigio-bruno, su carta, Gallerie degli Uffizi, Gabinetto dei Disegni e delle Stampe, Firenze, Inv. n. 169 F.

[19] Winner, *Zum Nachleben*, cit., p. 103.

[20] Penna e inchiostro bruno su carta marrone, 220 × 286 mm, Hamburger Kunsthalle, Kupferstichkabinett, Inv. N. 21758 (https://online-sammlung.hamburger-kunsthalle.de/de/objekt/21758).

[21] New Hollstein (Bruegel) 62.30; Hollstein III.297.202; Hollstein IX.64.

[22] Citazione tratta da J. Held, *Französische Kunsttheorie des 17. Jahrhunderts und der absolutistische Staat. Le Brun und die ersten acht Vorlesungen an der königlichen Akademie*, Berlin 2001, pp. 295-306, p. 305.

[23] Citazione tratta da Held, *Französische Kunsttheorie*, cit., p. 306.

[24] Virgilio, *Eneide*, II, 49. Lodovico Dolce, nel suo *Dialogo della pittura*, pubblicato a Venezia nel 1557, ipotizzava che fosse stato Virgilio a essersi ispirato all'opera.

[25] Artino di Mileto, *Epicorum Graecorum Fragmenta* 62, 11 = Proclo, *Crestomazia*, 239-251.

[26] G. Krahmer, *Die einansichtige Gruppe und die späthellenistische Kunst*, in "Nachrichten von der Akademie der Wissenschaften in Göttingen: Philologisch-Historische Klasse", 1927, n. 1.

[27] Bronzo dorato, 58 × 39,5 × 23,2 cm, Copenhagen, Statens Museum for Kunst, Inv.-Nr. KMS 5494 (https://open.smk.dk/artwork/image/KMS5494).

[28] M. van der Meulen, *Copies after the Antique*, in *Corpus Rubenianum Ludwig Burchard*, parte 23, 3 voll., London 1994-1995, vol. 2, nn. 76-93 (disegni originali n. 76, 77, 81, 92, 93); G. Fubini, J.S. Held, *Padre Resta's Rubens Drawings after Ancient Sculpture*, in *Master Drawings*, 2, 1964, pp. 123-141, pp. 185-193.

[29] L. Pollak, *Der rechte Arm des Laokoon*, in "Mitteilungen des kaiserlich deutschen Archäologischen Instituts. Römische Abteilung", 20, 1905, pp. 277-282. Pollak non pensava di aver ritrovato il braccio originale.

[30] F. Magi, *Il ripristino del Laocoonte*, in "Atti della Pontificia Accademia Romana di Archeologia", Serie III, Memorie, vol. IX, Roma 1960, p. 6 sg., p. 21 sg., p. 36.

[31] H.W. Kruft, *Metamorphosen des Laokoon. Ein Beitrag zur Geschichte des Geschmacks*, in "Pantheon", 62, 1984, pp. 3-11, p. 4.

[32] Magi, *Il ripristino*, cit., p. 11 sg., fig. 9; pp. 46-50, tav. XLIX, 1-4.

[33] Magi, *Il ripristino*, cit., pp. 46-50, tav. XXIII, 1, 2.

[34] Francesco Primaticcio, *Laocoonte*, 1543, bronzo, Louvre, Deposito, Parigi, Inv. n. MR 3290.

[35] Tra le prime testimonianze in merito alle condizioni del reperto figurano anche la celebre calcografia di Giovanni Antonio da Brescia (Bartsch XIII.326.15) che riproduce l'opera in forma specchiata, e un disegno a penna conservato presso il Gabinetto delle calcografie del Kunstpalast di Düsseldorf, Inv.-Nr. FP 7032. Su entrambi i fogli sono raffigurate le lastre in pietra che fungevano da supporto alla scultura prima che venisse montata su di un piedistallo.

[36] *Wolfegger Skizzenbuch* (*Londoner Skizzenbuch*, I), circa 1535, fol. 17, penna in grigio e bruno su pergamena, acquerellato in grigio e bruno, 248 × 184 mm (pagina), British Museum, Department of Prints and Drawings, Londra, Inv. n. 1898,1123.3.4.

die späthellenistische Kunst", in: *Nachrichten von der Akademie der Wissenschaften in Göttingen: Philologisch-Historische Klasse*, 1927, Nr. 1.

27 Bronze, vergoldet, 58 × 39,5 × 23,2 cm, Statens Museum for Kunst, Kopenhagen, Inv.-Nr. KMS 5494 (https://open.smk.dk/artwork/image/KMS5494).

28 Meulen, Marjon van der: *Copies after the Antique* (Corpus Rubenianum Ludwig Burchard, Teil 23), 3 Bde., London 1994–1995, Bd. 2, Nr. 76–93 (originale Zeichnungen Nr. 76, 77, 81, 92, 93); Fubini, Giorgio/Held, Julius S.: „Padre Resta's Rubens Drawings after Ancient Sculpture", in: *Master Drawings* 2, 1964, S. 123–141, S. 185–193.

29 Pollak, Ludwig: „Der rechte Arm des Laokoon", in: *Mitteilungen des kaiserlich deutschen Archäologischen Instituts. Römische Abteilung* 20, 1905, S. 277–282. Pollak freilich glaubte gar nicht, den originalen Arm gefunden zu haben.

30 Magi, Filippo: *Il ripristino del Laocoonte* (= Atti della Pontificia Accademia Romana di Archeologia, Serie III. Memorie, Bd. IX), Rom 1960, S. 6f., 21f., 36.

31 Kruft, Hanno-Walter: „Metamorphosen des Laokoon. Ein Beitrag zur Geschichte des Geschmacks", in: *Pantheon* 62, 1984, S. 3–11, S. 4.

32 Magi: *Il ripristino* (wie Anm. 30), S. 11f., Abb. 9; S. 46–50, Tf. XLIX, 1–4.

33 Magi: *Il ripristino* (wie Anm. 30), S. 46–50, Tf. XXIII, 1, 2.

34 Francesco Primaticcio, *Laokoon*, 1543, Bronze, Musée du Louvre, Depositum, Paris, Inv.-Nr. MR 3290.

35 Frühe Belege des Fundzustandes sind zudem der bekannte, das Bildwerk seitenverkehrt zeigende Kupferstich des Giovanni Antonio da Brescia (Bartsch XIII.326.15) und eine Federzeichnung im Kupferstichkabinett des Kunstpalastes in Düsseldorf, Inv.-Nr. FP 7032. Beide Blätter dokumentieren noch die Steinplatten, die das Bildwerk vor seiner Aufsockelung an unebener Stelle stützen.

36 Wolfegger Skizzenbuch (Londoner Skizzenbuch I), um 1535, fol. 17, Feder in Graubraun, graubraun laviert, auf Pergament, 248 × 184 mm (Seite), British Museum, Department of Prints and Drawings, London, Inv.-Nr. 1898,1123.3.4.

37 Kruft: *Metamorphosen* (wie Anm. 31), S. 10.

38 Bartsch XIV.314.418.

39 Goethe: „Ueber Laokoon" (wie Anm. 6), S. 8.

40 Dazu demnächst Bormann, Ralf: „Agalmatophilie und Hermeneutik. Posthumane Kunsterfahrung vor dem Bildwerk", in: Cress, Torsten/Murawska, Oliwia/Schlitte, Annika (Hg.): *Posthuman? Neue Perspektiven auf Natur/Kultur*, Paderborn 2021 (in Bearbeitung).

41 Lessing, Gotthold Ephraim: *Laokoon oder Über die Grenzen der Malerei und Poesie*, Stuttgart 2003, S. 23 (Kap. III).

42 Lessing: *Laokoon* (wie Anm. 41), S. 54 (Kap. VI).

43 Winckelmann: *Gedanken* (wie Anm. 11), S. 3.

44 Heinse, Wilhelm: „Aufzeichnungen von der italienischen Reise 1780–1783", in: Ders.: *Sämtliche Werke*, hg. von Carl Schüddekopf, Erste Abt., Bd. 8, Leipzig 1925, S. 271.

45 Heyne, Christian Gottlob: „Prüfung einiger Nachrichten und Behauptungen vom Laocoon im Belvedere", in: Ders.: *Sammlung antiquarischer Aufsätze*. Zweites Stück, Leipzig 1779, S. 1–52, S. 18.

46 Hafner: *Die Laokoon-Gruppen* (wie Anm. 10).

47 Zitiert nach Hafner: *Die Laokoon-Gruppen* (wie Anm. 10), S. 13.

48 Abgedruckt bei Hafner: *Die Laokoon-Gruppen* (wie Anm. 10), S. 12.

49 „Draconum nexus, ut ait Plinius, mirabiles" (lat.: Die Knoten der Schlangen sind, wie Plinius sagt, bewundernswert), zitiert nach Winner: „Zum Nachleben" (wie Anm. 8), S. 106.

50 Dank Magi: *Il ripristino* (wie Anm. 30), S. 13–23 wissen wir mittlerweile gar von wenigstens deren sieben.

51 Bottari, Giovanni Gaetano/Ticozzi, Stefano: *Raccolta di lettere sulla pittura, scultura ed architettura scritta da' più celebri personaggi dei secoli XV, XVI e XVII*, Mailand 1822–1825, Bd. 3, S. 474–477, 475 (Brief CXCVI): „Però dicono che Plinio s'ingannò, o volle ingannare altri, per render l'opera più ammirabile."

52 Chastel, André: *Art et humanisme à Florence au temps de Laurent le Magnifique*, Paris 1959, S. 157.

53 Bartsch XIV.268.353.

54 Zitiert nach Mahon, Denis: Studies in Seicento Art and Theory (Studies of the Warburg Institute), London 1947, S. 253.

55 Mahon: Studies (wie Anm. 54), S. 253.

56 Mahon: Studies (wie Anm. 54), S. 253.

57 Mahon: Studies (wie Anm. 54), S. 253.

58 Wittgenstein, Ludwig: Tractatus logico-philosophicus (1921), Frankfurt am Main 27 2001 (1 1963), S. 91, 115 (5.634, 6.54).

[37] Kruft, *Metamorphosen*, cit., p. 10.

[38] Bartsch XIV.314.418.

[39] Goethe, *Ueber Laokoon*, cit., p. 8.

[40] Di prossima pubblicazione sul tema R. Bormann, *Agalmatophilie und Hermeneutik. Posthumane Kunsterfahrung vor dem Bildwerk*, in T. Cress, O. Murawska, A. Schlitte (a cura di), *Posthuman? Neue Perspektiven auf Natur/Kultur*, Paderborn 2021 (in corso di preparazione).

[41] G.E. Lessing, *Laokoon oder Über die Grenzen der Malerei und Poesie*, Stuttgart 2003, p. 23 (cap. III).

[42] Lessing, *Laokoon*, cit., p. 54 (cap. VI).

[43] Winckelmann, *Gedanken*, cit., p. 3.

[44] W. Heinse, *Aufzeichnungen von der italienischen Reise 1780-1783*, in Idem, *Sämtliche Werke*, a cura di C. Schüddekopf, parte I, vol. 8, Leipzig 1925, p. 271.

[45] C.G. Heyne, *Prüfung einiger Nachrichten und Behauptungen vom Laocoon im Belvedere*, in Idem, *Sammlung antiquarischer Aufsätze. Zweytes Stück*, Leipzig 1779, pp. 1-52, p. 18.

[46] Hafner, *Die Laokoon-Gruppen*, cit.

[47] Citato da Hafner, *Die Laokoon-Gruppen*, cit., p. 13.

[48] Pubblicato da Hafner, *Die Laokoon-Gruppen*, cit., p. 12.

[49] "Draconum nexus, ut ait Plinius, mirabiles" ("Le spire deli serpenti come racconta Plinio, sono straordinarie") citazione tratta da Winner, *Zum Nachleben*, cit., p. 106.

[50] Grazie a Magi, *Il ripristino*, cit., pp. 13-23 siamo a conoscenza dell'esistenza di almeno sette di questi punti di giunzione.

[51] G.G. Bottari, S. Ticozzi, *Raccolta di lettere sulla pittura, scultura ed architettura scritta da' più celebri personaggi dei secoli XV, XVI e XVII*, Milano 1822-1825, vol. 3, pp. 474-477, p. 475 (lettera CXCVI): "Però dicono che Plinio s'ingannò, o volle ingannare altri, per render l'opera più ammirabile".

[52] A. Chastel, *Art et humanisme à Florence au temps de Laurent le Magnifique*, Paris 1959, p. 157.

[53] Bartsch XIV.268.353.

[54] Citazione tratta da D. Mahon, *Studies in Seicento Art and Theory*, Studies of the Warburg Institute, London 1947, p. 253.

[55] Mahon, *Studies*, cit., p. 253.

[56] Mahon, *Studies*, cit., p. 253.

[57] Mahon, *Studies*, cit., p. 253.

[58] L. Wittgenstein, *Tractatus logico-philosophicus* (1921), Frankfurt am Main [27]2001 ([1]1963), p. 91, p. 115 (5.634, 6.54).

Pendant, Ideal, Klischee
Zum Italienbild in den deutschsprachigen Ländern

Luigi Reitani

Kaum ein anderes Land hat auf die deutschsprachige Kultur nachhaltiger eingewirkt als Italien. In einer endlosen Reihe von Werken, Bildern, Briefen, Berichten und Dokumenten jeder Art und Weise gilt Italien in den deutschsprachigen Ländern als Entdeckungsplatz eines unentbehrlichen kulturellen Erbes, als signifikantes Bildungsmoment, als wesentliche ästhetische Erfahrung, als notwendige Erweiterung des eigenen Sinn- und Denkhorizonts, als profilierter Sehnsuchtsort, als rettender Fluchtpunkt aus der Enge der eigenen Welt und schließlich als existenzieller Höhe- und Wendepunkt, der das Leben des Erfahrenden entscheidend verändert hat.[1] Kontinuität und Relevanz dieser kollektiven und individuellen Wahrnehmung sind erstaunlich. Mindestens seit der zweiten Hälfte des 18. Jahrhunderts ist im deutschsprachigen Raum ein Italienbild entstanden, das trotz aller historischen Brüche und Wandlungen bis in unsere Gegenwart hineinreicht. Italienische Kunstwerke, Städte, Landschaften und Menschen wurden zur Schule einer ästhetischen und sinnlichen Erziehung, deren Wert für die „Deutschen" identitätsstiftend war und ist.[2] So schien die Reise nach Italien – oder zumindest die geistige Annäherung an dieses Land – nahezu eine Voraussetzung für die Entwicklung und Reifung des deutschsprachigen Bildungsbürgertums zu sein. Das Land, „wo die Zitronen blühn", wurde zum idealisierten Punkt einer „Wiedergeburt". Biografisch erhielt der Aufenthalt in Italien den rituellen Wert einer Einweihung in die Kunst und in die Sinnlichkeit schlechthin. Die südliche Halbinsel wurde als Heterotopie dargestellt oder wenigstens als tröstendes Pendant zum „dürftigen Alltag" in Deutschland.

Zentral war dabei die Auffassung Italiens als „klassischer Boden", auf dem eine Epiphanie von einer idealen Welt stattfinden konnte. Die Nachahmung der sozialen und ästhetischen Modelle der Antike, auf denen der moderne „deutsche" Bildungsanspruch gründete, war italienisch geprägt, vor allem wegen der Vermittlungsrolle, die der italienischen Renaissance durch die Tradierung antiker Werte zugeschrieben wurde, wie 1859 Jacob Burckhardt (1818–1897) in seiner epochalen Studie kanonisierte.[3] Solch eine Neigung zur Klassizität und die Suche nach überzeitlichen Aussagen definierten ein ästhetisches und pädagogisches Programm, das für die Selbstdarstellung der deutschsprachigen Kultur eine erhebliche Bedeutung hatte und zum Begriff der „deutschen Kulturnation" führte.

Pendant, ideale, cliché
L'immagine dell'Italia nei paesi
di lingua tedesca

Luigi Reitani

Nessun altro paese ha influenzato con maggior forza e persistenza la cultura di lingua tedesca quanto l'Italia. In una serie impressionante e ininterrotta di testi letterari, dipinti, composizioni musicali, lettere, resoconti e documenti di ogni genere e tipologia, l'Italia è nei paesi di madrelingua tedesca il luogo della scoperta di un patrimonio culturale ritenuto indispensabile per la formazione della persona e pertanto lo spazio di una basilare esperienza estetica e di un necessario ampliamento della propria mentalità e sensibilità. L'Italia diviene così un'auspicata meta del desiderio e un salvifico punto di fuga dalla ristrettezza del mondo di provenienza, nonché una svolta esistenziale in cui la vita del visitatore giunge al suo culmine, mutando radicalmente[1]. Continuità e rilevanza di questa percezione collettiva e individuale sono sorprendenti. Almeno a partire dalla seconda metà del Settecento, nello spazio di lingua tedesca si è determinata un'immagine dell'Italia che, nonostante tutte le cesure e trasformazioni storiche, prosegue fino ai giorni nostri. Opere d'arte, città, paesaggi, uomini e donne italiani hanno costituito e costituiscono per i "tedeschi" di ieri e di oggi la scuola di un'educazione estetica e sentimentale, dal valore identitario[2]. Per la borghesia colta di lingua tedesca il viaggio in Italia – o almeno l'avvicinamento intellettuale a questo paese – è sembrato a lungo essere una condizione imprescindibile nel percorso di crescita e maturazione individuale. Il paese in cui "fioriscono i limoni" ha così rappresentato il luogo idealizzato di una "rinascita" e il soggiorno in Italia ha acquisito da un punto di vista biografico il valore rituale di un'iniziazione per eccellenza all'arte e alla sensualità. La Penisola mediterranea è stata raccontata, evocata e dipinta come un'eterotopia, o almeno come un pendant consolatorio rispetto alla "miseria della quotidianità" vissuta nei paesi d'Oltralpe.

Elemento centrale di tale rappresentazione è stata la "classicità" dell'Italia, in cui si vedeva realizzarsi l'epifania di un mondo ideale. Italianamente connotata era infatti l'imitazione dei modelli estetici e sociali dell'antichità verso una compiuta formazione culturale, su cui si basava la moderna aspirazione "tedesca" facendo riferimento in prima linea al ruolo di mediazione ascritto al Rinascimento italiano nella trasmissione dei valori classici, così come sarà canonizzato da Jacob Burckhardt (1818-1897) nel suo studio epocale sulla "Civiltà del Rinascimento in Italia" del 1859[3]. La tendenza alla classicità e la ricerca di assunti atemporali fondano un programma estetico e pedagogico fondamentale per l'autorappresentazione della

Auch unter veränderten historischen Umständen und nach der Zäsur des Zweiten Weltkriegs behalten diese Vorstellung ihren Wert. Zwar sind sie nicht mehr unantastbar und laufen Gefahr, als überholt rubriziert zu werden; sie sind jedoch im gesellschaftlichen Diskurs immer noch präsent. Insofern lässt sich die These aufstellen, dass das Italienbild zu den konstitutiven Merkmalen der deutschsprachigen Kultur gehört und ihre Identität wirksam mitbestimmt.

Dieses sonderbare identitätsstiftende Bild gründet nicht nur auf der immerhin bedeutenden Rezeption der italienischen Literatur, Musik und darstellenden Kunst in den deutschsprachigen Ländern – wovon es zahlreiche Beispiele gibt –, sondern auch auf einer markanten Wahrnehmung der italienischen Landschaft in ihrer engen Beziehung zu den Kunstwerken, die sie beherbergt. Denn das Besondere an dieser Landschaft liegt eben darin, dass sie nicht als Natur, sondern als Kultur erfasst wird, d. h. als Natur, die durch die Arbeit und die Kunst der Menschen zur Kultur geworden ist.[4] Nicht von ungefähr erscheinen in einer solchen Wahrnehmung die italienischen Städte als ein Teil der „Natur“-Landschaft und nicht als ihr Gegenstück. Es ist dieser außerordentliche Zusammenhang, der das „deutsche“ Italienbild prägt. Es wird dadurch lebendig, indem es durch subjektive Wahrnehmung immer wieder aktualisiert wird. Wissen und Geschichte lassen sich erlernen, eine zur Kultur gewordene Landschaft lässt sich nur erleben. Johann Wolfgang Goethes (1749–1832) *Italienische Reise* (erster Teil 1816, zweiter Teil 1817, dritter Teil 1829) ist in dieser Hinsicht ein Werk, das noch immer paradigmatisch ist, nicht weil es das erste war, das Italien in die deutsche Kultur einführte – man denke, um nur ein Beispiel zu nennen, an Wilhelm Heinses (1746–1803) panerotischen Roman *Ardinghello* (1786) –, sondern weil es eben die Subjektivität der Wahrnehmung ins Zentrum stellte. Als Zeugnis einer unentbehrlichen ästhetischen Erfahrung tradiert, ja sogar als eigentümlicher Reiseführer missverstanden, hat dieses Buch die Geschichte einer kollektiven Sehnsucht nach einem Land begleitet, das wegen seiner Landschaft und seiner Kunst der Wirklichkeit enthoben und ewige Ideale zu verkörpern schien. Mit und nach Goethe wurde Italien nicht nur zum obligaten Reiseziel des deutschen Bildungsbürgertums, sondern auch zum ersehnten Gipfelpunkt einer deutschen Lebensauffassung. Noch bevor Italien und Deutschland eine politische Einheit erlangen konnten und als staatliche Gebilde miteinander in Beziehung traten, wurden sie durch die Literatur miteinander verknüpft: keine deutsche Bildung ohne Italienerfahrung. Das war etwas gänzlich anderes als die in der Tradition der aristokratischen Grand Tour vorgeschriebene Erweiterung der Erkenntnisse mittels der direkten Besichtigung von historisch und künstlerisch bedeutenden Städten und Orten. Die Aneignung der Fremde diente vielmehr der Konstitution der eigenen Identität – als hätte Deutschland Italien gebraucht, um sich selbst zu entdecken.

All dies ist hinlänglich bekannt und bedarf gewiss etlicher Differenzierungen. Denn deutsche Reisende sind nicht nur *mit* Goethe nach Italien gefahren; sie haben sich auch *gegen* ihn gewandt. Seine Ästhetik und seine Bildungsideale wurden parodiert, infrage gestellt, vehement angegriffen. Gerade die Vielfalt an polemischen Reaktionen verrät indes die erstaunliche Wirkungskraft des Modells.

In dem Versuch, „Italien, wie es wirklich ist“ (1834), zu erklären, kritisiert Gustav Nicolai (1795–1868) im Gegensatz zu Goethe scharf die elenden italieni-

civiltà di lingua tedesca, che conduce al concetto di *deutsche Kulturnation* ("nazione culturale tedesca").

Anche in mutate condizioni storiche e dopo la cesura del secondo conflitto mondiale, queste concezioni mantengono un loro valore. Sebbene non siano più intangibili e corrano il pericolo di essere classificate come superate, esse appaiono ancora presenti nel dibattito contemporaneo e vive nel tessuto sociale. Si può pertanto affermare che l'immagine dell'Italia costituisca uno dei tratti distintivi della civiltà di lingua tedesca.

Questa particolare immagine dell'Italia non si basa solo sulla ricezione, per quanto significativa, della letteratura, della musica e dell'arte italiana nei paesi di lingua tedesca, di cui pure esistono numerosissimi esempi, ma anche e soprattutto su una spiccata percezione del paesaggio italiano nella sua stretta correlazione con le opere d'arte che vi sono custodite. La peculiarità di tale paesaggio, infatti, risiede nel suo essere percepito come cultura e non come natura, vale a dire come natura divenuta cultura attraverso il lavoro e l'arte degli uomini[4]. Non a caso le città italiane appaiono come una parte del paesaggio "naturale" e non in oppo-

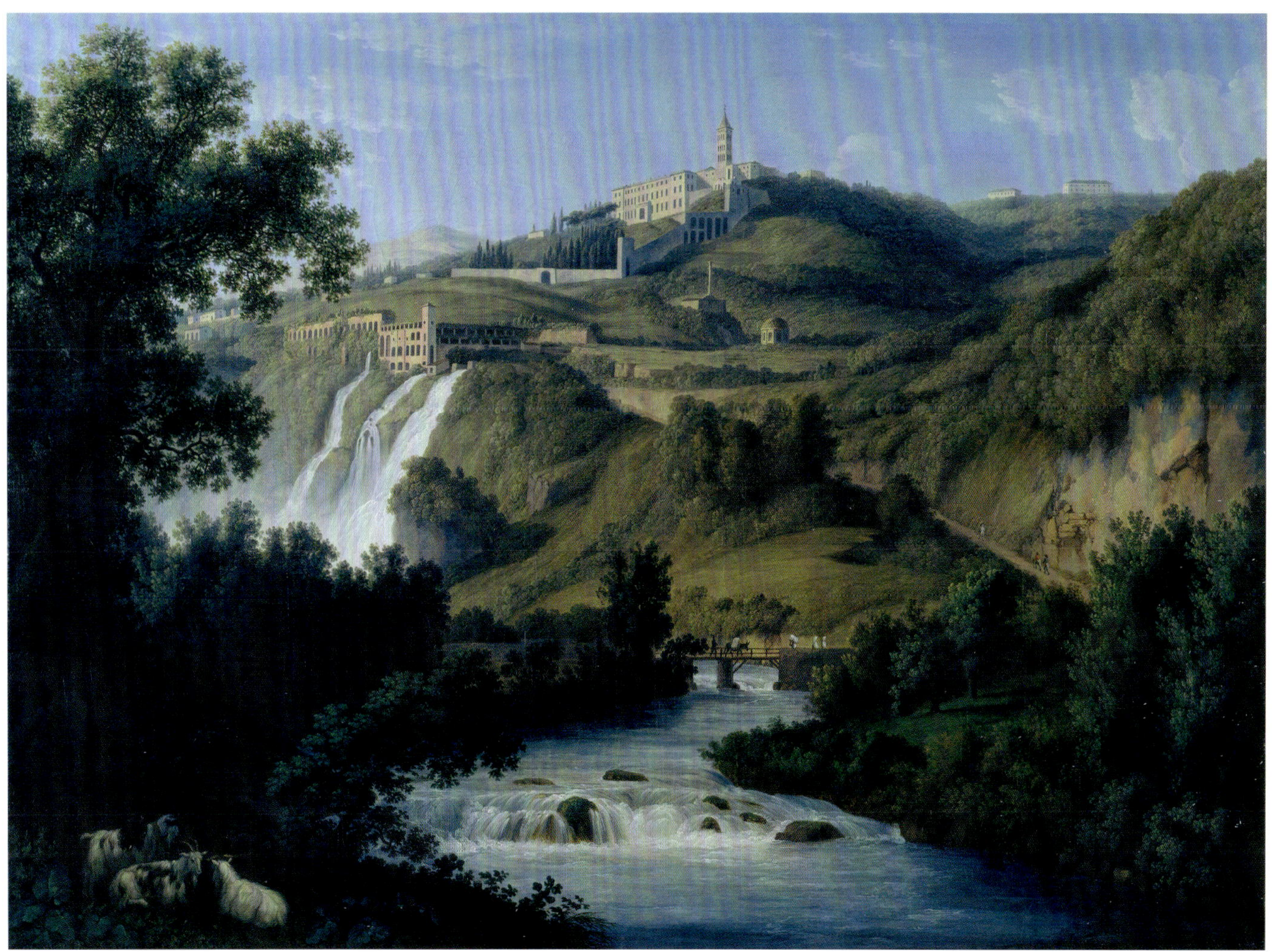

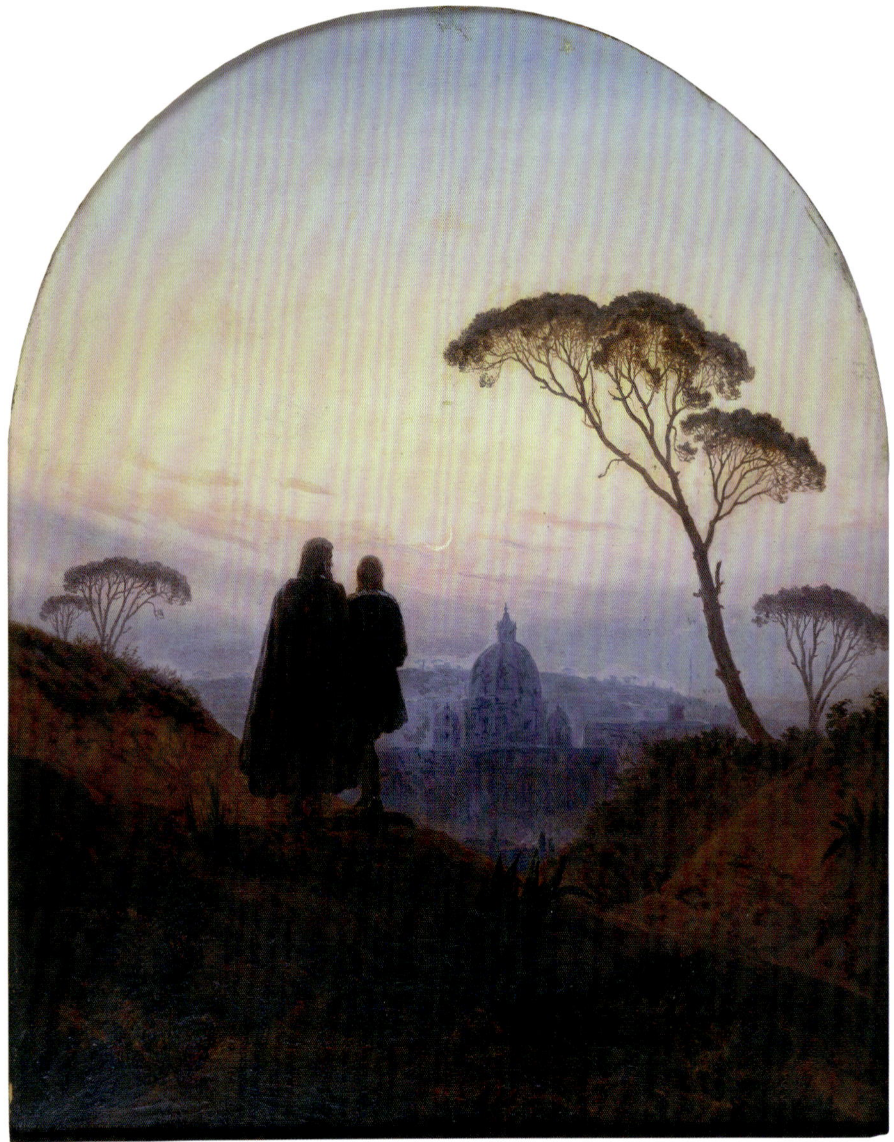

schen Verhältnisse. Der Bericht klagt über jämmerliche Unterkünfte, blutdürstige Flöhe, ungenießbares Essen und vor allem über die Betrüger, die um jede Ecke der Halbinsel perfid ihre Intrigen gegen die fremden Reisenden anzetteln. „Man wird in Italien wirklich nicht einen Augenblick seines Lebens froh", wird auf das Eindringlichste gewarnt.[5] Dabei übernimmt Nicolai diffuse Vorurteile gegen die Italiener, die sich schon bei den *Tischreden* (1556) Martin Luthers finden lassen. Das katholische Land wird als korrupt und verdorben dargestellt. Aberglaube, Schmutz, Unzuverlässigkeit, Ignoranz, Freizügigkeit, Mangel an Bürgersinn werden als wesentliche Merkmale seiner Einwohner genannt. All dies steht wiederum im Gegensatz zu der protestantischen „deutschen" Nation, die als tugendhaft, treu und pflichtbewusst verherrlicht wird. Die italienische Reise gibt dem Schreibenden die Möglichkeit, sich als beobachtender Kritiker moralisch zu profilieren. Es zeichnet sich somit ein Italienbild, das dem Goethes

sizione a esso. È questa straordinaria connessione a caratterizzare l'immagine
"tedesca" dell'Italia, che si riattualizza continuamente nella percezione soggettiva,
ricevendone nuova linfa. Sapere e storia si possono apprendere, un paesaggio che
si è fatto cultura si può solo esperire. L'opera *Italienische Reise* (*Viaggio in Italia*)
di Johann Wolfgang Goethe (1749-1832), uscita in tre parti tra il 1816 e 1829, è
in questo senso un resoconto paradigmatico, non perché sia la prima a introdurre
l'Italia nella cultura tedesca – e basti pensare, per citare solo un esempio, al romanzo pan-erotico *Ardinghello* (1786) di Wilhelm Heinse (1746-1803) – ma appunto
perché pone al suo centro la soggettività della percezione. Tramandato come testimonianza di un'eccezionale esperienza biografica, o addirittura frainteso come
una singolare guida di viaggio, il libro di Goethe ha accompagnato la storia di una
nostalgia collettiva verso un paese che, per la sua arte e il suo paesaggio, sembrava essere sottratto alla realtà del presente, incarnando ideali eterni. Con Goethe
e dopo Goethe l'Italia non solo è diventata un'obbligata meta di viaggio della
borghesia di lingua tedesca, ma anche l'anelato culmine di una visione "tedesca"
della vita. Ancor prima che Italia e Germania pervenissero all'unità politica e
entrassero in reciproca relazione come entità statali, esse sono state legate l'una
all'altra dalla letteratura: senza "esperienza italiana", si potrebbe affermare, non si
forma la cultura tedesca. Un legame siffatto costituiva qualcosa di completamente
diverso dalla tradizione del *Grand Tour* aristocratico, che prescriveva un ampliamento delle proprie conoscenze mediante la visita di città e regioni storicamente e
artisticamente significative. L'acquisizione dell'estraneo era invece qui funzionale
alla formazione della propria identità – come se la Germania avesse avuto bisogno
dell'Italia per scoprire se stessa.

Tutto ciò è noto da tempo e ha certo bisogno di non poche precisazioni.
Giacché i viaggiatori tedeschi non si sono solo recati in Italia *con* Goethe, ma si sono
anche rivolti *contro* di lui. La sua estetica e i suoi ideali formativi sono stati messi
in discussione e fatti oggetto di parodie e attacchi veementi. Proprio la molteplicità
delle reazioni polemiche rivela tuttavia la formidabile incidenza dell'opera.

Nel saggio *Italien, wie es wirklich ist* (*L'Italia, com'è realmente*, 1834) Gustav Nicolai (1795-1868) critica con asprezza le misere condizioni di vita in Italia
replicando a Goethe. Il reportage si lamenta degli alloggi miserevoli, delle pulci
assetate di sangue, del cibo immangiabile e soprattutto dei truffatori che a ogni
angolo della Penisola tessono le loro trame contro i viaggiatori stranieri. "In Italia
non si è lieti neppure per un attimo della propria esistenza", ammonisce l'autore
a più riprese[5]. Nicolai riprende una serie di pregiudizi contro gli italiani che si
trovano già nei *Discorsi a tavola* (1556) di Martin Lutero. Il paese cattolico è dipinto come traviato e corrotto. Superstizione, sporcizia, inaffidabilità, ignoranza,
licenziosità, mancanza di senso civico sono enumerati come i tratti caratteristici
dei suoi abitanti. Tutto ciò è contrapposto alla nazione protestante "tedesca",
magnificata come virtuosa, fidata e consapevole dei suoi doveri. Il viaggio in
Italia offre così a chi scrive la possibilità di mettersi moralmente in mostra come
osservatore critico. Si delinea in tal modo un'immagine dell'Italia diametralmente
opposta a quella di Goethe, che ugualmente giunge e permane fino ai nostri giorni
(e alle cronache dei giornali).

diametral gegenübersteht und ebenfalls bis in unsere Gegenwart (und in die Zeitungschronik) hineinreicht.

So paradox es auch erscheinen mag, diese zwei unterschiedlichen und voneinander entgegengesetzten Bilder Italiens koexistieren seit Langem im kollektiven „deutschen" Bewusstsein, was dazu führte, dass man sich sogar ein Italien ohne Italiener wünschte, ein offenes Museum, in dem sich ungestört die Landschaft, die Renaissance und die Antike genießen ließen, ohne einer irritierenden Gegenwart und lästig fallenden Einheimischen ausgesetzt zu sein. „Zu viel 1901" findet z. B. Arthur Schnitzler (1862–1931) in Florenz,[6] als er seine große italienische Tour unternimmt, und in Rom empört er sich über die „schäbigen, ganz elenden Häuser", die in das alte Marcellus-Theater hineingebaut sind: „Wie ahnungslos und verloren steht das Gesindel unter den Bogen!".[7] Andererseits wirkt gerade die Vergangenheit als Last, mit der sich Schnitzler auseinanderzusetzen hat. Statt die Kreativität zu entzünden, wirkt die klassische Tradition lähmend. Die italienische Erfahrung löst bei ihm eine regelrechte Identitätskrise aus, da er seine kulturhistorischen Kenntnisse und seine Erziehung als unzureichend empfindet. An seine zukünftige Frau schreibt er: „Kind ich muss arbeiten diesen Sommer, und Bibel lesen (das ist mir seit einigen Tagen ungeheuer wichtig). Überhaupt, ich bin so ungebildet, es ist so schmachvoll. Ich bin nachlässig, verbummelt, oberflächig, schlecht erzogen – und ich bin nicht jung genug, um noch etwas Ordentliches zu werden."[8]

Schon Theodor Fontane (1819–1898) hatte den Kunstanspruch der Deutschen in Italien ironisch-skeptisch dargestellt, indem er seine weiblichen Romanfiguren als Opfer eines männlichen Bildungswahns zu Wort kommen ließ. Die obligaten italienischen Flitterwochen werden in seinem Werk wiederholt zum Ehedrama oder gar zur Ehetragödie. Berichtet Effi Briest eingeschüchtert über das zu absolvierende Pflichtprogramm durch die prominenten Gemäldegalerien und Kirchen der Halbinsel, zu dem sie von ihrem Mann getrieben wird,[9] und lamentiert Franziska in *Graf Petöfy* offen über die unzähligen Bilder ihr unbekannter italienischer Maler, die sie gezwungen wird, sich anzusehen, und die sie fast zum Weinen bringen,[10] so kommentiert Melusine (die allerdings einen italienischen Grafen geheiratet hat) in *De[m] Stechlin* ihre desaströse Hochzeitsfahrt von Venedig nach Florenz über den Apennin lakonisch: „Als ich aus dem Tunnel heraus war, wußt' ich, welchem Elend ich entgegenlebte."[11] Die erotische Sinnlichkeit des Südens ist eine Vergewaltigung geworden.

An den großen Denkmälern der Vergangenheit kann man indes auch vorbeigehen, ohne sich zu sehr beeindrucken zu lassen. So z. B. Rainer Maria Rilke (1875–1926), der 1903 an Lou Andreas-Salome schreibt:

> „Weißt Du noch von Rom, liebe Lou? Wie ist es in Deiner Erinnerung? In meiner werden einmal nur seine Wasser sein, diese klaren köstlichen bewegten Wasser, die auf seinen Plätzen leben; seine Treppen, die nach dem Vorbild fallender Wasser erbaut, so seltsam Stufe aus Stufe schieben wie Welle aus Welle; seiner Gärten Festlichkeit und die Pracht großer Terrassen; seine Nächte, die so lange dauern, still und mit großen Sternbildern überfüllt.
> Von der Vergangenheit, die sich mühsälig aufrecht hält, werde ich vielleicht nichts

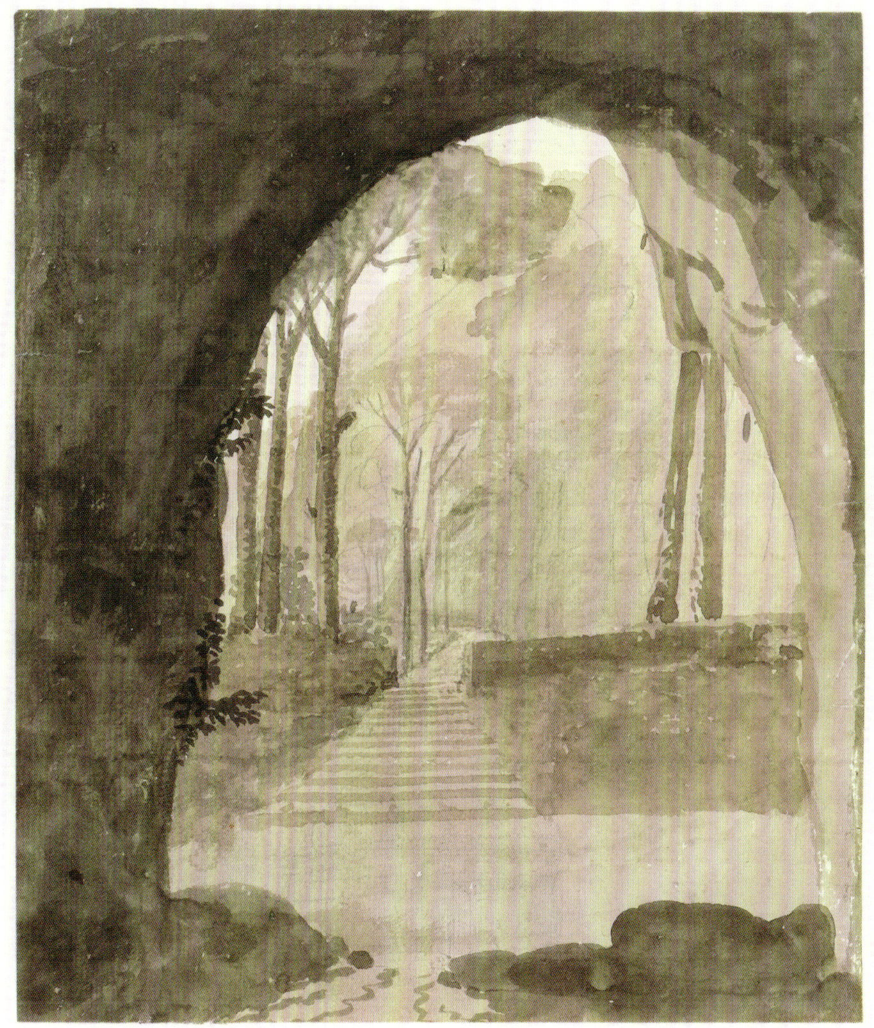

Per quanto possa sembrare paradossale, queste due diverse e opposte immagini dell'Italia coesistono da tempo nella coscienza collettiva "tedesca", portando addirittura a desiderare un'Italia senza italiani, un museo all'aperto nel quale godere indisturbati del paesaggio, del Rinascimento e della classicità, senza essere esposti a un irritante presente e alla molesta popolazione del luogo. Nel corso del suo primo grande viaggio in Italia Arthur Schnitzler (1862-1931) trova per esempio a Firenze "troppo 1901"[6], e a Roma si indigna per le "squallide case, davvero miserevoli", costruite all'interno dell'antico Teatro di Marcello, in cui "il popolino se ne sta ignaro e smarrito sotto gli archi!"[7]. D'altro canto, proprio il passato si rivela essere per lo scrittore un fardello da affrontare. Invece di accendere la creatività, la tradizione classica agisce su di lui da freno. L'esperienza italiana suscita in Schnitzler una vera e propria crisi, dal momento che egli avverte come insufficienti le proprie conoscenze storico-culturali e la sua educazione. Alla futura moglie scrive: "Bambina mia, quest'estate devo lavorare e leggere la Bibbia (cosa per me da alcuni giorni immensamente importante). A parte ciò, sono così incolto, e tutto è così vergognoso. Sono

Abb. 4 Wassily Kandinsky,
*Erinnerung an Venedig 4,
Rialtobrücke*, 1903–1904, Tempera
auf Karton, Musée national d'Art
moderne, Collection Centre
Pompidou, Paris

Fig. 4 Vasilij Kandinskij, *Ricordo
di Venezia 4, Ponte di Rialto*,
1903–1904, tempera su cartone,
Musée national d'Art moderne,
Collection Centre Pompidou, Paris

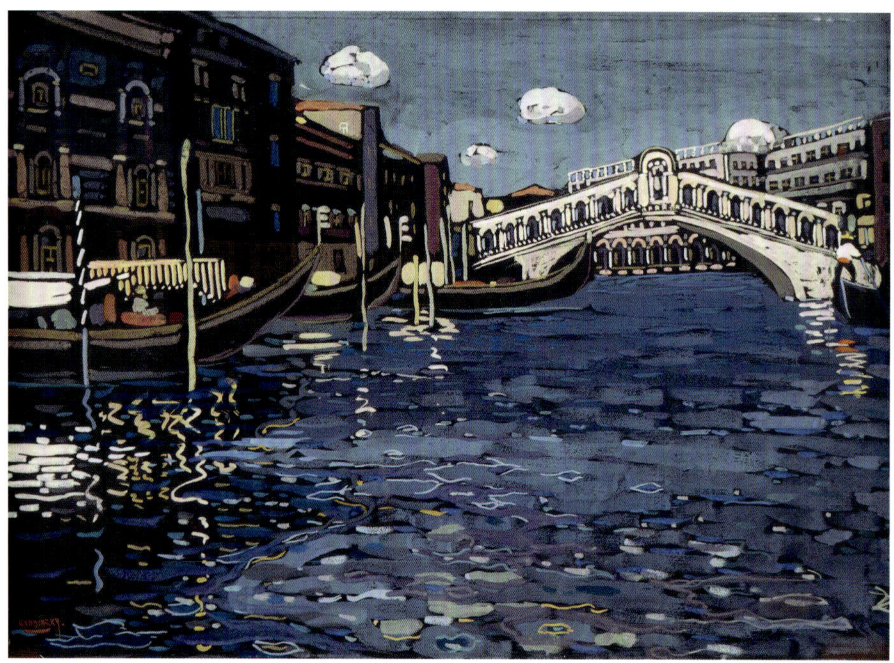

mehr wissen; nichts von seinen Museen, die voll sinnloser Statuen stehen und von seinen Bildern wenig; des bronzenen Bildes des Marc Aurel auf dem Kapitolplatz werde ich mich erinnern, eines schönen Marmor-Dinges im Museum Ludovisi (des Thrones der Aphrodite), einer Säule in irgend einer kleinen, vergessenen Kirche, irgendwelcher ganz unbekannter Sachen, eines Blickes über die arme Campagna hin, eines einsamen Weges auf den Abend zu und vieler Traurigkeit, in der ich lebte.
In der ich lebe."[12]

Die impressionistische Wiedergabe der Wirklichkeit dient als Waffe, um die Übermacht der tradierten Bedeutungen abzuwehren. Rom verwandelt sich in eine flüssige Bewegung, in Wasser. Das Gedicht *Römische Fontäne* wird dieses Motiv wieder aufnehmen und konsequent weiterentwickeln. Auch Venedig wird bei Rilke entmaterialisiert.[13] Die Stadt entsteht als Spiegelung aus dem Wasser ihrer Kanäle. Sie wird durch die Imagination des Dichters rekonstruiert. Dabei wird das Alltägliche verdrängt. Italien soll ein Traumbild bleiben.

Wie die Italiener und die italienische Gesellschaft in ein solch idealisiertes Italienbild, wie es Goethe entworfen hat, integriert werden sollen, bleibt dennoch lange das Hauptproblem jeder deutschsprachigen Darstellung Italiens. Symptomatisch ist in dieser Hinsicht der langanhaltende Erfolg der Essayfolge *Italien. Ansichten und Streiflichter* (1867) von Viktor Hehn (1813–1890), die noch auf Walter Benjamin, Ernst Bloch und Rudolf Borchardt wirkte. Obwohl Hehn problematische Seiten der italienischen Verhältnisse nicht leugnet, bemüht er sich um eine rationale, d. h. von den politischen und wirtschaftlichen Umständen begründete Erklärung derselben. Er ist bemüht ein objektives und differenziertes Bild der Italiener zu entwerfen, was wiederum zu einer erneuten Idealisierung

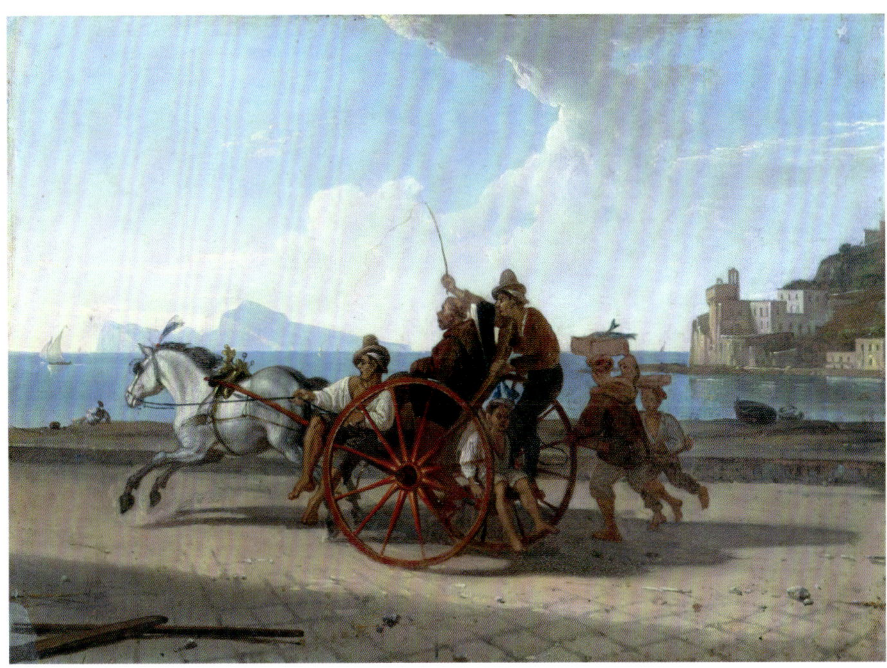

negligente, ozioso, superficiale, educato male – e non sono abbastanza giovane per diventare ancora qualcosa di buono"[8].

Già Theodor Fontane (1819-1898) aveva ironizzato sulle pretese artistiche dei tedeschi in Italia, rappresentando figure femminili come vittime di un'ossessione maschile per l'erudizione. Nei suoi romanzi l'inevitabile luna di miele in Italia si trasforma in un dramma coniugale, se non in vera tragedia. Se Effi Briest riferisce intimidita del programma che ha dovuto affrontare visitando le maggiori pinacoteche e chiese della Penisola, trascinata da suo marito[9], e se Franziska in *Graf Petöfy* (*Il conte Petöfy*) si lamenta apertamente degli innumerevoli quadri di pittori italiani a lei sconosciuti che è costretta a vedere, e che quasi la portano al pianto[10], Melusine (che però ha sposato un conte italiano), commenta laconicamente il suo disastroso viaggio di nozze da Venezia a Firenze attraverso l'Appennino con queste parole: "una volta usciti dal tunnel conoscevo la miseria che mi aspettava"[11]. La sensualità erotica del Sud ha lasciato il posto a uno stupro.

Davanti ai grandi monumenti della Storia si può però anche passare senza restarne troppo impressionati. Così scrive ad esempio Rainer Maria Rilke (1875-1926) a Lou Andreas-Salomé in una lettera del 1903:

"Ti ricordi ancora di Roma, cara Lou? Com'è nella tua memoria? Nella mia rimarranno solo le sue acque, queste chiare, preziosissime acque fluenti che vivono nelle sue piazze; le sue scalinate costruite alla maniera di un flusso discendente d'acqua, con i gradini che scivolano in modo tanto singolare l'uno sull'altro come onda su onda; la festosità dei suoi giardini e il fasto delle sue terrazze; e le sue notti, così lunghe, silenziose e colme di stelle.
Del suo passato, che fatica a mantenersi in piedi, forse non resterà traccia nella mia memoria; nulla dei suoi musei stipati di statue senza senso, poco dei suoi quadri;

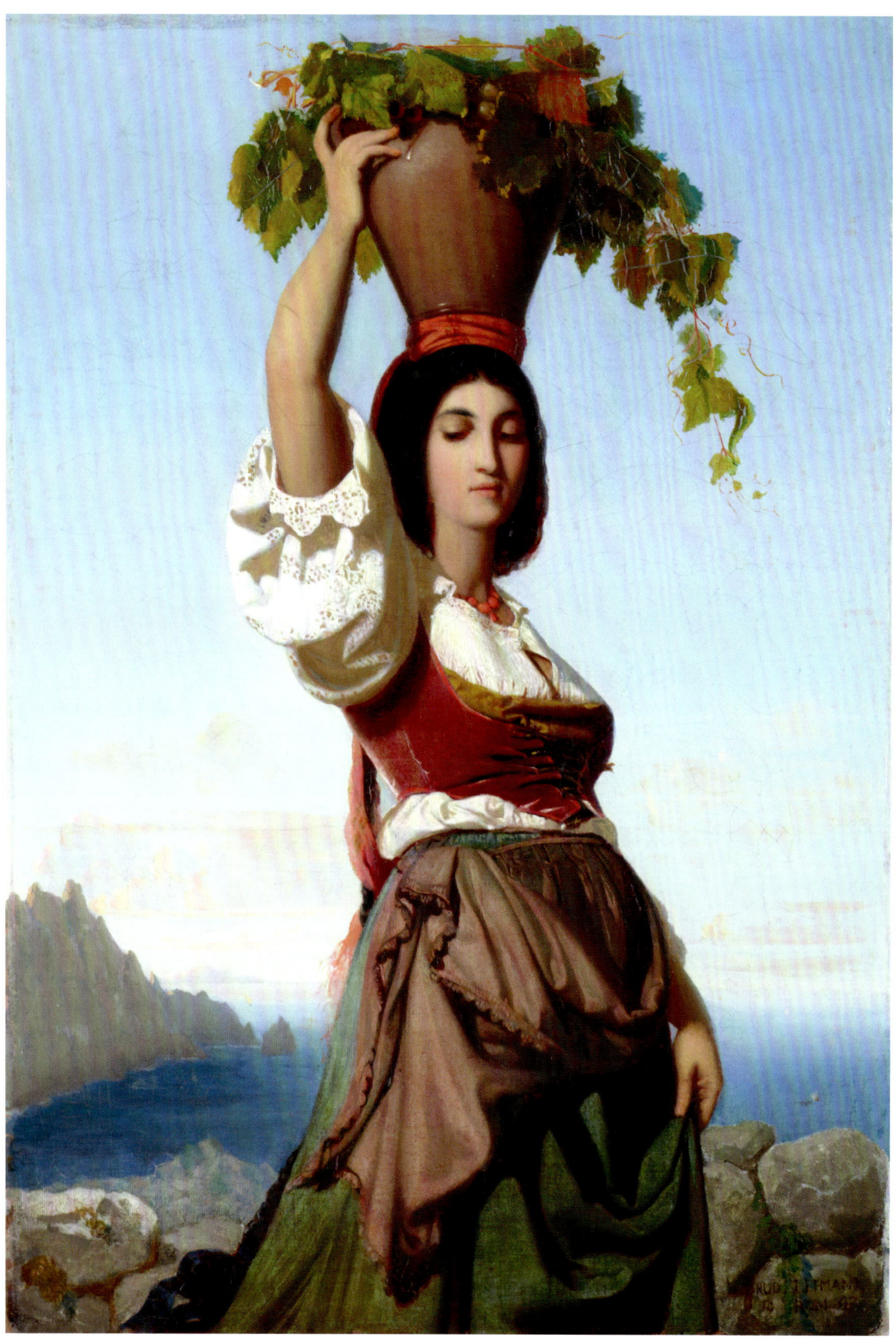

ricorderò la statua bronzea di Marco Aurelio nella piazza del Campidoglio, quella bella scultura in marmo del museo Ludovisi (il trionfo di Afrodite), la colonna di una piccola chiesa dimenticata, vista chissà dove, altre cose del tutto ignote, il panorama di una misera campagna, una viuzza solitaria verso sera, e la molta tristezza in cui vivevo.
In cui vivo"[12]

La resa impressionistica della realtà serve a Rilke come arma per difendersi dalla superiorità dei significati tramandati. Roma si trasforma in un movimento liquido, in acqua. Il sonetto *Römische Fontäne* (*Fontana romana*) riprenderà questo motivo sviluppandolo conseguentemente. Anche Venezia si smaterializza[13]. La città si forma come riflesso dall'acqua dei suoi canali, ricostruendosi nell'immaginazione del poeta. In questo processo la quotidianità è del tutto rimossa. L'Italia resta un'immagine onirica.

Il modo in cui gli italiani e la società italiana possono integrarsi nell'immagine proposta da Goethe resta tuttavia a lungo il principale problema di ogni rappresentazione della Penisola nella cultura e civiltà di lingua tedesca. Sintomatico è in questo senso il successo arriso durante un lungo arco di tempo alla raccolta di saggi *Italien. Ansichten und Streiflichter* (*Italia, opinioni e vedute*, 1867) di Victor Hehn (1813-1890), letto ancora con interesse da Walter Benjamin, Ernst Bloch e Rudolf Borchardt. Sebbene Hehn non neghi gli aspetti problematici della realtà italiana, egli si sforza di spiegarne le cause razionalmente, ovvero mediante un'analisi delle loro circostanze politiche ed economiche. Nel tentare di fornire un'immagine articolata e oggettiva degli italiani, l'autore contribuisce però nuovamente a una loro idealizzazione, che trasforma l'opposizione tradizionale tra nord e sud nell'antitesi tra una società arcaica e rurale da un lato, e una moderna e industriale dall'altro: "Entrando in Italia il tedesco, quando vede parlare, agire e presentarsi l'italiano nel riposo e nel lavoro, ha l'impressione di un'esistenza integra e immediata, le cui manifestazioni esteriori si compiono con necessità e leggerezza in un flusso naturale – nello spirito e nel corpo"[14].

Hehn si distacca esplicitamente dalle rappresentazioni svizzere e austriache dell'Italia e si sofferma – forse per la prima volta – sul tema politico delle conseguenze del dominio absburgico sui territori della Penisola. Lo stato italiano era stato fondato solo nel 1861 e alcune regioni, tra cui il Friuli e il Trentino, si unirono alla nuova entità politica solo nel 1866 o nel 1918, in seguito a guerre combattute contro la monarchia austro-ungarica e non senza forzature (come nel caso dell'Alto Adige). Da un punto di vista tedesco, e soprattutto austriaco, l'Italia non è dunque fino al Novecento un concetto politico. Fino alla Prima guerra mondiale un viaggio a Gorizia o a Trieste non era per un austriaco un viaggio all'estero. Ciononondimeno – e in questo la situazione italiana differiva profondamente da quella delle altre regioni della duplice monarchia – a Trieste o nel cosiddetto *Küstenland* (il "Litorale austriaco") non vi erano, a parte poche eccezioni, autori di lingua tedesca. La lingua della cultura era qui prevalentemente l'italiano, per quanto Trieste fosse per gli scrittori tedeschi e austriaci un luogo invitante (e si pensi solo a Ricarda Huch). Con il termine "Italia" ci si riferiva dunque a un paesaggio linguistico-culturale la cui alterità era riconosciuta,

beiträgt, die nämlich den tradierten Gegensatz zwischen Nord und Süd zu einer Gegenüberstellung zwischen einer archaischen, landwirtschaftlichen und einer modernen, industriellen Gesellschaft werden lässt: „Der Deutsche, wenn er Italien betritt und den Italiener sprechen, handeln, in Ruhe und Geschäft sich darstellen sieht, erhält durchaus den Eindruck einer ganzen und unmittelbaren Existenz, deren Äußerungen sich in natürlichem Flusse nothwendig und leicht vollziehen – sowohl geistig als leiblich.“[14]

Hehn grenzt sich explizit von den schweizerischen und österreichischen Darstellungen Italiens ab und konzentriert sich – vielleicht zum ersten Mal – auf das politische Thema der historischen Abhängigkeit der italienischen Gebiete von der Habsburgischen Monarchie. Der italienische Staat wurde 1861 gegründet, wobei sich einige Regionen – darunter Friaul, Trentino und Südtirol – erst 1866 bzw. 1918 infolge von Kriegen gegen die österreichische Herrschaft politisch an den neuen Staat anschlossen. Insofern kann aus deutscher und vor allem aus österreichischer Sicht mit „Italien“ bis weit ins 20. Jahrhundert kein politischer Begriff gemeint sein. Nach Triest oder nach Gorizia (Görz) zu fahren, war für Österreicher bis zum ersten Weltkrieg keine Reise ins Ausland. Trotzdem – und das war ein wesentlicher Unterschied zu den meisten anderen Ländern der Monarchie – gab es bis auf wenige Ausnahmen kaum deutschsprachige Autoren aus dem sogenannten „Küstenland“ und Triest. Die Kultursprache war hier vorwiegend Italienisch, auch wenn Triest für deutschsprachige Schriftsteller (man denke nur an Ricarda Huch) ein reizvoller Aufenthaltsort war. Mit „Italien“ bezog man sich also auf eine sprachliche Kulturlandschaft, deren Andersartigkeit anerkannt wurde, obwohl ein Teil ihrer Gebiete unter der politischen Kontrolle der österreichischen Verwaltung stand. Dies führte zu einem Paradoxon: Einerseits wurde immer wieder das Kulturgut Italiens gepriesen und die Notwendigkeit seiner Aneignung behauptet; andererseits stellte das italienische Element einen politischen Fremdkörper dar.

Nicht zuletzt wird das Verhältnis zu Italien für die österreichische Literatur zu einem Identitätsproblem. Prägnant ist in dieser Hinsicht die berühmte Anrede an Österreich in Franz Grillparzers *König Ottokars Glück und Ende* (1825):

> „O gutes Land! o Vaterland! Inmitten
> Dem Kind Italien und dem Manne Deutschland,
> Liegst du, der wangenrote Jüngling, da:
> Erhalte Gott dir deinen Jugendsinn,
> Und mache gut, was andere verdarben!“[15]

Die geografische Lage Österreichs wird hier durch den allegorischen Rekurs auf das Bild der Lebensalter umgedeutet. Den drei erwähnten Ländern werden implizit Eigenschaften zugeschrieben, die für die Phasen der menschlichen Entwicklung charakteristisch sind. Italien ist das Kind, zu dem wohl Kreativität und Fantasie gehören, aber auch Naivität, wenn auch in einem positiven Sinn. Daraus lässt sich lernen, wobei diese Altersstufe nicht dauerhaft anhalten kann. Der Jugendsinn Österreichs sollte indes erhalten bleiben und sich nicht weiter zu jenem späteren Stadium der Reife entwickeln, das für Deutschland kennzeichnend scheint. Männliche

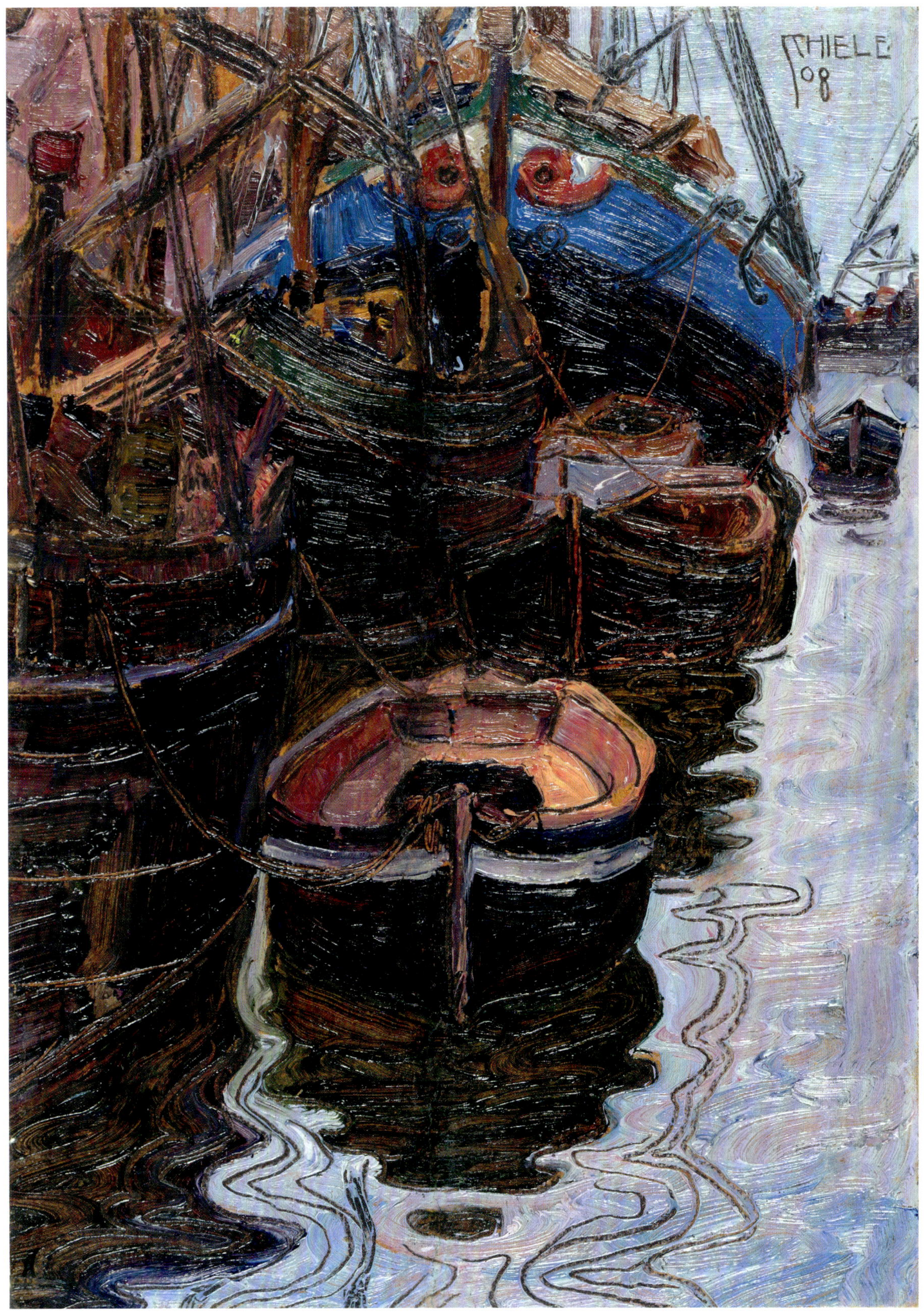

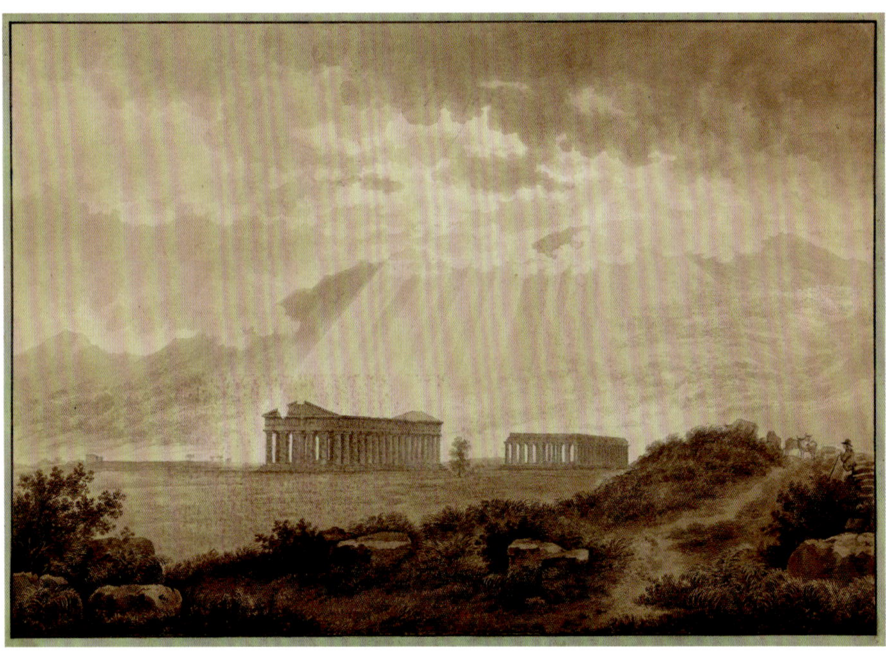

Erstarrung ist zu vermeiden. Zum deutschen „Italienkomplex" gesellt sich nun ein österreichischer „Deutschlandkomplex".

Freilich gilt auch für Grillparzer – wie später für Stifter – das Paradigma der italienischen Reise als ästhetische Erziehung und Aneignung der Antike. In Triest angelangt, entdeckt Grillparzer das Meer und somit das Schöne als sinnliches Erlebnis. In Venedig klagt er über die Vergänglichkeit und in Rom reagiert er entsetzt auf die Zerstörung der antiken Welt durch das Christentum. Eine Wiedergeburt im Sinne Goethes gelingt dem österreichischen Dichter jedoch nicht. Vielmehr hat die italienische Reise unangenehme Konsequenzen für seine Karriere am Hof: Rückblickend betrachtet Grillparzer seine Reiseerfahrung als eine Art Büchse der Pandora, der viel Unglück entsprungen sei.[16]

Anders bei Stifter: Seine späte und kurze Reise nach Triest und Udine lässt ihn von Italien schwärmen. Der österreichische Autor bedauert allerdings, dass er in seiner Jugend nicht Städte wie Rom, Venedig und Neapel besuchen konnte. „Goethe ist erst durch Italien ein großer Dichter geworden, wäre ich vor 20–25 Jahren zum ersten Male und dann öfter nach Italien gekommen, so wäre auch aus mir etwas geworden."[17] Die italienische Reise bleibt für Stifter ein ersehnter Wunsch, der zu einem Wendepunkt seiner dichterischen Existenz hätte beitragen können, die Möglichkeit einer idealen Bildung, die sich ihm leider nicht eröffnet hatte. War das Italienerlebnis für Grillparzer eine Irritation, so ist es für Stifter ein nicht einzuholendes Defizit. Der Italienkomplex verwandelt sich in einen Goethekomplex.

Dem rasch zum Klischee gewordenen Italienbild versuchen sich österreichische Autoren allerdings durch groteske Parodien zu entziehen. Ihr Beitrag zum Italienkomplex steht oft im Zeichen einer Entmythisierung. Schon in Johann Nestroys Zauberposse *Der böse Geist Lumpazivagabundus oder Das liederliche Kleeblatt* (1833) wird der italienische Bildungsanspruch seiner Land- und Zeitge-

nonostante una parte di suoi territori si trovasse sotto il controllo politico dell'amministrazione austriaca. Questo portava a un paradosso: da una parte il patrimonio culturale italiano veniva apprezzato e la sua assimilazione era ritenuta necessaria; dall'altra l'elemento italiano era percepito come un corpo politico estraneo.

Non per ultimo il rapporto con l'Italia diviene nella letteratura austriaca un problema identitario. Di notevole pregnanza è a questo riguardo il celebre elogio dell'Austria nel dramma *König Ottokars Glück und Ende* (*Fortuna e rovina di re Ottokar*, 1825) di Franz Grillparzer:

> "O Paese benevolo! O patria! Nel mezzo
> tra l'Italia fanciulla e l'adulta Germania
> ti trovi, giovane dalle rosse guance:
> serbi Iddio il tuo spirito giovanile,
> e ripara ciò che altri guastarono!"[15].

La collocazione geografica dell'Austria viene qui reinterpretata attraverso il ricorso allegorico all'immagine delle età della vita. Ai tre paesi menzionati vengono attribuite qualità caratteristiche nelle fasi dello sviluppo biografico. L'Italia è un bambino a cui si attagliano creatività e fantasia, ma anche ingenuità, sebbene in un senso positivo. Questa fase, che può essere fonte di ispirazione, non è però destinata a durare. Lo spirito giovanile dell'Austria deve invece serbarsi e non pervenire a quel più tardo stadio dello sviluppo che sembra caratteristico per la Germania. L'irrigidimento della età adulta va evitato. Al "complesso italiano" si accompagna ora un "complesso tedesco", squisitamente austriaco.

Certamente anche per Grillparzer, come in seguito per Stifter, vale il paradigma del viaggio in Italia come educazione estetica e acquisizione dell'antico. Giunto a Trieste, Grillparzer scopre il mare e con esso il bello come esperienza dei sensi. A Venezia si lamenta della caducità e a Roma reagisce scandalizzato alla distruzione cristiana del mondo antico. Una rinascita nel senso di Goethe non riesce però allo scrittore austriaco. Piuttosto il viaggio in Italia ha conseguenze spiacevoli per la sua carriera a corte: retrospettivamente Grillparzer considererà questa esperienza come una sorta di vaso di Pandora dal quale sarebbero scaturite molte sciagure[16].

Diversamente stanno le cose per Stifter. Il suo tardo e breve viaggio a Udine e a Trieste lo rende entusiasta dell'Italia. L'autore austriaco si rammarica però di non aver potuto visitare in giovinezza città come Roma, Venezia o Napoli. "Goethe è diventato un grande poeta solo grazie all'Italia, se ci fossi andato per la prima volta 20–25 anni fa e poi ripetutamente, anch'io sarei diventato qualcosa"[17]. Il viaggio in Italia resta per Stifter un desiderio agognato, ciò che avrebbe potuto portare a una svolta nel suo percorso artistico, l'occasione di una formazione ideale che purtroppo non gli si è aperta. Se il "complesso italiano" aveva costituito per Grillparzer un'irritazione, per Stifter è invece un deficit non recuperabile. Il "complesso italiano" si trasforma in un "complesso goethiano".

Gli scrittori austriaci cercano peraltro di sfuggire a un'immagine dell'Italia rapidamente trasformatasi in cliché componendo grottesche parodie. Il loro contributo al "complesso italiano" si colloca spesso nel segno di una demitizzazione.

nossen lächerlich gemacht. Für die sich als Italienerin ausgebende Camilla muss der durch einen Lotteriegewinn reich gewordene Schneidergeselle Zwirn eine Anzeige schreiben, da ihr Hund (ein „Mopperl") angeblich nach Italien gelaufen ist. Daraus wird ein „Piccolo Viech mit quattro Haxen", „tre cento anni vecchio" („*drei* Jahre alt"), mit einem „nero cravatell" („schwarze[n] Halsband") und „gestutzte orecchi" („abgeschnittene[n] Ohren").[18] Es gehört sich für einen gebildeten Österreicher, die Kultursprache Italienisch zu beherrschen. Und sogar für ein „Mopperl" gilt Italien als Sehnsuchtsland.

In Fritz von Hermanovsky-Orlandos Erzählung *Cavaliere Huscher* (1921) wird dem Wiener Privatgelehrten Achatius von Yb das Mittelmeer in einem „Misttrüherl" eines altmodischen Genueser Hotels gezeigt. „Die tiefste, durchleuchtendste Bläue des unendlichen Abgrunds war es, die er in dem bescheidenen Gefäß erblickte".[19] Dem verwirrten Yb erklärt der alte Ober, das, was der Privatgelehrte in dem Behälter gesehen habe, sei das richtige Meer, „nicht der ordinäre Kitsch, den man den dummen Reisenden als Meer aufschwatzt".[20] Der Anblick des Meeres, sei es auch in einem Müllbehälter, hat für den Wiener fatale Folgen. Er fühlt sich von dämonischen Kräften ergriffen und gerät in die Arme zweier ebenso hübscher wie dubioser Damen. Am nächsten Tag muss er entdecken, dass er seine Brieftasche nicht mehr bei sich hat und deshalb auch die Mädchen nicht belohnen kann. Nun wird er von ihnen in einen Keller gesperrt, wo er „mit bitterem Hohnlachen Goethes Worte vom ‚dunklen Laub, wo Goldorangen glühn' vor sich hinmurmelte".[21] Aus dieser peinlichen Situation wird er befreit, nachdem er sich verpflichtet hat, in einem Wandertheater als „Agostino stupido" („Dummer August") aufzutreten. Kein Reifeprozess erwartet den Italienreisenden, vielmehr droht ihm die Verdummung. Das Meeresbild – mindestens seit Grillparzer Ikone der Sinnlichkeit – entpuppt sich als Selbsttäuschung. Bilder und Menschen sind trügerisch.

Durch die politisch-historischen Ereignisse war die Beziehung österreichischer (und deutscher) Autoren zu Italien allerdings verwickelt geworden. Höhepunkt der Auseinandersetzung war der Erste Weltkrieg, als das Königreich Italien seinen Pakt mit den „Zentralmächten" gebrochen und eine neue Front eröffnet hatte. So schildert Karl Kraus in einer Szene der *Letzten Tage der Menschheit* parodistisch das nationalistische aggressive Ressentiment gegen das italienische Volk, das einerseits als „Erbfeind", andererseits aber als „treubrüchig" charakterisiert wird.[22] Dieses Feindbild kommt mit dem Zweiten Weltkrieg erneut zum Vorschein, wie noch Wolfgang Koeppens Roman (1906–1996) *Der Tod in Rom* (1954) zeigt.

Deutlich anders stellt sich der Italienbezug österreichischer Autorinnen und Autoren nach 1945 dar. Das markanteste Beispiel dafür ist das Werk Ingeborg Bachmanns (1926–1973). Für sie war Rom, wo sie lebte, ein Fluchtpunkt, von dem aus man Österreich besser beschreiben konnte. Auch für Franz-Josef Murau – die Hauptperson in Thomas Bernhards (1931–1989) Roman *Auslöschung* – ist bei seiner Wahl, in Rom zu leben, die Distanz zur Heimat ausschlaggebend. Nicht zufällig wird in diesem Roman Ingeborg Bachmann in der Figur der Dichterin Maria porträtiert. Nur das Fremde ermöglicht es, die eigene Identität zu verstehen. So ist „der Italiener" in der gleichnamigen Erzählung Thomas Bernhards ein durchaus kultivierter

Già nella "farsa magica" *Der böse Geist Lumpazivagabundus oder Das liederliche Kleeblatt* (*Lumpazivagabundus spirito malvagio, ovvero Il terzetto degli scapestrati*, 1833) Johann Nestroy ridicolizza l'aspirazione a una formazione italiana dei suoi contemporanei di lingua tedesca. Divenuto ricco grazie a una vincita al lotto, il garzone di sartoria Zwirn deve scrivere in italiano un annuncio per Camilla (che si spaccia per italiana) dal momento che il suo cagnolino, un carlino, sembra essere scappato nella Penisola. Ne scaturisce un "piccolo Viech [bestia] mit quattro Haxen [dialettale per "con quattro zampe"], „tre cento anni vecchio [al posto di *tre* anni]", mit einem „nero cravatell [per "collare"]" und „gestutzte [mozzati] orecchi".[18] A un austriaco colto si addice padroneggiare una lingua di cultura qual è l'italiano. E persino per un carlino l'Italia è una meta nostalgica verso cui dirigersi.

Nel racconto di Fritz von Herzmanovsky-Orlando *Caliere Huscher* (1921) il Mediterraneo viene mostrato ad Achatius von Yb, un erudito viennese, nel secchio dell'immondizia di un antiquato hotel di Genova. "Era l'azzurro più profondo e radioso dell'abisso infinito, quello che egli scorgeva in quel vaso dozzinale"[19]. Allo sconcertato Yb un vecchio cameriere-capo spiega che ciò che l'erudito ha visto nel recipiente è il vero mare, "non quel kitsch ordinario che si propina agli stupidi viaggiatori"[20]. La vista del mare, sia pure in una pattumiera, ha per il viennese conseguenze fatali. Egli si sente preda di forze demoniche e finisce tra le braccia di due signore belle quanto equivoche. Il giorno dopo constata di non avere più con sé il portafoglio e di non poterle pertanto ricompensare. Viene così rinchiuso in una cantina dove "con amare risate di scherno mormora le parole di Goethe sulla 'fronda scura in cui brillano le arance d'oro'"[21]. Da questa imbarazzante situazione viene liberato dopo essersi impegnato a esibirsi in una compagnia di girovaghi nel ruolo di "Agostino stupido". In Italia il viaggiatore non va incontro a una maturazione spirituale e rischia piuttosto l'istupidimento. L'immagine del mare italiano – nella letteratura austriaca icona della sensualità almeno a partire da Grillparzer – è smascherata come autoillusione. Uomini e immagini sono ingannevoli.

Gli eventi della storia e della politica avevano del resto reso più intricate le relazioni degli intellettuali austriaci (e tedeschi) con l'Italia. Culmine di questa disputa era stata la Prima guerra mondiale, quando il Regno di Italia aveva rotto la sua alleanza con gli Imperi centrali aprendo un nuovo fronte con l'Austria. In una scena di *Die letzten Tage der Menschheit* (*Gli ultimi giorni dell'umanità*), Karl Kraus descrive parodisticamente l'aggressivo risentimento nazionalista contro il popolo italiano, da un lato definito come il "nemico ereditario" e dall'altro come "traditore"[22]. Questa immagine ostile si riacutizza durante il secondo conflitto mondiale, come mostra ancora il romanzo di Wolfgang Koeppen (1906-1996) *Der Tod in Rom* (*La morte a Roma*, 1954).

Nettamente diverso è il modo di rapportarsi all'Italia degli scrittori austriaci dopo il 1945. L'esempio più illuminante è dato dall'opera di Ingeborg Bachmann (1926-1973). Per la scrittrice Roma, la città in cui viveva, costituisce un punto di fuga dal quale poter meglio raccontare l'Austria. Anche per Franz-Josef Murau – protagonista del romanzo *Auslöschung* (*Estinzione*, 1986) di Thomas Bernhard (1931-1989) – la distanza dal luogo natale è decisiva nella scelta di vivere a Roma. Non a caso in questo romanzo Ingeborg Bachmann viene ritratta nella figura della poetessa Maria. Solo ciò che è estraneo permette di comprendere la propria identità.

und erfahrener Geschäftsmann, der für Kunst und Literatur viel übrighat. Durch das Gespräch mit dem Fremden gewinnt der Ich-Erzähler einen neuen Einblick in sich selbst.

Pädagogisches Reiseziel, anzueignendes Kulturgut, fremde Nähe, zu parodierende erotische Kulisse, unüberwindbare Vergangenheit, Land von hinterlistigen Verrätern, idealer Fluchtpunkt – die zahlreichen Konnotationen, die das durch die Jahrhunderte wandelnde Italienbild erlebt hat, sind nicht einfach auf einen Nenner zu bringen. Italien bleibt für die deutschsprachige Kultur aber eine produktive und herausfordernde Konstante, von der sie weiterhin noch wesentlich geprägt wird.

[1] Insofern lässt sich die Literatur über das Thema kaum überschauen. Für eine erste Orientierung vgl. Egger, Irmgard: *Italienische Reisen. Wahrnehmung und Literarisierung von Goethe bis Brinkmann*, München 2006. – Gendolla, Peter: *Die Erfindung Italiens. Reiseerfahrung und Imagination*, Padeborn 2014.

[2] Es sei erlaubt, auf folgende Beiträge hinzuweisen: Reitani, Luigi: „Italien in der österreichischen Literatur: Eine Annäherung", in Müller, Manfred/Ders. (Hg.): *Von der Kulturlandschaft zum Ort des kritischen Selbstbewusstseins. Italien in der österreichischen Literatur*, Wien 2011, S. 9–19. – Ders.: „Italien, Deutschland, Europa: Ein Kulturdreieck", in: *Italienisch. Zeitschrift für italienische Sprache und Literatur* 41, 2019/1, S. 27–41.

[3] Burckhardt, Jacob: *Die Cultur der Renaissance in Italien: ein Versuch*, hg. von Mikkel Mangold auf der Grundlage der Vorarbeiten von Kenji Hara und Hiroyuki Numata, München–Basel 2018.

[4] Vgl. De Seta, Cesare: *L'Italia del Grand Tour da Montaigne a Goethe*, Milano 1998. – Settis, Salvatore: *Paesaggio, Costituzione, cemento: la battaglia per l'ambiente contro il degrado civile*, Torino 2010.

[5] Nicolai, Gustav: I*talien, wie es wirklich ist. Bericht über eine merkwürdige Reise in den hesperischen Gefilden als Warnungsstimme (für Alle, welche sich dahin sehnen)*, Leipzig 1834, Bd. 1, S. 253.

[6] Schnitzler, Arthur: *Briefe 1875–1912*, hg. von Therese Nickl und Heinrich Schnitzler, Frankfurt am Main 1981, S. 430 (Brief an Olga Gussmann vom 12.4.1901).

[7] Schnitzler: *Briefe* (wie Anm. 6), S. 423 (Brief an Olga Gussmann vom 9.4.1901). Vgl. Fliedl, Konstanze: *Arthur Schnitzler und Italien*, Udine 2006.

[8] Schnitzler: *Briefe* (wie Anm. 6), S. 431 (Brief an Olga Gussmann vom 14.4.1901).

[9] Fontane, Theodor: *Sämtliche Romane, Erzählungen, Gedichte, Nachgelasses*, Darmstadt 2002, Bd. 4, S. 41f. (Kap. 5).

[10] Fontane: *Sämtliche Romane* (wie Anm. 9), Bd. 1, S. 773 (Kap. 14).

[11] Fontane: *Sämtliche Romane* (wie Anm. 9), Bd. 5, S. 296 (Kap. 33). Vgl. Richter, Dieter: *Fontane in Italien*, Berlin 2019, S. 88–92.

[12] Rilke, Rainer Maria/Andreas-Salomé, Lou: *Briefwechsel*, hg. von Ernst Pfeiffer, Frankfurt am Main 1975, S. 120 (Brief vom 3.11.1903).

[13] Vgl. die Gedichte „Venezianischer Morgen", „Spätherbst in Venedig" und „San Marco".

[14] Hehn, Viktor: *Italien. Ansichten und Streiflichter*, St. Petersburg 1867, S. 93.

[15] 3. Akt, V. 1699ff.

[16] Grillparzer, Franz: *Selbstbiographie*, in: Ders.: *Werke*, hg. von Peter Frank und Karl Pörnbacher, München 1965, Bd. 4, S. 107.

[17] Stifter, Adalbert: *Sämtliche Werke*, hg. von Gustav Wilhelm, Hildesheim ²1941, Bd. 18, Briefwechsel, S. 76.

[18] 2. Akt, 16. Szene.

[19] Herzmanovsky-Orlando, Fritz von: *Sämtliche Werke. Bd. 4. Erzählungen, Pantomimen und Ballette*, hg. und kommentiert von Klaralinda Ma-Kircher und Wendelin Schmidt-Dengler, Salzburg 1991, S. 17.

[20] Herzmanovsky-Orlando: *Sämtliche Werke* (wie Anm. 19), S. 18.

[21] Herzmanovsky-Orlando: *Sämtliche Werke* (wie Anm. 19), S. 20.

[22] 1. Akt, 8. Szene.

Così nell'omonimo racconto di Bernhard (1964) "l'italiano" è un uomo d'affari colto ed esperto, sensibile all'arte e alla letteratura. Conversando con questo "straniero" l'anonimo narratore acquista una nuova consapevolezza di sé.

Meta pedagogica, patrimonio culturale da assimilare, mondo estraneo alle porte di casa, scenario erotico per parodie, epifania dell'antico, paese dall'insuperabile e opprimente passato, terra di subdoli traditori, ideale punto di fuga – le numerose connotazioni che l'immagine dell'Italia ha attraversato nei secoli non si lasciano certo ricondurre facilmente a un unico denominatore comune. Per la civiltà di lingua tedesca l'Italia resta comunque uno stimolo costante e fruttuoso, che continua a caratterizzare la sua identità.

[1] Per un primo orientamento sull'amplissima materia si veda in italiano M. Battafarano, *L'Italia*, in F. Fiorentino, G. Sampaolo, *Atlante della letteratura tedesca*, Macerata 2009, pp. 290-297. In tedesco cfr. I. Egger, *Italienische Reisen. Wahrnehmung und Literarisierung von Goethe bis Brinkmann*, München 2006. – P. Gendolla, *Die Erfindung Italiens. Reiseerfahrung und Imagination*, Paderborn 2014.

[2] Sia qui permesso rimandare ad altri contributi di chi scrive: L. Reitani, *Italien in der österreichischen Literatur: Eine Annäherung*, in M. Müller, Id. (a cura di): *Von der Kulturlandschaft zum Ort des kritischen Selbstbewusstseins. Italien in der österreichischen Literatur*, Wien 2011, pp. 9-19. – Id.: *Italien, Deutschland, Europa: Ein Kulturdreieck*, in "Italienisch. Zeitschrift für italienische Sprache und Literatur" 41, 2019/1, pp. 27-41.

[3] J. Burckhardt, *Die Cultur der Renaissance in Italien: ein Versuch*, a cura di M. Mangold sulla base dei lavori preparatori di H. Kenji e N. Hiroyuki, München-Basel 2018 (*La civiltà del rinascimento in Italia*, trad. it. di D. Valbusa, Firenze 1940).

[4] C. De Seta, *L'Italia del Grand Tour da Montaigne a Goethe*, Milano 1998. – S. Settis, *Paesaggio, Costituzione, cemento: la battaglia per l'ambiente contro il degrado civile*, Torino 2010.

[5] G. Nicolai, *Italien, wie es wirklich ist. Bericht über eine merkwürdige Reise in den hesperischen Gefilden als Warnungsstimme (für Alle, welche sich dahin sehnen)*, Leipzig 1834, vol. I, p. 253. Quando non altrimenti indicato tutte le traduzioni sono di chi scrive.

[6] A. Schnitzler, *Briefe 1875-1912*, a cura di T. Nickl e H. Schnitzler, Frankfurt am Main 1981, p. 430 (Lettera a Olga Gussmann del 12 aprile 1901).

[7] A. Schnitzler, *Briefe*, cit. p. 423 (Lettera a Olga Gussmann del 9 aprile 1901). Cfr. K. Fliedl, *Arthur Schnitzler e l'Italia*, Udine 2006.

[8] A. Schnitzler, *Briefe*, cit. p. 423 (Lettera a Olga Gussmann del 9 aprile 1901). Trad. it. di G. Farese, in A. Schnitzler, *Diari e lettere*, a cura di G. Farese, Milano 2006, p. 426.

[9] T. Fontane, *Sämtliche Romane, Erzählungen, Gedichte, Nachgelasses*, Darmstadt 2002, vol. 4, pp. 41sg. Trad. ital. di S. Bortoli, in *T. Fontane: I romanzi*, a cura e con un saggio introduttivo di G. Baioni, Milano 2003, vol. II, pp. 349-351 (cap. 5).

[10] T. Fontane, *Sämtliche Romane*, cit., vol. I, p. 773 (cap. 14). Trad. ital. di L. Biondi-Bini, in T. Fontane, *Il conte Petöfy*, Firenze 1994, pp. 100-101.

[11] T. Fontane, *Sämtliche Romane*, cit., vol. V, p. 296 (cap. 33). Cfr. D. Richter, *Fontane in Italien*, Berlin 2019, pp. 88–92. Trad. ital. di S. Bortoli in *Fontane: I romanzi*, cit., vol. II, p. 1005.

[12] R.M. Rilke, L. Andreas-Salomé, *Briefwechsel*, a cura di E. Pfeiffer, Frankfurt am Main 1975, p. 120 (lettera del 3 novembre 1903). Trad. it. di S. Mori Carmignani, in M. Rilke, L. Andreas-Salomé: *Da qualche parte nel profondo: Lettere 1897-1926*, Milano 2014.

[13] Cfr. le poesie *Venezianischer Morgen* (*Mattino veneziano*), *Spätherbst in Venedig* (*Tardo autunno a Venezia*) e *San Marco*.

[14] V. Hehn, *Italien. Ansichten und Streiflichter*, St. Petersburg 1867, p. 93.

[15] Atto III, scena 5, vv. 1699 e sgg.

[16] F. Grillparzer, *Selbstbiographie*, in Id.: *Werke*, a cura di P. Frank e K. Pörnbacher, München 1965, vol. IV, p. 107. Trad. it. di E. Pocar in *F. Grillparzer: Autobiografia*, Milano 1979, p. 114

[17] A. Stifter, *Sämtliche Werke*, a cura di G. Wilhelm, Hildesheim 1941², vol. XVIII, *Briefwechsel*, p. 76.

[18] Atto II, scena 16.

[19] F. von Herzmanovsky-Orlando, *Samtliche Werke*. Vol. IV. *Erzählungen, Pantomimen und Ballette*, a cura e con un commento di K. Ma-Kircher e W. Schmidt-Dengler, Salzburg 1991, p. 17.

[20] Herzmanovsky-Orlando: *Sämtliche Werke*, cit, p. 18.

[21] Herzmanovsky-Orlando: *Sämtliche Werke*, cit, p. 20.

[22] Atto I, scena 8. K. Kraus, *Gli ultimi giorni dell'umanità*, edizione italiana di E. Braun e M. Carpitella, con un saggio di R. Calasso, Milano 1980, vol. I, pp. 94–97.

Stereotypes Gewimmer
Zu Reiseerfahrungen in Italien

Joseph Imorde

I.

Die Strecken nach und in Italien waren im 18. und 19. Jahrhundert von unzähligen Engländern, Franzosen und deutschen Reisenden dermaßen ausgetreten, dass es so manchem schwerfiel, das authentische Italien vor Ort überhaupt noch aufzufinden. Zahllose Bücher berichteten über Land und Leute, Hunderte von persönlichen Beobachtungen bereicherten das Wissen über „man and manners", über die einzelnen Städte und Landstriche, über Kunst und Künstler.

Vor allem die Literaturgattung Reisebericht war mit dafür verantwortlich, dass der Grand Tourist nicht nur mit viel Vorwissen das Land der Zitronenblüte betrat, sondern auch mit einer gehörigen Portion Vorurteil, das heißt oft sehr ausgeprägten Prädispositionen. – Trotz des angelesenen Wissens, trotz der vielen literarischen Hinweise, Hilfen und Handreichungen lauerten überall Probleme: Wie sollte man nur mit den fremden Essgewohnheiten umgehen, wie sich in den Herbergen vor Ungeziefer und allerhand Unpässlichkeiten schützen, wie der allgemeinen Unreinlichkeit Herr werden?

Der Schutz gegen alles Ungemach hieß für viele strenge Absonderung. Doch trotz weiser Voraussicht, straffer Organisation und heimatlichem Ambiente gehörten Klagelaute zum guten Ton fast jedes Reisenden. In den Hotels von Florenz störten sich verzärtelte Nasen an aufdringlichen Essensgerüchen, empfindsame Ohren wurmte der nächtliche Gesang in Siena, das polizeiwidrige Schreien oder der nicht abstellbare Straßenlärm in Mailand, Genua oder Neapel. Wer von den Torturen der Nacht erstand und sich noch müde und unentspannt zum Ausgehen anschickte, bestaunte dann in den Straßen und auf den Plätzen der italienischen Städte nicht die Kirchen und Paläste, sondern schaute mit vergleichender Herablassung auf den allgegenwärtigen Unrat. Die Klage über den allgemeinen Schmutz Italiens klang als *cantus firmus* aus den unzähligen Reisebeschreibungen. Mit *disgust* schauten die Reisenden auf die Einheimischen und wandten sich von der Wirklichkeit ab, dafür aber mit Enthusiasmus der Geschichte zu. Wenn überhaupt, wurden die Italiener als Staffage dem imaginierten malerischen Eindruck eingepasst. Und so standen dann die Reisenden oft vor der Größe der Vergangenheit, ohne die Gegenwart überhaupt sehen zu können.

Lamenti stereotipati: le esperienze
di viaggio in Italia

Joseph Imorde

I.

Nel XVIII e XIX secolo le rotte verso l'Italia e lungo la penisola stessa erano percorse da un gran numero di viaggiatori stranieri: inglesi, francesi e tedeschi affollavano a tal punto il Bel Paese che ad alcuni risultava addirittura difficile trovarvi ancora l'Italia autentica. Innumerevoli libri con resoconti di viaggio e centinaia di osservazioni personali divulgavano la conoscenza del popolo italiano e delle sue abitudini, di singole città e regioni, dell'arte e degli artisti.

Ed è proprio al genere letterario del diario di viaggio che va attribuita la responsabilità di aver influenzato chi intraprendeva il Grand Tour e spesso arrivava nella terra in cui fioriscono i limoni non solo con molte conoscenze acquisite, ma anche con una buona dose di pregiudizi, se non con una cattiva disposizione d'animo. Malgrado le letture, i riferimenti letterari, i consigli e le indicazioni, i problemi sembravano essere in agguato ovunque: come comportarsi rispetto alle abitudini alimentari straniere, come proteggersi dagli insetti nelle locande e da ogni tipo di malanno, come gestire la sporcizia generale?

Per molti, il tentativo di tutelarsi da ogni avversità si traduceva in uno stretto isolamento. Eppure, anche per quei viaggiatori che davano prova di saggia lungimiranza, attenendosi a una rigida organizzazione e vivendo tra i propri connazionali, lamentarsi faceva parte del bon ton. Negli alberghi fiorentini i nasi viziati erano disturbati dall'odore insistente del cibo, a Siena le sensibili orecchie erano afflitte dai canti notturni, dalle grida contro i gendarmi o dal rumore senza sosta delle strade a Milano, Genova o Napoli. Chi sopravviveva alle torture notturne e si accingeva a uscire, ancora stanco e nervoso, una volta in strada e nelle piazze delle città italiane non osservava ammirato le chiese e i palazzi, ma piuttosto guardava all'onnipresente sudiciume con aria di superiorità, facendo il paragone con la patria. Le recriminazioni per la sporcizia generale dell'Italia risuonavano come un *cantus firmus* nelle innumerevoli descrizioni di viaggio. I visitatori guardavano con disgusto la gente del posto e distoglievano lo sguardo dalla realtà, rivolgendosi invece con entusiasmo alla storia. Semmai, gli italiani venivano inseriti come figure accessorie nelle immaginarie impressioni pittoriche dei viaggiatori, che spesso si trovavano così a fare i conti con la grandezza del passato, senza riuscire affatto a vedere il presente.

II.

Es waren vor allem Autoren des 19. Jahrhunderts, die nicht müde wurden, auf jene Gefahren aufmerksam zu machen, die dem Fremden auf seinen Reisen durch Italien zustoßen konnten. Ein schönes Beispiel für das stereotype Gewimmer nördlicher Touristen bietet das Buch *Hesperien. Ein Cicerone für Italien* aus dem Jahr 1838. Der Direktor des Gymnasiums in Quedlinburg, Franz Wilhelm Richter,[1] listet darin die unterschiedlichsten Unpässlichkeiten auf, um im Modus komparatistischer Betrachtung den Leser darüber zu informieren, dass das poetische Italien auch seine sehr prosaischen Seiten entwickeln könne: Besondere Vorsicht sei zuerst einmal bei dem äußerst schwierigen Klima geboten, denn wegen der fehlenden Kamine und den „Steinpavimenten" in den Stuben friere der Nordländer in Italien im Winter häufig schlimmer als in russischen Polarregionen.[2] Im Sommer, so Richter weiter, würden wiederum bei Tage „die sengende Hitze und der unbeschreiblich dicke Staub" zu äußerst schwer zu ertragenden Problemen. Dies sähe man des Nachts in scheußlicher Weise überboten durch die „unzähligen Flöhe, auch Wanzen, und in einigen Sommermonaten, besonders im Julius und August, [durch] die wahrhaft furchtbaren Stechmücken (Zampane, Tavaroni, Musatti)", die dermaßen quälend seien, dass der Reisende jeden Augenblick meine, „den Martyrtod für Italiens Reize sterben zu müssen".[3]

Besonders wichtig war es dem Autor, seine Leser auf Enttäuschungen vorzubereiten, die sich unweigerlich bei der Betrachtung der Naturschönheiten Italiens einstellen mussten: Zierliche „Weinguirlanden" würden einem schnell langweilig und versperrten nicht selten die Aussicht auf das eigentlich Interessante und Wichtige. Zitronen und Orangen fände man nur in ummauerten Gärten und ihr Anblick sei deshalb für den Normalsterblichen nicht zu haben. Überhaupt gebe es – was die Natur angehe – wenig Überraschungen, denn zum Beispiel sähen die Olivenbäume Italiens ganz genauso aus wie ehrliche deutsche Weiden. Den verstreut stehenden Zypressen und Pinien schrieb Richter eine melancholische Wirkung zu, überhaupt fehlte es ihm in Italien nahezu in allen Landstrichen an der Fülle der Vegetation, namentlich an den riesenhaften Waldbäumen der Heimat, die der Deutsche im Süden schmerzlich vermisste. Kurz: viel zu viel Ödnis und Eintönigkeit, Wüstenei und Langeweile.

Doch waren die hier aufgezählten Aspekte Italiens für Richter nicht das Schlimmste – viel schlimmer als alle Widrigkeiten und Enttäuschungen des Reisens waren für ihn die Italiener selbst – das ganze Land charakterisiert „durch Müßiggang und Vergnügungssucht, durch Bettelei und Betrügerei, durch Räuberei und Mordlust, durch Abgötterei und Gottlosigkeit".[4] Dazu kam noch die durchgreifende Unordnung und „Lüderlichkeit" des Lebens: „Zerfetzte Papierfenster, verwitterte Paläste, verfallene Hütten, verbrauchtes Hausgerät, zerlumpte Kleider".[5]

Welch' skandalösen Zustände, Zustände, die den Reisenden in ganz Italien, besonders aber im zurückgebliebenen Kirchenstaat, ins Auge fielen. Überschritt man um 1840 die toskanisch-päpstliche Grenze und fuhr durch Städte wie Aquapendente, Montefiascone oder Bolsena, war von dort wenig mehr zu berichten, als dass die „Häuser, Straßen, Einwohner jeglichen Alters und jeglichen Geschlechts von Schmutz" nur so starrten, „von einem wirklich transcendentalen Schmutz", wie

II.

Furono soprattutto gli autori del XIX secolo a richiamare instancabilmente l'attenzione sui pericoli cui andavano incontro gli stranieri nei loro viaggi in Italia. Un bell'esempio delle lamentele stereotipate dei turisti provenienti dal Nord ce lo offre il libro *Hesperien. Ein Cicerone für Italien* (Esperia. Un Cicerone per l'Italia) del 1838. L'autore, il preside del ginnasio di Quedlinburg Franz Wilhelm Richter[1], vi elenca i disagi più disparati affinché, utilizzando una modalità di osservazione comparativa, il lettore sia informato del fatto che l'Italia poetica può riservare anche un lato molto prosaico. Richter raccomanda particolare cautela innanzitutto riguardo al clima estremamente pesante da affrontare, poiché la mancanza dei caminetti e i pavimenti in pietra delle osterie fanno sì che in inverno chi proviene dal Nord abbia freddo, spesso più di quanto potrebbe patirne nelle regioni polari della Russia[2]. In estate invece, prosegue Richter, di giorno sono "il calore cocente e la polvere indicibilmente spessa" a costituire un fastidio quasi insopportabile. Di notte tutto ciò è superato in modo orribile dalle "innumerevoli pulci, e cimici, e in alcuni mesi estivi, soprattutto a luglio e agosto, dalle terribili zanzare (zampani, tavaron, musati)", talmente tormentose che in ogni momento il viaggiatore crede "di dover morire, martire del fascino dell'Italia"[3].

Per l'autore è di particolare importanza preparare i lettori alle delusioni cui inevitabilmente andranno incontro osservando le bellezze naturali della terra italica: persino le delicate "ghirlande di vite", che non di rado impediscono la visuale delle cose davvero interessanti e importanti, sarebbero presto venute a noia. Inoltre, prosegue Richter, limoni e aranci si trovano solo in giardini circondati da mura e la loro vista è quindi preclusa ai comuni mortali. In generale – per quanto concerne la natura – ci sono poche sorprese, poiché ad esempio gli olivi in Italia hanno esattamente lo stesso aspetto degli onesti salici tedeschi. Ai cipressi e ai pini sparsi un po' ovunque Richter attribuisce un effetto malinconico; quello che gli manca in quasi ogni regione d'Italia è soprattutto l'abbondanza di vegetazione, i giganteschi alberi dei boschi natii, di cui i tedeschi tanto dolorosamente sentono la mancanza. In breve: troppa desolazione e monotonia, confusione e noia.

Eppure, per Richter gli aspetti appena elencati non sono la cosa più brutta: peggiori delle avversità e delusioni del viaggio sono gli italiani stessi, dal momento che in tutto il Paese non vi è che "ozio e ricerca del piacere, accattonaggio e imbroglio, brigantaggio e brama di uccidere, idolatria ed empietà"[4]. A ciò si aggiungano la confusione e "la dissolutezza" della vita quotidiana: "impannate strappate, palazzi rovinati dalle intemperie, capanne fatiscenti, utensili di casa logori, abiti cenciosi"[5].

Condizioni scandalose, che saltano all'occhio dei viaggiatori in tutta Italia, ma in special modo nell'arretrato Stato pontificio. Se verso il 1840 si superava il confine del Granducato toscano, attraversando città come Acquapendente, Montefiascone o Bolsena, c'era ben poco da riferire, se non che "case, strade, abitanti di ogni età e sesso [erano talmente coperti] di sudiciume", "di una sozzura davvero trascendentale", come narrato da Ignaz Jeitteles, che non si vedeva quasi nient'altro che "paesaggio consunto e sudiciume, sudiciume e paesaggio consunto"[6].

Ignaz Jeitteles meinte, man sehe dort wenig mehr als „eine ausgebrannte Gegend und Schmutz, und Schmutz und eine ausgebrannte Gegend".[6]

III.

Dass in dieser Kultur der Unreinlichkeit allerlei hüpfendes und krabbelndes Ungemach gedeihen musste, kann nicht verwundern. Ein Kapitel, das man wenigstens im 19. Jahrhundert selten ausließ, wenn es um die Schattenseiten Italiens ging, war das als allgegenwärtig beschriebene Ungeziefer und unter diesem besonders die Flöhe der Sorte *pulex irritans*, Flöhe, welche die Touristen – waren sie einmal in heiterer Stimmung – noch als „sehr entgegenkommend und stets aufgeweckt" empfinden konnten.[7] Dass man sich im deutschen Reiseschrifttum häufig und gerne mit diesem Thema auseinandersetzte, hatte auch mit dem 1834 erschienenen, zweibändigen Buch *Italien wie es wirklich ist. Bericht über eine merkwürdige Reise in den hesperischen Gefilden, als Warnungsstimme für Alle, welche sich dahin sehnen*[8] des Berliner Schriftstellers und Komponisten Gustav Nicolai zu tun, der – wie kein anderer vor und auch kein anderer nach ihm – mit den unerträglichen Zuständen in Italien abrechnete.[9] Nicolai fand alles schrecklich, aber am schrecklichsten die Flöhe, die oft von Wanzengröße waren, und den Mann geradezu überall heimsuchten, nicht nur in den Zimmern und Betten der benutzten Herbergen [I, 117, 151; II, 178, 195], sondern auch in den Gondeln Venedigs [I, 73], auf den Straßen und Promenaden [I, 219; II, 198] wie auch in den Theatern [II, 65] und Palästen der besuchten Städte [I, 262; II, 56], ja selbst noch in den Gärten des Vatikans fielen sie Nicolai an [II, 168]. Er fand die kleinen Quälgeister in verschiedenen Speiselokalen und Tavernen auf seinem Weg [II, 171], wo sie sich gerne einmal in vergorenem Zustand im ausgeschenkten Wein präsentierten [II, 263] oder dem Reisenden als unangenehme Zutat in der Frühstücksbutter [I, 121] serviert werden konnten. Natürlich machten sich die Italien-Apologeten über die Flohfixierung Gustav Nicolais lustig,[10] etwa in Gestalt einer verballhornenden Gegenschrift des Schauspielers und Schriftstellers Albin Meddlhammer, dem *Schreiben eines deutschen Flohs, welcher mit Herrn Gustav Nicolai die Schnellfahrt durch die hesperidischen Gefilde gemacht hat, an seine Freundin eine Wanze in Italien*, die 1836 unter einem Pseudonym in Meißen erschien,[11] doch waren die mäkelnden Beschreibungen, die sich in dem Buche Nicolais fanden, nicht immer falsch und auch nicht immer von der Hand zu weisen.[12] Selbst Karl Baedeker machte in den verschiedenen Auflagen seiner Italien-Handbücher noch darauf aufmerksam, dass man sich doch bitte reichlich mit Insektenpulver eindecken solle, also mit *polvere di Persia* oder *polvere contro gli insetti*, um dem Ungeziefer in den unsicheren Unterkünften auf der Reiseroute Herr zu werden.[13] Alles war in Italien teuer, nur das Ungeziefer, das gab es umsonst.[14]

Einen wohl 1859 im archäologischen Institut zu Rom erlegten Floh konnte der Schriftsteller Hermann Allmers abzeichnen und diese seine Jagdtrophäe dann stolz in dem oft aufgelegten Buch *Römische Schlendertage* abdrucken lassen (Abb. 1). Der Schriftsteller nahm die Insektenplage in Italien mit Humor und empfand es als unumstößliche Wahrheit, dass „die Flöhe des schönen Südens […] ungleich frischer, kühner, gewandter und lebendiger, als ihre verkümmerten armen Brüder im kalten Norden" seien. Diese Vorzüge hätten nicht etwa – wie viele glaubten – mit

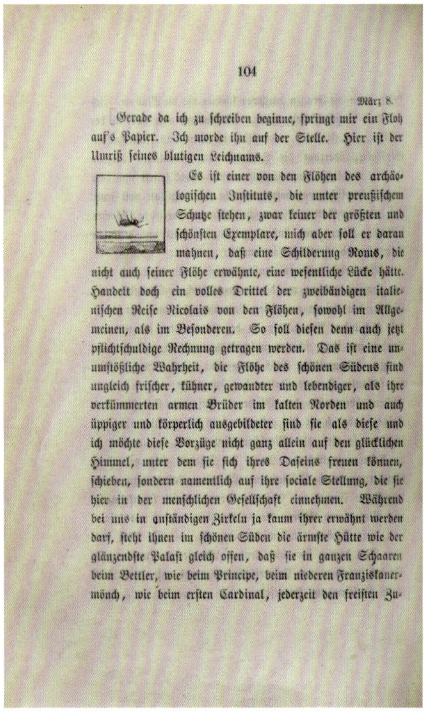

104

März 8.

Gerade da ich zu schreiben beginne, springt mir ein Floh auf's Papier. Ich morde ihn auf der Stelle. Hier ist der Umriß seines blutigen Leichnams.

Es ist einer von den Flöhen des archäologischen Instituts, die unter preußischem Schutze stehen, zwar keiner der größten und schönsten Exemplare, mich aber soll er daran mahnen, daß eine Schilderung Roms, die nicht auch seiner Flöhe erwähnte, eine wesentliche Lücke hätte. Handelt doch ein volles Drittel der zweibändigen italienischen Reise Nicolais von den Flöhen, sowohl im Allgemeinen, als im Besonderen. So soll diesen denn auch jetzt pflichtschuldige Rechnung getragen werden. Das ist eine unumstößliche Wahrheit, die Flöhe des schönen Südens sind ungleich frischer, kühner, gewandter und lebendiger, als ihre verkümmerten armen Brüder im kalten Norden und auch üppiger und körperlich ausgebildeter sind sie als diese und ich möchte diese Vorzüge nicht ganz allein auf den glücklichen Himmel, unter dem sie sich ihres Daseins freuen können, schieben, sondern namentlich auf ihre sociale Stellung, die sie hier in der menschlichen Gesellschaft einnehmen. Während bei uns in anständigen Zirkeln ja kaum ihrer erwähnt werden darf, steht ihnen im schönen Süden die ärmste Hütte wie der glänzendste Palast gleich offen, daß sie in ganzen Schaaren beim Bettler, wie beim Principe, beim niederen Franziskanermönch, wie beim ersten Cardinal, jederzeit den freisten Zu-

Abb. 1 Hermann Allmers, *Römische Schlendertage*, 1870, Bayerische Staatsbibliothek München, Ital. 10 m, S. 104, urn:nbn:de:bvb:12-bsb11008443-1

Fig. 1 Hermann Allmers, *Römische Schlendertage*, 1870, Bayerische Staatsbibliothek, Monaco, Ital. 10 m, p. 104, urn:nbn:de:bvb:12-bsb11008443-1

III.

Non c'è da meravigliarsi che in questa cultura della sporcizia prosperasse ogni tipo di insetto. Un capitolo a parte – raramente omesso nel XIX secolo quando si trattava di enunciare i lati negativi dell'Italia – era riservato ai parassiti, descritti come onnipresenti, e tra questi soprattutto le pulci, del genere *pulex irritans*, pulci che i turisti – dimostrando per una volta un po' di buonumore – riuscivano ancora a percepire come "molto accondiscendenti e sempre vigili"[7]. Il fatto che la letteratura tedesca di viaggio si sia occupata spesso e volentieri di questo argomento è dovuto anche al libro in due volumi pubblicato nel 1834 dal titolo *Italien wie es wirklich ist. Bericht über eine merkwürdige Reise in den hesperischen Gefilden, als Warnungsstimme für Alle, welche sich dahin sehnen* (L'Italia com'è in realtà. Resoconto di un singolare viaggio nei campi esperidi, un monito per tutti coloro che bramano visitarlo)[8] dello scrittore e compositore berlinese Gustav Nicolai, che – come nessuno prima e neanche dopo – fa i conti con le insopportabili condizioni di vita nel Bel Paese[9]. Nicolai trova tutto orribile, ma la cosa più tremenda sono le pulci appunto, spesso grandi come cimici, che lo tormentano praticamente ovunque, non solo nelle stanze e nei letti degli alloggi [I, 117, 151; II, 178, 195], ma anche in gondola a Venezia [I, 73], lungo le strade e a passeggio [I, 219; II, 198] come pure nei teatri [II, 65], nei palazzi delle città [I, 262; II, 56] e persino nei giardini vaticani [II, 168]. Trova queste piccole seccatrici nelle diverse osterie e taverne lungo la strada [II, 171], dove fermentano nel vino che gli versano nel bicchiere [II, 263] o gli vengono servite come sgradevole ingrediente del burro per la colazione [I, 121]. Ovviamente gli apologeti dell'Italia si fecero beffe della fissazione per le pulci di Gustav Nicolai[10], come dimostra lo scritto satirico dell'attore e scrittore Albin Meddlhammer, *Schreiben eines deutschen Flohs, welcher mit Herrn Gustav Nicolai die Schnellfahrt durch die hesperidischen Gefilde gemacht hat, an seine Freundin eine Wanze in Italien* (Scritti di una pulce tedesca, che ha compiuto il veloce viaggio nei campi esperidi con il signor Gustav Nicolai, alla sua fidanzata cimice italiana), pubblicato a Meißen nel 1836 con uno pseudonimo[11]. Eppure le critiche contenute nel libro di Nicolai non sono sempre sbagliate e neppure del tutto prive di fondamento[12]. Lo stesso Karl Baedeker nelle diverse edizioni delle sue guide italiane consiglia di ricoprirsi con abbondante polvere insetticida, ovvero con "polvere di Persia" o "polvere contro gli insetti", per proteggersi negli alloggi poco affidabili lungo l'itinerario[13]. In Italia, poi, tutto è caro, tranne gli insetti, quelli sono gratis[14].

Una pulce abbattuta intorno al 1859 presso l'Istituto archeologico di Roma fu riprodotta dallo scrittore Hermann Allmers, che con orgoglio fece poi pubblicare questo suo trofeo di caccia nelle frequenti ristampe del libro *Römische Schlendertage* (Bighellonando per Roma, fig. 1). Lo scrittore affronta con umorismo la piaga dei parassiti in Italia e osserva come "le pulci del bel meridione [siano] [...] incomparabilmente più fresche, audaci, agili e vivaci rispetto alle loro povere sorelle tristi del freddo settentrione". Tali pregi non avevano nulla a che fare – come pensavano in molti – con il clima, erano piuttosto riconducibili alla condizione sociale della pulce italiana, che era di casa nelle capanne poverissime come negli splendidi palazzi, ospite del più umile monaco francescano quanto del primo fra i cardinali[15].

dem Klima zu tun, sondern seien auf die soziale Stellung zurückzuführen, die der Floh in der menschlichen Gesellschaft Italiens einnehme – in der ärmsten Hütte wie im glänzendsten Palast zuhause, ebenso beim niedrigsten Franziskanermönch wie beim ersten Kardinal zu Gast.[15]

IV.

In den Kreisen der Ausländer, die das Italien des 19. Jahrhunderts zur geistigen Erquickung bereisten, galt es für ausgemacht, dass die Kultur der alten romanischen Völker im Niedergang begriffen sei.[16] Die gebildeten Italiener erschienen vielen wie die Würmer im verwesenden Leichnam alter Herrlichkeit und Kunst.[17] Das moderne Italien – so lautete der Gemeinplatz – gehörte in Europa zu den kulturell Nachhinkenden,[18] weil es noch nicht zur modernen Zivilisation aufgestiegen war.[19] Einer der Leitbegriffe wertender Abstandnahme lautete „Indolenz“. Das katholisch geprägte Volksleben Italiens war für protestantische Betrachter geprägt durch Passivität und Trägheit. Ferdinand Florens Fleck, evangelischer Theologe an der Universität Leipzig, fand in Italien die Intelligenz zurückgedrängt und das allgemeine Leben durch „das materielle Interesse der Selbsterhaltung und des Selbstgenusses“ charakterisiert.[20] Unbeschreibliche Verkommenheit und Verfallenheit prägten nicht nur die Bauernhütten, Schmutz und Moder fanden sich auch in den Prunksälen der Paläste.[21] „[…] [I]talienische Bettelei, italienische Prellerei, italienische Bigotterie, italienische Faulheit und Schmutz – Unverschämtheit ohne Gleichen – zerlumpte Kleider, zerlumpte Fenster, zerlumpte oder erbärmlich gebaute Felder' verhinderten dem Deutschen „allen Genuß“.[22]

Die politisch-soziale Wirklichkeit des besuchten Landes galt den Reisenden als Störfaktor und der Bildungsbeflissene vermied es dringlich, mit dem „handeltreibenden Gesindel“[23] und den als allgegenwärtig beschriebenen Bettlern in körperlichen Kontakt zu kommen.[24]

Die „Stadt der Trümmer“[25] war – wie eigentlich das ganze Land – nicht Realität, sondern Ergebnis rekonstruierender Fantasie.[26] Der als schön wahrgenommene Verfall des Landes, wie überhaupt die immer wieder konstatierte Verkommenheit der allgemeinen Zustände, erleichterte es den Besuchern, sich in die Antike einzufühlen, sie sich anzueignen und dergestalt für die eigenen zivilisatorischen Ansprüche in Dienst zu nehmen. Das Leitkriterium einer solch eigenmächtigen und nicht selten herablassenden Geschichtsbetrachtung war eben das Malerische oder Pittoreske.[27]

Die starken Projektionen, die vor Ort ins Arbeiten gerieten, konnten sich etwa darauf richten, die verachteten Einheimischen in das imaginierte Geschichtserleben mit einzuhegen – die Männer, Frauen und Kinder, ja selbst die streunenden Tiere auf der Piazza San Marco erschienen dann, als seien sie gerade den Gemälden Tizians, Veroneses oder Tintorettos entsprungen. Oder waren es doch Figuren aus den Dramen Shakespeares, die man dort zu Gesicht bekam – in der Menge Shylock, Jago, Desdemona? Auch Rom schien den Touristen „voll von den herrlichsten malerischen Figuren“[28], "die schönsten Typen der Bildner und Maler keine Seltenheit"[29]. "Jeder Blick in eine Straße" glich einem "Gemälde", jede Figur, die einem begegnete, passte in ein Skizzenbuch[30] – „moderne Abbilder“ antiker Statuen, wohin das

IV.

Gli stranieri che per ricreare il proprio spirito viaggiavano lungo l'Italia del XIX secolo erano accomunati dalla convinzione che la cultura delle antiche popolazioni latine fosse ormai in declino[16]. Per molti, gli italiani istruiti erano come vermi nel cadavere in decomposizione della gloria e dell'arte del passato[17]. L'Italia dell'epoca – recitava il luogo comune – faceva parte dei paesi europei culturalmente arretrati[18] e non aveva ancora compiuto il passaggio alla civiltà moderna[19]. Uno dei difetti stigmatizzati dai viaggiatori era l'"indolenza": agli occhi di un osservatore protestante la popolazione italiana, profondamente influenzata dal cattolicesimo, era impregnata di passività e pigrizia. Ferdinand Florens Fleck, teologo evangelico presso l'università di Lipsia, era del parere che in Italia l'intelligenza fosse tenuta a freno e che la vita di ogni giorno fosse caratterizzata da un "interesse materiale all'autoconservazione e al piacere personale"[20].

Indescrivibile la depravazione e la decadenza che caratterizzavano non solo le capanne dei contadini, ma anche le sfarzose sale dei palazzi, sporche e marcescenti[21]. "[…] accattonaggio [i]taliano, imbroglio italiano, bigottismo italiano, pigrizia e sporcizia italiane – insolenza senza pari – abiti stracciati, finestre strappate, campi incolti o coltivati in modo pietoso" impedivano al tedesco "qualsiasi godimento"[22].

La realtà politica e sociale del Paese costituiva per i viaggiatori un fattore di disturbo e chi viaggiava per il desiderio di arricchire la propria formazione evitava accuratamente di entrare fisicamente in contatto con la "marmaglia dedita al commercio"[23] e con i mendicanti, descritti come onnipresenti[24].

La "città di rovine"[25] – come l'Italia intera – non era la realtà, ma il risultato di una fantasia che ricreava i fatti[26]. Il decadimento del Paese – in cui, agli occhi degli stranieri, stava anche la sua bellezza – e soprattutto la continua constatazione del degrado generale portavano i visitatori a immedesimarsi nel mondo antico, ad appropriarsene e ad asservirlo alle proprie esigenze civilizzatrici. Il criterio su cui si basava una visione della storia così arbitraria e non di rado paternalistica era infatti quello pittorico o pittoresco[27].

Tutto ciò sfociava spesso in potenti proiezioni che inducevano ad esempio a includere i tanto disprezzati indigeni nell'esperienza immaginaria della storia: uomini, donne, bambini, persino gli animali randagi di piazza San Marco apparivano allora come appena usciti dai dipinti di Tiziano, Veronese o Tintoretto. Oppure erano Shylock, Iago, Desdemona, i personaggi dei drammi shakespeariani, quelli con i quali ci si trovava faccia a faccia in mezzo alla folla? Ai turisti anche Roma appariva "gremita dei più grandiosi personaggi pittorici"[28], "i più bei tipi creati dall'arte di scultori e pittori non [costituiscono] una rarità"[29]. "Ogni veduta di strada" equivaleva a un "dipinto", ogni personaggio era adatto a un album da disegno[30]: "riproduzioni moderne" di capolavori antichi, fin dove lo sguardo poteva spingersi[31]. L'atteggiamento di colta aspettativa condusse alla creazione di figure ornamentali e a sovrascrivere la realtà con motivi artistici, traducendola a seconda dei gusti in monumentali dipinti di storia o in intime scene di genere[32]. Se questo tipo di trascrizione falliva o se l'osservazione estetica del quotidiano non portava a nulla, si finiva per dare le spalle all'Italia moderna con un brivido di turbamento[33].

Auge reichte.[31] Die ausgebildete Erwartungshaltung erschuf sich Staffagefiguren und überschrieb die Wirklichkeit mit kunsthistorischen Motiven, vergrößerte das zu Sehende nach mitgebrachtem Geschmack zu monumentalen Historienbildern oder verkleinerte es zu intimen Genreszenen.[32] Gelang solch eine artige Übertragungsleistung nicht oder ging die ästhetische Betrachtung des Alltags ins Leere, wandte man sich vom modernen Italien mit befremdetem Schauder ab.[32]

Den Weg der abgekapselten „Verinnerlichung" hatten deutsche Idealisten pavimentiert, etwa Wilhelm von Humboldt. Der war in Rom dermaßen von der Natur, dem Lande, der Kunst und den Erinnerungen angezogen, dass er die Menschen dabei gänzlich vergaß. Ihm war noch nach Monaten in der Stadt kaum inne geworden, dass es dort auch Italiener gab.[34] Die genüsslich entfremdende Beschäftigung mit der Vergangenheit hatte – von den alltäglichen Bedürfnissen einmal abgesehen – „eine Gleichgültigkeit gegen die Umwelt der Gegenwart" zur Folge.[35] Was da zum Vorschein kam und gleichsam messbar wurde, war der Abstand, den die reisenden Nordländer glaubten, gegenüber Land und Leuten einnehmen zu müssen. Durch diese ästhetisch motivierte Distanzierung verkam Italien im 19. Jahrhundert zu einem ungeheuren Museum,[36] dessen Attraktionen nicht der Jetztzeit angehörten, sondern aus dem Geschichtsunterricht stammten. „Allüberall paarte sich da Liebe und Bewunderung des Italiens von Anno dazumal mit einer nahezu kränkenden Missachtung und Verkennung des Italiens des Ottocento."[37]

V.

Mit der Zunahme des Reisens um und nach 1900 drängten sich nicht mehr nur die Einheimischen in das schöne Bild der Antike, des Mittelalters, der Renaissance oder des Barocks, sondern plötzlich auch die vielen anderen Touristen, die – wenn sie in zu großer Menge auftraten – jeden Kunstgenuss unmöglich machten. Vor den Monumenten kam es nun vermehrt zu Verachtungsgesten der Reisenden untereinander. War Florenz ehemals „der gastfreie Lieblingsaufenthalt von gebildeten Männern" gewesen,[38] wurde es nach und nach zum Ziel eines Reiseproletariats aus entfesselten Gymnasiallehrern und ihren Schülern[39] – „jedem Gaffer feil", wie Richard Dehmel in einem Gedicht über die Stadt am Arno zu schreiben wusste.[40]

Die sich als eigentliche Verwalter der Antike aufspielende Klasse der Bildungsbürger versuchte, sich von dem sogenannten „Reisepöbel" abzusetzen und den Kunstgenuss als ihr in Schule und Universität schwer erworbenes Recht zu verteidigen. Verächtlich schaute man auf die Massen, die eilig nur von Hauptstadt zu Hauptstadt reisten, weil es in den Klein- und Mittelstädten, wie dem Reiseführer zu entnehmen war, an Komfort fehlte. „Berge von unten, Kirchen von außen, Kneipen von innen": Das war, so wurde unterstellt, das Motto des modernen Vergnügungsreisenden.[41] Der konsternierte Kunstfreund sah diese Entwicklung als Fluch moderner Technik. In der Tat war diese mit dafür verantwortlich, dass nun Tausende von Teutonen in das Land der Orangenblüten[42] strömten – in das „Land des Genusses"[43], wie es auch genannt wurde. Der jährliche Wanderschwarm über die Alpen wuchs mit der Eröffnung der Gotthardbahn im Jahr 1882 gewaltig an[44] und so warfen die Eisenbahnen mehr und mehr „unerquickliche Gasthausschwärme von immer flüchtigeren Menschen" auf die Straßen Roms.[45] Da habe sich, so Gerhart

Furono gli idealisti tedeschi a lastricare la strada verso un'"interiorizzazione" astratta dalla realtà, in particolare Wilhelm von Humboldt, talmente attratto dalla natura, dalla campagna, dall'arte e dai ricordi da dimenticare del tutto le persone. Dopo mesi che era a Roma quasi non si era accorto che lì c'erano anche degli italiani[34]! Occuparsi del passato, attività che lo portava a un piacevole estraniamento, aveva come conseguenza – prescindendo per una volta dalle necessità quotidiane – "un disinteresse verso il mondo circostante del tempo presente"[35]. Ciò che emerse e divenne al contempo misurabile fu la distanza che i viaggiatori provenienti dal Nord ritenevano di dover mantenere rispetto al Paese e alla sua gente. A causa di questa distanza dettata da motivi estetici, nel XIX secolo l'Italia si ridusse a un enorme museo[36], le cui attrazioni non appartenevano al presente, ma avevano origine nelle lezioni di storia. "Da ogni parte l'amore e l'ammirazione per l'Italia di un tempo si univano a un disprezzo e a una negazione quasi offensivi verso l'Italia dell'Ottocento"[37].

V.

Con l'aumento dei viaggiatori intorno al 1900, la bella immagine dell'antichità, del Medioevo, del Rinascimento o del Barocco iniziò a comprendere non solo la popolazione locale ma anche i molti turisti che, arrivando in gran numero, rendevano impossibile qualsiasi godimento dell'arte. Ora tra i viaggiatori intenti ad ammirare i monumenti si assisteva sempre più spesso a gesti reciprocamente oltraggiosi. Se un tempo Firenze era stata "l'ospitale soggiorno preferito dalle persone istruite"[38], con il passare del tempo divenne meta di un proletariato composto da scatenati insegnanti di ginnasio e dai loro studenti[39] – "svenduta a ogni curioso", come scrive Richard Dehmel in una poesia dedicata alla città sull'Arno[40].

La borghesia istruita, che si atteggiava a vera e propria "amministratrice" dell'antichità, cercò di tenersi a distanza dalla "plebaglia in viaggio" e di difendere il godimento dell'arte come un proprio diritto, conquistato a fatica nelle scuole e nelle università. Le masse erano guardate con disprezzo: quelle folle di turisti che si spostavano veloci solo da una capitale all'altra, poiché la guida turistica lasciava loro intendere che nelle piccole e medie città le comodità erano ben poche. "Monti da sotto, chiese da fuori, osterie da dentro": questo era il presunto motto dei moderni viaggi di piacere[41]. Costernati, gli amanti dell'arte vedevano tale sviluppo come una maledizione della tecnologia moderna. In effetti questa era in parte responsabile delle folle di teutoni che si riversavano nella terra dei fiori d'arancio[42] – chiamata anche la "terra del piacere"[43]. Il branco di viandanti che ogni anno scendeva dalle Alpi aumentò notevolmente con l'apertura della ferrovia del Gottardo nel 1882[44], così i treni scaricarono nelle strade di Roma un numero crescente di "fastidiosi branchi di turisti amanti delle locande e sempre più frettolosi"[45]. Lì si riversarono, secondo Gerhart Hauptmann, tutti i filistei tedeschi, che scesero giù dai monti come una massa pigra e ostinata e vi fecero ritorno nelle stesse condizioni[46]. La "plebaglia" irruppe nelle grandi città d'Italia come una delle "piaghe d'Egitto"[47].

Oltre ai britannici entusiasti[48], ai francesi e agli americani, un numero crescente di orde di tedeschi vagava lungo i territori a meridione. Fu questa "plebaglia in viaggio", agli occhi di Max von Boehn, che contribuì in gran misura "a rendere

Hauptmann, die ganze zähe träge Masse des deutschen Philistertums über die Berge gewälzt und als dieselbe träge und zähe Masse wieder zurück.[46] Der „Pöbel" fiel wie eine „ägyptische Plage" in die italienischen Metropolen ein.[47]

Neben britischen Enthusiasten,[48] Franzosen und Amerikanern durchstreiften immer größere Scharen von Deutschen die südlichen Gefilde. Es war, in den Augen von Max von Boehn, dieser „Reisepöbel", der in besonderem Maße dazu beigetragen habe, „die Deutschen in der Fremde lächerlich und unbeliebt zu machen".[49] Das Reisen war nun kein Privileg der oberen Klassen mehr, sondern wurde „zur selbstverständlichen Geste des Mittelstandes und der unteren Schichten".[50]

Hatten „gebildete" Reisende früher die Italiener auf Abstand gehalten, um sich dem Kunstgenuss überhaupt hingeben zu können, richtete sich die Empörung nun gegen die vielen anderen, die dem scheinbar verbrieften Recht, allein in der Sixtinischen Kapelle stehen zu dürfen, allein auf dem Palatin herumzuspazieren oder allein bei Mondschein im Kolosseum die Antike zu bewundern, einen Strich durch die Rechnung machten.[51]

Was bei dieser Form der Abstandnahme ausgehandelt wurde, waren Hierarchien und Rangordnungen: nicht nur Rangordnungen des Sehens und Urteilens, sondern auch Hierarchien der Zuständigkeit und Berechtigung. Die elitäre und sich exklusiv gebende Herablassung der vermeintlich besserwissenden „Kunstverständigen" gegenüber den als nichtsahnend verschrienen Touristen stellte in diesem Strudel der maßlosen und immer auch gegenseitigen Verachtung ein ganz eigenes literarisches Genre dar, mit dem sich gesellschaftliche Entmischungsmechanismen vor der Kunst im Allgemeinen und der Kunst Italiens im Speziellen gut beschreiben lassen. So hatte der junge Romain Rolland, der im April des Jahres 1890 Florenz besuchte, „große Lust, über die snobistischen Fremden zu lachen, die mit der Regelmäßigkeit eines Metronoms in der Michelangelo-Kapelle" an den dort aufgestellten, mächtigen Skulpturen vorbeizogen. Fünf „kleine Misses" amüsierten ihn besonders: „Sie kommen herein und setzen sich auf eine große Bank, eine neben die andere wie Hühnchen auf der Stange. Gute fünf Minuten lang vertiefen sie sich in den Baedeker, ganz ernst, ohne ein Wort zu sagen; – dann stehen sie alle fünf auf, wie von einer Springfeder emporgeschnellt, und stellen sich nebeneinander in der Mitte der Kapelle auf: eine, zwei, vier Lorgnetten und ein Opernglas auf den „Denker" gerichtet; – eins, zwei – rechtsum, ein Opernglas und vier Lorgnetten auf die „Nacht" gerichtet; – neue Wendung zur Madonna; – und adieu; – übrigens waren sie sehr ernst, sahen beinahe aus, als hätten sie Verständnis. Die armen Toren, die fortwährend an diesen Statuen vorüberziehen, ohne wahrzunehmen, daß gerade ihnen und ihresgleichen gilt, was Michelangelo in den Stein gebrannt hat: sein Lebensüberdruß und seine Menschenverachtung!"[52]

Wer die Kunst als Spiegel benutzte und mit den Dritten zu hadern begann, die sich da in die selbstverliebten Reflexionen drängten, wer auch immer vor den antiken Monumenten oder den Werken der großen Meister mit den nichtsahnenden anderen in Streit geriet, kämpfte mit und für die eigenen Prädispositionen. Stereotype Urteile konstituierten Überlegenheit und versuchten, Exklusivität durchzusetzen. Das herablassende Urteil über den indolenten Italiener, aufzufinden in den unzähligen Reiseberichten des 18. und 19. Jahrhunderts, wurde mit dem Einsetzen des

ridicoli e impopolari i tedeschi all'estero"[49]. Ora viaggiare non era più privilegio delle classi superiori, bensì divenne "il gesto naturale del ceto medio e delle classi inferiori"[50].

Se in passato i viaggiatori "colti" avevano tenuto a distanza gli italiani, per potersi dedicare principalmente al godimento dell'arte, ora l'indignazione era diretta verso i molti altri che avevano mandato all'aria il diritto apparentemente indiscutibile di poter stare da soli all'interno della cappella Sistina, di passeggiare sul Palatino o di ammirare le antichità del Colosseo al chiaro di luna senza avere gente intorno[51].

In questa nuova presa di distanza, ciò su cui ci si trovò uniti non riguardava solo la gerarchia della visione e del giudizio, ma anche quella della competenza e del diritto. La condiscendenza elitaria dei saccenti "intenditori d'arte" verso i turisti che avevano la cattiva fama di non vedere nulla rappresentò, in questo vortice di continuo e smisurato disprezzo reciproco, un genere letterario a sé, mediante il quale si possono descrivere bene i meccanismi sociali di divisione al cospetto dell'arte in generale e di quella italiana in particolare. Così il giovane Romain Rolland, che visita Firenze nell'aprile del 1890, ha "una gran voglia di ridere degli stranieri snob, che all'interno della cappella di Michelangelo con la regolarità di un metronomo" passano davanti alle possenti sculture che vi sono esposte. Cinque "piccole *misses*" lo divertono particolarmente: "Entrano e si siedono su di una grande panca, una accanto all'altra come pollastri su un trespolo. Per cinque minuti buoni si immergono nel Baedeker, molto seriamente, senza dire una parola; poi si alzano tutte e cinque, come sospinte da una molla, e si mettono una a fianco dell'altra al centro della cappella: uno, due, quattro lorgnette e un binocolo da teatro puntati sul *Pensieroso*; uno, due… verso destra, un binocolo da teatro e quattro lorgnette puntati sulla *Notte*; ora si girano verso la Madonna e *adieu*; – tra l'altro erano molto serie, sembrava quasi che capissero. Poveri stolti, quelli che continuamente passano davanti a queste statue, senza accorgersi che è rivolto a loro e a quelli della loro specie ciò che Michelangelo ha inciso nella pietra: il suo disgusto per la vita e il disprezzo per gli uomini!"[52].

Chi utilizzava l'arte come specchio e bisticciava con quelli che si perdevano in riflessioni narcisiste, chi finiva per litigare con gli sprovveduti davanti agli antichi monumenti o alle opere dei grandi maestri, lottò con, e per, i propri preconcetti. I giudizi stereotipati indicavano un sentimento di superiorità legato al tentativo di imporre un'esclusività. Con l'avvento del turismo di massa, l'atteggiamento paternalistico verso gli italiani indolenti, che troviamo negli innumerevoli racconti di viaggio del XVIII e XIX secolo, si trasformò gradualmente in disprezzo verso coloro che nell'era moderna viaggiavano per motivi di piacere. E non c'è dubbio alcuno che tale forma di allontanamento si sia mantenuta fino ai giorni nostri. Come lo scrittore Ferdinand von Schirach, che per evitare il trambusto paralizzante di una Venezia invero orribile esce soltanto quando la miserabile folla di vacanzieri è finalmente sparita e la città rimane per un paio d'ore a sua disposizione: da solo, "alle tre di notte in piazza San Marco – magnifico"[53]. Turisti? Lo sono sempre gli altri.

industrialisierten Reisens nach und nach durch die Verachtung auf den modernen Vergnügungsreisenden abgelöst. Und es kann kein Zweifel daran bestehen, dass sich diese Form der Distanzierung bis heute erhalten hat. So vermied der Schriftsteller Ferdinand von Schirach den hirnlähmenden Reisetrubel im eigentlich grässlichen Venedig dadurch, dass er erst ausging, wenn die elende Menge der Urlauber wieder verschwunden war und die Stadt – wie drückte er sich aus – für ein paar Stunden frei hatte. Allein „nachts um drei auf dem Markusplatz – großartig".[53] Touristen? Das waren immer die anderen.

[1] Richter, Franz Wilhelm: *Hesperien*, in: Müller Malten, Heinrich (Hg.): *Bibliothek der Neuesten Weltkunde* 3, Aarau 1839, 8. Teil, S. 106–155, S. 106.

[2] Richter, Franz Wilhelm: *Hesperien. Ein Cicerone für Italien, vornehmlich für Rom und Neapel*, Quedlinburg–Leipzig 1838, S. 4.

[3] Richter: *Hesperien* (wie Anm. 2), S. 5.

[4] Richter: *Hesperien* (wie Anm. 2), S. 10f.

[5] Richter: *Hesperien* (wie Anm. 2), S. 18.

[6] Jeitteles, Ignaz: *Eine Reise nach Rom*, Siegen–Wiesbaden 1844, S. 150f.

[7] Lewald, August: *Ein Menschenleben*, Elfter Theil, Leipzig 1846, S. 370.

[8] Nicolai, Gustav: *Italien wie es wirklich ist. Bericht über eine merkwürdige Reise in den hesperischen Gefilden, als Warnungsstimme für Alle, welche sich dahin sehnen*, Zwei Theile, Leipzig 1834.

[9] Siehe neuerdings Maurer, Golo: *Italien als Erlebnis und Vorstellung. Landschaftswahrnehmung deutscher Künstler und Reisender 1760–1870*, Regensburg 2015, S. 257–267.

[10] Mayer, Karl August: *Neapel und die Neapolitaner oder Briefe aus Neapel in die Heimat*, Bd. 1, Oldenburg 1840, S. 281f.

[11] Meddlhammer, Albin Johann Baptist von: *Schreiben eines deutschen Flohs, welcher mit Herrn Gustav Nicolai die Schnellfahrt durch die hesperidischen Gefilde gemacht hat, an seine Freundin eine Wanze in Italien. Nebst einem Anhange, ein Schreiben der Akademie der Wissenschaften in Flohburgo enthaltend. Frei nach dem Flohitanischen übersetzt von K. E. L. B. S. Adamssohn*, Meißen 1836.

[12] Waiblinger, Wilhelm: *Werke und Briefe. Textkritische und kommentierte Ausgabe in fünf Bänden*, Band 4: *Reisebilder aus Italien* (= Veröffentlichungen der Deutschen Schillergesellschaft 37), Stuttgart 1988, S. 93–129, S. 115.

[13] Baedeker, Karl: *Italien. Handbuch für Reisende. Erster Theil: Ober-Italien bis Livorno, Florenz, Ancona und die Insel Corsica nebst Reise-Routen durch Frankreich, die Schweiz und Oesterreich*, Coblenz–Leipzig ⁶1872, S. XXI.

[14] N***: *Wanderungen durch Italien, Frankreich und England. Mit besonderer Hinsicht auf Kunst, Natur und Volksleben*. Erstes Bändchen, Quedlinburg–Leipzig 1832, S. 92.

[15] Allmers, Hermann: *Römische Schlendertage*, Oldenburg ²1870, S. 104f.

[16] Etwa August Reichensperger, der im Dezember 1839 Florenz besucht. Siehe Pastor, Ludwig von (Hg.): *August Reichensperger 1808–1895. Sein Leben und sein Wirken auf dem Gebiet der Politik, der Kunst und der Wissenschaft*, 2 Bde., Freiburg im Breisgau 1899, I, S. 106: „Wenn in Florenz die Häuser, Thürme und kolossalen Statuen mit den Menschen zusammengeschrumpft wären, so würde die italienische Gegenwart vielleicht nicht mehr auffallen als die von Worms oder Köln an der Spree."

[17] Goltz, Bogumil: *Zur Charakteristik der Spanier, Italiener und Franzosen. Ethnographische Skizzen, Der Mensch und die Leute. Zur Charakteristik der barbarischen und der civilisierten Nationen* 4, Berlin 1858, S. 19.

[18] Chamberlain, Houston Stewart: *Die Grundlagen des neunzehnten Jahrhunderts*, Zwei Hälften, München 1899, II, S. 699.

[19] Schiemann, Theodor: Vorwort, in: Hehn, Victor: *Reisebilder aus Italien und Frankreich*, Stuttgart 1894, S. III–XX, S. XVII.

[20] Fleck, Ferdinand Florens: *Wissenschaftliche Reise durch das südliche Deutschland, Italien, Sicilien und Frankreich*, Leipzig 1837, S. XXII.

[21] [o. Verf.]: *Zeichen der Zeit, Historisch-politische Blätter für das katholische Deutschland* 19, 1847, S. 442–448, S. 443.

[22] Weber, Carl Julius: *Deutschland, oder Briefe eines in Deutschland reisenden Deutschen*, Bd. 2, Stuttgart ²1834, S. 403.

[23] Schleicher, Berta (Hg.): *Romain Rolland Malwida von Meysenbug. Ein Briefwechsel 1890–1891*, Stuttgart 1932, S. 184f. [Rolland an Malwida. Florenz, Freitag 31. Oktober 1890], S. 185.

[24] Über Bettler in Rom etwa Kephalides, August Wilhelm: *Reise durch Italien und Sicilien*, Zwei Theile, Leipzig ²1822, I, S. 177ff.

[25] Leitzmann, Albert (Hg.): *Wilhelm von Humboldts Briefe an Johann Gottlieb Schweighäuser zum ersten Mal nach den Originalen herausgegeben und erläutert* (= Jenaer Germanistische Forschungen 25), Jena 1934, S. 35–38 [Rom. 18. Juni 1807], S. 37: „Stadt der Trümmer! Zufluchtsort der Frommen! / Bild nur scheinst du der Vergangenheit; / Pilger deine Bürger, nur gekommen, / anzustaunen deine Herrlichkeit; / denn vor allen Städten hat genommen / dich zum Thron die allgewaltge Zeit. / Dass du seyst des Weltenlaufes Spiegel, / krönte Zeus mit Herrschaft deine Hügel." Auch in Humboldt, Wilhelm von: *Rom*, Berlin ²1823, S. 9.

[26] Rehm, Walther: *Europäische Romdichtung*, München 1939, S. 220.

[1] F.W. Richter, *Hesperien*, in H. Müller Malten (a cura di), *Bibliothek der Neuesten Weltkunde 3*, Aarau 1839, parte VIII, pp. 106-155, p. 106.

[2] F.W. Richter, *Hesperien. Ein Cicerone für Italien, vornehmlich für Rom und Neapel*, Quedlinburg-Leipzig 1838, p. 4.

[3] *Ibid.*, p. 5.

[4] *Ibid.*, p. 10 sg.

[5] *Ibid.*, p. 18.

[6] I. Jeitteles, *Eine Reise nach Rom*, Siegen-Wiesbaden 1844, p. 150 sg.

[7] A. Lewald, *Ein Menschenleben, Elfter Theil*, Leipzig 1846, p. 370.

[8] G. Nicolai, *Italien wie es wirklich ist. Bericht über eine merkwürdige Reise in den hesperischen Gefilden, als Warnungsstimme für Alle, welche sich dahin sehnen, Zwei Theile*, Leipzig 1834.

[9] Vedi il recente libro di G. Maurer, *Italien als Erlebnis und Vorstellung. Landschaftswahrnehmung deutscher Künstler und Reisender 1760-1870*, Regensburg 2015, pp. 257-267.

[10] K.A. Mayer, *Neapel und die Neapolitaner oder Briefe aus Neapel in die Heimat*, vol. 1, Oldenburg 1840, p. 281 sg.

[11] A.J.B. von Meddlhammer, *Schreiben eines deutschen Flohs, welcher mit Herrn Gustav Nicolai die Schnellfahrt durch die hesperidischen Gefilde gemacht hat, an seine Freundin eine Wanze in Italien. Nebst einem Anhange, ein Schreiben der Akademie der Wissenschaften in Flohburgo enthaltend. Frei nach dem Flohitanischen übersetzt von K. E. L. B. S. Adamssoh*n, Meißen 1836.

[12] W. Waiblinger, *Werke und Briefe. Textkritische und kommentierte Ausgabe in fünf Bänden, Band 4: Reisebilder aus Italien*, Veröffentlichungen der Deutschen Schillergesellschaft 37, Stuttgart 1988, pp. 93-129, p. 115.

[13] K. Baedeker, *Italien. Handbuch für Reisende. Erster Theil: Ober-Italien bis Livorno, Florenz, Ancona und die Insel Corsica nebst Reise-Routen durch Frankreich, die Schweiz und Oesterreich*, Coblenz-Leipzig [6]1872, p. XXI.

[14] N***, *Wanderungen durch Italien, Frankreich und England. Mit besonderer Hinsicht auf Kunst, Natur und Volksleben. Erstes Bändchen*, Quedlinburg-Leipzig 1832, p. 92.

[15] H. Allmers, *Römische Schlendertage*, Oldenburg [2]1870, pp. 104 sg.

[16] Ad esempio August Reichensperger, che visita Firenze nel dicembre 1839. Vedi L. von Pastor (a cura di), *August Reichensperger 1808-1895. Sein Leben und sein Wirken auf dem Gebiet der Politik, der Kunst und der Wissenschaft*, 2 vol., Freiburg im Breisgau 1899, vol. I, p. 106: "Se le case, le torri e le colossali statue di Firenze rimpicciolissero insieme al popolo, il presente dell'Italia non farebbe forse un'impressione diversa da quello di Worms o di Colonia sulla Sprea".

[17] B. Goltz, *Zur Charakteristik der Spanier, Italiener und Franzosen. Ethnographische Skizzen, Der Mensch und die Leute. Zur Charakteristik der barbarischen und der civilisierten Nationen 4*, Berlin 1858, p. 19.

[18] H.S. Chamberlain, *Die Grundlagen des neunzehnten Jahrhunderts*, 2 voll., München 1899, vol. II, p. 699.

[19] T. Schiemann, *Prefazione*, in: V. Hehn, *Reisebilder aus Italien und Frankreich*, Stuttgart 1894, pp. III-XX, p. XVII.

[20] F.F. Fleck, *Wissenschaftliche Reise durch das südliche Deutschland, Italien, Sicilien und Frankreich*, Leipzig 1837, p. XXII.

[21] [s.aut.]: *Zeichen der Zeit, Historisch-politische Blätter für das katholische Deutschland 19*, 1847, pp. 442-448, p. 443.

[22] C.J. Weber, *Deutschland, oder Briefe eines in Deutschland reisenden Deutschen*, 2 voll., Stuttgart [2]1834, p. 403.

[23] B. Schleicher (a cura di), *Romain Rolland Malwida von Meysenbug. Ein Briefwechsel 1890-1891*, Stuttgart 1932, p. 184 sg. [Rolland a Malwida. Firenze, venerdì 31 ottobre 1890], p. 185.

[24] Sui mendicanti a Roma ad esempio A.W. Kephalides, *Reise durch Italien und Sicilien, Zwei Theile*, Leipzig [2]1822, vol. I, pp. 177 sgg.

[25] A. Leitzmann (a cura di), *Wilhelm von Humboldts Briefe an Johann Gottlieb Schweighäuser zum ersten Mal nach den Originalen herausgegeben und erläutert* (Jenaer Germanistische Forschungen 25), Jena 1934, pp. 35-38 [Roma, 18 giugno 1807], p. 37: "Stadt der Trümmer! Zufluchtsort der Frommen! / Bild nur scheinst du der Vergangenheit; / Pilger deine Bürger, nur gekommen, / anzustaunen deine Herrlichkeit; / denn vor allen Städten hat genommen / dich zum Thron die allgewaltge Zeit. / Dass du seyst des Weltenlaufes Spiegel, / krönte Zeus mit Herrschaft deine Hügel."
"Città di rovine! Santuario dei devoti! / Immagine soltanto sembri tu del passato; / pellegrini i tuoi cittadini, venuti solo, / per ammirare stupiti la tua magnificenza; / poiché tra tutte le città ha messo / te il tempo onnipotente sul trono. / Perché tu sia specchio del volgere del mondo, / Giove incoronò di potere i tuoi colli". Anche in W. von Humboldt, *Rom*, Berlin [2]1823, p. 9.

[26] W. Rehm, *Europäische Romdichtung*, München 1939, p. 220.

[27] V. Hehn, *Reisebilder*, cit., p. 222.

[28] W. Wyl (Wilhelm Ritter von Wymetal), *Franz von Lenbach. Gespräche und Erinnerungen, Viertes Tausend*, Stuttgart-Leipzig 1904, p. 39.

[29] Vedi T. Gsell-Fels, *Rom und Mittel-Italien, Erster Band: Mittel-Italien und die römische Campagna, Meyers Reisebücher*, Leipzig [2]1875, pp. V-VIII [prefazione alla prima edizione], p. VII.

[30] C. Justi, *Briefe aus Italien*, Bonn [2]1922, pp. 6-10 [Alla madre. Roma, 1° aprile 1867], p. 6.

[31] E. Budde, *Staunemayers römische Kunstfahrten*, Bonn 1884, p. 16.

[32] C. Justi, *Briefe*, cit., pp. 14-21 [Al Fratello. Roma, 23 aprile 1867], p. 15.

[33] E. Osterkamp, *"Vixi". Spiegelungen von Carl Justis Italienerfahrung in seiner Biographie Johann Joachim Winckelmanns*, in H. Pfotenhauer (a cura di), *Kunstliteratur als Italienerfahrung*, (= Reihe der Villa Vigoni 5), Tübingen 1991, pp. 242-261, p. 260.

[34] Tratto da W. von Humboldt, *Sein Leben und Wirken, dargestellt in Briefen, Tagebüchern und Dokumenten seiner Zeit*, s.l. s.d. [1955], pp. 470-476 [A Schiller. Roma, 30 aprile 1803], p. 473.

[35] F. Noack, *Das Deutschtum in Rom seit dem Ausgang des Mittelalters*, 2 voll., Stuttgart 1927, vol. I, p. 668.

[36] C. Levi, *Rom als Hauptstadt des Königreichs Italien 1871-1876*, in "Italia" 3, 1876, pp. 34-66, p. 39.

27 Hehn: *Reisebilder* (wie Anm. 19), S. 222.

28 Wyl, Wilhelm (Wilhelm Ritter von Wymetal): *Franz von Lenbach. Gespräche und Erinnerungen*, Viertes Tausend, Stuttgart–Leipzig 1904, S. 39.

29 Siehe Gsell-Fels, Theodor: *Rom und Mittel-Italien*, Erster Band: *Mittel-Italien und die römische Campagna*, Meyers Reisebücher, Leipzig ²1875, S. V–VIII [Vorwort zur ersten Auflage], S. VII.

30 Justi, Carl: *Briefe aus Italien*, Bonn ²1922, S. 6–10 [An die Mutter. Rom, den 1. April 1867], S. 6.

31 Budde, E.: *Staunemayer's römische Kunstfahrten*, Bonn 1884, S. 16.

32 Justi: *Briefe* (Anm. 30), S. 14–21 [An den Bruder. Rom, den 23. April 1867], S. 15.

33 Osterkamp, Ernst: „‚Vixi'. Spiegelungen von Carl Justis Italienerfahrung in seiner Biographie Johann Joachim Winckelmanns", in: Pfotenhauer, Helmut (Hg.): *Kunstliteratur als Italienerfahrung* (= Reihe der Villa Vigoni 5), Tübingen 1991, S. 242–261, S. 260.

34 Hier nach Humboldt, Wilhelm von: *Sein Leben und Wirken, dargestellt in Briefen, Tagebüchern und Dokumenten seiner Zeit*, o. O. o. J. [1955], S. 470–476 [An Schiller. Rom, den 30. April 1803], S. 473.

35 Noack, Friedrich: *Das Deutschtum in Rom seit dem Ausgang des Mittelalters*, 2 Bde., Stuttgart 1927, I, S. 668.

36 Levi, Carlo: *Rom als Hauptstadt des Königreichs Italien 1871–1876*, in: *Italia* 3, 1876, S. 34–66, S. 39.

37 Michels, Robert: *Italien von heute. Politische und wirtschaftliche Kulturgeschichte von 1860 bis 1930*, Der Aufbau moderner Staaten 5, Zürich–Leipzig 1930, S. 104.

38 Döllinger, Ignaz von: „Gedächtnisrede auf Gino Capponi [1876]", in: Ders.: *Akademische Vorträge, Zweiter Band*, Nördlingen 1889, S. 241–253, S. 251.

39 Siehe Uhde, Wilhelm: *Am Grabe der Mediceer. Florentiner Briefe über deutsche Kultur*, Dresden–Leipzig 1899, S. 17f.

40 Siehe das Gedicht von Richard Dehmel – „Florenz – Du Allerschönste, Liebling aller Welt, / einst manchem Herrn, jetzt jedem Gaffer feil, / und immer noch von Zier und Reiz geschwellt, / so lehnst du stolz auf hehrem Ruhebett, / dein Haupt wie eines Turmes Zinne steil, / dein Schoß wie offne Rosen lebensfroh, / und gar den Busen schmückt als Amulett / die heilige Kunst des Fra Angelico." Dehmel, Richard: „Eine Rundreise in Ansichtspostkarten", in: *Die Neue Rundschau* 17, 1906, I, S. 232–244, S. 241.

41 Weißel, Ludwig: „Städtebilder aus Toskana und Umbrien", in: *Westermanns Illustrierte Deutsche Monatsschrift* 60, 1886, S. 667–680, S. 667.

42 Kühne, Gustav: *Rom und seine Umgebung*, Leipzig o. J. [1870], S. VIII.

43 Frank, Johannes N.: *Südlandfahrt, Böhm.* Leipa–Prag–Leipzig–Wien 1937, S. 18.

44 Kurz, Isolde: *Deutsche und Italiener. Ein Vortrag*, Stuttgart–Berlin 1919, S. 15.

45 Petersdorff, Herman von (Hg.): *Briefe von Ferdinand Gregorovius an den Staatssekretär Hermann von Thile*, Berlin 1894, S. 69ff. [Rom, 23. Februar 1864], S. 70f. Siehe auch S. 124ff. [Rom, Via Gregoriana, 7. Mai 1881], S. 125.

46 Hauptmann, Gerhart: *Italienische Reise 1897. Tagebuchaufzeichnungen*, Berlin 1976, S. 23 [Venedig, 1. Februar 1897].

47 Hartlieb, Wladimir von: *Italien. Alte und neue Werte. Ein Reisetagebuch*, München 1927, S. 522f. [Florenz, 14. April 1925].

48 Siehe zur Vorherrschaft der Engländer in der ersten Hälfte des „nachnapoleonischen" 19. Jahrhunderts etwa Reumont, Alfred: *Römische Briefe von einem Florentiner 1837–1838*, Zwei Theile, Leipzig 1840, I, S. 84f.

49 Reumont: *Römische Briefe* (wie Anm. 48), S. 84f.

50 Boehn, Max von: *Die Mode. Menschen und Moden im 19. Jahrhundert, 1878–1914*, München 1919, S. 208.

51 Lichey, Georg: *Italien und kein Ende. Reiseerinnerungen*, Schweidnitz 1924, S. 226.

52 Schleicher, Berta (Hg.): *Romain Rolland Malwida von Meysenbug. Ein Briefwechsel 1890–1891*, Stuttgart 1932, S. 54–57 [Rolland an Malwida. Florenz, 7. April 1890, Montagmorgen], S. 55f.

53 Stuckrad-Barre, Benjamin von: „Zu Besuch in Ferdinand von Schirachs Schreibklausur", in: Ders.: *Ich glaub, mir geht's nicht so gut, ich muss mich mal irgendwo hinlegen*. Remix 3, Köln 2018, S. 45–59, S. 49.

[37] R. Michels, *Italien von heute. Politische und wirtschaftliche Kulturgeschichte von 1860 bis 1930, Der Aufbau moderner Staaten 5*, Zürich-Leipzig 1930, p. 104.

[38] I. von Döllinger, *Gedächtnisrede auf Gino Capponi* [1876], in: *id., Akademische Vorträge, Zweiter Band*, Nördlingen 1889, pp. 241-253, p. 251.

[39] Vedi W. Uhde, *Am Grabe der Mediceer. Florentiner Briefe* über *deutsche Kultur*, Dresden-Leipzig 1899, pp. 17 sg.

[40] Vedi la poesia di R. Dehmel – "Florenz – Du Allerschönste, Liebling aller Welt, / einst manchem Herrn, jetzt jedem Gaffer feil, / und immer noch von Zier und Reiz geschwellt, / so lehnst du stolz auf hehrem Ruhebett, / dein Haupt wie eines Turmes Zinne steil, / dein Schoß wie offne Rosen lebensfroh, / und gar den Busen schmückt als Amulett / die heilige Kunst des Fra Angelico".

"Firenze – Tu, la più bella tra le belle, prediletta in tutto il mondo / ieri per pochi signori, oggi svenduta a ogni curioso, / e ancora colma di bellezza e fascino, / così ti distendi orgogliosa sul sublime letto, / col capo eretto come il merlo di una torre. / il grembo gioioso come una rosa sbocciata, / e il petto adorno, a mo' di amuleto / dell'arte benedetta di Fra' Angelico."

R. Dehmel, *Eine Rundreise in Ansichtspostkarten*, in: *Die Neue Rundschau 17*, 1906, I, pp. 232-244, p. 241.

[41] L. Weißel, *Städtebilder aus Toskana und Umbrien*, in: *Westermanns Illustrierte Deutsche Monatsschrift 60*, 1886, pp. 667-680, p. 667.

[42] G. Kühne, *Rom und seine Umgebung*, Leipzig, s.d. [1870], p. VIII.

[43] J.N. Frank, *Südlandfahrt*, Böhm. Leipa-Prag-Leipzig-Wien 1937, p. 18.

[44] I. Kurz, *Deutsche und Italiener. Ein Vortrag*, Stuttgart-Berlin 1919, p. 15.

[45] H. von Petersdorff (a cura di), *Briefe von Ferdinand Gregorovius an den Staatssekretär Hermann von Thile*, Berlin 1894, pp. 69 sgg. [Roma, 23 febbraio 1864], p. 70 sg., vedi anche pp. 124 sgg. [Roma, via Gregoriana, 7 maggio 1881], p. 125.

[46] G. Hauptmann, *Italienische Reise 1897. Tagebuchaufzeichnungen*, Berlin 1976, p. 23 [Venezia, 1° febbraio 1897].

[47] W. von Hartlieb, *Italien. Alte und neue Werte. Ein Reisetagebuch*, München 1927, p. 522 sg. [Firenze, 14 aprile 1925].

[48] Sulla supremazia inglese nella prima metà del XIX secolo post-napoleonico, vedi ad esempio A. Reumont, *Römische Briefe von einem Florentiner 1837-1838, Zwei Theile*, Leipzig 1840, vol. I, p. 84 sg.

[49] A. Reumont, *Römische Briefe*, cit., p. 84 sg.

[50] M. von Boehn, *Die Mode. Menschen und Moden im 19. Jahrhundert*, 1878-1914, München 1919, p. 208.

[51] G. Lichey, *Italien und kein Ende. Reiseerinnerungen*, Schweidnitz 1924, p. 226.

[52] B. Schleicher (a cura di), *Romain Rolland*, cit., pp. 54-57 [Rolland a Malwida. Firenze, 7 aprile 1890, lunedì mattina], p. 55 sg.

[53] B. von Stuckrad-Barre, *Zu Besuch in Ferdinand von Schirachs Schreibklausur*, in: Idem, *Ich glaub, mir geht's nicht so gut, ich muss mich mal irgendwo hinlegen. Remix 3*, Köln 2018, pp. 45-59, p. 49.

Wo fängt Italien an?
Eine Brenner-Elegie[1]

Golo Maurer

Ja, es war naiv gewesen zu glauben, die versammelte Infrastruktur des Brenners – vom Würstelstand bis zum Outlet für Wander- und Sportbekleidung – stünde bereit, um den einsam nordwärts Reisenden am 25. Dezember mit seinen Wünschen zu empfangen; etwa nach der ersten, lang entbehrten Leberkässemmel, aber auch Wanderbekleidung, sonst schwer zu haben im heimatlichen Rom. Die ab Verona leergefegte Autobahn (kein Stau bei Ala/Avio) hätte misstrauisch machen müssen, sie tat es nicht. Und so steht man alleine vor dem schlafend hingestreckten Monstrum des geschlossenen Outlets und auch die Hoffnung, weiter oben am Würstelstand auf Leben zu stoßen, stirbt geräuschlos. Wer nur irgend konnte, scheint sich davon gemacht zu haben, und es konnte offenbar jeder. Kein Mensch, kein Auto, niemand, *niente*. Nichts suggeriert den Eindruck des *non-lieu* eindrucksvoller als diese kollektive Flucht. Hier oben hat keiner was verloren.

Was tun? Weiterfahren? Ein paar ratlose Schritte entlang des penibel vom Schnee gesäuberten Gehsteigs. Da stolpert das Auge über einen noch nie wahrgenommenen Gesteinsbrocken aus rohem Alpengranit mit seltsam maschinell geglätteter Front, beschriftet mit goldenen Lettern (Abb. 1). Ein sprechender Stein in dieser schweigsamen Ödnis! Begierig tritt man näher: „Scheitelhöhe Brennerpass", steht da, und weiter: „Das Wasser scheide ich/Das Land verbinde ich." Ah, denkt man leicht enttäuscht, ein folkloristischer Verweis auf die Wasserscheide zwischen Nord und Süd, Fremdenverkehrsamt oder so etwas. Erst im Weitergehen fällt auf: Der Stein spricht Deutsch, auf der italienischen Seite des Brenners, und zwar NUR Deutsch! Irgendwas stimmt nicht mit dem putzigen Findling.

Wenige Schritte weiter ein kleines, artiges Kriegerdenkmal, gestiftet vom Verein der italienischen Gebirgsjäger. Es sieht ein wenig faschistisch aus, könnte aber auch aus den Fünfzigerjahren stammen, so genau weiß man das nie in Italien. Dieser Stein spricht beide Sprachen, wobei die Toten im italienischen Text für die „patria" gefallen sind, für das Vaterland, in der deutschen Version dagegen ohne spezifischen Zweck (Abb. 2). Wenn Steine am Brenner sprechen, so viel wird klar, kommt es auf Nuancen an.

Schließlich steht man vor dem ehemaligen Gasthof Post, dem halbbewussten Ziel des unschlüssigen Ganges. Neben der auf vorromanische Zeit zurückgehenden Kapelle St. Valentin[2] liegt er als historisches Kernensemble des Brennerpasses ge-

Dove inizia l'Italia?
Una elegia del Brennero[1]

Golo Maurer

Era stato davvero ingenuo credere che l'intera infrastruttura del Brennero – dal chiosco delle salsicce fino all'outlet di abbigliamento sportivo e da trekking – fosse pronta il 25 dicembre per accogliere il viaggiatore solitario diretto al nord e i suoi desideri – come il primo, tanto agognato panino con il *Leberkäse*, ma anche l'abbigliamento da trekking, ben difficili da reperire nel luogo di domicilio, Roma. L'autostrada, che da Verona si era svuotata (niente ingorghi nei pressi di Ala/Avio), avrebbe dovuto metterci in allerta, ma non è andata così. Perciò ci si ritrova soli davanti al mostro addormentato che è l'outlet ancora chiuso e anche la speranza di incontrare un po' di vita più avanti, al chiosco dei würstel, svanisce nel silenzio. Chi poteva darsela a gambe l'ha fatto, e a quanto pare è stato un fuggi-fuggi generale. Nessun essere umano, nessuna macchina, nessuno, niente. Nulla dà l'impressione di un non-luogo in modo così sconvolgente quanto questa fuga collettiva. Quassù non ce n'è per nessuno.

Che fare? Proseguire? Due passi indecisi lungo il marciapiede scrupolosamente ripulito dalla neve. Lì lo sguardo incappa in una roccia che non avevamo notato prima, un pezzo di granito alpino grezzo, ma con il fronte stranamente levigato a macchina e un'iscrizione a lettere dorate (fig. 1). Una pietra parlante in mezzo a questa silenziosa desolazione! Ci avviciniamo, curiosi. C'è scritto: "Scheitelhöhe Brennerpass" (valico del Brennero) e prosegue con "Das Wasser scheide ich/Das Land verbinde ich" (Separo l'acqua/Collego il paese). Ah, pensiamo con lieve disappunto, un rimando folkloristico allo spartiacque tra nord e sud, all'ufficio del turismo o cose di questo tipo. Ma andando avanti ci rendiamo conto che la pietra parla in tedesco, sul lato italiano del Brennero, per la precisione SOLTANTO in tedesco! Qualcosa non quadra con questo strano masso.

Poco oltre, un piccolo e ben educato monumento ai caduti, donato dall'Associazione Alpini d'Italia. Sembra un po' fascista, ma potrebbe anche essere degli anni cinquanta, in Italia non si può mai sapere con certezza. Questa pietra si esprime in entrambe le lingue, solo che mentre i caduti nel testo italiano sono morti per la *patria*, nella versione tedesca lo sono senza uno scopo preciso (fig. 2). Quando le pietre del Brennero parlano, è ben chiaro che bisogna tener conto delle sfumature.

Infine arriviamo davanti a quella che un tempo era la Locanda alla Posta, meta semi consapevole della titubante passeggiata. Accanto alla cappella dedicata a san Valentino[2], risalente al periodo preromanico, la locanda si trova proprio sul pun-

Abb. 1 „Gedenkstein" am Brenner,
2019

Fig. 1 "Lapide commemorativa"
al Brennero, 2019

Abb. 2 Kriegerdenkmal am
Brenner, 2019

Fig. 2 Monumento ai caduti
al Brennero, 2019

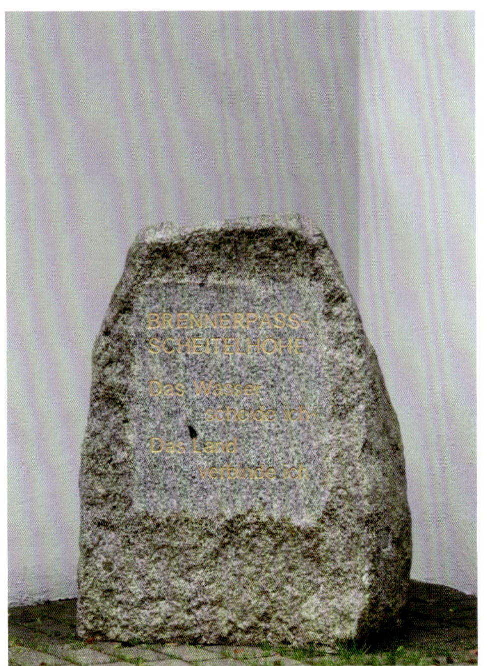

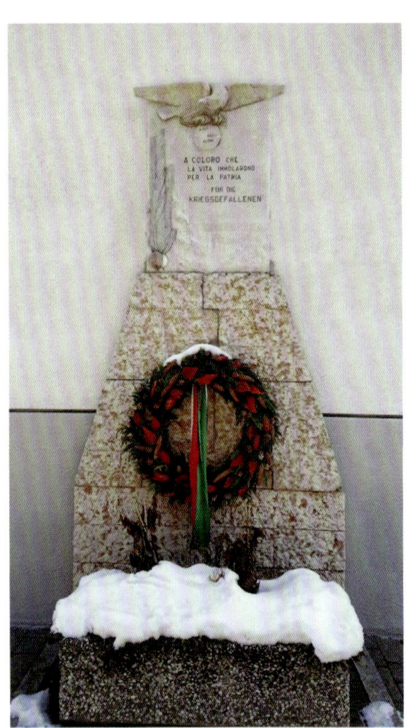

nau an dessen höchstem Punkt, also jener Scheitelhöhe, von der unser Stein spricht
(Abb. 3). „Hier oben ist die große Wasserscheide", schreibt Victor Hehn 1839 ins Reisetagebuch, „rechts fließt alles dem Inn und also dem Schwarzen Meere zu, links der
Etsch und also dem Adriatischen Meere. Das gespaltene Dach des Posthauses träufelt
von der einen Seite den Regen nach der Inn, von der anderen nach der Etsch."[3]

Unter diesem Dach hat einst Goethe übernachtet, am 8. September 1786,
„gleichsam hierher gezwungen", wie er im Tagebuch vermerkt, „es war ein Tag,
an dem man Jahrelang in der Erinnerung genießen kann."[4] Seit dem frühen Morgen des 3. September, als er sich heimlich aus Karlsbad fortgestohlen hatte, war er
ununterbrochen unterwegs gewesen. „Nun bin ich hier, finde ein sehr sauberes
bequemes Gasthaus; Will ausruhen, meine vergangene Tage überlegen und alles
[…] in Ordnung bringen, auch mich zu weiterer Reise zu bereiten."[5] Der Brenner
bestand damals aus wenig mehr als der Kirche und eben jenem Gasthaus. Ein Stich
nach einer Zeichnung des William Brockedon von 1828 zeigt den Ort als harmlose
Heidi-Idylle (Abb. 4).[6] Hier also hat ER gewohnt und es hat ihm gut gefallen: „Von
hier fließen die Wasser nach Deutschland und nach Welschland, diesen hoff ich
morgen zu folgen."[7]

Goethe blieb fast den ganzen nächsten Tag, erst „7 Uhr Abends"[8] ging es
weiter nach Sterzing. Auch ohne Outlet war ihm die Zeit nicht lang geworden.
In diesem „wohlgebauten, reinlichen, bequemen Hause", wie er nochmals betont,
überarbeitete er sein Tagebuch, wobei er, den enzyklopädischen Bedürfnissen seines Jahrhunderts nachgehend, kleine nummerierte Texte über Land und Leute,
Ackerbau, Geologie und Witterung hinzufügte.[9] „Der ganze Tag ist mir über diesen
Papieren hingegangen."[10]

Beinahe hätte er noch eine Ansicht des Gasthofs geschaffen: „Am 9. Abends
[…] wollte ich noch die Herberge zeichnen, aber es ging nicht, ich verfehlte die

Abb. 3 Brennerpass, ehemaliger
Gasthof Post, 2019

Fig. 3 Passo del Brennero, Ex
"Locanda Alla Posta", 2019

Abb. 4 William Brockedon,
Posthouse on the Brenner, 1828

Fig. 4 William Brockedon,
Posthouse on the Brenner, 1828

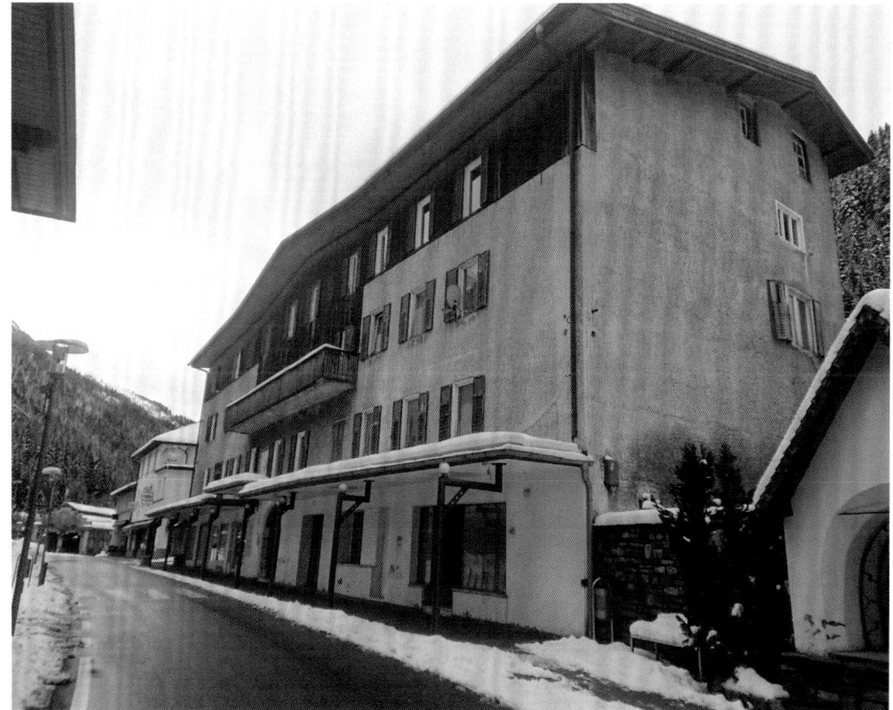

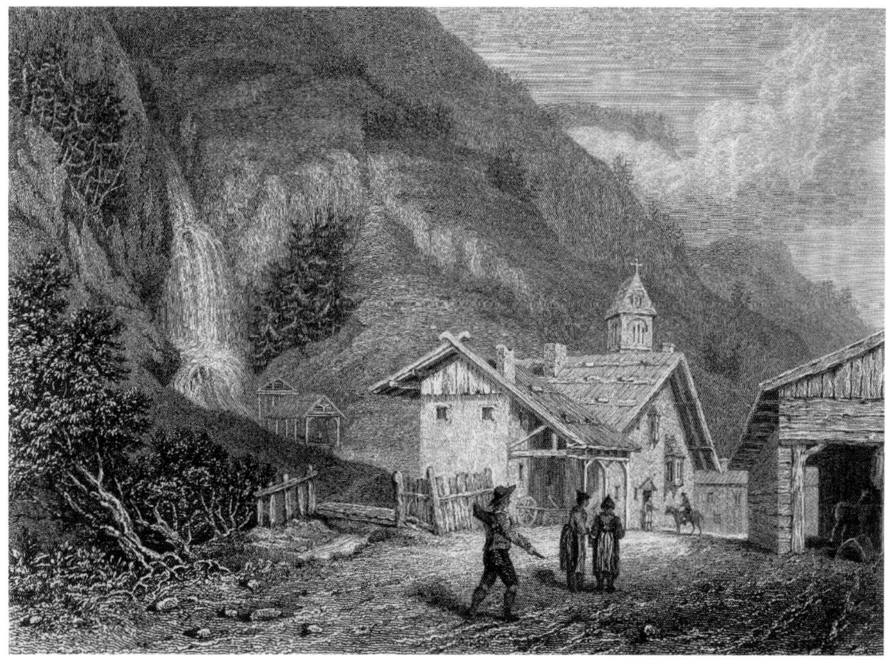

Formen und ging halb mismuthig nach Hause." Gasthäuser zeichnen ist schwerer, als man denkt. Zurück in der bereits als „Zuhause" bezeichneten Unterkunft fragte ihn der Wirt, ob er nicht irgendwann wieder fahren wolle: „Es sey Mondschein p und ob ich wohl wußte daß er die Pferde morgen früh brauchte und sie also bis dahin gerne wieder zu Haus gehabt hätte, sein Rath also eigennützig war; so nahm ich doch weil es mit meinem innern Trieb übereinstimmte ihn als gut an." Richtig hinausschmeißen hat man ihn am Ende müssen. Vielleicht wäre er sonst einfach am Brenner geblieben, wie ja schon ein früherer Anlauf nach Italien an einer Passhöhe, dem Gotthard, stecken blieb. Am 22. Juni des Jahres 1775 war das gewesen, gemeinsam mit den Brüdern Stolberg, und dann noch einmal, am 13. November 1779 in Begleitung seines Herzogs Karl August. Jetzt aber, beim dritten Anlauf, ging es am Ende dann doch weiter Richtung Süden: „Ich packte ein und um sieben fuhr ich vom Brenner weg. [...] Der Postillon schlief ein und die Pferde liefen den schnellsten Trab bergunter immer auf dem bekannten Wege fort."[11]

So ist der Gasthof am Brenner auch ein Ort der deutschen Literatur, oder besser, er wäre es, wenn es ihn noch gäbe. Seit Goethes Abreise wurde er beständig umgebaut, ein letztes, durchgreifendes Mal 1960, und genau so sieht er aus.[12] Geblieben sind die Steine der spitz zulaufenden Portallaibung sowie das Familienwappen des Johannes Nepomuk Lener, Goethes ungeduldiger Wirt (Abb. 5). Bewirtet wird hier freilich schon lange niemand mehr, ja ein unwirtlicheres Haus ist schwer zu denken. Nichts ist wohlgebaut und reinlich, geschweige denn bequem. Goethes Gasthaus ist somit genau das Richtige für Leute, die man eigentlich gar nicht haben will, also für Asylbewerber und *extracomunitari*, wie Nicht-EU-Bürger in Italien heißen. Für solche Geflüchteten, die Italien in Richtung Norden illegal verlassen wollen, ist der Brenner eine Station von Hoffnung und Angst zugleich. Ihr „Land, wo die Zitronen blühn", liegt im Norden. Nur dass dort nicht bequeme Gasthäuser warten, sondern die österreichische Grenzpolizei und Abschiebegewahrsam. Einige leben auch hier. Laut amtlicher Statistik weist die Gemeinde Brenner 2019 mit 382 Personen einen Ausländeranteil von mehr als 17 % aus, fast das Doppelte des Landesdurchschnitts.[13] 40 % hiervon kommen aus Pakistan und Mazedonien, welche, den handgeschriebenen Briefkastenschildern im trostlosen Eingang zufolge, die Insassen des ehemaligen Gasthauses stellen. Ruhe auf der Flucht. Gebrauchte Kinderwagen stehen herum, sonst am Brenner eher selten zu sehen. Anstrich und Fließen original von 1960.

Wieder draußen in der Kälte. Noch immer kein Mensch zu sehen. Neben dem Eingang, dem Klingelkasten aus dem frühen 21. Jahrhundert und der mit Ölfarbe hingeschmierten Hausnummer 24 wieder etwas Historisches, eine Tafel aus weißem Marmor. „W. Goethe" steht darauf, darüber das gemeißelte Profil eines netten, jungen Mannes mit Zopf und Ohrlocke (Abb. 6). Es ist das Werk des Bildhauers Joseph von Kopf aus dem Jahr 1900: KOPF FEC. ROMA. Unmittelbar daneben eine zweite, wesentlich größere Tafel, gleichfalls aus weißem Marmor und viel Text darauf, italienisch im hohen Stil (Abb. 7). Sie war früher, man sieht es noch, ein Stück weiter oben angebracht, bevor der Einbau eines architektonisch merkwürdig gelösten Vordachs die Versetzung nötig machte. Das Lesen und Übersetzen dauert etwas, eine Leberkässemmel wäre jetzt gut. Zusammenfassend steht

to più alto del passo, ovvero su quel valico di cui parla la nostra pietra, e costituisce il nucleo storico del Brennero (fig. 3). "Qui su c'è il grande spartiacque" scrive Victor Hehn nel 1839 sul suo diario di viaggio, "a destra scorre tutto nell'Inn e quindi nel Mar Nero, a sinistra nell'Adige e quindi nel mare Adriatico. Il tetto a due spioventi della Posta fa gocciolare la pioggia da un lato verso l'Inn, dall'altro verso l'Adige"[3].

Sotto questo tetto, l'8 settembre 1786 ha passato la notte Goethe, "quasi portatovi dalla necessità", come annota nel diario, al termine di "una giornata di quelle il cui ricordo si può godere per anni e anni"[4]. Dall'alba del 3 settembre, quando era sgattaiolato via da Karlsbad in gran segreto, era stato ininterrottamente in viaggio. "Ora sono qui, in una locanda comoda e pulita. Voglio riposare, riflettere sui giorni trascorsi e mettere tutto in ordine […], oltre a prepararmi per il nuovo viaggio"[5]. All'epoca il Brennero consisteva in poco più che la chiesa e quella locanda. Un'incisione tratta da un disegno del 1828 di William Brockedon mostra il luogo come un innocente idillio alla Heidi (fig. 4)[6]. Quindi LUI ha abitato qui e lo ha apprezzato: "Da qua scorrono le acque verso la Germania e verso l'Italia, domani spero di seguire queste ultime"[7].

Goethe rimase quasi tutta la giornata successiva, soltanto alle "7 di sera"[8] proseguì per Vipiteno. Anche in mancanza dell'outlet il tempo per lui non era trascorso troppo lentamente. In questa "casa ben costruita, pulita, comoda", come sottolinea ancora una volta, si dedicò alla redazione del diario e, assecondando le esigenze enciclopediche del suo secolo, aggiunse brevi testi numerati sul paese e le persone, sull'agricoltura, la geologia e il tempo[9]. "Ho trascorso l'intera giornata su queste carte"[10].

E ancora, stava quasi per portare a termine un disegno della locanda: "La sera del 9 […] avrei voluto ancora disegnare la locanda, ma non ci sono riuscito, sbagliavo le forme e tornai a casa un po' di malumore". Disegnare locande può essere gravoso. Tornato all'alloggio che già definiva "casa", l'oste gli domandò se non volesse proseguire: "C'era la luna piena. Sebbene sapessi che al mattino presto gli occorrevano i cavalli e che voleva averli di nuovo a casa, e che dunque il suo era un consiglio interessato, lo accettai, poiché coincideva con il mio intimo desiderio". Alla fine dovettero letteralmente cacciarlo via, altrimenti sarebbe forse rimasto al Brennero, come già in occasione di un precedente tentativo di raggiungere l'Italia, quando si fermò al passo del Gottardo. Era accaduto il 22 giugno del 1775, insieme ai fratelli Stolberg, e poi di nuovo il 13 novembre 1779 in compagnia del suo duca, Karl August. Ora però, al terzo tentativo, alla fine si decise a proseguire verso sud: "Feci i bagagli e alle sette lasciai il Brennero. […] Il postiglione si addormentò e i cavalli continuarono a correre a briglia sciolta giù per la strada conosciuta"[11].

E così la locanda del Brennero è anche un luogo della letteratura tedesca, o meglio lo sarebbe se ancora esistesse. Dalla partenza di Goethe è stata costantemente ristrutturata, l'ultima volta radicalmente nel 1960, ed è proprio così che appare oggi[12]. Sono rimaste le pietre della strombatura del portale ad arco e lo stemma di famiglia di Johann Nepomuk Lener, l'impaziente oste di Goethe (fig. 5). Ovviamente da tanto tempo nessuno ha più soggiornato qui come ospite. Del resto è difficile immaginare una casa meno ospitale: non c'è nulla che sia in ordine e pulito, tanto meno comodo. La locanda di Goethe è diventata così il luogo adatto per la gente che nessuno vuole, ovvero i richiedenti asilo e gli "extracomunitari", come in Italia

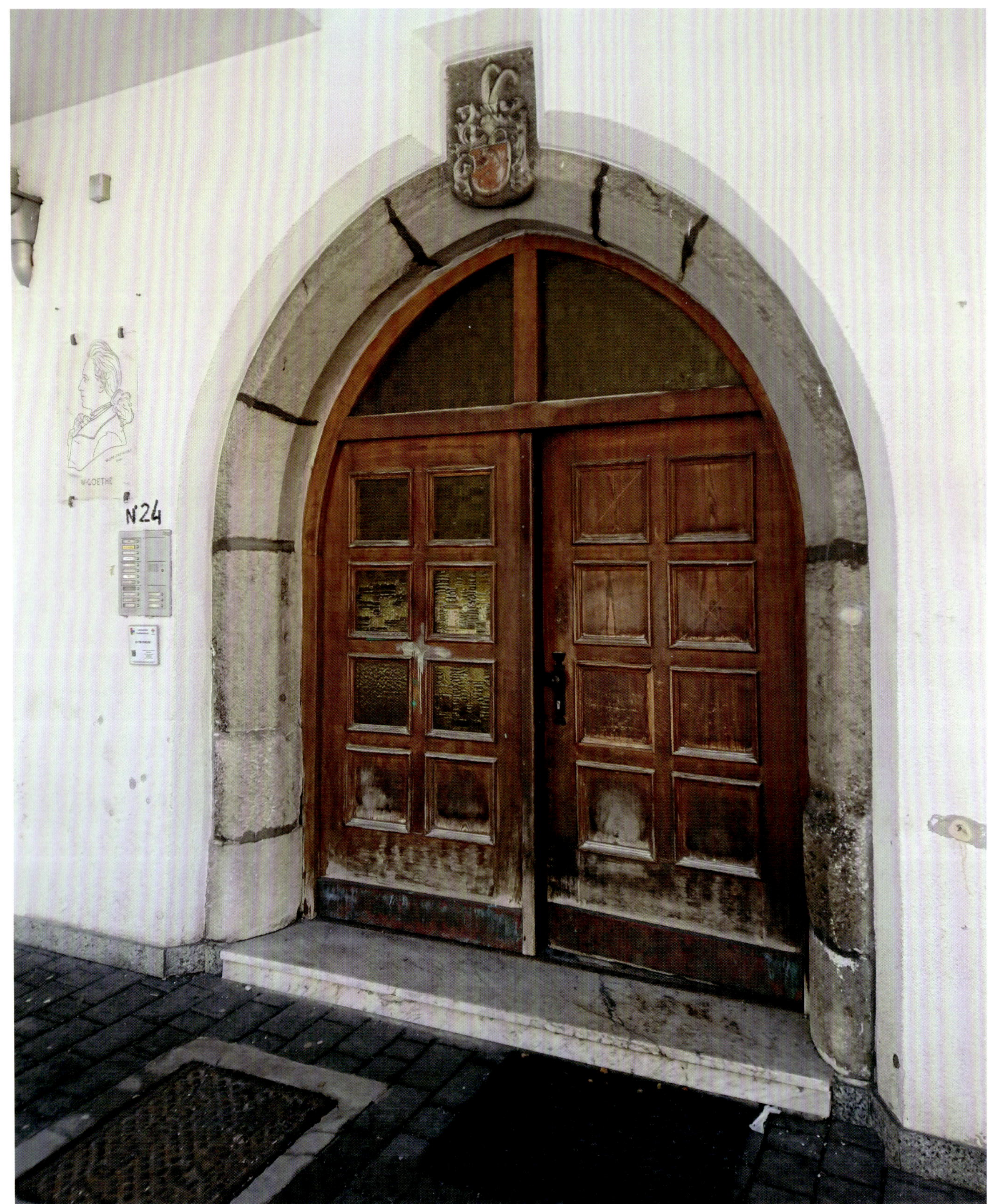

W.GOETHE
N°24

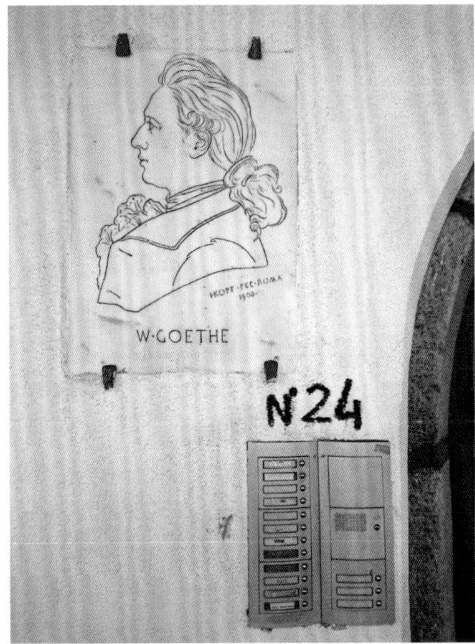

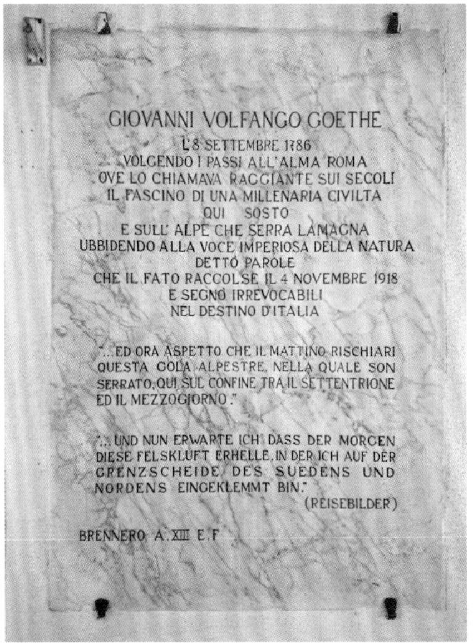

vengono chiamati i cittadini provenienti dai paesi al di fuori della UE. Per questi rifugiati, che vogliono lasciare illegalmente l'Italia per andare a Nord, il Brennero è una tappa carica allo stesso tempo di speranza e di paura. Per loro il "paese dove fioriscono i limoni" è su al Nord. Solo che qui non ci sono comode locande ad attenderli, bensì la polizia di frontiera austriaca e i centri di permanenza temporanea. Tuttavia, c'è anche qualcuno che ci vive. Secondo le statistiche ufficiali, il comune del Brennero nel 2019 ha registrato 382 abitanti stranieri, una percentuale superiore al 17%, quasi il doppio della media del Paese[13]. Di questi, il 40% provengono dal Pakistan e dalla Macedonia: secondo le targhette scritte a mano sulle cassette postali nell'ingresso desolato, sono loro gli ospiti della ex locanda. Riposo durante la fuga. In giro ci sono passeggini usati, altrimenti visibili piuttosto di rado al Brennero. Pittura e piastrelle sono originali del 1960.

Di nuovo fuori, al freddo. Ancora non si vede anima viva. Accanto all'ingresso, al citofono degli inizi del XXI secolo e al numero civico 24, scarabocchiato con i colori a olio, ecco di nuovo qualcosa di storico, una lastra di marmo bianco. C'è scritto "W. Goethe" e vi è scolpito il profilo di un giovane uomo dall'aspetto gradevole, con codino e riccioli sulle orecchie (fig. 6). È un'opera del 1900 dello scultore Joseph von Kopf: *KOPF FEC. ROMA*. Accanto a questa è collocata una seconda lastra molto più grande, anch'essa di marmo bianco e con un testo in italiano aulico (fig. 7). Si può notare che in passato era posizionata un po' più in alto, prima che l'installazione di una tettoia dallo stile particolare rendesse necessario il suo spostamento. Per leggerla e tradurla ci vuole un po' (adesso ci starebbe bene un panino con il *Leberkäse*). Riassumendo c'è scritto che "Giovanni Volfango Goethe", "volgendo i passi all'Alma Roma", a cui era stato chiamato dal "fascino, raggiante sui secoli", di una cultura millenaria (*civiltà*), qui sostò l'8 settembre 1786, sul monte dove termina la Germania. Come recita la lapide: "sull'alpe che serra Lamagna (ovvero *Alemannia*)" che, come chi scrive ha potuto scoprire in seguito, è una citazione dal canto XX dell'*Inferno* di Dante.

205

geschrieben, dass „Giovanni Volfango Goethe", als er „seine Schritte nach der Alma Roma lenkte", von wo ihn der über Jahrhunderte hinweg strahlende „fascino" einer tausendjährigen Kultur (*civiltà*) gerufen habe, hier am 8. September 1786 innehielt, auf dem Berg, der Deutschland beschließt. Im italienischen steht: „sull' alpe che serra Lamagna (also *Alemannia*)", was, wie man später herausfindet, ein Zitat aus dem Canto XX des *Inferno* von Dantes *Göttlicher Komödie* ist.

Auf so hohe Kultur war man jetzt eigentlich nicht vorbereitet, auch dämmert es bereits leicht. Noch immer kein Mensch zu sehen, ein verirrtes Auto mit Leverkusener Kennzeichen schleicht vorbei in Richtung Süden, die Lichter bereits eingeschaltet. Aber man möchte nun doch wissen, wie es weitergegangen ist, mit dem Giovanni Volfango. Also: Hier oben auf dem Berg, der Deutschland abschließt, gehorchend der majestätischen Stimme der Natur, sprach er Worte, die das Schicksal (*fato*) am 4. November 1918 einlösen und unwiderruflich in das Schicksal (*destino*) Italiens einschreiben sollte. *Mamma mia*, unser Goethe! Und was hat er gesagt? Das nun folgende Zitat ist zweisprachig eingemeißelt, damit man es auch wirklich glaubt: „... und nun erwarte ich dass der Morgen diese Felsenkluft erhelle in der ich auf der Grenzscheide des Südens und Nordens eingeklemmt bin. (Reisebilder)." Das Zitat aus der *Italienischen Reise* in der Version von 1816 ist korrekt,[14] auch die Übertragung ins Italienische, nur die Literaturangabe stimmt nicht ganz. Die „Reisebilder" stammen von Heinrich Heine (der so etwas eher nicht geschrieben hätte). Was aber will uns Goethe damit sagen? Oder besser, was will uns der Stein mit dem sagen, was Goethe tatsächlich geschrieben hat?

Bestimmt – und nun beginnt der Groschen allmählich zu fallen – ist es nicht das Gleiche, was uns der nette, rundliche Findling von vorhin sagen wollte, eher das Gegenteil: dass nämlich der Brenner nicht nur die Wasser scheidet, sondern auch das Land und damit die Völker und Staaten. Da können die Tiroler sagen, was sie wollen. Einen eigentlichen Absender hat die Tafel zwar nicht, aber eine Datumsangabe, die auch als Absender zu verstehen ist: „Brennero A. XIII E.F.", also am Brenner im 13. Jahr der „era fascista". Der erste Tag dieser „faschistischen Ära" war der 28. Oktober 1922, der Tag des „Marsches auf Rom". Unsere Tafel wurde demnach irgendwann zwischen dem 28. Oktober 1934 und dem 27. Oktober 1935 ausgeführt, also deutlich vor dem „Anschluss" Österreichs an Hitlerdeutschland, aber doch viele Jahre nachdem im Vertrag von Saint-Germain (1919) die italienische Annektierung Südtirols am Ende des Ersten Weltkriegs von Wien notgedrungen anerkannt und der genaue Grenzverlauf etwas unterhalb der Wasserscheide (Italien beanspruchte den Bahnhof) durch eine internationale Grenzkommission festgeschrieben worden war. Am 12. Oktober 1921 wurde im Beisein des italienischen Königs Vittorio Emanuele III. der übermannshohe, antikisch anmutende Grenzstein enthüllt, auf dessen nördlicher Seite 1938 ein sauberes Hakenkreuz hinzugemeißelt wurde, quasi als Berliner Bestätigung der Grenzziehung (Abb. 8).

Schon raffiniert, denkt man sich beim Rückweg zum Auto, den Österreichern und Südtirolern den Goethe unter die Nase reiben, und den Dante obendrein: „Da schaut's her, da steht's geschrieben, glaubt's es jetzt?" Freilich, man hätte in Goethes *Italienischer Reise* weiterblättern und andere Stellen finden können, die nahelegen, dass „Italien" irgendwo zwischen Bozen und Trient beginnt. Aber das wollte man ja

A cotanta cultura non eravamo affatto preparati, tra l'altro comincia già a farsi sera. Ancora non si vede nessuno, un'auto con la targa di Leverkusen sembra essersi smarrita quando ci passa davanti, quatta quatta, diretta a sud con i fari già accesi. Ma ora vorremmo sapere cos'altro è successo a Giovanni Volfango. Allora: qua sul monte dove finisce la Germania, obbedendo alla voce maestosa della natura, egli pronunciò delle parole che si tramutarono in *fato* il 4 novembre 1918 e che si iscrivono in modo irrevocabile nel *destino* dell'Italia. *Mamma mia*, il nostro Goethe! E cosa ha detto? La citazione riportata qui di seguito è incisa in due lingue, così che ci si possa davvero fidare di ciò che si legge: "… ed ora aspetto che il mattino rischiari questa gola alpestre, nella quale son serrato, qui sul confine tra il settentrione ed il mezzogiorno. La citazione dal *Viaggio in Italia* nella versione del 1816 è esatta[14], come lo è anche la traduzione in italiano, solo l'indicazione della fonte non è del tutto corretta. Le *Impressioni di viaggio* sono di Heinrich Heine (che non avrebbe probabilmente scritto una cosa di questo tipo). Ma cosa ci vuole dire Goethe con questo? O meglio, cosa ci vuole dire la lapide con le parole scritte da Goethe?

Ora si inizia pian piano a comprendere. Decisamente non è la stessa cosa che ci voleva dire la bella roccia tondeggiante di prima, quanto piuttosto il contrario: ovvero che il Brennero non separa soltanto le acque, ma anche il paese e con esso i popoli e gli Stati. I tirolesi dicano quello che vogliono. L'iscrizione non ha un firmatario preciso, solo l'indicazione della data che possiamo intendere anche come firmatario: "Brennero A. XIII E.F.", cioè al Brennero nel tredicesimo anno dell'*era fascista*. Il primo giorno dell'era fascista fu il 28 ottobre 1922, il giorno della "marcia su Roma". La nostra iscrizione è stata quindi eseguita in un momento imprecisato tra il 28 ottobre 1934 e il 27 ottobre 1935, prima dell'annessione dell'Austria alla Germania hitleriana, ma comunque molti anni dopo che il trattato di Saint-Germain (1919) aveva costretto Vienna a riconoscere l'annessione italiana dell'Alto Adige alla fine della Prima guerra mondiale, e dopo che era stato fissato per iscritto l'esatto tracciato del confine poco sotto lo spartiacque (l'Italia rivendicò la stazione ferroviaria) da parte di una commissione internazionale per la delimitazione dei confini. Il 12 ottobre 1921, alla presenza del re d'Italia Vittorio Emanuele III, fu inaugurato il cippo di confine, più alto di un uomo e in stile anticheggiante, sul cui lato vòlto a settentrione nel 1938 fu accuratamente scolpita una croce uncinata, quasi a confermare la linea di confine da parte di Berlino (fig. 8).

Molto scaltro, pensiamo tornando indietro verso la macchina, sbattere Goethe in faccia agli austriaci e agli altoatesini, e in aggiunta anche Dante: "Guarda là, c'è scritto, adesso ci credi?" Certo, avrebbero potuto sfogliare ancora il *Viaggio in Italia* di Goethe, trovando altri passaggi che suggeriscono invece che l'Italia inizi da qualche parte tra Bolzano e Trento. Ma è proprio questo che non si voleva – neppure Adolf Hitler, benché austriaco di nascita. Il 21 ottobre 1939, dieci giorni dopo lo scoppio della guerra, la linea di confine fu validata da un trattato con l'Italia: c'erano in ballo problemi più importanti. Ora gli altoatesini dovevano "optare" per l'Italia o per il Reich tedesco. Secondo le cifre ufficiali di allora, nel comune del Brennero il 93% degli altoatesini optarono per la Germania; 104 persone non votarono affatto o scelsero di restare[15]. Gli *optanti* potevano diventare tedeschi, ma dovevano attraversare il confine e dirigersi a Nord, per sempre. Chi non aveva scelto, o aveva preferito

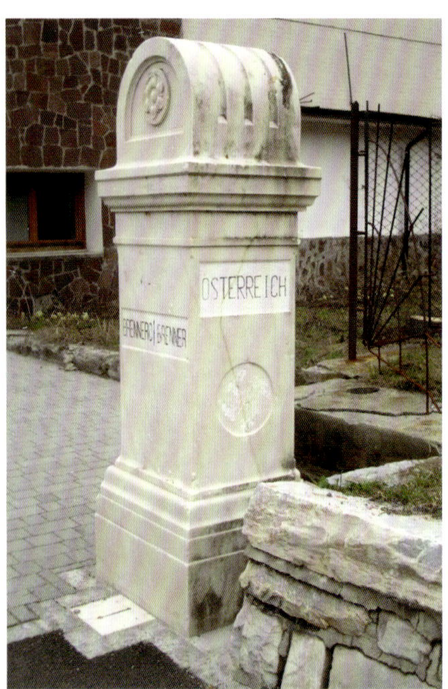

Abb. 8 Grenzstein am Brenner mit
Resten des Hakenkreuzes von
1938, vor 2008

Fig. 8 Cippo di confine al Brennero
con resti della croce uncinata del
1938, foto anteriore al 2008

gerade nicht – nicht einmal der gebürtige Österreicher Adolf Hitler. Am 21. Oktober 1939, zehn Tage nach Kriegsausbruch, wurde die Grenzziehung vertraglich gegenüber Italien bestätigt, man hatte wichtigere Probleme. Die Südtiroler mussten nun entweder für Italien oder für das Deutsche Reich „optieren". Angeblich optierten in der Gemeinde Brenner 93 Prozent der Südtiroler für Deutschland. 104 Personen stimmten gar nicht oder blieben.[15] Die *Optanten* durften Deutsche werden, mussten aber die Grenze in Richtung Norden überqueren, für immer. Die *Nicht-Optanten*, auch *Dableiber* genannt und als solche geschmäht (von den *Nicht-Dableibern*), mussten Italiener werden, Italienisch sprechen. Dableiben dagegen durften auch viele Dableiber am Ende nicht. Italiener, so sah man das in Rom, konnte man besser in Süditalien werden. Auf dem Friedhof finden sich kaum deutschsprachige Grabsteine.

Der bayerische Deutsche, historisch diesmal ausnahmsweise nur indirekt beteiligt, kann, seufzend der Zeitläufte gedenkend, die Fahrt über die seitdem unverrückte Grenze nach Norden fortsetzen, um sich bei der ersten Tankstelle bei Gries mit günstigem, österreichischem Benzin zu versorgen – und endlich auch einer Leberkässemmel, denn hier wird gearbeitet. Was aber, denkt man sich bei der Weiterfahrt über die eisern mit Tempo 100 belegte Autobahn nach Kufstein, was aber, war das nun mit dem Findling aus Alpengranit und seiner deutschen Inschrift? Will da jemand unserem Goethe widersprechen? Der Gedanke verschwindet wie Gebirgsnebel, als man hinter der scharf bewachten bayerischen Grenze befreit aufs Gaspedal drückt, Italien, Österreich, den Brenner und Goethe für zehn Tage hinter sich lassend.

Zurück in Rom hilft nur googeln, zum Glück hat man den Stein und seine Inschrift fotografiert. Doch merkwürdig, der Stein hat sich dem Internet so gut wie entzogen, sein Bild sucht man vergebens. Endlich, über die Inschrift „Das Wasser scheide ich", vier Treffer. Vier Treffer! Im ganzen Internet! Die erste Seite „Welschtirol" wurde leider gehackt, man landet beharrlich auf einer Pornoseite. Es bleibt ein Eintrag aus dem Archiv der Seite der separatistisch-rechtslastigen „Südtiroler Freiheit" vom 10. Juli 2015, die, eher nebenbei, von der Einweihungsfeier einer „Kopie des Gedenksteines mit der Inschrift *Das Wasser scheide ich, das Land verbinde ich*" berichtet. Das muss unser Findling sein! Doch wo es eine Kopie gibt, muss es ein Original gegeben haben. Hier hilft der dritte Treffer weiter, ein zweisprachiger Diskussionsbeitrag im Forum „Termometro politico" mit der Überschrift „Die Unrechtsgrenze am Brenner", welche die Beseitigung des „Nazi Grenzsteins" (dem von 1921) mit seinem nur notdürftig getilgten Hakenkreuz verlangt. An dessen Stelle, so habe es ein gewisser Sven Knoll gefordert, solle der „von den Faschisten entfernte Tiroler Gedenkstein" mit besagter Inschrift wiedererrichtet werden.

Offenbar ist dies geschehen, und auch die Reste des Hakenkreuzes wurden beseitigt, ein Bild zeigt einen Steinmetz bei entsprechender Arbeit auf österreichischer Seite (Abb. 9). Das bestätigt auch die Februar-Ausgabe des *Erker*, der „Monatszeitschrift für das südliche Wipptal" von 2009. Die Rubrik „Gemeinde Brenner hält Rückschau" (wohl auf das Jahr 2008) meldet im Wortsinn lapidar: „Im September kehrte am Brenner der in der Zwischenkriegszeit verschwundene Passstein mit der Aufschrift *Das Wasser* (etc.) … wieder zurück." Kehrte zurück? Ganz von alleine, aus dem Urlaub? Wahrscheinlich als gerade niemand hinschaute. 2008 machte, wie es weiter heißt, das „neue Outlet-Center durch die Vorentscheidung zur Miss-Süd-

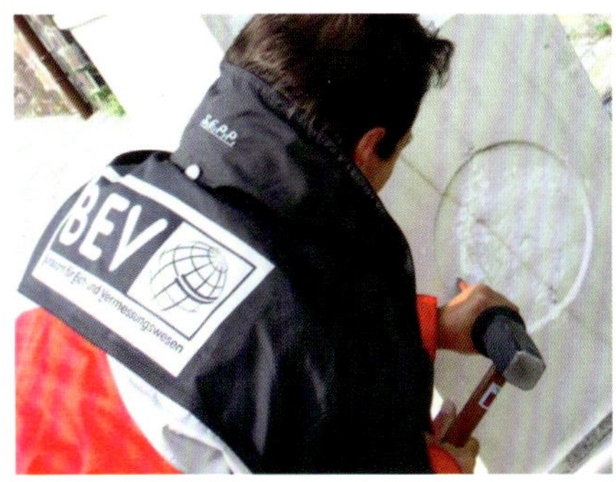

Abb. 9 Entfernung des Hakenkreuzes, 2008

Fig. 9 Asportazione della croce uncinata, 2008

rimanere (chiamati *Dableiber* in tono spregiativo da coloro che avevano preferito emigrare, i *Nicht-Dableiber*) dovettero diventare italiani e parlare italiano. Eppure, anche tra coloro che avevano scelto di restare, in molti non poterono rimanere: italiani potevano diventarlo meglio al sud, così si pensava a Roma. Nel cimitero quasi non ci sono più lapidi in tedesco.

Lo scrivente, tedesco bavarese, per una volta coinvolto storicamente solo in modo indiretto, può sospirare mentre ripensa al corso degli eventi e proseguire il viaggio verso nord, oltre il confine rimasto immutato, dove potrà fare rifornimento al primo benzinaio a Gries poiché la benzina austriaca costa meno, e finalmente trovare anche un panino con il *Leberkäse*. Proseguendo verso Kufstein lungo l'autostrada trafficata, fissi sui 100 km/h, pensiamo: ma cosa vogliono dire il masso di granito alpino e la sua iscrizione in tedesco? Ci sarà qualcuno che vorrà contraddire il nostro Goethe? Il pensiero svanisce come la nebbia in montagna, quando superato il confine attentamente sorvegliato con la Baviera premiamo liberamente l'acceleratore, lasciandoci alle spalle per dieci giorni l'Italia, l'Austria, il Brennero e Goethe.

Tornati a Roma non ci resta che googlare, per fortuna abbiamo le foto della pietra e della sua iscrizione. Eppure stranamente la pietra sembra essersi sottratta a internet, è inutile cercarne un'immagine. Alla fine troviamo quattro corrispondenze per l'iscrizione "Separo l'acqua". Quattro corrispondenze! In tutto internet! La prima pagina, "Welschtirol" (Tirolo Italiano), purtroppo è stata hackerata, si finisce ogni volta su un sito porno. Resta un contributo d'archivio dalla pagina della destra separatista "Südtiroler Freiheit" (Libertà sud-tirolese) del 10 luglio 2015 che piuttosto marginalmente riporta la cerimonia inaugurale di una "copia della lapide commemorativa con l'iscrizione *Das Wasser scheide ich, das Land verbinde ich*". Deve essere questo il nostro masso! Ma se c'è una copia, deve esserci stato un originale. In questo ci viene in soccorso la terza corrispondenza, il contributo a una discussione bilingue nel forum "Termometro politico", dal titolo *Die Unrechtsgrenze am Brenner* (Brennero, il confine ingiusto), nel quale si pretende la rimozione del "cippo di confine nazista" (quello del 1921) con la relativa croce uncinata solo in parte cancellata. Al suo posto, come preteso da un certo Sven Knoll, dovrebbe essere eretta di nuovo la "lapide commemorativa tirolese rimossa dai fascisti" con la suddetta iscrizione.

Evidentemente le cose sono andate così e anche gli ultimi resti della svastica sono stati rimossi – c'è una foto che mostra uno scalpellino proprio mentre esegue questo lavoro dal lato austriaco del confine (fig. 9). È confermato anche dall'edizione di febbraio 2009 di "Erker", il "Mensile per l'Alta Valle Isarco". La rubrica *Il comune del Brennero guarda al passato* (probabilmente al 2008) riporta letteralmente in modo lapidario: "A settembre è ritornato al Brennero il cippo scomparso dal confine tra le due guerre, quello con l'iscrizione *Das Wasser* (ecc.)". Ritornato? Ha fatto tutto da solo, è tornato dalle vacanze? Probabilmente proprio quando nessuno guardava da quella parte. Nel 2008, continua l'articolo, ha fatto "parlare di sé […] il nuovo Outlet Center dove si sono tenute le preselezioni per l'elezione di Miss Alto Adige". L'Outlet Center! È proprio lì che volevamo andare. Veniamo a sapere che nel 2008 è continuato allegramente anche il "rubabandiera", cioè la sottrazione del tricolore italiano posto sul cippo di confine. A sua volta l'alzabandiera era una risposta ita-

tirol-Wahl [...] von sich reden." Das Outlet-Center! Da wollte man doch eigentlich hin. Im Jahr 2008, so erfährt man, ging auch das „Fahnlstehlen" munter weiter, also das Entwenden der am Grenzstein aufgestellten italienischen Trikolore. Das Fahnenhissen wiederum war eine italienische Antwort auf die von der Süd-Tiroler Freiheit unterstützten Aktion „Südtirol ist nicht Italien", benannt nach dem gleichlautenden Plakat, das am zeitweilig verhüllten und als „Sondermüll" deklarierten „Nazi Grenzstein" (dem von 1921) angebracht wurde (Abb. 10). Sven Knoll, also der, der den Stein wiederhaben wollte, sitzt seit 2008 übrigens im Südtiroler Landtag, und zwar für die Süd-Tiroler-Freiheit.

Wer aber hat den Stein am Ende aufgestellt, so etwas kostet ja auch Geld? Eine entsprechende Anfrage an die Gemeinde Brenner bleibt unbeantwortet. Auch die Frage, wer wann den originalen Stein hat aufstellen lassen, bleibt ungeklärt. Als man schon gar nicht mehr damit rechnet, kullert aus einem obskuren Stollen des Internets doch noch ein Bild des Findlings an die Oberfläche, und zwar als kommentarloser Post des Südtiroler Schützenbundes (SSB) in einem seltsamen Blog, gegen den sich die Firewall zunächst beharrlich wehrt. Ein Bekennerschreiben?

Ach ja, und noch jemand, den wir schon kennen, war hier oben am Brenner und hat sich lächelnd am Grenzstein von 1921 fotografieren lassen, wir haben ihn beim Googeln entdeckt: Matteo Salvini, ja genau der, der bis vor wenigen Monaten als italienischer Innenminister Italien und das Abendland gerettet und Flüchtende auf Schiffen festgehalten hat – und dies vielleicht schon bald wieder tun darf. Das Foto stammt vom Mai 2016, als er noch nicht Minister und ein bisschen dünner war; etwas zauselig schaut er drein, auf jeden Fall noch nicht so steinpilzhaft satt wie heute. „Renzi [damals italienischer Premier], wach auf und stoppe die illegale Einwanderung, sonst machen es die Österreicher", lautet der dazugehörige Tweet. Da weiß man: Der Urlaub im grenzenlosen Europa ist vorbei. Schön war's!

<hr>

1 Der Beitrag erschien in gekürzter Form unter dem Titel „Das Wasser scheide ich, das Land verbinde ich?" in der Frankfurter Allgemeinen Zeitung vom 11. Januar 2020, S. 18. Derselbe Text ist unter dem Titel „Wo das grenzenlose Europa endet" bei www.faz.net abrufbar.

2 Hambrusch, Horst: „Lageplan Brenner. Bautendokumentation", in: Mitterer, Wittfrida (Hg.): *(Grenze) Brenner-Pass. Bautenglossar* (Technisches Kulturgut im Rampenlicht), Brixen ²2013, S. 90–187, S. 92–95.

3 Riva, 26. Juni 1839; Victor Hehn, Victor: *Reisebilder aus Italien und Frankreich*, hg. von Theodor Schiemann, Stuttgart 1894, S. 6.

4 Brenner, 8. September 1786, abends; Goethe, Johann Wolfgang von: *Tagebücher und Briefe Goethes aus Italien an Frau von Stein und Herder* (= Schriften der Goethe-Gesellschaft, Bd. 2), hg. von Erich Schmidt, Weimer 1886, S. 24.

5 Brenner, 8. September 1786, abends; Goethe: *Tagebücher und Briefe* (wie Anm. 4), S. 27.

6 Posthouse on the Brenner, 14,3 × 19,8 cm, in: Brockedon, William: *Illustrations of the Passes of the Alps, by which Italy communicates with France, Switzerland, and Germany*, 2 Bde., London 1828.

7 Brenner, 9. September 1786, abends; Goethe: *Tagebücher und Briefe* (wie Anm. 4), S. 28.

8 „Stationen von Carlsbad bis auf den Brenner in Tyrol", Goethe: *Tagebücher und Briefe* (wie Anm. 4), S. 12.

9 „Note a. Gedancken über die Witterung."; „Note b. Über Polhöhe, Clima p."; „Note c. Über Pflanzen, Früchte pp", „Note d. Von Gebürgen und Steinarten."; „Note e. Menschen."; Goethe: *Tagebücher und Briefe* (wie Anm. 4), S. 29–37.

10 Brenner, 9. September 1786, abends; Goethe: *Tagebücher und Briefe* (wie Anm. 4), S. 28.

11 Trient, 11. September 1786, abends; Goethe: *Tagebücher und Briefe* (wie Anm. 4), S. 42f.

12 Hambrusch: „Lageplan Brenner" (wie Anm. 2), S. 96–99.

13 Quelle: Landesinstitut für Statistik ASTAT.

14 Goethe, Johann Wolfgang: *Italienische Reise*, hg. von Andreas Beyer, Norbert Miller und Christof Thoenes, MA Bd. 15, München 1992, S. 17.

15 Ennemoser, Günther: „Der Brenner in zwölf historischen Bildern", in: Mitterer, Wittfrida (Hg.): *(Grenze) Brenner-Pass. Bautenglossar* (Technisches Kulturgut im Rampenlicht), Brixen ²2013, S. 242–262, S. 254.

liana all'iniziativa sostenuta dalla "Südtiroler Freiheit": "Südtirol ist nicht Italien" (L'Alto Adige non è Italia), le stesse parole apparse su un manifesto che fu affisso sul "cippo di confine nazista" (quello del 1921), scomparso per un certo periodo e dichiarato "rifiuto speciale" (fig. 10). Tra l'altro Sven Knoll, cioè colui che voleva avere indietro la pietra, dal 2008 siede nel parlamento altoatesino e precisamente tra le fila della Südtiroler Freiheit.

Ma alla fine chi ha rimesso a posto la pietra? (Un'operazione peraltro costosa). Il corrispondente quesito posto all'amministrazione comunale del Brennero rimane irrisolto. Anche la domanda su chi abbia fatto erigere la pietra originale e quando resta senza risposta. Quando ormai non ci speravamo neanche più, salta fuori da qualche oscuro meandro di internet un'immagine del masso, addirittura sotto forma di un post senza commenti della Südtiroler Schützenbund (SSB; Associazione degli Schützen del Tirolo meridionale) in uno strano blog, contro il quale all'inizio il firewall si erge ostinatamente. Che si tratti di una rivendicazione?

Ah sì, e qualcun'altro, che già conosciamo, è stato quassù al Brennero e si è fatto fotografare sorridente accanto al cippo di confine del 1921, lo abbiamo scoperto googlando: Matteo Salvini, sì proprio quello che fino a pochi mesi fa come ministro degli Interni italiano ha salvato l'Italia e l'Occidente e trattenuto i fuggiaschi sulle navi – e che forse presto potrà tornare a farlo. La foto risale a maggio 2016, quando ancora non era ministro ed era più magro; sembra un po' arruffato, comunque non ancora così paffuto come oggi. "Renzi (allora primo ministro in Italia), svegliati e ferma la migrazione illegale, altrimenti lo faranno gli austriaci", questo il testo del tweet sotto la foto. Va bene, lo abbiamo capito: la vacanza nell'Europa senza confini è finita. È stato bello!

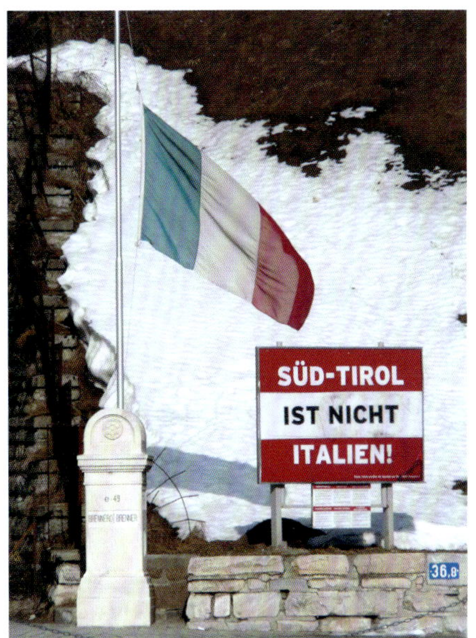

Abb. 10 Brennergrenze um 2008/2009

Fig. 10 Confine del Brennero intorno al 2008/2009

[1] L'articolo è apparso in forma ridotta con il titolo *Das Wasser scheide ich, das Land verbinde ich?* sulla "Frankfurter Allgemeine Zeitung" dell'11 gennaio 2020, p. 18. Lo stesso testo con il titolo *Wo das grenzenlose Europa endet* è consultabile su www.faz.net.

[2] H. Hambrusch, *Lageplan Brenner. Bautendokumentation*, in W. Mitterer (a cura di), *(Grenze) Brenner-Pass. Bautenglossar* (Technisches Kulturgut im Rampenlicht), Brixen ²2013, pp. 90-187, pp. 92-95.

[3] Riva, 26 giugno 1839; V. Hehn, *Reisebilder aus Italien und Frankreich*, a cura di T. Schiemann, Stuttgart 1894, p. 6.

[4] Brennero, sera dell'8 settembre 1786 in J.W. von Goethe, *Diari e lettere dall'Italia (1786-1788)*, a cura di R. Venuti, Artemide edizioni, Roma 2002, p. 21.

[5] Ibidem, p. 27.

[6] *Posthouse on the Brenner*, 14,3 × 19,8 cm, in W. Brockedon, *Illustrations of the Passes of the Alps, by which Italy communicates with France, Switzerland, and Germany*, 2 voll., London 1828.

[7] Brennero, sera del 9 settembre 1786, cit., p. 22.

[8] *Tappe da Carlsbad fino al Brennero in Tirolo*, cit., p. 15.

[9] *Nota a) Pensieri sul tempo atmosferico; Nota b) Sulla latitudine, il clima; Nota c) Su piante, frutta; Nota d) Sulle montagne e i tipi di minerali; Nota e) Gente*, cit. pp. 22-26.

[10] Brennero, sera del 9 settembre 1786; cit. p. 22.

[11] Trento, mattina dell'11 settembre 1786; cit. p. 32.

[12] H. Hambrusch, *Lageplan Brenner*, cit., pp. 96-99.

[13] Fonte: ASTAT Istituto Provinciale di Statistica.

[14] J.W. von Goethe, *Italienische Reise*, a cura di A. Beyer, N. Miller e C. Thoenes, MA vol. 15, München 1992, p. 17.

[15] G. Ennemoser, *Der Brenner in zwölf historischen Bildern*, in W. Mitterer (a cura di), *(Grenze) Brenner-Pass…*, cit., pp. 242-262, p. 254.

„Mitt besonderer Lust were ich gern förder
vff Sicilien gezogen"

Cecilie Hollberg

Italien zog schon im Mittelalter Pilger, Kreuzfahrer, Händler, Handwerker, Künstler und Arbeiter sowie Söldner und Herrscher an. Das „Welschland"[1] animierte auch später als Ort „aller gueten künste" und „Antiquiteten" die Humanisten zum Studium der römischen Antike.[2] Studenten suchten die italienischen Universitäten wegen ihrer berühmten Professoren auf und in den sogenannten Landsmannschaften oder Nationen vereinigten sich jene Fremden, die Heimat, Muttersprache, Geburtsort oder Kulturgemeinschaft teilten.[3] Frei von Sprachbarrieren wurden nationale Feste gefeiert, es gab wertvolle Tipps von Alteingesessenen, wo man am günstigsten, ehrlichsten und besten wohnte oder wo ein netter Wirt gutes Essen servierte.

In den Jahren 1573 bis 1576 unternahm der aus Weimar stammende Jurist Johann Forster eine Reise nach Italien. Bis 1590 ruhte sein Reisebericht vergessen in seiner Schreibstube. Der letzte von vier Teilen, der die Aufzeichnungen des Rückweges von der Lombardei nach Thüringen behandelte, war „[i]n dem Unsehlichen erbermlichen" Brand von Arnstadt den Flammen zum Opfer gefallen, weil der Diener ihn hatte liegenlassen. Durchaus verständlich, wenn man bedenkt, dass Arnstadt 1581 innerhalb von nur drei Stunden eingeäschert wurde.[4]

Trotz Forsters Beteuerung, das *Neapolitänisch Reisebuch*[5] allein als persönliche Gedächtnisstütze verfasst zu haben, wandte er sich in seiner Vorrede „an den güttherzigen leser" und widmete es, dem Zeitgeist entsprechend, den höchsten Landesinstanzen, nämlich „[d]en durchlauchtigsten Hochgebornen fürsten und herren, herrn Friederich Willhelmen und herrn Johansen, Herzogen zu Sachsen, Landgrafen zu Düringen, Marggrafen zu Meissen gebrüdern, Meinen gnedigen fürsten und herren."

Wenn Forsters Reisebericht auch auf seinen eigenen Erlebnissen beruhte, so hatte er doch auch „viel Ding abgeschrieben", wodurch er seinen hohen Bildungsgrad unter Beweis stellen konnte.

Johann Forster aus Weimar

Das Titelblatt (Abb. 1) des *Neapolitänisch Reisebuchs* verrät, dass Johann Forster „der Rechten Doctor" war. Nach der Partikularschule in Weimar lebte er in Gotha, Erfurt und Jena. 1569 war er an der Universität Leipzig immatrikuliert und im Sommersemester 1570 in Wittenberg.[6] Bei seiner Immatrikulation zahlte Forster mehr Gebühren als gefordert, was nur von wohlhabenden Familien erwartet und geleistet

"Con particolar gioia avrei voluto proseguire fino in Sicilia…"

Cecilie Hollberg

L'Italia attrasse sin dal Medioevo pellegrini, crociati, mercanti, artigiani, artisti, ma anche mercenari e principi. Il "Welschland"[1], in qualità di "patria delle belle arti" e delle "antichità", ispirò anche gli umanisti allo studio delle antichità romane[2]. Le università italiane con i loro illustri docenti attiravano gli studenti stranieri riuniti nelle cosiddette *nationes*, associazioni strutturate sulla base di una comune identità geografica, linguistica o etnica[3]. Nell'ambito di una lingua condivisa si celebravano le festività nazionali, e i veterani fornivano alle matricole preziose dritte sugli alloggi migliori e più convenienti, e su dove trovare un oste cortese che servisse loro del buon cibo.

Negli anni 1573-1576 il giurista Johann Forster di Weimar intraprese un viaggio in Italia, ma il suo resoconto giacque dimenticato tra le carte dello studiolo fino al 1590. L'ultima delle quattro parti del racconto, che illustrava il ritorno dalla Lombardia in Turingia, andò perduta durante "il terribile incendio" di Arnstadt per la dimenticanza di un servo. Dimenticanza sicuramente comprensibile, considerando che la cittadina fu ridotta in cenere in appena tre ore nel 1581[4].

Malgrado affermi di aver redatto il *Neapolitänisch Reisebuch*[5] soltanto a scopo personale, Forster si appella nella prefazione alla benevolenza dei lettori e si rivolge, secondo il costume dell'epoca, alle più illustri autorità del Paese: "Alle loro Altezze, i principi e i signori di nobili natali, i fratelli Federico Guglielmo e Giovanni, duchi di Sassonia, langravi di Turingia, margravi di Meissen, miei clementi principi e signori".

Per quanto il racconto di Forster si basi su esperienze personali, contiene anche "molte cose" ricavate da altre fonti, che attestano l'elevato grado d'istruzione del suo autore.

Johann Forster di Weimar

Dal frontespizio (fig. 1) del *Neapolitänisches Reisebuch* apprendiamo che Johann Forster era "un dottore in giurisprudenza". Dopo aver frequentato una scuola privata a Weimar, risiedette a Gotha, Erfurt e Jena. Nel 1569 s'iscrisse all'università di Lipsia e, nel semestre estivo del 1570, a quella di Wittenberg[6]. Al momento dell'immatricolazione, pagò più tasse di quanto richiesto, cosa che ci si aspettava, e veniva compiuta, solo dagli studenti provenienti da famiglie facoltose[7]. Il 21 settembre del 1573 Forster partì da Weimar per un viaggio che lo avrebbe portato fino in Campania. "Con par-

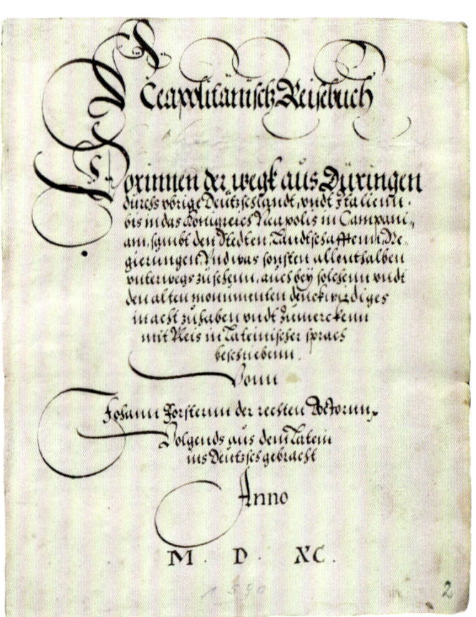

Abb. 1 Johann Forster, Titelblatt
des *Neapolitänisch Reisebuch*,
1590, Deutsches Historisches
Museum, Berlin

Fig. 1 Johann Forster, frontespizio
del *Neapolitänisch Reisebuch*,
1590, Deutsches Historisches
Museum, Berlino

wurde.[7] Forsters Reise bis nach Kampanien nahm am 21. September 1573 in Weimar ihren Anfang. „Mitt besonderer lust were ich gern förder vff Sicilien gezogen“[8], doch musste er umkehren, da seine Eltern ihm ein Weiterreisen nicht erlaubten. Nur einer Leichenpredigt entnehmen wir, dass Forster am 25. Juni 1591 als fürstlich sächsisch-weimarischer Appellationsrat und gräflich schwarzenburgischer Justitienrat in Arnstadt verstarb.[9] Weitere Informationen lassen sich über ihn weder in Arnstadt noch in Weimar finden und die Kirchenbücher reichen nicht so weit zurück.

Bildungsreisen im 16. Jahrhundert

Forsters Route entspricht in weiten Teilen der üblichen Kavaliersreise oder -tour durch Italien: über den Brenner nach Venedig, dem folgte ein Besuch der Hochschulen und Hauptstätten Norditaliens, der Medici-Bibliothek in Florenz, eine Besichtigung Roms und teilweise schloss sich ein Ausflug nach Neapel oder Tivoli an, um dann den Rückweg über Mailand anzutreten,[10] wobei viele noch weiter in Richtung Süden reisten. Zur Vorbereitung auf eine solche Fahrt empfahl sich die Lektüre einschlägiger Bücher. Vorbilder waren vor allem Autoren der Spätantike. Immer wiederkehrende irrige Angaben untermauern diese Theorie[11] sowie auch der Besuch bestimmter Sehenswürdigkeiten oder einschlägiger Kuriositäten. Im 16. Jahrhundert wuchs die Zahl studierender Adeliger, Edelleute und Bürgerlicher an den italienischen Universitäten.[12] Man begab sich auf die Kavalierstour oder die Grand Tour, die zur kulturellen, literarischen, politischen sowie sprachlichen Weiterbildung beitragen sollte. Söhne aus fürstlichen und wohlhabenden bürgerlichen Kreisen mussten auf ihre Karrieren vorbereitet und standesgemäß erzogen werden, zudem weltmännische Manieren und das Wissen der Zeit erlernen. Hierzu empfahl es sich, verschiedene Universitäten zu besuchen und von den berühmtesten Professoren unterrichtet zu werden. Etliche Universitäten, die zum Programm der Grand Tour zählten, boten sogar den Erwerb von Doktorbullen in ihrem „Touristenpaket“ an; das galt beispielsweise für Ferrara, Siena und Padua.[13]

Kenntnisse über die Art des Reisens setzte Forster bei seinen damaligen Lesern voraus. Wie in Studentenkreisen üblich, wird er sich größtenteils zu Fuß fortbewegt haben, wobei das Gepäck im Wagen vorausfuhr oder folgte (Abb. 2). Streckenweise ritt er oder benutzte Boote oder Schiffe zur Fortbewegung.

Die Universitäten

Forster konzentrierte sich auf die Beschreibung seiner Universität Padua, die seit 1405 zum Herrschaftsgebiet Venedigs zählte und als „[v]ornehme, weitberuffene hohe Schule“ von der venezianischen „Signoria“ unterhalten wurde. Die deutsche Nation Paduas war so bedeutend, dass sie „in gantz Italia den Vorsitz“ hatte. Sie durfte sogar zwei Stimmen abgeben, während die anderen nur eine besaßen. „Nach der deutzschen Nation folgt in der Session die Polnische, dann die Böhmische, Ungarische, Burgundische, Engelische, Hispanische, Franzosische, Schottlandische, Römische, Sicilische, Anconitanische, Lombardische, Mailändische, Genuesische, Toscanische, Venedische, Trevisanische, Friulische, Dalmatische“ und die aus Piemont.

Zu Forsters Empörung missbrauchten die Studenten ihre Freiheiten, indem sie „offtenmals gleich den Soldaten mit Panzerkrägen undt dergleichen Rüstung“,

214

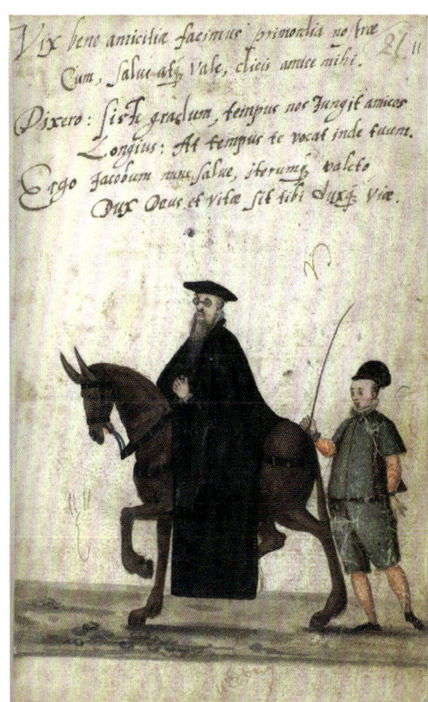

Abb. 2 *Gelehrter zu Pferde*, Stammbuch von Jacob Gottberg (1591–1613), Königliche Bibliothek Stockholm, Sig.: I.g 7, f. 11r

Fig. 2 *Erudito a cavallo*, Libro di studente di Jacob Gottberg (1591-1613), Biblioteca reale, Stoccolma, sig.: I.g 7, c. 11r

ticolar gioia avrei voluto proseguire fino in Sicilia"[8], scrisse, ma dovette invece far ritorno in Germania per volere dei genitori. Da un'orazione funebre apprendiamo che Forster morì ad Arnstadt il 25 giugno del 1591, quando era ormai diventato membro della corte d'appello dei principi di Sassonia-Weimar e della corte di giustizia della contea di Schwarzenberg[9]. Impossibile reperire ad Arnstadt o a Weimar ulteriori sue notizie, e i registri parrocchiali non arrivano così indietro nel tempo.

Il Grand Tour nel Cinquecento

L'itinerario seguito da Forster rispecchia in gran parte il tradizionale Grand Tour dell'Italia: attraverso il Brennero fino a Venezia, passando per le principali città e università dell'Italia settentrionale, una visita alla biblioteca medicea di Firenze continuando poi verso Roma. Dopo una puntata a Napoli o a Tivoli, si prendeva in genere la via del ritorno in direzione di Milano[10], anche se molti proseguivano ulteriormente verso sud. Per prepararsi a questo viaggio esisteva un bagaglio di letture consigliate, a partire dagli autori tardo-antichi, in cui venivano innestate informazioni inesatte che riaffioravano costantemente e descrizioni di determinate attrazioni turistiche o curiosità pertinenti[11]. Nel Cinquecento un numero crescente di nobili e borghesi cominciò a frequentare le università italiane[12]. Il Grand Tour divenne pertanto una tappa fondamentale nella formazione culturale, letteraria, politica nonché linguistica. I rampolli delle famiglie principesche e della borghesia agiata dovevano prepararsi alle future carriere e ricevere un'educazione degna di un gentiluomo e una formazione culturale adeguata. A tal fine era opportuno che frequentassero più università e seguissero i corsi di professori rinomati. Numerosi centri accademici che rientravano nel Grand Tour – come per esempio Ferrara, Siena e Padova – offrivano "pacchetti turistici" comprensivi addirittura di laurea[13].

Forster presuppone nei suoi lettori la conoscenza dei modi in cui si viaggiava all'epoca. Negli ambienti studenteschi gran parte del tragitto era compiuto a piedi, con i bagagli che seguivano o precedevano sistemati su carri (fig. 2). Alcuni tratti venivano percorsi a cavallo o su imbarcazioni.

Le università

Forster si concentra sulla descrizione della sua università a Padova, città che dal 1405 era parte dei domini della Serenissima e da questa finanziata, trattandosi di "uno dei centri accademici più prestigiosi e rinomati". La *nazione* tedesca di Padova era "la più importante d'Italia": poteva esprimere ben due voti, mentre le altre soltanto uno. "Alla *nazione* tedesca seguono per importanza la polacca, la boema, l'ungherese, la borgognona, l'inglese, la spagnola, la francese, la scozzese, la romana, la siciliana, l'anconetana, la lombarda, la milanese, la genovese, la toscana, la veneziana, la trevigiana, la friulana, la dalmata" e infine la piemontese.

Forster racconta con sdegno come gli studenti si approfittassero delle libertà loro concesse: "circolano spesso armati fino al collo come soldati" e anche nei giorni ordinari si presentavano a lezione "con armi di ogni genere"[14]. Persino i professori più illustri potevano essere costretti dal loro uditorio a interrompere la lezione e invitati ad abbandonare l'aula tra grida "odiose" e inauditi "schiamazzi", salvo poi a volte essere richiamati indietro. Alcuni deprecavano questa condotta che si rifletteva negativamente

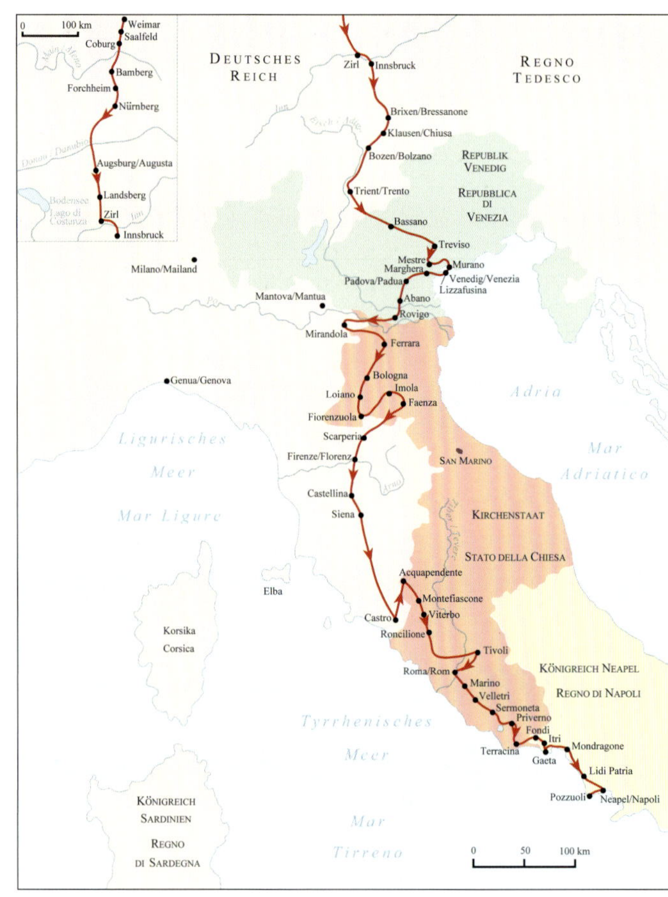

Abb. 3 Grafische Darstellung der Hinreise von Weimar nach Neapel

Fig. 3 Carta geografica con l'itinerario del viaggio da Weimar a Napoli

aber auch im Alltag „mit allerley Waffen in die Lection gehen."[14] Selbst die angesehensten Professoren wurden je nach Lust ihrer Zuhörer genötigt, ihre Vorlesungen abzubrechen und inmitten des Lesens von „heßlichen" Rufen begleitet mit großem „Gepolter" den Raum zu verlassen. Unter Umständen rief man sie beim Hinausgehen auch wieder zurück. Manchem missfiel dieses Benehmen, da es die Qualität des Studiums verminderte und die Studienzeit beeinträchtigte. Entrüstet über diese „grosse Schande, welche fürwahr in unsern Landen" keinem durchginge, tauschte sich Forster mit Dr. Jacobo Menochio[15] aus, der ihm entgegnete: „Es ließen sich so mancherlei Nationen mit Verboten undt harter Disciplin nicht zwingen, sie zögen eher davon." Lachend gestand er, selbst als Scholar so gehandelt zu haben. Folglich müsse er es jetzt „geschehen lassenn, da uns dergleichen auch wiederfähret." Doch zum Ausgleich würden die Professoren in Padua „sehr stattlich undt reichlich besoldet": Mancher – darunter Menochio selbst – erhielt um die „1000 Ducaten" als jährliche Besoldung von der venezianischen „Signoria" für seine Lesungen. Der stattliche Betrag richtete sich nach dem Ruf des jeweiligen Professors, dem Ansehen der Universität und der Anzahl der Studenten. Vielerorts gab es Klagen über eine zu geringe Besoldung, die es den Professoren nicht einmal ermöglichte, sich einen Diener zu halten.[16]

Anschaulich ging es in der Anatomie in Padua zu, wo zur Winterszeit „viele unterschiedliche Menschenkörper, alt undt jung, Mann undt Weib aufgeschnitten und seziert wurden. Sofern ein Mediziner eine ungewönliche Krankheit an einem

sulla qualità dello studio e condizionava la vita studentesca. Forster era scandalizzato da "questa situazione vergognosa, la quale nel nostro paese" non sarebbe vissuta da alcuno, ma nel discuterne con il professor Jacobo Menochio[15] ricevette come risposta che: "È impossibile imporre a certe *nazioni* dei divieti e una disciplina più ferrea, perché altrimenti se ne andrebbero". Sorridendo Menochio ammise di essersi comportato così anche lui da studente: per questo ora "non possiamo impedire che accada, perché in passato abbiamo fatto lo stesso". D'altro canto, i professori di Padova "sono molto ben retribuiti". Alcuni, tra cui lo stesso Menochio, ricevevano dalla "Signoria" veneziana uno stipendio annuo di "circa mille ducati" per le loro lezioni. L'entità del compenso dipendeva dalla fama del professore, dal prestigio dell'università e dal numero degli studenti. Altrove, tuttavia, non mancavano le lamentele per salari a volte così magri da non permettere ai professori nemmeno di disporre di un servo[16].

Con toni ammirati Forster descrive l'insegnamento dell'anatomia all'Università di Padova. Qui, nel periodo invernale, "molti corpi, di vecchi e giovani, uomini e donne, vengono tagliati e sezionati. Qualora un medico debba curare un paziente affetto da una malattia rara o trattare un caso grave", il collegio si riuniva per un consulto collettivo. Qualsiasi studente poteva partecipare come uditore a queste sedute, o recarsi insieme al medico presso il malato per fare pratica. Forster mostra di apprezzare questo modo d'insegnare, molto utile per gli studenti, e ne lamenta la mancanza nei territori tedeschi.

L'itinerario di viaggio
Il viaggio di Forster ha inizio a Weimar e durerà tre anni. Sulla maggioranza delle città tedesche che attraversa inizialmente – Saalfeld, Coburgo, Bamberga, Norimberga, Augusta – è avaro di racconti, ma una volta raggiunta Landsberg, e di qui le Alpi, resta affascinato "dalle montagne imponenti" , che sono "sempre innevate" nonostante d'estate la neve dovrebbe sciogliersi per via del calore del sole. Qui, un grande rischio per chi viaggia sono le valanghe: "può accadere infatti che grandi blocchi di neve si stacchino e precipitino a valle. Pertanto non si può avanzare tra queste montagne con carri o con qualsiasi altro veicolo trainato da animali, ma tutte le cose vengono piuttosto trasportate a mezzo di cavalli, detti appunto da soma". Il bestiame "ha gli zoccoli ferrati con piccoli ferri appuntiti, separati". Il sentiero è "spesso accidentato, o così stretto che è difficile avanzare persino con i cavalli". Al nostro viaggiatore sassone le condizioni della strada appaiono terribili in quanto "a volte, si è costretti a guardare nel vuoto sia a destra, sia a sinistra".

A Zirl in Tirolo, Forster resta affascinato dalla leggenda della parete di San Martino: "In questa località si racconta una storia legata all'imperatore Massimiliano I che una volta, inseguendo un camoscio, si era arrampicato così in alto" da non riuscire più a tornare indietro. "Sarebbe di certo morto" se, "il terzo giorno, non fosse sopraggiunto un uomo coraggioso che avrebbe aiutato l'imperatore a ridiscendere la parete tenendolo per mano". In quel luogo, in segno di ringraziamento, il pio sovrano aveva fatto costruire un'edicola con "l'immagine di Cristo crocefisso, insieme a San Giovanni e alla Madonna". "Di fronte alla montagna" invece era stata edificata una cappelletta che, tuttavia, già all'epoca di Foster "cadeva in rovina"[17]. La leggenda della parete di San Martino sarebbe rimasta viva per secoli. Lo stes-

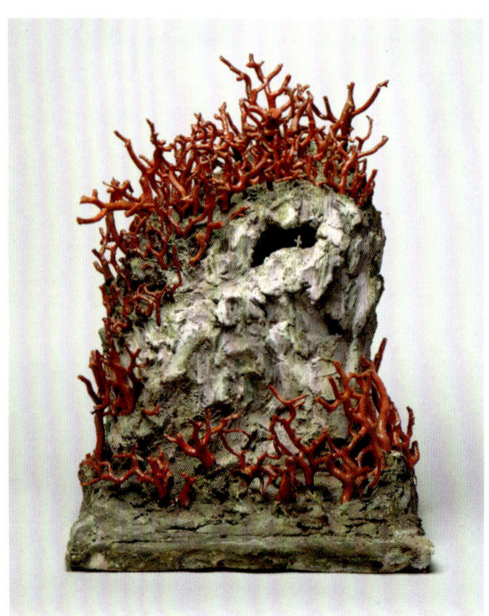

Abb. 4 Korallenberg
Martinswand, 16. Jh., Kunst- und
Wunderkammer auf Schloss
Ambras, Innsbruck

Fig. 4 *Parete di San Martino*,
roccia corallina, XVI secolo,
Castello di Ambras, Kunst- und
Wunderkammer, Innsbruck

Patienten, oder sonst einen gefährlichen Fall zu kurieren hatte", versammelte sich das Kollegium zur gemeinsamen Beratung. Jeder Student konnte zuhören oder mit dem Mediziner zu den Kranken gehen, um dadurch die Praxis zu erlernen. Diese Vorgehensweise lobte Forster sehr, da sie für die Studenten von großem Nutzen war, den er in deutschen Landen vermisste.

Forsters Reiseverlauf

Forsters dreijährige Reise beginnt in Weimar. Wortkarg übergeht er die meisten durchreisten deutschen Städte. Über Saalfeld, Coburg, Bamberg, Nürnberg, Augsburg, erreichte er „Lansburgk" (Landsberg) und bestaunte die Alpen als „gantz hohe gewalttige Berge." Sie liegen „stets und ohne Unterlaß voller Schnee", obwohl er doch zur Sommerszeit durch die Sonnenhitze schmelzen müsste. Lawinen stellen eine große Gefahr für die Wanderer dar, denn der Schnee kann „brechen, undt von der Höhe mit grossen Hauffen in die Thäler fallen. Darum kann man in solchen Gebirgen mit Wagen oder andern Fuhrwerken nicht fortkommen, sondern es wird alle Ware auf Pferden (welche sie Saumrosse nennen) getragenn." Das Vieh und die Ochsen werden mit „kleinen spitzigen unndt gespaltenen Eisen beschlagen." Der Weg ist nämlich „offtmals so schmahll abgebrochen undt enge, dass man auch mit Pferden kaum" vorwärtskommt. Überhaupt erscheinen dem Sachsen die Wegverhältnisse „abscheulich undt grausam, dass man bald zu der Rechten, baldt zur Lincken, in die tieffen Grunde sehen muß."

Bei Zirl in Tirol beeindruckt Forster die Legende von der Martinswand: „An diesem Ort hat sich die vornehme Geschichte mit Kaiser Maximilian I. zugetragen, als derselbe einen Gemsen fangen wollte, undt sich dermassen verstiegen" hatte, dass er nicht umzukehren vermochte. Er hätte dort sicherlich „sterben undt verderben müssen", hätte am „dritten Tag nicht ein verwegener Gemsensteiger, Stiegen in den Berg gehackt, undt den Kaiser an der Hand heruntergeführt." Aus Dank ließ der fromme Kaiser an jene Stelle „ein Bild des gekreuzigten Herrn Christi, neben Johannes undt der Mutter Maria" erbauen. „Gegenüber des Berges" aber ließ er eine kleine Kapelle errichten[17] und schon zu Forsters Lebzeiten war „das Kirchlein ziemlich sehr zerfallen." Die Legende der Martinswand bleibt über Jahrhunderte präsent: Kaiser Maximilian I. selbst äußerte sich in seinem *Theuerdank* zu einem Abenteuer an der Wand und warnte vor den schroffen Felswänden,[18] in seinem „Geheimen Jagdbuch" gebietet er ausdrücklich: „Kain Furst soll in kain wantt gen, dan Es ist fercklich [gefährlich] von stain."[19] Die Kunst- und Wunderkammer auf Schloss Ambras erinnert mit einer korallenen Interpretation an die Legende (Abb. 4). Gleichermaßen findet sie Erwähnung bei dem Italienreisenden Barthold von Gadenstedt (1587–1589)[20] wie auch in Illustrationen des 18. Jahrhunderts[21] (Abb. 5) und selbst Goethe wird am 8. September 1786 in seiner *Italienischen Reise* darauf hinweisen.

Das nächste Ziel ist Innsbruck. Statt der gewohnten spitzen Dächer sind die steinernen und von außen bemalten Gebäude auf „die Italianische Art, mit breiten Altanen, an vielen Gassen, auch mit Galerien gebauet", sodass man „vor allerhandt Ungewitter undt Regen sicher" und geschützt gehen kann. Sodann hebt Forster das Grabmahl Kaiser Maximilians I. hervor und die „von Erz gegossenen Bilder

so imperatore Massimiliano I, nel suo *Theuerdank*, fa riferimento a un'avventura rischiosa su una parete di roccia e mette in guardia chi affronta dirupi scoscesi[18], mentre nel suo *Geheimen Jagdbuch* (*Libro segreto della caccia*) invita espressamente "i principi a non affrontare pareti erte, perché possono rivelarsi pericolose"[19]. Una scultura corallina conservata presso il Gabinetto delle meraviglie del castello di Ambras ricorda questa leggenda (fig. 4), citata anche dal viaggiatore Barthold von Gadenstedt (1587-1589)[20], ricorrente in illustrazioni settecentesche[21] (fig. 5) e citata dallo stesso Goethe nel suo *Viaggio in Italia*, in data 8 settembre 1786.

La tappa successiva del suo itinerario era Innsbruck. Al posto degli abituali tetti aguzzi, gli edifici in pietra con le facciate dipinte "sono costruiti alla maniera italiana, con grandi altane, e affacciano su un reticolo di vicoli, provvisti a volte di portici" che offrivano "un riparo sicuro in caso di pioggia". Rimase colpito dal monumento funebre dell'imperatore Massimiliano I "con le statue in bronzo di antichi re e principi illustri insieme alle loro spose", simili a "grandi giganti".

Superate le città di Vipiteno, Bressanone, Chiusa e Bolzano ecco finalmente Trento, non solo la città universitaria più a nord d'Italia ma anche la "porta per il Welschland", perché "in questa città" finiva "il territorio tedesco" e iniziava il Belpaese. "Quasi tutti i cittadini e gli abitanti conoscono entrambe, la lingua tedesca e quella italiana", dove Forster distingueva chiaramente tra studenti tedeschi e non, persino quando parlano la stessa lingua[22].

Ma cosa rappresenta quanto descritto sinora al cospetto della Serenissima, Venezia, "che non trova paragone in nessuna città d'Europa"? Piazza San Marco si aprì in tutto il suo splendore dinanzi ai suoi occhi: lungo il lato lambito dalle acque del mare s'innalzavano "due maestose colonne di marmo bianco". Una era sormontata da San Marco "ritratto come un leone alato che incede con un libro aperto". L'altra reggeva San Todaro "con la corazza e la spada sguainata" (fig. 6).

L'arsenale rappresentava una delle attrazioni particolari di Venezia. La Serenissima vegliava gelosa sul suo porto, a nessun forestiero era concesso di lavorare

Fig. 5 Adam von Lebenwaldt, *Damographia: oder Gemsen Beschreibung*, [1693], Bayerische Staatsbibliothek, Monaco, sig.: 4 Zool. 220, illustrazione che precede il frontespizio e frontespizio, urn:nbn:de:bvb:12-bsb10231566-8

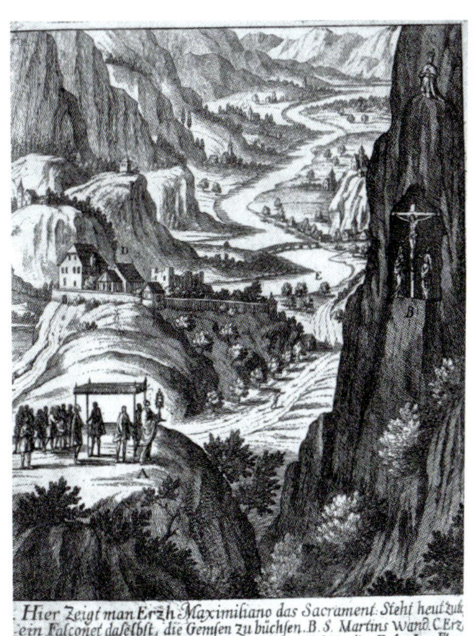

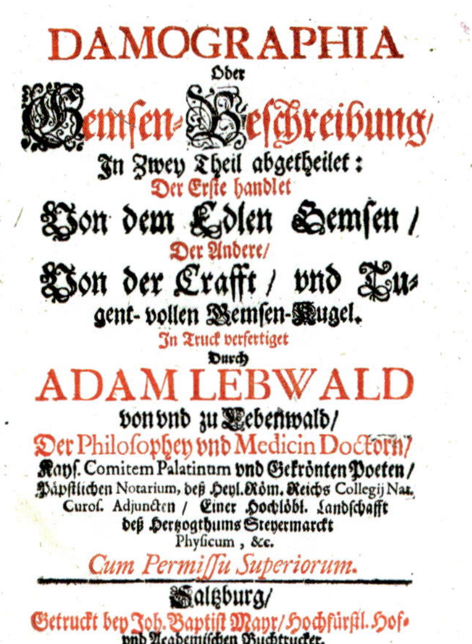

DAMOGRAPHIA
Oder
Gemsen-Beschreibung,
In Zwey Theil abgetheilet:
Der Erste handlet
Von dem Edlen Gemsen/
Der Andere/
Von der Crafft/ vnd Tugent- vollen Gemsen-Kugel.
In Truck verfertiget
Durch
ADAM LEBWALD
von vnd zu Lebenwald/
Der Philosophey vnd Medicin Doctorn/
Kays. Comitem Palatinum vnd Gekrönten Poeten/
Päpstlichen Notarium, deß Heyl. Röm. Reichs Collegij Nat.
Curos. Adjuncten/ Einer Hochlöbl. Landschafft
deß Herzogthums Steyermarckt
Physicum, &c.
Cum Permissu Superiorum.
Salzburg/
Getruckt bey Joh. Baptist Mayr/ Hochfürstl. Hof-
vnd Academischen Buchtrucker.

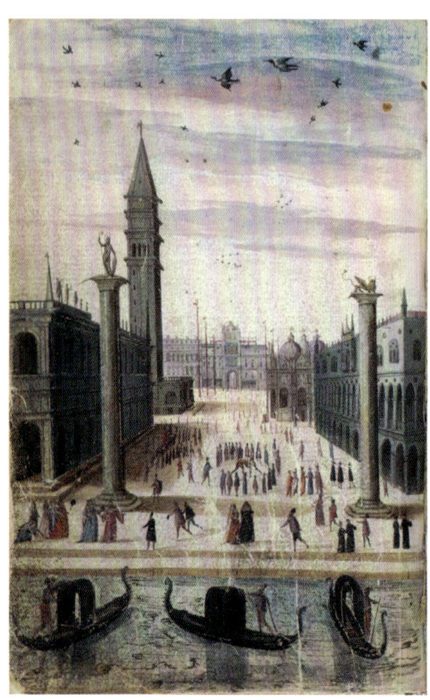

Abb. 6 *Markusplatz in Venedig*,
Stammbuch von Jacob Gottberg
(1591–1613), Königliche Bibliothek
Stockholm, Sig.: l.g 7., f. 19v

Fig. 6 *Piazza San Marco a
Venezia*, Libro di studente di
Jacob Gottberg (1591-1613),
Biblioteca reale, Stoccolma,
sig.: l.g 7., f. 19v

alter vornehmer Könige undt Fürsten samt Ihren Gemahlinnen", die „grossen Giganten" gleichen.

Nach Sterzing, Brixen, Klausen und Bozen ist mit Trient nicht nur die nördlichste italienische Universitätsstadt erreicht, sondern auch „Welschlands Anfang", denn „an dieser Stadt" endet der „deutsche Boden" und es beginnt im folgenden Italien. „Die Bürger und Einwohner beherrschen fast alle zugleich, die deutsche undt italianische Sprache", wobei Forster ganz deutlich zwischen deutschen und nicht-deutschen Studenten unterscheidet, selbst wenn sie dieselbe Sprache sprechen.[22]

Aber was ist das bisher Beschriebene gegen die Serenissima, Venedig, „derselben keine in ganz Europa zu vergleichen" ist? Wunderbar stellt sich der Markusplatz dar, dessen eine Seite das offene Meer berührt, und eben dort erheben sich „zwo herrliche von weißen Marmorstein ausgehauene Säulen." Auf der einen steht Sankt Marcus „in Gestalt eines laufenden und geflügelten Löwen, mit einem offenen Buch." Auf der andern ist der Hl. Theodoricus in einer „Rüstung, mit ausgezogenem blossem Schwerdt" postiert (Abb. 6).

Eine besondere Attraktion Venedigs stellt das Arsenal dar. Eifersüchtig wacht die Republik über den Hafen, kein Fremder darf im Arsenal tätig sein, um nicht die Wehrhaftigkeit der Stadt durch Verrat zu gefährden. Dort gibt es allerlei Arten von Schiffen: „Handelsschiffe und Kriegsschiffe, Naven, die allein durch den Windt mit Segeln getrieben und Galeen, welche ohne Segell mit Rudern regierett werden."

Besondere Würdigung gebührt jedoch dem fürstlichen Dogenschiff, dem sogenannten „Bocentoro, [...] gleich einem herrlichen Saale, von allen andern Schiffen unterschieden, allenthalben mit Gold undt sonstigen Farben gar schön bemalet, auch mit Schnitzwerk gezieret" (Abb. 7) mit einem Baldachin aus rotem Seidenatlas von vergoldeten Leisten eingefasst. Im Inneren befinden sich zahlreiche „unterschiedliche Sessel, gleich den Kirchstühlen, in welchen die gantze Signoria sitzen" kann, „am hintersten Theill des Schiffs" befindet sich der Stuhl des Dogen „mit Stufen über die andern alle erhoben" und „mit einem gulden Tuch behengt." Dieses edle Schiff des Dogen wird von 56 Rudern pro Seite, insgesamt aber „von 168 Galeoten oder Schiffern" getrieben. Der „Bocentoro" wird ausschließlich dann genutzt, wenn der Doge sich zum Vergnügen aus der Stadt hinaus auf das Meer begibt, was zur Begrüßung fremder Könige geschieht, insbesondere jedoch jedes Jahr am Himmelfahrtstag, wenn der Doge traditionsgemäß samt der ganzen „Signoria" beim Lido auf das offene Meer fährt. Unter herrlichem Pomp, vieler anderer großer und kleiner Begleitschiffe und abfeuernder Geschütze wirft der Doge einen goldenen Ring in die See. Auf ganz „heidnische Weise" vermählte er so die Stadt mit dem Meer.[23]

Es ist bemerkenswert, dass Venezianer alle Ämter, „besonders in der Stadt, mit ihren eingebornen Leutten" besetzen, „zu welchen sie alle Zeit ein besonderes Vertrauen" haben, wobei sie wiederum „die Alten den Jungen" vorziehen.

Eine große Menschenmenge reist bei Tag und Nacht auf „dem gemeinen Marcktschiff" zwischen Venedig und Padua: „Manns- und Weibspersonen, Deutsche, Italiener, Franzosen, bisweilen auch Spanier undt Engeleser, Kriegssoldaten, Studenten, Pfaffen, Mönche, Bauern, Juden, also rechtschaffen eine kleine Welt. Einer singet, der ander lieset im Buch, schläft oder spielt [...], mancher erzählet ohne alle Scheu seltsame Historien von seiner eigenen oder eines andern Buhlschafften.

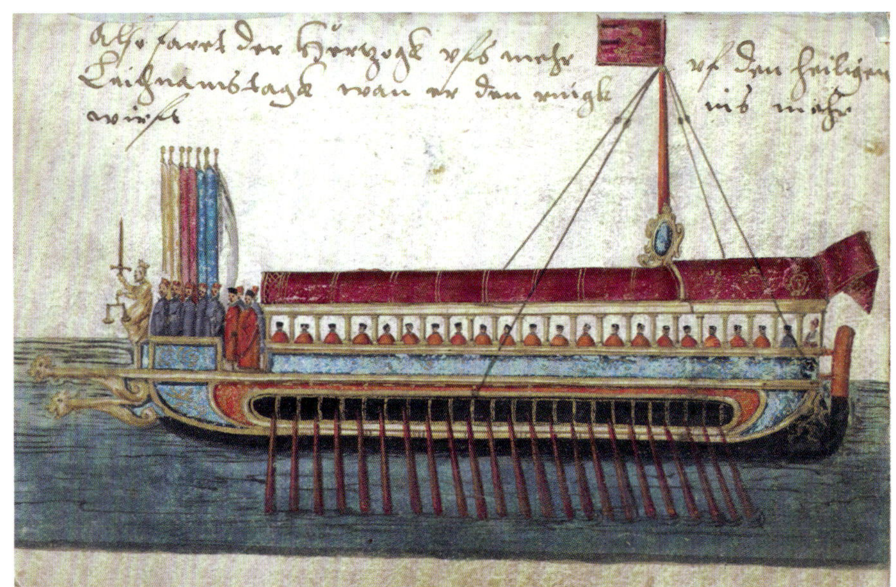

nell'arsenale per non compromettere la sicurezza della Repubblica tramite tradimento. Qui si trovavano imbarcazioni di ogni genere: "Navi mercantili, navi da guerra, navi a vela che vengono spinte solamente dal vento e galee senza vele che sono governate solo dai remi".

Forster rimase ammirato dal famoso "Bocentoro", […] la galea ducale simile a un salone principesco, diversa da qualsiasi altra imbarcazione, tutta decorata in oro, dipinta con colori sgargianti e ornata di lavori a intaglio" (fig. 7); vi era persino un baldacchino in raso di seta, bordato da listelli dorati. Al suo interno si trovavano "tante poltrone diverse come quelle di una chiesa, destinate ad accogliere le autorità della Signoria", mentre "nella parte più a poppa, è sistemato il seggio ducale sopraelevato" e "coperto da un tiemo dorato". La sontuosa imbarcazione del Doge disponeva di cinquantasei rematori per lato, ma di fatto era trainata "da centosessantotto galeotte". Il Bucintoro veniva utilizzato esclusivamente quando il Doge lasciava la città e si recava per svago sul mare; questo accadeva per salutare sovrani stranieri ma soprattutto ogni anno in occasione della festa dell'Ascensione. In questa circostanza la massima autorità veneziana, insieme a tutta la "Signoria", partiva dal Lido verso il mare aperto, scortata in pompa magna da numerose altre imbarcazioni grandi e piccole. Sotto il fuoco dell'artiglieria, come in un rito pagano, il Doge gettava in acqua un anello d'oro. In questa "maniera assolutamente pagana" suggellava un simbolico sposalizio tra la città e il mare[23].

Forster trovava rimarchevole che i Veneziani assegnassero tutte le cariche, "soprattutto quelle cittadine, ai nativi nei quali hanno ognora particolare fiducia" e comunque preferissero "i vecchi ai giovani".

Una grande quantità di gente viaggiava giorno e notte "su una chiatta" che faceva la spola tra Padova e Venezia: "uomini, donne, tedeschi, italiani, francesi, ma anche spagnoli e inglesi, soldati, studenti, preti, monaci, contadini, ebrei, insomma un piccolo mondo. C'è chi canta, chi legge un libro, chi dorme oppure gioca […], qualcuno racconta senza pudore storie curiose di amori segreti propri o altrui.

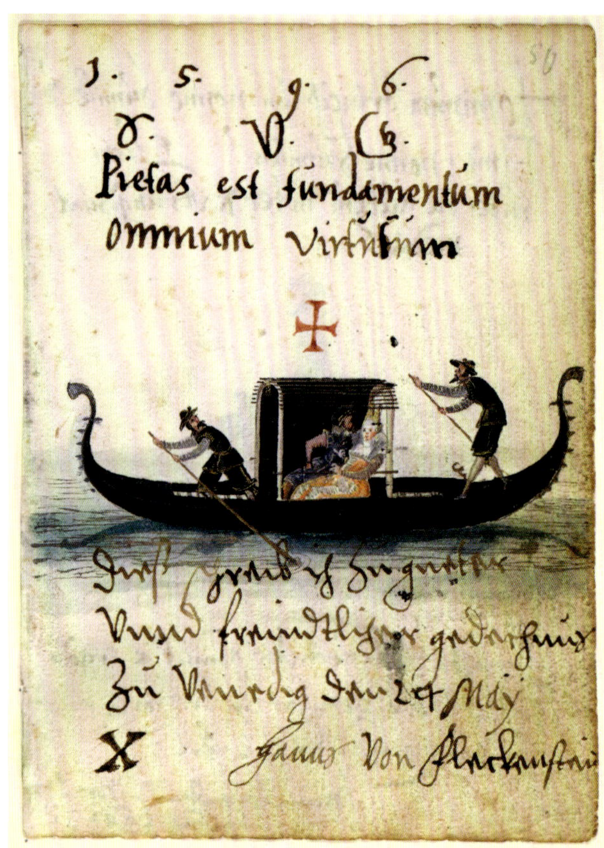

Darüber zanken sich offtmals die Weiber" wegen „des Fahrgeldes" oder der unbequemen Sitze. Es „siehet undt höret also ein jeder", wonach ihm der Sinn steht, „besonders wenn er der Sprache etwas kundig" ist. Die – für Forster – „verdrießliche Schiffahrt" dauert in der Regel einen Tag oder eine Nacht.

Besonders anschaulich ist Forsters Beschreibung – „als der ich's selber gesehen" – vom Besuch König Heinrichs III. in Venedig.[24] Mit riesigem Aufwand empfing die venezianische „Signoria" den König am 17. Juli 1574 in Murano. Auf Befehl des Rates wurde dem König ein Botschafter entgegengesandt. Er trug einen „ganz guldenen Rock neben andern siebzig Rathsherrn, in gewönlicher roter Kleidung." Als königliche Wachen standen 100 geharnischte Trabanten und ebenso viele Jünglinge aus den vornehmsten venezianischen Geschlechtern dabei. „Vor dem Palast aber hielt ein grosser Haufen Volk auf gewönlichen schwarzen Gondeln, welche alle in Gestalt eines halben Mondes" (Abb. 8) eng nebeneinander gerückt dem König entgegenzogen. Am darauffolgenden Tag erreichte ihn der Doge in seinem „fürstlichen Habit" (Abb. 9) nebst der gesamten „Signoria." Ihn begleiteten von den in Venedig weilenden Botschaftern der „Römischen Kaiserlichen Majestät, der Könige zu Hispanien, Engelandt, Polen, Dennemarck, Schweden, des Papstes und aller welscher Fürsten." Dieser illustre Zug bestand aus der Galeere des Dogen, 14 weiteren mit Tapisserien behängten Galeeren und zehn kleineren Schiffen, auf denen die zehn vornehmsten Ratsherren saßen. „Sobald aber der König mit dem ersten Fuß die Galeere betrat, ging das grosse Geschütz aus den Castellen undt al-

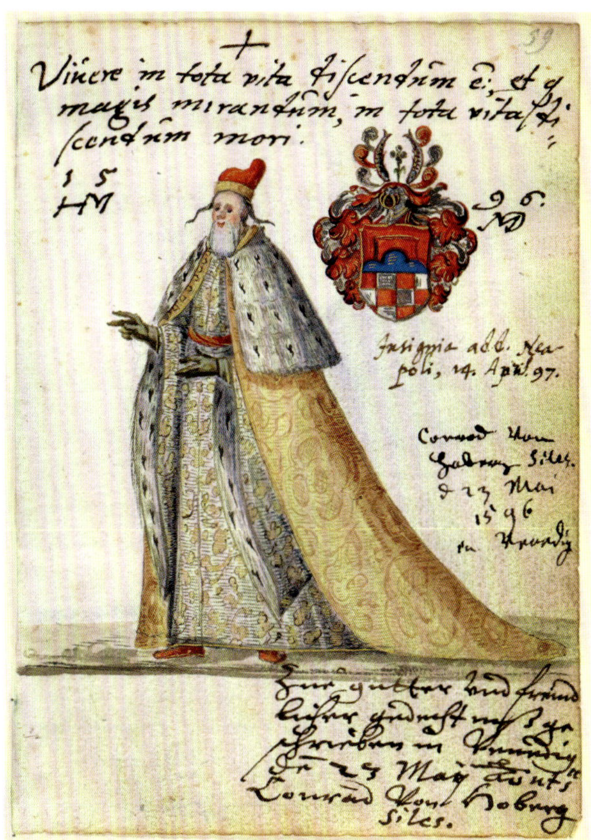

Spesso le donne litigano sul prezzo del biglietto" o per il posto scomodo. Chiunque "vede e ascolta", se ne aveva voglia, "soprattutto quando conosce un po' la lingua". Lo "sgradevole viaggio" – per Foster – durava di norma un giorno o una notte.

Molto vivida è la descrizione "di quello che ho visto io stesso" sulla visita di re Enrico III a Venezia, il 17 luglio del 1574[24]. Su ordine del Consiglio viene inviato incontro al re a Murano un ambasciatore "con indosso una veste dorata, insieme ad altri settanta consiglieri, nel tipico abito rosso". La scorta reale era formata da cento armati e altrettanti giovani del patriziato veneziano più in vista. "Davanti al palazzo si era raccolta una folla immensa assiepata sulle caratteristiche gondole nere, simili a uno spicchio di luna" (fig. 8). Il giorno seguente, il Doge "in abiti principeschi", insieme a tutta la Signoria, raggiunse il sovrano (fig. 9). Quest'ultimo era accompagnato dagli ambasciatori di stanza a Venezia dell'"imperatore, dei re di Spagna, Inghilterra, Polonia, Danimarca, Svezia, del pontefice e di tutti i principi stranieri". L'illustre corteo era formato dalla galea ducale e da altre quattordici galee ornate di arazzi, dieci imbarcazioni più piccole, su cui viaggiano i dieci consiglieri più importanti. "Appena il re mette piede sulla galea, l'artiglieria comincia a far fuoco contemporaneamente dai castelli e dalle navi, con un fragore immenso come se la terra e il cielo stessero per sprofondare". Il mare era zeppo di barche variopinte, proprio come avevano ordinato le autorità. È tutto uno scintillio di "lucide corazze, di spade, bastimenti, alabarde, scudi da parata, calci di pistola e via dicendo". La magnifica giornata fece sì che ogni cosa apparisse tirata a lucido come se si stesse "per dare battaglia al nemico" o si andasse "a

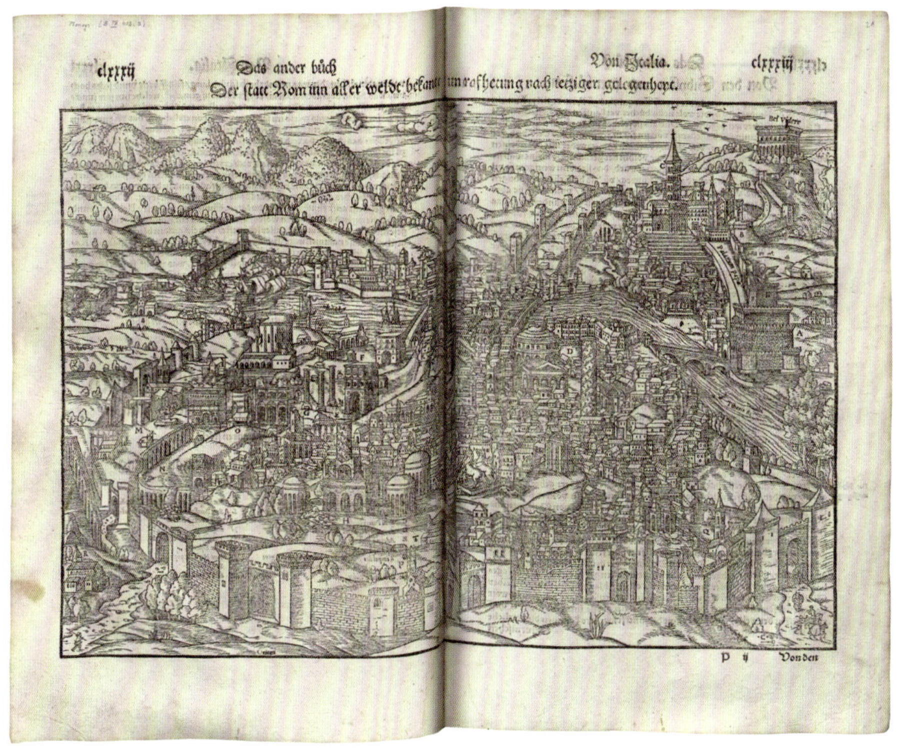

len Galeeren auf einmal mit solchem überaus grossen Schall auf dem Wasser undt allerorts los, als ob Himmel undt Erden tät krachen undt einfallen." Das Meer war voll von bunten Schiffen, denn die „Signoria" hatte befohlen. Es blitzte alles „von blancken Rüstungen, Schlachtschwertern, Schiffen, Hellebarden, Ehrenenschilden, Kolben, und dergleichen mehr." Der Sonnenschein des „hübschen Tages" sorgte dafür, dass es „dermassen funckelte undt gläntzete", als wollten sie „mit dem Feinde eine Schlacht" oder ein „ernstliches Treffen" beginnen. Nach Betreten des Landes eilte der venezianische Patriarch – so ward der Erzbischof genannt – mit seinen Klerikalen dem König entgegen, um ihn ehrerbietig zu empfangen. Über dem Haupt des Königs wurde „von den sechs vornehmsten Senatoren der Signoria ein guldener Himmel an Stäben getragen." Unter diesem Baldachin führte man ihn mit Gefolge in die Kirche zur Messe. Am Ufer jener Insel war auf Befehl des venezianischen Rates ein „schöner mit Leinentuch überzogener" und gänzlich bemalter „Triumphbogen aufgerichtet" worden. Nach der Messe betrat der König mit den anderen Würdenträgern das Schiff des Dogen, den „Bocentoro." „Vor demselben fuhren die erwähnten 14 Galeeren und zehn andere Kriegsschiffe, je vier und vier nebeneinander." Als aber nun der König mit dem triumphierenden Geleit und großem Gepränge zur Stadt fuhr, erwartete ihn dort eine solche Menge, dass sogar sämtliche „Fenster und Dächer" nicht ausreichten, um alle Menschen aufnehmen zu können. Abermals krachten die Geschütze aus „allen Casteln, dem Arsenal undt den Galeeren, sogar von den Kirchtürmen", die zum Teil mit Geschützen besetzt waren. Man war bemüht, die Geschütze mit „laufendem Feuer" anzuzünden. Damit ging alles „auf einmal dermassen mitt Krachen ab, daß viele Leutte auf die Erde fielen, die Mäntel um die Köpfe schlugen, weil sie den Hall nicht mehr ertragen konnten." Zusätzlich

un incontro della massima importanza". Verso il re appena sbarcato, avanzò, in atto di omaggio, il patriarca di Venezia – così è chiamato l'arcivescovo della città – insieme ai membri del clero. "Sei tra i più illustri senatori della Signoria" proteggevano il capo del sovrano "con un baldacchino dorato, sorretto da aste", sotto il quale Enrico III, insieme al suo seguito, si diresse verso la basilica per la celebrazione della messa. Sulle sponde dell'isola era stato innalzato, per ordine del Consiglio veneziano, "uno splendido arco trionfale" interamente dipinto e "ricoperto da un telo di lino". Al termine della messa, il re, insieme ad altri dignitari, salì sul Bucintoro. "Davanti a questo procedevano le già citate quattordici galee e altre dieci navi da guerra, che avanzano tutte insieme schierate quattro a quattro". Non appena il sovrano, seguito dal corteo trionfale, giunse con grande fasto in città, trovò ad accoglierlo una tale folla che "finestre e tetti" non sarebbero bastati a contenerla. L'artiglieria prese nuovamente a sparare "da tutti i ca-stelli, dall'arsenale, dalle galee e persino dai campanili, parte dei quali erano armati". Il "fuoco incessante" dell'artiglieria produsse un fragore tale che "molti caddero a terra, coprendosi la testa con il mantello perché non riuscivano a sopportare il rumore". Per giunta "tutte le campane della città, dei conventi e delle chiese" suonavano ininter-rottamente, mentre "il popolo gridava" più forte che poteva: "Viva il Re! Viva il Re!".

Dopo Venezia fu la volta della Lombardia: qui la terra offriva allo stesso mo-mento grano, frutta e vino e tutto cresceva e prosperava "senza particolare sforzo", non come in Germania dove c'era bisogno di "arare, concimare, sarchiare, disso-dare" a lungo. Tanta abbondanza dipendeva non solo dalla fertilità del suolo, ma anche dalle estati calde, lunghe e soleggiate. L'inverno in Italia non durava più di "due mesi", dicembre e gennaio, e proprio per questo i contadini potevano seminare i campi più volte nel corso dell'anno con frutti diversi.

Ed ecco Roma (figg. 10, 11). Forster descrive l'arrivo nella Città Eterna in tono piuttosto laconico: "Si procede poi lungo la via Flaminia, finché infine non si giunge a Roma". Segue una breve parentesi sulle locande più rinomate: "L'orso nero"[25] e "La corona". Nessuna traccia dell'entusiasmo che duecento anni più tardi porterà Goethe ad "attraversare rapidamente" le montagne, a visitare di sfuggita Bologna e Firenze perché "troppo ardente era il desiderio di arrivare a Roma". Con un certo distacco il nostro viaggiatore osserva come l'antica maestà della città sia "oggi un pallido ricordo".

Addirittura malinconica appare la sua descrizione del Foro romano: "Dove un tempo sorgevano splendidi edifici ora non vi è che abbandono, costruzioni in rovina, piazze deserte senza abitazioni".

Nel chiostro della chiesa di San Giovanni in Laterano Forster vide "l'antico sedile di marmo rosso" sul quale, "secondo la tradizione", doveva sedersi ogni nuo-vo papa prima di venire incoronato, in modo che "il cardinale di rango più basso, infilando una mano sotto la seduta munita di un foro, accertasse che si trattava di un uomo". Questa usanza era invalsa dopo il diffondersi della leggenda della papessa Giovanna, vissuta nel IX secolo[26]. I gesuiti avevano evitato di recepire o contestare ufficialmente questa leggenda "nella speranza di scongiurare questa ridicola beffa dell'usanza della sedia papale alla curia romana".

A Forster capitò persino di vedere "l'allora[27] pontefice Gregorio XIII, al se-colo Hugo Boncompagno", che in abito di uso quotidiano si allontanava dalla sala, e lo descrive come una "figura austera e carismatica".

läuteten unablässig „alle Glocken in der ganzen Stadt, in allen Klöstern und Pfarr-
kirchen" und „das gemeine Volck schrie" so laut es konnte in ihrer Sprache: „Viva il
Re! Viva il Re!" („Es lebe der König! Es lebe der König!")

Nach Venedig ging es weiter durch die Lombardei, wo derselbe Boden zugleich Getreide, Obst und Wein trägt und alles wächst und gedeiht „ohne sonderli-
che Arbeit." Es bedarf bei Weitem nicht des vielen „Umpflügens, Düngens, Hackens,
Rührens" wie in der deutschen Heimat. Das liegt nicht nur am fruchtbaren Boden,
sondern auch an den längeren, wärmeren und sonnigeren Sommern. Zudem währt
der Winter in Italien für gewöhnlich nicht länger als „zwei Monate", nämlich Dezember und Jänner. Daher können die Äcker etliche Male im Jahr mit unterschiedlichen Früchten eingesät und genutzt werden.

Rom (Abb. 10, 11). Der Einzug in die ewige Stadt klingt bei Forster eher
lapidar: „Demnach ziehet man also auf der Flaminierstrasse, bis man endlichen gar
an die Stadt Rom kommt." Schon schweift er ab, um die vornehmsten Herbergen,
„Zum Schwartzen Bären"[25] und „Zur Kron", zu nennen. Hier deutet nichts auf die
Begeisterung Goethes hin, der 200 Jahre später über das Gebirg „gleichsam hin-
wegflog", Bologna nur flüchtig, Florenz kaum sah, weil „die Begierde, nach Rom
zu kommen so groß" war. Forster schreibt ganz nüchtern, dass die alte Herrlichkeit
dieser Stadt „itzo ganz verblichen" sei.

Geradezu trübselig erscheint seine Darstellung des Forum Romanum, „auf
welchem vor alters viel vortreffliche herrliche Gebäude gestanden. Jetzt aber sein
auf demselben lauter Wüstungen, alte zerbrochene Gemäuer, und öde Plätze ohne
Wohnhäuser zu finden."

Im Kreuzgang der Kirche „S. Giovanni in Laterano" steht noch der „alte Sessel von rotem Marmor", auf welchen sich „vor alters" der neue Papst setzen muss,
ehe er gekrönt werden soll. „Und der unterste unter den Cardinelen" muss durch
die Sitzfläche „hinuntergreifen undt fühlen, ob es ein Mann sey." Dieser Brauch war
aufgekommen, nachdem der päpstliche Stuhl „von der Päpstin Johanna VIII. betro-
gen worden" war. Der Erzählung nach soll diese Päpstin im 9. Jahrhundert gelebt
haben,[26] doch unterstanden sich die Jesuiten, diese Legende offiziell wahrzunehmen
oder gar zu bezweifeln, „in der Hoffnung solchen lächerlichen Spott und Brauch
von dem Päpstlichen Stuhl und der Römischen Kirche abzuwenden."

Es gelingt Forster sogar, „den damals[27] regierenden Papst Gregor XIII., sons-
ten Hugo Boncompagno genannt", zu sehen, wie er in seinem täglichen Habit aus
dem Saal schreitet. Der Papst ist eine „ansehentliche gravitätische Person."

Auf der Strecke von Rom nach Neapel verließ man das päpstliche Territori-
um und begab sich auf spanischen Boden. Diese Grenze zwischen zwei Herrschaf-
ten stellte eine „zimliche Gefahr" dar. Hier lauerte „allerhand loses Gesinde von
Banditen unndt ausgewiesenen Leutten, welche sich nur vom Rauben undt Morden"
nährten. Von der Meeresseite mussten sogar „die Seeräuber undt Piraten gefürch-
tet" werden, die „an das Landt" kamen und „ganze Dorfschaften" plünderten und
häufig auch Menschen entführten. Aus diesen Gründen machte sich keiner alleine
auf den Weg, „sondern es sammelten sich die Wandersleutte eine ganze Woche bis
sie an einem gewissen Tag, in grosser Anzahl und dem ganzen Hauffen loszogen.
Etwa anderthalb hundert Personen" wurden darauf durch den päpstlichen Geleits-

Il tragitto da Roma a Napoli implicava il passaggio dal territorio pontificio ai domini spagnoli. Il confine tra i due Stati rappresentava "un notevole pericolo". Qui tendevano agguati "banditi e gente poco raccomandabile che vive di ruberie e assassinii". Dal mare incombeva per giunta la minaccia di "predoni e pirati" che, sbarcati "sulla terraferma", saccheggiavano "interi villaggi", spesso rapendo anche le persone. Per queste ragioni non si viaggiava mai da soli, "ma riuniti in gruppi numerosi che si formano nell'arco di una settimana e partono a un giorno prefissato. Circa centocinquanta persone" vennero accompagnate da una scorta pontificia fino al confine con il regno delle due Sicilie e da qui proseguirono fino a Napoli con una scorta spagnola.

All'opposto del disagevole viaggio a cavallo su sentieri scivolosi e male in arnese sin qui condotto, il tratto fino a Napoli era ampiamente compensato dalla vista dei frutteti rigogliosi: "Arance amare, cedri, pesche, melagrane grandi come il pugno di una mano, datteri e altre piante ancora" che "da noi si vendono a caro prezzo". In Italia vi era una tale abbondanza di frutta che la gente di campagna non si preoccupava di "lasciar marcire i frutti caduti sotto gli alberi".

A Napoli vivevano tante "famiglie illustri, non solo della nobiltà comune, ma anche di origine principesca" e comitale (fig. 12). I napoletani erano gente orgogliosa che amava vivere con sontuosità. Utilizzava anche "una forma di italiano particolare". A prescindere dal fatto che si stessero recando alla messa o a sbrigare qualche altro affare, giravano facendosi trasportare da un servo su "sedili muniti di tendine" e "di

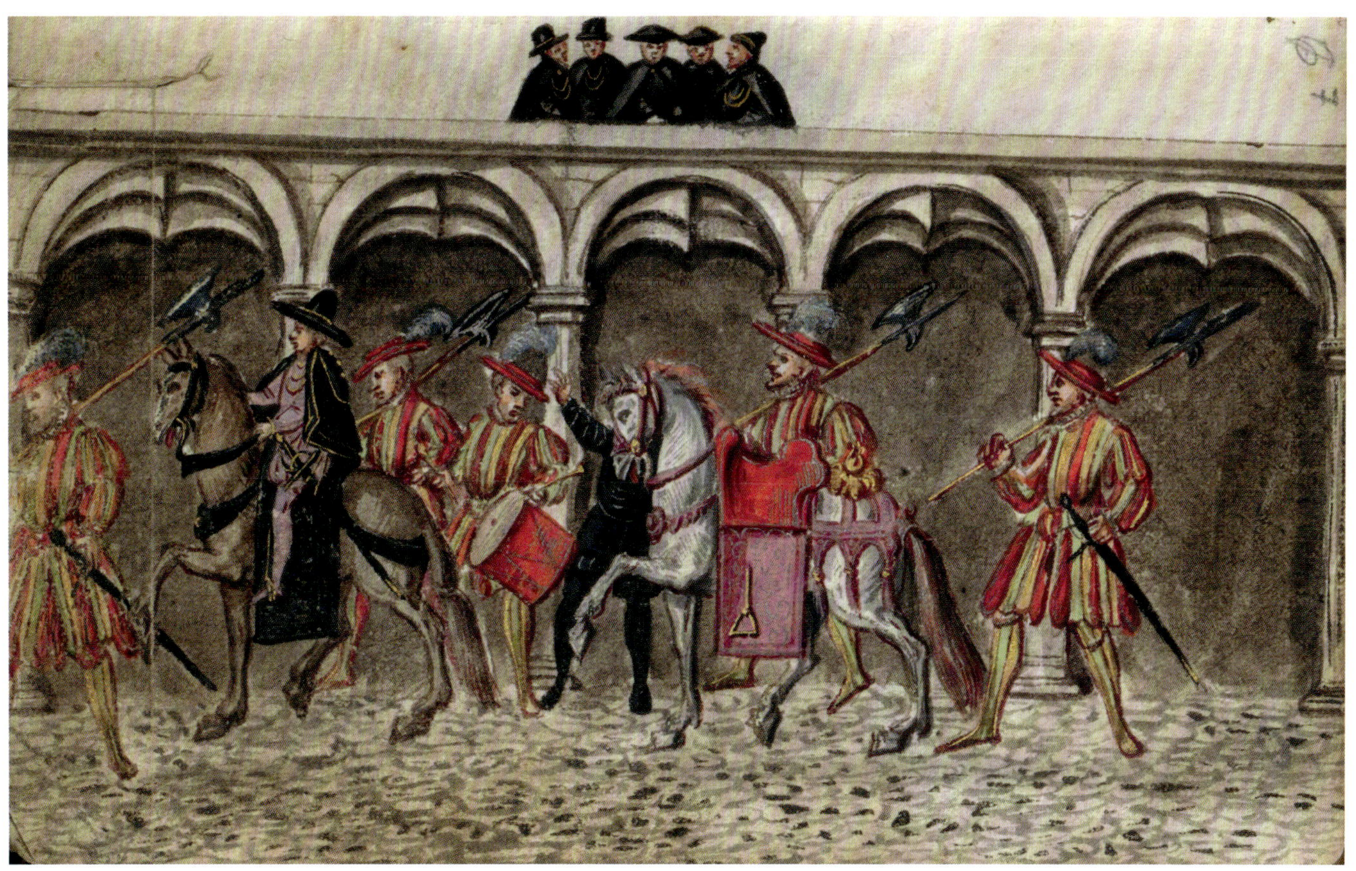

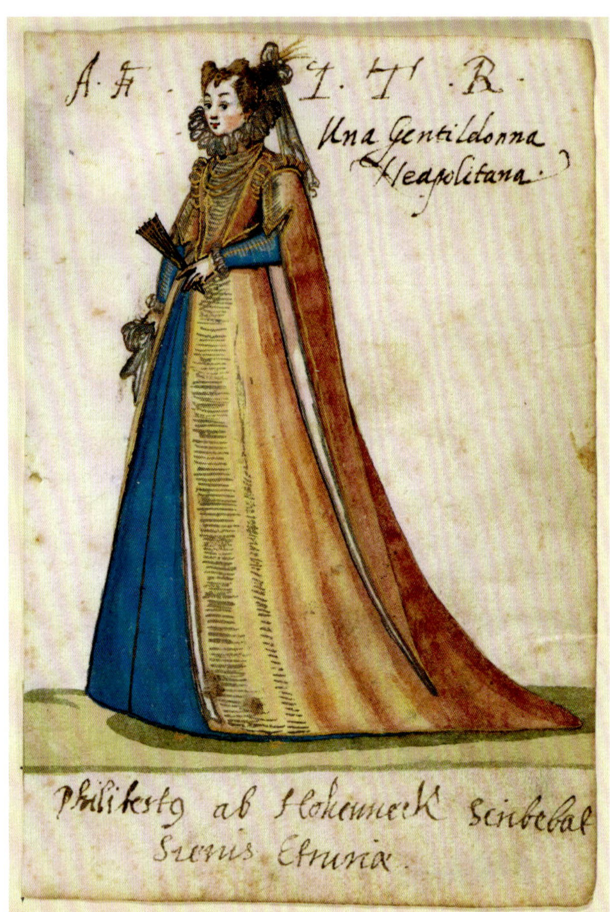

mann den gesamten Weg bis zur Grenze eskortiert. Dort empfing sie der spanische Begleiter und führte sie bis nach Neapel.

Im Gegensatz zu den schlechten, glatten Steinwegen, auf denen das Reiten sehr unangenehm war, erschien der Weg nach Neapel für das Auge umso erfreulicher, da überall auf den Feldern die allerschönsten und herrlichsten Früchte wuchsen: „Pomerantzen, Citronen, gewaltige Pfirsiche, faustgroße Granatenäpfell, Datteln, undt andere Gewächse", die man „in unsere Lande" führte und teuer zu verkaufen pflegte. In Italien waren die Menschen mit den Früchten derart übersättigt, dass das gemeine Landvolk sie nicht einmal mehr achtete, oft lagen sie „unter den Bäumen und verdarben."

In Neapel wohnten zahlreiche „vornehme Geschlechter, nicht allein von gemeinem Adel, sondern von fürstlicher" und gräflicher Herkunft (Abb. 12). Die Neapolitaner waren ein sehr prächtiges und stolzes Volk. Sie bedienten sich sogar einer „besonderen Art der italienischen Sprache." Egal ob sie die Messe besuchten oder anderen Geschäften nachgingen, ließen sie sich „auf einem Sessel oder Stuhl" befördern. Diese Sänften waren „mit Vorhängen verdeckt" und wurden an „zwei Stangen gleich einer anderen Last" getragen. Wer keinen eigenen Stuhl oder Diener besaß, der konnte arme Leute als Träger mieten, die einen zum gewünschten Ziel trugen (Abb. 13). Die Tatsache, dass vornehme Leute sich nach wie vor „ihre leibei-

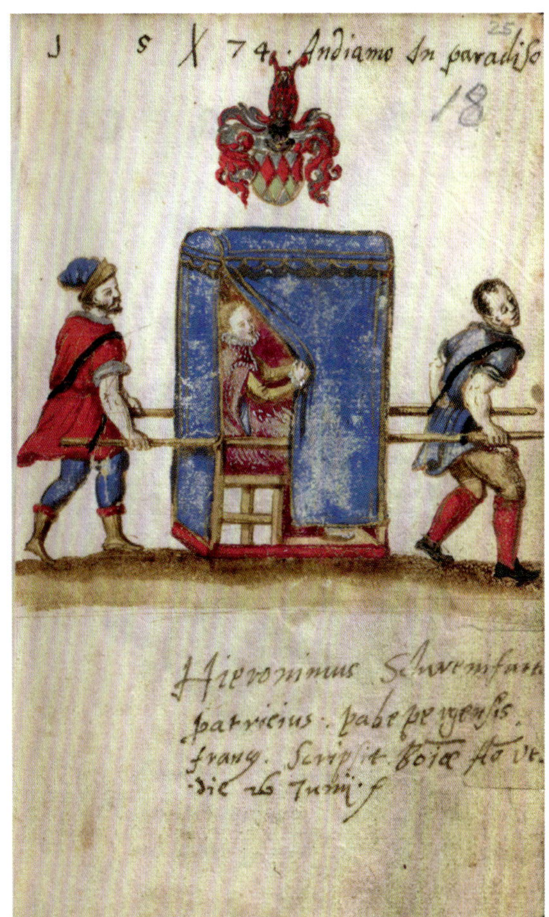

due stanghe, come si fa con i carichi pesanti". Chi non aveva una portantina propria o un servo, poteva sempre assoldare un poveretto che gli facesse da portantino fino alla destinazione desiderata (fig. 13). Forster trovava alquanto anacronistico il fatto che le persone di alto rango disponessero ancora "di servi della gleba", i cui "figli sono allevati nella stessa condizione di servitù dei padri, proprio alla stregua di capi di bestiame"[28]. Napoli era uno scrigno di curiosità per il nostro viaggiatore, che non mancò di visitare la "grotta avvelenata". Percorso un sentiero buio, Forster giunse a capo Miseno scortato da una guida, per visitare una cavità "da cui fuoriesce dell'aria avvelenata [probabilmente vapori sulfurei]". "L'uomo che ci ha guidati" inscenò persino una dimostrazione per il suo pubblico, legando un cane a un palo e calandolo nella grotta. Quando, trascorsi pochi istanti, lo risollevò, la povera bestiola appariva "morta, con tutte le quattro zampe distese in avanti". "Se non fosse stata poi gettata in acqua fredda", si sarebbe potuto credere che "fosse morta per davvero".

Lungo il viaggio di ritorno (fig. 14), dopo Siena, San Gimignano e Volterra Forster raggiunse Pisa (fig. 15) con la "torre storta: Vicinissima ma non proprio attaccata alla chiesa si trova un'alta torre pendente e costruita inclinata, come se volesse sdraiarsi e cadere. Ma è stata costruita così apposta. Una simile si trova anche a Bologna, *turis asinara*, chiamata la torre degli Asinelli. Non so a quale fine è stata costruita in questo modo, se forse voleva essere una particolare opera d'arte".

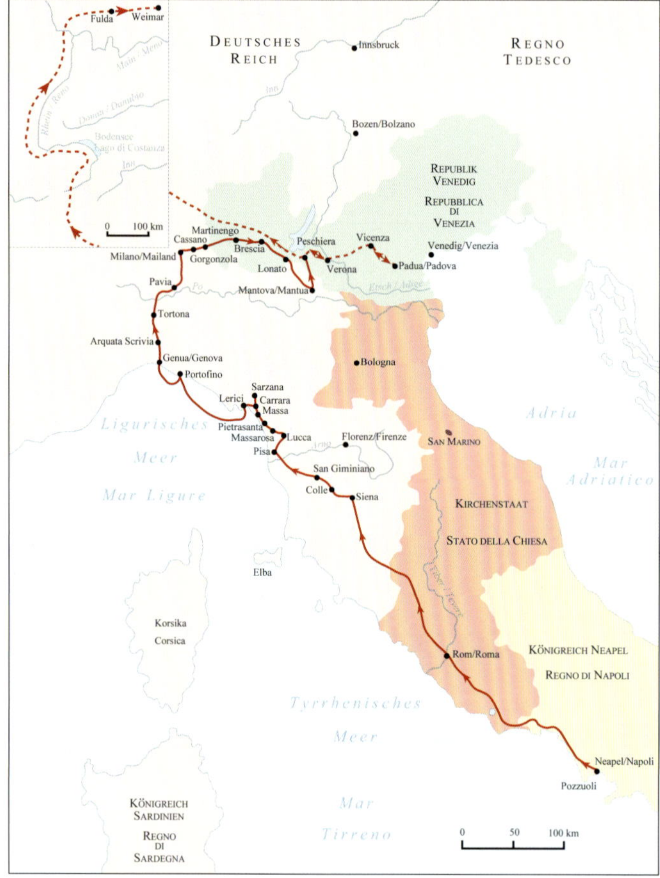

genen Knechte und Mägde" hielten, welche auch ihre „Kinder zu gleicher Knechthafft wie das Vieh hingeben undt auffziehen mußten", erschien Forster anachronistisch.[28] Neapel bot dem Reisenden lauter Kuriositäten, so auch eine „vergiftete Höhle" im Berg. Über einen finstern Weg gelangte er unter Anleitung eines Reiseführers zum Misener Berg, wo sich eine Höhle befand, „welches ein Ort ist, daraus lauter vergiftete Luft [vermutlich Schwefel] gehet." Um dies zu beweisen, bot „der Mann, so uns führte", seinem Publikum eine kleine Vorstellung. Er band einen Hund an eine lange Stange und stieß ihn damit in die Höhle. Als er ihn kurz darauf wieder herauszog, war der arme Hund „so hingestorben, daß er alle Viere von sich streckte undt hängen ließ." Hätte er ihn im Anschluss nicht in kaltes Wasser geworfen, so hätte man glauben mögen, er wäre „tot geblieben."

Auf dem Rückweg (Abb. 14) erreichte Forster nach Siena, San Gimignano und Volterra die Stadt Pisa (Abb. 15) mit dem „krummen Turm: Allernächst doch nicht gar an dieser Kirche steht ein hoher Turm seitwärts und in Lehne gebauet, als ob er sich hinlegen und umfallen wollte. Er ist aber also mit Fleiß gemacht. Dergleichen auch einer zu Bologna steht, turis asinaria, der Eselsturm, genannt. Weiß nicht, zu welchem Ende er also formieret, ob es vielleicht ein besonderes Kunststück hat sein sollen."

Nennenswert erschien dem deutschen Studenten das Grab des Herzogs Johannes von Österreich aus dem Jahre 1303 und von Kaiser Heinrich. Die Universität Pisa fand nur kurze Erwähnung, sie war 1309 von jenem Kaiser Heinrich gestiftet

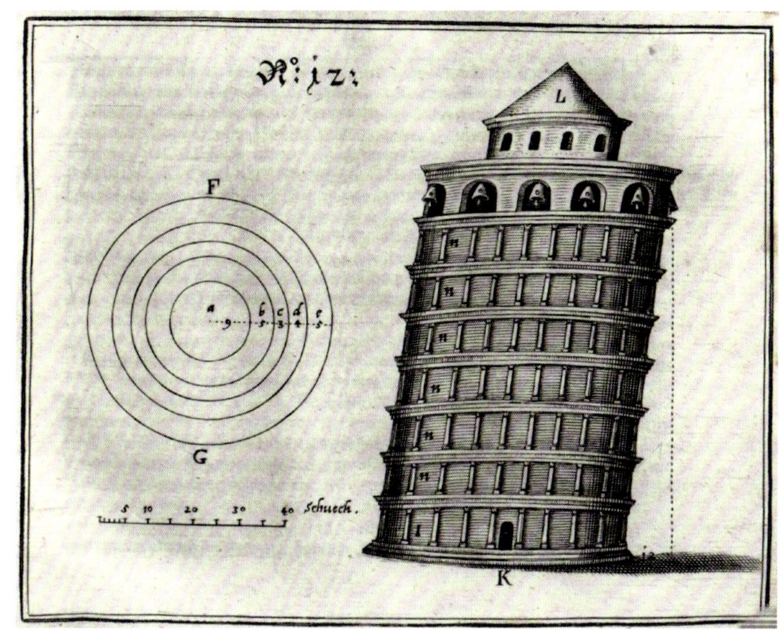

Degna di nota parvero allo studente tedesco le tombe del duca Giovanni d'Austria del 1303 e dell'imperatore Enrico, che aveva fondato nel 1309 l'Università di Pisa. A quest'ultima Forster accenna solo di sfuggita, perché all'epoca la sua fama era ormai in declino.

Da Lucca, passando per Lerici, erano trenta miglia marine fino a Portofino, e da lì altre quaranta fino a Genova. Sembrerebbe che Forster si affrettasse a tempo di marcia passando da Tortona a Pavia fino a Milano[29]. Siccome Milano era una piazza commerciale importante, veniva raggiunta quotidianamente da "una bella folla di gente foresta". Forster racconta di "non aver mai visto da nessuna parte così tanti forestieri in una locanda (eccetto nei giorni di mercato)" come a Milano. "Ho constatato personalmente e, me lo hanno confermato gli osti delle locande 'Al falco' e 'Ai tre re', che all'ora dei pasti apparecchiano contemporaneamente ben dieci tavoli nella sala. Alle dipendenze di ogni oste lavorano dai dieci ai dodici servi che, essendo di tutte le nazionalità, sono in grado di comunicare con i clienti stranieri e di aiutarli".

Verona fu l'ultima tappa del suo viaggio e su questa città Forster si sofferma in maniera più dettagliata, prima di riprendere il cammino per Vicenza e infine Padova, dove terminò il suo tour iniziato tre mesi prima.

Bilancio dell'esperienza italiana

Di nuovo a Padova, Forster riassunse le sue impressioni di viaggio, facendole precedere da un inno di lode all'Italia. Durante il suo viaggio ha potuto ammirare terre ricche di risorse minerarie, aria salubre e montagne maestose, prati e valli. Ha visto campi coltivati, pascoli, fiumi e fonti, laghi e città con splendidi edifici, università e ogni cosa che si possa desiderare. Per Forster in Italia tutto era in abbondanza, per questo la Penisola era giustamente considerata "la regina e corona di tutti i paesi". Qui vi era un concentrato di ciò che negli altri Paesi appariva solo "frammentariamente".

worden. Ihr Ruf war jedoch im Vergleich zur Vergangenheit bereits zu Forsters Lebzeiten verblichen.

Von Lucca über Lerici ging es zu Wasser 30 Meilen nach Portofino, von dort aus weitere 40 nach Genua. Offenbar im Marschtempo eilte Forster weiter[29] über Tortona nach Pavia bis nach Mailand. Da Mailand eine bedeutende Handelsstadt war, kam dort täglich „eine treffliche Menge fremden Volkes“ hin. Forster berichtete, er habe „an keinem Ort jemals mehr fremder Leute in einer Herberge (außerhalb der Marktzeiten) gesehen“ als in Mailand. „Denn wie ich befunden, und mir der Wirt in den Herbergen ‚Zum Falken‘ und ‚Zu den drey Königen‘, berichtete, pflegten sie alle Mahlzeiten insgesamt zehn Tische gleich einer Hofstuben zu decken. Es hatte auch ein jeder Wirt wohl 10 oder 12 Hausknechte von allerley Nationen, auf daß dieselben mit den fremden Gästen reden, undt ihnen zur Hand gehen konnten.“

Verona stellte die letzte etwas ausführlichere Reiseetappe dar, bevor sich Forster über Vicenza zurück nach Padua aufmachte, wo die dreimonatige Rundreise endete.

Resumée

Zurück in Padua zog Forster ein kleines Resumée zu seinen italienischen Erfahrungen, das mit einer Lobeshymne auf Italien begann. Auf der gesamten Reise hatte er metallreiche Landschaften, gesunde Luft und herrliche Gebirge, Gründe und Täler erleben dürfen. Er sah Ackerbau, Viehzucht, Fließ- und Springwasser, Fischteiche, daneben Städte mit beeindruckenden Gebäuden, Universitäten und alles, was das Herz sonst noch begehrte. Ja, im Überfluss gab es alles zu besichtigen, sodass Italien nicht ohne Grund in den Schriften eine „Königin undt Krone aller Länder“ genannt wurde. Was man in anderen Provinzen „stückweise“ sehen konnte, war hier alles in einem Land versammelt.

Wer jedoch für einen längeren Zeitraum in Italien verweilen wollte, der sollte seine Gesundheit und sein Gewissen hüten, denn der Hauptsitz des Papsttums war die Wurzel allen Übels. Das Papsttum führte es mit sich, dass man in allen Winkeln Italiens im Überschwang lebte. Dort war es möglich, untätig in den Tag hineinzuleben und darüber sein Gewissen und seine Religion „an die Wand“ zu hängen. Dort war man durchtrieben und heuchlerisch und befleckte sich mit weiteren ungestraften Lastern. Die moralische Labilität und Sittenlosigkeit des Landes wurde für den deutschen zumal protestantischen Besucher durch die „außwirdischen fremden Früchte und hitzigen Getränke“ noch verstärkt, denn daran waren „unser Leib undt kalten Mägen in Deutschlandt nicht gewohnet“ (Abb. 16). Wer sich diesen überschwänglichen Bräuchen hingab, ohne sich selbst im Griff zu haben, „der“ durfte „hernach nicht klagen, wenn ihm das“ wiederfuhr, was wir aus alten Zeiten von den heimkehrenden Italienreisenden wissen. Sie brachten „nämlich nichts weiter als ein beschwertes Gewissen, einen leeren Beutel undt einen ungesunden bösen Magen nach Hause“ zurück.

Forsters wohlgemeinter Rat lautete: „Es zöge unsere deutsche Jugend nur hindurch, damit sie die Lande etwas besehen, und dann soll sie bald wieder zurückziehen.“ Das vertrügen ihre Sitten und ihre Gesundheit weitaus besser als einen jahrelangen Aufenthalt. Forster hatte „manch modestum ingenium [mittelmäßigen Geist]“ erlebt, „so ich zuvor auf deutschen Universiteten auch gekannt und da wie-

Chi tuttavia voleva trascorrere un periodo più lungo in Italia, doveva stare attento alla propria integrità fisica e morale: quella terra, sede del papato, era infatti la radice di tutti i mali. La presenza del pontefice portava con sé che in ogni angolo d'Italia si vivesse senza moderazione, ci si abbandonasse quotidianamente all'ozio, "attaccando alla parete" la coscienza e il sentimento religioso. Ci si comportava in modo falso e ipocrita, macchiandosi impunemente di tante altre colpe. Per il visitatore tedesco, per di più di fede protestante, la labilità morale e la depravazione di questa terra erano accresciute "dai frutti insoliti e dalle bevande eccitanti" che vi si consumavano e alle quali "il nostro corpo e lo stomaco freddo tedesco non sono abituati" (fig. 16). Chi si abbandonava in modo incontrollato a questi costumi sfrenati, "non si potrà poi lamentare se", una volta a casa, avrebbe sperimentato di persona ciò contro cui da tempo immemore i viaggiatori di ritorno dall'Italia mettevano in guardia: "coscienza sporca, portafoglio vuoto e mal di stomaco".

Forster con prudenza consigliava "ai giovani tedeschi di visitare rapidamente l'Italia e di far ritorno presto a casa": un soggiorno prolungato, infatti, ne avrebbe

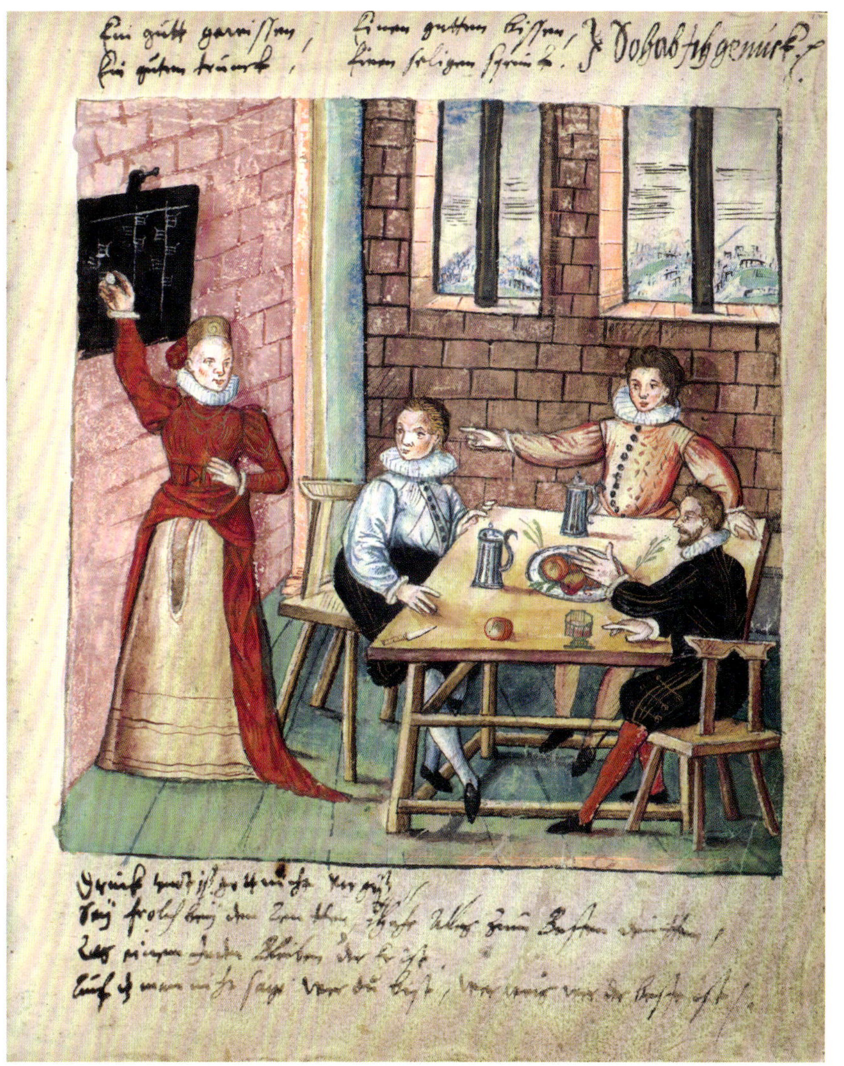

Abb. 16 *Wirtshausszene*, Stammbuch von Daniel von Redern (1591–1613), Königliche Bibliothek Stockholm, Sig.: I.r.2a, f. 10r

Fig. 16 *All'osteria*, Libro di studente di Daniel von Redern (1591-1613), Biblioteca reale, Stoccolma, sig.: I.r.2a, c. 10r

dergefunden, in solcher Freyheit gantz degeneriren und verderben, viele sind auch wohl gänzlich abgegangen und drinnen gestorben." Insgesamt warnte er auch vor der Fremde, da einem allerhand zuzustoßen pflegte. Dazu zählten „Windt, Ungewitter, Frost, Hitze und Bergauf, Berg unter steigen, böse Herbergen" ebenso wie unrecht vermietete Postpferde, betrügerische Preise der Wirte oder falsche Übersetzer. Trotz allem wäre er gerne weitergereist, hätten seine Eltern ihn nicht nach Hause gerufen.

[1] Die Textpassagen stammen aus der grundlegenden Quelle (aus dem Deutschen Historischen Museum Berlin, Inv.-Nr. Do 2000/23) zu diesem Beitrag: Forster, Johann: *Das Neapolit*änisch Reisebuch Worinnen der wegk aus Düringen // durchs ubrige Deutzschlandt, vndt Italienn // bis in das Konigreich Neapolis in Campani= // am […], o. O. 1590. Zum besseren Verständnis wurden die Zitate weitgehend der heutigen Sprache angepasst.

[2] Tresoldi, Lucia: *Viaggiatori tedeschi in Italia 1452–1870*, Bd. 1, Roma 1975, S. 2.

[3] Rüegg, Walter: *Geschichte der Universität in Europa*, Bd. 1, München 1993, S. 257.

[4] Der Brand vom 7. August 1581 legte Arnstadt innerhalb von drei Stunden in Asche. Vgl. Zedler, Johann Heinrich (Hg.): *Großes vollständiges Universallexikon* (Reprint), Bd. II, Graz 1961, Sp. 1599.

[5] Siehe Forster: *Das Neapolitänisch Reisebuch* (wie Anm. 1).

[6] Erler, Georg: *Die iüngere Matrikel der Universität Leipzig 1559–1809*, Bd. I: *Die Immatrikulationen vom Wintersemester 1559 bis zum Sommersemester 1634*, Leipzig 1909, S. 113. Hartwig, Otto: *Album Academiae Vetebergensis ab A. Ch. MDII usque AD A. MDCII*, Vol. II, Halle 1894, S. 177.

[7] Erler: *Die iüngere Matrikel* (wie Anm. 6), S. XLIIIf.

[8] Forster: *Das Neapolitänisch Reisebuch* (wie Anm. 1), Folio 210v.

[9] Früh, Gustav/Goedeke, Hans/Wilckens, Hans-Jürgen von: *Die Leichenpredigten des Stadtarchivs Braunschweig* (= Nieders. Landesverein für Familienkunde e.V. Hannover, Sonderveröffentlichung 14), Bd. II, Hannover 1978, S. 880.

[10] Vgl. diese Stationen bei Peter Lindberg, Georg Ernstinger, Paul Hentzer et al. bei Hantzsch, Viktor: *Deutsche Reisende des sechzehnten Jahrhunderts* (= Leipziger Studien aus dem Gebiet der Geschichte, hg. v. K. Lamprecht und E. Marcks), Bd. I, Heft IV, Leipzig 1895, S. 95ff.

[11] Tresoldi: *Viaggiatori tedeschi* (wie Anm. 2), S. 3.

[12] Ridder-Symoens, Hilde de: „Die Kavalierstour im 16. und 17. Jahrhundert", in: Brenner, Peter J. (Hg.): *Der Reisebericht. Die Entwicklung einer Gattung in der deutschen Literatur*, Frankfurt am Main 1989, S. 199.

[13] Ridder-Symoens: „Die Kavalierstour" (wie Anm. 12), S. 201.

[14] Es gab immer wieder Erlasse gegen den Gebrauch von Waffen sowie Störungen und Aufruhr. Vgl. u. a. Lvneschlos, Joannes de (Hg.): *Statuta et Privilegia Almae Universitatis D.D. Philosophorum, Medicorum ac Theologorum Cognomento Artistarum Celeberrimi Archigymnasij Patavini Ab. Excell. Senatu Veneto Concessa*, Padua 1648, liber III, S. 127, 195.

[15] In Padua gab es mehrere Dozenten mit diesem Namen. Der eine dozierte Zivilrecht im Jahre 1582, der andere Kirchenrecht im Jahr 1566. Wenn Forster zwischen 1573 und 1576 in Padua Student war, kämen beide in Betracht. Vgl. Lvneschlos: *Statuta et Privilegia* (wie Anm. 14), S. 52, 60.

[16] Zur Besoldung der Professoren an den europäischen Universitäten: vgl. Rüegg, Walter: *Geschichte der Universität in Europa*, Bd. 2, München 1993, S. 197ff.

[17] Noch heute erinnert auf etwa 500 Metern Höhe an der fast senkrecht abstürzenden Felswand eine Kreuzigungsgruppe an diese Begebenheit. Vgl. Huter, Franz (Hg.): *Alpenländer mit Südtirol* (= Handbuch der Historischen Stätten Österreichs II), Stuttgart 1966, S. 492.

[18] Laschnitzer, Simon (Hg.): *Der Theuerdank* [Faksimile nach der 1. Auflage von 1517], (= Jahrbuch der Kunsthistorischen Sammlungen VIII), Wien 1888, S. 172ff. Karajan, Theodor G. von: *Kaiser Maximilians I. Geheimes Jagdbuch*, Wien 1858, S. 17.

[19] Karajan (Hg.): *Kaiser Maximilians I. Geheimes Jagdbuch* (wie Anm. 18.), S. 4ff.

[20] Steinacker, Karl: „Italienische Studienfahrt eines Ostfalen und ihre Auswertung zur Zeit beginnender Barockgesinnung", in: *Braunschweigisches Jahrbuch* 3, 1941–1942, S. 13.

[21] Zum Beispiel als Buchillustration bei Lebenwaldt, Adam von: *Damographia oder Gemsen-Beschreibung*, Salzburg o. J.

[22] Üblicherweise war ein wichtiges Kriterium der Zugehörigkeit zu gewissen Kulturkreisen die gesprochene Sprache, insofern stellt diese Unterscheidung Forsters eine bemerkenswerte Ausnahme dar.

[23] Dieses Fest wird noch heute gefeiert, wenn auch nicht mehr ganz so aufwendig wie einst und vor allem ohne den „Bocentoro".

[24] Die Quellen zur offiziellen Vorbereitung des Besuchs Heinrichs III. listet Evelyn Korsch in ihrem Band *Bilder der Macht. Venezianische Repräsentationsstrategien beim Staatsbesuch Heinrichs III.* (Berlin 2013, S. 19ff.) auf.

[25] Dort stieg „man" ab, so Steinacker: „Italienische Studienfahrt" (wie Anm. 20), S. 54.

[26] Vgl. Kühner, Hans: *Lexikon der Päpste*, Wiesbaden 1977, S. 98.

[27] Das Wort „damals" verrät uns, dass Forster den Bericht im Nachhinein verfasst oder zumindest überarbeitet hat.

[28] Tenenti, Alberto: "Gli schiavi di Venezia alla fine del Cinquecento", in: [o. Verf.]: *Rivista Storica Italiana*, fasc. I, o. O. 1955, S. 52f. belegt für Venedig, dass sich erst gegen Ende des 16. Jahrhunderts nur noch vereinzelt Verträge über Sklaven finden lassen.

[29] Vor Tortona nannte Forster Arquà, was jedoch nordwestlich von Bergamo liegt. Er vertauschte in seinen Aufzeichnungen ganz offensichtlich die Reihenfolge der Orte.

compromesso la salute e la moralità. Forster ha visto "qualche modestum ingenium (spirito mediocre), come li avevo anche conosciuti nelle università tedesche e ritrovati lì in tale libertà completamente degenerati e rovinati, tanti saranno anche andati a morire laggiù". Nel complesso invitava a diffidare dei viaggi in paesi stranieri, perché poteva capitare di tutto. Al proposito elenca "vento, pioggia, gelo, caldo, montagne da scalare, pessimi alloggi", ma anche disguidi nel noleggio di cavalli postali, prezzi gonfiati e cattivi traduttori. Nonostante tutto però Forster avrebbe continuato volentieri il suo viaggio, se solo i genitori non l'avessero richiamato a casa.

[1] Con il termine "Welschland" si intendeva l'area che corrispondeva all'Italia, alla Francia e parzialmente alla Svizzera. Le citazioni sono tratte dalla principale fonte di questo contributo (conservata presso il Deutsches Historisches Museum di Berlino, Inv.-N. Do 2000/23): J. Forster, *Das Neapolit*änisch *Reisebuch Worinnen der wegk aus Düringen // durchs ubrige Deutzschlandt, vndt Italienn // bis in das Konigreich Neapolis in Campani= // am […], o. O. 1590*.

[2] L. Tresoldi, *Viaggiatori tedeschi in Italia 1452-1870*, vol. 1, Roma 1975, p. 2.

[3] W. Rüegg, *Geschichte der Universität in Europa*, vol. 1, München 1993, p. 257.

[4] L'incendio del 7 agosto 1581, nel giro di tre ore, ridusse Arnstadt a un cumulo di macerie. Cfr. J.H. Zedler (a cura di), *Großes vollständiges Universallexikon* (ristampa), vol. II, Graz 1961, col. 1599.

[5] Cfr. Forster, *Das Neapolitänisch Reisebuch*, cit.

[6] G. Erler, *Die iüngere Matrikel der Universität Leipzig 1559–1809, Die Immatrikulationen vom Wintersemester 1559 bis zum Sommersemester 1634*, vol. I, Leipzig 1909, p. 113. O. Hartwig, *Album Academiae Vetebergensis ab A. Ch. MDII usque AD A. MDCII*, vol. II, Halle 1894, p. 177.

[7] Erler, *Die iüngere Matrikel*, cit. p. XLIII s.

[8] Forster, *Das Neapolitänisch Reisebuch*, cit., fol. 210v.

[9] G. Früh, H. Goedeke, H.-J. von Wilckens, *Die Leichenpredigten des Stadtarchivs Braunschweig*, in *Nieders. Landesverein für Familienkunde e.V. Hannover, Sonderveröffentlichung*, 14, vol. II, Hannover 1978, p. 880.

[10] Su queste tappe vedi P. Lindberg, G. Ernstinger, P. Hentzer et al., in V. Hantzsch, *Deutsche Reisende des sechzehnten Jahrhunderts*, in "Leipziger Studien aus dem Gebiet der Geschichte", a cura di K. Lamprecht e E. Marcks, vol. I, fasc. IV, Leipzig 1895, p. 95 ss.

[11] Tresoldi, *Viaggiatori tedeschi*, cit., p. 3.

[12] H. de Ridder-Symoens, *Die Kavalierstour im 16. und 17. Jahrhundert*, in P.J. Brenner (a cura di), *Der Reisebericht. Die Entwicklung einer Gattung in der deutschen Literatur*, Frankfurt am Main 1989, p. 199.

[13] Ridder-Symoens, *Die Kavalierstour*, cit., p. 201.

[14] Venivano emanati di continuo provvedimenti contro l'uso di armi, contro risse e disordini. Vedi tra l'altro J. de Lvneschlos (a cura di), *Statuta et Privilegia Almae Universitatis D.D. Philosophorum, Medicorum ac Theologorum Cognomento Artistarum Celeberrimi Archigymnasij Patavini Ab. Excell. Senatu Veneto Concessa*, Padua 1648, liber III, p. 127, p. 195.

[15] A Padova vi erano diversi docenti con questo nome. Uno di questi insegnava diritto civile nel 1582, un altro diritto ecclesiastico nel 1566. Sarebbero stati entrambi personaggi noti, quando Forster era studente a Padova tra il 1573 e il 1576. Cfr. Lvneschlos, *Statuta et Privilegia*, cit., p. 52, p. 60.

[16] Sugli stipendi dei professori delle università europee, vedi W. Rüegg, *Geschichte der Universität in Europa*, vol. 2, München 1993, p. 197 ss.

[17] Ancora oggi, a circa 500 m di altezza lungo una parete quasi verticale, un gruppo della Crocefissione ricorda l'accaduto. Cfr. F. Huter (a cura di), *Alpenländer mit Südtirol* (= Handbuch der Historischen Stätten Österreichs), II, Stuttgart 1966, p. 492.

[18] S. Laschnitzer (a cura di), *Der Theuerdank* [facsimile basato sulla prima edizione del 1517], in "Jahrbuch der Kunsthistorischen Sammlungen", VIII, Wien 1888, p. 172 ss. T.G. von Karajan, *Kaiser Maximilians I. Geheimes Jagdbuch*, Wien 1858, p. 17.

[19] Karajan (a cura di), *Kaiser Maximilians I. Geheimes Jagdbuch*, cit., p. 4 ss.

[20] Ad esempio come illustrazione libraria in A. von Lebenwaldt, *Damographia oder Gemsen-Beschreibung*, Salzburg, s. d.

[21] K. Steinacker, *Italienische Studienfahrt eines Ostfalen und ihre Auswertung zur Zeit beginnender Barockgesinnung*, in "Braunschweigisches Jahrbuch", 3, 1941-1942, p. 13.

[22] La lingua parlata costituiva in genere un criterio dirimente ai fini dell'appartenenza a un'etnia; la presunta capacità di Forster di distinguere tra tedeschi e italiani, a dispetto del bilinguismo, rappresenta pertanto un'eccezione significativa.

[23] Questa festa viene celebrata ancora oggi, sebbene non più con lo stesso fasto e soprattutto senza il "Bocentoro".

[24] Le fonti sui preparativi ufficiali della visita di Enrico III sono state esaminate da E. Korsch nel suo *Bilder der Macht. Venezianische Repräsentationsstrategien beim Staatsbesuch Heinrichs III.*, Berlin 2013, p. 19 ss.

[25] Lì si scendeva secondo Steinacker, *Italienische Studienfahrt*, cit., p. 54.

[26] Vedi H. Kühner, *Lexikon der Päpste*, Wiesbaden 1977, p. 98.

[27] Il termine "allora" è indicativo del fatto che Forster redasse o per lo meno rielaborò a posteriori il suo racconto.

[28] A. Tenenti, *Gli schiavi di Venezia alla fine del Cinquecento*, in "Rivista Storica Italiana", fasc. I, s. l. 1955, p. 52 s., dimostra come a Venezia si trovassero ancora verso la fine del Cinquecento isolati contratti di schiavitù.

[29] Prima di Tortona Forster menziona Arquà, che tuttavia si trova a ovest di Bergamo. È evidente che l'autore ha invertito nei suoi racconti la successione dei luoghi.

Rom Retour. Die Italienreise des Joseph Anton Gottfried Spiegler (1789 und 1793)

Hansjörg Rabanser

Drei Jahre nachdem Johann Wolfgang von Goethe (1749–1832) auf seine Italienreise aufgebrochen war, schnürte der am 8. November 1770 in Bettenreuthe geborene, 19-jährige Joseph Anton Gottfried Spiegler in Überlingen sein Gepäck, um auf fast demselben Weg nach Rom zu gelangen. Der Grund seines Aufbruchs bestand aber nicht in einer Art Selbstfindung und galt auch nicht der Antike; ihn peitschte nicht „der Trieb, die Unruhe, die hinter mir her ist", wie Goethe.[1] Spieglers Absicht war einzig und allein das Theologiestudium, das er in der Heiligen Stadt vollenden wollte.

Mit Spiegler reiste zwar ein Mitglied des schwäbischen Bildungsbürgertums, doch seine Fahrt galt nicht dem neuen Typus der Bildungsreise, sondern primär dem Ziel Rom, wenngleich auf belehrende Besichtigungen nicht verzichtet wurde. Die Zeit dafür war günstig, das Reisen sicher und angenehm geworden. Die politische Landkarte gestaltete sich ruhig, die Konflikte des 18. Jahrhunderts waren überschaubar und die religiösen Vorbehalte stark abgebaut. Spiegler machte es wie so viele Italienreisende: Er orientierte sich an den bekannten, gut ausgebauten Routen, wählte als bewährte Reisezeit den Herbst und benutzte Postkutschen oder setzte auf einen Lohnkutscher. Empfehlungsschreiben öffneten Tore zu Kontaktpersonen und Unterkünften.[2]

Als er seine Heimat verließ, konnte er noch nicht ahnen, dass der gerade einen Monat zurückliegende Sturm auf die Pariser Bastille der Auftakt zu einer Revolution mit letztlich gesamteuropäischen Folgen sein würde. Von einer Verunsicherung war noch keine Rede, die Reise deshalb von den Ereignissen nicht überschattet. Erst während des Romaufenthalts und auf der Rückreise wurde Spiegler mit den Folgen konfrontiert. Doch noch hatten die Ideen der Revolution das Land nicht durchdrungen und es herrschte Ruhe, ehe die Napoleonischen Koalitionskriege ab 1796 die Staatenwelt Europas und Italiens durcheinander brachten.[3]

Spieglers Reise ist dank einer 93-seitigen, mit „*Tandem meministe juvat*"[4] übertitelten Beschreibung in seinem Notizbuch[5] rekonstruierbar; dieses hat sich in der Bibliothek des Ferdinandeums erhalten (Abb. 1). Es deutet einiges darauf hin, dass er den Bericht, basierend auf Notizen, erst im Nachhinein niedergeschrieben und sich dazu (nicht näher feststellbarer) Reiseliteratur bedient hat. Da die Schil-

Roma andata e ritorno: il viaggio in Italia
di Joseph Anton Gottfried Spiegler (1789 e 1793)

Hansjörg Rabanser

Tre anni dopo la partenza di Johann Wolfgang von Goethe (1749-1832) per il suo viaggio in Italia, a Überlingen il diciannovenne Joseph Anton Gottfried Spiegler, nato a Bettenreuthe l'8 novembre del 1770, prepara i bagagli per dirigersi a Roma. Ripercorrerà quasi alla lettera le orme del grande poeta tedesco, e tuttavia motivo del suo viaggio non saranno, come per Goethe, "la pulsione, l'inquietudine"[1], ma esclusivamente per portare a temine i suoi studi di teologia.

Lo accompagna un esponente della borghesia colta sveva, che tuttavia non sta compiendo il classico Grand Tour; pur non essendo affatto disinteressato ai risvolti culturali impliciti in un viaggio in Italia, il suo obiettivo prioritario è raggiungere Roma. Il periodo dell'anno è quello giusto e l'itinerario procede sicuro e piacevole, anche perché la situazione politica è tranquilla. I conflitti che avevano dilaniato l'Europa del Settecento – prime fra tutti le guerre di religione – sono un ricordo lontano. Spiegler si comporta come molti di coloro che viaggiano in Italia: predilige strade note e in buone condizioni, e sceglie di muoversi in autunno, utilizzando carrozze postali o noleggiate da privati. Le lettere di raccomandazione aprono le porte degli alloggi e mettono in contatto con i referenti giusti[2].

Al momento di partire, Spiegler non può minimamente immaginare che la presa della Bastiglia, avvenuta poco più di un mese prima, sarebbe stata la miccia in grado di innescare una rivoluzione destinata ad avere riflessi nell'intera Europa. Per il momento tutto è tranquillo e il viaggio ha inizio sotto i migliori auspici. Solo durante il soggiorno a Roma e lungo il tragitto di ritorno comincerà a rendersi conto che qualcosa sta cambiando, ma per ora le idee della Rivoluzione non hanno ancora attraversato il Paese e le guerre napoleoniche sono ben lungi dall'aver scosso dalle fondamenta l'assetto politico europeo ed italiano, come accadrà invece a partire dal 1796[3].

La ricostruzione del viaggio di Spiegler è affidata alle novantatré pagine del suo taccuino[4], sottotitolato "Tandem meminisse juvat"[5] e attualmente conservato presso la biblioteca del Ferdinandeum (fig. 1). Significativo è il fatto che l'autore abbia steso il suo reportage solo in un secondo momento, basandosi non solo sui propri appunti ma servendosi anche di una certa letteratura di viaggio, ormai difficile da identificare. La sommarietà delle descrizioni legittima l'ipotesi che Spiegler

Abb. 1 Doppelseite aus dem Reisetagebuch Spieglers, Tiroler Landesmuseum Ferdinandeum, Bibliothek, FB 39639, S. 138f.

Fig. 1 Doppia pagina dal diario di viaggio di Spiegler, Tiroler Landesmuseum Ferdinandeum, Biblioteca, FB 39639, p. 138 sg.

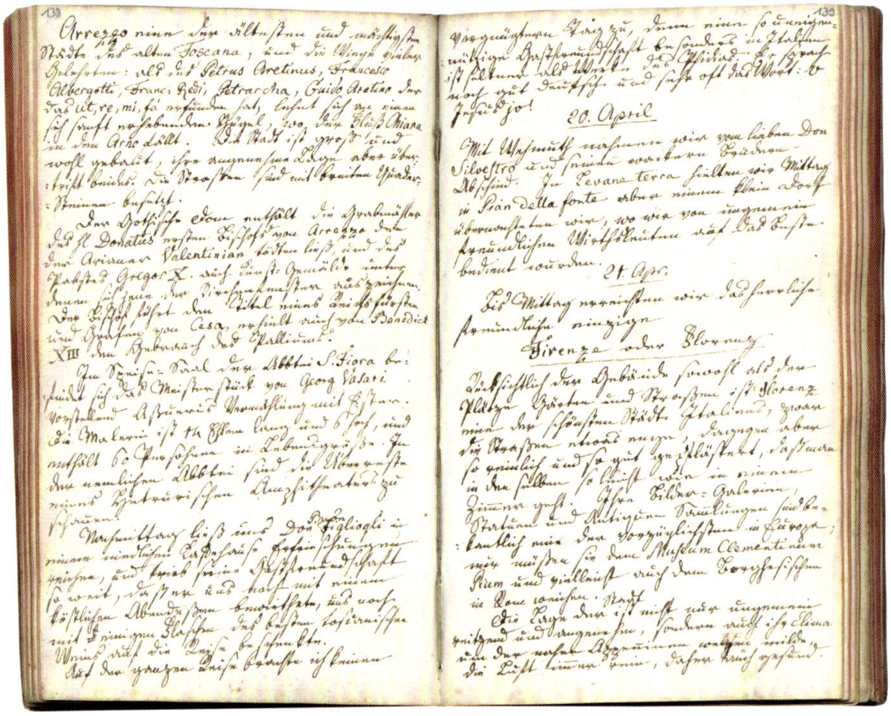

derungen zu wenig ausgefeilt sind, darf davon ausgegangen werden, dass er nicht an eine Veröffentlichung des Berichtes gedacht hat. Die Notizen dienten Spiegler wohl nur als Erinnerung an einen prägenden Lebensabschnitt.

Die Hinreise

Nur mit einem kleinen Felleisen bepackt nahm Spiegler am 17. September 1789 in Überlingen von der Mutter und den Freunden Abschied. Der Weg führte ihn zuerst nach Meersburg, Ravensburg, Weingarten und Kempten, wo er weitere Familienmitglieder und Bekannte aufsuchte. Erst an der Poststation Kempterwald wurde Spiegler von seinem letzten Begleiter verlassen, um die Reise alleine fortzusetzen. Die wehmutsvolle Stimmung und das vor ihm liegende Alpenszenario unterstrichen die Tatsache einer mehrjährigen Trennung von der Heimat: „Es war nun Nacht: schauerlich die Gegend, von allen Seiten erheben sich Berge, die immer steiler und nakter werden, an ihren Füßen rauscht der wilde Lech-Strom, der Mond leuchtete sehr helle; und machte die immer wechselnden Scenen dieser Gebirgs-Gegend unaussprechlich schön, und für meinen damaligen Gemüths-Zustand sehr passend. Lebhafte Bilder der Vergangenheit, und dunkle der Zukunft beschäftigten meine Seele."[6]

In der Nacht des 30. September erreichte Spiegler Füssen, wo er auf den Postwagen aus Augsburg wartete, der am Folgetag eintraf und die Reisenden bis Trient bringen sollte. Unter den Reisegefährten befand sich Franz Werner (1761–1845)[7] aus Mainz, mit dem sich Spiegler anfreundete. Die Fahrt folgte der üblichen Route über Reutte, Heiterwang, Lermoos und Nassereith. Wie so häufig beeindruckte und beängstigte die Gebirgslandschaft der Alpen gleichermaßen:

non intendesse pubblicare il suo racconto, ma semplicemente fissare il ricordo di una parentesi così significativa della sua vita.

L'andata

Il 17 settembre 1789, a Überlingen, Spiegler saluta la madre e gli amici. Zaino in spalla, attraversa Meersburg, Ravensburg, Weingarten e Kempten, dove fa visita a famigliari e conoscenti. Alla stazione di posta di Kempterwald si congeda dal suo ultimo accompagnatore per proseguire il viaggio da solo. L'umore malinconico e il paesaggio alpino acuiscono la consapevolezza del distacco prolungato dagli affetti che lo attende: "Adesso era calata la notte: il paesaggio incuteva timore, con le montagne tutt'intorno sempre più ripide e brulle, e ai loro piedi la Lech che scorreva impetuosa al chiarore della luna; lo scenario alpino cangiante di continuo, con la sua indescrivibile bellezza, si confaceva perfettamente al mio stato d'animo di allora. Vivide immagini del passato, e ansie per un futuro ignoto si affollavano nella mia mente"[6].

La notte del 30 settembre Spiegler giunge a Füssen, dove attende la carrozza postale proveniente da Augusta che il giorno seguente lo porterà fino a Trento. Tra i viaggiatori stringe amicizia con Franz Werner (1761-1845)[7] di Mainz. Il tragitto segue le tappe abituali: Reutte, Heiterwang, Lermoos e Nassereith. Il paesaggio alpino desta in lui come sempre meraviglia mista a inquietudine: "Da qui ha inizio il Tirolo selvaggio, con il suo clima inospitale e il suolo avaro di frutti. Le montagne sono ripide, le dimensioni delle rocce imponenti, le valli strette, e la gente abita in misere casupole. Grandiosa è la vista di queste antichissime montagne che svettano fino al cielo con le loro forme insolite. Dalle cime scendono ruscelli impetuosi che alimentano cascate"[8]. La carrozza attraversa senza intoppi Telfs, Zirl e Innsbruck (2 ottobre), dove la comitiva fa sosta alla locanda dell'"Aquila d'oro". Trascorso un giorno, il pomeriggio del 3 ottobre si riparte, passando di notte per Stenago, per il passo innevato del Brennero, Vipiteno, Mittenwald fino a Bressanone (4 ottobre). Attraverso la valle dell'Isarco, i viaggiatori arrivano a Bolzano (fig. 2). L'intera giornata del 5 ottobre è dedicata alla visita della città e Spiegler, proprio come Goethe, resta colpito innanzitutto dalla fecondità della terra e dall'influenza dello stile di vita italiano: "Bolzano è bella e ha già l'aspetto di una città italiana, con tanti portici, balconi e soprattutto un'edilizia d'impronta italiana. Sorge in una valle ampia e verdeggiante, dove si produce uno dei vini migliori del Tirolo [...] Anche la gente è molto più gentile e a modo rispetto al resto del Tirolo. La frutta che abbiamo assaggiato poi è fantastica e incredibilmente conveniente"[9].

Conclusasi positivamente l'esperienza bolzanina, il viaggio riprende e il 6 ottobre la comitiva giunge a Trento, la città del famoso Concilio (1545-1563), che proprio per questo desta un certo interesse nel futuro teologo. Qui termina la corsa della carrozza postale partita da Augusta e i viaggiatori si organizzano per proseguire il viaggio fino a Roma con il vetturino Cristoforo Moser. Diversamente da quanto aveva fatto Goethe, attraversano Borgo Valsugana, Primolano e Treviso fino a Mestre (8 ottobre). Quello stesso giorno raggiungono Venezia. L'indomani, il 9 ottobre, è interamente dedicato alla visita della città lagunare. Spiegler descrive con dovizia di particolari la basilica di San Marco, il palazzo Ducale e l'Arsenale,

„Von hier aber verwildert sich das Tyrol merklich, das Klima wird unfreundlicher und das Erdreich unfruchtbarer. Die Gebirge sind steil und lautere Felsen-Maßen, die Thäler enge, die Leute haben armselige Wohnungen. Imposant ist dagegen der Anblicken dieser mit dem Erdball gegründeten Urberge, die in den sonderbarsten Formen, ihre Gipfel bis über die Wolken erheben von welchen Wildbäche herabstürzen, und die schönsten *Cascaden* bilden.“[8] Doch die Kutsche erreichte wohlbehalten Telfs, Zirl und Innsbruck (2. Oktober), wo die Reisegesellschaft im Gasthaus „Goldener Adler“ abstieg. Nach einem eintägigen Aufenthalt fuhr der Postwagen am Nachmittag des 3. Oktober ab und führte in einer nächtlichen Fahrt über Steinach am Brenner, den beschneiten Brennerpass, Sterzing und Mittenwald bis Brixen (4. Oktober), ehe die Reisenden durch die Eisackschlucht nach Bozen gelangten (Abb. 2). Die Besichtigung der Stadt nahm den gesamten 5. Oktober ein und Spiegler stellte (ähnlich Goethe) erstmals die Fruchtbarkeit und den Einfluss italienischer Lebensformen wahr: „Die Stadt ist ansehnlich, und hat schon zimlich das Ansehen einer welschen Stadt, indem man schon viele *Porticos* [Lauben; Anm.] Balkone und überhaupt italienische Bauart wahrnimt. Botzen liegt in einem breiten fruchtbaren Thal in welchem einer der besten Tyroler Weine wächst. […] Die Leute sind auch viel abgeschliefner, feiner und artiger als im übrigen Tyrol. Vortrefflich und ungemein wohlfeil war das Obst das wir hier aßen.“[9]

Mit diesen positiven Eindrücken ging die Reise am 6. Oktober bis Trient weiter, das für den angehenden Theologen aufgrund des Konzils von Trient (1545–1563) einen gewissen Reiz besaß. In der Bischofsstadt endete die Strecke der Augsburger Postkutsche und die Reisenden organisierten die Weiterfahrt bis Rom mit dem Vetturino Cristoforo Moser. Sie wählten jedoch nicht die Route, welche Goethe benutzt hatte, sondern wandten sich über Borgo Valsugana, Primolano und Treviso nach Mestre (8. Oktober). Noch am selben Tag setzten die Reisenden nach Venedig über. Der 9. Oktober gehörte gänzlich der Besichtigung der Lagunenstadt, wobei Spiegler detailliert die Basilika San Marco, den Dogenpalast oder das Arsenale beschrieb. Informationen zur Rialto-Brücke, weiteren Kirchen oder bedeutenden Künstlern und Architekten runden den Bericht ab.

Am 10. Oktober hieß es Abschied nehmen, denn die Fahrt wurde mittels Barke den Brenta-Kanal aufwärts, vorbei an den prachtvollen Villen des venezianischen Adels bis nach Padua fortgesetzt. Die alte Universitätsstadt nahm Spiegler jedoch als düster, traurig und schmutzig wahr. Daran konnte auch die Tatsache nichts ändern, dass mit dem Hl. Antonius (1195–1231) einer der verehrtesten Heiligen hier sein Grab hatte. An den Folgetagen ging die Reise über Montselice und Rovigo nach Ferrara weitere (13. Oktober), das jedoch ernüchternd wirkte: „ietzt ist diese große Stadt so menschenleer, als hätte die Pest erst kurz gewüthet. Das meiste was man von Menschen sieht, sind *Abbati* Mönche und Bettler von allen Sorten.“[10] Der Grund für das „bigotte“ Erscheinungsbild der einst prächtigen Stadt der Este lag darin, dass das Herzogtum vom Kirchenstadt einverleibt worden war und seitdem durch den Erzbischof regiert wurde.[11] So wandte sich die Gruppe nach einem halbtägigen Besuch der Weiterreise zu, die über Cento nach Bologna führte. Die dortige Besichtigung reichte von der Kirche San Petronio, über den Palazzo Comunale bis zu den imposanten Geschlechtertürmen. Auf dem Programm

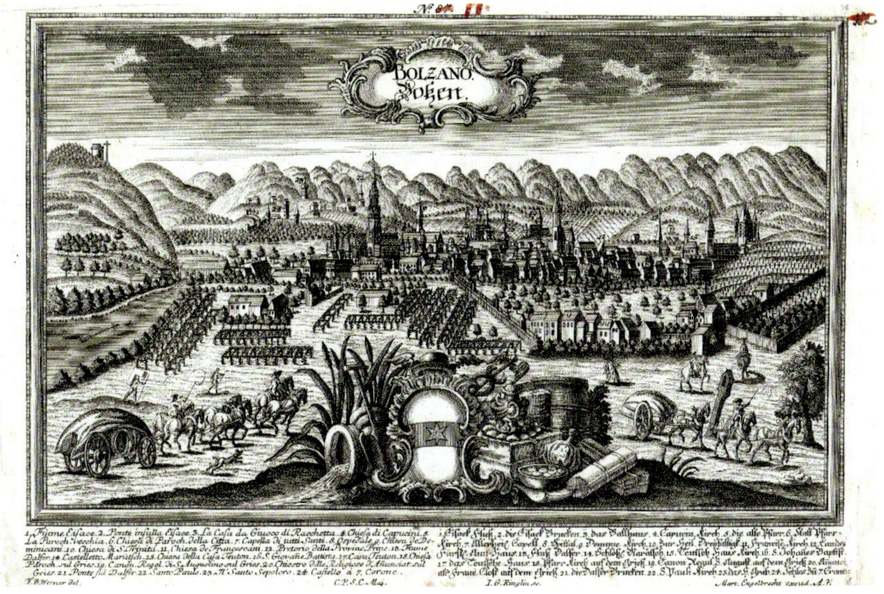

Abb. 2 Blick auf Bozen in der Mitte des 18. Jahrhunderts. Kupferstich von Johann Georg Ringlin (1691–1761) und Martin Engelbrecht (1684–1756) nach der Zeichnung von Friedrich Bernhard Werner (1690–1778), Tiroler Landesmuseum Ferdinandeum, Bibliothek, W 10683

Fig. 2 Veduta di Bolzano alla metà del Settecento. Calcografia di Johann Georg Ringlin (1691-1761) e Martin Engelbrecht (1684-1756) da un disegno di Friedrich Bernhard Werner (1690-1778), Tiroler Landesmuseum Ferdinandeum, Biblioteca, W 10683

e arricchisce il racconto di notizie sul ponte di Rialto, su diverse chiese, artisti e architetti importanti.

Il 10 ottobre giunge il momento di lasciare la Serenissima. Il viaggio prosegue così su imbarcazioni che solcano il Brenta fino a Padova, passando in rassegna le splendide ville del patriziato veneziano. Spiegler trova l'antica città universitaria piuttosto squallida, triste e sporca; unica nota positiva la presenza qui delle spoglie di sant'Antonio (1195-1231), uno dei santi più venerati della cristianità. Nei giorni seguenti l'itinerario si snoda da Monselice a Rovigo fino a Ferrara (13 ottobre), che tuttavia lascia piuttosto deluso il nostro viaggiatore: "Questa grande città è così deserta da sembrare appena uscita da una pestilenza. Le uniche presenze umane che è dato incontrare sono abati, monaci e ogni sorta di mendicanti"[10]. E il motivo dell'aspetto così "bigotto" di una città un tempo fiorente si deve al passaggio nelle mani dello Stato pontificio dell'ex ducato estense che ora è retto da un arcivescovo[11]. Al termine di una permanenza di mezza giornata, il gruppo riparte diretto a Bologna dopo essere passato per Cento. Nel capoluogo emiliano vede San Petronio, il palazzo comunale e le torri imponenti. Malgrado il costo oneroso dell'ingresso, non rinuncia a visitare "il cosiddetto Istituto bolognese o Accademia"[12] che ospita le collezioni del naturalista Ulisse Aldrovandi (1522-1605), il teatro anatomico, sale di antichità e curiosità, e una biblioteca. Il viaggio prosegue fino alla dogana di Pietramala che segna l'accesso al Granducato di Toscana, e da qui a Firenze (17 ottobre) che diverrà per Spiegler un "luogo del cuore"[13]. Il nostro viaggiatore si effonde in descrizioni della città adagiata sulle rive dell'Arno dove non rinuncerà a fare nuovamente tappa durante il viaggio di rientro in patria. Il 19 ottobre, lasciata Firenze, riprende il cammino sulle tracce dell'antica Via Francigena[14]: da Poggibonsi a Siena fino a Radicofani (20/21 ottobre), ultima tappa prima del confine con lo Stato pontificio. Dopo aver pernottato a San Lorenzo Nuovo, passando per il lago di Bolsena raggiunge Montefiascone (23 ottobre). Qui presso la chiesa di San Flaviano s'imbatte nella lapide di un connazionale (fig. 3), il prelato di Augusta

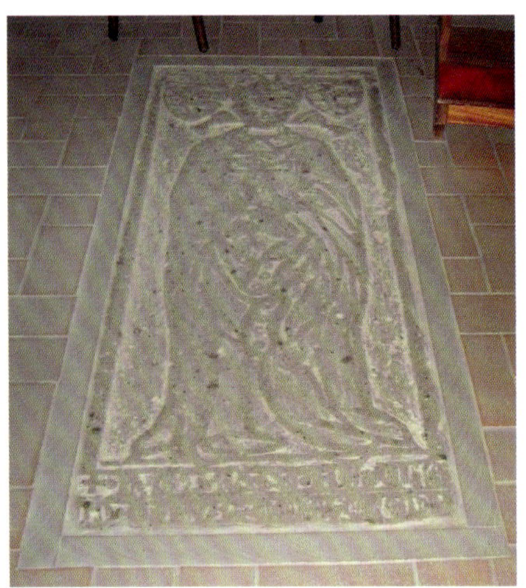

Abb. 3 Grabmal des Prälats
Johannes Fugger in der Kirche von
San Flaviano in Montefiascone

Fig. 3 Lapide del prelato Johannes
Fugger nella chiesa di San Flaviano
a Montefiascone

stand trotz des hohen Eintrittsgeldes auch das „sogenan[n]te Bolognesische Institut, oder die Accademie"[12], welche die naturwissenschaftlichen Sammlungen des Naturforschers Ulisse Aldrovandi (1522–1605), das Anatomische Theater, Säle mit Antiken und Kuriosa sowie eine Bibliothek beherbergte. Die weitere Route verlief über Pietramala, der Zollstation zum Großherzogtum Toskana, direkt nach Florenz (17. Oktober). Die Metropole am Arno avancierte für Spiegler zu seiner „Lieblings-Stadt"[13], die er auf der Rückreise erneut besuchte. Entsprechend umfangreich und detailliert sind auch die Beschreibungen. Doch am 19. Oktober musste Spiegler von seiner Lieblingsstadt Abschied nehmen, denn die Fahrt führte über Poggibonsi – nun der alten Pilgerroute der Via Francigena („Frankenstraße") folgend[14] – nach Siena und Radicofani (20./21. Oktober), dem letzten Ort vor der Grenze zum Kirchenstaat. Nach der Übernachtung in San Lorenzo Nuovo ging es am Bolsena-See vorbei nach Montefiascone (23. Oktober). In der dortigen Kirche San Flaviano traf Spiegler auf den Grabstein eines Landsmannes (Abb. 3), denn der Augsburger Prälat Johannes Fugger soll sich hier zu Tode getrunken haben. Diese Kuriosität wurde von zahlreichen Italienreisenden in ihren Erinnerungen festgehalten.[15] Noch am selben Tag eilte die Gruppe über Viterbo und Ronciglione in Richtung Rom weiter. Am Nachmittag des 24. Oktober fuhr die Kutsche über den Ponte Milvio und durch die Porta del Popolo in die Heilige Stadt ein; die Reise hatte 40 Tage in Anspruch genommen.

Rom

Spiegler hielt sich vom 24. Oktober 1789 bis zum 6. April 1793 und somit dreieinhalb Jahre in Rom auf. Er absolvierte am Collegium Germanicum[16] sein Studium, schloss Kontakte zu Kollegen und Vorgesetzten und perfektionierte sein Italienisch. Er hielt die erste Predigt, wurde zum Subdiakon ernannt und nahm an glanzvollen Prozessionen teil. Außerdem besuchte er Museen, unternahm Ausflüge in die Umgebung, bestieg die Kuppel des Petersdomes und kroch durch die Gänge der Katakomben. Er begegnete Papst Pius VI. (reg. 1775–1799), erlebte den Einzug bzw. hörte vom Tod gekrönter Häupter und verfolgte die dramatischen Vorgänge in Frankreich. Allerdings erhielt er auch Nachrichten vom Ableben naher Familienmitglieder. Die Notizen, welche Spiegler von seinem Leben in Rom festhielt, sind auffallend kurz und beinhalten Momente des Glücks und der Melancholie.

Die Rückreise

Die Osterfeierlichkeiten waren vorüber, als Spiegel am Morgen des 6. April 1793 gemeinsam mit seinen Freunden Franz Werner, Johann Arnold Barret (1770–1835)[17] aus Lüttich und Baron Friedrich (Fritz) Heinrich von Andlau (1773–1793)[18] aus Arlesheim bei Basel das Kollegium verließ, um die Rückreise anzutreten.[19] War der Weg nach Rom noch verhältnismäßig angenehm gewesen, so hatten die Reisenden auf der Rückfahrt mit einigen Problemen zu kämpfen. Einerseits machte ihnen das miserable Wetter zu schaffen, andererseits der bedenkliche Gesundheitszustand von Fritz von Andlau: „Roms mephitische Luft wirkte zerstöhrend auf diesen früher so blühenden und felsenfesten jungen Mann. Sein Aesculap ein Ignorant wie

Johannes Fugger che si diceva fosse morto a Montefiascone per il troppo bere. Il curioso episodio è raccontato in tante memorie di viaggiatori in Italia[15]. Quello stesso giorno, il gruppo passa rapidamente per Viterbo e Ronciglione diretto a Roma. Il pomeriggio del 24 ottobre la carrozza, superato ponte Milvio e Porta del popolo, fa il suo ingresso nella Città eterna dopo quaranta giorni di viaggio.

Roma

Spiegler rimarrà a Roma tre anni e mezzo, dal 24 ottobre del 1789 al 6 aprile del 1793. Durante questo periodo porta a termine gli studi presso il Collegium Germanicum[16], stringe amicizia con colleghi e superiori e perfeziona il suo italiano. Tiene il suo primo sermone, viene nominato suddiacono e partecipa a solenni processioni. Ma visita anche musei, compie gite nei dintorni di Roma, sale sulla cupola della basilica di San Pietro, si addentra tra i cunicoli delle catacombe. Incontra il pontefice Pio VI (papa dal 1775 al 1799), assiste alle visite di teste coronate o viene a sapere della loro morte; segue i drammatici eventi in Francia, apprende della scomparsa dei suoi famigliari. Le annotazioni sul soggiorno romano sono straordinariamente sintetiche, scandite da un'alternanza di momenti di serenità e momenti di malinconia.

Il viaggio di ritorno

È appena trascorsa la Pasqua quando, il 6 aprile del 1793, Spiegler insieme agli amici Franz Werner, Johann Arnold Barret (1770-1835)[17] di Lüttich e al barone Friedrich (Fritz) Heinrich von Andlau (1773-1793)[18] di Arlesheim vicino a Basilea, lascia il Collegium per fare rientro in patria. Se il viaggio di andata era stato relativamente piacevole, quello di ritorno non inizia sotto i migliori auspici[19], date le condizioni metereologiche avverse, da un lato, e dall'altro il preoccupante stato di salute di Fritz von Andlau: "L'aria malsana di Roma si è rivelata deleteria per il giovane fino ad allora di sana e robusta costituzione. L'Esculapio che l'ha visitato, ignorante come tanti suoi colleghi romani, gli ha consigliato l'aria di casa, visto il progredire inesorabile della tubercolosi"[20]. La comitiva, tuttavia, non pensa di derogare all'intenso programma di visite previsto. Prima di lasciare "con animo profondamente commosso quella che per molti versi è la città più bella del mondo", i quattro amici danno un ultimo saluto a San Pietro[21]. Come se anche il tempo fosse in sintonia con il loro stato d'animo, il cielo inizialmente sereno si fa sempre più scuro finché non scoppia un violento temporale. Sotto una pioggia battente, la carrozza percorre la via Flaminia[22] e, superata Nepi, raggiunge in serata Civita Castellana. L'indomani, seguendo sempre la valle del Tevere, dopo Vigne e Narni fa tappa a Terni, per trascorrervi la notte e qui per la prima volta i quattro amici percepiscono un'eco di quanto sta accedendo in Francia: "Prima che potessimo spiegarci, ci hanno scambiato per dei profughi francesi, che da queste parti non sono molto ben visti"[23]. Chiarita la propria posizione, la comitiva rimane a Terni anche il giorno seguente per visitare le vicine cascate delle Marmore. Dopo aver affittato dei cavalli e una guida, all'alba dell'8 aprile raggiungono le cascate: "Il sentiero che conduce a questa meraviglia della natura purtroppo è molto pericoloso; un tratto rilevante del percorso, infatti, passa accanto a una parete rocciosa che da un lato affaccia su uno strapiombo; il signor *Barett* è stato addirittura sul

viele andere zu Rom aus seiner Zunft, rieth ihm, nach den das Übel der *Phthisis* [Tuberkulose; Anm.] schon zu weit gekommen war, vaterländische Luft".[20] Dies hielt die Freunde allerdings nicht von geplanten und kräftezehrenden Besichtigungsprogrammen ab. Zum Abschied besuchten sie noch einmal die Peterskirche und verließen sodann „tief in der Seele gerührt, die in so vieler Hinsicht ruhmwürdigste Stadt der Welt".[21] Als hätte sich das Wetter auf den wehmutsvollen Tag abgestimmt, wurde der anfänglich heitere Himmel zunehmend bedeckter; letztlich entlud sich ein heftiges Gewitter. Unter anhaltendem Regen fuhr die Kutsche die Via Flaminia entlang[22], passierte Nepi und gelangte abends nach Civita Castellana. Am Folgetag führte die Fahrt, stets dem Tiber folgend, über Vigne und Narni nach Terni, wo die Nachtruhe gehalten werden sollte. Allerdings wurden die Reisenden erstmals mit den Folgen der Französischen Revolution konfrontiert: „Hier sah man uns ehe wir uns erklärten, für französische Emigranten an, die damals in dieser Gegend nicht sehr gerne gesehen wurden".[23] Die Klärung der Sachlage war umso bedeutender, weil Spiegler und seine Freunde am Folgetag noch in Terni bleiben und die in der Nähe befindlichen Cascate delle Marmore besichtigen wollten. Sie mieteten Reittiere und einen Führer und machten sich am frühen Morgen des 8. April zu den berühmten Wasserfällen auf: „Der Weg zu diesem Wunder der Natur ist aber sehr gefährlich; denn eine beträchtliche Strecke Wegs führt die Straße an einer Felsen-Wand vorüber, dieser zur Seite gähnen Einen furchbare Abgründe an; wie denn Herrn *Barett* beinahe das Unglück begegnet wäre, mit seinem Pferdt hinabzustürzen, weil uns andere Saumpferde wovon Eines ausschlug, entgekommen [korrekt: entgegen gekommen]".[24] Letztendlich gelangten sie wohlbehalten am höchsten Punkt der Fälle an, bewunderten das tosende Wasser, das in die schwindelerregende Tiefe stürzte und dessen feine Wasserpartikel im Sonnenlicht mehrere Regenbogen erzeugten. Nach dem eindrucksvollen Erlebnis kehrte die Gruppe nach Terni zurück und setzte die Reise bis Spoleto fort. Neben dem Kastell und der imposanten Ponte delle Torri war Spiegler auch das Grabmal des Künstlers Filippo Lippi (um 1406–1469) im Dom eine Nennung wert, denn es ging die Legende um, dieser sei hier vergiftet worden.[25]

Die Weiterfahrt am 9. April führte nach Foligno, wo die Reisenden das Gepäck einstellten, da ein Besuch von Loreto geplant war. Die Route über das karge Gebirge der Marken gestaltete sich unter dem beständigen Regenwetter und der schwer passierbaren Straßen als äußerst mühsam. So kam es, dass die erste Nacht im kleinen Ort Serravalle verbracht werden musste, der von Spiegler als elend und „von lauterm Lumpenpack bewohnt"[26] wahrgenommen wurde. Das Quartier war ebenso miserabel: „Hier war nicht gut wohnen: Es war kalt, das feuchte Holz im Kamin rauchte nur, Fenster mangelten, die Läden voller Ritze ließen dem Wind freien Durchzug, an den Thüren waren keine Schlösser, die Betten auf die wir uns angekleidet warfen, waren elend; eben so das *Soupé*. Unter uns hielt das Dorfgesindel ein Trizudium [lärmende Feier; Anm.]; von oben herab fielen Regentropfen durch das durchlöcherte Dach. Morgens fanden wir den schwarzen Berg über *Seravalle* mit Schnee bedeckt. Für einen Schoppen Milch mussten 20 K[r euzer] bezahlt werden. Froh, dass uns nichts schlimmeres begegnet war, verließen wir die Mörderhöle".[27]

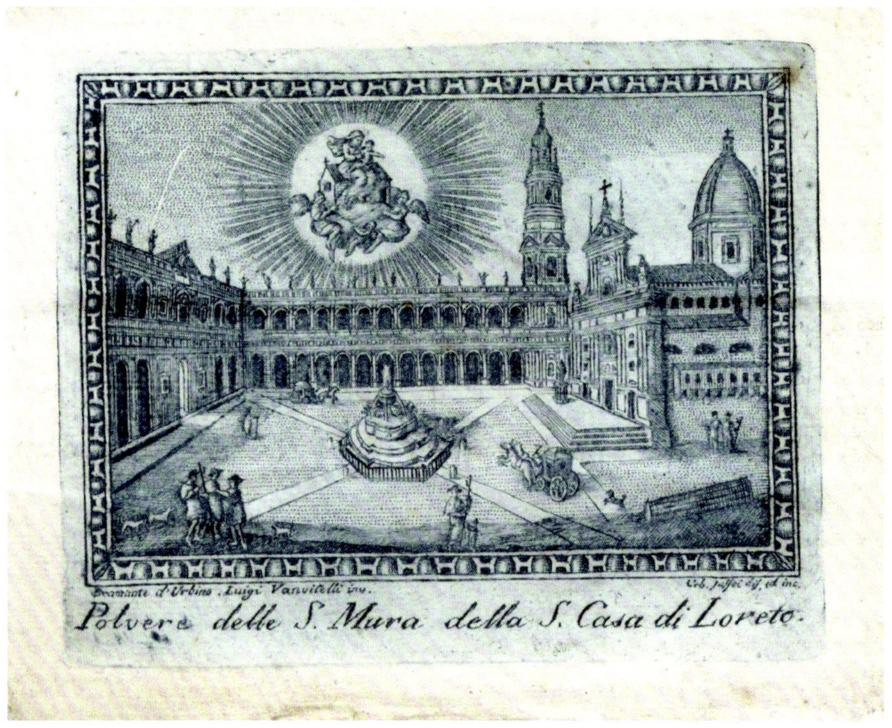

Abb. 4 Ansicht von Loreto aus der zweiten Hälfte des 18. Jahrhunderts, gezeichnet und gestochen von Jaffei. Wie die Aufschrift verrät, enthält das mehrfach gefaltete Papier abgeschabtes Pulver der Santa Casa, Tiroler Landesmuseum Ferdinandeum, Bibliothek: Sondersammlung Wallfahrtsgrafik

Fig. 4 Veduta di Loreto della seconda metà del Settecento, disegnata e incisa da Jaffei; come rivela l'iscrizione, il foglio ripiegato più volte contiene polvere raschiata della Santa Casa, Tiroler Landesmuseum Ferdinandeum, Biblioteca, Sondersammlung Wallfahrtsgrafik

punto di precipitare con il cavallo, poiché gli altri cavalli da soma, di cui uno aveva cominciato a scalciare, ci erano venuti addosso"[24]. Alla fine raggiungono sani e salvi il punto più alto delle cascate e restano colpiti dal fragore dell'acqua che scende nello strapiombo, le cui minuscole goccioline creano alla luce del sole infiniti arcobaleni. Dopo la suggestiva esperienza, il gruppo fa ritorno a Terni da dove riparte per Spoleto. Oltre al castello e all'imponente ponte delle Torri, Spiegler menziona nel suo racconto anche la tomba nel duomo dell'artista Filippo Lippi (circa 1406-1469), che secondo la leggenda era stato avvelenato qui[25]. Il 9 aprile il cammino riprende in direzione di Foligno, dove la comitiva pensa di sostare in previsione di una visita a Loreto.

Il tragitto attraverso le desolate montagne delle Marche, sotto una pioggia incessante e su strade dissestate, si presenta particolarmente faticoso. La compagnia è costretta a sostare la prima notte nella piccola località di Serravalle, che agli occhi di Spiegler appare squallida e abitata da "chiassosi straccioni"[26]. Anche la sistemazione non è da meno: "Qui la permanenza fu tutt'altro che piacevole: era freddo, la legna umida riempiva di fumo il camino, mancavano le finestre, le imposte piene di fessure lasciavano passare gli spifferi, le porte erano senza chiavi, i letti su cui ci buttammo ancora vestiti erano miseri giacigli …per non parlare della cena. Sotto di noi la gente del paese festeggiava rumorosamente; dal tetto sfondato cadevano gocce di pioggia. La mattina seguente, la montagna scura che domina *Serravalle* era coperta di neve. Per una pinta di latte dovemmo pagare 20 K[r[euzer]]; fortunatamente lasciammo sani e salvi questo buco infernale"[27].

Dopo Tolentino e Macerata, l'11 aprile il gruppo arriva a Loreto, meta di pellegrinaggio molto frequentata (fig. 4) dove si venera la Santa Casa, l'abitazione

Die Gruppe steuerte Tolentino und Macerata an, ehe sie am 11. April den viel besuchten Wallfahrtsort Loreto (Abb. 4) erreichte, an dem die Casa Santa verehrt wird, das Haus Mariens in Nazareth, das von Engeln nach Italien gebracht worden war.[28] Die Stadt präsentierte sich den Reisenden als überteuert und überlaufen: „Die Stadt ist von Mönchen, Abbatis, Wirthen, Heiligenwaaren-Händlern, Bettlern und anderem schlechten Volk vollgepfropft".[29] Die Wallfahrtskirche beeindruckte hingegen durch ihre reiche Ausstattung, die Schatzkammern wiederum durch kostbare Votivgaben.

Die Weiterreise am 12. April wartete dank der schlechten Verpflegung und dee miserablen Wetters nur mit Unannehmlichkeiten auf. Als sie gegen Abend Ancona erreichten, erklommen sie den Hügel der Kathedrale und ließen den Blick über die Stadt, den Hafen und die Zitadelle schweifen. Sie besuchten das Ghetto sowie eine Theateraufführung und ließen sich zum Abendessen Zypernwein reichen, den man hier aus erster Hand erhielt. Nach einer weiteren Besichtigungstour am Folgetag wandte sich die Gruppe der Rückfahrt zu, wobei diese zum Leidwesen Spieglers auf demselben Weg erfolgte. Der Regen zwang die Reisenden erneut, im bereits bekannten Seravalle eine Pause einzulegen. Ob sie dabei im selben schlechten Quartier nächtigten, verrät Spiegler nicht. Foligno kam am Folgetag in Sicht, wo die eingestellten Koffer abgeholt wurden.

Am 17. April erreichten die Freunde die Kirche Santa Maria degli Angeli in der Ebene bei Assisi. Der gewaltige Bau umhüllt mit der Portiuncola-Kapelle den Sterbeort des Hl. Franziskus (1182–1226). Dass die Reisenden das nahe Assisi sahen, aber nicht besuchten, ist verwunderlich, hätten sie dort doch den Geburtsort und die Grabstätte des populären Heiligen aufsuchen können. Der Grund mag im prekären Gesundheitszustand des Kollegen Andlau gelegen haben, der die Fahrt wegen der schlechten Straßen nur mit Mühe verkraftete. Noch dazu setzte der Regen wieder ein, ehe sie gegen Mittag Perugia mit der gewaltigen Zitadelle erreichten. Spiegler hielt es für erwähnenswert, dass im Dom der Vermählungsring Mariens[30] verwahrt wurde und die Stadt mit Pietro Perugino (um 1445/1448–1523) ein Malergenie hervorgebracht hatte. Nach einem kurzen Aufenthalt wurde die Reise bis zur Nachtherberge in Torricella am Trasimeno-See fortgesetzt; in dessen Nähe hatte die denkwürdige Schlacht zwischen Römern und Karthagern stattgefunden.[31] Für die Weiterfahrt besserte sich nicht nur das Wetter, sondern auch der Gemütszustand der Reisenden, denn mit dem Passieren der toskanischen Grenze schien plötzlich alles in ein besseres Licht getaucht: die Landschaft, die Herrschaftsform, die geordneten wirtschaftlichen Verhältnisse, die Straßen und Wirtshäuser, die Einheimischen und ihr Gehabe.[32] Deshalb fällt der Vergleich Spieglers zwischen den Menschen des rückständigen Kirchenstaates und des fortschrittlichen Großherzogtums recht drastisch aus, deckt sich aber mit Berichten anderer Italienreisender: „Die Toscaner sind eben so gebildet, so höflich dienstfertig und gastfreund[lich], als roh, grob, geitzig und schmutzig die Einwohner des Kirchenstaates sind. Schon bei dem ersten Eintritt in das Toscanische hatten wir davon ein angenehmes Beÿspiel gesehen. H[err] *Bassi* Grenzzöllner begegnete uns nicht nur recht höflich, sondern sobald er unsern kranken Freund wahrnahm mußte seine Tochter auf der Stelle Fleischsuppe Wein und

di Maria che da Nazareth gli angeli avevano portato in volo fino in Italia[28]. I nostri viaggiatori trovano Loreto troppo cara e affollata: "La cittadina pullula di monaci, abati, osti, commercianti di oggetti sacri, mendicanti e altra gentaglia"[29]. Restano colpiti invece dalla ricchezza del santuario con le sale che traboccano di preziosi ex voto.

Il cibo pessimo e le cattive condizioni del tempo rendono la ripresa del viaggio particolarmente sgradevole. Quando verso sera giungono ad Ancona, saliti sulla collina dove sorge la cattedrale, il loro sguardo può spaziare sulla città, il porto e la cittadella. Visitano il Ghetto, assistono a uno spettacolo teatrale e si fanno servire una cena annaffiata con vino di Cipro di produzione locale. Il giorno seguente, al termine di un secondo giro turistico, il gruppo, con rammarico di Spiegler, riprende la stessa strada percorsa prima della deviazione per Loreto. La pioggia obbliga tuttavia i quattro amici a fermarsi nuovamente nella famigerata Serravalle, non sappiamo se addirittura nella stessa pessima locanda della prima volta perché Spiegler tace in proposito. Il giorno successivo sono in vista a Foligno, dove li aspettano i bagagli.

Il 17 aprile la comitiva raggiunge la basilica di Santa Maria degli Angeli nella piana di Assisi, l'imponente edificio che ingloba la Porziuncola, la cappelletta sorta dove era morto san Francesco (1182-1226). Sorprende il fatto che i viaggiatori, pur trovandosi alle porte di Assisi, abbiano rinunciato a visitare il luogo dove era nato e morto il venerabile santo. Probabilmente troppo precario era lo stato di salute dell'amico Andlau, molto provato da un viaggio faticoso su strade dissestate. A ciò si aggiunga la pioggia che accompagna il gruppo fino all'arrivo a Perugia, con la sua cittadella fortificata, intorno a mezzogiorno. Spiegler ricorda che qui è nato un genio della pittura come Pietro Perugino (1445/1448-1523 circa), e che nel duomo è conservata la fede nuziale di Maria[30]. Dopo una breve sosta il viaggio riprende fino a Torricella al Trasimeno, in prossimità dei luoghi dove avvenne la memorabile battaglia tra Romani e Cartaginesi[31]. Qui la comitiva pernotta. Quando si rimette in cammino, il tempo è migliorato, come l'umore dei viaggiatori. Una volta entrati in Toscana, infatti, tutto appare sotto una luce migliore: il paesaggio, l'organizzazione politica ed economica, le strade e le locande, la gente stessa con i suoi modi gentili e un po' affettati[32]. Spiegler resta colpito dall'abisso che separa i sudditi dell'arretrato Stato pontificio dagli abitanti del progredito Granducato, e il suo punto di vista coincide con quello di altri viaggiatori: "I toscani sono così educati, cortesi, servizievoli e ospitali, quanto gli abitanti dello Stato della Chiesa sono rozzi, maleducati, avidi e sporchi. Ne abbiamo avuto un piacevole assaggio fin dal nostro arrivo in Toscana: il doganiere Bassi non solo ci ha accompagnato molto gentilmente ma, saputo che il nostro amico era malato, ha voluto che sua figlia gli servisse sul posto del brodo di carne con del vino e del pane, e non ha assolutamente permesso che dessimo una mancia al suo servo"[33].

Grazie alle condizioni decisamente migliori delle strade, la compagnia procede spedita fino a Camucia, vicino Cortona (18 aprile), e poi ad Arezzo, dove giunge di notte. Il mattino del 19 aprile cercano, come era stato loro suggerito, un canonico che li ospiti e faccia loro da guida. Nel frattempo fanno visitare Andlau da un medico. Dopo la piacevole parentesi, il cammino riprende fino a

Brod herbeiholen, u[nd] wollte es nicht einmal zugeben, daß wir seinen Diener ein Trinkgeld geben sollten".[33]

Dank der deutlich besseren Straßen kam die Reisegesellschaft rasch voran, erreichte Camucia bei Cortona (18. April) und spät in der Nacht Arezzo. Gleich am Morgen des 19. April suchten sie aufgrund einer Empfehlung einen Kanoniker auf, der sie bewirtete und durch die Stadt geleitete. Dem kranken Andlau wurde unterdessen ein Arzt zur Seite gestellt. Nach diesem angenehmen Aufenthalt erfolgte die Weiterreise nach Florenz (21. April), wo Spiegler sich erneut sichtlich wohlfühlte und die Lage der Stadt am Arno, das Klima, die sauberen Straßen und Plätze, die prachtvollen Kirchen (wobei er San Lorenzo mit den Grabmälern der Familie Medici detailliert beschrieb)[34], die Brunnenanlagen und Gärten sowie die Sammlungen an Kunstwerken und naturwissenschaftlichen Objekten lobte. Dabei hob er die Galleria degli Uffici besonders hervor, bargen die Säle doch die Kunstbestände des einstigen Herrscherhauses der Medici. Das Porträt einer ihm bekannten Malerin stach ihm dabei besonders ins Auge: „In den ersten zwei [Sälen] befinden sich Portraits der berühmtesten Mahler und größten Theils von eigner Hand; unter diesen auch unsere Landsmännin die *Angelica Kaufmann* eine Bregenzwälderin".[35] Der Besuch des Hoftheaters hätte dem Aufenthalt den würdigen Abschluss gegeben, doch waren alle Spielstätten geschlossen.

Am 23. April musste Spiegler zum zweiten Mal „von dem schönen, lieblichen und freundlichen Florenz"[36] scheiden. Die Fahrt führte den Apennin hinan nach Ponte Ghiereto und Casanuova, in dessen Nähe ein feuerspeiender Berg die Aufmerksamkeit erregte; die Flammen zwischen dem Gestein wurden von ausströmendem Erdgas gespeist. Die toskanische Grenze wurde erneut bei Pietramala (24. April) überschritten, ein kurzer Zwischenstopp in Bologna eingelegt und die Weiterfahrt aufgenommen, wobei die Flüsse Reno und Panaro zu überwinden waren. Auf diese Weise erreichten sie das, unter den Este zu einer Musterstadt umgebauten Modena. Vom Glanz des Herrscherhauses war allerdings wenig übrig geblieben, denn die reichen Kunstsammlungen waren zerstreut worden, vorwiegend nach Dresden.[37] Die Gruppe hielt sich nicht lange auf, sodass die Reise nach Parma (26. April) fortgesetzt werden konnte. Die Stadt trug dasselbe Los wie Modena: Von der Herrscherfamilie Bourbon-Farnese zugunsten des nahen Colorno vernachlässigt und der kostbarsten Schätze beraubt, konnte Spiegler keine namhaften Besonderheiten anführen. Nur das Teatro Farnese im Palazzo della Pillotta[38] und die berühmte herzogliche Buchdruckerei von Gian Battista Bodoni (1740–1813) waren ihm eine Nennung wert. Nicht verschweigen konnte er außerdem, dass die Stadt mehrere Werke der Künstler Correggio (1489–1534) und Parmigianino (1503–1540) barg.

Die Weiterfahrt am 27. April erfolgte über Castelguelfo und führte zum stark angestiegenen Fluss Taro, der jedoch überwunden werden musste: „8 Mann hielten unsern Wagen und Einer wadetete voran, und so langten wir glücklich am jenseitigen Ufer an".[39] Auf diese Weise erreichten sie Piacenza und Lodi, passierte am 29. April Marignano und fuhren schließlich in Mailand ein. Natürlich erwähnte Spiegler den Dom (Abb. 5) sowie weitere Kirchen, Palazzi und Sammlungen (wie die berühmte Ambrosiana), außerdem Spitäler und Manufakturen. In

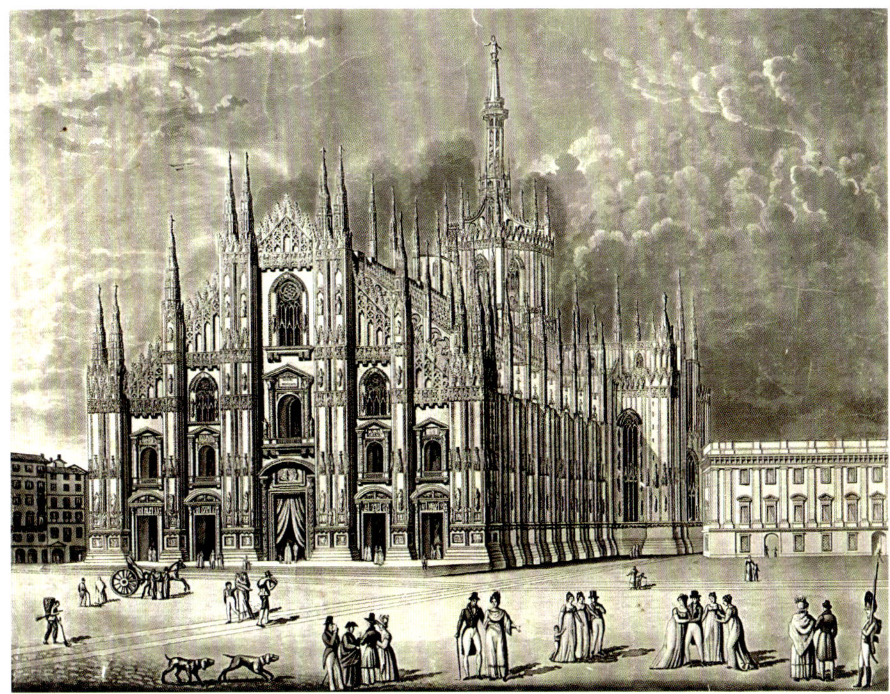

Firenze (21 aprile) città che Spiegler ama particolarmente: la posizione sull'Arno, il clima, le strade pulite e le piazze, le chiese meravigliose (tra cui San Lorenzo con le tombe medicee che descrive nel dettaglio)[34], le fontane e i giardini, per non parlare delle collezioni d'arte e di reperti scientifici. Spiegler ricorda con particolare enfasi la Galleria degli Uffizi, le cui sale ospitano i tesori d'arte dei Medici, gli antichi signori di Firenze. Lo colpisce in particolare il ritratto di una pittrice a lui nota: "Nelle prime due [sale] si trovano i ritratti, prevalentemente autoritratti, dei più celebri pittori, tra cui quello di una nostra conterranea di Bregenzerwald, la pittrice *Angelika Kaufmann*"[35]. La chiusura di tutti i teatri, soprattutto di quello di corte, preclude al gruppo la possibilità di coronare degnamente questo breve soggiorno. Il 23 aprile giunge il momento per Spiegler di separarsi per la seconda volta da Firenze "bella, amabile e ospitale"[36]. Il tragitto prosegue lungo la dorsale appenninica verso Ponte Ghiereto e Casanuova, nei cui dintorni si trova un vulcano le cui fiamme sono alimentate da correnti gassose sotterranee. A Pietramala (24 aprile) la comitiva supera il confine con la Toscana e dopo una breve sosta a Bologna, prosegue per attraversare il Reno e il Panaro. Giunge così a Modena, edificata dagli Estensi come una città modello. Dei passati splendori tuttavia è rimasto ben poco: le preziose collezioni d'arte ad esempio sono andate disperse, soprattutto a Dresda[37]. Il gruppo non si trattiene qui a lungo e riprende il cammino in direzione di Parma (26 aprile). Ma anche questo centro, abbandonato dai Borbone-Farnese che gli hanno preferito Colorno, è rimasto privo dei suoi tesori d'arte, tanto che Spiegler non trova nessuna meraviglia da ricordare, eccetto il teatro Farnese nel palazzo della Pillotta[38], la celebre tipografia ducale di Gian Battista Bodoni (1740-1813) e vari dipinti di Correggio (1489-1534) e Parmigianino (1503-1540) conservati in città.

Mailand musste die Gruppe allerdings auch einen schmerzlichen Verlust erfahren: „Hier im Gasthof *al Pozzo* [Zum Brunnen; Anm.] mussten wir leider unseren kranken Gefährten und Freund *Baron d'Andlau*, nachdem wir ihn dem H[errn] *Rector* des Schweizer Collegiums und einem geschickten Arzt empfohlen hatten zurücklassen. Unaussprechlich schwehr fiel Ihm und uns das leste Lebewohl. In wenig Tagen nachher erlag er der Schwindsucht an der er litt. Sanft war sein Charakter sanft sein Ende. Er wurde weil Baslerischer Domherr in der Chathetral: Kirche beerdiget. Sein Bruder dem ich geschrieben hatte, langte an dem Tag seiner Beerdigung in Mailand an".[40] Der Tod in der Fremde war kein seltenes Schicksal; so erlag auch Goethes Sohn August in Rom seinen Leiden und wurde dort am protestantischen Friedhof bestattet.[41]

Am 30. April reiste die reduzierte Gruppe von Mailand ab, vorbei an überfluteten Reisfeldern und Weingärten, bis sie nach Zwischenstopps in kleinen Ortschaften am 1. Mai in Brescia eintraf. Die weitere Route wurde von der Unsicherheit vor Banditen begleitet: „Die Straßen durch dieses venezianische Gebieth ist [korrekt: sind] sehr unsicher, auch begegneten wir immer starken Banden von *Spirri*[42] die selbst wie Banditen und Räuber aussahen, die sie aufsuchten. Man trifft an dieser Straße viele steinerne Kreuze als Andenken eines tragischen Auftrites an".[43] Aber sie erreichten wohlbehalten Desenzano am Gardasee und übernachteten in Castelnuovo. Ein Unwetter hinderte sie daran, das nahe Verona zu besuchen. Spiegler ist damit einer der wenigen Italienreisenden, der die Stadt der Scaglier nie betreten, die römische Arena nie gesehen hat; Goethe hätte sich dies nicht nehmen lassen. So führte die Fahrt am 3. Mai durch die Veroneser Klause dem Norden zu, wobei Spiegler nicht umhin kam, in romantischer Manier die schroffen Felsen, schauerlichen Abgründe und die in der Tiefe rauschende Etsch zu beschreiben. Zur Mittagszeit erreichten sie den ersten deutschen Ort Borghetto, wo die Koffer versiegelt wurden, am Abend schließlich Rovereto, das sie am Morgen des 4. Mai wieder verließen, sodass sie bereits vormittags in Trient einlangten. Hier trennte sich die Gruppe vom Kutscher Pietro Venturucci, der sie seit Rom begleitet hatte und pro Kopf mit 21 Dukaten entlohnt wurde. Der neue Kontrakt wurde mit dem Trentiner Vetturino Barbazzo eingegangen und dabei vereinbart, dass dieser sie für sechs Dukaten pro Person bis nach Kempten bringen sollte.

Sie verließen die Bischofsstadt am 5. Mai, passierten Neumarkt und gelangten nach Bozen. Die letzten Etappen führten erneut über den Brenner bis nach Telfs (8. Mai) sowie über den Fernpass nach Kempten, das Spiegler am 10. Mai 1793 erreichte. Hier beendete er die 35-tägige Rückreise aus Rom und auch seinen Bericht.

Wenige Tage später nahm er von den Kollegen Werner und Barret Abschied und sah am 25. Mai anlässlich der Priesterweihe des Bruders Joseph Xaver in Weingarten seine Mutter und Geschwister wieder. Spiegler selbst erhielt die Priesterweihe am 21. September 1793 und wirkte letztlich als Dekan und Seelsorger in Muthmannshofen, wo er am 18. Juli 1836 starb und eine Armenstiftung hinterließ.[44]

Il viaggio riprende il 27 aprile e, superato Castelguelfo, il gruppo deve guadare il Taro in piena: "Otto uomini tenevano i nostri carri mentre uno li precedeva, e così siamo riusciti fortunatamente a raggiungere la riva opposta"[39]. Superate Piacenza e Lodi, passano il 29 aprile per Marignano e di qui arrivano finalmente a Milano. Spiegler ricorda naturalmente il Duomo (fig. 5), e le altre chiese, i palazzi e le collezioni (tra cui quella celebre dell'Ambrosiana) ma anche luoghi di accoglienza e fabbriche. A Milano la comitiva subisce una dolorosa perdita: "Qui alla locanda *Al pozzo* siamo stati costretti a dare l'ultimo saluto al nostro amico e compagno di viaggio, il *barone d'Andlau*, dopo averlo affidato al rettore del Collegio svizzero e a un medico capace. La sua situazione si era terribilmente aggravata e così pochi giorni dopo è morto per la tubercolosi che lo affliggeva da tempo. Aveva un carattere mite e serena è stata la sua dipartita. Essendo un canonico di Basilea, è stato sepolto nella cattedrale. Il fratello cui avevo scritto, è arrivato a Milano il giorno della sepoltura"[40]. Morire lontano dalla propria terra d'origine non era un evento raro all'epoca: si pensi al figlio di Goethe, August, morto a Roma e sepolto presso il cimitero protestante[41].

Il 30 aprile la comitiva parte a ranghi ridotti da Milano; attraversate risaie allagate e vigneti, il primo maggio entra a Brescia dopo alcune tappe intermedie in piccole località. Da qui il viaggio prosegue gravato dalla minaccia dei briganti: "Le strade che attraversano questa parte dei domini veneziani sono molto insicure; per questo siamo costantemente scortati da formidabili gruppi di *Spirri*[42] decisamente somiglianti nell'aspetto ai ladri e ai banditi cui danno la caccia. Le tante croci in pietra che costellano il cammino stanno a ricordare ognuna un tragico epilogo"[43]. Fortunatamente il gruppo raggiunge sano e salvo Desenzano sul Garda e pernotta a Castelnuovo. Il maltempo impedisce tuttavia di raggiungere la vicina Verona. Diversamente da Goethe, Spiegler sarà così uno dei rari viaggiatori stranieri che non vedrà mai la città degli Scaligeri, né la celebre Arena romana. Il 3 maggio, superata Chiusa, riprende il cammino verso nord; Spiegler non può a fare meno di descrivere in toni romantici le ripide rocce, i pendii scoscesi, l'Adige che scorre impetuoso nella valle. A mezzogiorno si fa tappa a Borghetto, oramai in territorio tedesco, dove vengono sigillati i bagagli; in serata l'arrivo a Rovereto, da cui al mattino del 4 maggio la comitiva riparte nuovamente così da essere a Trento prima di mezzogiorno. Qui avviene il congedo dal vetturino Pietro Venturucci, il cui servizio era costato ventuno ducati a testa, e al suo posto viene ingaggiato per sei ducati a testa il vetturino trentinese Barbazzo, che li accompagnerà fino a Kempten.

Il 5 maggio i viaggiatori lasciano Trento e, superata Egna, raggiungono Bolzano. Da qui attraversano nuovamente il Brennero fino a Telfs (8 maggio) e poi il passo di Fern fino a Kempten dove Spiegler arriva il 10 maggio del 1793. Dopo trentacinque giorni termina il suo viaggio di ritorno da Roma e anche il suo racconto.

Alcuni giorni dopo Spiegler si congeda dai compagni Werner e Barret, e il 25 maggio a Weingarten riabbraccia la sua famiglia riunita in occasione dell'ordinazione del fratello Joseph Xaver. Anche Spiegler verrà ordinato il 21 settembre del 1793. Finirà i suoi giorni come decano e pastore a Muthmannshofen, dove sarebbe morto il 18 luglio del 1836, lasciando i propri beni ai poveri[44].

1 Goethe, Johann Wolfgang von: *Italienische Reise*, hg. von Christoph Michel, Frankfurt am Main–Leipzig 1976, S. 35. – Außerdem: Gothe, Rosalinde: „Über die Alpen. Goethes Reise nach Italien im Herbst 1786", in: *Der Weg in den Süden. Reisen durch Tirol von Dürer bis Heine / Attraverso le alpi. Appunti di viaggio da Dürer a Heine*, Essay-Band Landesmuseum Schloss Tirol, Schloss Tirol 1998, S. 301–310. Zapperi, Roberto: *Das Inkognito. Goethes ganz andere Existenz in Rom*, München 2010.

2 Allgemein zu Reisewegen und -zeiten, Verkehrsmittel, Unterkünfte und Kosten vgl.: Brilli, Attilio: *Als Reisen eine Kunst war. Vom Beginn des modernen Tourismus: Die ›Grand Tour‹*, Berlin [4]2012, S. 84–90, 145–178. – Robel, Gert: „Reisen und Kulturbeziehungen im Zeitalter der Aufklärung", in: Krasnobaev, Boris I./Robel, Gert/Zeman, Herbert (Hg.): *Reisen und Reisebeschreibungen im 18. und 19. Jahrhundert als Quellen der Kulturbeziehungsforschung*, Berlin 1980, S. 9–37. – Schudt, Ludwig: *Italienreisen im 17. und 18. Jahrhundert* (= Römische Forschungen der Bibliotheca Hertziana 15), Wien–München 1959, S. 145–162.

3 Zur Lage Italiens vgl.: Borek, Helmut: „Italien zwischen 1770 und 1848", in: Grabner, Sabine/Wöhrer, Claudia (Hg.): *Italienische Reisen. Landschaftsbilder österreichischer und ungarischer Maler. 1770–1850*, Katalog Österreichische Galerie Belvedere 2001–2002, Wien 2001, S. 19–23. – Gernert, Angelica/Groblewski, Michael: „Von den italienischen Staaten zum ersten Regno d'Italia. Italienische Geschichte zwischen Renaissance und Risorgimento (1559–1814)", in: Altgeld, Wolfgang (Hg.): *Kleine italienische Geschichte*, Stuttgart 2002, S. 185–256.

4 Kurze angemessene Erinnerung. Vgl.: TLMF, FB 39639, S. 81.

5 Das Notizbuch weist eine Größe von ca. 18 × 11,5 cm auf und ist in dunkelbraunes Leder gebunden. Es diente Spiegler als Stammbuch und Freundschaftsalbum, enthält aber auch eine Sammlung an Sprüchen (in diversen Sprachen), Scherzen, Witzen, Weisheiten, Wortspielen und Rätseln. Des Weiteren finden sich Listen zu Getauften, Getrauten und Verstorbenen sowie eine Auflistung der Hausmägde, die bei Spiegler in Dienst waren. Die Seiten 81 bis 174 (nachträglich durch den Verfasser paginiert) beinhalten den Bericht zur Romreise bzw. Kurznotizen zum dortigen Aufenthalt. Laut einem am Vorsatz eingeklebten Zettel, der im Mai 2006 vom damaligen Bibliotheksleiter erstellt worden war, gelangte das Büchlein im Oktober 1968 als Geschenk des Museumsdirektors Dr. Erich Egg (1920–2008) in den Besitz des Ferdinandeums. Die Notiz schreibt das Tagebuch jedoch fälschlicherweise Joseph Xaver Spiegler zu, dem Bruder des eigentlichen Tagebuchschreibers.

6 TLMF, FB 39639, S. 83. – Die aus den handschriftlichen oder gedruckten Quellen stammenden Zitate berücksichtigen die Groß- und Kleinschreibung und die Zeichensetzung des Originals. Abbreviaturen für Endungen (-en/-er/-es) und Doppelkonsonanten (m/n) werden aufgelöst; Wortergänzungen und Erklärungen durch den Verfasser sind in eckigen Klammern zu finden. Schreibungen im lateinischen Alphabet (vor allem bei Namen, Spezialbegriffen etc.) im Rahmen der verwendeten Kurrentschrift werden kursiv gesetzt.

7 Franz Werner, am 21. Oktober 1761 in Mainz geboren, kehrte nach dem Studium in Rom (1789–1793) in seine Geburtsstadt zurück und erhielt im Kollegialstift St. Stephan ein Kanonikat. In der Folge wurde er zum geistlichen Rat (1802) und Domkapitular (1803) ernannt. Als solcher sorgte er nach den Revolutionskriegen für den Wiederaufbau des beschädigten Mainzer Doms. Verdienste erwarb er sich des Weiteren mit Publikationen zur Stadt- und Bistumsgeschichte von Mainz. Werner lehnte 1834 die Mainzer Bischofswürde ab und starb am 17. Februar 1845 ebendort. Vgl.: [o. Verf.]: *Neuer Nekrolog der Deutschen 23*, 1. Teil, 1845, S. 152f. – Reusch, Franz Heinrich: Werner Franz, in: *Allgemeine Deutsche Biographie* (ADB) 42, Leipzig 1897, S. 43.

8 TLMF, FB 39639, S. 85.

9 TLMF, FB 39639, S. 89.

10 TLMF, FB 39639, S. 109.

11 Zur Übernahme des Herzogtums vgl.: Provincia di Ferrara (Hg.): *I racconti del castello. The Castle talks*, Ferrara 2006, S. 242–233. – Rimondi, Riccardo: *Estensi. Storia e leggende, personaggi e luoghi di una dinastia millenaria*, Ferrara [3]2008, S. 196–200.

12 TLMF, FB 39639, S. 111.

13 TLMF, FB 39639, S. 113.

14 Caucci von Saucken, Paolo: „Die Via Francigena und die Pilgerstraßen nach Rom", in: Ders. (Hg.): *Pilgerziele der Christenheit. Jerusalem, Rom, Santiago de Compostela*, Stuttgart 2010, S. 137–186. – Goez, Werner: *Von Pavia über Parma – Lucca – San Gimignano – Siena – Viterbo – nach Rom. Ein Reisebegleiter entlang der mittelalterlichen Kaiserstraßen Italiens*, Köln 1972, S. 20ff.

15 Spiegler: „In der alten Kirche v[on]. *St Flavian* sieht man den berüchtigten Grabstein eines *Fuggers* auf welchem ein Bischof abgebildet ist mit der bekannten Inschrift *Est, est, propter nimium est Johannes de Fuggeris Dominus meas mortuus est*. Laut einer tollen Stiftung dieses Säufers wurde jährlich eine zimliche Quantität Wein auf das Grab ausgeschüttet; diese schändliche Libation wurde nachher vernü[n]ftiger Weise dahin abgeändert, daß für diesen Wein-Werth Brod unter die Armen vertheilt wurde." Vgl.: TLMF, FB 39639, S. 115. – Die Überlieferung berichtet, dass Prälat Johannes Fugger aus Augsburg auf seiner Romreise einen Diener voraussandte, der in allen Orten den besten Wein auskundschaften und die Lokale mit einem „Est" kennzeichnen sollte. In Montefiascone notierte dieser voller Begeisterung ein „Est Est Est" an eine Wirtshaustür. Der Prälat musste dem Diener recht geben und soll sich hier zu Tode getrunken haben; er wurde in San Flaviano bestattet. Die kaum mehr lesbare Grabinschrift lautet korrekt: „Est Est Est pr(opter) nim(ium) est hic Jo(annes) De Fuk do(minus) meus mortuus est" (Est Est Est, wegen zuviel davon ist hier mein Herr Johannes Fugger gestorben). Noch heute wird in der Region der Wein „Est Est Est" vertrieben. Vgl.: Breccola, Giancarlo: *San Flaviano. Guida alla scoperta*, Grotte di Castro 2008, S. 41. – Hennig, Christoph: *Latium. Das Land um Rom mit Spaziergängen in der Ewigen Stadt*, Köln [2]2004, S. 49f.

16 Das Priesterseminar des Collegium Germanicum (seit 1578 Collegium Germanicum et Hungaricum de Urbe) war 1552 mit der Absicht begründet worden, zur Verbesserung der theologischen Ausbildung romtreuer Priester beizutragen. 1798 wurde das Kollegium wäh-

1 J.W. von Goethe, *Italienische Reise*, a cura di Christoph Michel, Frankfurt am Main-Leipzig 1976, p. 35. Vedi anche R. Gothe, *Über die Alpen. Goethes Reise nach Italien im Herbst 1786*, in *Der Weg in den Süden. Reisen durch Tirol von Dürer bis Heine / Attraverso le alpi. Appunti di viaggio da Dürer a Heine*, Essay-Band Landesmuseum Schloss Tirol, Schloss Tirol 1998, pp. 301-310. R. Zapperi, *Una vita in incognito Goethe a Roma*, Torino 2000.

2 In generale sugli itinerari, i periodi migliori per viaggiare, i mezzi di trasporto, le sistemazioni e i costi, vedi A. Brilli, *Als Reisen eine Kunst war. Vom Beginn des modernen Tourismus: Die ›Grand Tour‹*, Berlin 2012, pp. 84-90, pp. 145-178. G. Robel, *Reisen und Kulturbeziehungen im Zeitalter der Aufklärung*, in B.I. Krasnobaev, G. Robel, H. Zeman, (a cura di), *Reisen und Reisebeschreibungen im 18. und 19. Jahrhundert als Quellen der Kulturbeziehungsforschung*, Berlin 1980, pp. 9-37. L. Schudt, *Italienreisen im 17. und 18. Jahrhundert*, in "Römische Forschungen der Bibliotheca Hertziana", 15, Wien-München 1959, pp. 145-162.

3 Sulla situazione italiana vedi H. Borek, *Italien zwischen 1770 und 1848*, in S. Grabner, C. Wöhrer, (a cura di), *Italienische Reisen. Landschaftsbilder österreichischer und ungarischer Maler. 1770–1850*, cat. della mostra, Österreichische Galerie Belvedere 2001-2002, Wien 2001, pp. 19-23. A. Gernert, /M. Groblewski, *Von den italienischen Staaten zum ersten Regno d'Italia. Italienische Geschichte zwischen Renaissance und Risorgimento (1559–1814)*, in W. Altgeld, (a cura di), *Kleine italienische Geschichte*, Stuttgart 2002, pp. 185-256.

4 Il taccuino misura circa 18 × 11,5 cm ed è rilegato in pelle marrone scuro. Oltre a costituire il libro di famiglia e l'*album amicorum* di Spiegler, contiene anche una raccolta di proverbi (in diverse lingue) barzellette, motti, massime di saggezza, giochi di parole e indovinelli. Vi si trovano, inoltre, elenchi di battezzati, sposati e defunti, nonché una lista delle domestiche al servizio di Spiegler. Dalla pagina 81 alla pagina 174 (la numerazione fu apposta successivamente dall'autore) si snoda il racconto del viaggio a Roma corredato da sintetiche informazioni sul soggiorno nella Città eterna. Grazie a un foglietto incollato sul risguardo, scoperto a maggio del 2006 dall'allora capo bibliotecario, apprendiamo che il libriccino è entrato a far parte delle collezioni del Ferdinandeum nell'ottobre del 1968, per dono del direttore del museo, il professor Erich Egg (1920-2008). L'appunto tuttavia attribuisce erroneamente il taccuino a Joseph Xaver Spiegler, fratello del vero autore del diario.

5 "È utile ricordare". Vedi TLMF, FB 39639, p. 81.

6 TLMF, FB 39639, p. 83. Le citazioni tratte da fonti manoscritte e a stampa riflettono i caratteri maiuscoli e minuscoli degli originali. Sono state sciolte le abbreviature delle sillabe finali e delle consonanti doppie; integrazioni di parole e spiegazioni dell'autore figurano tra parentesi quadre; i termini latini sono stati posti in corsivo.

7 Nato a Magonza il 21 ottobre del 1761, Franz Werner fece ritorno nella sua città natale dopo un soggiorno di studio a Roma (1789-1793), divenendo canonico della collegiata di Santo Stefano. Successivamente entrò a far parte del consiglio pastorale (1802) e del capitolo della cattedrale (1803). In questa veste, al termine delle guerre napoleoniche, si adoperò per la ricostruzione del duomo di Magonza. Fu inoltre autore di diverse pubblicazioni relative alla storia del vescovato e della città di Magonza. Nel 1834 rifiutò la carica episcopale; morì il 17 febbraio del 1845 a Magonza. Vedi: [s.a.], *Neuer Nekrolog der Deutschen*, 23, I parte, 1845, p. 152 sg. F.R. Reusch, *Werner Franz*, in *Allgemeine Deutsche Biographie* (ADB), 42, Leipzig 1897, p. 43.

8 TLMF, FB 39639, p. 85.

9 TLMF, FB 39639, p. 89.

10 TLMF, FB 39639, p. 109.

11 Sull'annessione del ducato vedi *I racconti del castello. The Castle talks*, a cura della Provincia di Ferrara 2006, pp. 242-233. R. Rimondi, *Estensi. Storia e leggende, personaggi e luoghi di una dinastia millenaria*, Ferrara³ 2008, pp. 196-200.

12 TLMF, FB 39639, p. 111.

13 TLMF, FB 39639, p. 113.

14 P. Caucci von Saucken, *Die Via Francigena und die Pilgerstraßen nach Rom*, in Id. (a cura di) *Pilgerziele der Christenheit. Jerusalem, Rom, Santiago de Compostela*, Stuttgart 2010, pp. 137-186. W. Goez, *Von Pavia über Parma – Lucca – San Gimignano – Siena – Viterbo – nach Rom. Ein Reisebegleiter entlang der mittelalterlichen Kaiserstraßen Italiens*, Köln 1972, p. 20 sgg.

15 Spiegler: "Nell'antica chiesa di *San Flaviano* si trova la famigerata lapide di un certo *Fugger*; su di essa figura il ritratto di un vescovo accompagnato dalla celebre iscrizione *Est, est, propter nimium est Johannes de Fuggeris Dominus meas mortuus est*. Il prelato ubriacone avrebbe lasciato una singolare previsione testamentaria secondo cui ogni anno si doveva versare sulla sua tomba un quantitativo sufficiente di vino; la scandalosa libagione, sarebbe stata in seguito più ragionevolmente convertita in un quantitativo equivalente di pane da distribuire ai poveri". Vedi TLMF, FB 39639, p. 115. La tradizione vuole che il prelato Johannes Fugger di Augusta, durante un viaggio a Roma avesse mandato in avanscoperta uno dei suoi servi alla ricerca del vino migliore. Una volta trovatolo questi avrebbe dovuto segnare la locanda con la scritta "Est". A Montefiascone un'osteria destò a tal punto l'entusiasmo del servitore per la bontà del suo vino da meritare l'annotazione "Est Est Est" sulla porta. Il prelato apprezzò il vino segnalatogli, tanto da ubriacarsi fino alla morte. Il suo corpo fu sepolto in San Flaviano dove una lapide ormai scolorita recita "Est Est Est pr(opter) nim(ium) est hic Jo(annes) De Fuk do(minus) meus mortuus est" (Per il troppo EST! qui giace morto il mio signore Johannes Defuk). Ancora oggi in questa zona si produce un vino denominato "Est Est Est". Vedi G. Breccola, *San Flaviano. Guida alla scoperta*, Grotte di Castro 2008, p. 41. C. Hennig, *Latium. Das Land um Rom mit Spaziergängen in der Ewigen Stadt*, Köln ²2004, p. 49 sg.

16 Il seminario del Collegium Germanicum (dal 1578 Collegium Germanicum et Hungaricum de Urbe) venne fondato nel 1552 allo scopo di perfezionare la formazione teologica dei sacerdoti di obbedienza romana. Nel 1798, durante l'occupazione francese il collegio venne chiuso, per riaprire nuovamente nel 1818. La Prima guerra mondiale comportò una seconda sospensione dell'attività del Collegium che venne trasferito

rend der französischen Besetzung geschlossen, konnte 1818 aber wieder eröffnet werden. Ein weiteres Intermezzo erfolgte während des Ersten Weltkriegs, als die Institution in das Canisianum nach Innsbruck verlegt wurde (1915–1919). Vgl.: Schmidt, Peter: *Das Collegium Germanicum in Rom und die Germaniker. Zur Funktion eines römischen Ausländerseminars (1552–1914)* (= Bibliothek des Deutschen Historischen Instituts in Rom 56), Tübingen 1984.

[17] Johann Arnold Barret wurde am 22. Februar 1770 in Looz (Limburg) geboren, absolvierte das Studium am Collegium Germanicum in Rom (1789–1793) und wurde am 23. Februar 1793 im Lateran zum Priester geweiht. Seine geistliche Karriere gipfelte in der Ernennung zum Bischof von Namur am 16. Juni 1833. Als solcher sorgte er sich primär für die Reorganisation des Bistums. Er starb am 31. Juli 1835 in Flémalle-Haute bei Lüttich. Vgl.: [o. Verf.]: *Der Katholik; eine religiöse Zeitschrift zur Belehrung und Warnung*, 15 Jg., 57. Bd., Heft 7–9, Speyer 1835, S. LXXXIIIf.

[18] Baron Friedrich Heinrich von Andlau wurde am 16. Juni 1773 in Arlesheim geboren, besuchte das Kollegium in Pruntrut (1786–1790) und erhielt bereits 1788 einen Sitz im Domkapitel von Arlesheim. Im selben Jahr wurde er zur Aufschwörung im Basler Domkapitel zugelassen, durfte aufgrund seiner Jugend den Sitz allerdings noch nicht einnehmen. Er vollendete seine Studien in Pruntrut, besuchte das Kollegium in Rom (1791–1793) und verstarb auf der Rückreise am 3. Mai 1793 in Mailand. Vgl. hierzu den Eintrag im „Lexikon des Jura.ch“ unter: https://diju.ch/d/notices/detail/1000105 (Zugriff: 6.1.2020).

[19] Zum Aufenthalt der Genannten im Kollegium vgl.: Schmidt: *Collegium Germanicum* (wie Anm. 16), S. 219 (Andlau), 221 (Barret), 302 (Spiegler), 316 (Werner).

[20] TLMF, FB 39639, S. 117. – Spiegler verwendet die Bezeichnung „Aesculap“ (Äskulap: lat. Aesculapius, griech. Asklepiós; Gott der Heilkunst) abschätzig für den behandelnden Arzt.

[21] TLMF, FB 39639, S. 117.

[22] Zur Strecke bis Foligno vgl.: Brilli, Attilio: *Italiens Mitte. Alte Reisewege und Orte in der Toskana und Umbrien*, Berlin 1998, S. 57–71.

[23] TLMF, FB 39639, S. 121.

[24] TLMF, FB 39639, S. 121.

[25] Fra Filippo Lippi (um 1406–1469) wurde 1421 in den Karmeliterorden aufgenommen. Nach Aufträgen in Padua und Venedig wurde er ab 1437 vor allem für die Medici tätig und führte seit 1452 die Wandfresken im Hauptchor des Doms von Prato aus. Ebendort spielte sich auch die abenteuerliche Entführung der Nonne Lucrezia Buti ab: Lippi heiratete diese und zeugt mir ihr den ebenfalls als Maler tätigen Sohn Filippino Lippi (um 1457–1504). Ab 1467 arbeitete Lippi an den Chorfresken des Doms von Spoleto. Lippi starb dort 1469 (der Legende nach durch Gift, das die Verwandten der Entführten ihm verabreicht haben sollen) und wurde im rechten Flügel des Querschiffes der Kathedrale begraben; bei der Versetzung des Grabmals gingen die Gebeine Lippis verloren. Das Grabmal wurde um 1490 von Lorenzo de' Medici il Magnifico (1449–1492) in Auftrag gegeben, von Lippis Sohn Filippino Lippi entworfen und von einem unbekannten Florentiner Bild-

hauer geschaffen. Vgl.: Vasari, Giorgio: *Das Leben des Filippo Lippi, des Pesenello und Pesellino, des Andrea del Castagno und Domenico Veneziano und des Fra Angelico* (= Edition Giorgio Vasari), hg. von Jana Graul/Heike Damm, Berlin 2011, S. 34ff. – Außerdem: Santini, Loretta/Valigi, Cinzia: *Spoleto. Reiseführer mit Stadtplan*, Narni–Terni 1997, S. 11. – Zimmermanns, Klaus: *Umbrien. Städte, Kirchen und Klöster im „grünen Herzen Italiens“: Assisi, Perugia, Orvieto, Spoleto, Gubbio, Todi*, Köln 2000, S. 233f.

[26] TLMF, FB 39639, S. 125.

[27] TLMF, FB 39639, S. 125.

[28] Zu Loreto und der Legende vgl.: Brilli: *Italiens Mitte* (wie Anm. 22), S. 116–123. – Santarelli, Giuseppe: *Loreto. Geschichte und Kunst*, Ancona 1998.

[29] TLMF, FB 39639, S. 127.

[30] Zum Verlobungsring und dessen Kult vgl.: Traeger, Jörg: *Renaissance und Religion. Die Kunst des Glaubens im Zeitalter Raphaels*, München 1997, S. 104–126.

[31] Zwischen den Ortschaften Tuoro und Sanguineto am Nordufer des Sees fand im Juni 217 v. Chr. (Zweiter Punischer Krieg) die Schlacht zwischen Hannibal (ca. 246–183 v. Chr.) und Konsul Gaius Flaminius (zw. 280/275–217 v. Chr.) statt, wobei die Römer eine vernichtende Niederlage hinnehmen mussten. Der Name des Ortes bzw. des Baches Sanguineto erinnern an das Blutvergießen. Die teilweise ausführlichen Schilderungen der Schlacht konnten von Archäologen durch Funde belegt werden. Vgl.: Zimmermanns: *Umbrien* (wie Anm. 25), S. 129f.

[32] Zur Herrschaft der Habsburger in der Toskana vgl.: Christoph, Paul: *Großherzogtum Toskana. Ein Muster österreichischer Regierungskunst* (= Österreich-Reihe 32), Wien 1957. – Gnant, Christoph: „,La nascita della Toscana moderna'. Staats- und Rechtsreformen Pietro Leopoldos als Großherzog der Toskana“, in: Zedinger, Renate (Hg.): *Innsbruck 1765. Prunkvolle Hochzeit, fröhliche Feste, tragischer Ausklang* (= Das achtzehnte Jahrhundert und Österreich. Jahrbuch der österreichischen Gesellschaft zur Erforschung des Achtzehnten Jahrhunderts 29), Bochum 2015, S. 299–309. – Pesendorfer, Franz: *Die Habsburger in der Toskana*, Wien 1988. – Schreiber, Hermann: *Florenz. Eine Stadt und ihre Menschen*, München–Leipzig 1994, S. 387–414. – Zimmermanns, Klaus: *Toscana. Das Hügelland und die historischen Stadtzentren*, Ostfildern [7]2009, S. 24–28.

[33] TLMF, FB 39639, S. 136. – Zur Wahrnehmung Roms bzw. des Kirchenstaates im 18./19. Jahrhundert vgl.: Esch, Arnold: *Wege nach Rom. Annäherungen aus zehn Jahrhunderten*, München 2004, S. 106–119.

[34] Zu San Lorenzo und den Medici-Gräbern vgl.: Santi, Bruno: *Die Medici Kapellen und San Lorenzo*, Florenz 1997. – Zimmermanns, Klaus: *Florenz. Kirchen, Paläste und Museen in der Stadt der Medici*, Köln 1997, S. 193–197.

[35] TLMF, FB 39639, S. 145. – Die Malerin Angelika Kauffmann (1741–1807) wurde zwar in Chur geboren, lebte jedoch einige Zeit in Schwarzenberg im Bregenzerwald, dem Heimatort ihres Vaters, wo sie erste Werke schuf. Dies dürfte Spiegler veranlasst haben, von einer Landsmännin zu sprechen. Das genannte Selbstbildnis Kauffmanns in Bregenzerwälder Tracht mit Malutensilien und Staffelei (um 1757/1759) befindet

presso il Canisianum di Innsbruck (1915-1919). Vedi P. Schmidt, *Das Collegium Germanicum in Rom und die Germaniker. Zur Funktion eines römischen Ausländerseminars (1552–1914)*, in "Bibliothek des Deutschen Historischen Instituts in Rom", 56, Tübingen 1984.

[17] Johann Arnold Barret era nato il 22 febbraio del 1770 a Borgloon nel Limburgo, aveva studiato presso il Collegium Germanicum di Roma (1789-1793) e venne ordinato sacerdote il 23 febbraio del 1793 in Laterano. La sua carriera ecclesiastica culminò con la nomina a vescovo di Namur il 16 giugno del 1833. In questa veste si occupò principalmente della riorganizzazione della sua diocesi. Morì il 31 luglio del 1835 a Flémalle-Haute nei dintorni di Liegi. Vedi [s.a.], *Der Katholik; eine religiöse Zeitschrift zur Belehrung und Warnung*, 15, vol. 57, quad. 7-9, Speyer 1835, p. LXXXIII sg.

[18] Il barone Friedrich Heinrich von Andlau era nato ad Arlesheim il 16 giugno del 1773, aveva frequentato il collegio di Pruntrut (1786-1790) e già nel 1788 aveva ottenuto un seggio nel capitolo della cattedrale di Arlesheim. Quello stesso anno, grazie a una promozione, era stato ammesso al capitolo della cattedrale di Basilea ma, data la giovane età, non poté accettare. Terminati gli studi a Pruntrut, frequentò il Collegium a Roma (1791-1793) e morì a Milano durante il viaggio di ritorno, il 3 maggio del 1793. Vedi al riguardo la voce del *Lexikon des Jura.ch*, https://diju.ch/d/notices/detail/1000105 (accesso del 6.1.2020).

[19] Sul soggiorno presso il Collegium dei personaggi citati vedi Schmidt, *Collegium Germanicum*, cit., p. 219 (Andlau), p. 221 (Barret), p. 302 (Spiegler), p. 316 (Werner).

[20] TLMF, FB 39639, p. 117. Spiegler utilizza l'appellativo di "Esculapio" (dio della medicina) in chiave palesemente ironica.

[21] TLMF, FB 39639, p. 117.

[22] Sul tragitto fino a Foligno vedi A. Brilli, *Italiens Mitte. Alte Reisewege und Orte in der Toskana und Umbrien*, Berlin 1998, pp. 57-71.

[23] TLMF, FB 39639, p. 121.

[24] TLMF, FB 39639, p. 121.

[25] Fra Filippo Lippi (circa 1406-1469) nel 1421 entrò nell'ordine dei Carmelitani. Dopo alcune commesse a Padova e a Venezia, a partire dal 1437 lavorò soprattutto al servizio dei Medici. A lui si devono gli affreschi del coro del duomo di Prato, iniziati nel 1452. In questo periodo avvenne anche lo scandaloso rapimento, da parte del frate, di Lucrezia Buti, una monaca che il pittore sposò e da cui ebbe un figlio, Filippino Lippi (circa 1457-1504), divenuto anche lui pittore. Dal 1467 Lippi lavorò agli affreschi del coro nel duomo di Spoleto, dove morì nel 1469 (secondo la leggenda avvelenato dai parenti di Lucrezia). Sepolto nell'ala destra del transetto, le sue spoglie andarono perdute in occasione dello spostamento della tomba. La tomba, commissionata intorno al 1490 da Lorenzo il Magnifico (1449-1492), fu disegnata dal figlio di Lippi, Filippino, e realizzata da un anonimo scultore fiorentino. Vedi *Das Leben des Filippo Lippi, des Pesenello und Pesellino, des Andrea del Castagno und Domenico Veneziano und des Fra Angelico* (= Edition Giorgio Vasari), a cura di Jana Graul/Heike Damm, Berlin 2011, p. 34 sgg. Vedi anche L. Santini, C. Valigi, *Spoleto. Reiseführer mit Stadtplan*, Narni-Terni

1997, p. 11. K. Zimmermanns, *Umbrien. Städte, Kirchen und Klöster im "grünen Herzen Italiens": Assisi, Perugia, Orvieto, Spoleto, Gubbio, Todi*, Köln 2000, p. 233 sg.

[26] TLMF, FB 39639, p. 125.

[27] TLMF, FB 39639, p. 125.

[28] Su Loreto e la leggenda vedi Brilli, *Italiens* Mitte, cit., pp. 116-123. G. Santarelli, *Loreto. Geschichte und Kunst*, Ancona 1998.

[29] TLMF, FB 39639, p. 127.

[30] Sull'anello di Maria e il suo culto, vedi J. Traeger, *Renaissance und Religion. Die Kunst des Glaubens im Zeitalter Raphaels*, München 1997, pp. 104-126.

[31] Nel giugno del 217 a.C. (seconda guerra punica), tra le località di Tuoro e Sanguineto sulla sponda settentrionale del lago, Annibale (circa 246-183 a.C.) inflisse una pesante sconfitta ai Romani guidati dal console Gaio Flaminio (280/275–217 a.C.). La battaglia fu molto cruenta come ricorda il nome Sanguineto, dato alla località e al torrente che l'attraversa. I racconti dell'episodio, in alcuni casi molto dettagliati, sono stati confermati dai ritrovamenti archeologici. Vedi Zimmermanns, *Umbrien*, cit., p. 129 sg.

[32] Sul dominio degli Asburgo in Toscana vedi P. Christoph, *Großherzogtum Toskana. Ein Muster österreichischer Regierungskunst*, in "Österreich-Reihe", 32, Wien 1957. C. Gnant, *"La nascita della Toscana moderna". Staats- und Rechtsreformen Pietro Leopoldos als Großherzog der Toskana*, in R. Zedinger, (a cura di), *Innsbruck 1765. Prunkvolle Hochzeit, fröhliche Feste, tragischer Ausklang*, in "Das achtzehnte Jahrhundert und Österreich. Jahrbuch der österreichischen Gesellschaft zur Erforschung des Achtzehnten Jahrhunderts", 29, Bochum 2015, pp. 299-309. F. Pesendorfer, *Die Habsburger in der Toscana*, Wien 1988. H. Schreiber, *Florenz. Eine Stadt und ihre Menschen*, München-Leipzig 1994, pp. 387-414. K. Zimmermanns, *Toscana. Das Hügelland und die historischen Stadtzentren*, Ostfildern 2009[7], pp. 24-28.

[33] TLMF, FB 39639, p. 136. Sulla percezione di Roma e dello Stato pontificio tra Sette e Ottocento vedi A. Esch, *Wege nach Rom. Annäherungen aus zehn Jahrhunderten*, München 2004, pp. 106-119.

[34] Su San Lorenzo e le tombe medicee, vedi B. Santi, *Die Medici Kapellen und San Lorenzo*, Firenze 1997. K. Zimmermanns, *Florenz. Kirchen, Paläste und Museen in der Stadt der Medici*, Köln 1997, pp. 193-197.

[35] TLMF, FB 39639, p. 145. La pittrice Angelika Kauffmann (1741-1807) era nata a Coira, ma visse per un certo tempo a Schwarzenberg nel Bregenzerwald, terra natale di suo padre, dove ebbe inizio la sua carriera artistica. Questo forse ha indotto Spiegler a considerarla una conterranea. L'autoritratto citato (circa 1757/1759), con la Kauffmann in costume tipico di Bregenzerwald, gli strumenti da pittrice e il cavalletto, si trova nel Corridoio vasariano, il passaggio disegnato da Giorgio Vasari (1511-1574) che collega gli Uffizi a palazzo Pitti, attraversando Ponte Vecchio. Sull'autoritratto vedi T.G. Natter, (a cura di) *Angelika Kauffmann. Ein Weib von ungeheurem Talent*, cat. della mostra, Vorarlberg Landesmuseum Bregenz e Angelika Kauffmann Museum Schwarzenberg, 2007, Ostfildern 2007, p. 68 sg. O. Sandner, (a cura di), *Angelika Kauff-*

sich im Corridoio di Vasari, dem von Giorgio Vasari (1511–1574) entworfenen Verbindungsgang von den Uffizien über den Ponte Vecchio bis zum Palazzo Pitti. Zum Selbstbildnis vgl.: Natter, Tobias G. (Hg.): *Angelika Kauffmann. Ein Weib von ungeheurem Talent*, Katalog Vorarlberger Landesmuseum Bregenz und Angelika Kauffmann Museum Schwarzenberg 2007, Ostfildern 2007, S. 68f. – Sandner, Oscar (Hg.): *Angelika Kauffmann e Roma*, Katalog Accademia Nazionale di San Luca und Istituto Nazionale per la Grafica 1999, Rom 1998, S. 4.

[36] TLMF, FB 39639, S. 148.

[37] Zum Schicksal der Sammlungen vgl.: Casciu, Stefano/Toffanello, Marcello (Hg.): *Splendori delle corti italiane: gli Este. Rinascimento e barocco a Ferrara e Modena*, Katalog Reggia di Venaria 2014, Rimini 2014. – Provincia di Ferrara (Hg.): *Racconti del castello* (wie Anm. 11), S. 228–233. – Toffanello, Marcello: „Ferrara: Gli Estensi 1393–1535“, in: Folin, Marco (Hg.): *Corti italiane del Rinascimento. Arti, cultura e politica, 1395–1530* (= La grande officina 2), Mailand 2010, S. 180–201. – Winkler, Johannes (Hg.): *Der Verkauf an Dresden. Dresden und Modena. Aus der Geschichte zweier Galerien*, Modena 1989.

[38] Das 1618/1619 von Giovanni Battista Aleotti (1546–1636) aus Tannenholz erbaute *Teatro Farnese* im Palazzo della Pillotta gilt als architektonische Perle mit 22 m Höhe, 87 m Länge und 32 m Breite sowie aufsteigenden Rängen und Galerien für ca. 4.000 Personen; es gilt als Wegbereiter moderner Theaterbauten. Vgl.: Dall'Ac-

qua, Marzio: *Guida al Farnese il teatro delle meraviglie*, Parma o. J. – Mesina, Caterina/Groß, Nikolaus: *Emilia Romagna. Bologna, Ferrara, Ravenna*, München 2008, S. 47f.

[39] TLMF, FB 39639, S. 157.

[40] TLMF, FB 39639, S. 166. – Andlau starb am 3. Mai 1793.

[41] Vgl. dessen Tagebuch: Goethe, August von: *Auf einer Reise nach Süden. Tagebuch 1830*, hg. von Andreas Beyer/Gabriele Radecke, München 2003. – Außerdem: Zapperi, Roberto: *Alle Wege führen nach Rom. Die ewige Stadt und ihre Besucher*, München 2013, S. 162–176.

[42] Sbirren (ital. *sbirri*): militärisch organisierte Polizeibeamte.

[43] TLMF, FB 39639, S. 168. – Zum Räuber- bzw. Briganten-Bild der Italienreisenden vgl.: Brilli: *Als Reisen* (wie Anm. 2), S. 178–181. – Richter, Dieter: *Briganten am Wege. Deutsche Reisende und das Abenteuer Italien*, Frankfurt am Main–Leipzig 2002.

[44] Bischòfliche Ordinariats-Kanzlei (Hg.): *Schematism der Geistlichkeit des Bisthums Augsburg für das Jahr 1836. Mit einem Verzeichnisse des Personal-Standes der restaurirten Frauenklôster*, Augsburg o. J. [1835], S. 91. – Bischòfliche Ordinariats-Kanzlei (Hg.): *Schematism der Geistlichkeit des Bisthums Augsburg für das Jahr 1837. Mit einem Verzeichnisse des Personal-Standes der restaurirten Frauenklôster*, Augsburg o. J. [1836], S. 167 (Liste der Verstorbenen). – [o. Verf.]: *Kôniglich-Bayerisches Intelligenz-Blatt für den Ober-Donau-Kreis*, Nr. 42, 17.11.1836, Sp. 1274.

mann e Roma, cat. della mostra, Accademia Nazionale di San Luca e Istituto Nazionale per la Grafica 1999, Roma 1998, p. 4.

[36] TLMF, FB 39639, p. 148.

[37] Sul destino delle collezioni vedi S. Casciu, M. Toffanello, (a cura di), *Splendori delle corti italiane: gli Este. Rinascimento e barocco a Ferrara e Modena*, cat. della mostra, Reggia di Venaria, 2014, Rimini 2014. *Racconti del castello*, a cura della Provincia di Ferrara, cit., pp. 228-233. M. Toffanello, *Ferrara: Gli Estensi 1393–1535*, in M. Folin, (a cura di), *Corti italiane del Rinascimento. Arti, cultura e politica, 1395–1530*, La grande officina, 2, Milano 2010, pp. 180-201. J. Winkler, (a cura di), *Der Verkauf an Dresden. Dresden und Modena. Aus der Geschichte zweier Galerien*, Modena 1989.

[38] Costruito in legno di abete tra il 1618 e il 1619 da Giovanni Battista Aleotti (1546-1636), il teatro Farnese, presso il palazzo della Pillotta, è considerato un capolavoro dell'architettura, che precorre la moderna edilizia teatrale. Alto 22, lungo 87 e largo 32 metri, con gradinate e gallerie, poteva contenere circa 4000 spettatori. Vedi M. Dall'Acqua, *Guida al Farnese il teatro delle meraviglie*, Parma s.d. C. Mesina, N. Groß, *Emilia Romagna. Bologna, Ferrara, Ravenna*, München 2008, p. 47 sg.

[39] TLMF, FB 39639, p. 157.

[40] TLMF, FB 39639, p. 166. Andlau morì il 3 maggio del 1793.

[41] Cfr. il suo diario, A. von Goethe, *Auf einer Reise nach Süden. Tagebuch 1830*, a cura di A. Beyer, G. Radecke, München 2003. Vedi anche R. Zapperi, *Alle Wege führen nach Rom. Die ewige Stadt und ihre Besucher*, München 2013, pp. 162-176.

[42] Ovvero "sbirri".

[43] TLMF, FB 39639, p. 168. Sull'immagine che i viaggiatori stranieri in Italia avevano di banditi e briganti, vedi Brilli, *Als Reisen,,* cit., pp. 178-181. D. Richter, *Briganten am Wege. Deutsche Reisende und das Abenteuer Italien*, Frankfurt am Main-Leipzig 2002.

[44] *Schematism der Geistlichkeit des Bisthums Augsburg für das Jahr 1836. Mit einem Verzeichnisse des Personal-Standes der restaurirten Frauenklöster*, Bischöfliche Ordinariats-Kanzlei (a cura di), Augsburg, s.d. [1835], p. 91. *Schematism der Geistlichkeit des Bisthums Augsburg für das Jahr 1837. Mit einem Verzeichnisse des Personal-Standes der restaurirten Frauenklöster*, Bischöfliche Ordinariats-Kanzlei (a cura di), Augsburg, s.d. [1836], p. 167 (elenco dei defunti). [s.a.], *Königlich-Bayerisches Intelligenz-Blatt für den Ober-Donau-Kreis*, n. 42, 17.11.1836, col. 1274.

A Sentimental Landscape
Aufzeichnungen zur Landschaft seit Goethe

Rosanna Dematté

„Ich befinde mich nun wirklich in einem neuen Lande, in einer ganz fremden Umgebung".[1] So schreibt Johann Wolfgang von Goethe, als er am 12. September 1786 den Gardasee erreicht. An dem Ort, an dem der deutsche Dichter und Denker auf seiner Reise das Gefühl hat, in Italien endlich angekommen zu sein, wird im MAG (Museo Alto Garda) ein Kapitel der Ausstellung *Goethes italienische Reise. Eine Hommage an ein Land, das es niemals gab* gezeigt. Anhand einer Auswahl von Werken aus den Sammlungen des Tiroler Landesmuseums Ferdinandeum konzentriert sich die Ausstellung auf die Landschaft in der Kunst. Einerseits fügt sie sich damit in eine Beschäftigung mit der Landschaft ein, die das Museum von Riva del Garda in den letzten Jahren durchgeführt hat. Die permanente Ausstellung der Pinakothek konzentriert sich nämlich auf Bilder des Sees, mit Werken aus der Vergangenheit, aber auch neueren Ankäufen, die im Zuge der fotografischen Publikationen *Sguardi Gardesani* (Garda-Ansichten) und der Ausstellungsreihe *BLITZ* zustande kamen, die dem Dialog mit Künstlern und Künstlerinnen der Gegenwart gewidmet ist. Andererseits bietet die Ausstellung die Möglichkeit, einige Werke aus der Zeit vom Ende des 18. Jahrhunderts bis heute in einem neuen Licht zu sehen, mit Aufmerksamkeit auf einen Aspekt der *Italienischen Reise,* dem weniger Beachtung geschenkt wird: der Landschaft als Ort der Selbsterkenntnis.

Die empfindsame Landschaft
Goethe tritt seine Reise 1786 inkognito an, denn er möchte nicht als der berühmte Autor von *Die Leiden des jungen Werther* erkannt werden, das 1774 erschien. Während seiner Zeit in Italien vollendet er einige literarische Werke und interessiert sich für Besonderheiten der Natur der Orte, die er bereist, doch vor allem stellt er sich als noch unerfahrener Künstler auf die Probe. Seinen Tisch in der Herberge in Torbole lässt er sofort so aufstellen, dass er die Landschaft betrachten und zeichnen kann, wie er am 12. September 1786 schreibt: „Aus dem Zimmer, in dem ich sitze, geht eine Türe nach dem Hof hinunter; ich habe meinen Tisch davor gerückt und die Aussicht mit einigen Linien gezeichnet".

Wochen später, etwas weiter im Süden der italienischen Halbinsel, begegnet Goethe deutschen Künstlern und Künstlerinnen wie Johann Heinrich Wilhelm Tischbein, Jakob Philipp Hackert und Angelika Kauffmann, die zu jener Zeit in Italien

A Sentimental Landscape
Appunti sul paesaggio da Goethe in poi

Rosanna Dematté

"Adesso mi trovo veramente in un paese nuovo, in un ambiente del tutto estraneo."[1]
Così scrive Johann Wolfgang von Goethe giunto al Lago di Garda il 12 settembre
1786. Nel primo approdo italiano dell'intellettuale tedesco si svolge al MAG (Museo
Alto Garda) un capitolo della mostra "Il viaggio in Italia di Goethe. Un omaggio a un
paese mai esistito". Attraverso una selezione di opere dalle collezioni del Tiroler Landesmuseum Ferdinandeum la mostra si concentra sull'arte di paesaggio, inserendosi
da un lato in una riflessione sul paesaggio avviata dal Museo Alto Garda negli ultimi
anni. La mostra permanente della Pinacoteca si concentra infatti sulle immagini del
lago con opere del passato ma anche con acquisizioni più recenti, frutto delle edizioni
fotografiche degli "Sguardi Gardesani" e della serie di mostre "BLITZ", dedicate al
dialogo con artisti del presente. Dall'altro la mostra propone la rilettura di alcune
opere da fine Settecento all'attualità prendendo in considerazione un aspetto de "Il
Viaggio in Italia" meno considerato: il paesaggio come territorio di autoconoscenza.

Il paesaggio sentimentale
Goethe parte nel 1786 in incognito per non farsi riconoscere come il famoso autore
de *I dolori del giovane Werther*, pubblicato nel 1774. Durante il viaggio termina alcune
opere letterarie, si interessa di certe particolarità naturali del territorio, ma in primo
luogo è pronto a mettersi in gioco come artista ancora inesperto. Il tavolo nel suo alloggio a Torbole viene subito sistemato per poter osservare il paesaggio e disegnarlo,
il 12 settembre 1786: "Dalla stanza in cui mi trovo, una porta dà sul cortile: ho fatto
avanzare un poco il mio tavolo, e, con pochi tratti, ho disegnato la veduta".

Settimane dopo, un po' più a sud della penisola, Goethe si avvicina ad artisti
tedeschi come Johann Heinrich Wilhelm Tischbein, Jakob Philipp Hackert e Angelika
Kauffmann, che lavorano in quel periodo in Italia, per meglio apprendere da loro
l'arte del disegno, ma anche la giusta osservazione degli antichi e dell'arte italiana.
Con l'ammiratissima Angelika si incontra molte volte durante il secondo soggiorno
romano. L'artista vuole eseguire un ritratto dell'amico che però non li soddisfa, non
certo per la mancata abilità di Kauffmann, ma piuttosto perché Goethe ha smarrito il
se stesso di una volta. A Roma, il 27 giugno del 1787: "Anche Angelica sta dipingendo
il mio ritratto, ma non ne farà nulla; è spiacentissima di non trovare la somiglianza; il
suo è sempre un simpatico giovane, ma non sono io".

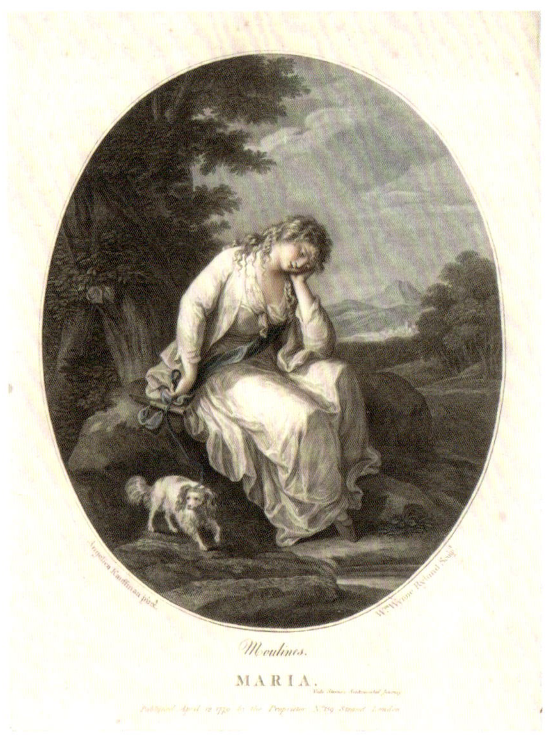

leben und arbeiten. Von ihnen möchte er die Kunst des Zeichnens, aber auch den richtigen Blick für die Antike und die italienische Kunst lernen. Mit Angelika, die er sehr bewundert, trifft er sich bei seinem zweiten Aufenthalt in Rom viele Male. Die Künstlerin porträtiert den Freund, doch das Ergebnis befriedigt keinen der beiden. Es liegt sicher nicht am fehlenden Talent Kauffmanns, sondern vielmehr erkennt Goethe sich nicht mehr in dem Mann wieder, der er einst war. In Rom schreibt er am 27. Juni 1787: „Angelika malt mich auch, daraus wird aber nichts. Es verdrießt sie sehr, daß es nicht gleichen und werden will. Es ist immer ein hübscher Bursche, aber keine Spur von mir."

Kauffmanns grafisches Werk erlaubt uns, einen notwendigen Hinweis auf den „empfindsamen" Aspekt zu geben, den das Reisen zu Goethes Zeiten hat. Wenige Jahre vor ihrem Romaufenthalt arbeitet die Künstlerin in London, wobei sie für Verlage literarische Werke illustriert. Ein Druck aus dem Jahr 1779 zeigt Maria, eine Figur aus Laurence Sternes Roman *A Sentimental Journey through France and Italy*, erschienen kurz nach dem Tod des Autors im Jahr 1768 und im selben Jahr schon ins Deutsche übersetzt (*Yoricks empfindsame Reise durch Frankreich und Italien*) (Abb. 1).[2] Die arme Maria, der der Protagonist Yorick während seiner Frankreichreise begegnet, ist in melancholischer Pose dargestellt. Man erkennt sie als Zitat des Meisterstichs *Melencolia I* von Albrecht Dürer aus dem Jahr 1514, das im alchemistischen Kontext als Darstellung eines Zustands interpretiert werden kann, aus dem sich der Mensch nur durch Wissen befreien kann (was wiederum auf die Getriebenheit von Goethes *Faust* verweist). Im Unterschied zur *Melencolia*, die neben anderen Attributen eine Waage, einen Hund, eine Sanduhr, ein Polyeder und ein magisches Quadrat aufweist, ist bei Kauffmanns Darstellung die Landschaft die einzige symbolische Ausstattung. Marias Hündchen

L'opera grafica della Kaufmann ci permette un dovuto richiamo all'aspetto "sentimentale" del viaggio all'epoca dell'autore del *Werther*. Pochi anni prima Kauffmann lavora a Londra e collabora con case editrici nella diffusione di illustrazioni di opere letterarie. Una stampa del 1779 ritrae Maria, personaggio di *A Sentimental Journey through France and Italy*, romanzo di Laurence Sterne pubblicato a Londra poco dopo la morte dell'autore nel 1768 e tradotto in tedesco già nello stesso anno[2] (fig. 1). La povera Maria, incontrata dal protagonista Yorick durante il suo viaggio in Francia, è rappresentata in posa melanconica. La riconosciamo come citazione della celeberrima *Melencolia I* di Albrecht Dürer del 1514, opera interpretata nel contesto alchemico come stadio da cui l'essere umano si libera solo attraverso la conoscenza (che rimanda a sua volta all'inquietudine del *Faust* goethiano). A differenza della *Melencolia*, che reca fra gli altri attributi una bilancia, un cane, una clessidra, un solido geometrico e il quadrato magico, l'unico assetto simbolico del personaggio di Sterne visto da Kauffmann è il paesaggio. Il cagnolino di Maria sembra persino un ghigno scaramantico alla severità simbolica del cane della *Melencolia*. Si tratta di un paesaggio del tutto "sentimentale" che contiene il dramma esistenziale di un essere spaesato: "Mezza lega lungi da Moulins, in un piccolo sentiero che conduceva ad un boschetto, io scoprii la povera Maria seduta sotto un pioppo – teneva i suoi gomiti sopra le ginocchia, e si sosteneva il capo con ambe le mani – un ruscelletto scorreva appiè dell'albero"[3]. Maria compariva già nel precedente romanzo *Tristram Shandy* e la sua continuità nelle due opere di Sterne fa pensare a una sorta di alter ego femminile dell'autore, una figura errante che ha perso la ragione, che colpisce soprattutto perché sdrammatizzata dal tono latentemente ironico del romanzo e narrata con compassione benigna. Essa doveva essere certamente famigliare a Goethe, che aveva letto *The Sentimental Journey* nel 1770/1771 e poi nuovamente nel 1817, anno della pubblicazione postuma de *Il Viaggio in Italia*[4]. Da un lato, quindi, è innegabile che le descrizioni dell'Italia fatte da Goethe dichiarino l'intento illuminato di formare chi legge, in accordo con altre descrizioni di viaggio precedenti come le *Historische-kritischen Nachrichten von Italien* di Johann Jacob Volkmann del 1770/1771, che Goethe recava con sé. Dall'altro lato però non è trascurabile il fatto che *Il Viaggio in Italia* includa un'idea di paesaggio visitato come riverbero esistenziale, avviata da un protoromanzo come quello di Sterne. Goethe dichiara il vero scopo del suo viaggio: scoprire il mondo esteriore per scoprire se stesso. Così a Verona il 17 settembre del 1786: "Io non imprendo questo viaggio meraviglioso per ingannare me stesso, bensì per imparare a conoscere me stesso attraverso i vari oggetti […]".

Disegni e matrici

Ai tempi del *Viaggio in Italia* di Goethe il paesaggio prende piede come genere artistico autonomo accanto all'arte a soggetto religioso, mitologico o storico, al ritratto e alla pittura di genere. Ciò avviene grazie all'apprezzamento dell'opera di grandi maestri secenteschi come Claude Lorraine, tuttavia la vera svolta è segnata a fine Settecento dagli inglesi William Turner e John Constable. Il paesaggio non è più solo sfondo o apparato narrativo per altra rappresentazione, ma diventa contenuto di per sé in quanto contenitore d'atmosfera[5].

scheint sich beinahe wie ein Unheil abweisendes Grinsen gegen die symbolische Strenge des Hundes der *Melencolia* zu präsentieren. Die Landschaft Kauffmanns ist ‚empfindsam‘ und enthält das existenzielle Drama eines verlorenen Wesens: „Als wir eine
halbe Meile nach Moulins zu gemacht hatten, sah ich, einen Seitenpfad entlang, welcher
nach einem Gebüsch führte, Maria unter einer Pappel sitzen – sie saß da, den Ellbogen
auf den Schoß gestützt und den Kopf in die innere Fläche der Hand legend – ein kleiner Bach floß an dem Fuße des Baumes hin“.[3] Maria erschien schon in dem früheren
Roman Sternes mit dem Titel *Tristram Shandy*. Ihre Anwesenheit in beiden seiner
Werke lässt an eine Art weibliches Alter Ego des Autors denken – eine umherirrende
Figur, die den Verstand verloren hat und vor allem deshalb beeindruckt, weil sie durch
den latent ironischen Ton des Romans entschärft und mit wohlwollendem Mitleid
beschrieben wird. Sie muss auch Goethe bekannt gewesen sein, der *Die Empfindsame
Reise* 1770/1771 zum ersten Mal las und noch einmal 1817, in dem Jahr, in dem er
seine Aufzeichnungen über die *Italienische Reise* zur Veröffentlichung fertigstellte.[4]
Es ist somit einerseits unbestreitbar, dass Goethes Beschreibungen von Italien dem
aufklärerischen Ziel folgen, den Leser zu bilden, wie andere Reisebeschreibungen vor
ihnen, zum Beispiel die *Historisch-kritischen Nachrichten von Italien* von Johann Jacob
Volkmann aus dem Jahr 1770/1771, die Goethe auf seiner Reise bei sich hatte. Andererseits sollte man jedoch nicht die Tatsache vernachlässigen, dass in der *Italienischen
Reise* auch die Idee der besuchten Landschaft als existenzieller Widerschein zu finden
ist, ausgelöst von einem Protoroman wie dem von Laurence Sterne. Goethe erklärt das
wahre Ziel seiner Reise: Die Welt entdecken, um sich selbst zu entdecken. So schreibt er
in Verona am 17. September 1786: „Ich mache diese wunderbare Reise nicht, um mich
selbst zu betriegen, sondern um mich an den Gegenständen kennen zu lernen [...]“.

Zeichnungen und Matrizen

Zu der Zeit von Goethes Italienreise etabliert sich die Landschaftsmalerei neben
Werken mit religiösen, mythologischen oder historischen Motiven sowie neben
der Porträt- und der Genremalerei zum autonomen Kunstgenre. Ausgelöst wird die
Entwicklung dank des Erfolgs von Werken großer Meister des 17. Jahrhunderts wie
Claude Lorraine. Die eigentliche Wende leiten Ende des 18. Jahrhunderts jedoch die
Engländer William Turner und John Constable ein. Landschaft ist nicht mehr nur
Hintergrund oder erzählerisches Beiwerk für die Darstellungen von anderem, sondern wird selbst zum Inhalt, da sie zum „Behälter“ einer Atmosphäre, Stimmungslage
oder Stimmung wird.[5]

 Vor dem 17. und 18. Jahrhundert waren Landschaftsdarstellungen vor allem
in Zeichnungen verbreitet. Man denke hier an die Zeichnungen, die Albrecht Dürer
oder Pieter Bruegel auf ihren Reisen über die Alpen schufen und oft später in der
Malerei zu imaginären Landschaften zusammenfügten. In diesem Sinn, aber nicht
nur in diesem, könnten wir auch die Reiseskizzen eines venetischen Künstlers wie
Pietro Marchioretto interpretieren, der ein Zeitgenosse Goethes war. Seine *Landschaft
mit Brücke und klassischen Ruinen* (*Paesaggio con ponte e rovine classiche*), die Paolo
Conte unter diesem Titel und mit einer Datierung vor 1792 verzeichnete und die
heute in Innsbruck aufbewahrt wird, bietet eine imaginäre Ausrichtung, eine Landschaft, die sich aus verschiedenen Skizzen zusammensetzt. Die Zeichnung ist Teil

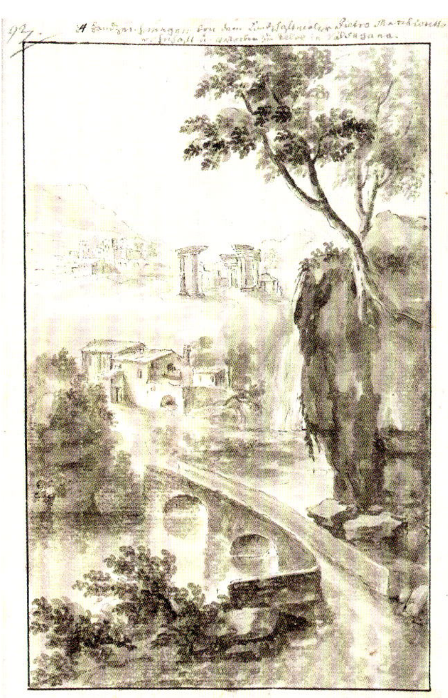

Abb. 2 Pietro Marchioretto,
*Landschaft mit Brücke und
Ruinen*, o. J., Bleistift, Feder in
Braun, aquarelliert, auf weißem
Papier, Tiroler Landesmuseum
Ferdinandeum, Grafische
Sammlung

Fig. 2 Pietro Marchioretto,
*Paesaggio con ponte e rovine
classiche*, s.d., matita, penna,
inchiostro bruno acquarellato
su carta bianca, Tiroler
Landesmuseum Ferdinandeum,
Grafische Sammlung

Il paesaggio era un genere diffuso, prima del Sei e Settecento, soprattutto nei disegni. Si pensi a quelli eseguiti nei loro viaggi transalpini di Albrecht Dürer o Pieter Bruegel, spesso riassemblati in pittura in paesaggi immaginari. In tal senso, ma non solo, potremmo interpretare i disegni di viaggio di un artista veneto come Pietro Marchioretto, contemporaneo di Goethe. Il *Paesaggio con ponte e rovine classiche*, schedato con questo titolo e datato anteriormente al 1792 da Paolo Conte e oggi conservato a Innsbruck, suggerisce un assetto immaginario, un paesaggio assemblato tramite diversi studi. Il disegno è parte di un album con 24 disegni dell'artista rappresentanti paesaggi lacustri e fluviali. Nelle collezioni del Tiroler Landesmuseum Ferdinandeum è conservato anche un secondo album di disegni di Marchioretto datati da Conte fra il 1794 e il 1795 (fig. 2)[6].

Marchioretto, di origine bellunese, esordisce pubblicamente come artista nel 1796 a Venezia, dopo una formazione avvenuta prima con l'artista Giovan Battista Lazzarini, ma soprattutto a partire dal 1791 a Venezia in contatto con Francesco Caucig (che arrivava da Roma e da Mantova) e Gaetano Zancon. I disegni anteriori al 1792 sono quindi esempio degli esordi di Marchioretto come paesaggista prima di approfondire la conoscenza con Caucig. È evidente come i singoli disegni *d'aprés nature* servano da studio e raffinamento del suo talento. Marchioretto è in viaggio come Goethe e come lui impara a disegnare dedicandosi in primo luogo allo studio della natura. I disegni del secondo album dimostrano un altro aspetto fondamentale della formazione artistica dell'epoca, ovvero l'emulazione di altri artisti e lo studio dell'arte antica. La prassi artistica dell'imitazione dei maestri è un dato da tenere sempre in considerazione nell'analisi dei disegni fino a fine Ottocento, per la quale nel processo formativo dell'artista disegnare *d'aprés nature* resta in secondo piano man mano che prevale l'approfondimento dello stile di altri. Le composizioni già viste in dipinti, disegni o stampe determinano lo sguardo sul paesaggio, a volte anche la scelta dei piani, la distanza, l'inquadratura.

Il paesaggio nell'Ottocento si riduce in molti casi, proprio grazie alla sua nuova fortuna come genere artistico, a una ripresa di immagini già viste con poche variazioni sul tema. Non fanno eccezione le numerosissime vedute del Lago di Garda, come quella di Torbole di Albert Henry Payne, della quale il Tiroler Landesmuseum Ferdinandeum conserva sia la stampa sia la matrice in acciaio (fig. 3). Lo stesso motivo di Torbole è rappresentato in una copia della stampa disegnata nei minimi dettagli da Carl dalla Torre. Meno ci interessa in questo caso il dalla Torre, in quanto biograficamente non rintracciabile, quanto più il suo prezioso album conservato nella biblioteca del Ferdinandeum di Innsbruck. Si tratta di oltre 70 paesaggi e vedute a ricordo di un viaggio del 1860 fra la Germania meridionale e il Lago di Garda, le quali, sebbene tutti firmati da Carl dalla Torre, sono in realtà disegni effettuati copiando meticolosamente stampe già esistenti di paesaggi e località.

I colori dell'anima

Il reiterarsi di inquadrature e composizioni che hanno ordinato e in parte ordinano ancora la lettura del paesaggio in chiave ottocentesca non devono farci dimenticare altri più profondi e storicamente rilevanti aspetti del paesaggio come topos e genere artistico. Proprio per l'assenza di assetto figurale e narrativo il paesaggio si costituisce

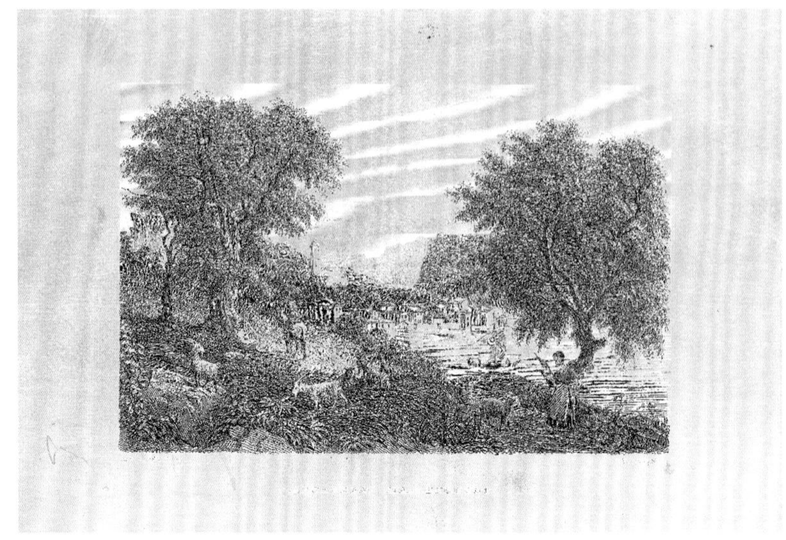

eines Albums mit 24 Zeichnungen des Künstlers mit Seen- und Flusslandschaften. In den Sammlungen des Tiroler Landesmuseums Ferdinandeum wird auch ein zweites Album mit Zeichnungen von Marchioretto aufbewahrt, die Conte zwischen 1794 und 1795 datiert (Abb. 2).[6]

Marchioretto, der aus der Provinz Belluno stammt, tritt als Künstler erstmals 1796 in Venedig auf, nachdem er sich zuvor erst bei Giovan Battista Lazzarini, vor allem aber ab 1791 in Venedig bei Francesco Caucig (der zuvor in Rom und Mantua gearbeitet hatte) und Gaetano Zancon ausbilden ließ. Die vor 1792 entstandenen Zeichnungen sind somit Frühwerke Marchiorettos als Landschaftsmaler, noch bevor er seine Kenntnisse bei Caucig vertieft. Die einzelnen Zeichnungen *d'aprés nature* sind deutlich als Studien zur Verfeinerung seines Talents entstanden. Marchioretto ist wie Goethe auf der Reise, und wie er lernt er Zeichnen vor allem durch das Abbilden der Natur. Die Zeichnungen des zweiten Albums zeigen einen weiteren grundlegenden Aspekt der künstlerischen Ausbildung jener Epoche, nämlich die Nachahmung anderer Künstler und das Studium der antiken Kunst. Die Praxis, die Meister zu imitieren, ist eine Tatsache, die man immer im Auge behalten sollte, wenn man Zeichnungen aus der Zeit bis zum Ende des 19. Jahrhunderts betrachtet, denn für diese Zeit bleibt das Zeichnen nach der Natur in der Ausbildung des Künstlers zweitrangig, wichtiger ist die Vertiefung des Stils der anderen. Die Kompositionen, die man schon in Gemälden, Zeichnungen oder Drucken sah, beeinflussen den Blick auf die Landschaft, bisweilen auch die Wahl der Ebenen, die Distanz, den Bildausschnitt.

Die Landschaftsdarstellung im 19. Jahrhundert ist häufig, eben weil sie als neues Kunstgenre Erfolg hat, auf die Wiederaufnahme von Bildern beschränkt, die man schon gesehen hat, mit wenigen Variationen zum Thema. Auch die zahlreichen Darstellungen des Gardasees machen da keine Ausnahme, wie die Ansicht von Torbole von Albert Henry Payne, von der das Tiroler Landesmuseum Ferdinandeum sowohl den Druck als auch die Druckplatte aus Stahl besitzt (Abb. 3). Derselbe Blick auf Torbole ist auf einer Kopie des Drucks dargestellt, die Carl dalla Torre bis ins kleinste Detail gezeichnet hat. Weniger interessant ist hier der Künstler dalla Torre,

Abb. 4 Artur Nikodem, *Segelboote auf dem Gardasee*, 1933, Öl auf Leinwand, Tiroler Landesmuseum Ferdinandeum, Moderne Galerie

Fig. 4 Artur Nikodem, *Barche a vela sul lago di Garda*, 1933, olio su tela, Tiroler Landesmuseum Ferdinandeum, Moderne Galerie

Abb. 5 Gerhild Diesner, *Häuser am Gardasee*, 1964, Öltempera über Bleistift auf Papier, Tiroler Landesmuseum Ferdinandeum, Moderne Galerie

Fig. 5 Gerhild Diesner, *Case presso il lago di Garda*, 1964, tempera e matita su carta, Tiroler Landesmuseum Ferdinandeum, Moderne Galerie

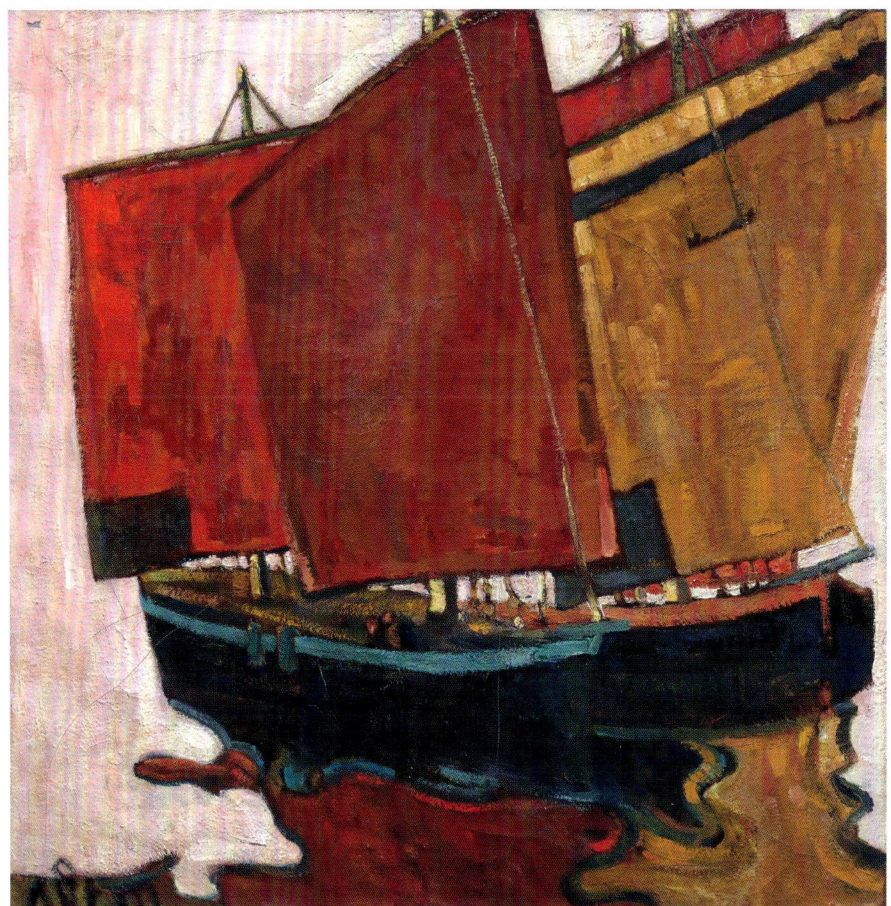

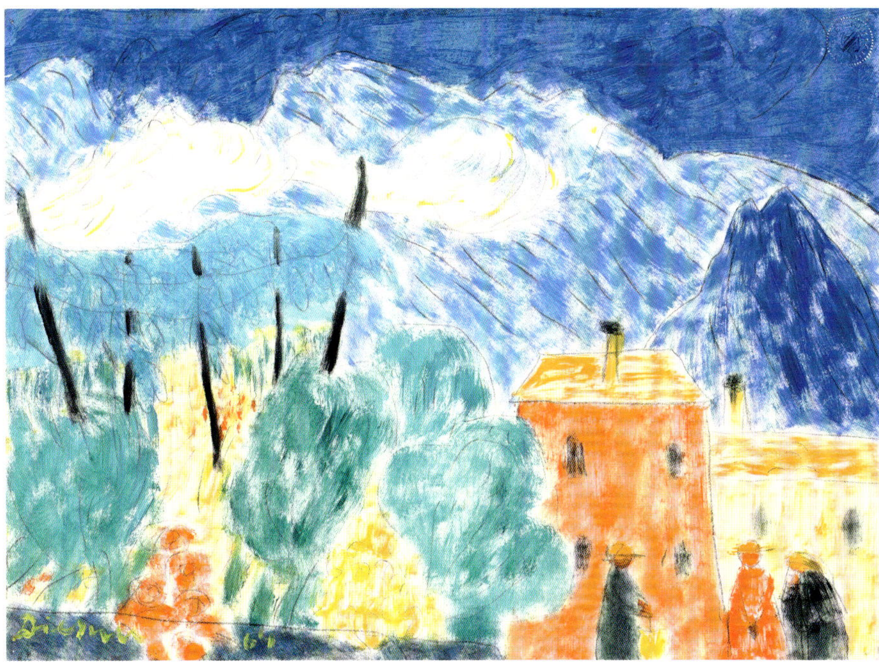

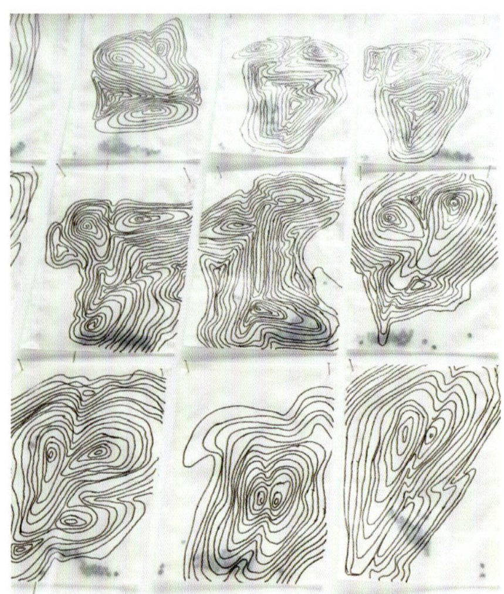

Abb. 6 Lois Weinberger, *Plant which makes faces (Datura)*, 2005, Tusche, Pergamin, Stechapfelsamen, Stecknadeln, Holz, Glas, Tiroler Landesmuseum Ferdinandeum, Moderne Galerie

Fig. 6 Lois Weinberger, *Plant which makes faces (Datura)*, 2005, china, pergamina, semi di stramonio, spilli, legno, vetro, Tiroler Landesmuseum Ferdinandeum, Moderne Galerie

denn von ihm sind kaum biografischen Daten bekannt, sondern sein Album, das in der Bibliothek des Ferdinandeums in Innsbruck aufbewahrt wird. Es enthält über 70 Landschaftsdarstellungen und Panoramen als Erinnerung an eine Reise, die er 1860 zwischen Süddeutschland und dem Gardasee machte. Sie alle sind zwar von Carl dalla Torre signiert, erweisen sich aber durchgehend als minutiös angefertigte Kopien von bereits bestehenden Druckgrafiken von Landschaften und Orten.

Die Farben der Seele

Die häufige Wiederkehr derselben Bildausschnitte und Kompositionen im 19. Jahrhundert ordnete und teilweise ordnet bis heute unseren Blick auf die Landschaft, doch dies darf uns nicht vergessen lassen, dass es weitere tiefgreifende und historisch relevante Aspekte der Landschaft als Topos und Kunstgenre gibt. Eben wegen des Fehlens von Figuren und erzählerischen Elementen wird die Landschaft gegen Ende des 19. Jahrhunderts zum Seelenort des Betrachters und somit zu einem Genre, das die Moderne einleitet – nicht nur als Spiegel der menschlichen Gefühle und Getriebenheit, sondern auch, weil sie besser als viele andere Motive die Bewusstmachung der Kunst als Mittel zur Analyse der Wirklichkeit und ihrer Wahrnehmung fördert. Man braucht nur daran zu denken, wie wichtig der Impressionismus und Cézannes Landschaftsstudien für die ersten Avantgarden waren.

Landschaftsbilder von Künstlern wie Artur Nikodem (1870–1940) und Gerhild Diesner (1915–1995) zeigen uns, wie die Farbe zum Protagonisten und direkten Ausdrucksmittel der inneren Empfindungen wurde. Das Werk von Nikodem, der aus dem Trentino stammt, vor allem aber in Österreich und Deutschland aktiv war, steht in einer Linie mit dem Studium der Rolle der Farbe, das von Cézanne, aber auch von vielen anderen wie den Fauves oder der Gruppe des Jugendstils in Wien begonnen wurde, die den Künstler direkt inspirierten. Bei Gerhild Diesner erkennt man ihre Bewunderung für Vincent van Gogh und Henri Matisse und damit die Entdeckung der Kraft der Farbe, die im 20. Jahrhundert zur Erkenntnis führt, dass die äußere Welt immer auf die innere verweist (Abb. 4, 5).

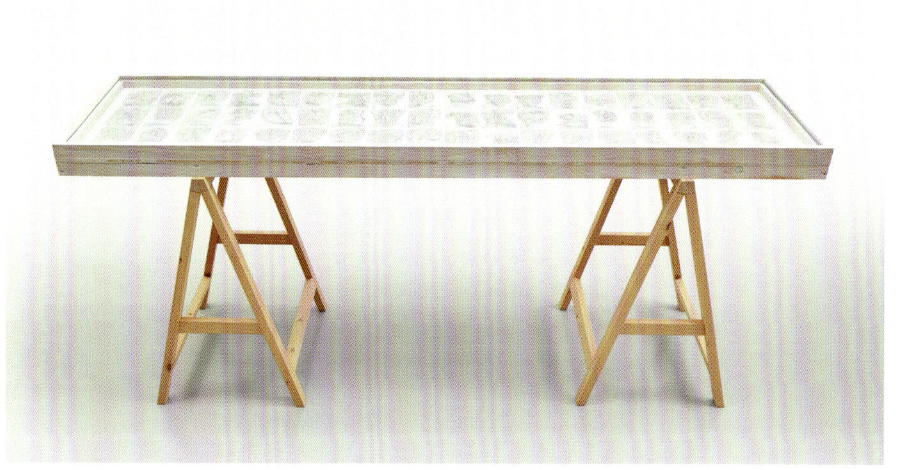

a fine Ottocento territorio dell'anima di chi lo osserva e quindi genere che inaugura la modernità. Non solo in quanto specchio dei sentimenti e delle inquietudini umane ma anche perché, molto più di altri soggetti, funzionale alla presa di coscienza dell'arte come mezzo di analisi della realtà e della sua percezione. Basti pensare all'importanza della tappa impressionista in Europa e degli studi sul paesaggio di Cézanne per le prime avanguardie.

I paesaggi di artisti come Artur Nikodem (1870–1940) e Gerhild Diesner (1915–1995) si mostrano rivelatori per il protagonismo del colore come diretto mezzo espressivo delle emozioni interne. L'opera di Nikodem, originario del Trentino ma operante soprattutto in Austria e in Germania, è da leggere in linea con una ricerca sul ruolo del colore avviata, oltre che da Cézanne, da molti altri come i Fauves o la cerchia dello Jugendstil a Vienna, di diretta ispirazione per l'artista. In Gerhild Diesner si palesa l'ammirazione per Vincent van Gogh e per Henri Matisse e con essa la scoperta del potere del colore che nel Novecento porta alla dichiarazione che il mondo esteriore rimanda sempre a quello interiore (figg. 4, 5).

Il paesaggio concettuale

Il pensiero moderno si basa su un'idea di realtà molteplici. L'arte, di conseguenza, non è più credibile come fedele imitazione della natura. La seconda metà del Novecento si apre a un salto concettuale: il paesaggio come contenitore di nuove idee per un nuovo ordinamento della realtà. L'antica prassi dell'imitazione dei maestri si dimostra per la contemporaneità del tutto produttiva, poiché legittima il ruolo dell'artista nella costruzione del paesaggio. L'arte non solo riconosce diverse inquadrature e punti di vista, ma spesso li sa analizzare come fautori della realtà intelligibile. Lo scopriva già Goethe, a Roma il 27 giugno del 1787: "Quando si può subito dopo rivedere la natura e ricercare e leggere ciò che simili artisti hanno immaginato e più o meno imitato, tutto questo dilata necessariamente lo spirito, lo purifica e gli procura infine il concetto più sublime dell'arte e della natura".

I mezzi artistici per fare ciò, oggi, sono innumerevoli. Lois Weinberger (1947-2020) si confronta dalla fine degli anni '70 con il paesaggio naturale in senso culturale, studia le piante, il loro aspetto botanico, curativo, simbolico, folkloristico. Unisce diversi mondi e diverse epoche per un percorso personale che si fa collettivo rivelando che la natura è soggetto insieme a chi la osserva. Alessandro Piangiamore collabora con la natura, o meglio coi venti del Garda, per realizzare l'installazione *Tutto il vento che c'è* del 2013. Si tratta, come nel caso di Weinberger per le piante, di un'inconsueta schedatura dei venti tramite l'esposizione alle intemperie di forme monolitiche fatte di terra locale e della traduzione dei paesaggi ventosi in incisioni a punta secca (figg. 6, 7).

Goethe lamentava di non riuscire nel disegno a unire i piani, o meglio di dare sempre troppa importanza ai dettagli in primo piano e meno alla composizione generale. Deformazione professionale di uno scrittore e artista che è anche uomo di scienza, esperto di geologia e botanica. A Palermo, il 17 aprile 1787: "Alla presenza di tante forme nuove o rinnovellate, mi saltò in testa la mia antica fantasia: perché, in tanta ricchezza di vegetazione, non dovrei scoprire la *Urpflanze*, la pianta originaria?". Anche la sua ricerca è, in fondo, concettuale. Anche la scienza, in fondo, frantuma la natura in categorie, nomenclature, idee.

Die konzeptuelle Landschaft

Das moderne Denken basiert auf der Vorstellung, dass mehrere Wirklichkeiten parallel existieren dürfen. Dementsprechend erscheint eine Kunst, die sich als getreue Nachahmung der Natur behauptet, nicht mehr glaubwürdig. In der zweiten Hälfte des 20. Jahrhunderts vollzieht sich ein konzeptueller Umbruch: die Landschaftsdarstellung als Behältnis neuer Ideen für eine neue Ordnung der Wirklichkeit. Die alte Praxis, die Meister zu imitieren, erweist sich für die zeitgenössische Kunst als ausgesprochen produktiv, denn sie legitimiert die Rolle des Künstlers in der Konstruktion der Landschaft. Die Kunst kennt nicht nur verschiedene Einstellungen und Perspektiven, sondern kann sie als Bestandteile der erkennbaren Realität oft auch analysieren. Das entdeckte schon Goethe, der am 27. Juni 1787 in Rom schrieb: „Wenn man nun gleich wieder die Natur ansehn und wieder finden und lesen kann, was jene gefunden und mehr oder weniger nachgeahmt haben, das muß die Seele erweitern, reinigen und ihr zuletzt den höchsten anschauenden Begriff von Natur und Kunst geben".

Heute gibt es unzählige künstlerische Mittel dies zu tun. Lois Weinberger (1947-2020) setzt sich seit Ende der 1970er-Jahre mit der Naturlandschaft im kulturellen Sinn auseinander, studiert Pflanzen und ihre botanischen, heilenden, symbolischen und folkloristischen Aspekte. Er vereint verschiedene Welten und Epochen in einer persönlichen Kunst, die kollektiv wird, weil sie aufdeckt, dass die Natur gemeinsam mit dem Betrachter das Subjekt ist. Alessandro Piangiamore kooperiert in der Installation *Tutto il vento che c'è* aus dem Jahr 2013 mit der Natur, genauer gesagt, mit den Winden des Gardasees. Es handelt sich, wie im Fall Weinbergers bei den Pflanzen, um eine ungewöhnliche Katalogisierung, hier der Winde: Monolithische Formen aus lokaler Erde werden dem Wind ausgesetzt und die Windlandschaften in Kaltnadelradierungen umgesetzt (Abb. 6, 7).

Goethe beklagte, in seinen Zeichnungen die Ebenen nicht verbinden zu können, oder, genauer gesagt, die Details im Vordergrund immer zu stark hervorzuheben und die Gesamtkomposition zu wenig zu betonen – die Déformation professionnelle eines Schriftstellers und Künstlers, der auch Wissenschaftler ist, Experte in Geologie und Botanik. In Palermo schreibt er am 17. April 1787: „Im Angesicht so vielerlei neuen und erneuten Gebildes fiel mir die alte Grille wieder ein, ob ich nicht unter dieser Schar die Urpflanze entdecken könnte. Eine solche muß es denn doch geben!" Auch seine Suche ist im Grunde eine konzeptuelle. Auch die Wissenschaft splittert die Natur in Kategorien, Spezien, Namen, Ideen auf.

Die Fragmentierung der Landschaft ist ein unvermeidlicher Schritt in der neuen wissenschaftlichen Wende in der Kunst der letzten 20 Jahre, vor allem für jene Künstlerinnen und Künstler, die sich von der Natur belehren lassen, um das Bewusstsein auf soziale, politische, ökologische Themen zu lenken. Ein Beispiel hierfür sind neben vielen anderen die Fotografien von Doris Krüger (*Selected Scenery*, 2001), die soziophilosophische Anwendung von Pilzen von Ursula Groser (*Autolyse*, 2013) oder die Zeichnungen von vom Aussterben bedrohten Tieren oder Pflanzen von Alexandra Kontriner (ab 2012). Es hängt von der gemeinsamen Arbeit der Kollektivität ab, ob es gelingt, die Tabula rasa zu verarbeiten, auf welche die weißen Felder dieser Arbeiten anspielen (Abb. 8).

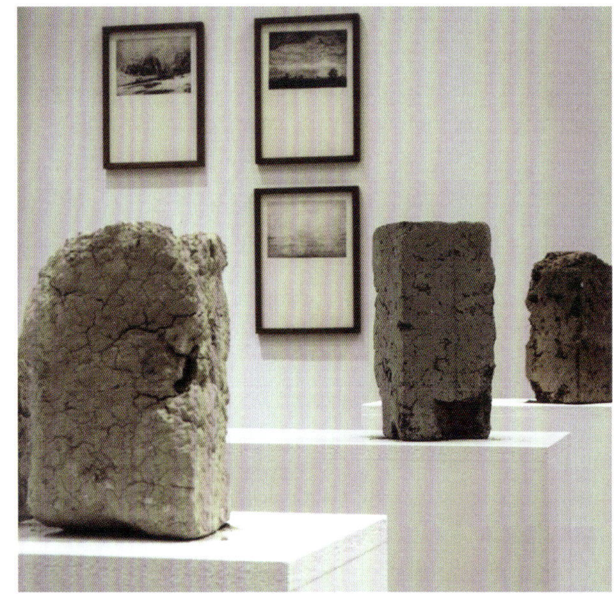

La frammentazione del paesaggio è un passo inevitabile nella nuova svolta scientifica nell'arte degli ultimi vent'anni, soprattutto per quegli artisti che traggono insegnamento dall'osservazione della natura per capire come costruire la coscienza verso temi sociali, politici, ecologici. Ne sono esempio, accanto a moltissime altre, le opere fotografiche di Doris Krüger (*Selected Scenery*, 2001), l'uso sociofilosofico dei funghi di Ursula Groser (*Autolyse*, 2013), o i disegni di animali e vegetali in estinzione di Alexandra Kontriner (dal 2012). Dipende dal lavoro della collettività riuscire ad assimilare la tabula rasa a cui alludono le campiture bianche di queste opere (fig. 8).

Oltre le matrici

La posa melancolica di Maria nella stampa di Angelika Kauffman, che ci faceva immaginare un Goethe errante verso un nuovo se stesso, meno infallibile di quanto lo conoscevamo, si ripete in una fotografia di una serie di Martin Kippenberger (1953-1997) che lo ritrae fra le montagne del Tirolo (fig. 9). Kippenberger è spesso in viaggio e come Goethe è un attentissimo osservatore della cultura locale. Nel 1976 trascorre un anno a Firenze dove esegue la serie *Uno di voi, un tedesco in Firenze* (1976–1977), 56 dipinti di vita quotidiana[7]. Egli arriva a Innsbruck negli anni Novanta come artista già conosciuto, atteso e anche temuto perché fa arte con l'ironia, quella che dà fastidio e smuove le acque stagnanti. Famoso per la rana crocefissa dell'opera *Zuerst die Füße* del 1990, trasfigurazione del Cristo, ma anche della rana, con gli occhi spalancati e la lingua di fuori. Nel 2008 fa ancora scandalo quando viene esposta al Museion di Bolzano. Si è parlato in quel caso di rappresentazione blasfema trascurando l'efficacia dell'idea di sostituire al Cristo, ormai empaticamente innocuo, una rana antropomorfa in tutta la bassezza della sua sofferenza.

L'artista si fa fotografare nel 1994 sulle montagne presso Innsbruck in abito convenzionale con giacca e cravatta. Il commento di Roberto Ohrt sul viaggio di Kippenberger in Tirolo lo ricollega a Friedrich Nietzsche sulle montagne dell'Engadina, dove il filosofo risaliva più in alto di tutte le cose umane e dove nacque l'idea per lo

269

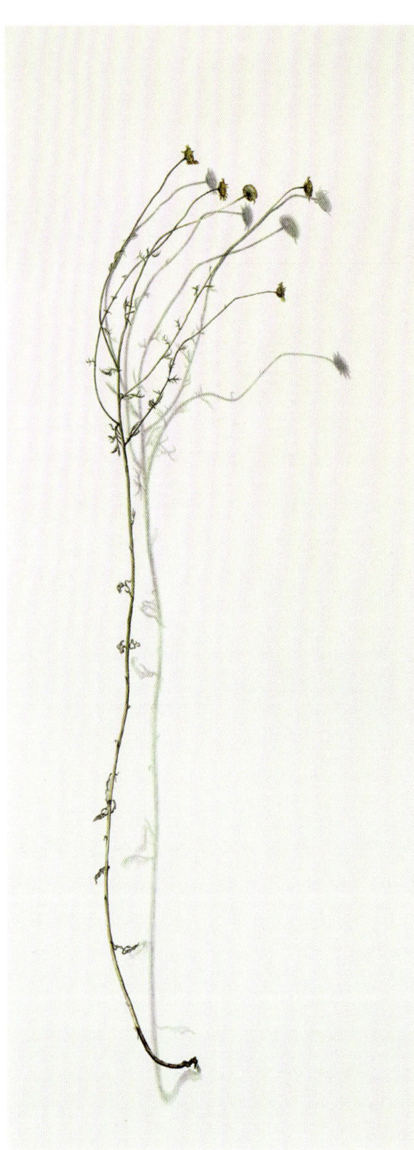

Abb. 8 Alexandra Kontriner,
Färberkamille, 2012, Bleistift,
Aquarell auf geprägtem
Büttenpapier, Tiroler
Landesmuseum Ferdinandeum,
Grafische Sammlung

Fig. 8 Alexandra Kontriner,
Camomilla dei tintori, 2012,
matita e acquarello su carta fatta
a mano, Tiroler Landesmuseum
Ferdinandeum, Grafische
Sammlung

Jenseits der Matrizen

Die melancholische Pose der Maria im Druck von Angelika Kauffmann, die uns an
einen Goethe denken ließ, der auf der Suche nach einem neuen Selbst ist, weniger
unfehlbar, als wir ihn kannten, wiederholt sich in einer Fotografie aus einer Reihe
von Martin Kippenberger (1953–1997), die ihn in den Bergen Tirols zeigt (Abb. 9).
Kippenberger reist oft und wie Goethe ist er ein aufmerksamer Beobachter der lokalen
Kulturen. 1976 verbringt er ein Jahr in Florenz, wo er die Reihe *Uno di voi, un tedesco in
Firenze* (1976–1977) schafft, 56 Gemälde aus dem Alltag.[7] In den 1990er-Jahren kommt
er als bereits bekannter Künstler nach Innsbruck, wo man ihn erwartet, aber auch
fürchtet, denn seine Kunst ist voller Ironie, sie stört und wühlt im Trüben. Berühmt
ist er wegen des gekreuzigten Froschs in seinem Werk *Zuerst die Füße* von 1990, eine
Transfiguration des Christus, aber auch des Froschs, mit weit aufgerissenen Augen
und heraushängender Zunge. 2008 entfachte das Werk erneut einen Skandal, als es
im Museion in Bozen ausgestellt wurde. Man sprach damals von Blasphemie, wobei
man jedoch nicht in Betracht zog, wie wirksam es ist, Christus, der inzwischen keine
Empathie mehr hervorruft, durch einen anthropomorphen Frosch zu ersetzen, in der
vollen Armseligkeit seines Leidens. Der Künstler lässt sich 1994 auf den Bergen bei
Innsbruck fotografieren, konventionell gekleidet mit Jackett und Krawatte. Der Kommentar Roberto Ohrts zu Kippenbergers Reise nach Tirol verbindet ihn mit Friedrich
Nietzsche in den Engadiner Bergen, wo der Philosoph über die menschlichen Dinge
hinaus weit hinaufstieg und wo die Idee für seinen *Zarathustra* entstand.[8] Kippenberger
ist mit der Bergwelt nicht vertraut, auch weil er aus dem Rheintal kommt, und hält sich
mit erkennbarer Mühe auf den Felsen in Position. So ermittelt er mögliche Positionen
des Menschen in der Natur, die ihrerseits wieder traditionelle Haltungen nachahmen.
Kippenbergers Ironie fordert in diesem Werk die Konventionen heraus, ist jedoch nie
respektlose Verhöhnung, sondern Satire bürgerlicher Gemeinplätze (der Anzug, die
ordentlich nach hinten gekämmten Haare …), die stets bewusst Anteil nimmt. Man
kann sie vergleichen mit der Sensibilität Laurence Sternes gegenüber dem Sentimen-
talismus seiner Epoche – einer Haltung, die Goethe seinerzeit aufnahm und die uns
heute, mit der richtigen Dosis Ironie und Toleranz gegenüber der Komplexität der
heutigen Landschaft, erlaubt, die verschiedenen Blicke auf die Welt zu verstehen.

[1] Alle Zitate aus der *Italienischen Reise* sind folgender
Ausgabe entnommen: *Goethes Werke.* Hamburger Ausgabe in 14 Bänden, Bd. 11, Hamburg 1948 ff.

[2] Die erste Übersetzung ins Deutsche schrieb Johann
Joachim Christoph Bode, während die ersten Übersetzungen ins Italienische von Ugo Foscolo stammen und
unter verschiedenen Pseudonymen ab 1792 veröffentlicht wurden.

[3] Sterne, Laurence: *Sterne's Empfindsame Reise.* Aus dem
Englischen von Karl Eitner, Leipzig 1868 (zitiert nach
Projekt Gutenberg, www.projekt-gutenberg.org).

[4] Large, Duncan: „,Sterne-Bilder': Sterne in the German
Speaking World", in: de Voogd, Peter/Neubauer, John:
The Reception of Laurence Sterne in Europe, London 2004,
S. 76.

[5] Der Begriff Atmosphäre übersetzt hier den Begriff
„mood", wie ihn der englische Kunsthistoriker Kenneth
Clark in seinem grundlegenden Werk zum Studium der
Landschaft in der Kunst verwendet: „We are surrounded
with things which we have not made and which have a
life and structure different from our own: trees, flowers,
grasses, rivers, hills, clouds. For centuries they have inspired us with curiosity and awe. They have been objects
of delight. We have recreated them in our imaginations to
reflect our moods." Clark, Kenneth: *Landscape into Art*,
London 1997[7], S. 1.

[6] Conte, Paolo: *Pietro Marchioretto (1761-1828). Un paesaggista tra Veneto e Tirolo*, Lamon 2007, S. 207, Kat. Nr.
I. und S. 208, Kat. Nr. II.

[7] Vgl. Williams/Gregory H.: „,Komische Fehlüber-
setzung': Martin Kippenbergers Reisen", in: Brugger,
Ingried/Ortner-Kreil, Lisa: *Martin Kippenberger XYZ*,
Wien 2016, S. 51–68.

[8] Ohrt, Roberto: „Dein Werk in Teufels Küche", in: Geiger, Marcus/Widauer, Johann: *Martin Kippenberger in
Tirol. Sammlung Widauer*, Köln 2000, S. 11.

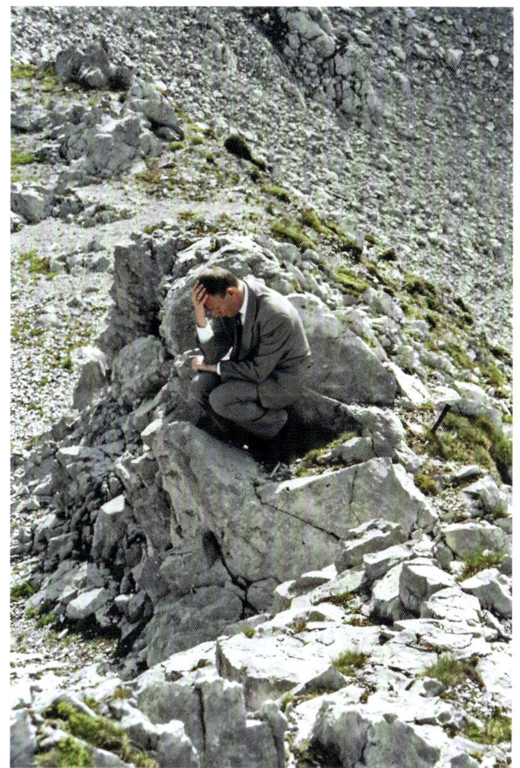

Zarathustra[8]. Kippenberger non ha dimestichezza con la montagna, anche perché proviene dalla pianura renana, e con notevole fatica cerca di prendere posizione sulle rocce, individuando possibili posizioni dell'essere umano nella natura, a loro volta emulazione di posture tradizionali. L'ironia di Kippenberger in quest'opera sfida le convenzioni ma non è mai derisione irrispettosa, è satira del luogo comune borghese (l'abito, i capelli pettinati all'indietro…) ma sempre in consapevole compartecipazione. Essa è accostabile alla sensibilità di Laurence Sterne verso il sentimentalismo della propria epoca, attitudine critica recepita a suo tempo da Goethe e che, con la giusta dose di ironia e tolleranza verso la complessità del paesaggio presente, ci permette oggi di comprendere diversi possibili sguardi sul mondo.

[1] Tutte le citazioni italiane de *Il Viaggio in Italia* sono tratte dall'edizione di Rizzoli: J.W. Goethe, *Viaggio in Italia*, Traduzione di Eugenio Zaniboni, Milano[5] 2018.

[2] Le prime traduzioni in italiano sono di Ugo Foscolo, pubblicate sotto diversi pseudonimi del traduttore a partire dal 1792.

[3] L. Sterne, *Viaggio sentimentale di Yorick lungo la Francia e l'Italia. Con annotazioni di Didimo Chierico* (Ugo Foscolo, ndr), Londra 1823, p. 170.

[4] D. Large: „'Sterne-Bilder': Sterne in the German Speaking World", in: P. de Voogd, J. Neubauer, *The Reception of Laurence Sterne in Europe*, London 2004, p. 76.

[5] La parola atmosfera traduce qui il termine „mood" come usato dallo storico dell'arte inglese Kenneth Clark nella sua opera di riferimento per lo studio del paesaggio nell'arte: "We are surrounded with things which we have not made and which have a life and structure different from our own: trees, flowers, grasses, rivers, hills, clouds. For centuries they have inspired us with curiosity and awe. They have been objects of delight. We have recreated them in our imaginations to reflect our moods". K. Clark, *Landscape into Art*, London 1997[7], p. 1.

[6] P. Conte, *Pietro Marchioretto (1761–1828). Un paesaggista tra Veneto e Tirolo*, Lamon 2007, p. 207, Sch. 1.I. e p. 208 Sch. II.

[7] Cfr. G.H. Williams, *"Komische Fehlübersetzung": Martin Kippenbergers Reisen*, in: I. Brugger, L. Ortner-Kreil, *Martin Kippenberger XYZ*, Wien 2016, pp. 51-68.

[8] R. Ohrt, *Dein Werk in Teufels Küche*, in M. Geiger, J. Widauer, *Martin Kippenberger in Tirol. Sammlung Widauer*, Köln 2000, p. 11.

Weg von hier oder die Reise als Aufbruch
Zu den Arbeiten von Barbara Klemm und Simona Obholzer

Helena Pereña

„Ich sagte es doch, ‚Weg von hier‘, das ist mein Ziel“,[1] schreibt Franz Kafka in *Der Aufbruch* und lässt keinen Zweifel darüber aufkommen, welches Freiheitsgefühl mit einer Reise verbunden werden kann. Noch deutlicher findet sich der Gedanke beim ewig Reisenden Bruce Chatwin, wenn er davon ausgeht, dass der Mensch von Natur aus nomadisch angelegt ist und erst durch Sesshaftigkeit und Besitztümer gewalttätig wird.[2] Die Reise kann auch als Selbstfindungsprozess aufgefasst werden, als Suche und zugleich Denkrichtung, die in sich selber nie ruhen kann. Das hält den Spaziergänger Robert Walser am Leben und in Verbindung zur Welt: „Auf einem schönen und weitschweifigen Spaziergang fallen mir tausend brauchbare nützliche Gedanken ein. Zu Hause eingeschlossen, würde ich elendiglich verkommen und verdorren.“[3] Die Verschiebung, die das „Weg von hier“ beinhaltet, ist hier das Ziel mit dem kreativen Potenzial.

Goethes Italienreise lässt sich als Befreiung von der Last des Bekannten interpretieren, die nicht nur von der Sehnsucht nach einem mediterranen Ideal getrieben ist, sondern auch von der unverbindlichen Freiheit, in einem fremden Land zu sein. Diese Distanz und das Gefühl des Nicht-Dazugehörens, durchaus auch des Unverständnisses, beflügeln den Reisenden und sind wesentliche Voraussetzung für seine zeichnerischen Versuche. 2012 haben die Kuratoren der Ausstellung „Reisenotizen“ die als Bildreporterin bekannte Barbara Klemm gefragt, ob sie sich vorstellen könne, Goethes Zeichnungen als Ausgangspunkt für einen eigenen Fotoparcours zu nützen.[4] Das erste Bild aus der Serie ist gleich bei der Besprechung in Weimar entstanden: *Goethes Gartenhaus in Weimar* (Abb. 3); eine Arbeit, die auch künstlerisch richtungsweisend ist.

Klemms Fotografien sind stark durchkomponiert, kleinformatig und immer schwarz-weiß.[5] Dadurch wirken sie distanziert und objektivierend zugleich. Dem Bildaufbau der ruhigen Aufnahmen kommt eine große Bedeutung zu, indem die Fotografin beschreibende Elemente ausklammert und Gegenstände so präsentiert, als wären sie eigens für ihren Blick entstanden. Barbara Klemms versachlichte Interpretation der Reiseroute lässt uns die Fahrt durch ihren Kamerasucher nachempfinden und wird zu einer eigenen Reise, die sich von Goethes losgelöst hat. Maria Belmonte hat die Reisenden nach Italien und Griechenland seit dem 18. Jahrhundert „Pilger der Schönheit“ genannt und sich selbst in dieser Reihe gesehen.[6]

Via di qua, o il viaggio come partenza
Sulle opere di Barbara Klemm e Simona Obholzer

Helena Pereña

"'L'ho detto, no? Via-di-qua… Ecco la mia meta", scrive Franz Kafka nel racconto *La partenza*[1], e non lascia dubbi sulla sensazione di libertà che si accompagna a un viaggio. Un pensiero che si ritrova, ancora più esplicito, nell'opera dell'eterno viaggiatore Bruce Chatwin, quando dice che l'essere umano è per sua natura nomade ed è diventato violento solo in conseguenza della sedentarietà e della proprietà[2]. Il viaggio può essere vissuto anche come un'occasione per trovare se stessi, come ricerca e al tempo stesso come direzione del pensiero che non può mai ripiegarsi su se stessa. È questo che tiene in vita e in contatto con il mondo il flâneur Robert Walser: "Le prolisse passeggiate mi ispirano mille pensieri fruttuosi, mentre rinchiuso in casa avvizzirei e inaridirei miseramente"[3]. Qui lo spostamento che comporta il "via-di-qua" è l'obiettivo dalla potenzialità creativa.

Il viaggio in Italia di Goethe può essere interpretato come liberazione dal peso del conosciuto, mossa non soltanto dal desiderio di un ideale mediterraneo ma anche dalla libertà assoluta che deriva dall'essere in un paese straniero. Questa distanza e la sensazione di non appartenenza, certamente anche di incomprensione, animano il viaggiatore Goethe e sono condizione essenziale per i suoi tentativi artistici. Nel 2012 gli organizzatori della mostra *Reisenotizen* chiesero a Barbara Klemm, nota giornalista fotografica, se potesse partire dai disegni di Goethe come spunto per un suo personale percorso fotografico[4]. Il primo scatto della serie è stato realizzato proprio durante quel colloquio, a Weimar: *La casa-giardino di Goethe a Weimar* (fig. 3), un'opera di grande valore programmatico anche dal punto di vista artistico.

Le fotografie di Barbara Klemm hanno una composizione rigorosa, sono di piccolo formato e sempre in bianco e nero[5]. Tali caratteristiche le rendono distanti e oggettive al tempo stesso. La tranquillità che permea la composizione acquista un particolare rilievo perché la fotografa esclude ogni elemento descrittivo e presenta gli oggetti come se fossero fatti apposta per il suo sguardo. Questa interpretazione oggettivata dell'itinerario del viaggio ci permette di viverlo attraverso l'obiettivo della sua macchina fotografica e lo trasforma in un viaggio personale, svincolato da quello di Goethe. Maria Belmonte chiama "pellegrini della bellezza" i viaggiatori che si recavano in Italia e in Grecia dal Settecento in poi, e tra loro colloca anche se stessa[6]. Così il viaggio fotografico di Barbara Klemm si inserisce

Abb. 1 Barbara Klemm, *Andy Warhol, Frankfurt*, 1981, Fotografie, Silbergelatine-Abzug, C-Print, auf Barytpapier, Städel Museum, Frankfurt am Main. Erworben 2014 als Schenkung von Barbara Klemm, Eigentum des Städelschen Museums-Vereins e.V.

Fig. 1 Barbara Klemm, *Andy Warhol, Francoforte*, 1981, fotografia ai sali d'argento, stampa cromogenica su carta baritata, Städel Museum, Francoforte sul Meno. Acquisizione 2014, donazione Barbara Klemm. Proprietà Städelschen Museums-Verein e.V.

Abb. 2 Barbara Klemm, *Goethes Arbeitszimmer*, 2013, Schwarz-Weiß-Fotografie auf Barytpapier

Fig. 2 Barbara Klemm, *Lo studio di Goethe*, 2013, fotografia in bianco e nero su carta baritata

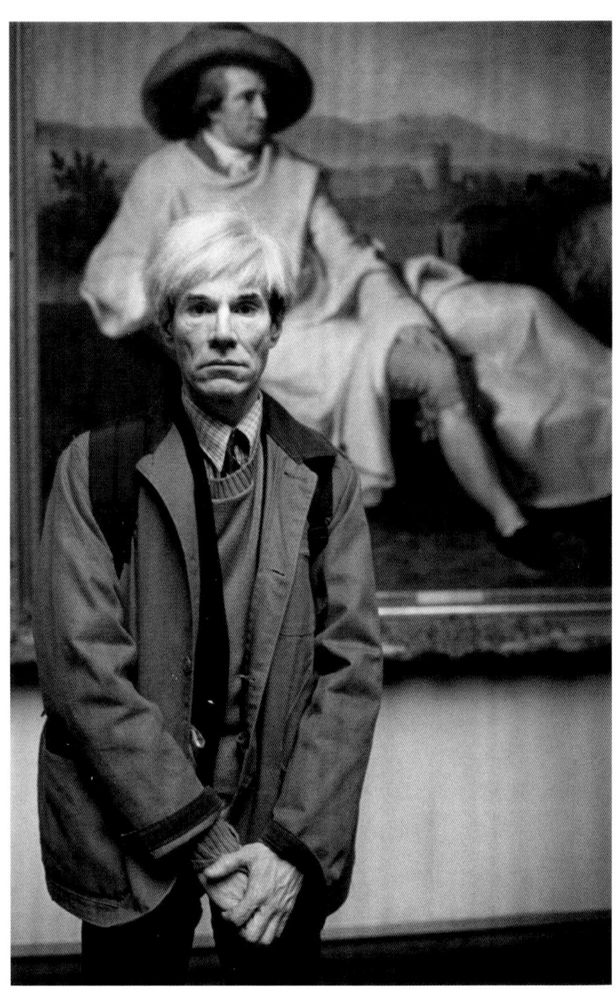

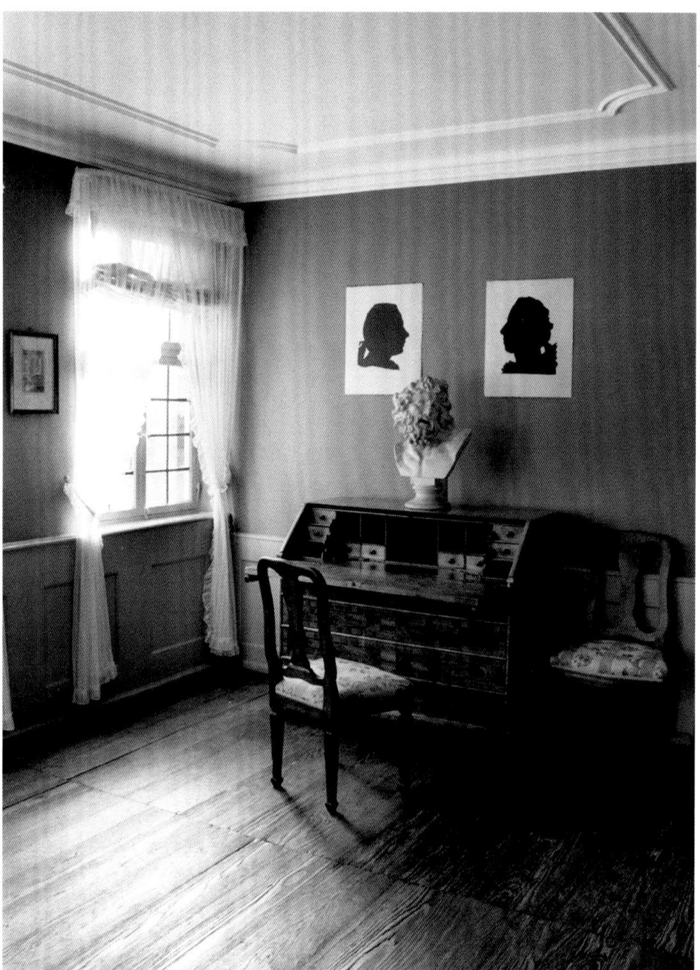

Abb. 3 Barbara Klemm, *Goethes Gartenhaus in Weimar*, 2013, Schwarz-Weiß-Fotografie auf Barytpapier

Fig. 3 Barbara Klemm, *La casa-giardino di Goethe a Weimar*, 2013, fotografia in bianco e nero su carta baritata

Abb. 4 Barbara Klemm, *Wolkenstudie*, 1999, Schwarz-Weiß-Fotografie auf Barytpapier

Fig. 4 Barbara Klemm, *Studio di nuvole*, 1999, fotografia in bianco e nero su carta baritata

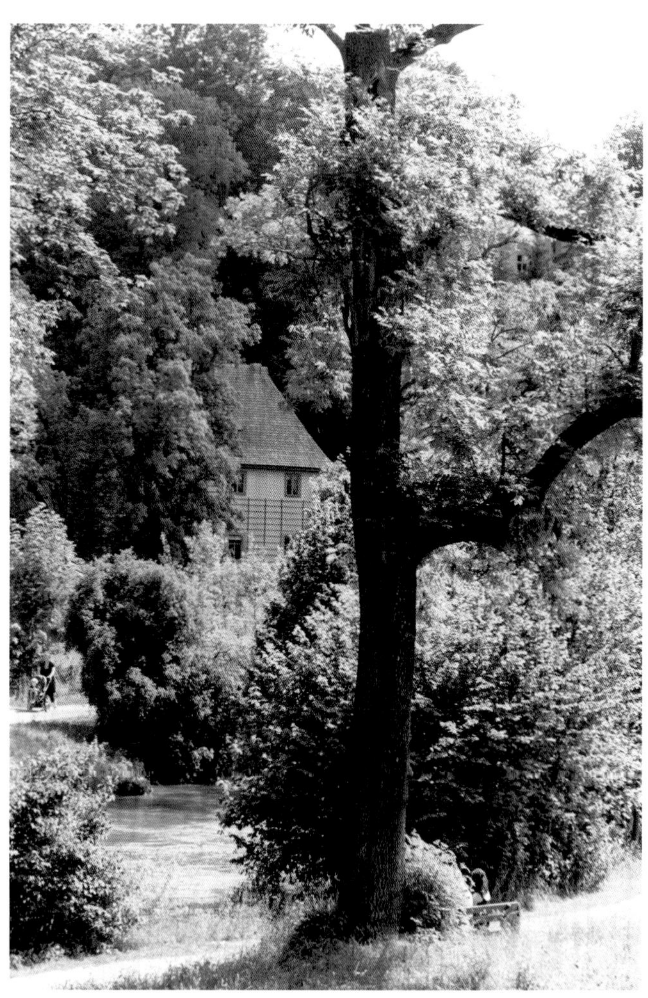

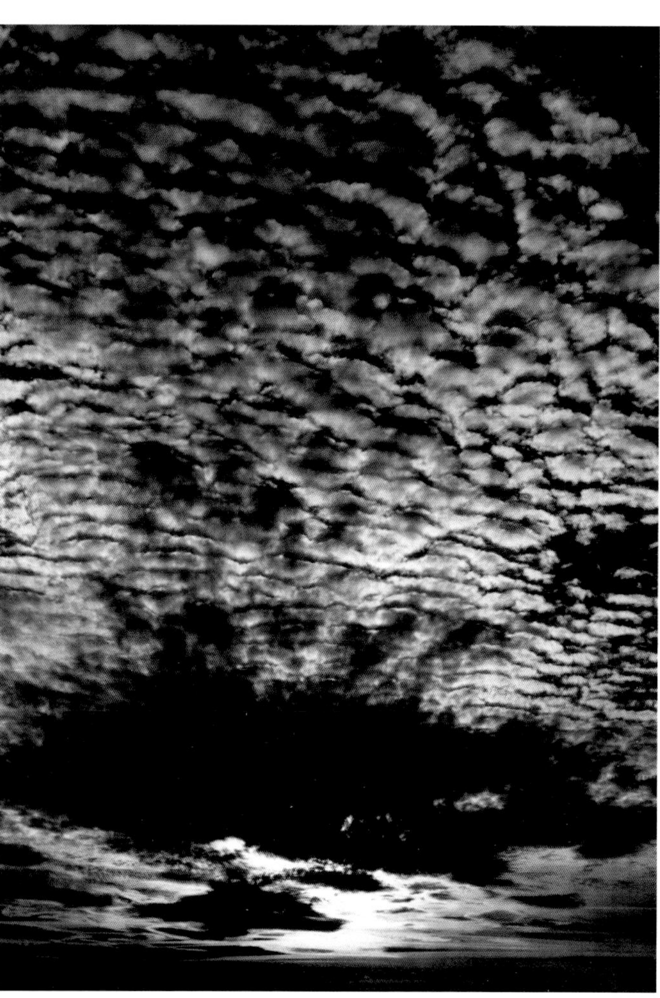

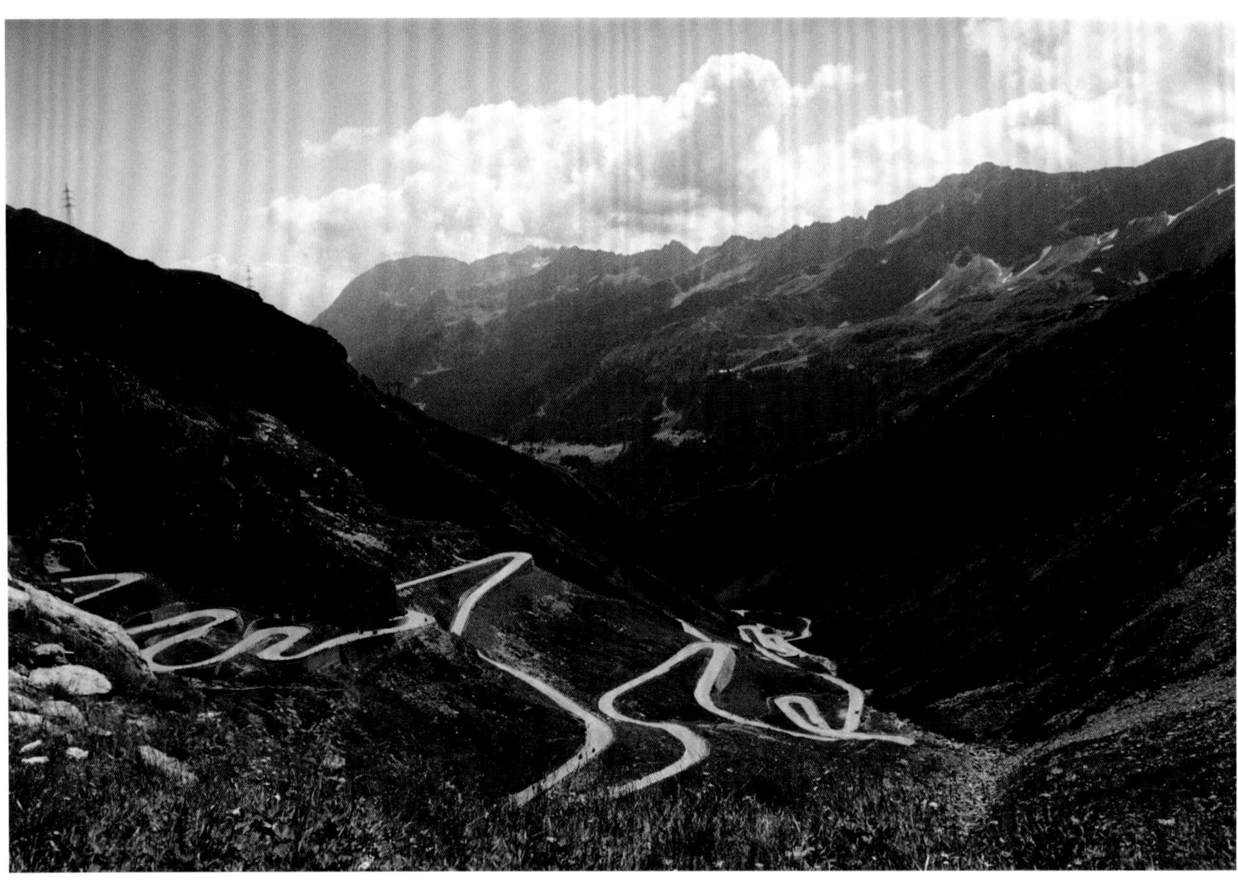

Abb. 5 Barbara Klemm,
*Scheideblick nach Italien vom
St. Gotthard*, 2013, Schwarz-
Weiß-Fotografie auf Barytpapier

Fig. 5 Barbara Klemm, *Veduta
sull'Italia dal San Gottardo*, 2013,
fotografia in bianco e nero su carta
baritata

So steht auch Klemms Fotoreise durchaus im Geist dieser Tradition, die sie jedoch in eine zeitgenössische Bildsprache überträgt – jenseits jeglicher Nostalgie und auf ihre eigene Art nach der „Bildschönheit" ringend.

Der Blick als zentrales Element von Landschaftsdarstellungen ist eine Konstante in der Arbeit von Simona Obholzer. Die Künstlerin thematisiert die Horizontlinie in ihrer Arbeit *große simple Linie* (Abb. 7) und bezieht sich dabei auf eine Bemerkung Goethes nach seiner Rückkehr aus Italien: „Als Landschaftszeichner hat mir die große simple Linie ganz neue Gedanken gegeben."[7] Obholzer stellt die Reise als Horizont in einem der Linie gewidmeten Faltpanorama dar. Der Hocker, den sie ihrer Arbeit beistellt, ermöglicht die Betrachtung aus unterschiedlichen Perspektiven, um die Reflexion über die (Horizont-)Linie als landschaftsbestimmendes Element anzuregen. Am Horizont ruht der menschliche Blick, von diesem Punkt aus erschließt er sich die Natur als Landschaft. Der Horizont steht aber auch für die Sehnsucht, sodass die Reise ebenso als Projektionsfläche wie als Horizonterweiterung erscheint. Indem Obholzer nur die Horizontlinie darstellt und auf weitere Angaben verzichtet, legt sie Mechanismen der Landschaftskonstruktion frei, die unseren Wahrnehmungskonventionen innewohnen. Wie Barbara Klemm bleibt sie auf Distanz zu ihrem Gegenstand, allerdings mit anderen Mitteln. Mehr als auf eine Reiseroute verweist Obholzers „große simple Linie" auf die Reise im Kopf, die im Begriff des Aufbruchs bereits beinhaltet ist.

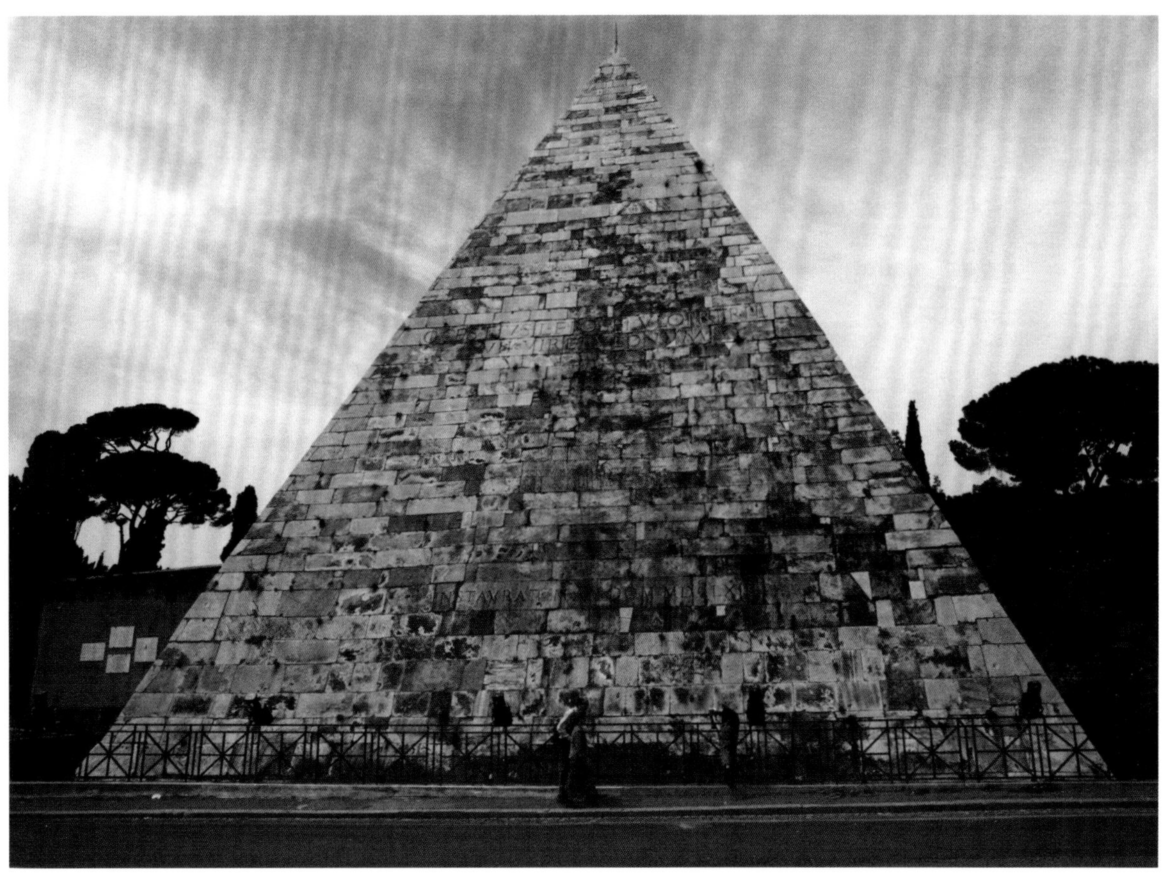

perfettamente nello spirito di questa tradizione, solo interpretata in un linguaggio visivo contemporaneo: al di là di ogni nostalgia e ricercando a suo modo la "bellezza dell'immagine".

Lo sguardo come elemento centrale della rappresentazione del paesaggio è una costante nell'opera di Simona Obholzer. In *große simple Linie* (fig. 7) l'artista sceglie come tema la linea dell'orizzonte, richiamandosi a una frase scritta da Goethe dopo il ritorno dall'Italia: "Come disegnatore di paesaggi, la grande semplice linea mi ha donato pensieri tutti nuovi"[7]. Simona Obholzer rappresenta il viaggio come orizzonte in un panorama di pieghe dedicato alla linea. Lo sgabello che mette accanto all'opera permette di osservarla da diverse prospettive, in modo da stimolare la riflessione sulla linea (dell'orizzonte) come elemento che definisce il paesaggio. Sull'orizzonte si posa lo sguardo umano, da quel punto si schiude la natura come paesaggio. Ma l'orizzonte significa anche il desiderio, e così il viaggio appare tanto come superficie di proiezione quanto come allargamento di orizzonti. Rappresentando soltanto la linea dell'orizzonte e rinunciando ad altri motivi, Simona Obholzer mette a nudo i meccanismi della costruzione del paesaggio che sono insiti nelle nostre convenzioni percettive. Come Barbara Klemm, mantiene la distanza dal suo oggetto, solo con altri mezzi. Più che a un itinerario di viaggio, la sua "grande semplice linea" rimanda al viaggio interiore, che è già incluso nell'idea della partenza.

Abb. 7 Simona Obholzer,
große simple Linie, 2016/2019,
Gouache auf Aquarellkarton, Tiroler
Landesmuseum Ferdinandeum,
Grafische Sammlung

[1] Kafka, Franz: *Sämtliche Erzählungen*, hg. von Paul Raabe, Frankfurt am Main 1970, S. 321.

[2] Chatwin, Bruce: *Traumpfade*, München 1990.

[3] Walser, Robert: *Der Spaziergang*, Frauenfeld–Leipzig 1917, S. 55.

[4] Firmenich, Andrea/Janssen, Johannes: „Reisenotizen", in: Dies. (Hg.): *Reisenotizen. Barbara Klemm – Fotografien. Johann Wolfgang Goethe – Zeichnungen*, Katalog Museum Sinclair-Haus 2014 und Schiller-Museum, Klassik Stiftung Weimar 2015, S. 6–12, S. 7f.

[5] Siehe ausführlich dazu Holler, Wolfgang: „Das Da-Sein und das So-Sein der Dinge. Barbara Klemm in der Landschaft", in: Firmenich/Janssen (Hg.): *Reisenotizen* (wie Anm. 4), S. 15–25.

[6] Belmonte, Maria: *Peregrinos de la belleza. Viajeros por Italia y Grecia*, Barcelona 2015.

[7] Goethe, Johann Wolfgang von: *Sämtliche Werke nach Epochen seines Schaffens*. Münchner Ausgabe, Bd. 15, München 1997, S. 287f.

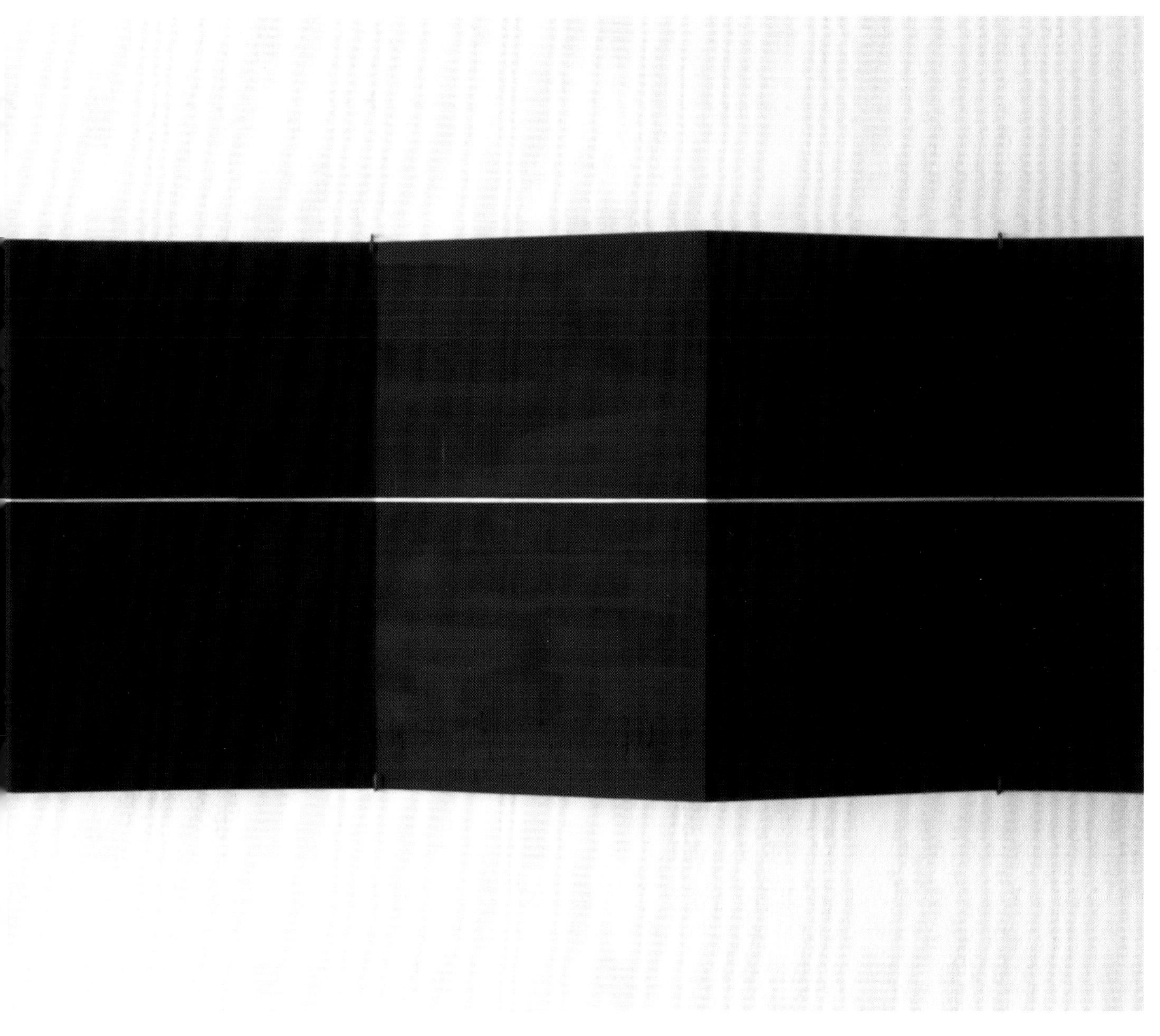

Fig. 7 Simona Obholzer, *große simple Linie*, 2016-2019, gouache su cartoncino da acquerello, Tiroler Landesmuseum Ferdinandeum, Grafische Sammlung

[1] F. Kafka, *I racconti*, a cura di G. Schiavoni, Rizzoli, Milano 1985, pp. 428-429.

[2] B. Chatwin, *Le vie dei canti,* Adelphi, Milano 1988.

[3] R. Walser, *La passeggiata*, Milano, Adelphi 1976, pp. 55.

[4] A. Firmenich, Johannes Janssen, *Reisenotizen*, in Idem (a cura di), *Reisenotizen. Barbara Klemm – Fotografien. Johann Wolfgang Goethe – Zeichnungen*, catalogo Museum Sinclair-Haus 2014 e Schiller-Museum, Klassik Stiftung Weimar 2015, pp. 6-12, pp. 7 sg.

[5] Su questo argomento, vedi W. Holler, *Das Da-Sein und das So-Sein der Dinge. Barbara Klemm in der Landschaft*, in Firmenich e Janssen (a cura di), *Reisenotizen*, cit., pp. 15-25.

[6] M. Belmonte, *Peregrinos de la belleza. Viajeros por Italia y Grecia*, Barcelona 2015.

[7] J.W. von Goethe, Sämtliche Werke nach Epochen seines Schaffens, Münchner Ausgabe, vol. 15, München 1997, pp. 287 sg.

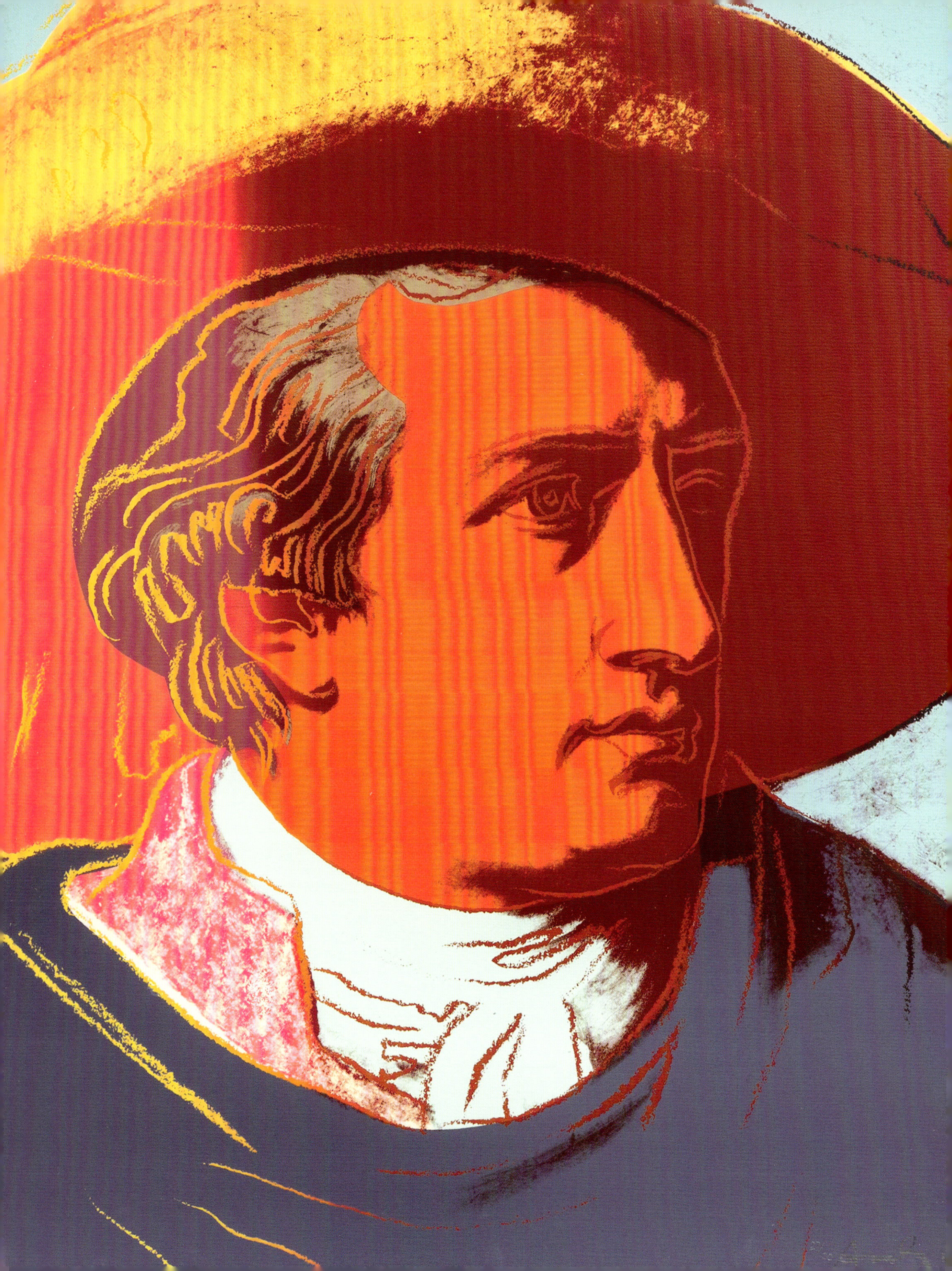

Werke / Opere

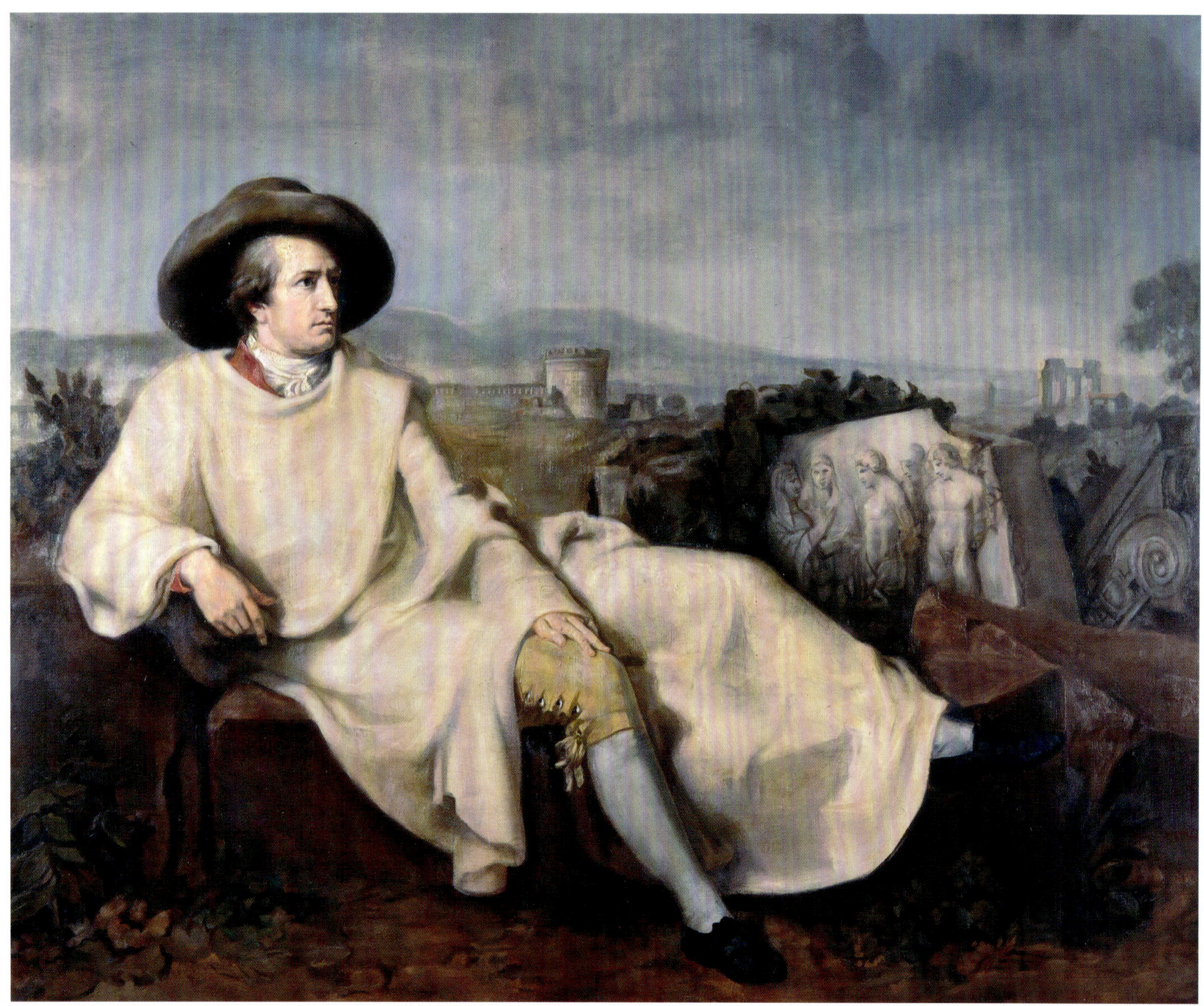

Reinhold Ewald nach / da Johann Heinrich Wilhelm Tischbein

Goethe, Johann Wolfgang von (1749–1832) in der Campagna, 1959
Ölhaltige Farben auf Leinengewebe (nicht analysiert), 167 × 211 cm
Klassik Stiftung Weimar, Museen
Inv.-Nr. KGe/00556

Johann Wolfgang von Goethe (1749-1832) nella campagna romana, 1959
Olio su tela (non analizzato), 167 × 211 cm
Klassik Stiftung Weimar, Museen
Inv. n. KGe/00556

Friedrich Rehberg nach / da Johann Heinrich Wilhelm Tischbein

Goethe, Johann Wolfgang von (1749–1832) (?) in der Campagna, 1788
Papier auf blauem Papier fest aufgezogen, Aquatintaradierung von zwei Platten mit Lavierungen, brauntonig in Chiaroscuro-Manier Umrandung, 12,2 × 17,1 cm
Klassik Stiftung Weimar, Museen
Inv.-Nr. KGr1993/00366

Johann Wolfgang von Goethe (1749-1832) (?) nella campagna romana, 1788
Carta montata su carta azzurra, acquatinta da due lastre con cornice acquerellata a chiaroscuro in bruno, 12,2 × 17,1 cm
Klassik Stiftung Weimar, Museen
Inv. n. KGr1993/00366

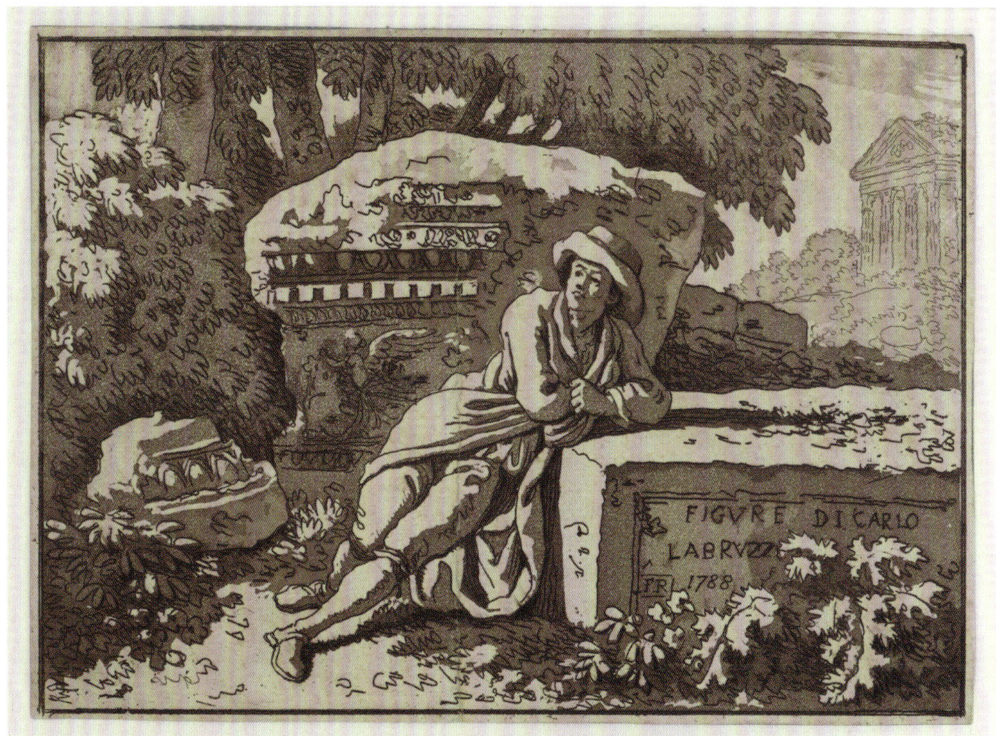

Kat. / Cat. 3
Andy Warhol
Goethe, 1982
Siebdruck auf Karton, 96,7 × 96,6 cm
Kunstsammlungen Chemnitz –
Museum Gunzenhauser, Eigentum
der Stiftung Gunzenhauser
Inv.-Nr. GUN-G-0085

Goethe, 1982
Serigrafia su cartone, 96,7 × 96,6 cm
Museum Gunzenhauser, Chemnitz
(proprietà della Fondazione
Gunzenhauser)
Inv. n. GUN-G-0085

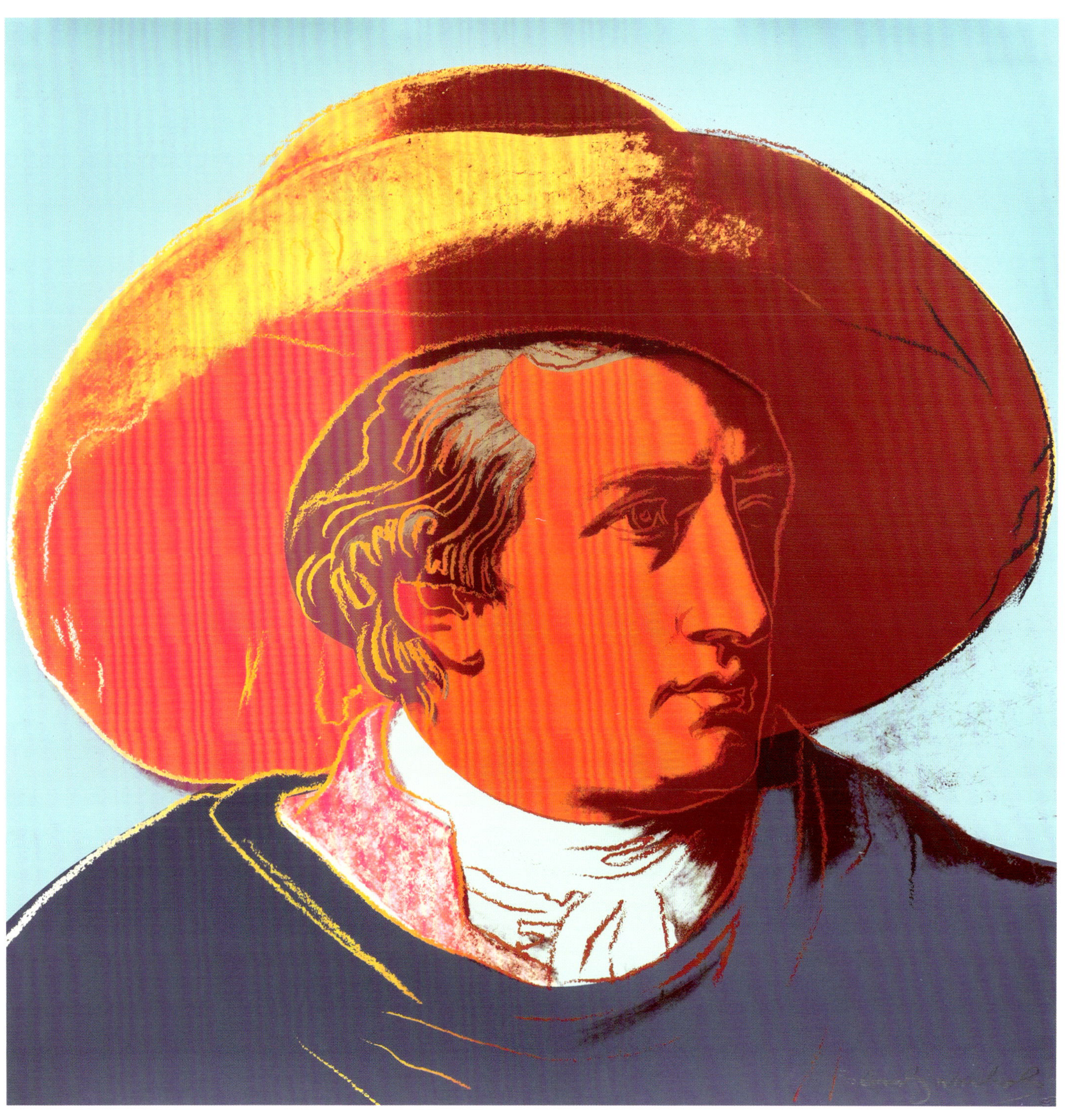

Weimar als Zentrum der *Italianità*
Weimar come centro dell'*italianità*

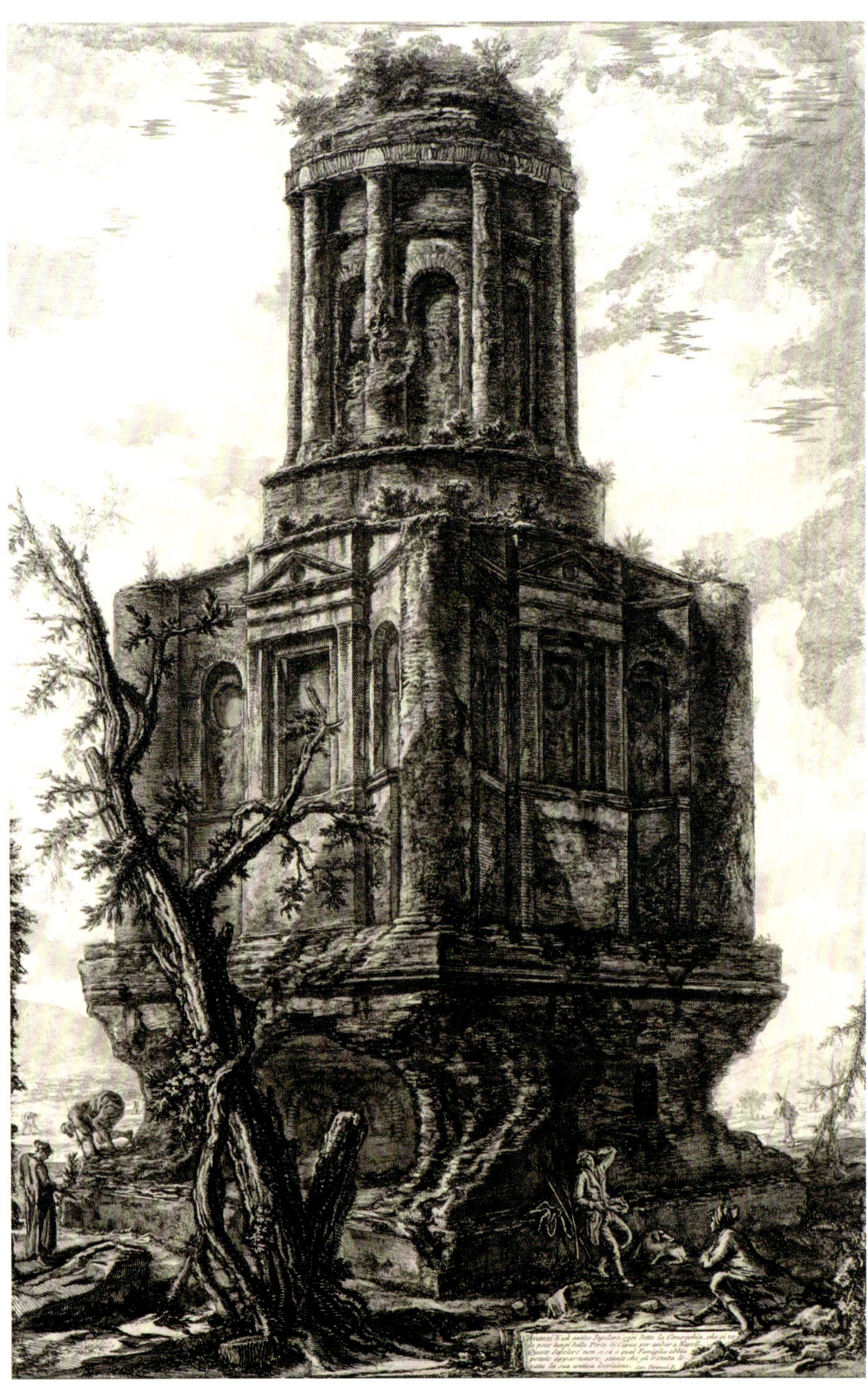

Kat. / Cat. 4
Giovanni Battista Piranesi
Vedute di Roma, 1776
Radierung, 53,3 × 40 cm
Stiftsmuseum Klosterneuburg
Inv.-Nr. DG 435

Vedute di Roma, 1776
Acquaforte, 53,3 × 40 cm
Stiftsmuseum Klosterneuburg
Inv. n. DG 435

Kat. / Cat. 5
Georg Melchior Kraus
„Aussichten und Parthien des Herzogl.
Parks bey Weimar", 2. Blatt, 4. Heft:
Das Römische Haus im Herzogl.
Parck bey Weimar, 1799
Kolorierte Radierung auf Papier,
25,2 × 32,8 cm
Klassik Stiftung Weimar, Museen
Inv.-Nr. DK 6/85

Aussichten und Parthien des Herzogl.
Parks bey Weimar, foglio II, quaderno
IV: *Das Römische Haus im Herzogl.*
Parck bey Weimar, 1799
Acquaforte a colori su carta,
25,2 × 32,8 cm
Klassik Stiftung Weimar, Museen
Inv. n. DK 6/85

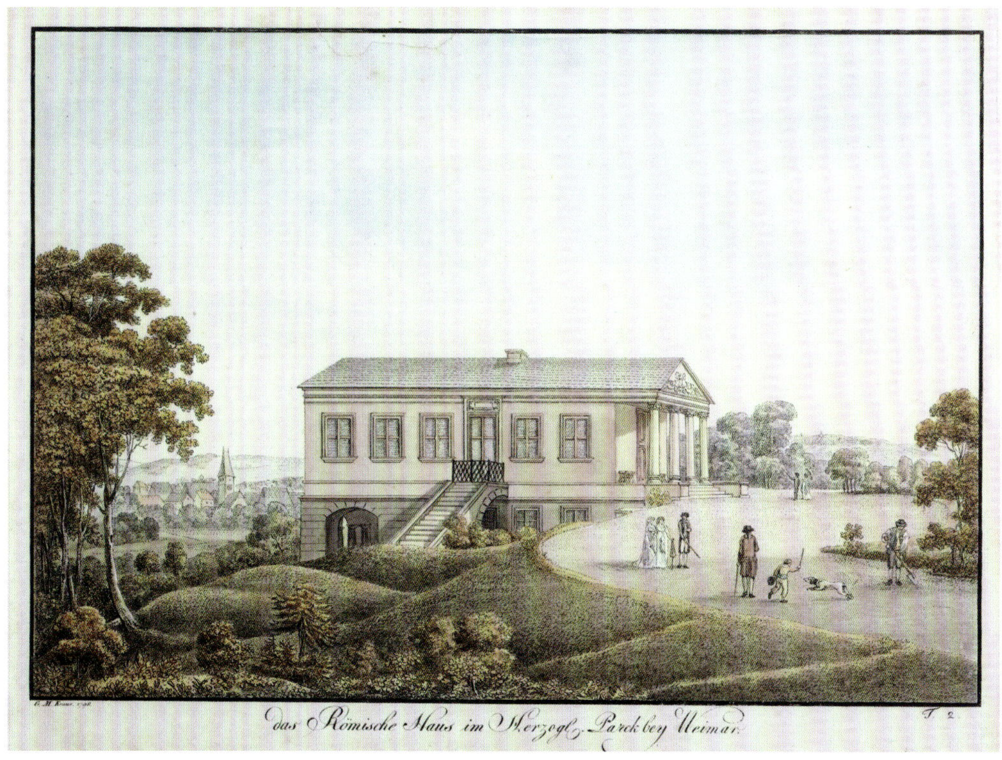

Johann Heinrich Meyer
*Weimar. Römisches Haus: Entwurf für
eine kassettierte Decke mit Pegasus,
1796*
Feder in Grau, wässriger Pinsel
in Grau und in Gelb über Grafit
auf Papier,
19,6 × 25,7 cm
Klassik Stiftung Weimar, Museen
Inv.-Nr. KK 2754

*Weimar. Casa romana: progetto per
soffitto a cassettoni con Pegaso, 1796*
Penna in grigio e grafite su carta,
acquerellato in grigio e giallo,
19,6 × 25,7 cm
Klassik Stiftung Weimar, Museen
Inv. n. KK 2754

Johann Heinrich Wilhelm Tischbein
*Sachsen-Weimar-Eisenach, Anna
Amalia Herzogin von geb. Prinzessin von
Braunschweig-Wolfenbüttel (1739–1807)
am Grabmal der Priesterin Mamia
in Pompeji, 1789*
Ölhaltige Farben auf Leinengewebe
(nicht analysiert),
73 × 56 cm
Klassik Stiftung Weimar, Museen
Inv.-Nr. KGe/00530

*Anna Amalia duchessa di Sassonia-
Weimar-Eisenach, nata principessa di
Brunswick-Wolfenbüttel (1739-1807)
sulla tomba della sacerdotessa Mamia
a Pompei, 1789*
Colori a olio su tela (non analizzato),
73 × 56 cm
Klassik Stiftung Weimar, Museen
Inv. n. KGe/00530

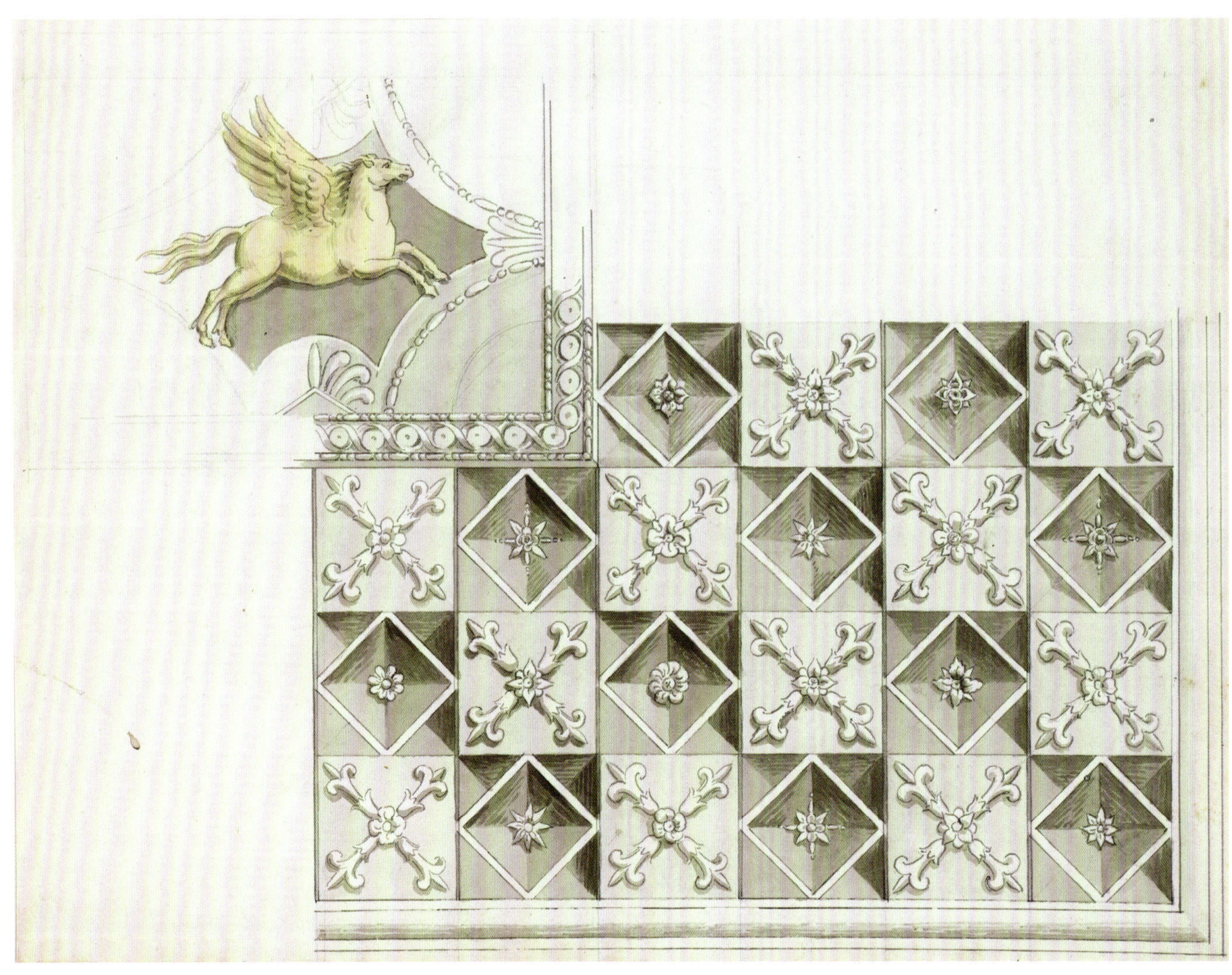

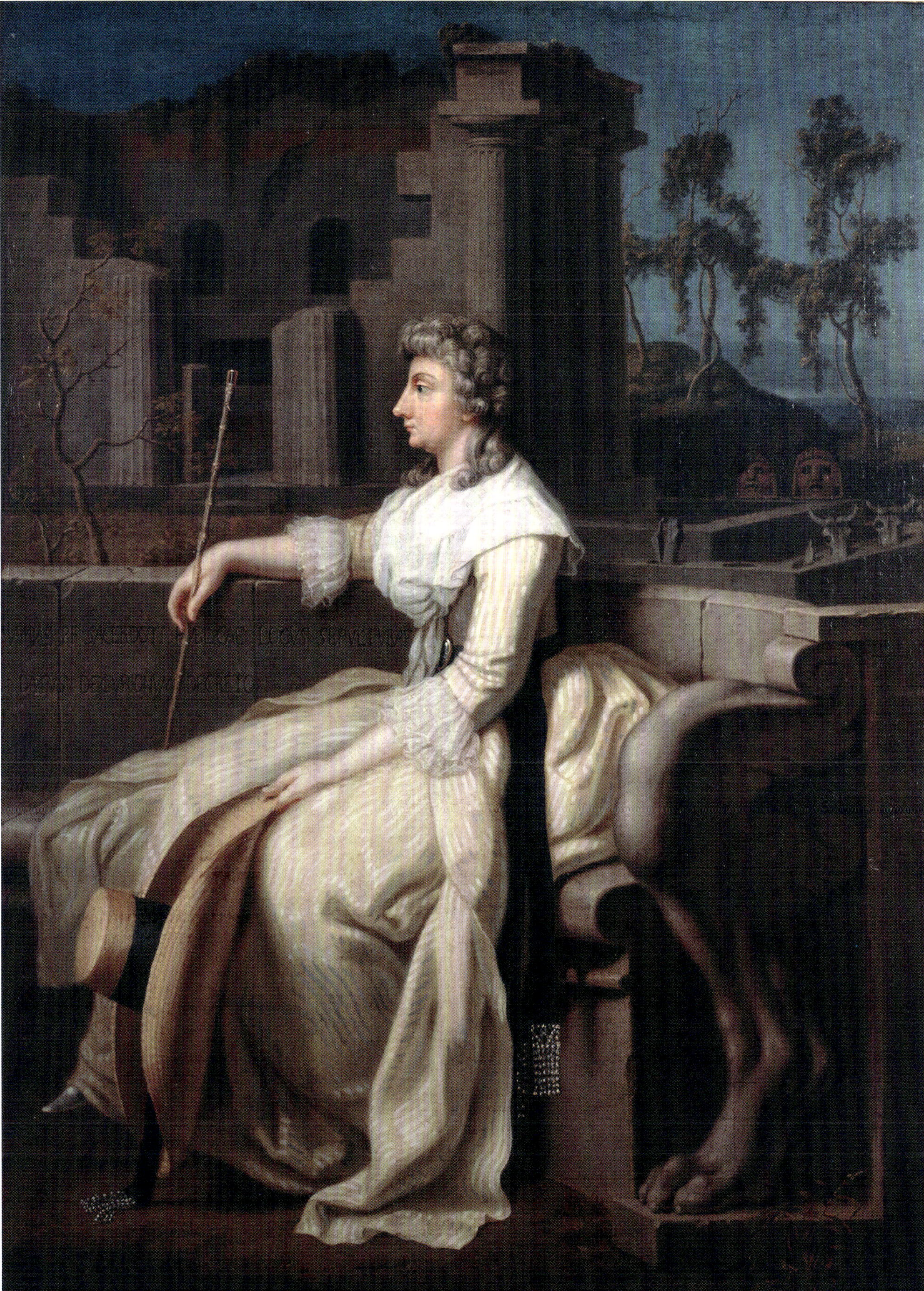
...MIAE P F SACERDOTI PVBLICAE LOCVS SEPVLTVRAE
DATVS DECVRIONVM DECRETO

Die Ästhetik des Klassizismus
L'estetica del classicismo

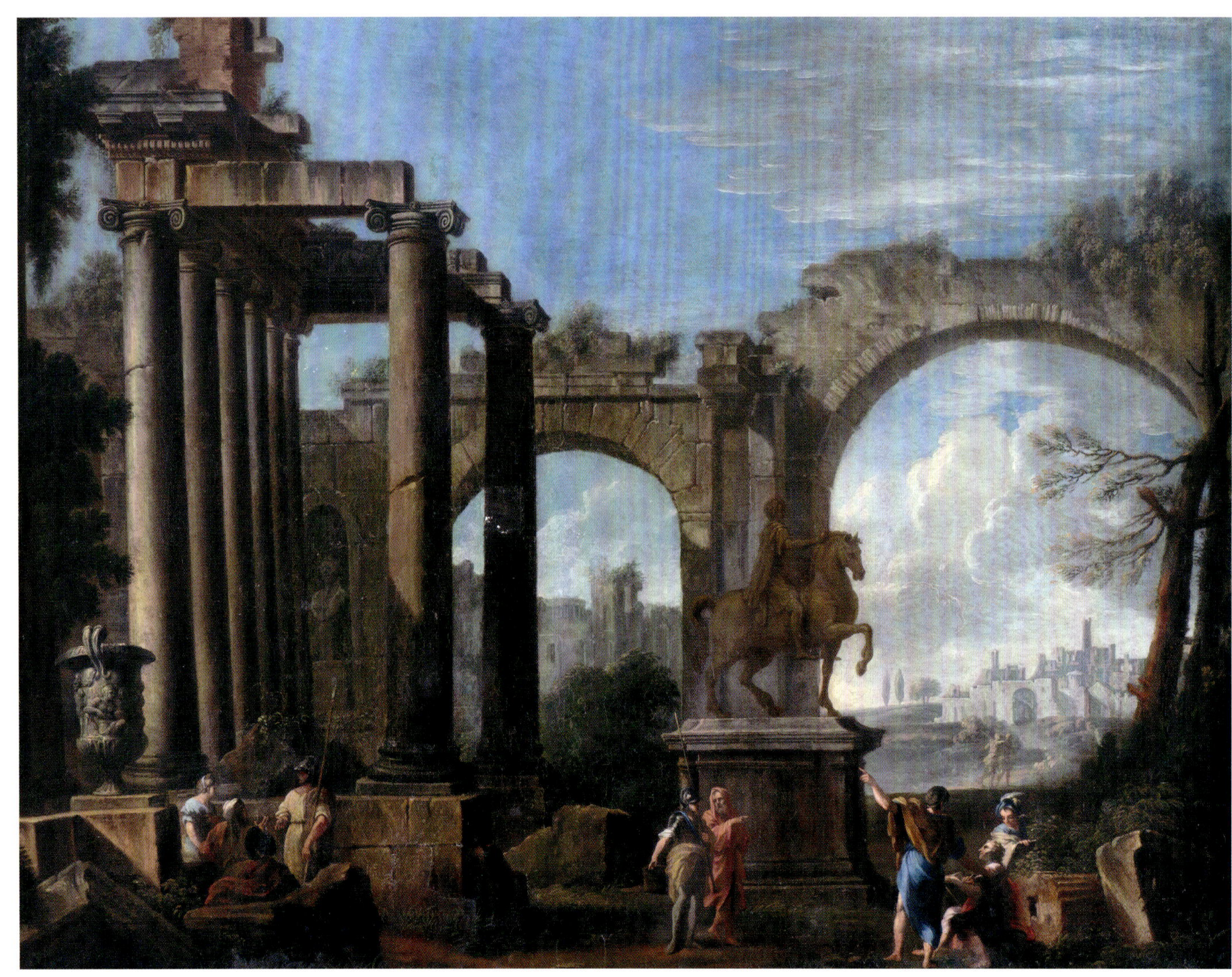

Kat. / Cat. 8
**Nachfolger des / Seguace
di Giovanni Ghisolfi**
Ruinencapriccio, frühes 18 Jh.
Öl auf Leinwand, 85 × 100 cm
Stiftsmuseum Klosterneuburg
Inv.-Nr. GM 148

Capriccio con rovine,
inizi del XVIII secolo
Olio su tela, 85 × 100 cm
Stiftsmuseum Klosterneuburg
Inv. n. GM 148

Kat. / Cat. 9
Angelika Kauffmann
Ölskizze zu *Pallas von Turnus getötet*,
1786
Öl auf Leinwand, 45 × 63 cm
Tiroler Landesmuseum Ferdinandeum,
Ältere Kunstgeschichtliche Sammlungen
Inv.-Nr. Gem 298

Schizzo per *Pallade ucciso da Turno*,
1786
Olio su tela, 45 × 63 cm
Tiroler Landesmuseum Ferdinandeum,
Ältere Kunstgeschichtliche Sammlungen
Inv. n. Gem 298

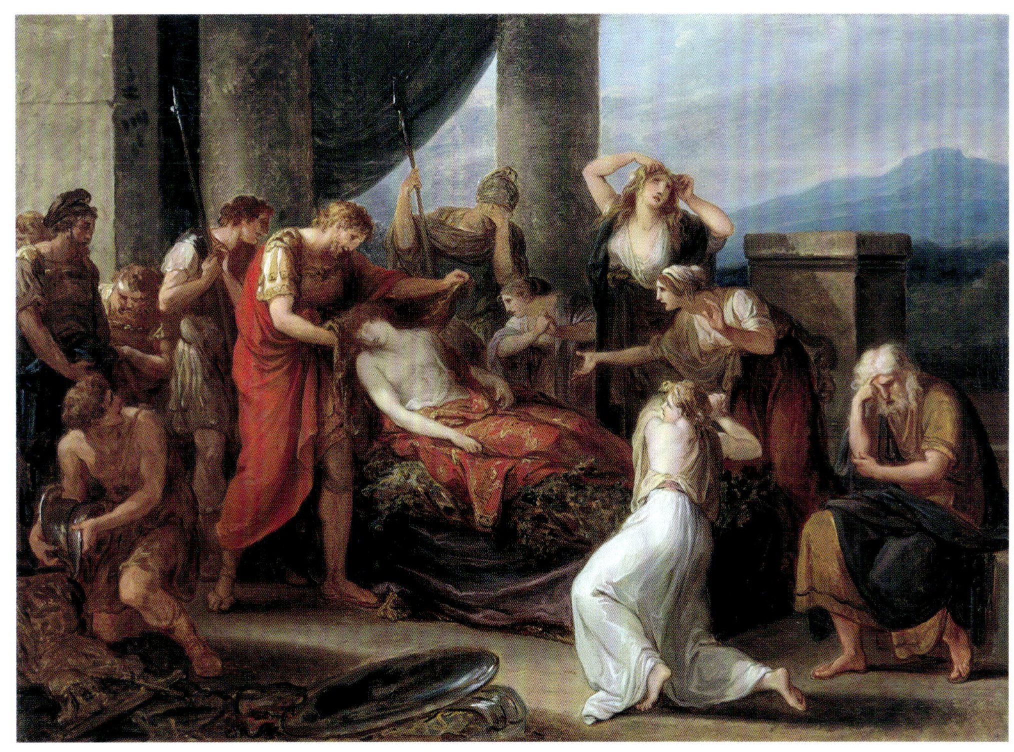

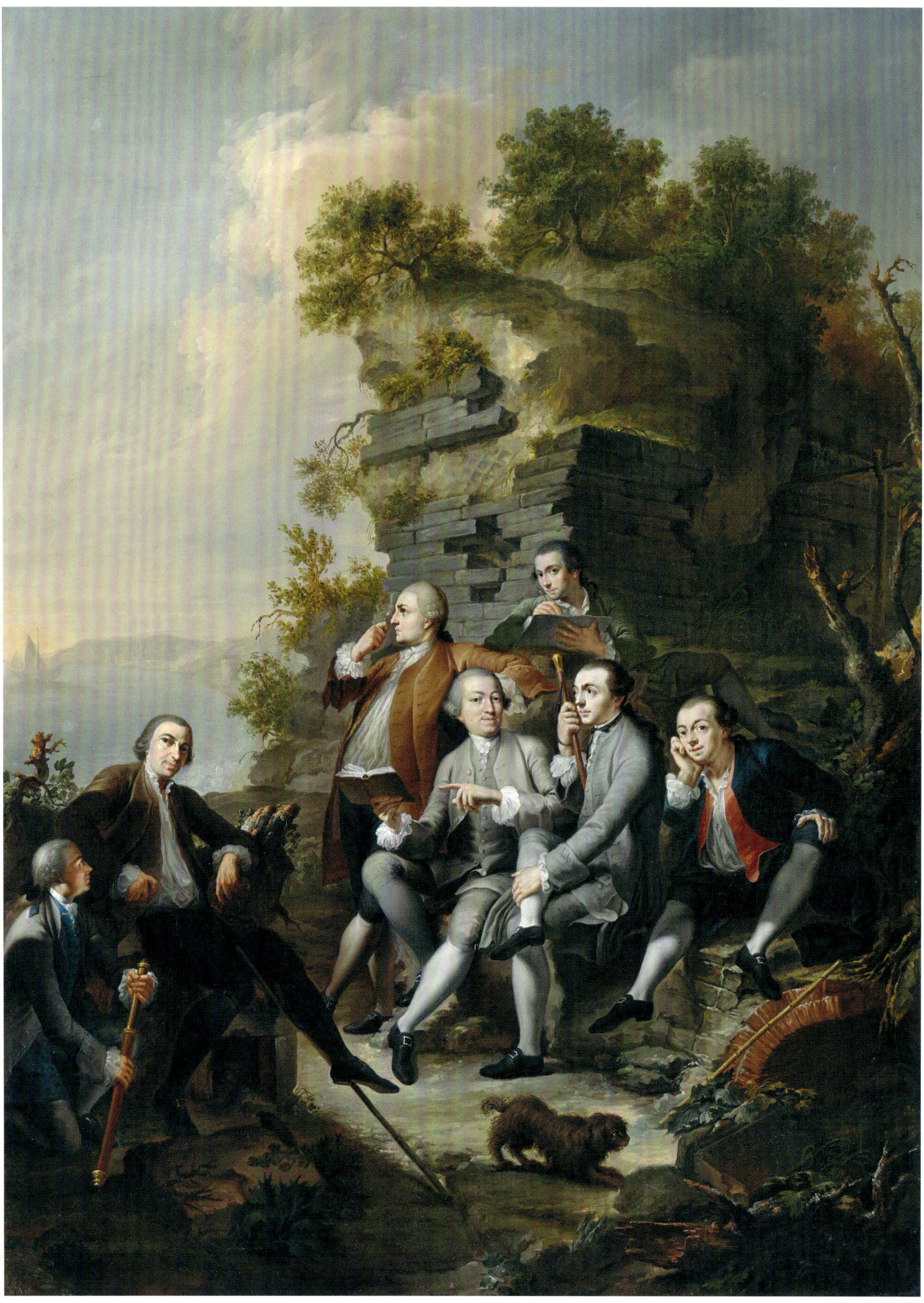

Kat. / Cat. 10
Martin Knoller
Gruppenporträt Karl Graf von Firmian
mit Gefolge bei einem Ausflug
in die Umgebung von Neapel, 1758
Öl auf Leinwand, 129,5 × 95 cm
Tiroler Landesmuseum Ferdinandeum,
Ältere Kunstgeschichtliche Sammlungen
Inv.-Nr. Gem 257

Ritratto di gruppo con Carlo, conte
di Firmian, e il suo seguito durante
una gita nei dintorni di Napoli, 1758
Olio su tela, 129,5 × 95 cm
Tiroler Landesmuseum Ferdinandeum,
Ältere Kunstgeschichtliche Sammlungen
Inv. n. Gem 257

Kat. / Cat. 11
Frans de Momper
Der Campo Vaccino in Rom,
um 1640/1650
Öl auf Holz, 18,5 × 23,5 cm
Tiroler Landesmuseum Ferdinandeum,
Ältere Kunstgeschichtliche Sammlungen
Inv.-Nr. Gem 647

Il Campo Vaccino a Roma,
1640/1650 circa
Olio su tavola, 18,5 × 23,5 cm
Tiroler Landesmuseum Ferdinandeum,
Ältere Kunstgeschichtliche Sammlungen
Inv. n. Gem 647

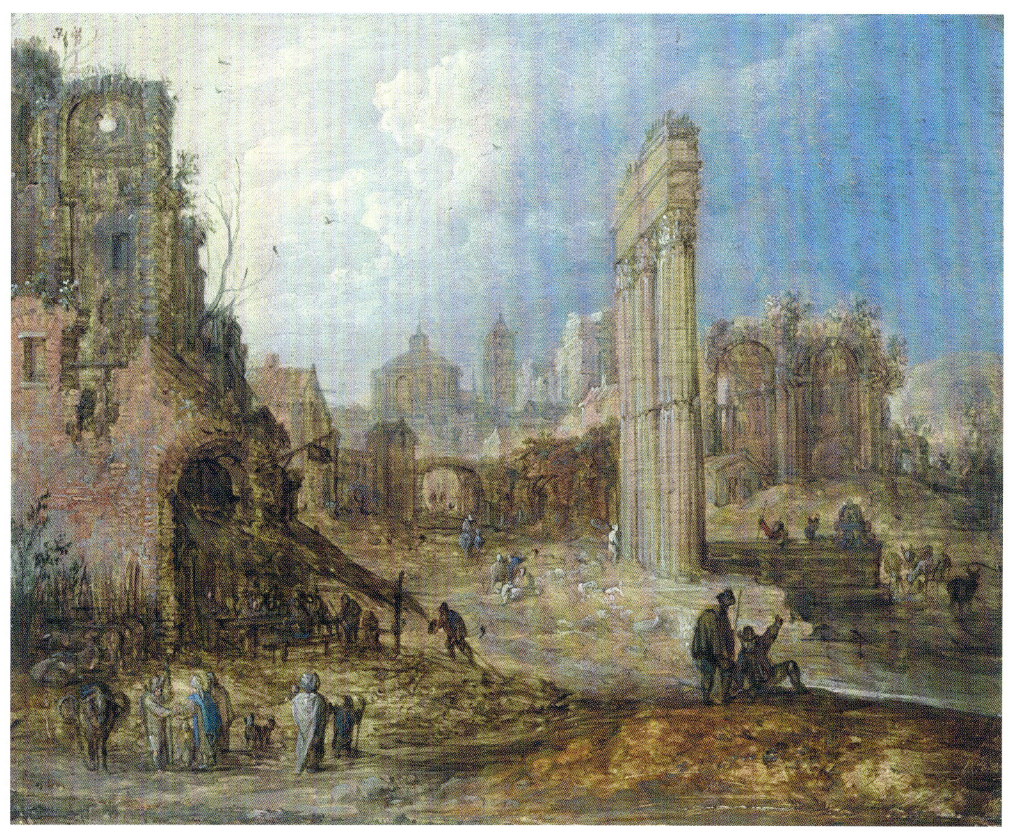

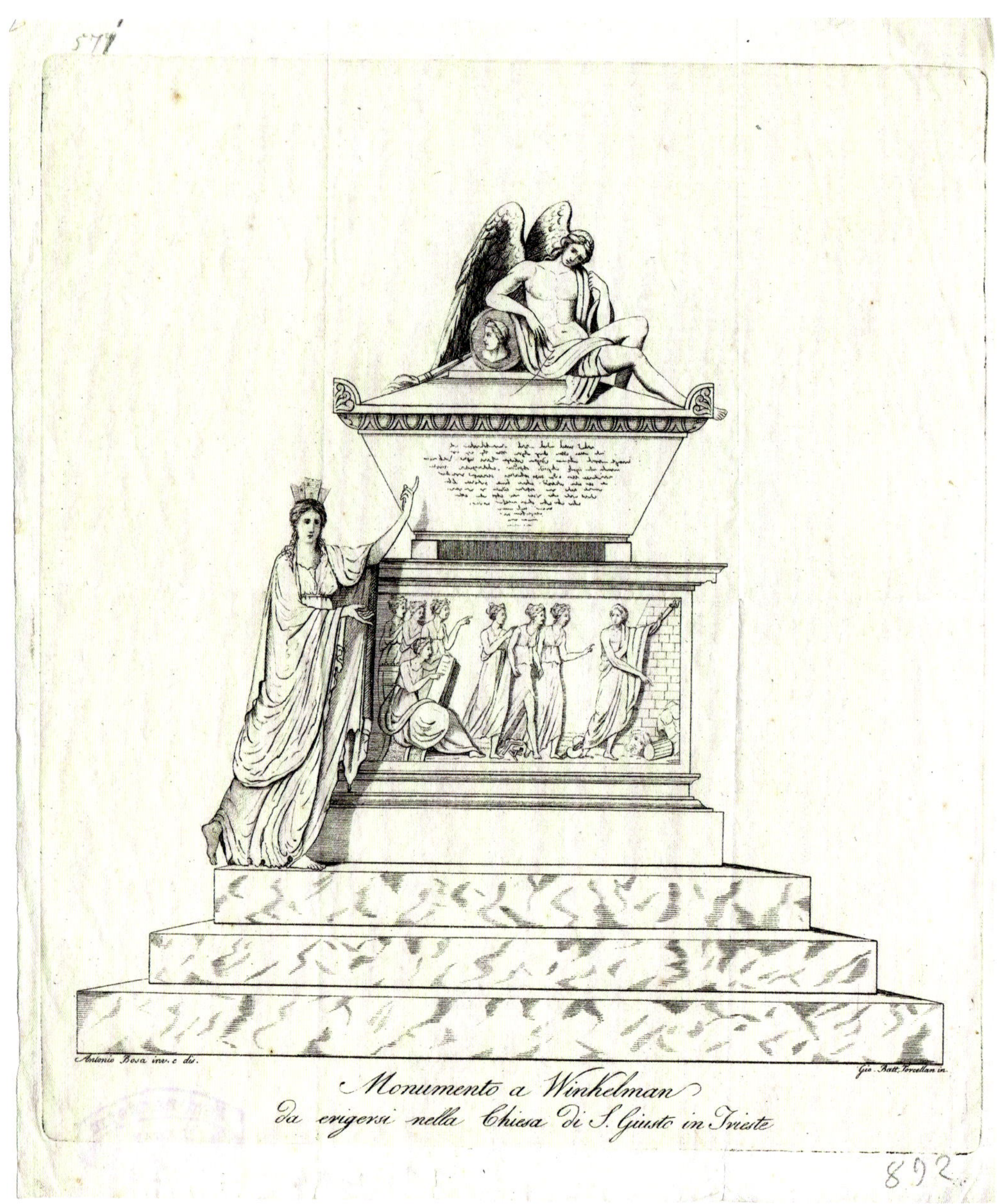

Kat. / Cat. 12

**Giovanni Battista Torcellan
nach / da Antonio Bosa**

*Veduta del Monumento funebre
per Johann Joachim Winckelmann
da erigersi nella Chiesa di S. Giusto
a Trieste* [Ansicht des Grabdenkmals
für Johann Joachim Winckelmann
(1717–1768)], 19. Jh.
Radierung, 24,3 × 20,8 cm
Tiroler Landesmuseum Ferdinandeum,
Bibliothek
Inv.-Nr. W 31774

*Veduta del Monumento funebre
per Johann Joachim Winckelmann
da erigersi nella Chiesa di S. Giusto
a Trieste*, XIX secolo
Acquaforte, 24,3 × 20,8 cm
Tiroler Landesmuseum Ferdinandeum,
Bibliothek
Inv. n. W 31774

Kat. / Cat. 13

*Marmorbüste von Johann Joachim
Winckelmann*, um 1800
61 × 30 × 30 cm
Stiftsmuseum Klosterneuburg
Inv.-Nr. KG 303

*Busto in marmo di Johann Joachim
Winckelmann*, 1800 circa
61 × 30 × 30 cm
Stiftsmuseum Klosterneuburg
Inv. n. KG 303

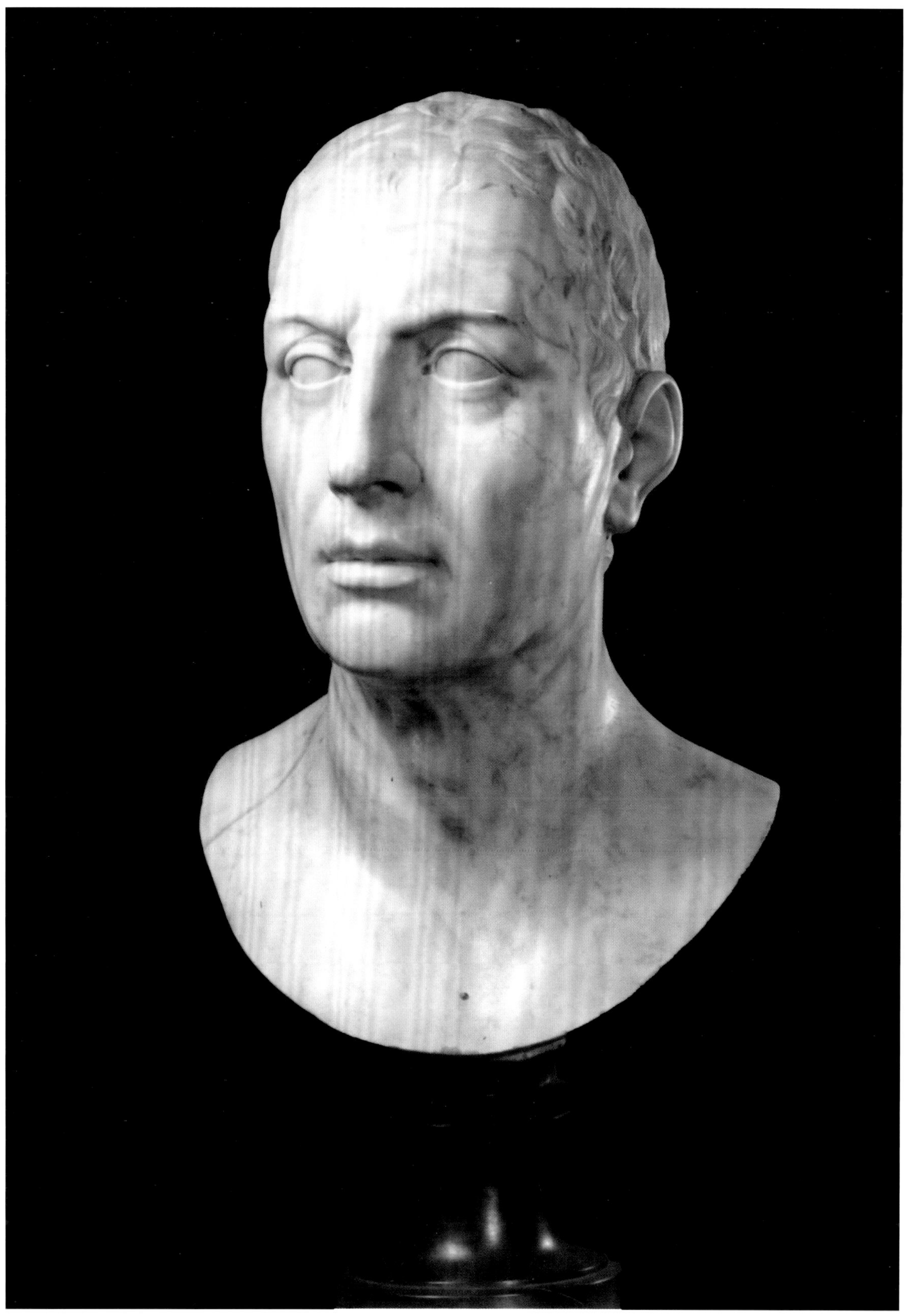

Jupiter, Cavedine (Trentino),
Römisch, 2. Jh. n. Chr.
Bronze, 8,7 × 5,3 × 1,9 cm
Tiroler Landesmuseum Ferdinandeum,
Vor- und Frühgeschichtliche und
Provinzialrömische Sammlungen
Inv.-Nr. U 5083

Giove, Cavedine (Trentino), Impero
romano, II secolo d.C.
Bronzo, 8,7 × 5,3 × 1,9 cm
Tiroler Landesmuseum Ferdinandeum,
Vor- und Frühgeschichtliche und
Provinzialrömische Sammlungen
Inv. n. U 5083

Minerva, Trient (Trentino), Römisch,
2. Jh. n. Chr.
Bronze, 7,7 × 3,5 × 2,2 cm
Tiroler Landesmuseum Ferdinandeum,
Vor- und Frühgeschichtliche und
Provinzialrömische Sammlungen
Inv.-Nr. U 5066

Minerva, Trento (Trentino), Impero
romano, II secolo d.C.
Bronzo, 7,7 × 3,5 × 2,2 cm
Tiroler Landesmuseum Ferdinandeum,
Vor- und Frühgeschichtliche und
Provinzialrömische Sammlungen
Inv. n. U 5066

Vulkan, Vezzano (Trentino), Römisch,
2. Jh. n. Chr.
Bronze, 6,5 × 2,7 × 1,2 cm
Tiroler Landesmuseum Ferdinandeum,
Vor- und Frühgeschichtliche und
Provinzialrömische Sammlungen
Inv.-Nr. U 10.502

Vulcano, Vezzano (Trentino), Impero
romano, II secolo d.C.
Bronzo, 6,5 × 2,7 × 1,2 cm
Tiroler Landesmuseum Ferdinandeum,
Vor- und Frühgeschichtliche und
Provinzialrömische Sammlungen
Inv. n. U 10.502

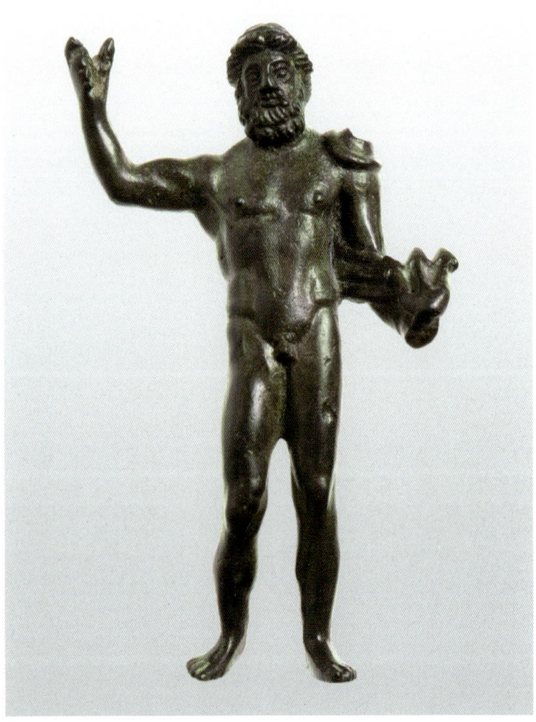
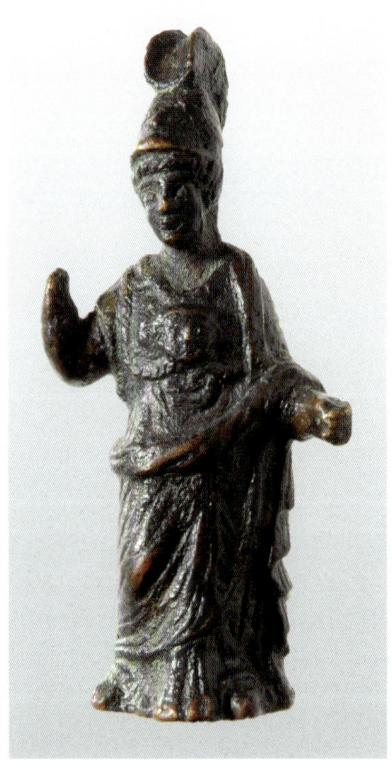
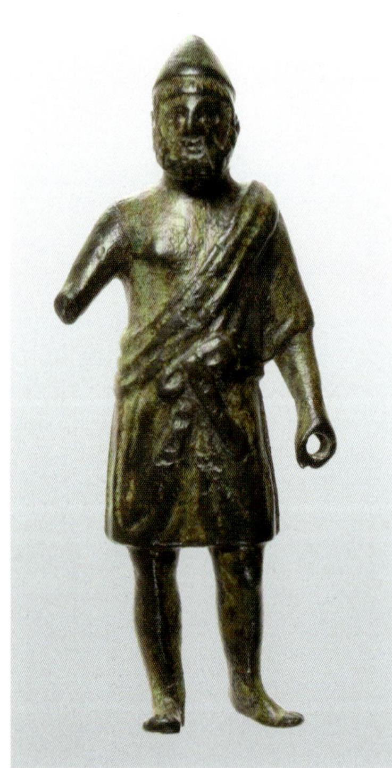

Kat. / Cat. 17
Herkules mit Telephos, Cles (Trentino),
Römisch, 3. Jh. n. Chr.
Bronze, 13,8 × 7,3 × 4,3 cm
Tiroler Landesmuseum Ferdinandeum,
Vor- und Frühgeschichtliche und
Provinzialrömische Sammlungen
Inv.-Nr. U 18.600

Ercole con Telefo, Cles (Trentino),
Impero romano, III secolo d.C.
Bronzo, 13,8 × 7,3 × 4,3 cm
Tiroler Landesmuseum Ferdinandeum,
Vor- und Frühgeschichtliche und
Provinzialrömische Sammlungen
Inv. n. U 18.600

Kat. / Cat. 18
Apis-Stier, Trient (Trentino), Römisch,
2./3. Jh. n. Chr.
Bronze, 6,2 × 7,9 × 2,2 cm
Tiroler Landesmuseum Ferdinandeum,
Vor- und Frühgeschichtliche und
Provinzialrömische Sammlungen
Inv.-Nr. U 5107

Il toro Api, Trento (Trentino), Impero
romano, II/III secolo d.C.
Bronzo, 6,2 × 7,9 × 2,2 cm
Tiroler Landesmuseum Ferdinandeum,
Vor- und Frühgeschichtliche und
Provinzialrömische Sammlungen
Inv. n. U 5107

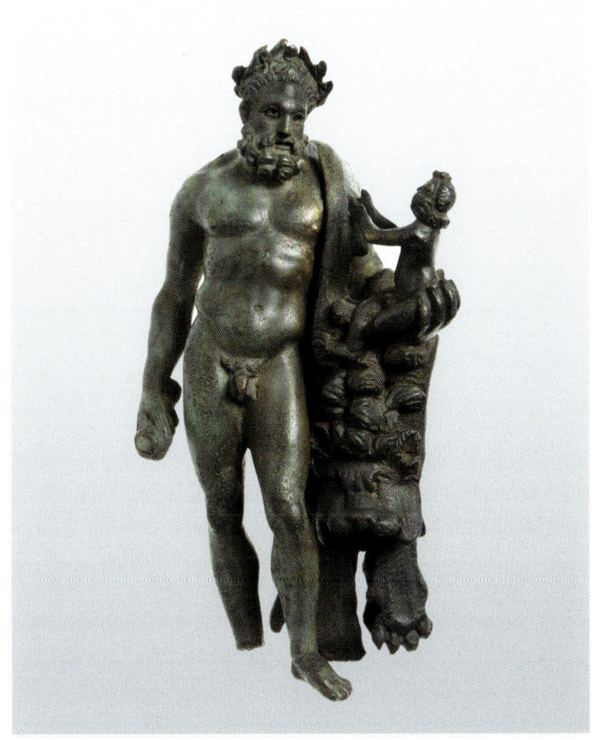

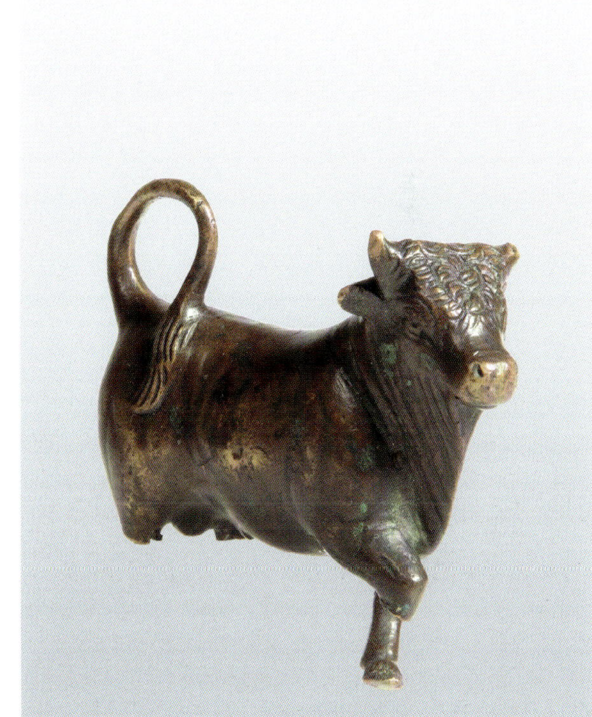

Kat. / Cat. 19
Luigi Rossini
*Veduta dell'Anfiteatro Flavio, detto
il Colosseo* [Ansicht des Kolosseums
in Rom mit beigegebener Legende
zu einzelnen architektonischen
Details und Passanten, Wägen
etc. im Vordergrund], 1821
Radierung, 49,8 × 71,2 cm
Tiroler Landesmuseum Ferdinandeum,
Bibliothek
Inv.-Nr. W 35038

*Veduta dell'Anfiteatro Flavio, detto
il Colosseo* [Veduta del Colosseo a
Roma con allegata legenda dei singoli
particolari architettonici, con passanti,
carri ecc. in primo piano], 1821
Acquaforte, 49,8 × 71,2 cm
Tiroler Landesmuseum Ferdinandeum,
Bibliothek
Inv. n. W 35038

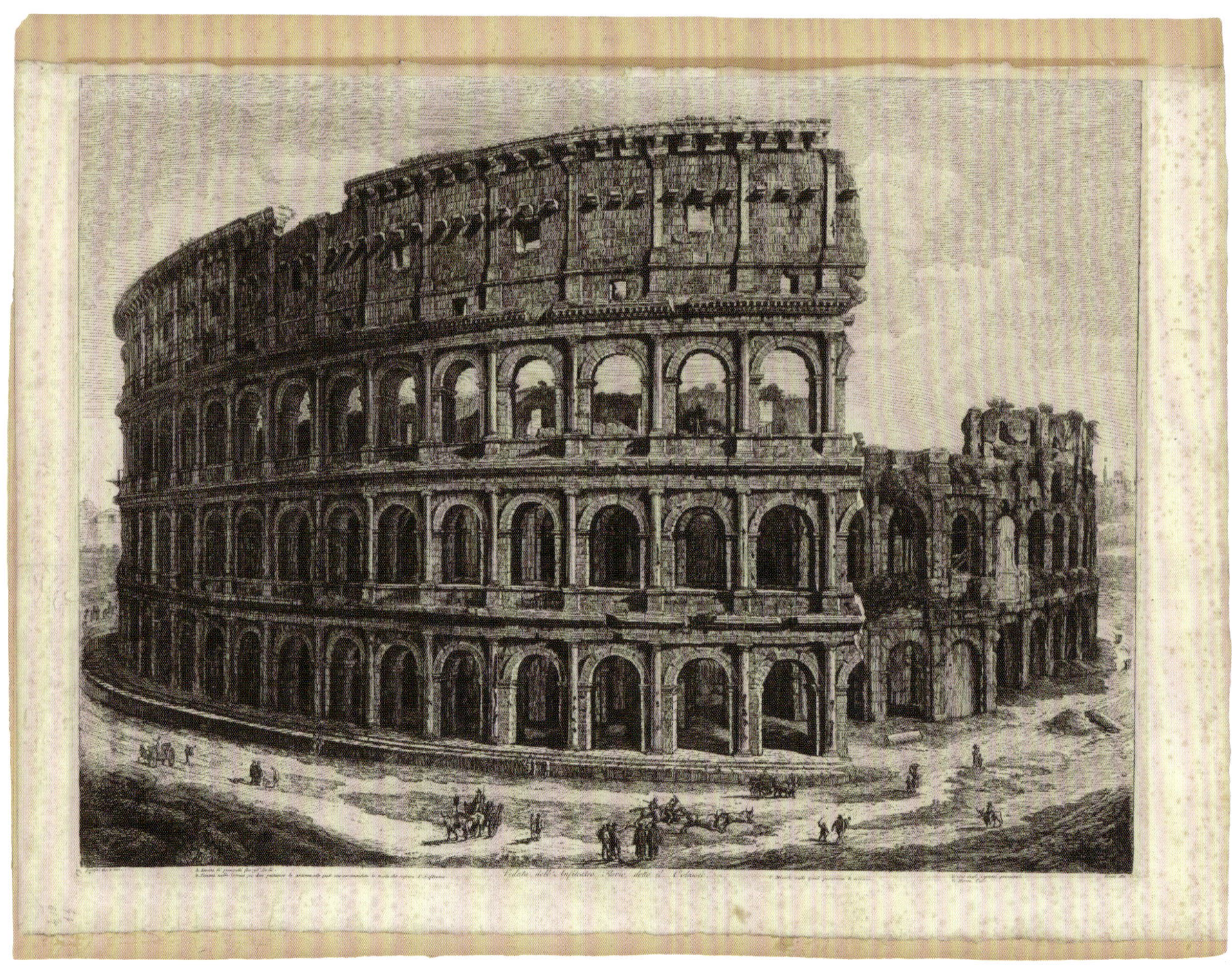

Kat. / Cat. 20
Luigi Rossini
Veduta dell'Arco di Settimio Severo
[Ansicht des Septimus-Severus-
Bogens in Rom mit Passanten im
Vordergrund], 1821
Radierung, 50 × 71,5 cm
Tiroler Landesmuseum Ferdinandeum,
Bibliothek
Inv.-Nr. W 35039

*Veduta dell'Arco di Settimio Severo
a Roma* [Veduta dell'Arco di Settimio
Severo a Roma con passanti in primo
piano], 1821
Acquaforte, 50 × 71,5 cm
Tiroler Landesmuseum Ferdinandeum,
Bibliothek
Inv. n. W 35039

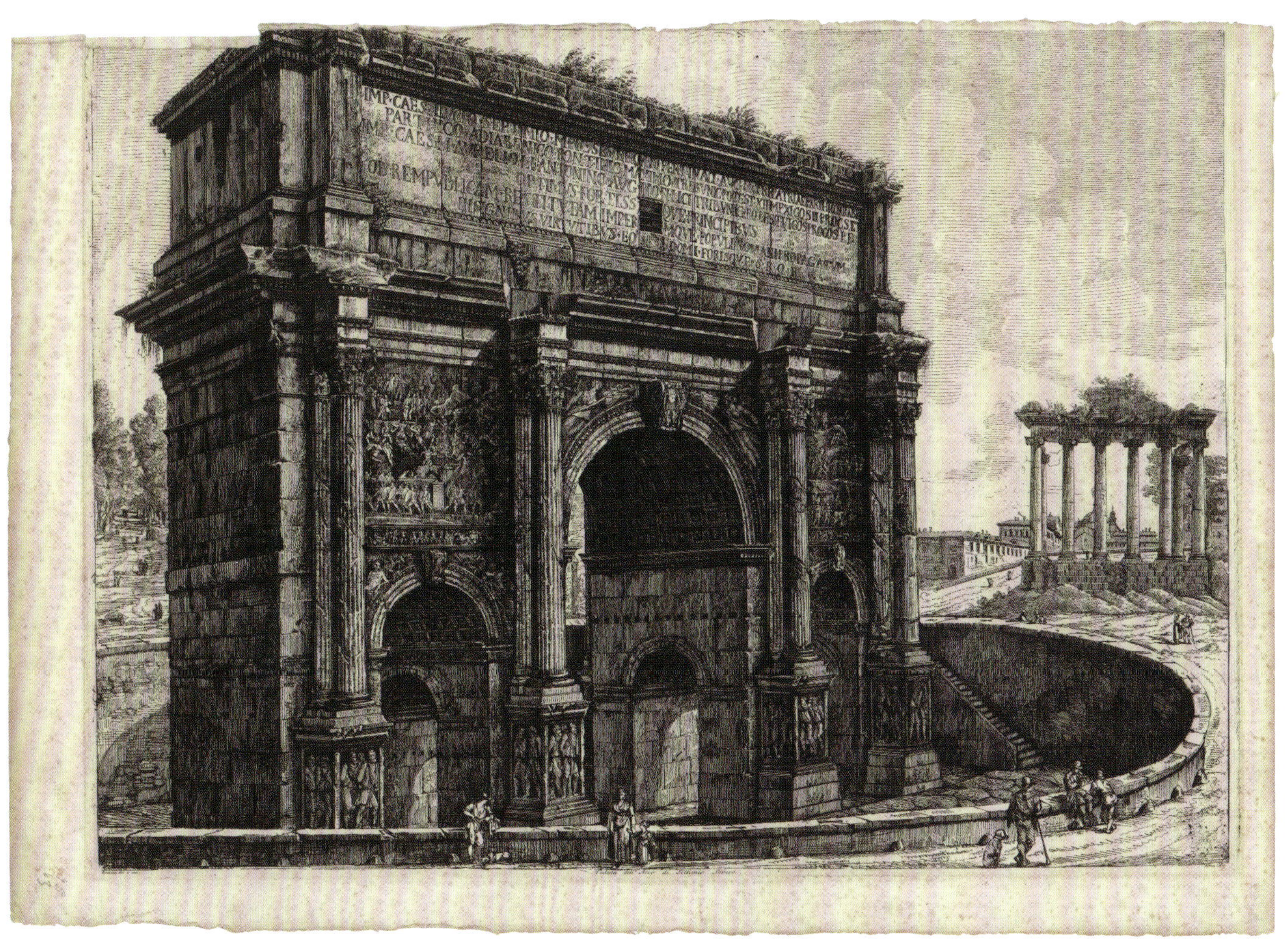

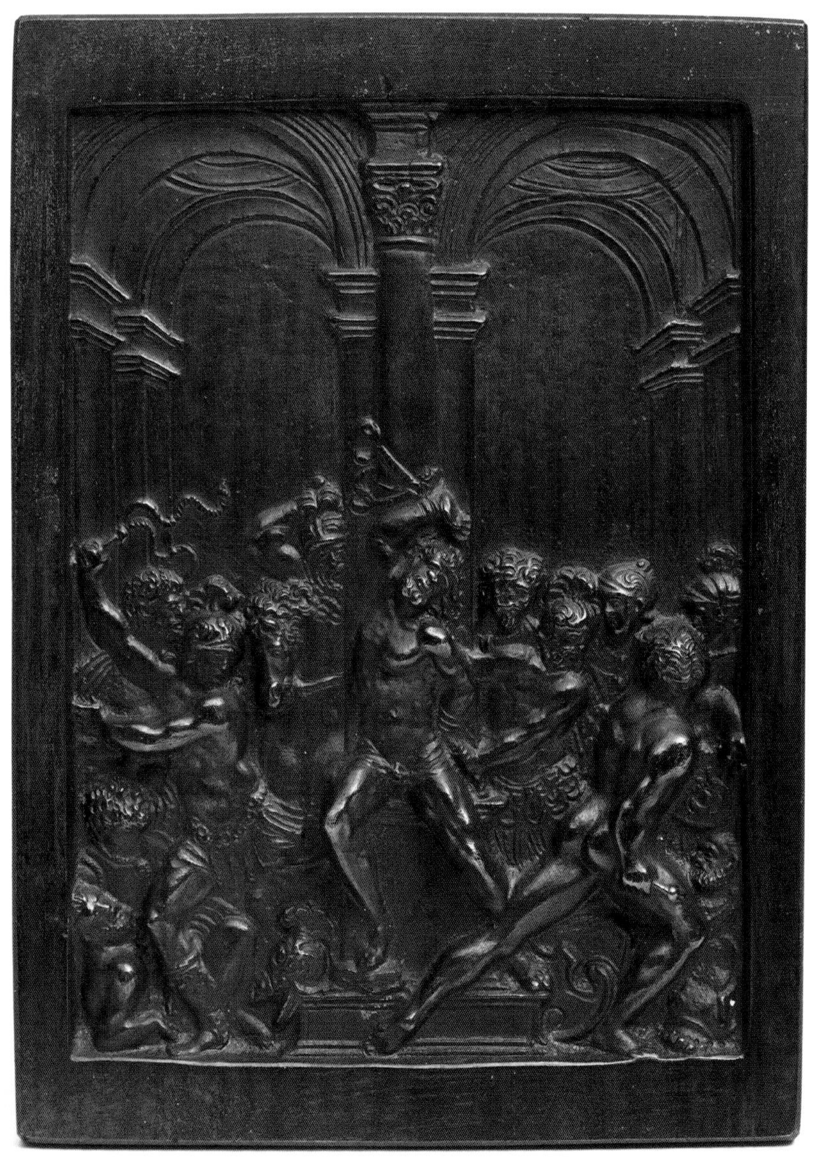

Kat. / Cat. 21

**Unbekannt nach / Ignoto
da Galeazzo Mondella,
gen. / detto
il Moderno (1467-1528)**
Geißelung Christi, nach 1506
Plakette, Bronze, 15 × 10,9 cm
Tiroler Landesmuseum Ferdinandeum,
Ältere Kunsthistorische Sammlungen
Inv.-Nr. B 50

Flagellazione di Cristo, post 1506
Placchetta in bronzo, 15 × 10,9 cm
Tiroler Landesmuseum Ferdinandeum,
Ältere Kunsthistorische Sammlungen
Inv. n. B 50

Kat. / Cat. 22

Johann Peter Denifle
Herkules Farnese, 2. Hälfte 18. Jh.
Rötel, mit dem feuchten Pinsel
übergangen, weiß gehöht, auf Papier,
58,8 × 43,2 cm
Tiroler Landesmuseum Ferdinandeum,
Grafische Sammlung
Inv.-Nr. TBar 2352

Ercole Farnese, seconda metà
del XVIII secolo
Sanguigna e pennello umido su carta,
con lumeggiature in bianco,
58,8 × 43,2 cm
Tiroler Landesmuseum Ferdinandeum,
Grafische Sammlung
Inv. n. TBar 2352

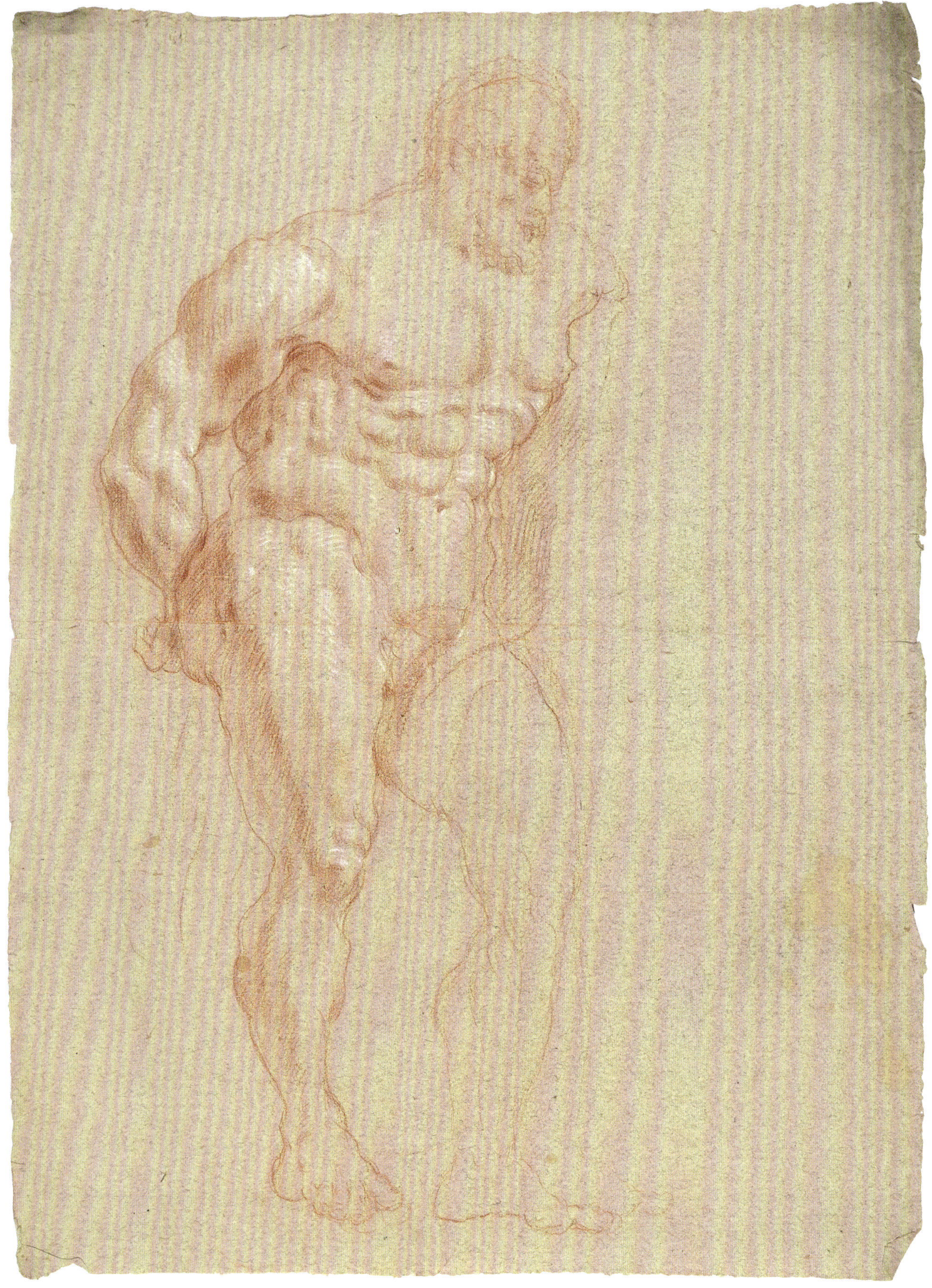

Ästhetische Ideal / Ideale estetico

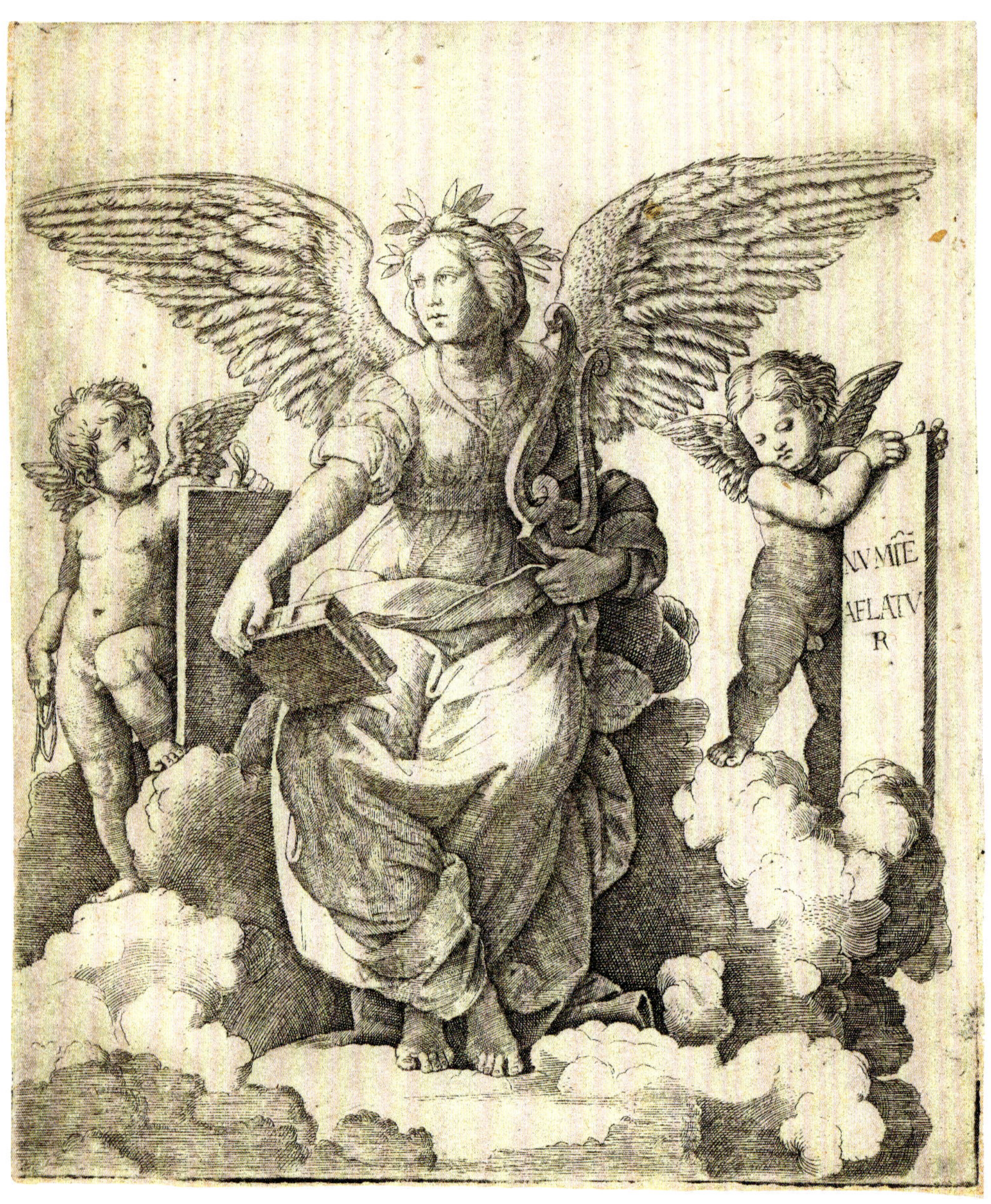

Kat. / Cat. 23
**Marcantonio Raimondi
nach Raffael / da Raffaello**
Die Poesie, um 1515
Kupferstich, 17,8 × 15,4 cm
Kupferstichkabinett der Akademie
der Bildenden Künste Wien
Inv.-Nr. DG 11.781

La Poesia, 1515 circa
Incisione su rame, 17,8 × 15,4 cm
Kupferstichkabinett der Akademie
der Bildenden Künste Wien
Inv. n. DG 11.781

Kat. / Cat. 24
**Marcantonio Raimondi
nach Raffael / da Raffaello**
Amor und die drei Grazien, 1517–1519
Kupferstich, 30,8 × 21 cm
Kupferstichkabinett der Akademie
der Bildenden Künste Wien
Inv.-Nr. DG 6303

Amore con le tre Grazie, 1517-1519
Incisione su rame, 30,8 × 21 cm
Kupferstichkabinett der Akademie
der Bildenden Künste Wien
Inv. n. DG 6303

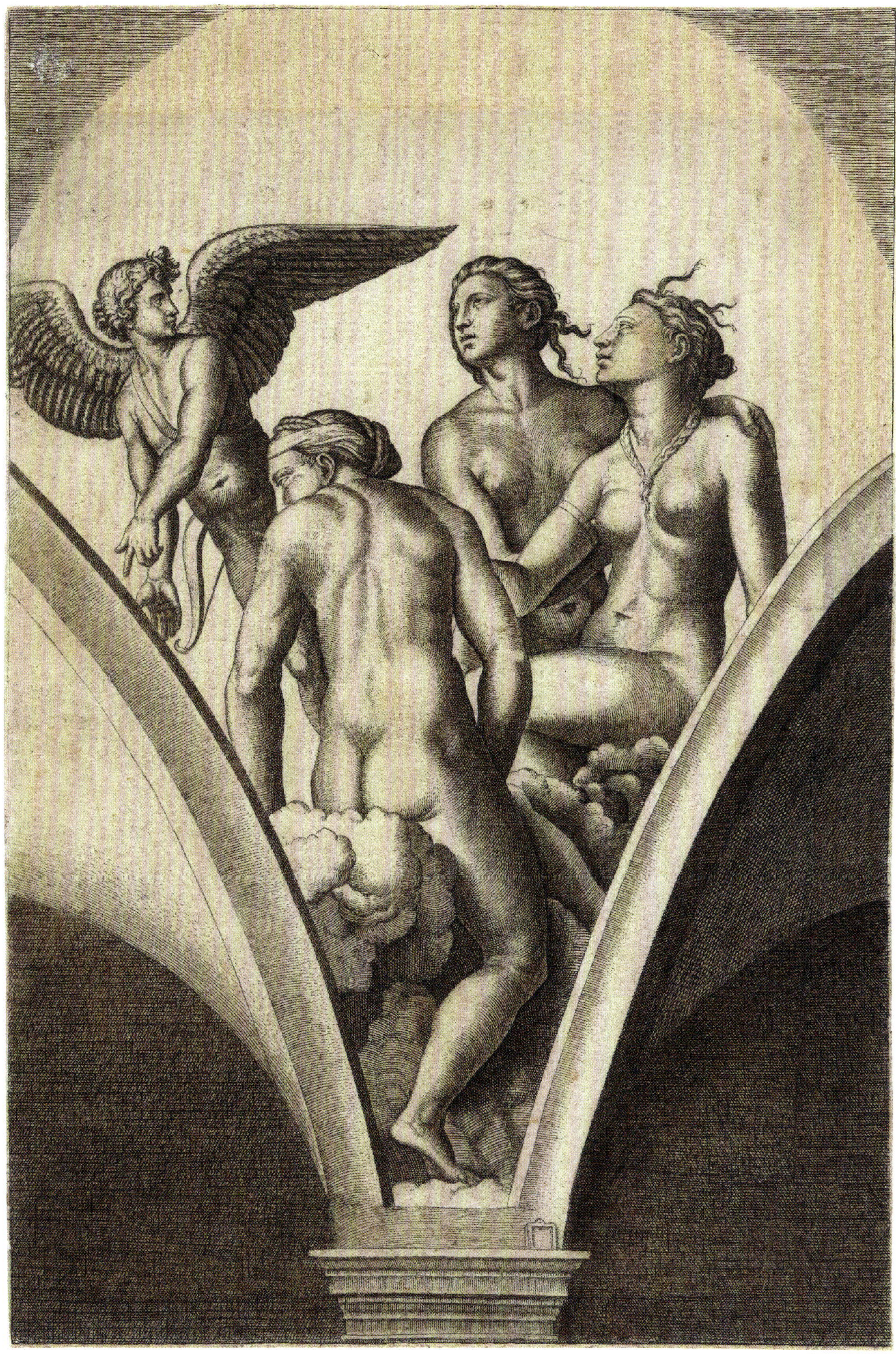

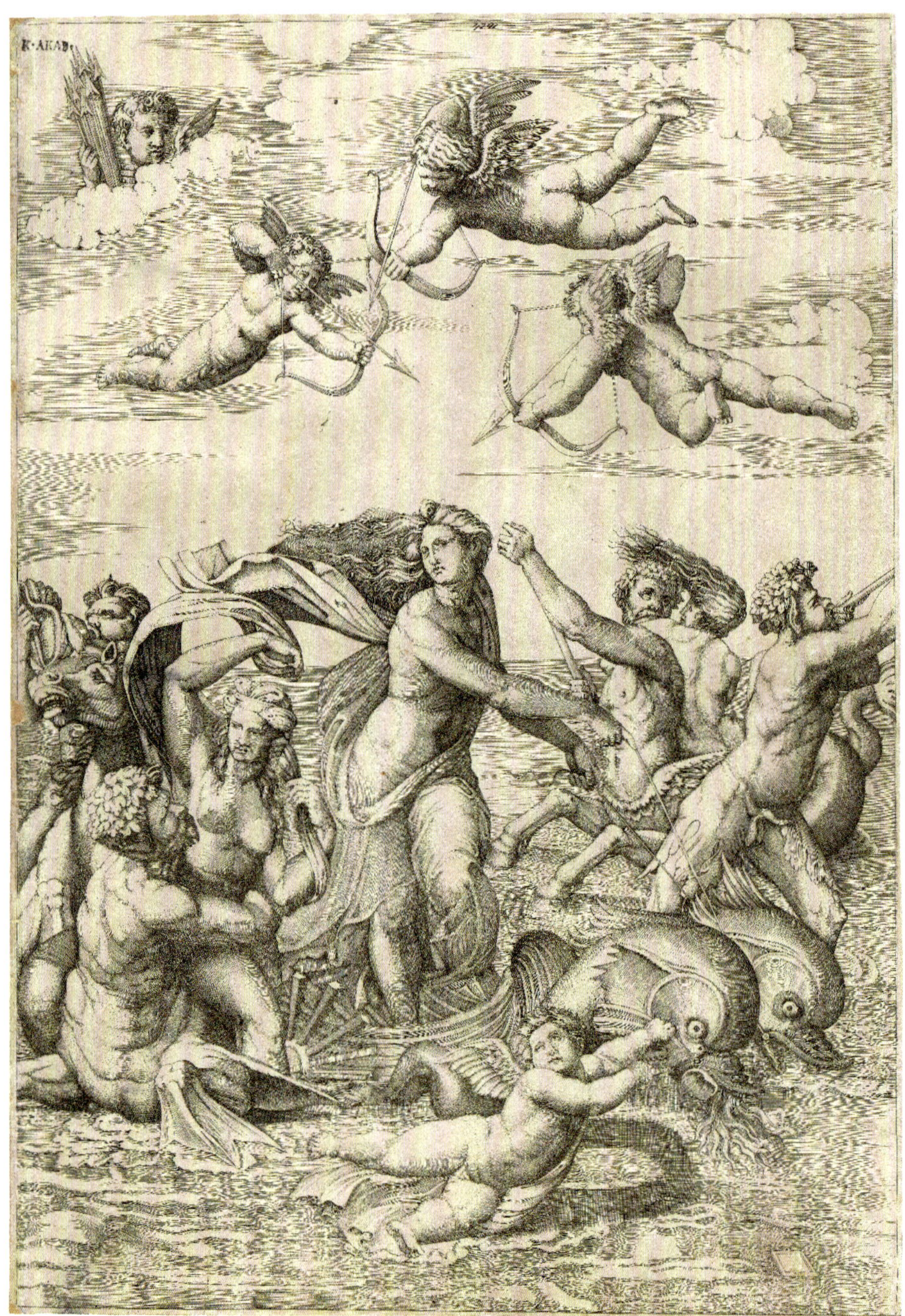

Kat. / Cat. 25
Marcantonio Raimondi
nach Raffael / da Raffaello
Galathea (Kopie nach Raimondi),
1517–1527
Kupferstich, 41,2 × 29,1 cm
Kupferstichkabinett der Akademie
der Bildenden Künste Wien
Inv.-Nr. DG 6305

Galatea (copia da Raimondi),
1517-1527
Incisione su rame, 41,2 × 29,1 cm
Kupferstichkabinett der Akademie
der Bildenden Künste Wien
Inv. n. DG 6305

Martin Jakob Stadler
Paris als Hirte, 1817
Öl auf Leinwand, 133,6 × 177,3 cm
Tiroler Landesmuseum Ferdinandeum,
Ältere Kunstgeschichtliche Sammlungen
Inv.-Nr. Gem 352

Paride in veste di pastore, 1817
Olio su tela, 133,6 × 177,3 cm
Tiroler Landesmuseum Ferdinandeum,
Ältere Kunstgeschichtliche Sammlungen
Inv. n. Gem 352

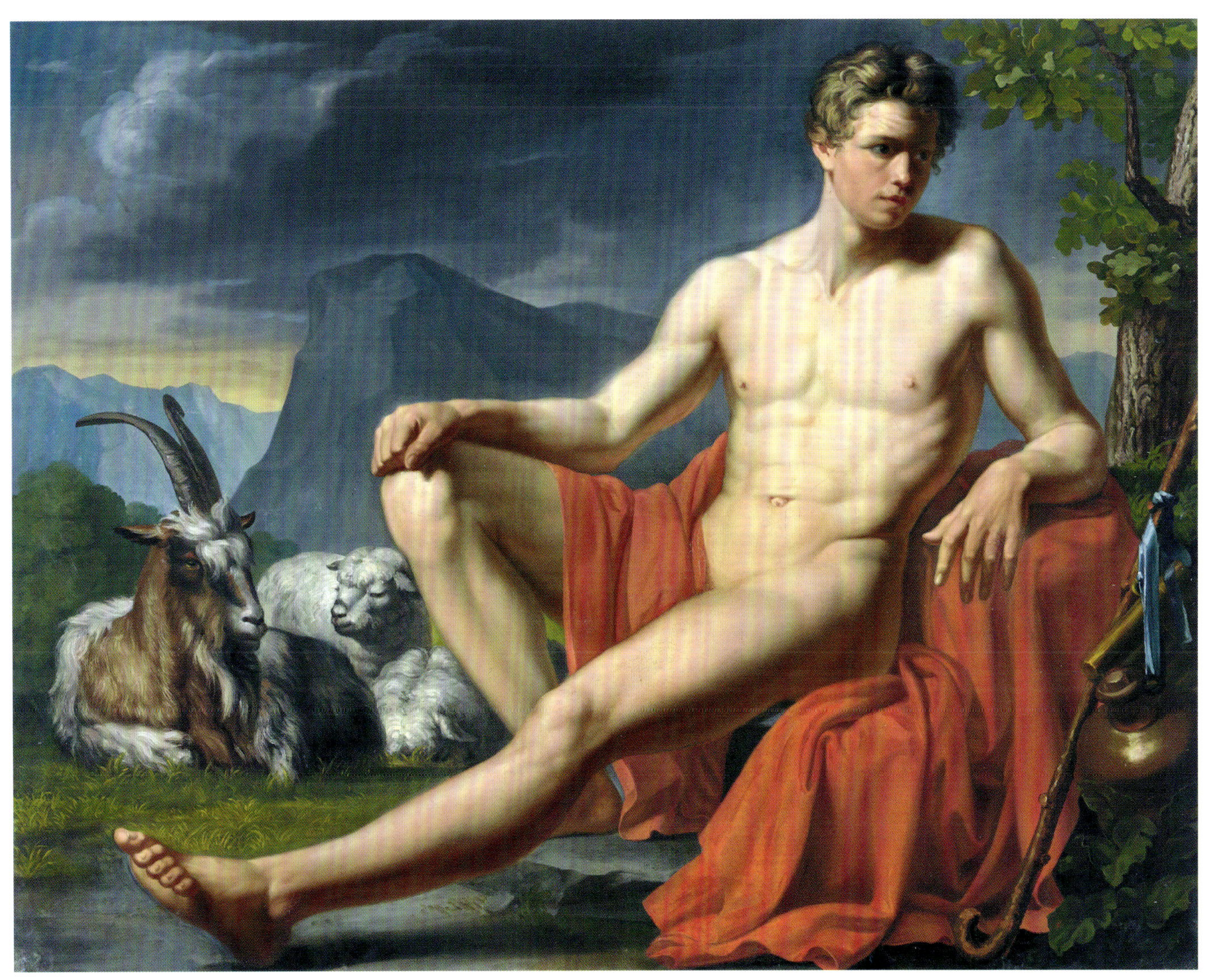

Laokoon / Laocoonte

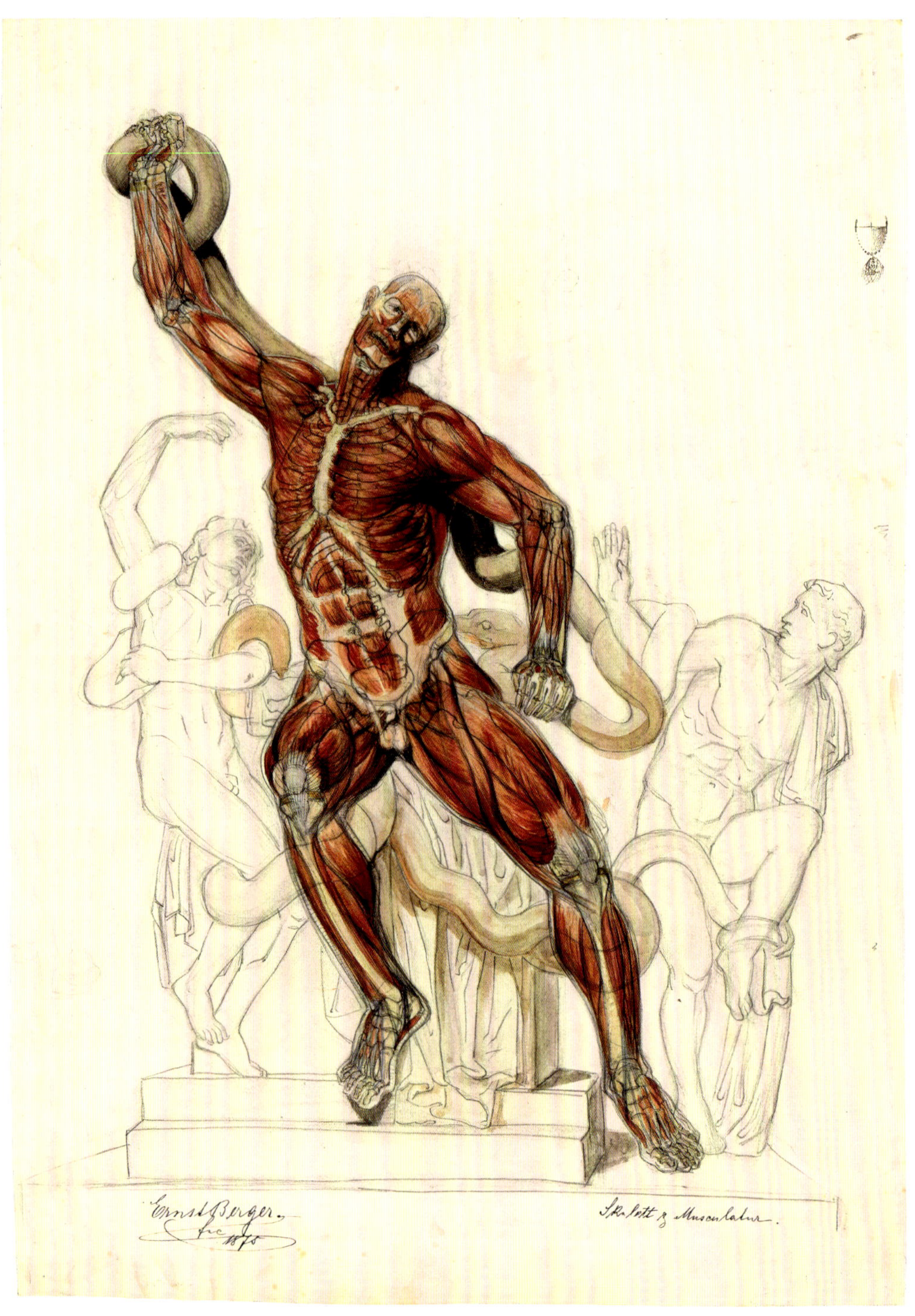

Kat. / Cat. 27
Ernst Julius Berger
*Laokoongruppe, Studie zu Skelett
und Muskulatur*, 1875
Bleistift und Aquarell auf Papier,
52,6 × 38,1 cm
Kupferstichkabinett der Akademie
der bildenden Künste Wien
Inv.-Nr. HZ 18.303

*Gruppo del Laocoonte, studio dello
scheletro e della muscolatura*, 1875
Matita e acquerello su carta,
52,6 × 38,1 cm
Kupferstichkabinett der Akademie
der bildenden Künste Wien
Inv. n. HZ 18.303

Kat. / Cat. 28
Ernst Julius Berger
Laokoongruppe, 1875
Bleistift auf Papier, 53,8 × 38,7 cm
Kupferstichkabinett der Akademie
der bildenden Künste Wien
Inv.-Nr. HZ 18.329

Gruppo del Laocoonte, 1875
Matita su carta, 53,8 × 38,7 cm
Kupferstichkabinett der Akademie
der bildenden Künste Wien
Inv. n. HZ 18.329

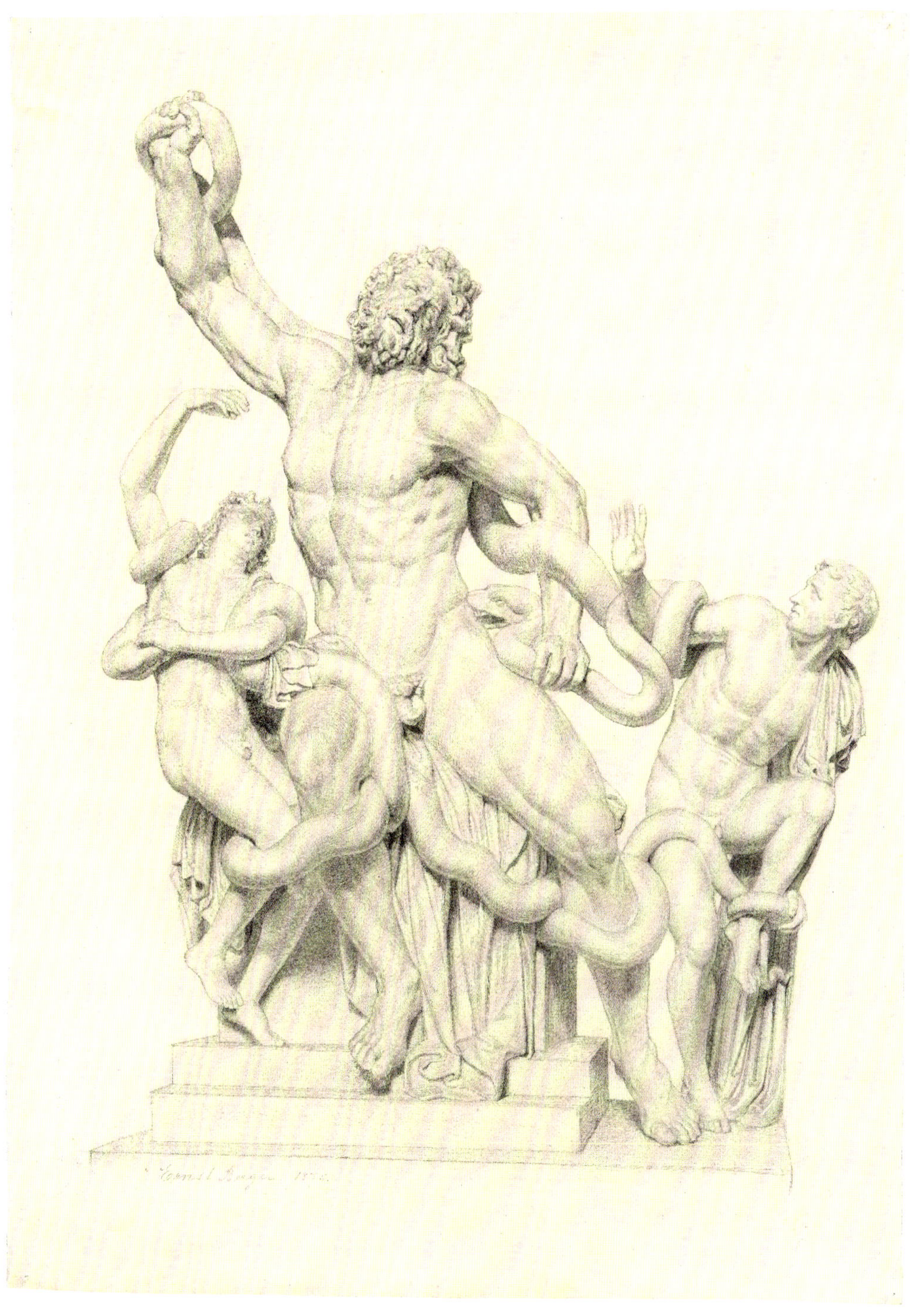

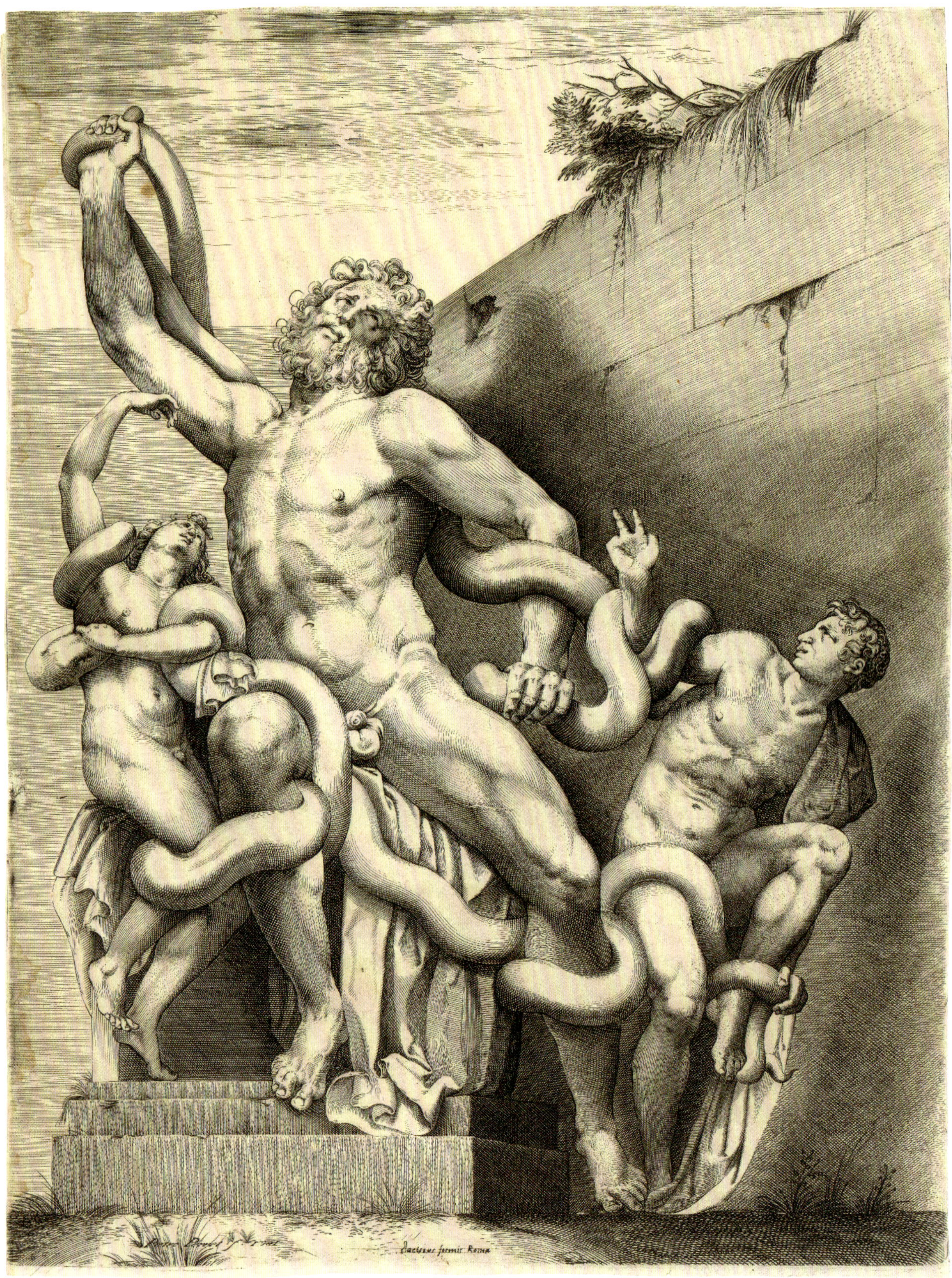

308

Kat. / Cat. 29
Pietro Perret
Laokoon, 1581
Kupferstich, 43,4 × 33,3 cm
Kupferstichkabinett der Akademie
der bildenden Künste Wien
Inv.-Nr. DG 26.743

Laocoonte, 1581
Incisione su rame, 43,4 × 33,3 cm
Kupferstichkabinett der Akademie
der bildenden Künste Wien
Inv. n. DG 26.743

Kat. / Cat. 30
Jacques de Sève
*Die Laokoon-Figur als
Proportionsmuster, aus Diderot:
Encyclopedie*
Kupferstich, 25,3 × 18,2 cm
Privatbesitz

*La figura del Laocoonte come modello
di proporzioni*, dall'*Encyclopédie*
di Diderot
Incisione su rame, 25,3 × 18,2 cm
Collezione privata

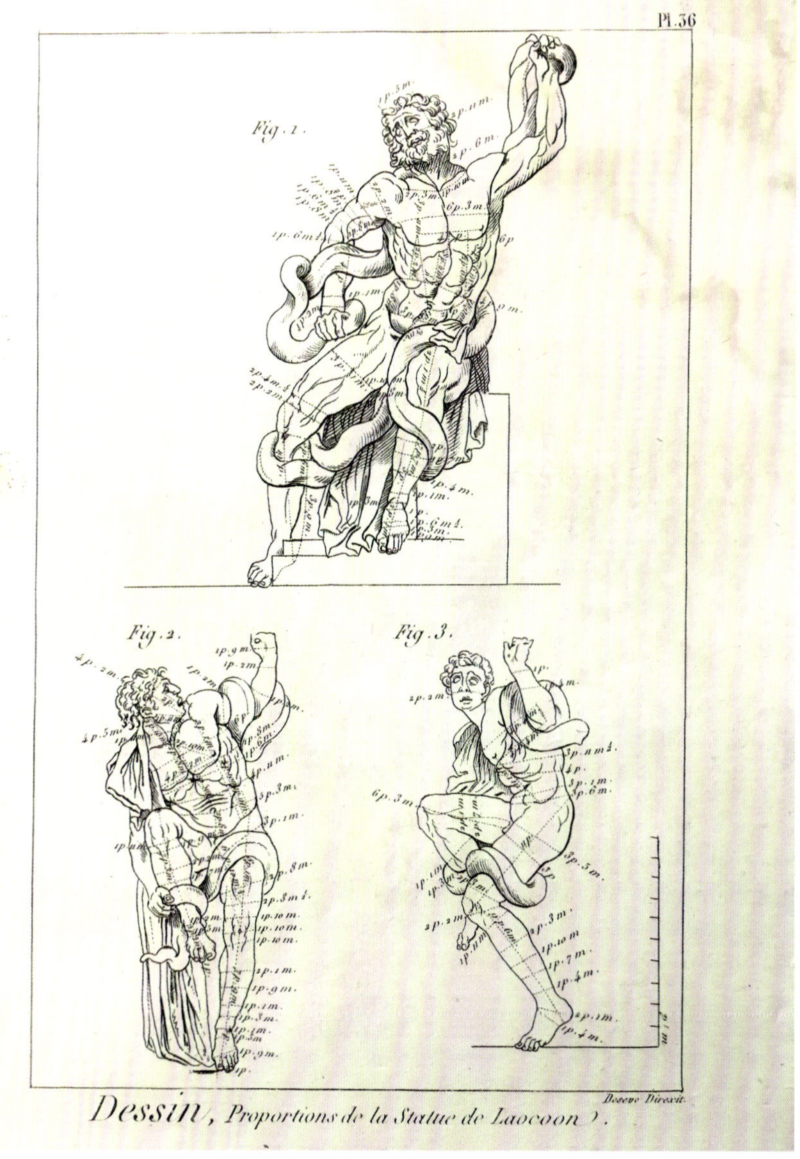

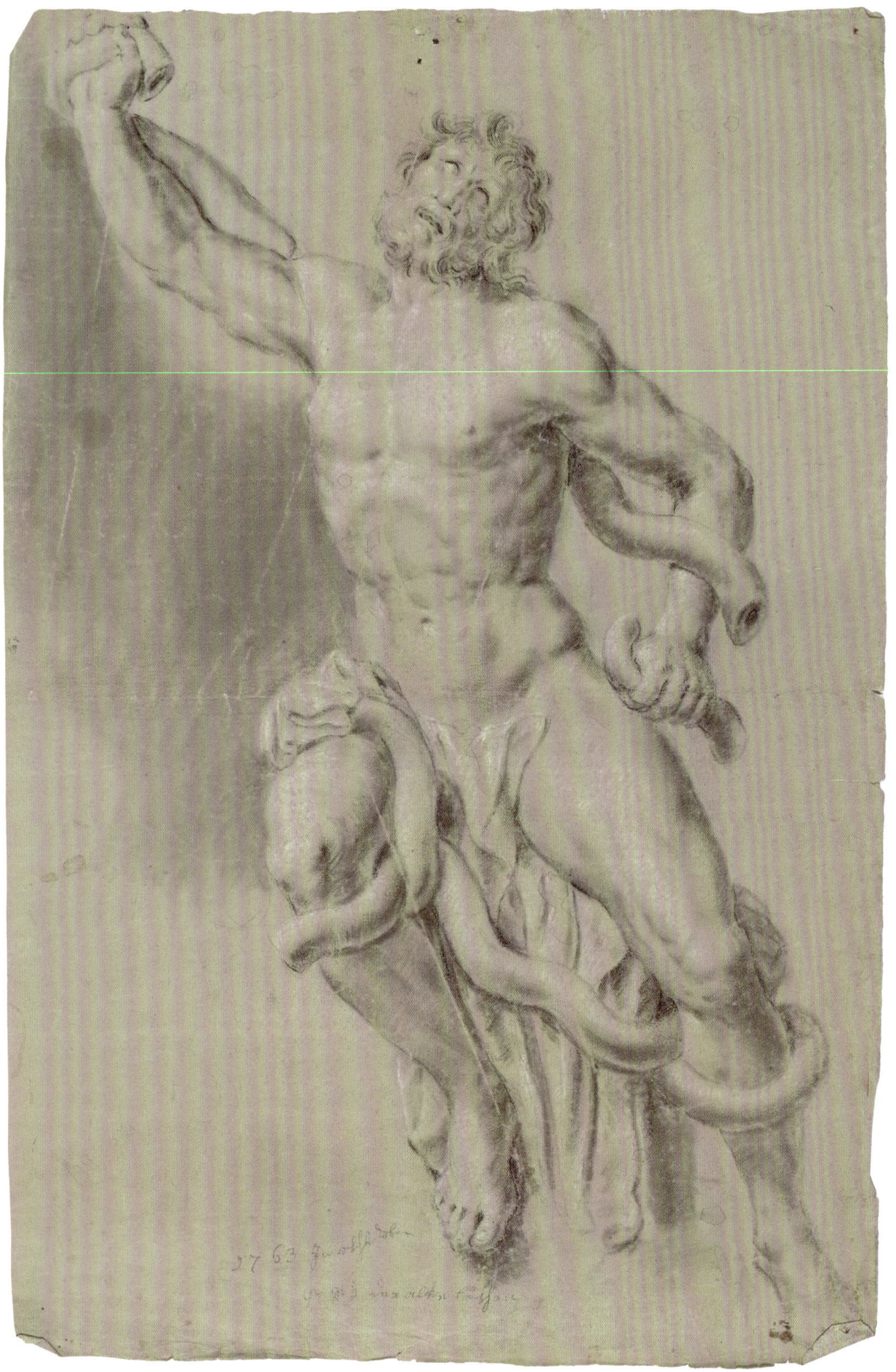

Kat. / Cat. 31
Johann Peter Denifle
Laokoon, 1763
Pinsel in Grau über schwarzem Stift,
weiß gehöht, auf Papier
62,5 × 42 cm
Tiroler Landesmuseum Ferdinandeum,
Grafische Sammlung
Inv.-Nr. TBar 2469

Laocoonte, 1763
Pennello in grigio e matita nera
su carta, con lumeggiature in bianco,
62,5 × 42 cm
Tiroler Landesmuseum Ferdinandeum,
Grafische Sammlung
Inv. n. TBar 2469

Kat. / Cat. 32
Johann Peter Denifle
Laokoon, 1763 (?)
Pinsel in Grau über schwarzem Stift,
weiß gehöht, auf Papier
57,5 × 38,4 cm
Tiroler Landesmuseum Ferdinandeum,
Grafische Sammlung
Inv.-Nr. TBar 2474

Laocoonte, 1763 (?)
Pennello in grigio e matita nera
su carta, con lumeggiature in bianco,
57,5 × 38,4 cm
Tiroler Landesmuseum Ferdinandeum,
Grafische Sammlung
Inv. n. TBar 2474

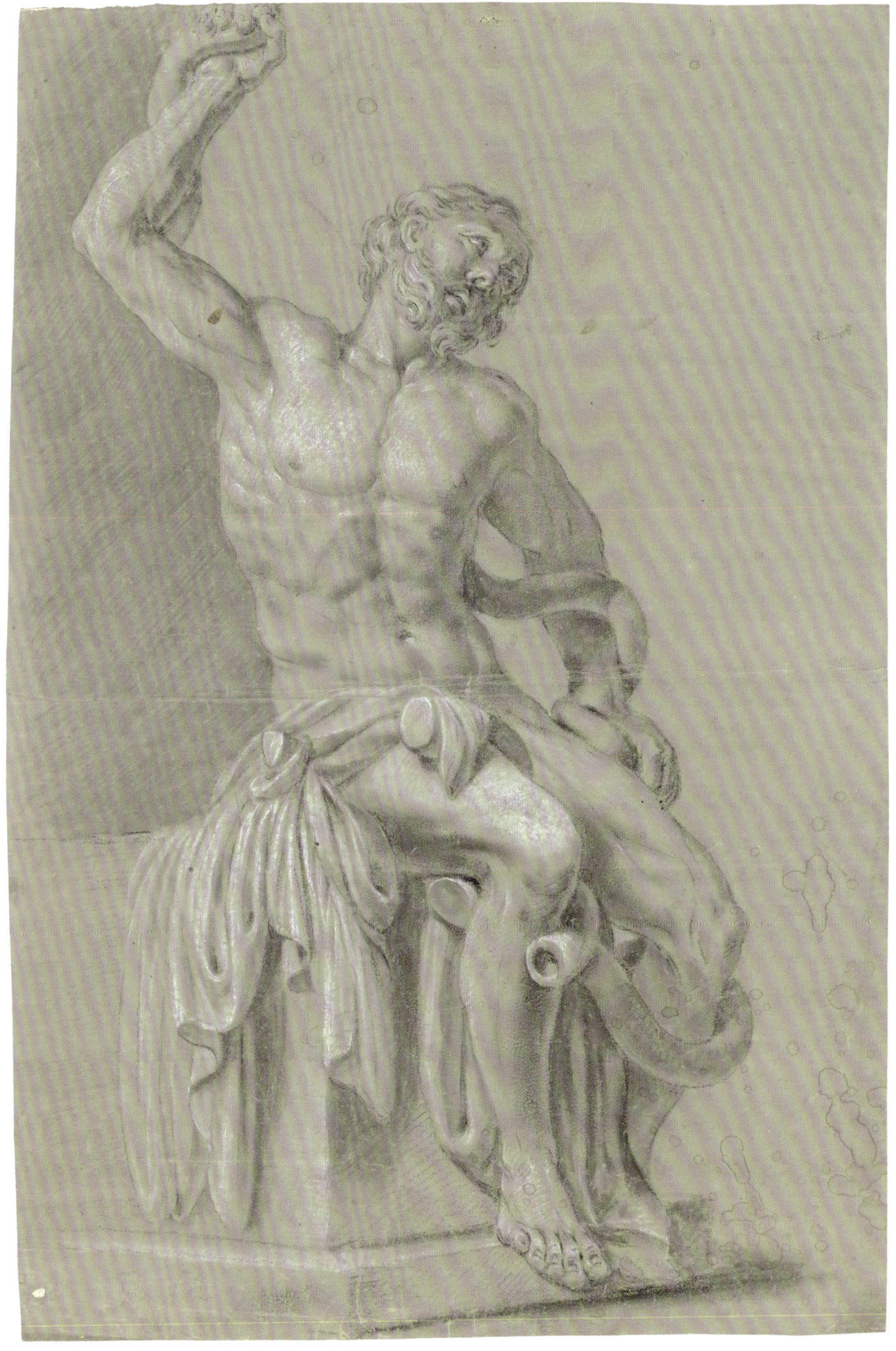

311

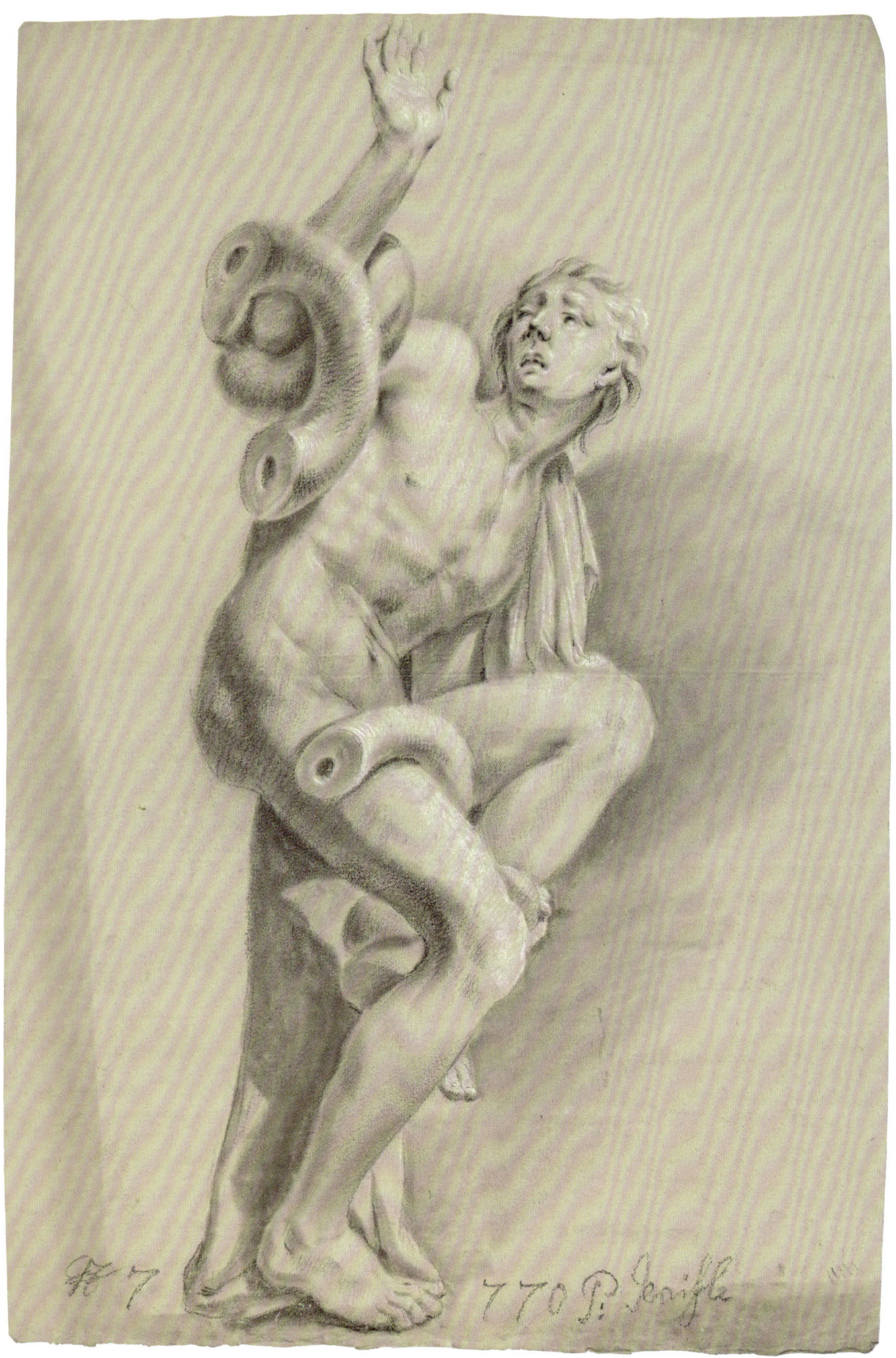

Kat. / Cat. 33
Johann Peter Denifle
Der ältere Sohn des Laokoon, 1770
Schwarzer Stift, grau laviert, weiß
gehöht, auf Papier, 59,4 × 40,6 cm
Tiroler Landesmuseum Ferdinandeum,
Grafische Sammlung
Inv.-Nr. TBar 2582

Il figlio maggiore di Laocoonte, 1770
Matita nera su carta, acquerellato
in grigio, con lumeggiature in bianco,
59,4 × 40,6 cm
Tiroler Landesmuseum Ferdinandeum,
Grafische Sammlung
Inv. n. TBar 2582

Kat. / Cat. 34
Johann Peter Denifle
Der ältere Sohn des Laokoon, 1770
Schwarzer Stift und Pinsel in Grau,
weiß gehöht, auf Papier, 59 × 39,6 cm
Tiroler Landesmuseum Ferdinandeum,
Grafische Sammlung
Inv.-Nr. TBar 2512

Il figlio maggiore di Laocoonte, 1770
Matita nera e pennello in grigio
su carta, con lumeggiature in bianco,
59 × 39,6 cm
Tiroler Landesmuseum Ferdinandeum,
Grafische Sammlung
Inv. n. TBar 2512

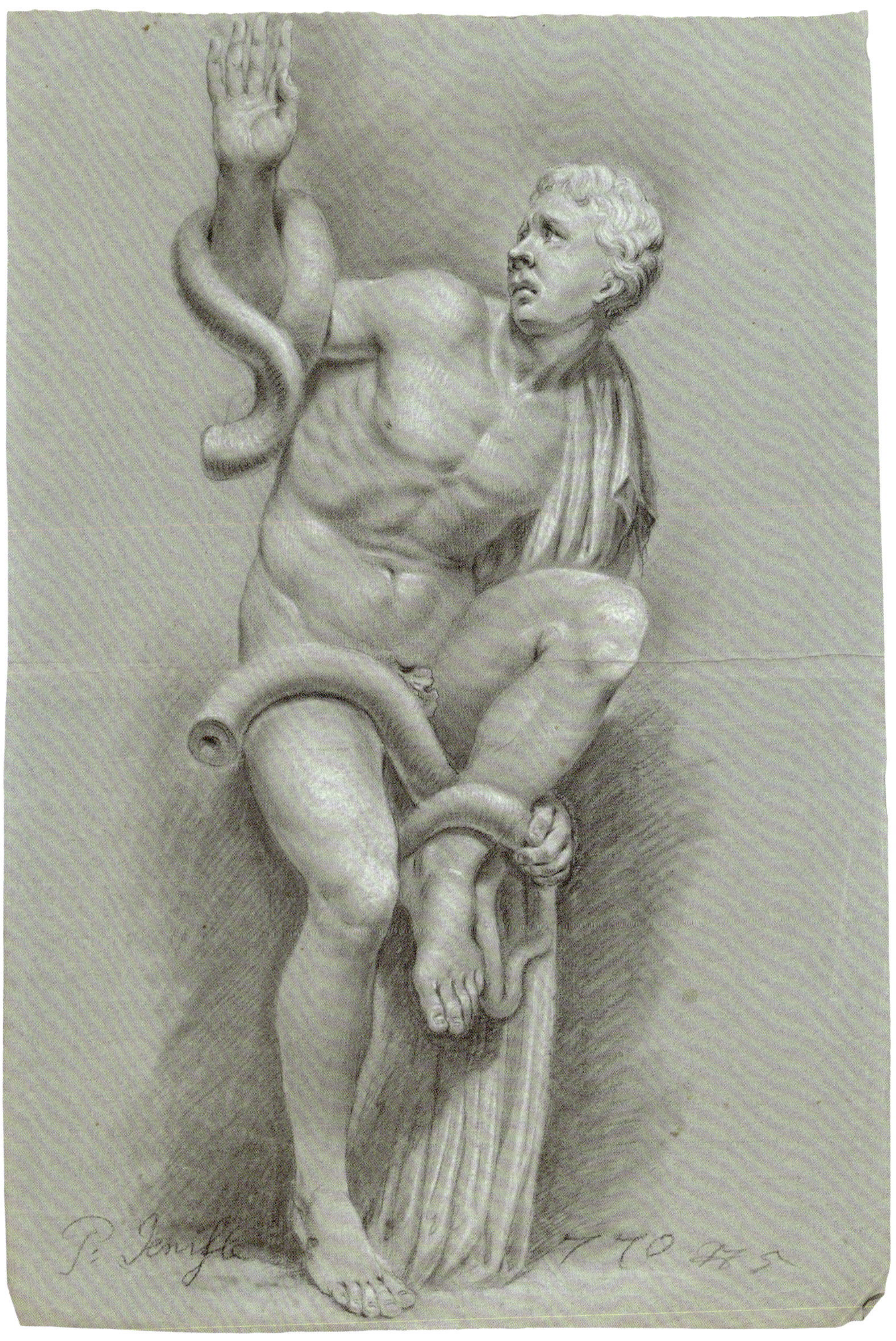

313

Kat. / Cat. 35

Marco Dente

Laokoon, um 1516–1520 (?)
Kupferstich, 27,9 × 40,1 cm
Tiroler Landesmuseum Ferdinandeum,
Grafische Sammlung
Inv.-Nr. DG Ital 749

Laocoonte, 1516-1520 circa (?)
Incisione su rame, 27,9 × 40,1 cm
Tiroler Landesmuseum Ferdinandeum,
Grafische Sammlung
Inv. n. DG Ital 749

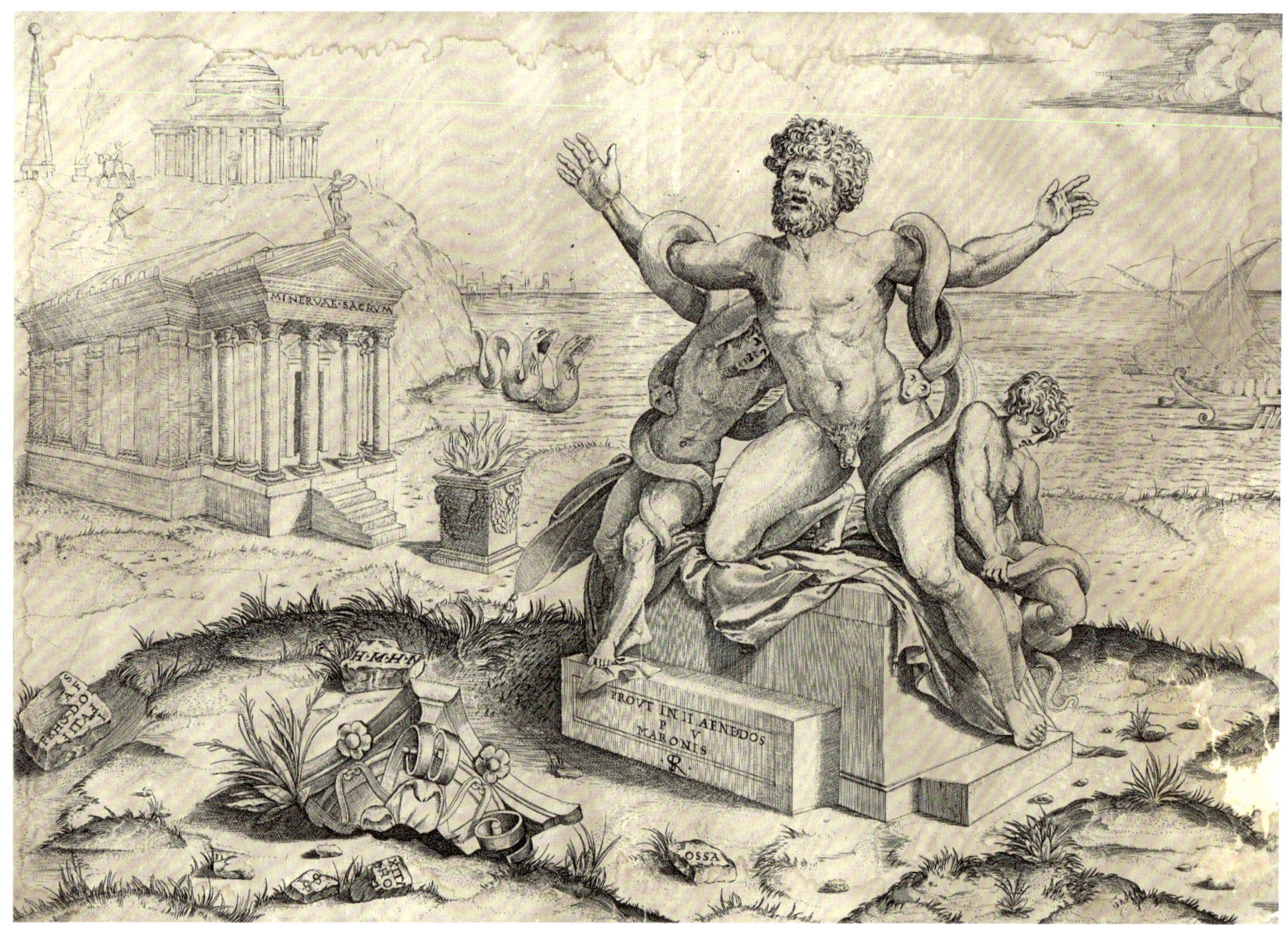

Kat. / Cat. 36

Niccolò Boldrini (zugeschr.)
nach Tizian (?) / Niccolò Boldrini
(attribuito a) da Tiziano (?)
Karikatur des Laokoon
(sog. Affen-Laokoon), um 1540–1550
Holzschnitt, 26,8 × 39,8 cm
Kunstsammlung der Georg-August-
Universität Göttingen
Inv.-Nr. D 3397

Caricatura del Laocoonte
(detta il Laocoonte-scimmia),
1540-1550 circa
Xilografia, 26,8 × 39,8 cm
Kunstsammlung der Georg-August-
Universität Göttingen
Inv. n. D 3397

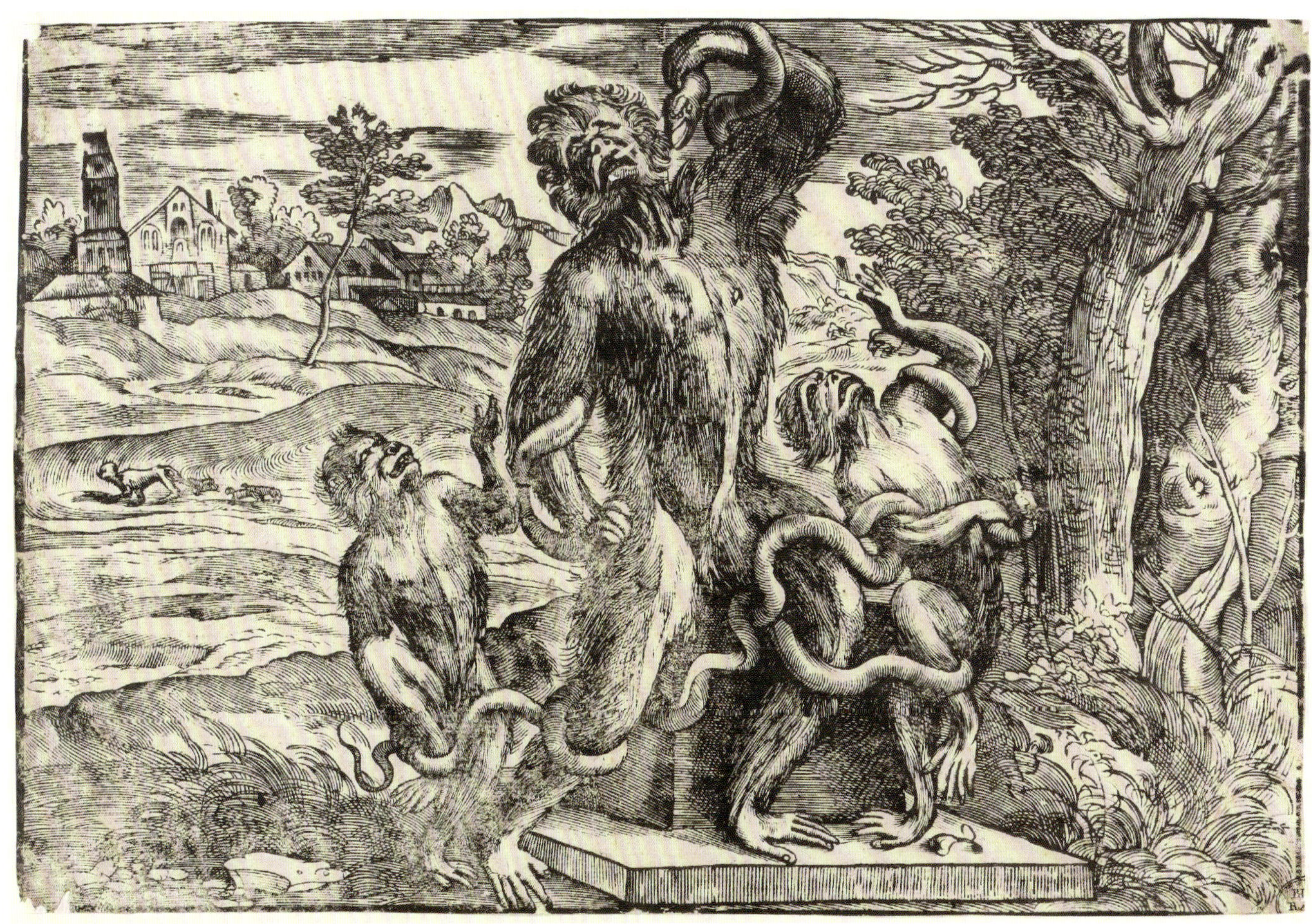

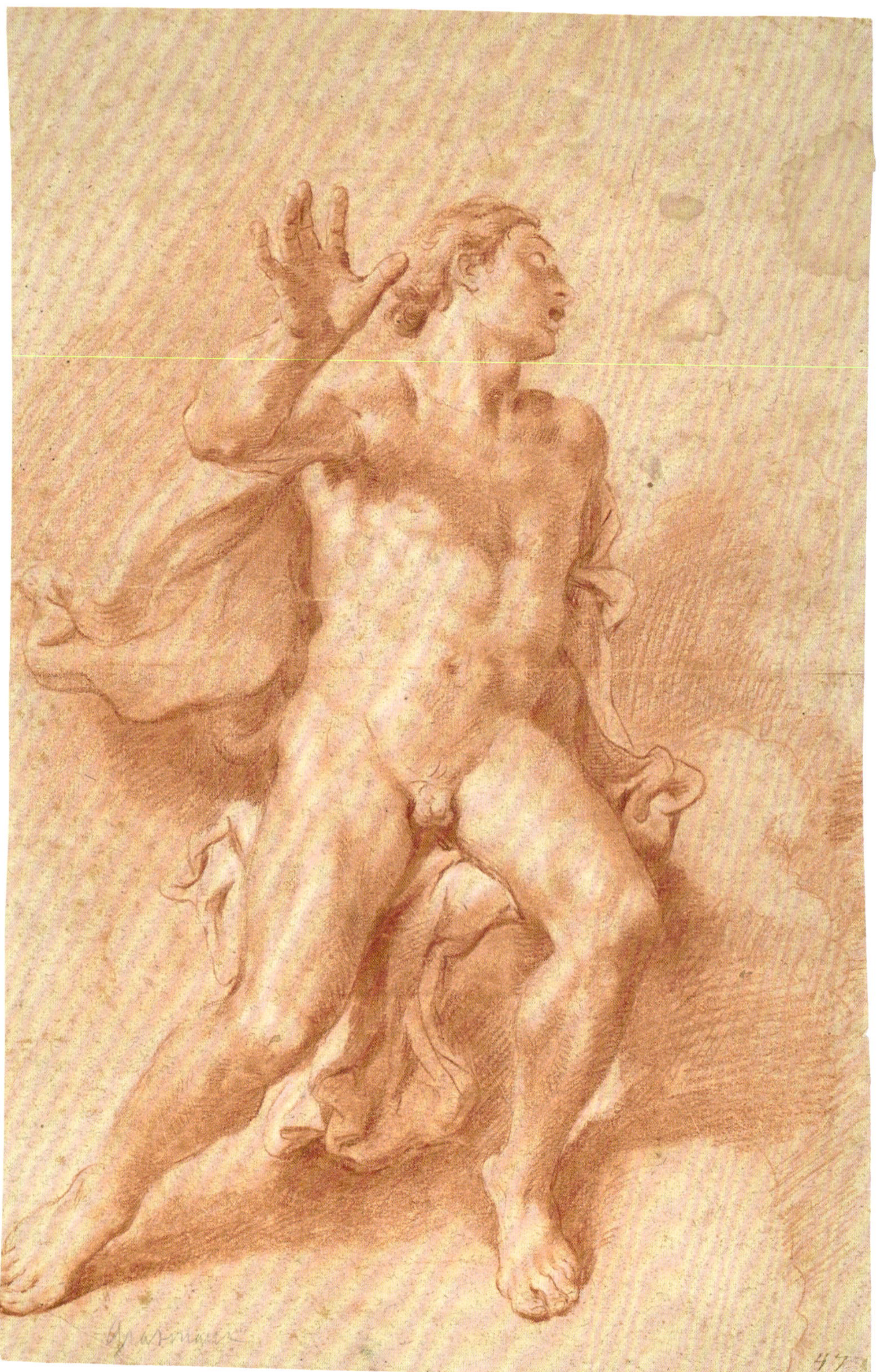

Kat. / Cat. 37
Johann Georg Dominikus Grasmair
Sitzender männlicher Akt in der Pose des Laokoon, 18. Jh.
Rötel, weiß gehöht, auf Papier,
55,3 × 36,5 cm
Tiroler Landesmuseum Ferdinandeum,
Grafische Sammlung
Inv.-Nr. TBar 116

Nudo maschile seduto nella posa del Laocoonte, XVIII secolo
Sanguigna su carta, con lumeggiature in bianco, 55,3 × 36,5 cm
Tiroler Landesmuseum Ferdinandeum,
Grafische Sammlung
Inv. n. TBar 116

Kat. / Cat. 38
Johann Georg Dominikus Grasmair
Kopfstudie des Laokoon und seines älteren Sohnes, 18 Jh.
Rötel, mit dem feuchten Pinsel übergangen, auf Papier, 21,7 × 27,4 cm
Tiroler Landesmuseum Ferdinandeum,
Grafische Sammlung
Inv.-Nr. TBar 105

Studi della testa di Laocoonte e del figlio maggiore, XVIII secolo
Sanguigna su carta, ripassata con pennello umido, 21,7 × 27,4 cm
Tiroler Landesmuseum Ferdinandeum,
Grafische Sammlung
Inv. n. TBar 105

Kat. / Cat. 39
Johann Georg Dominikus Grasmair
Kopfstudie des Laokoon und seines jüngeren Sohnes, 18. Jh.
Rötel, mit dem feuchten Pinsel übergangen, auf Papier
17,7 × 26,4 cm
Tiroler Landesmuseum Ferdinandeum,
Grafische Sammlung
Inv.-Nr. TBar 108

Studi della testa di Laocoonte e del figlio minore, XVIII secolo
Sanguigna su carta, ripassata con pennello umido, 17,7 × 26,4 cm
Tiroler Landesmuseum Ferdinandeum,
Grafische Sammlung
Inv. n. TBar 108

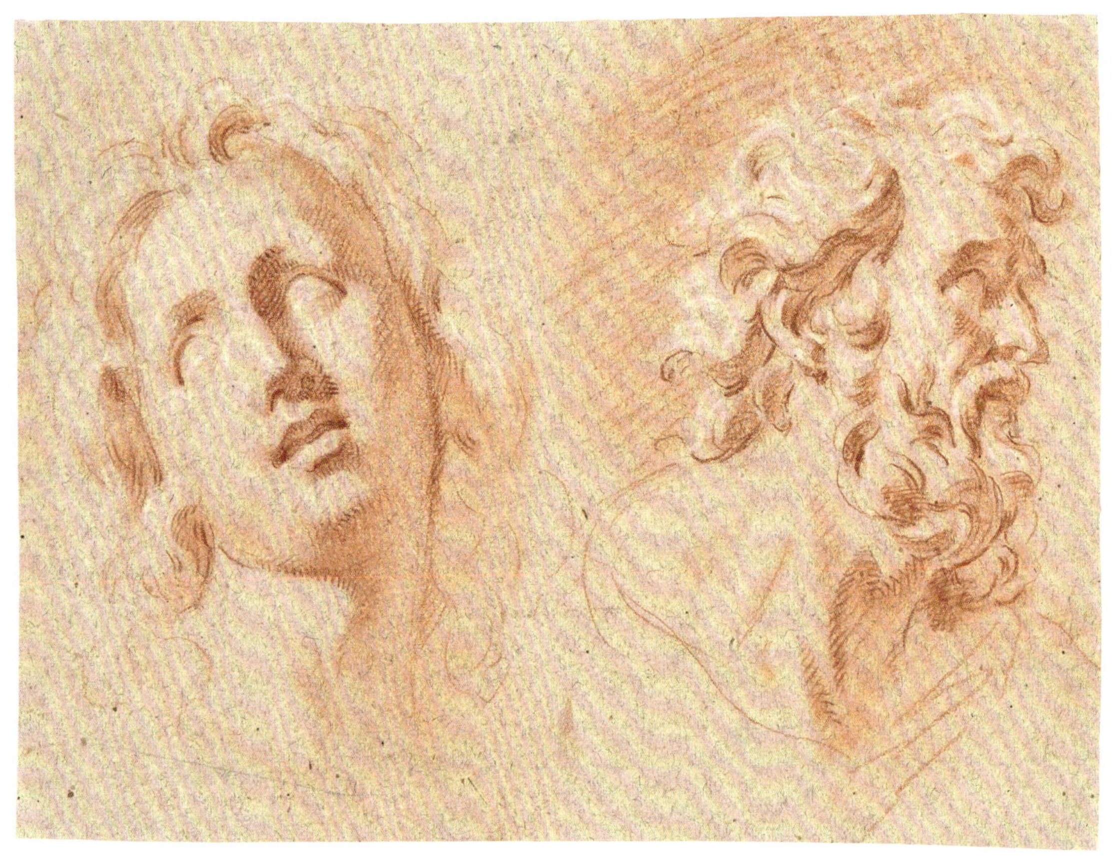

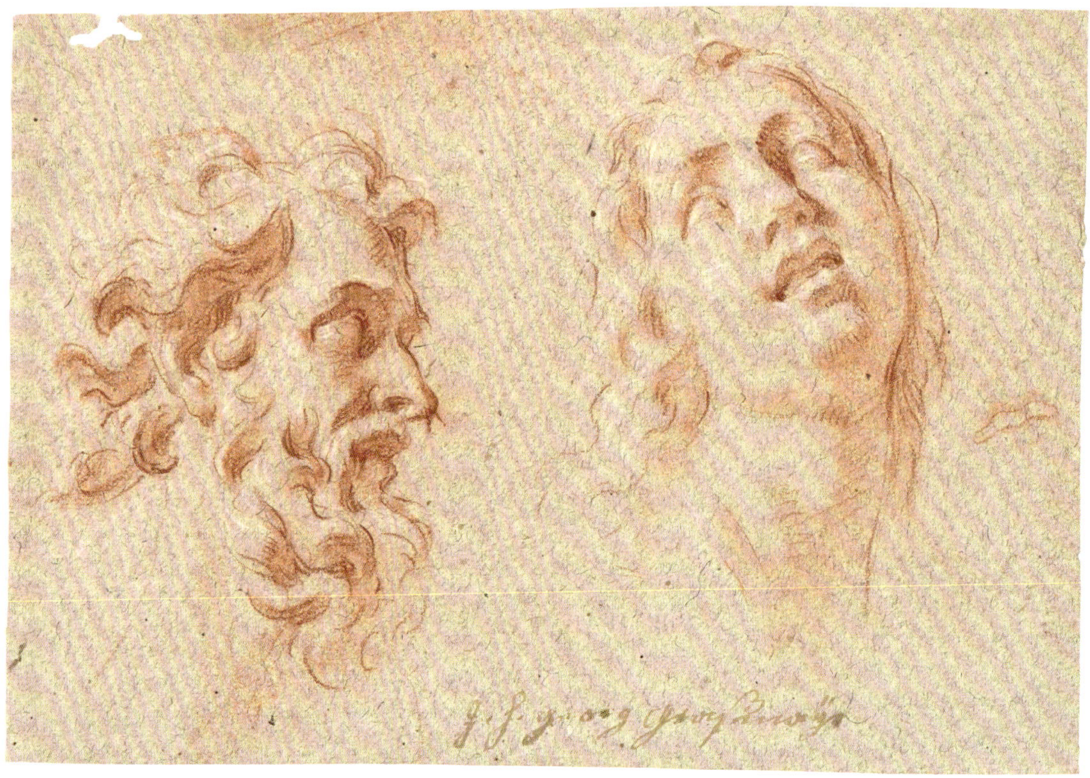

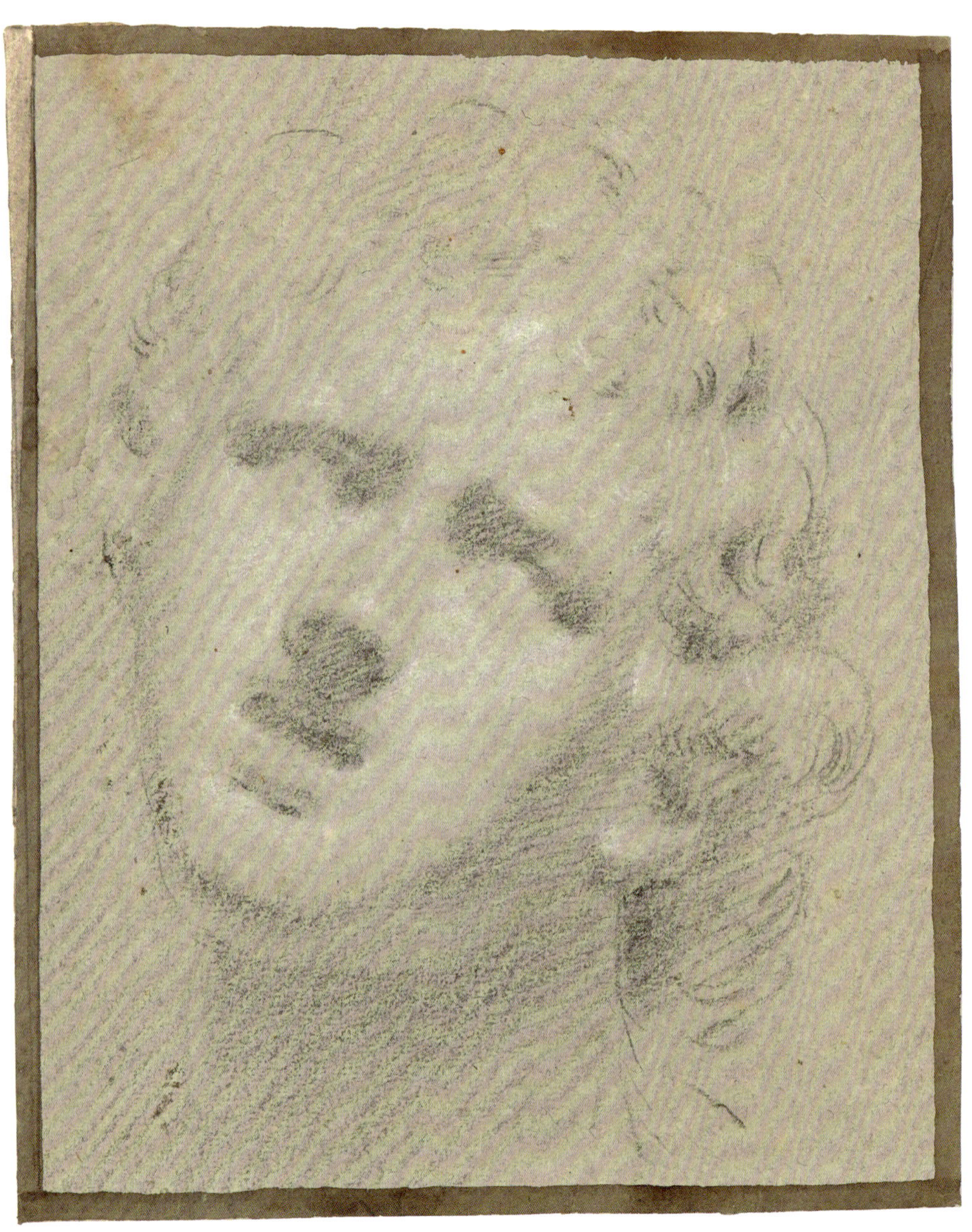

Kat. / Cat. 40
Franz Anton Leitenstorffer
*Kopfstudie des jüngeren Sohnes
des Laokoon*, 18 Jh.
Schwarzer Stift (Kreide ?), weiß gehöht,
auf Papier, 22,4 × 18,5 cm
Tiroler Landesmuseum Ferdinandeum,
Grafische Sammlung
Inv.-Nr. TBar 538

*Studio della testa del figlio minore
di Laocoonte*, XVIII secolo
Matita nera (gesso?) su carta, con
lumeggiature in bianco, 22,4 × 18,5 cm
Tiroler Landesmuseum Ferdinandeum,
Grafische Sammlung
Inv. n. TBar 538

Kat. / Cat. 41
Joseph Schöpf
Kopf des Laokoon, 18 Jh.
Schwarzer Stift, weiß gehöht (Kreide),
auf Papier, 54,5 × 41,9 cm
Tiroler Landesmuseum Ferdinandeum,
Grafische Sammlung
Inv.-Nr. TBar 1745

Testa di Laocoonte, XVIII secolo
Matita nera su carta, con lumeggiature
in bianco (a gesso), 54,5 × 41,9 cm
Tiroler Landesmuseum Ferdinandeum,
Grafische Sammlung
Inv. n. TBar 1745

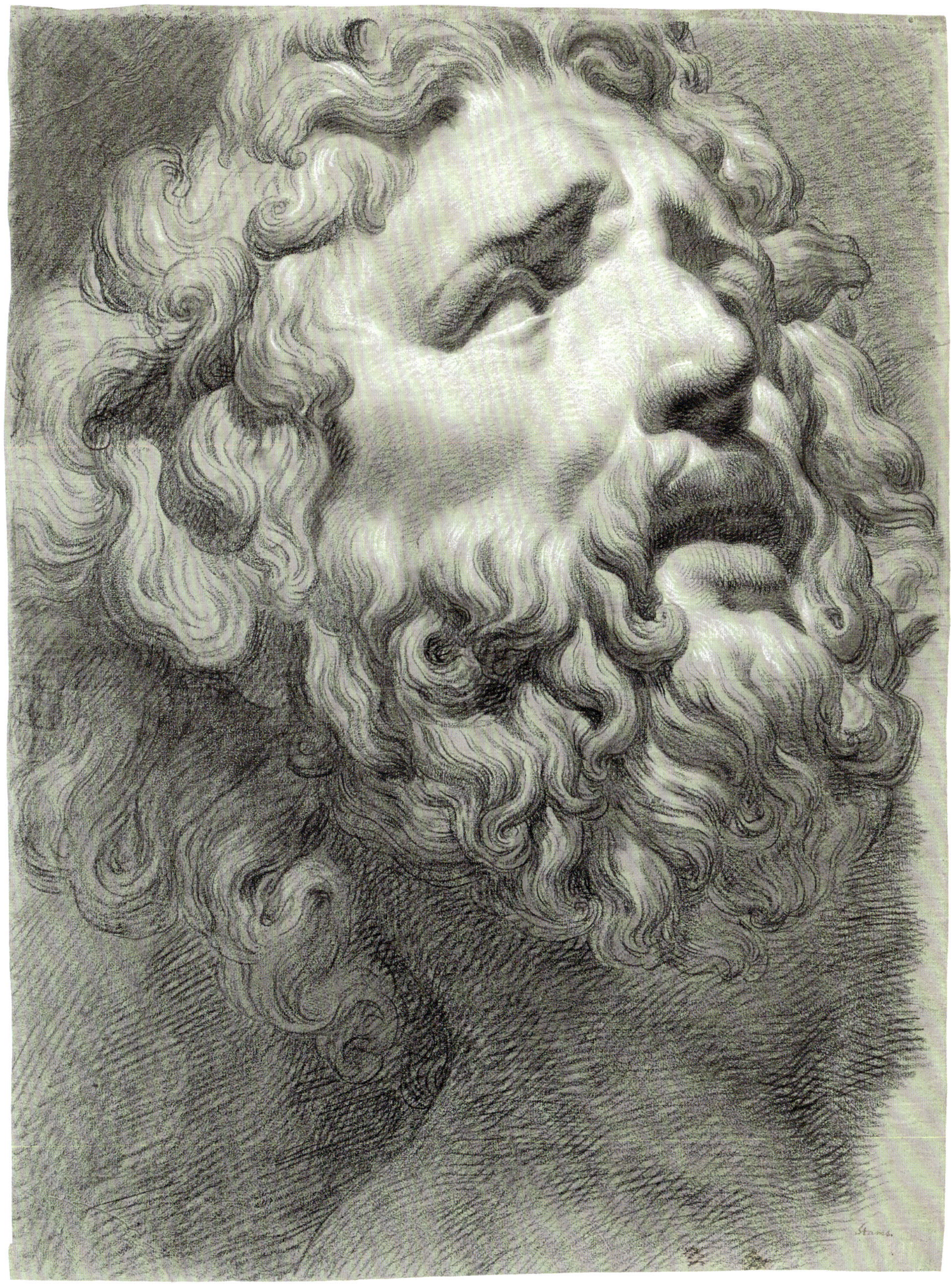

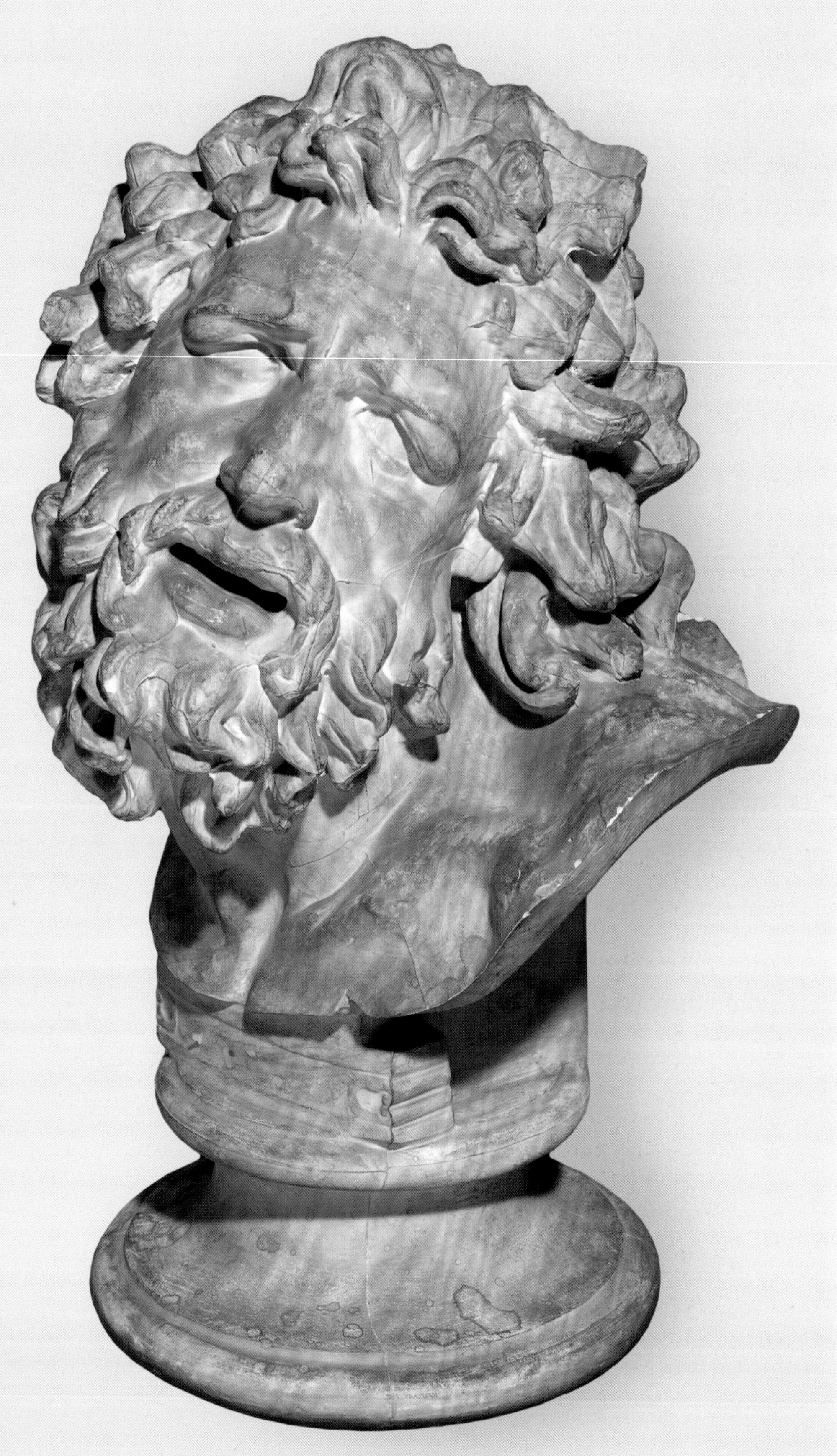

Kat. / Cat. 42
*Kopf des Laokoon (Teilabguß, Gips),
nach dem Original in den Musei
Vaticani*
57 × 33 × 36 cm
Universität Wien, Archäologische
Sammlung
Inv.-Nr. 298

*Testa del Laocoonte (calco parziale,
gesso) dall'originale conservato presso
i Musei Vaticani*
57 × 33 × 36 cm
Università di Vienna, Archäologische
Sammlung
Inv. n. 298

Kat. / Cat. 43
Italienisch / Artista italiano
Bronzekopie der Laokoon-Gruppe,
18. Jh.
47 × 30 × 18,5 cm (mit Sockel)
Stiftsmuseum Klosterneuburg
Inv.-Nr. KG 43

*Copia in bronzo del Gruppo
del Laocoonte*, XVIII secolo
47 × 30 × 18,5 cm
(con piedistallo)
Stiftsmuseum Klosterneuburg
Inv. n. KG 43

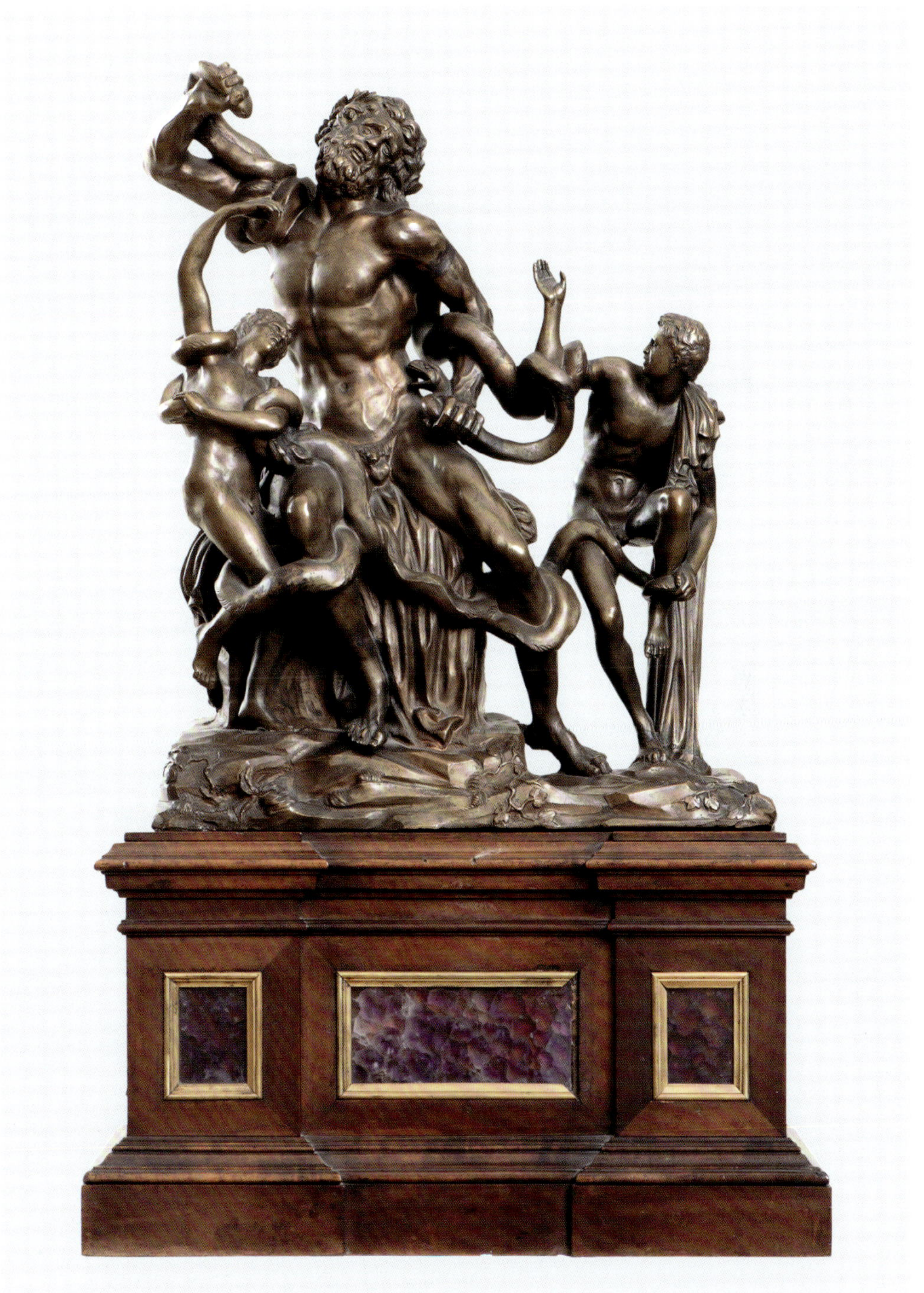

Arkadien / Arcadia

Kat. / Cat. 44
Gipsabguss „Juno Ludovisi", o. J.
175 × 115 × 83 cm
Universität Graz, Institut für Antike/
Archäologische Sammlungen
Inv.-Nr. D 190

Calco della Giunone Ludovisi, s.d.
Gesso, 175 × 115 × 83 cm
Università di Graz, Institut für Antike/
Archäologische Sammlungen
Inv. n. D 190

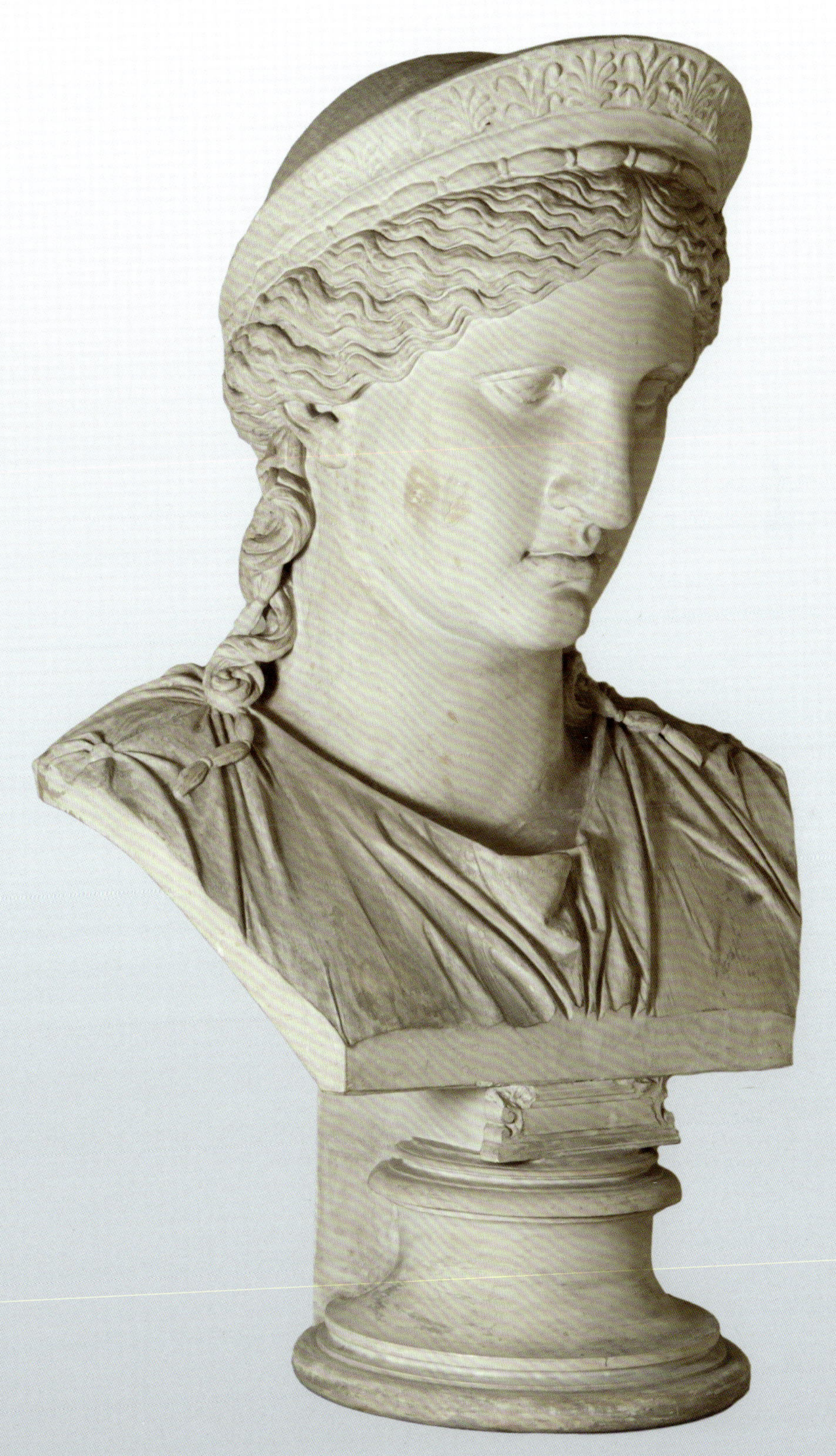

Kat. / Cat. 45

Abraham van Cuylenburgh
Badende Frauen in einer Felsgrotte, 1646
Öl auf Holz, 32,7 × 40,3 cm
Tiroler Landesmuseum Ferdinandeum,
Ältere Kunstgeschichtliche Sammlungen
Inv.-Nr. Gem 643

Bagnanti in una grotta rocciosa, 1646
Olio su tavola, 32,7 × 40,3 cm
Tiroler Landesmuseum Ferdinandeum,
Ältere Kunstgeschichtliche Sammlungen
Inv. n. Gem 643

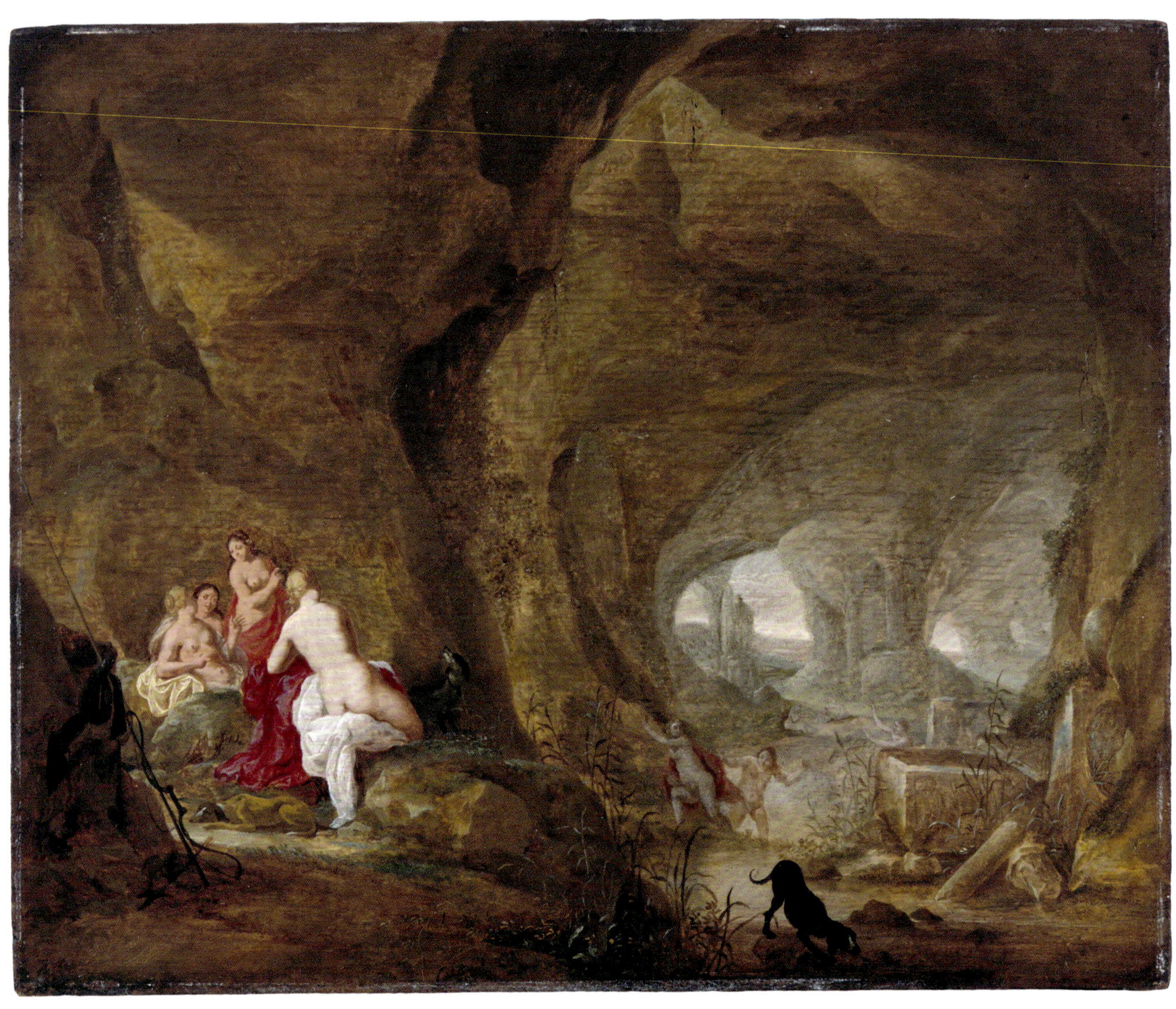

Kat. / Cat. 46
Abraham van Cuylenburgh
*Badende Nymphen und Jägerinnen
in einer Grotte*, um 1650
Öl auf Holz, 30,3 × 38,6 cm
Tiroler Landesmuseum Ferdinandeum,
Ältere Kunstgeschichtliche Sammlungen
Inv.-Nr. Gem 644

Ninfe e cacciatrici in una grotta,
1650 circa
Olio su tavola, 30,3 × 38,6 cm
Tiroler Landesmuseum Ferdinandeum,
Ältere Kunstgeschichtliche Sammlungen
Inv. n. Gem 644

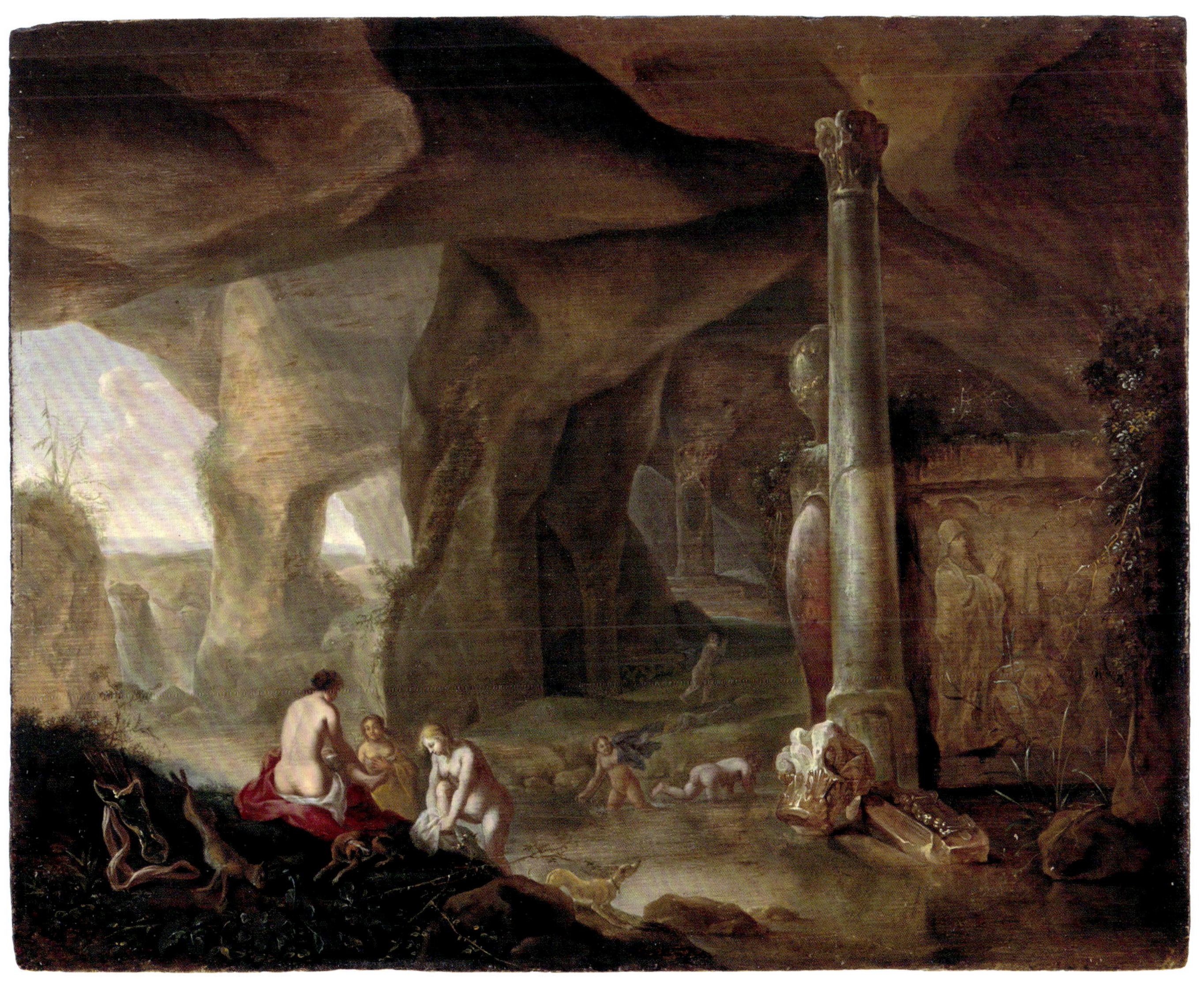

Kat. / Cat. 47
Josef Anton Koch
Landschaft mit Apollo unter den Hirten,
1837
Öl auf Leinwand, 80,8 × 122 cm
Tiroler Landesmuseum Ferdinandeum,
Ältere Kunstgeschichtliche Sammlungen
Inv.-Nr. Gem 356

Paesaggio con Apollo tra i pastori, 1837
Olio su tela, 80,8 × 122 cm
Tiroler Landesmuseum Ferdinandeum,
Ältere Kunstgeschichtliche Sammlungen
Inv. n. Gem 356

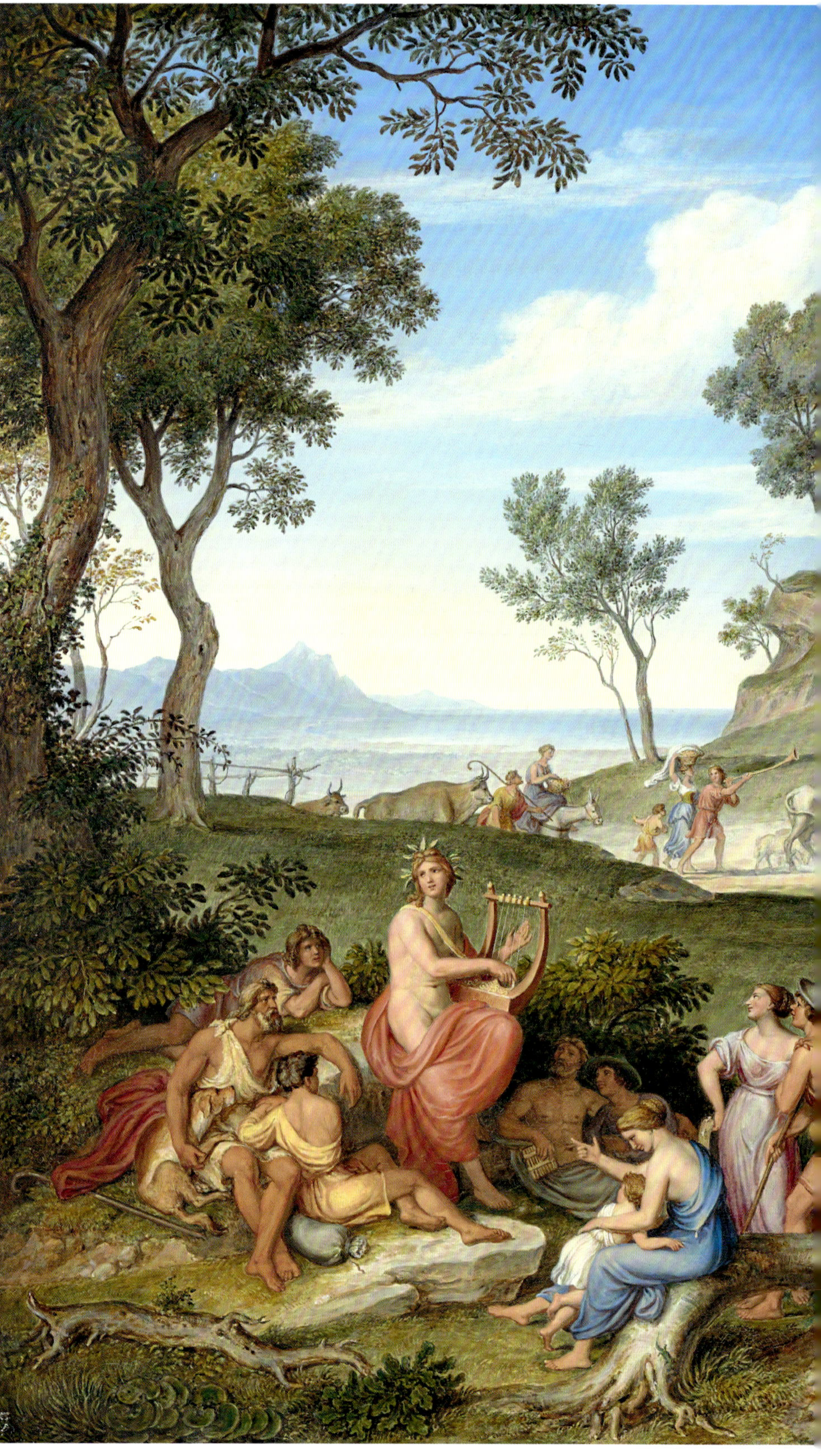

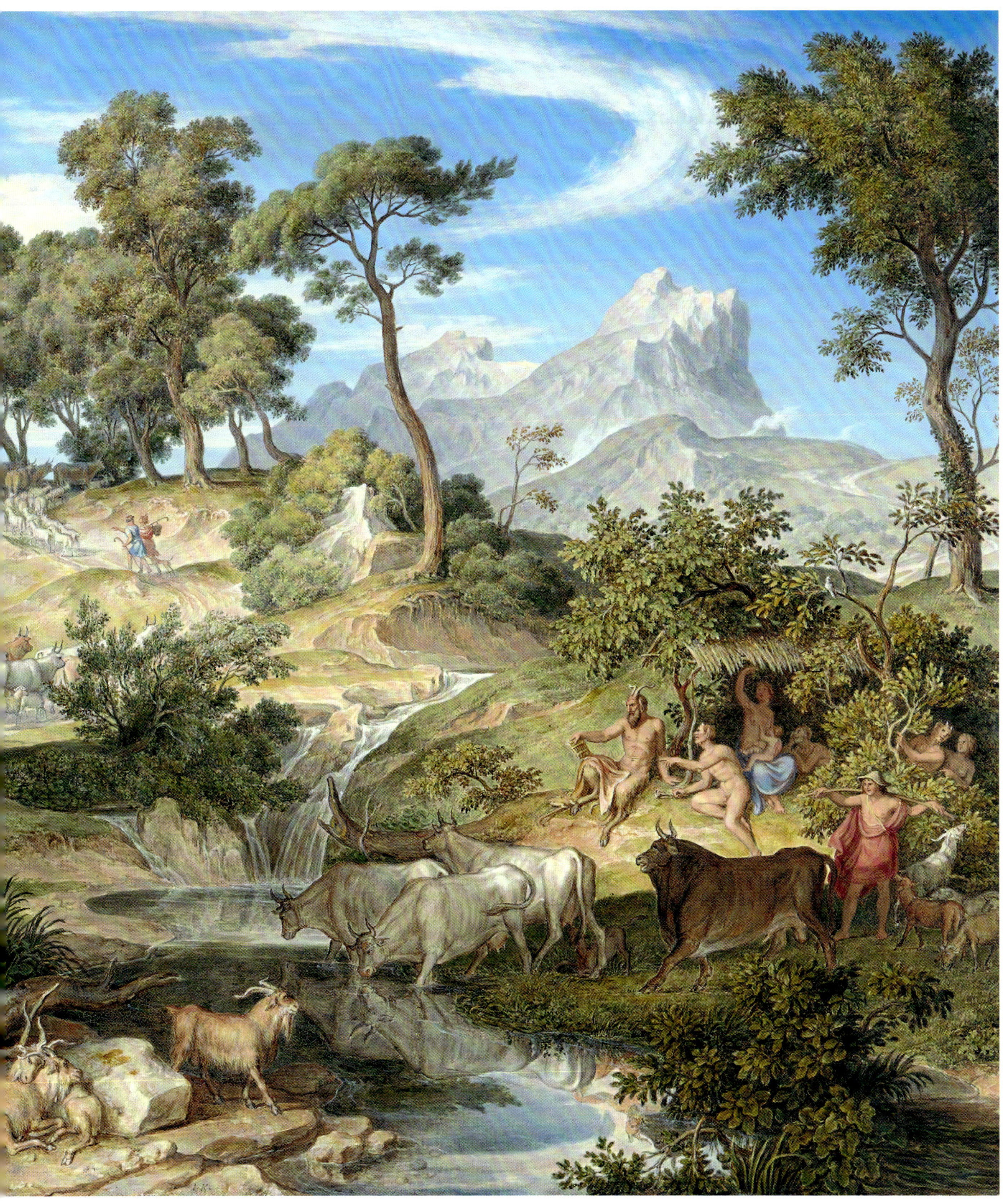

Kat. / Cat. 48

Werkstatt / Bottega di Dirck van der Lisse

Schlafende Nymphen, von einem Satyr belauscht, 17. Jh.
Öl auf Holz, 22,9 × 30,3 cm
Tiroler Landesmuseum Ferdinandeum,
Ältere Kunstgeschichtliche Sammlungen
Inv.-Nr. Gem 645

Ninfe addormentate spiate da un satiro,
XVII secolo
Olio su tavola, 22,9 × 30,3 cm
Tiroler Landesmuseum Ferdinandeum,
Ältere Kunstgeschichtliche Sammlungen
Inv. n. Gem 645

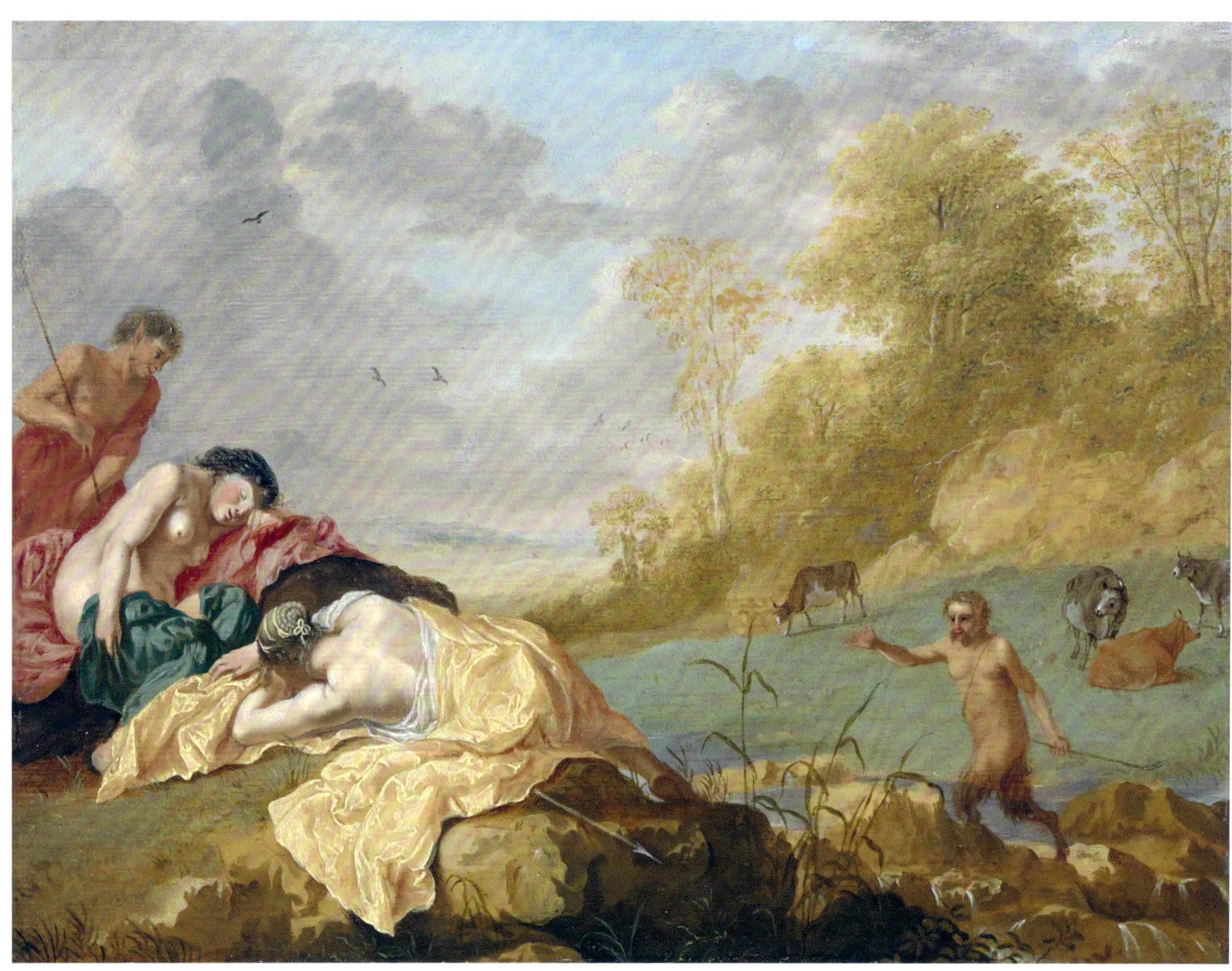

Johann Christian Reinhart
Auch ich in Arkadien, um 1785/1786
Aquarell, 36 × 49 cm
Goethe-Museum Düsseldorf. Anton-
und-Katharina-Kippenberg-Stiftung
Inv.-Nr. Sammlung Redslob
(ohne Signatur)

Anch'io in Arcadia!, 1785/1786 circa
Acquerello, 36 × 49 cm
Goethe-Museum Düsseldorf. Anton-
und-Katharina-Kippenberg-Stiftung
Inv. n. Collezione Redslob
(senza segnatura)

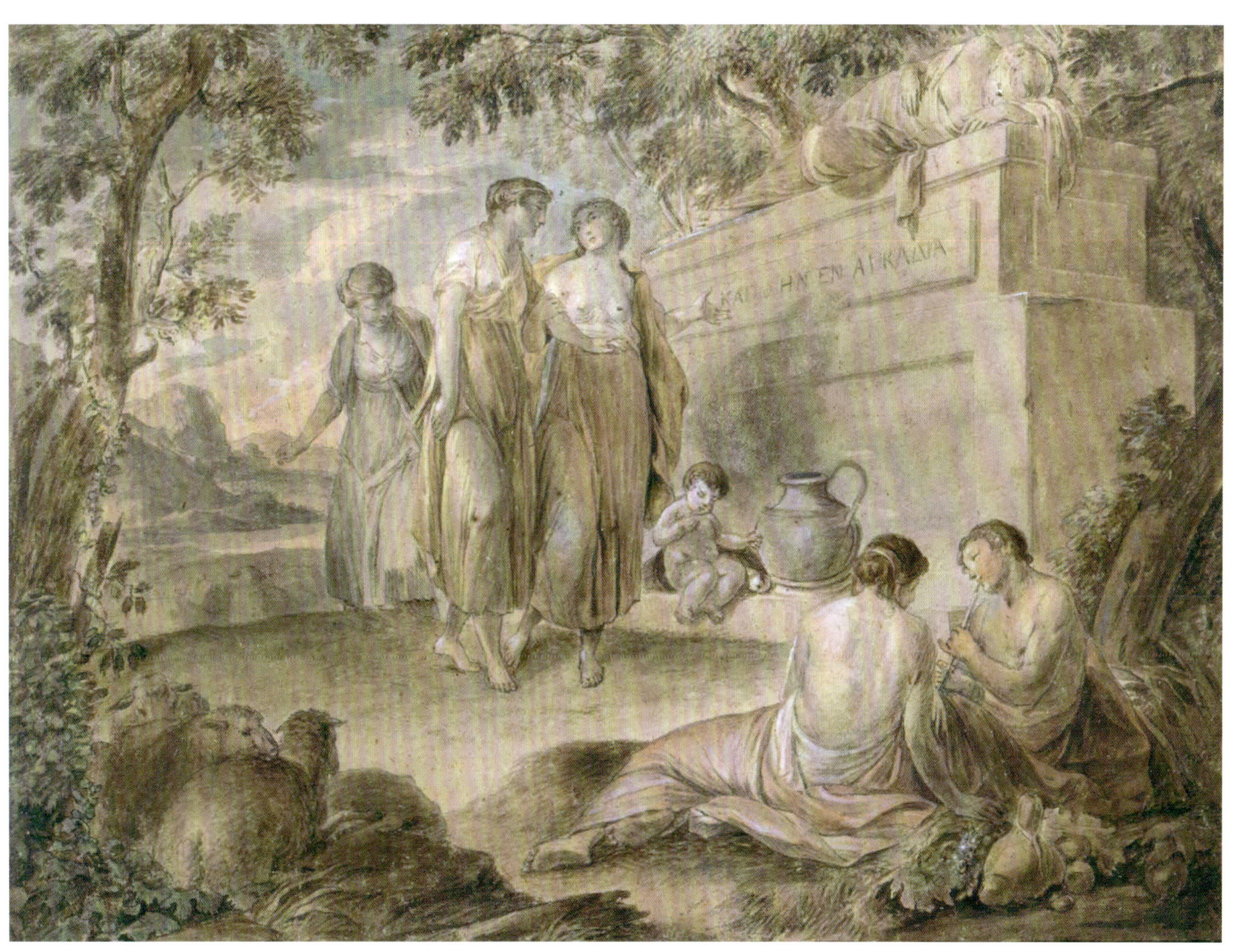

Stationen der Reise / Le tappe del viaggio

Tirol / Tirolo

Kat. / Cat. 50
Josef Grois
*Ansicht Innsbrucks von der Weiherburg
Richtung Südwesten*, um 1830
Öl auf Leinwand, 69 × 95 cm
Tiroler Landesmuseum Ferdinandeum,
Ältere Kunstgeschichtliche Sammlungen
Inv.-Nr. Gem 1036

*Veduta di Innsbruck dalla Weiherburg
in direzione sud ovest*, 1830 circa
Olio su tela, 69 × 95 cm
Tiroler Landesmuseum Ferdinandeum,
Ältere Kunstgeschichtliche Sammlungen
Inv. n. Gem 1036

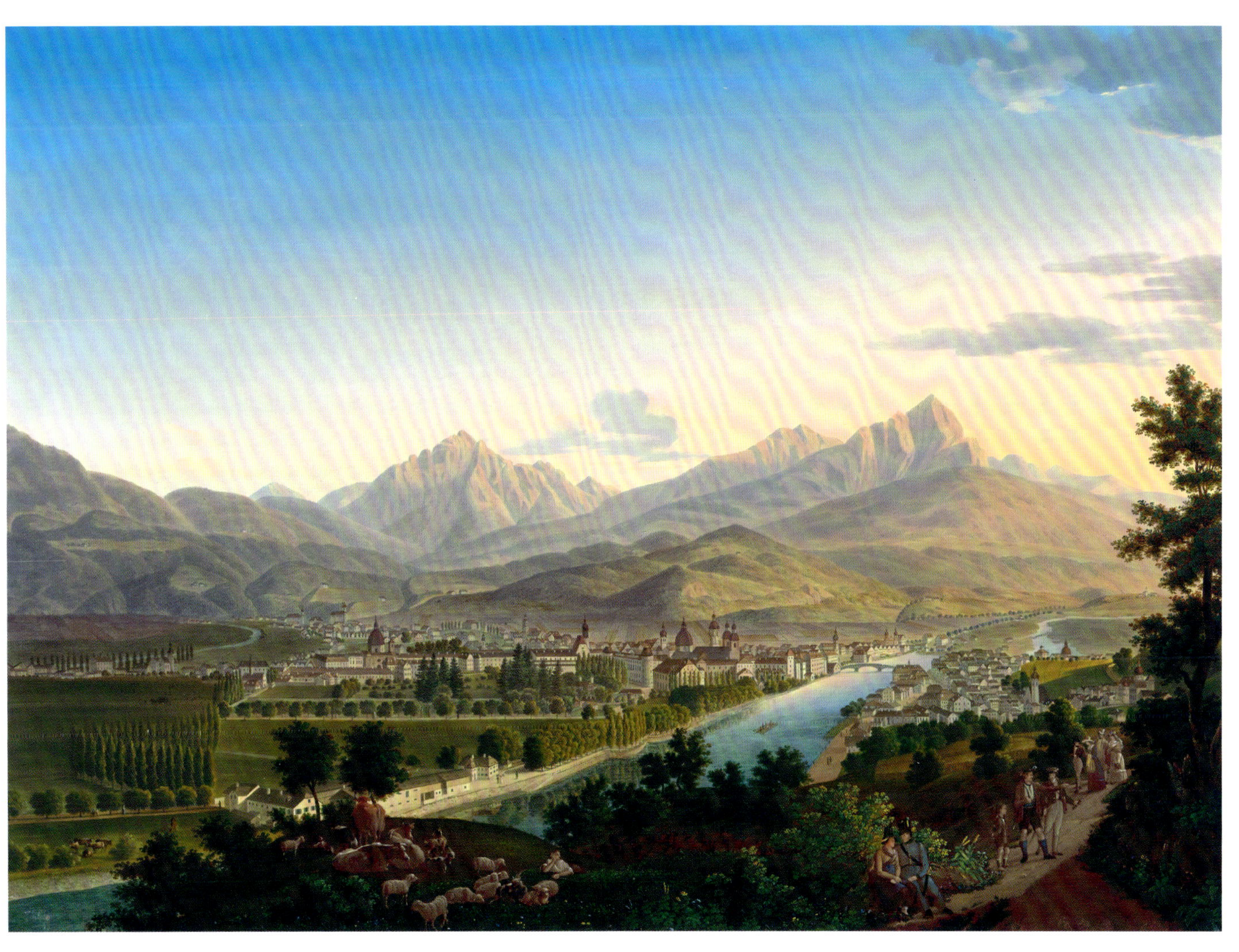

Norditalien / Italia del Nord

Kat. / Cat. 51
Johann Wolfgang von Goethe
Gardasee, 1786
Grafit und schwarze Kreide auf Papier,
19 × 30,6 cm
Klassik Stiftung Weimar, Museen
Inv.-Nr. GGz/0152

Lago di Garda, 1786
Grafite e gesso nero su carta,
19 × 30,6 cm
Klassik Stiftung Weimar, Museen
Inv. n. GGz/0152

Kat. / Cat. 52
Johann Wolfgang von Goethe
*„Brennerpass", Gehöft im oberen
Wipptal*, 1786
Grafit auf Papier, 19 × 30,6 cm
Klassik Stiftung Weimar, Museen
Inv.-Nr. GGz/0152v

*Passo del Brennero, fattoria nell'Alta
Valle Isarco*, 1786
Grafite su carta, 19 × 30,6 cm
Klassik Stiftung Weimar, Museen
Inv. n. GGz/0152v

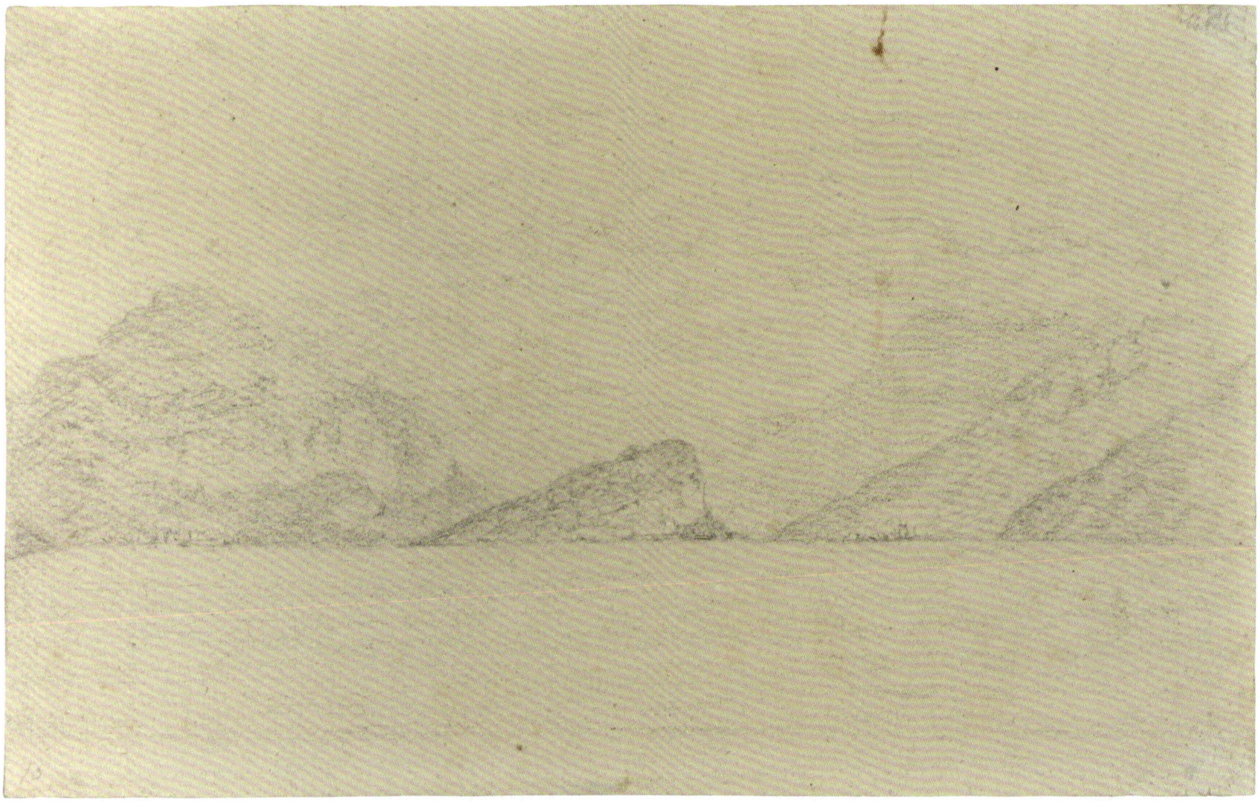

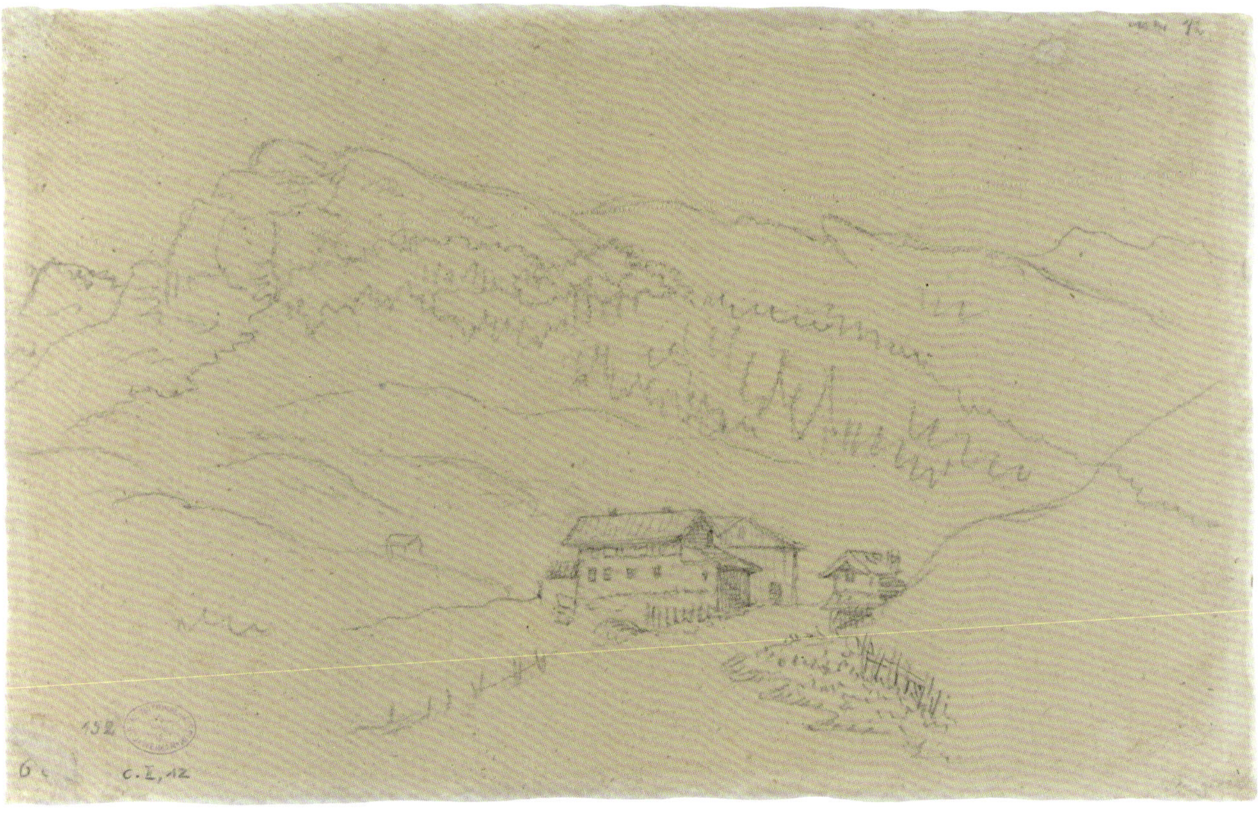

Kat. / Cat. 53
Johann Wolfgang von Goethe
Rovereto, 1786
Feder und Pinsel in Grau über Grafit
auf Büttenpapier, 18,9 × 31,5 cm
Klassik Stiftung Weimar, Museen
Inv.-Nr. GGz/0151

Rovereto, 1786
Grafite, penna e pennello in grigio
su carta a mano, 18,9 × 31,5 cm
Klassik Stiftung Weimar, Museen
Inv. n. GGz/0151

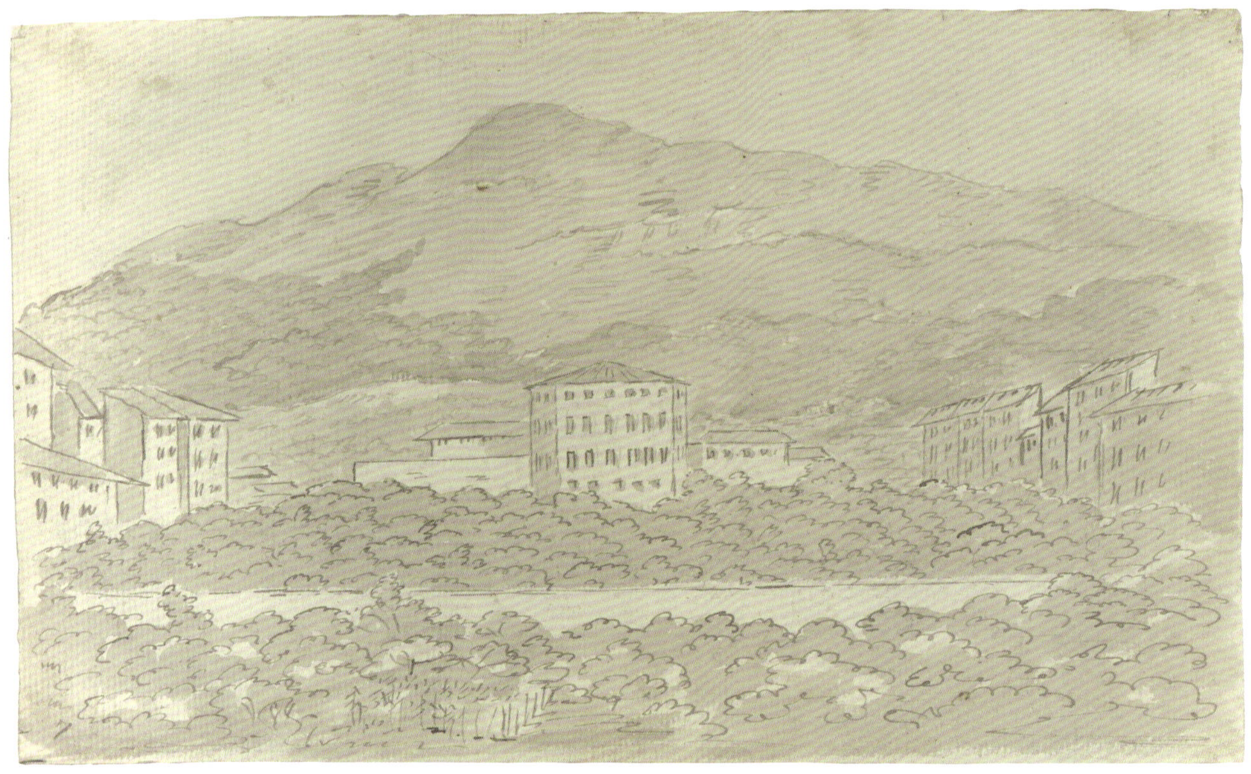

Kat. / Cat. 54
Adriano Cristofali
Anfiteatro detto l'Arena di Verona, 1744
Kupferstich, 79 × 103 cm
Universitätsbibliothek Salzburg,
Grafiksammlung
Signatur G 1a IV

Anfiteatro detto l'Arena di Verona, 1744
Incisione su rame, 79 × 103 cm
Universitätsbibliothek,
Grafiksammlung, Salisburgo
Segnatura G 1a IV

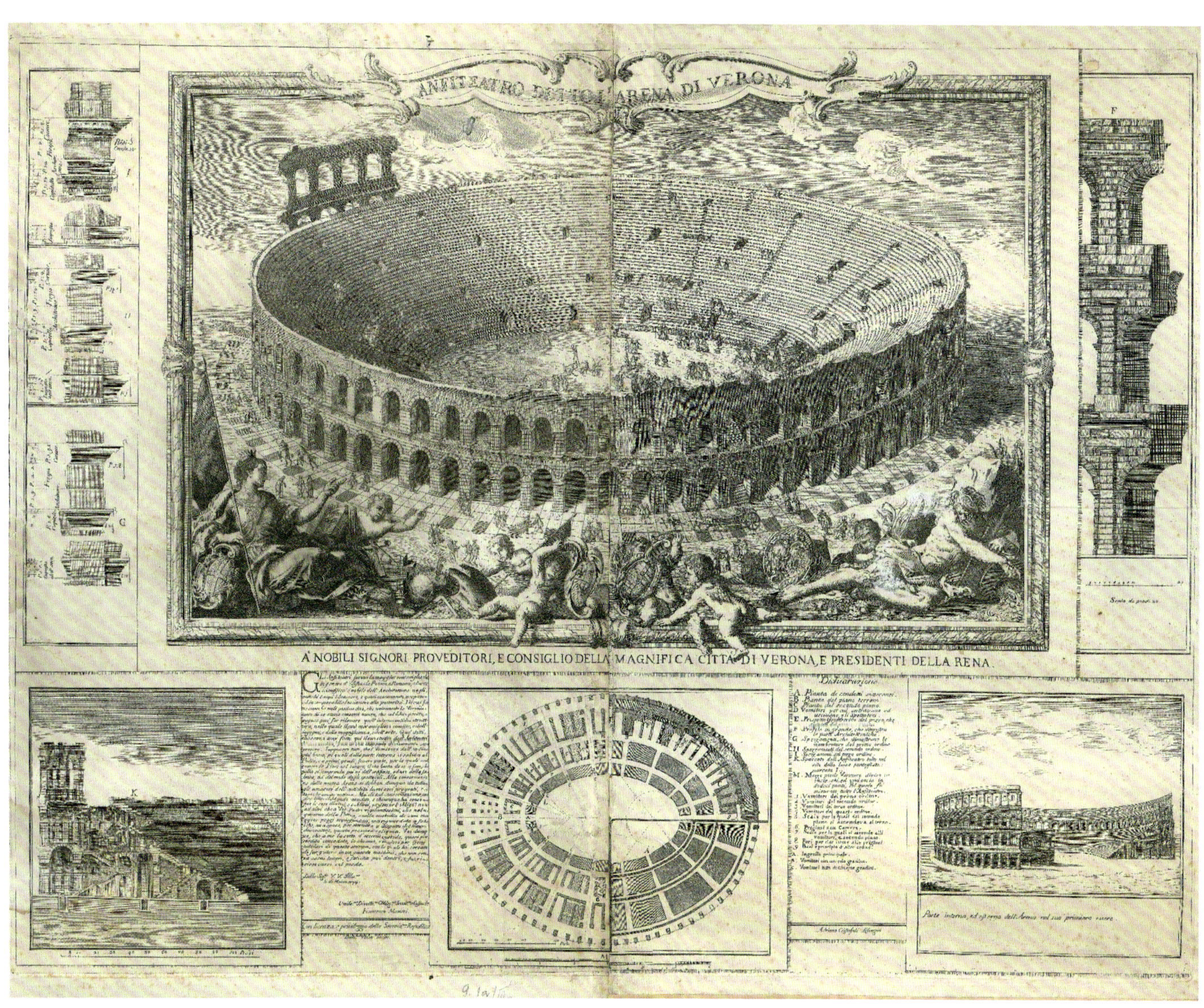

Kat. / Cat. 55
Thomas Ender
Blick auf den Gardasee, um 1840
Öl auf Papier auf Leinwand, 63 × 50 cm
Belvedere, Wien
Inv.-Nr. 6214

Veduta del lago di Garda, 1840 circa
Olio su carta montata su tela,
63 × 50 cm
Museo del Belvedere, Vienna
Inv. n. 6214

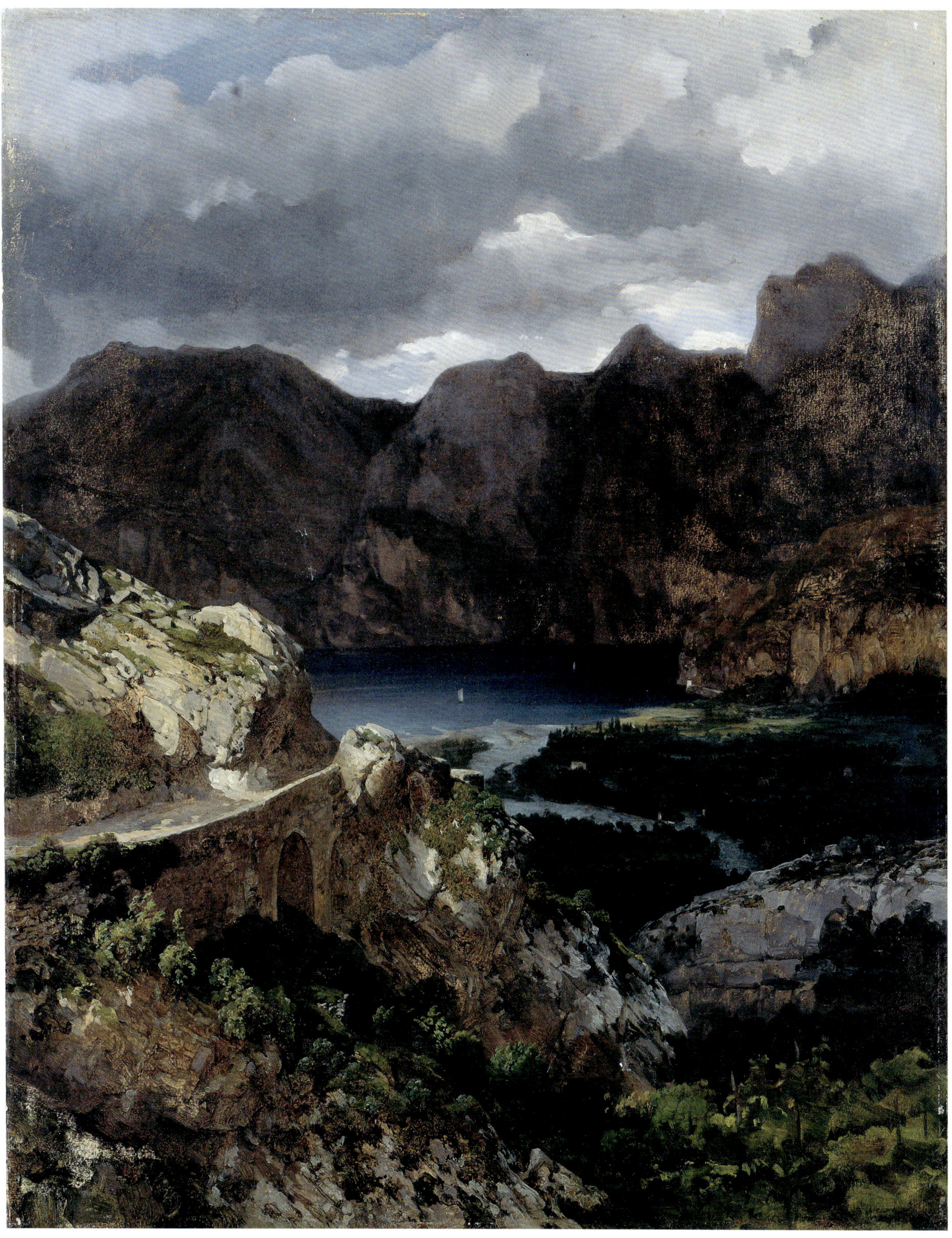

Kat. / Cat. 56

Johann Wolfgang von Goethe

Grottaferrata, 1787
Feder in Braun über
Grafit auf Büttenpapier, 13,9 × 22,9 cm
Klassik Stiftung Weimar, Museen
Inv.-Nr. GGz/0269v

Grottaferrata, 1787
Grafite e penna a inchiostro bruno
su carta a mano, 13,9 × 22,9 cm
Klassik Stiftung Weimar, Museen
Inv. n. GGz/0269v

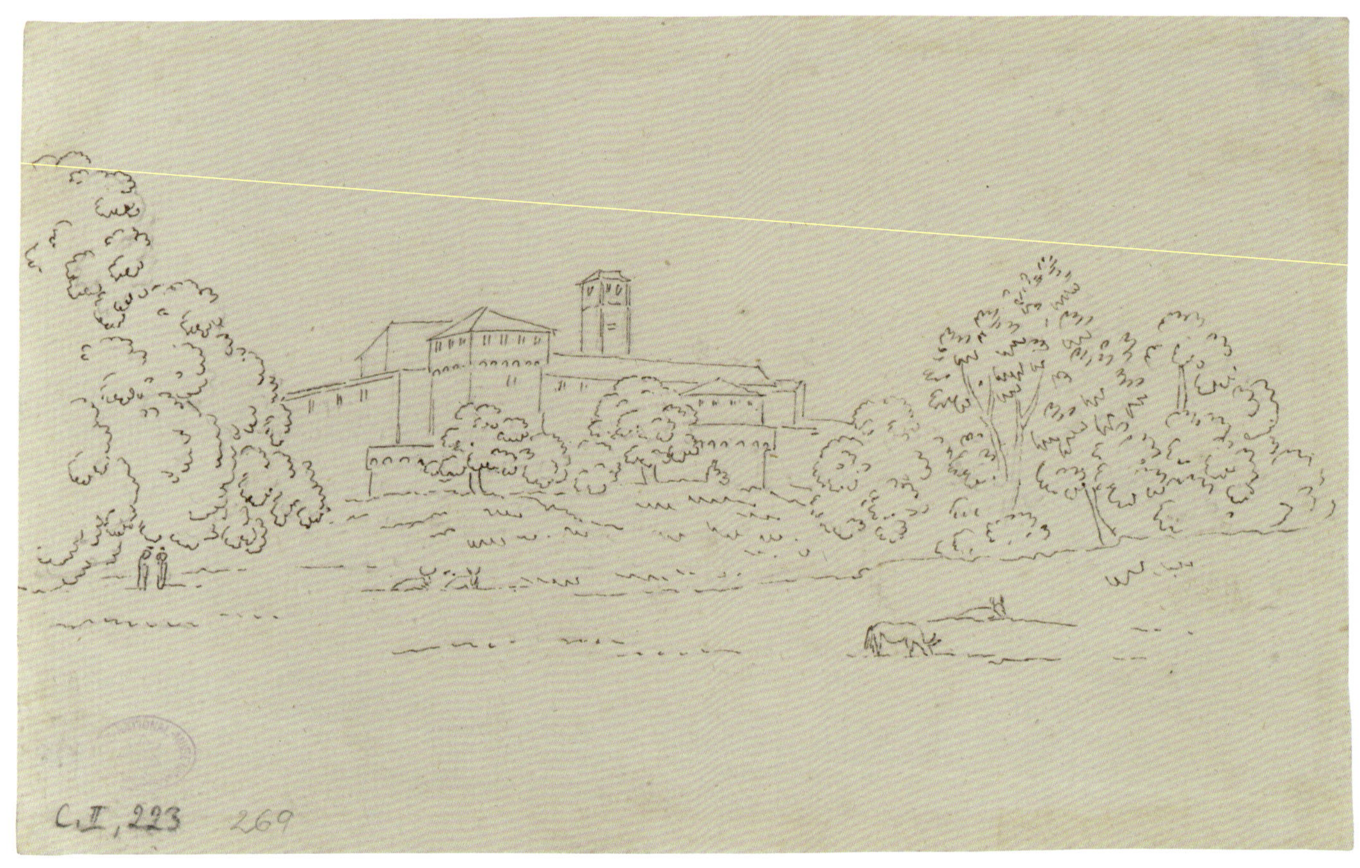

Kat. / Cat. 57

Johann Wolfgang von Goethe
Häusergruppe aus Frascati, 1786
Kohle und weiße Kreide auf
bräunlichem Büttenpapier,
18,8 × 30,6 cm
Klassik Stiftung Weimar, Museen
Inv.-Nr. GGz/0240

Gruppo di case a Frascati, 1786
Carboncino e gesso bianco su carta
marroncina a mano, 18,8 × 30,6 cm
Klassik Stiftung Weimar, Museen
Inv. n. GGz/0240

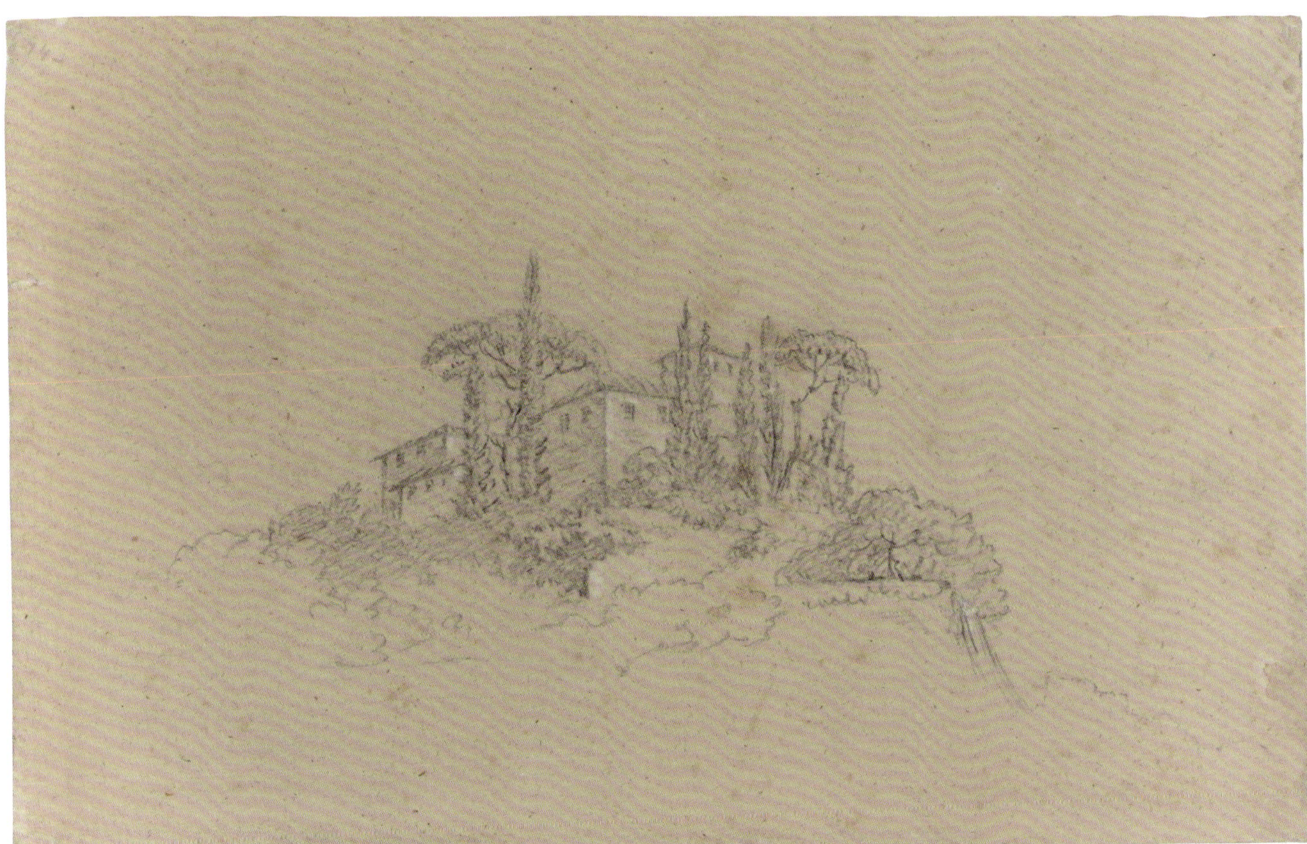

Rom / Roma

Kat. / Cat. 58
Andrea Locatelli
Die Piazza Navona, 1733
Öl auf Kupfer, 73 × 93 cm
Gemäldegalerie der Akademie
der bildenden Künste Wien
Inv.-Nr. GG-1081

Piazza Navona, 1733
Olio su rame, 73 × 93 cm
Gemäldegalerie der Akademie
der bildenden Künste Wien
Inv. n. GG-1081

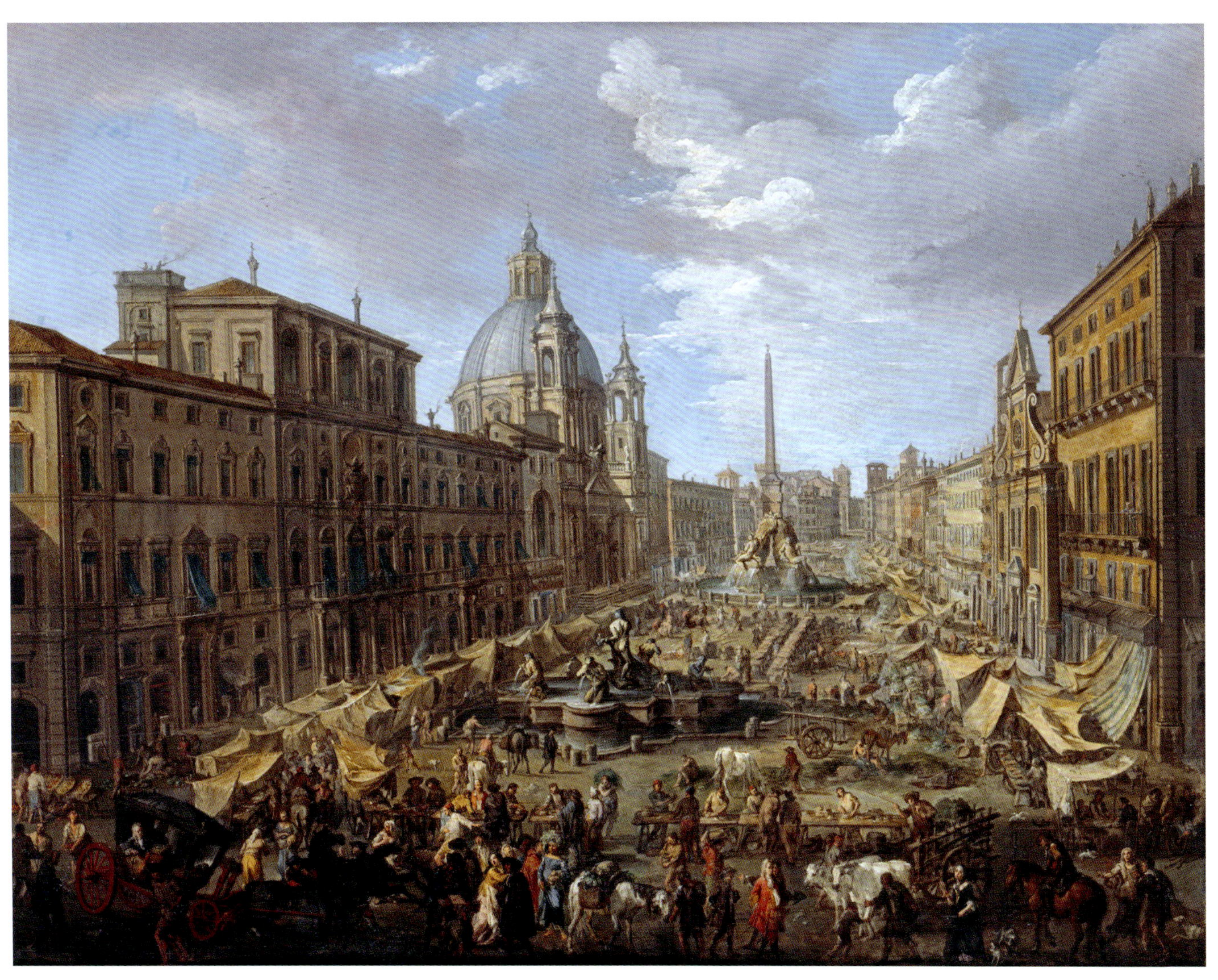

Kat. / Cat. 59

Carl Blechen

Das Forum Romanum, 1829
Öl auf Papier auf Karton, 36 × 51 cm
Belvedere, Wien
Inv-Nr. 2426

Il Foro Romano, 1829
Olio su carta montata su cartone,
36 × 51 cm
Museo del Belvedere, Vienna
Inv. n. 2426

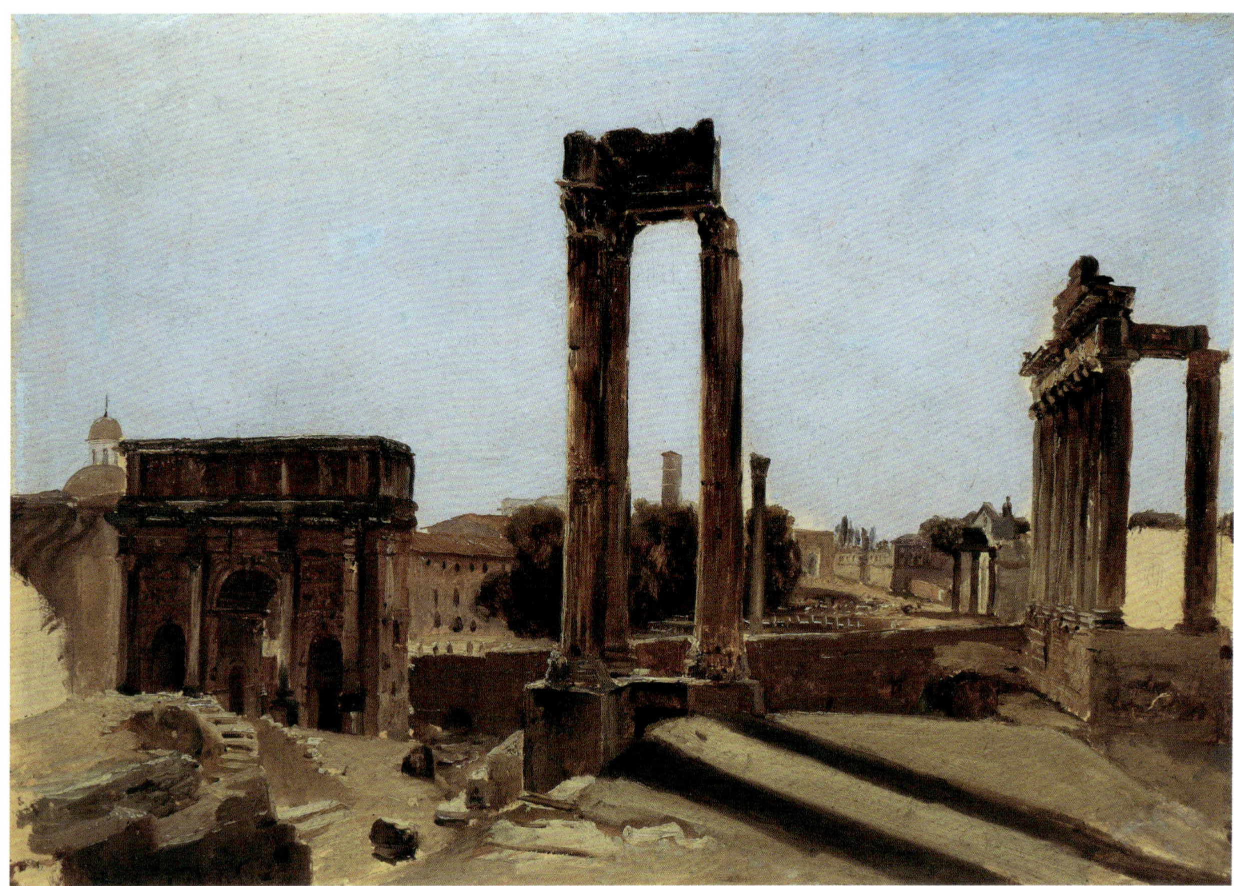

Kat. / Cat. 60
Jakob Philipp Hackert
*Der große Wasserfall von Tivoli
bei Rom*, 1790
Öl auf Leinwand, 126 × 171 cm
Belvedere, Wien
Inv.-Nr. 3061

*La Grande Cascata di Tivoli nei pressi
di Roma*, 1790
Olio su tela, 126 × 171 cm
Museo del Belvedere, Vienna
Inv. n. 3061

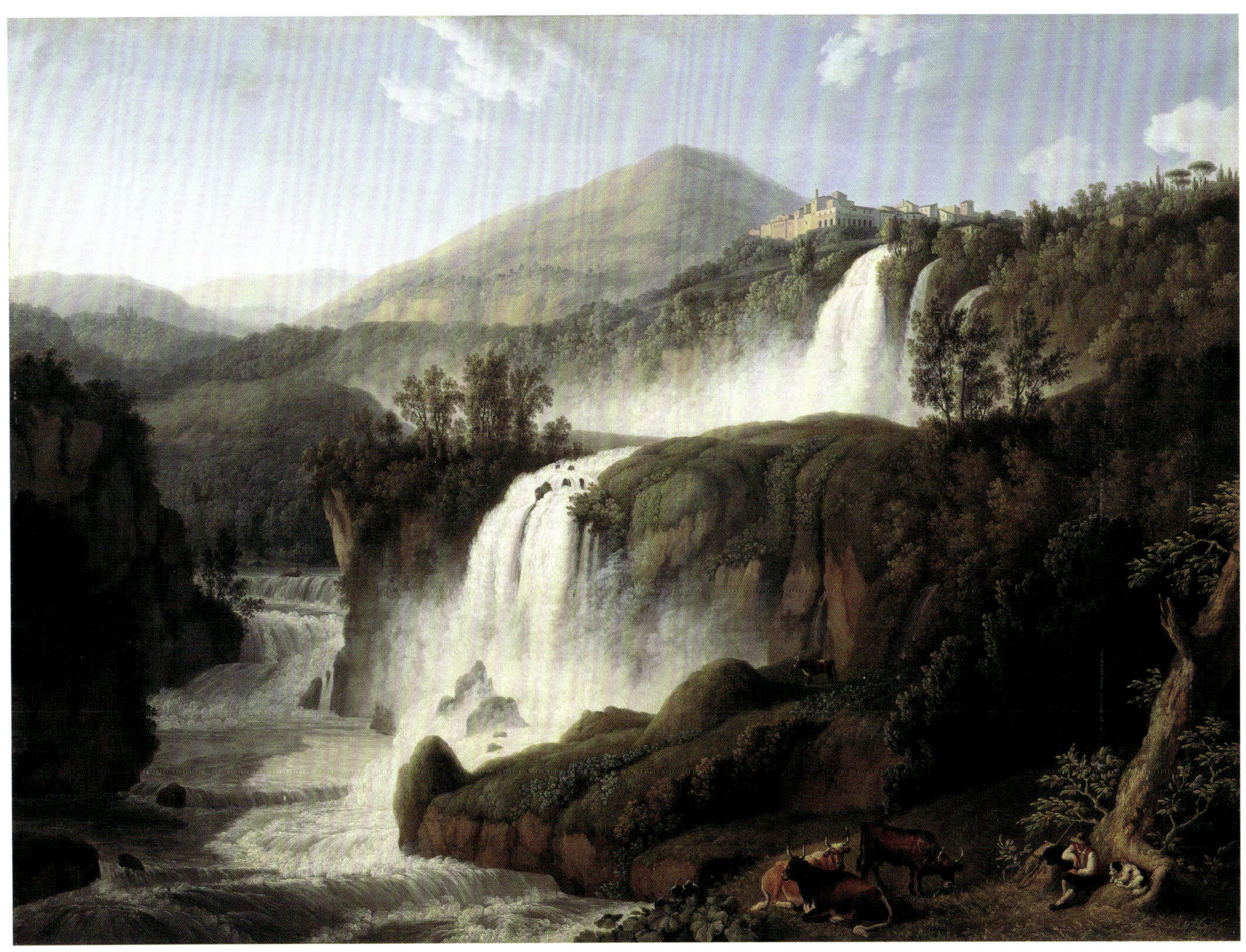

Kat. / Cat. 61
Friedrich Bury
Goethe und sein italienischer
Freundeskreis, 1786–1788
Federzeichnung, 16,3 × 21 cm
Goethe-Museum Düsseldorf. Anton-
und-Katharina-Kippenberg-Stiftung
Inv.-Nr. KK 201 (= Katalog
Kippenberg, Leipzig 1928)

Goethe e la sua cerchia di amici italiani,
1786-1788
Penna su carta, 16,3 × 21 cm
Goethe-Museum Düsseldorf. Anton-
und-Katharina-Kippenberg-Stiftung
Inv. n. KK 201 (= Katalog Kippenberg,
Lipsia 1928)

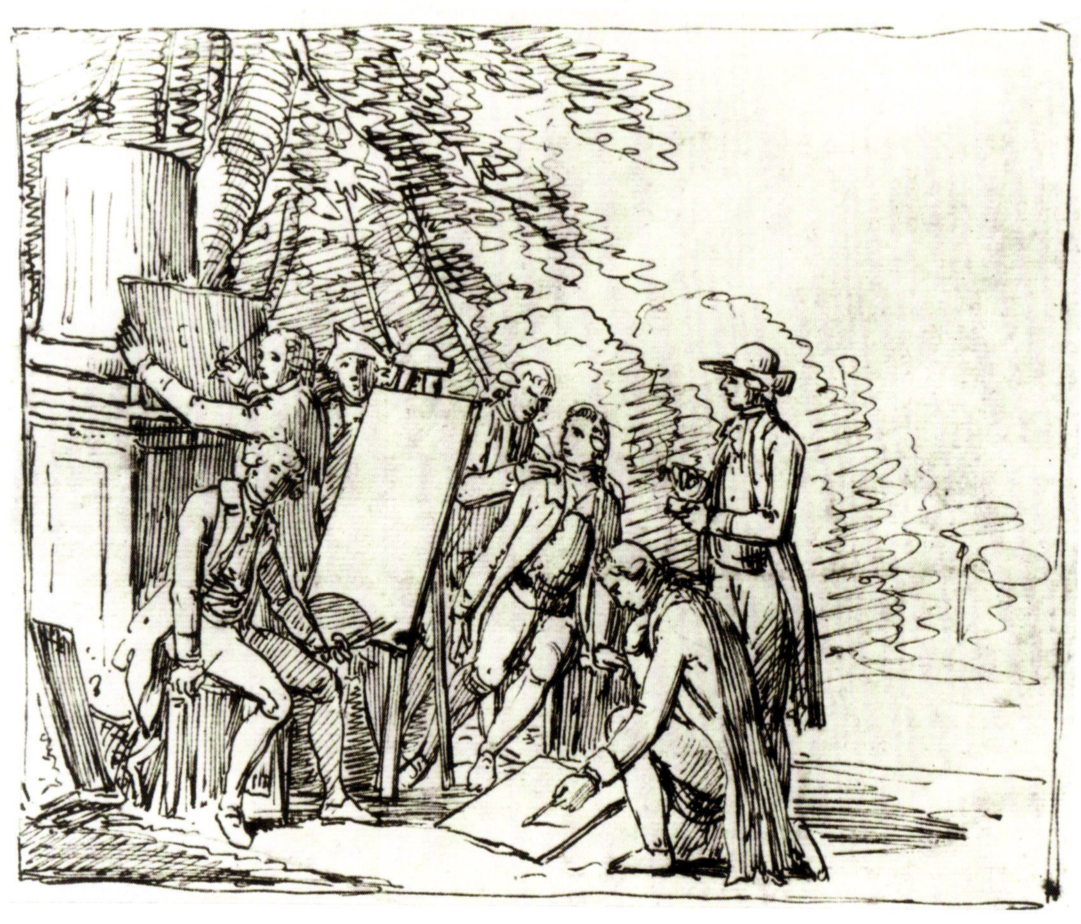

Kat. / Cat. 62
Johann Wolfgang von Goethe
Anatomiestudie, 1788
Feder in Braun und
wässriger Pinsel und Feder in Grau
über Grafit auf Büttenpapier,
30,6 × 24,5 cm
Klassik Stiftung Weimar, Museen
Inv.-Nr. GGz/1782

Studio di anatomia, 1788
Grafite, penna e pennello, acquerellato
in bruno e grigio su carta a mano,
30,6 × 24,5 cm
Klassik Stiftung Weimar, Museen
Inv. n. GGz/1782

Kat. / Cat. 63
Johann Wolfgang von Goethe
Anatomiestudie, 1788
Feder und wässriger
Pinsel in Grau und Braun über Grafit
auf Büttenpapier, 24,7 × 30,3 cm
Klassik Stiftung Weimar, Museen
Inv.-Nr. GGz/1783

Studio di anatomia, 1788
Grafite, penna e pennello, acquerellato
in grigio e bruno su carta a mano,
24,7 × 30,3 cm
Klassik Stiftung Weimar, Museen
Inv. n. GGz/1783

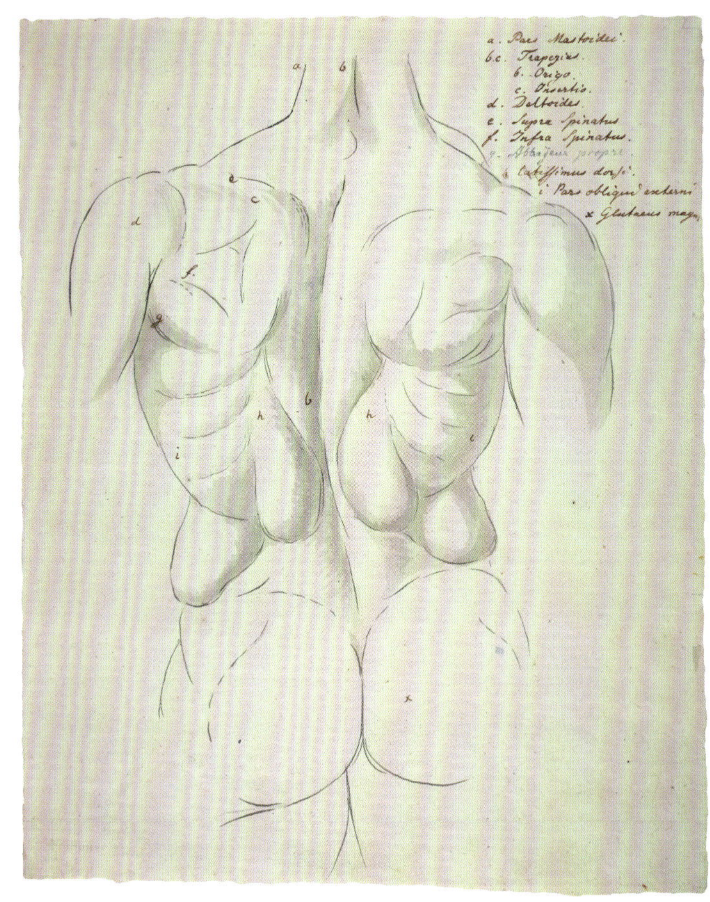

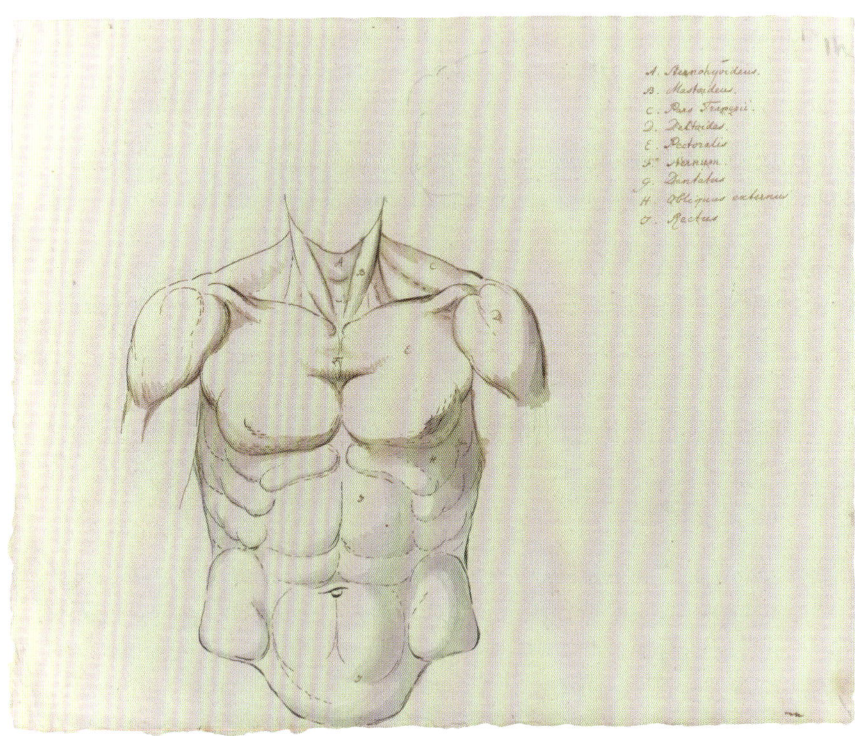

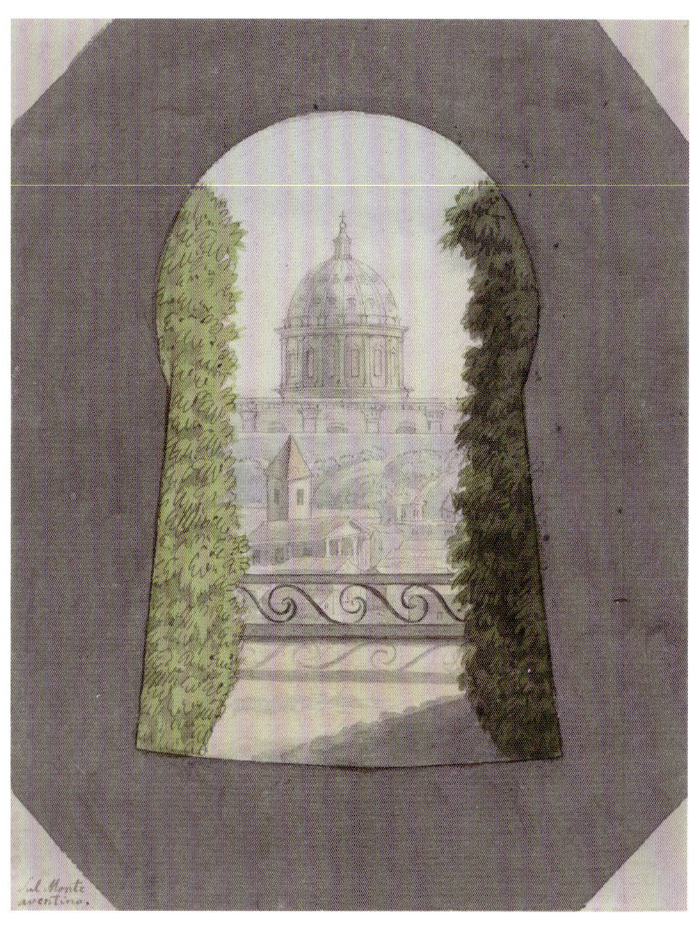

Kat. / Cat. 64
Johann Heinrich Meyer
*Italien/Rom: Blick vom Aventin
auf St. Peter*, 1796
Feder in Grau und
Aquarell über Grafit auf Büttenpapier,
22,5 × 17,7 cm
Klassik Stiftung Weimar, Museen
Inv.-Nr. KK 2617

*Italia, Roma: veduta di San Pietro
dall'Aventino*, 1796
Grafite, penna a inchiostro grigio
e acquerello su carta a mano,
22,5 × 17,7 cm
Klassik Stiftung Weimar, Museen
Inv. n. KK 2617

Kat. / Cat. 65
Jakob Philipp Hackert
*Römische Campagna und die Cestius-
Pyramide, Grabmonument des Gaius
Cestius Epulo* (gest. 12 v. Chr.), 1781
Ölhaltige Farben auf Leinengewebe
(nicht analysiert), 34,8 × 53 cm
Klassik Stiftung Weimar, Museen
Inv.-Nr. KGe/00415

*La campagna romana con la Piramide
Cestia, il monumento funebre di Gaio
Cestio Epulone († 12 a.C.)*, 1781
Olio su tela (non analizzato),
34,8 × 53 cm
Klassik Stiftung Weimar, Museen
Inv. n. KGe/00415

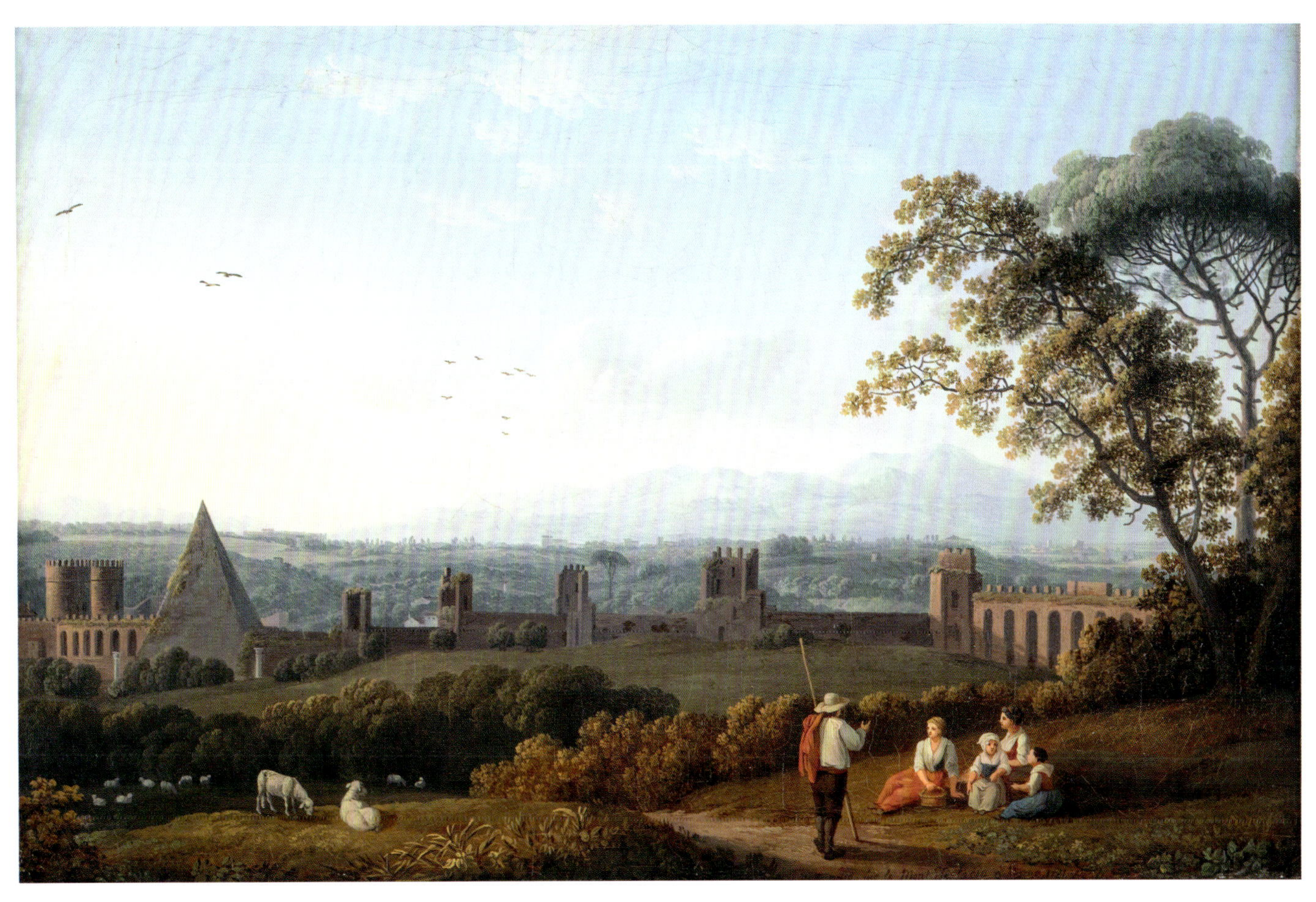

Kat. / Cat. 66
Jakob Philipp Hackert
Römische Landschaft mit Staffage, 1777
Öl auf Leinwand, 64 × 88 cm
Stiftsmuseum Klosterneuburg
Inv.-Nr. GM 200

Paesaggio romano con figure, 1777
Olio su tela, 64 × 88 cm
Stiftsmuseum Klosterneuburg
Inv. n. GM 200

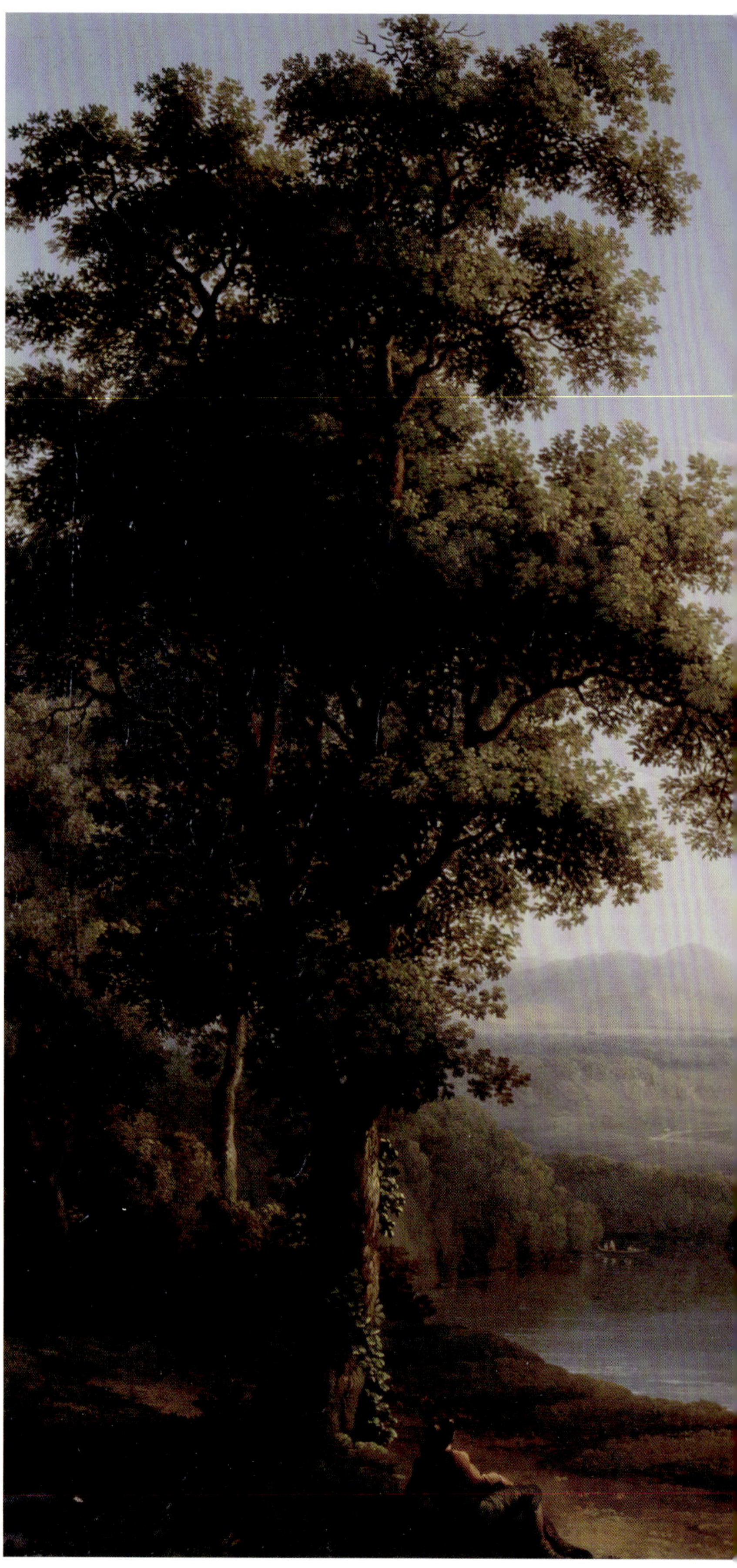

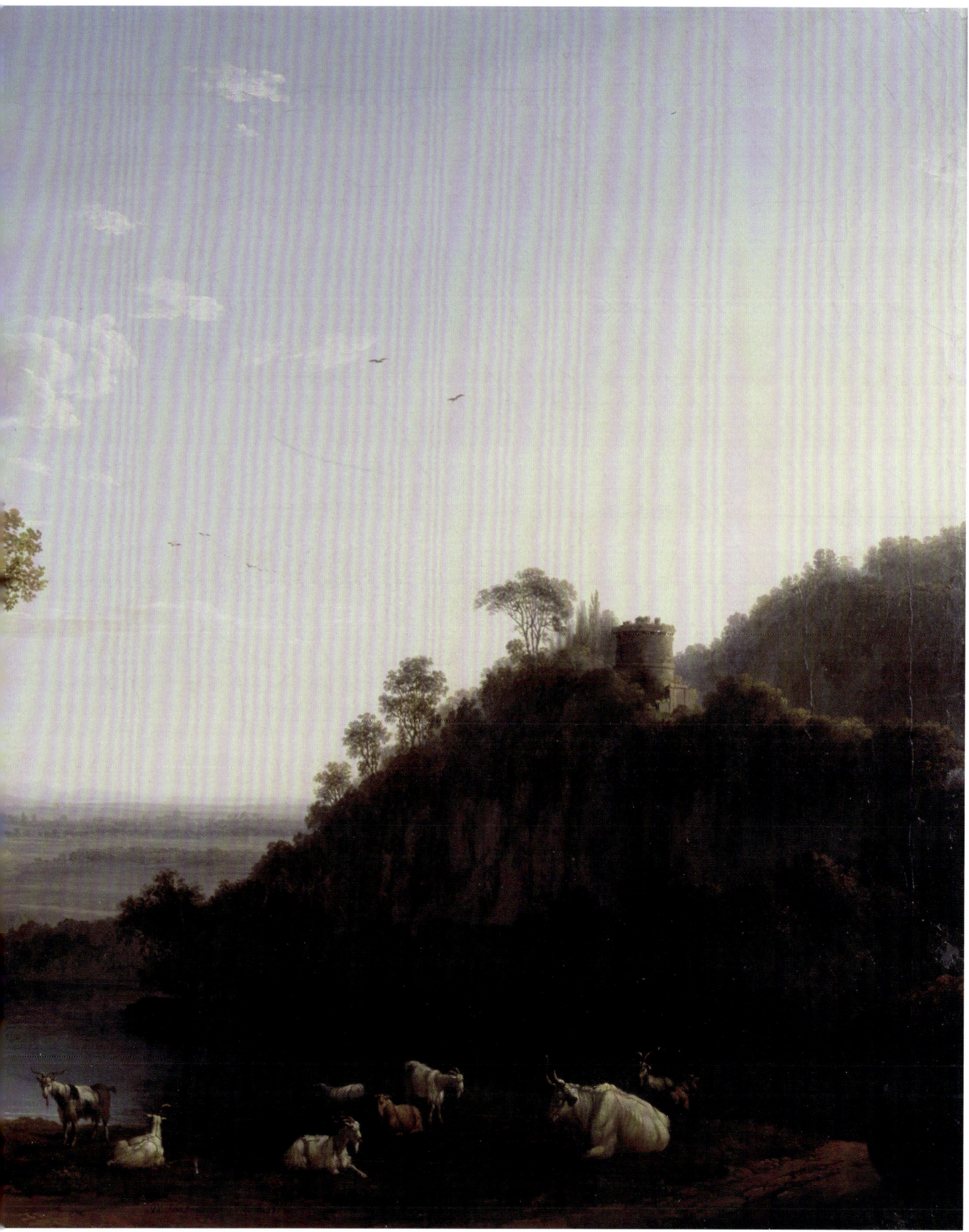

Hubert Robert
Brunnen auf einer Schlossterrasse, o. J.
Öl auf Leinwand, 28,4 × 40,4 cm
Residenzgalerie Salzburg
Inv.-Nr. 495

Fontane sulla terrazza di un castello,
s.d.
Olio su tela, 28,4 × 40,4 cm
Residenzgalerie, Salisburgo
Inv. n. 495

Jan Blom
*Park einer römischen Villa
mit Jagdgesellschaft*, 1660
Öl auf Leinwand, 70 × 61,8 cm
Tiroler Landesmuseum Ferdinandeum,
Ältere Kunstgeschichtliche Sammlungen
Inv.-Nr. Gem 667

*Battuta di caccia nel parco di una villa
romana*, 1660
Olio su tela, 70 × 61,8 cm
Tiroler Landesmuseum Ferdinandeum,
Ältere Kunstgeschichtliche Sammlungen
Inv. n. Gem 667

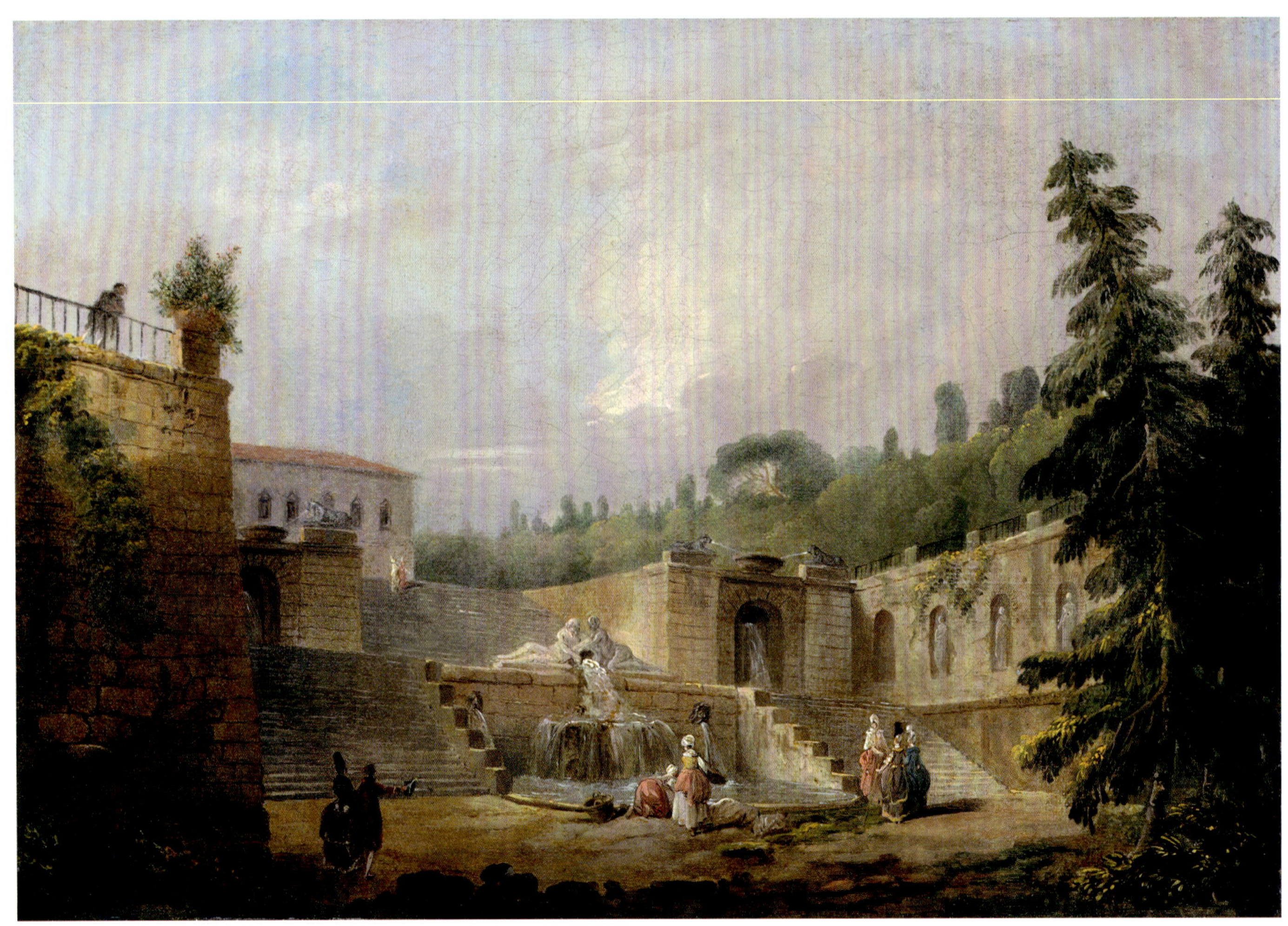

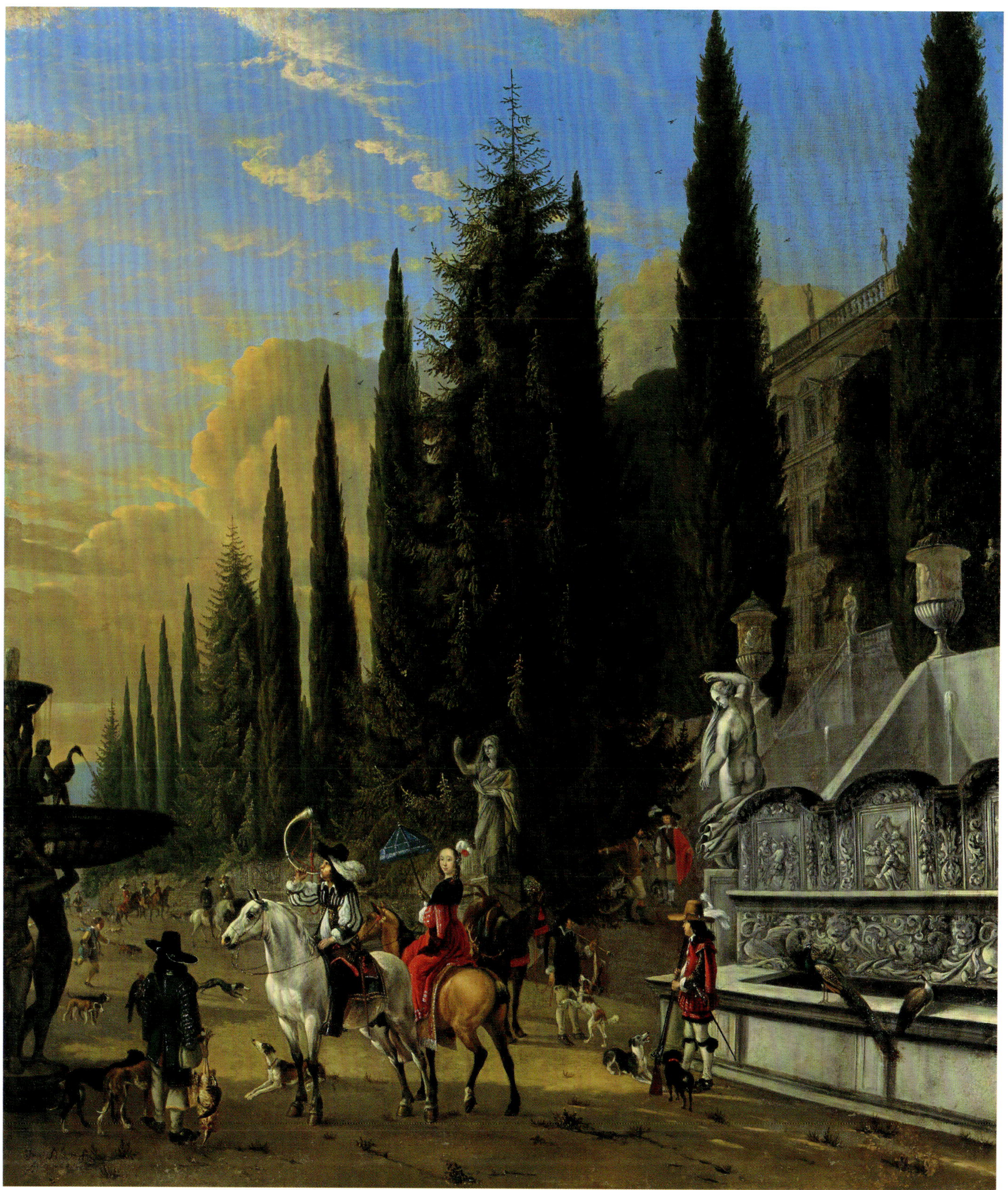

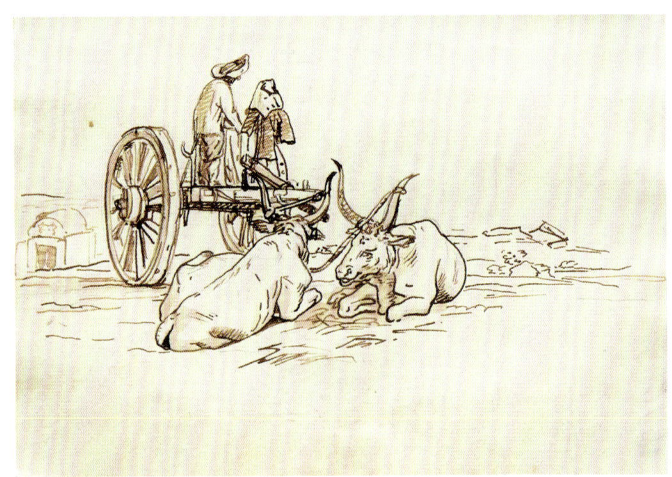

IL CARNEVALE IN ROMA

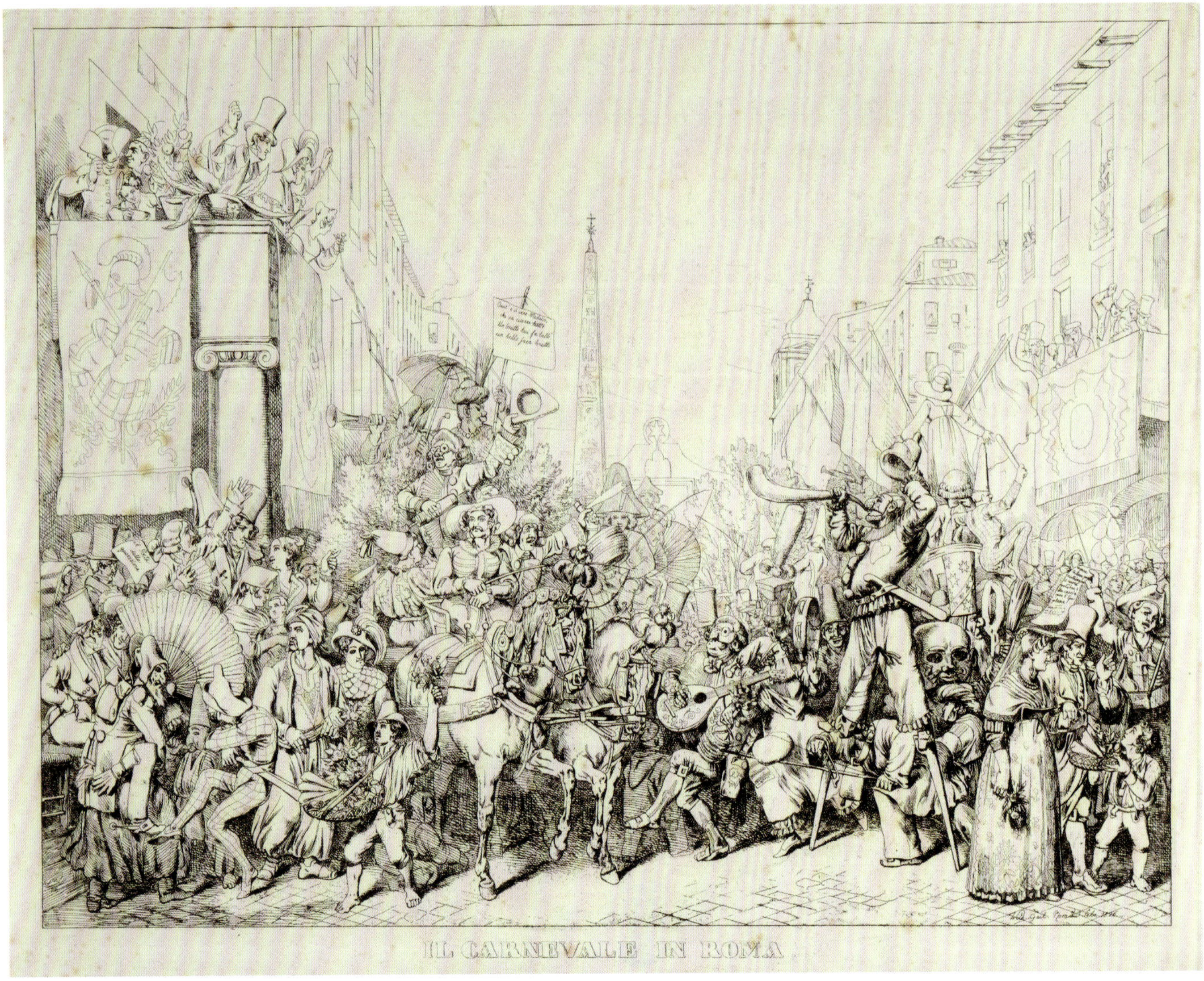

Johann Wolfgang von Goethe

Italienische Mondscheinlandschaft,
1787
Feder in Braun und wässriger
Pinsel in Grau auf Papier,
11,8 × 18,2 cm
Klassik Stiftung Weimar, Museen
Inv.-Nr. GGz/0686

Paesaggio italiano al chiaro di luna,
1787
Penna e inchiostro bruno su carta,
acquerellato in grigio, 11,8 × 18,2 cm
Klassik Stiftung Weimar, Museen
Inv. n. GGz/0686

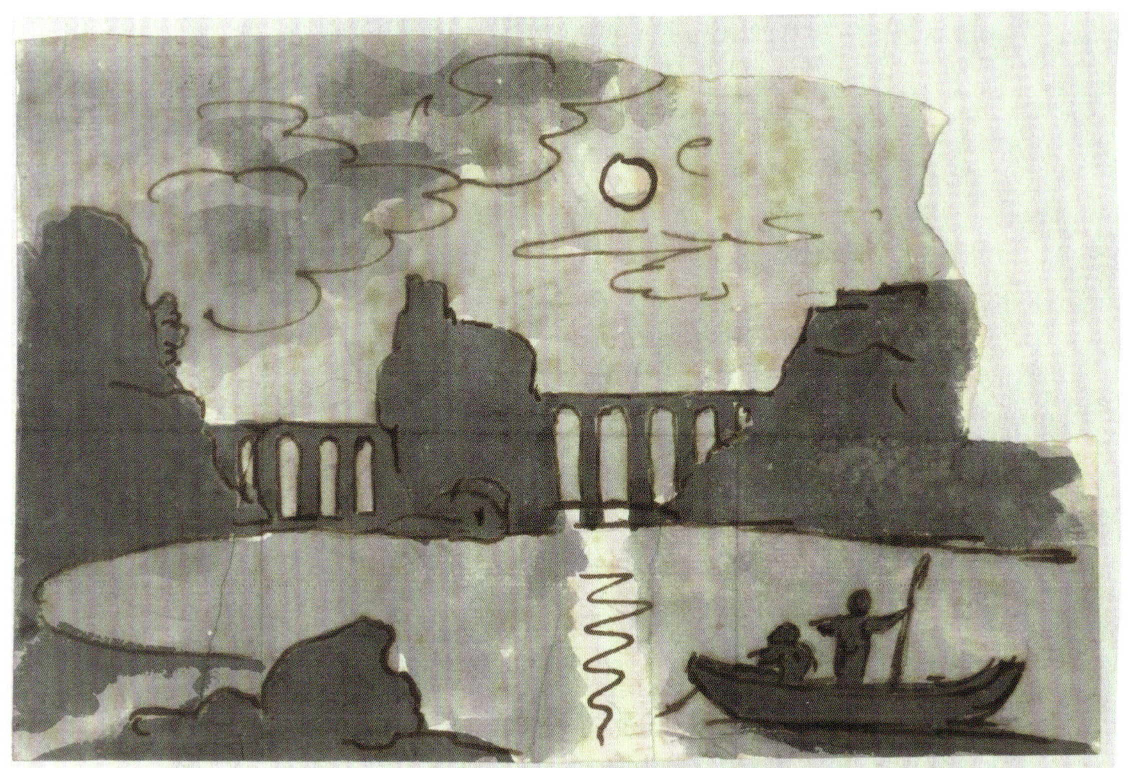

Künstlerfreunde / Gli amici artisti

Kat. / Cat. 72
Franz Xaver Hornöck
nach / da Angelika Kauffmann
Porträt Angelika Kauffmann, 1804
Öl auf Leinwand, 62,3 × 43,2 cm
Tiroler Landesmuseum Ferdinandeum,
Ältere Kunstgeschichtliche Sammlungen
Inv.-Nr. Gem 304

Ritratto di Angelika Kauffmann, 1804
Olio su tela, 62,3 × 43,2 cm
Tiroler Landesmuseum Ferdinandeum,
Ältere Kunstgeschichtliche Sammlungen
Inv. n. Gem 304

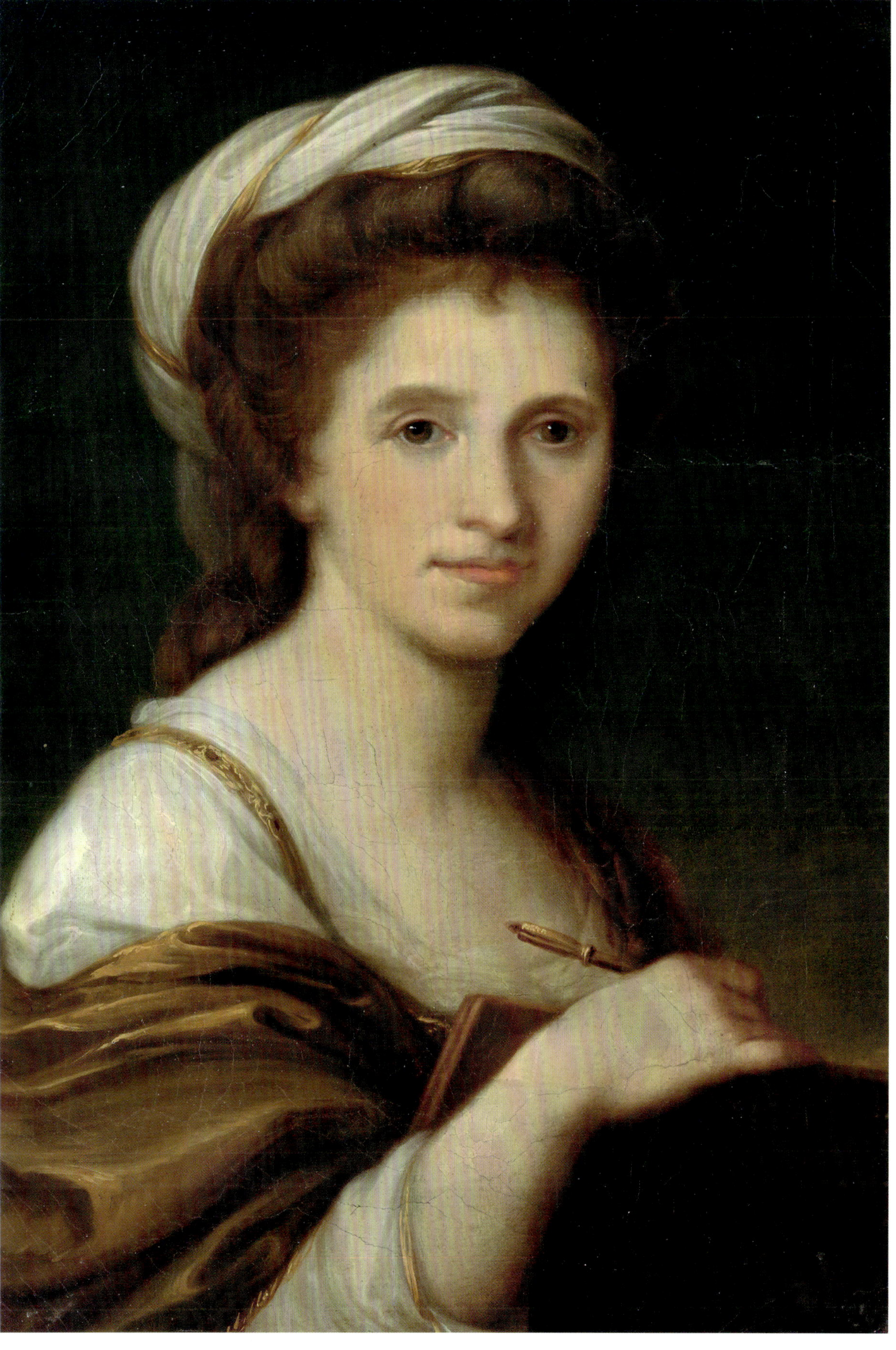

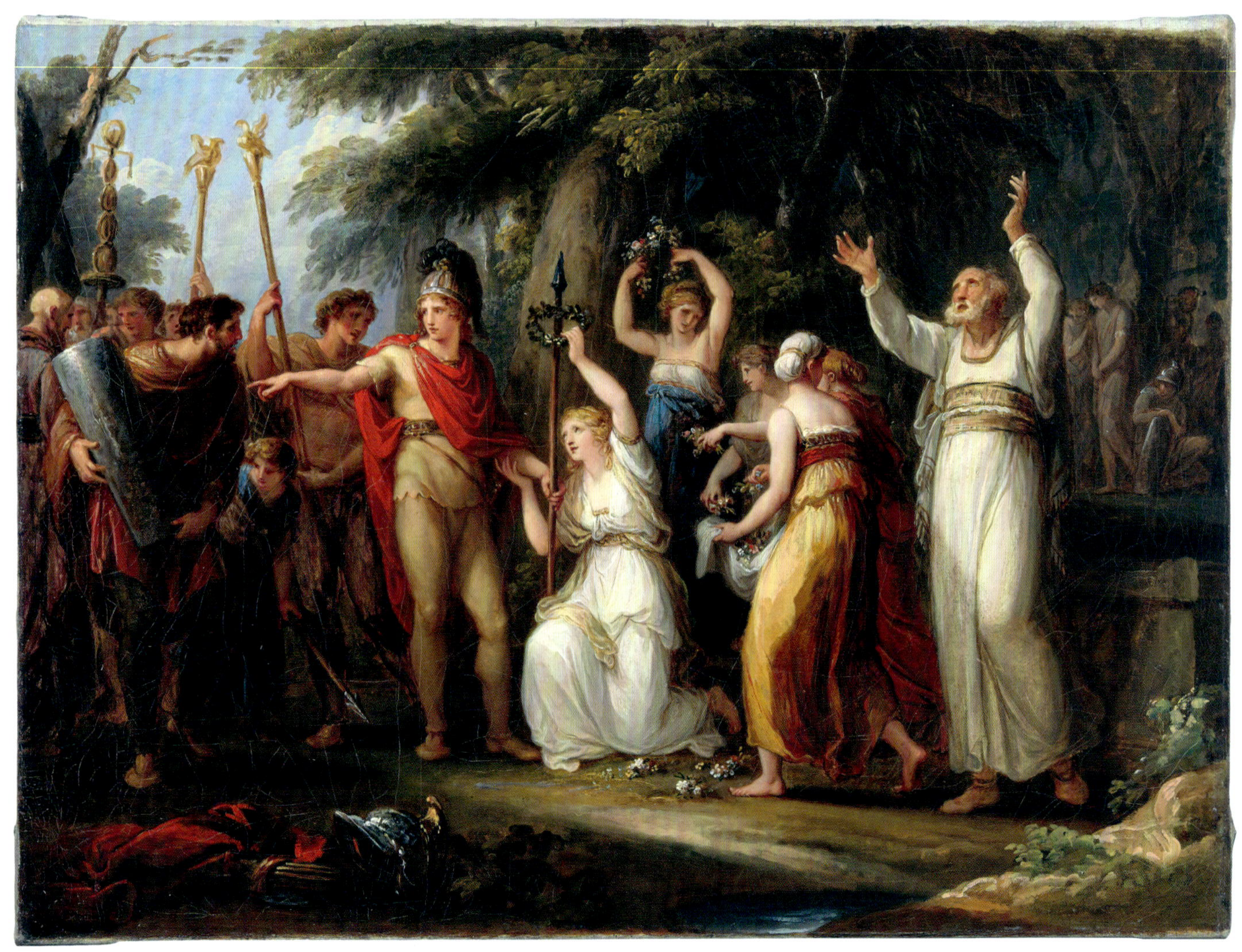

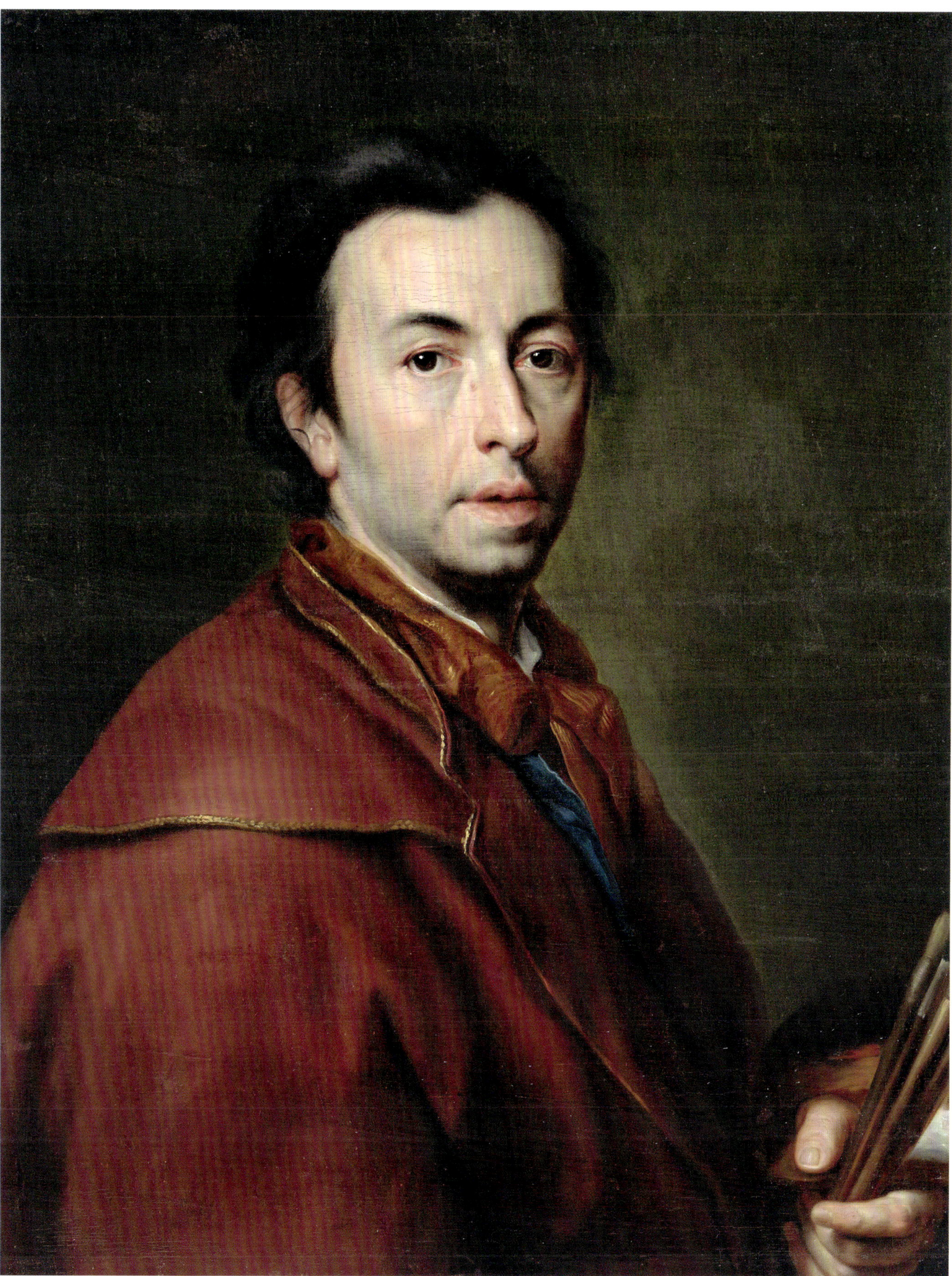

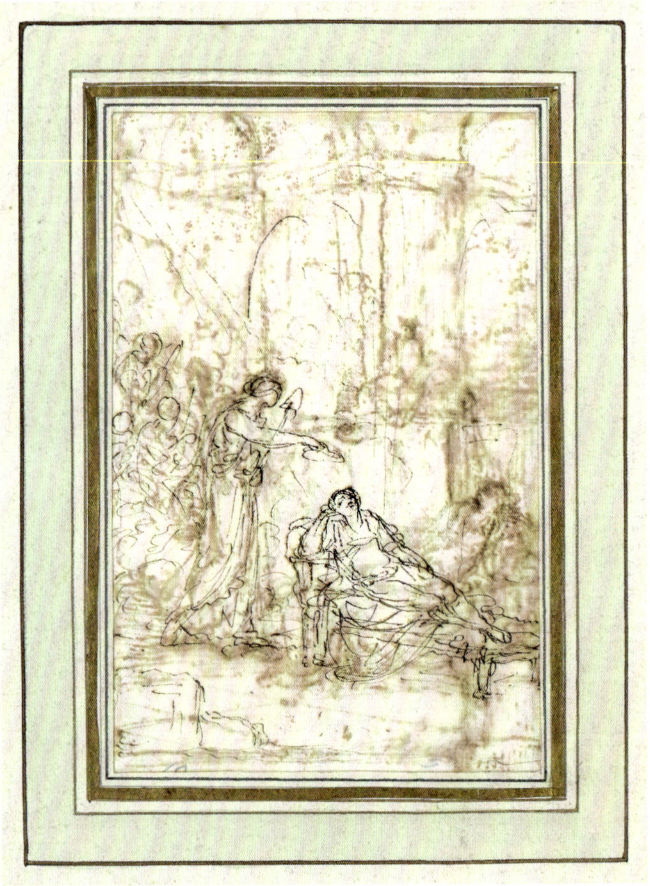 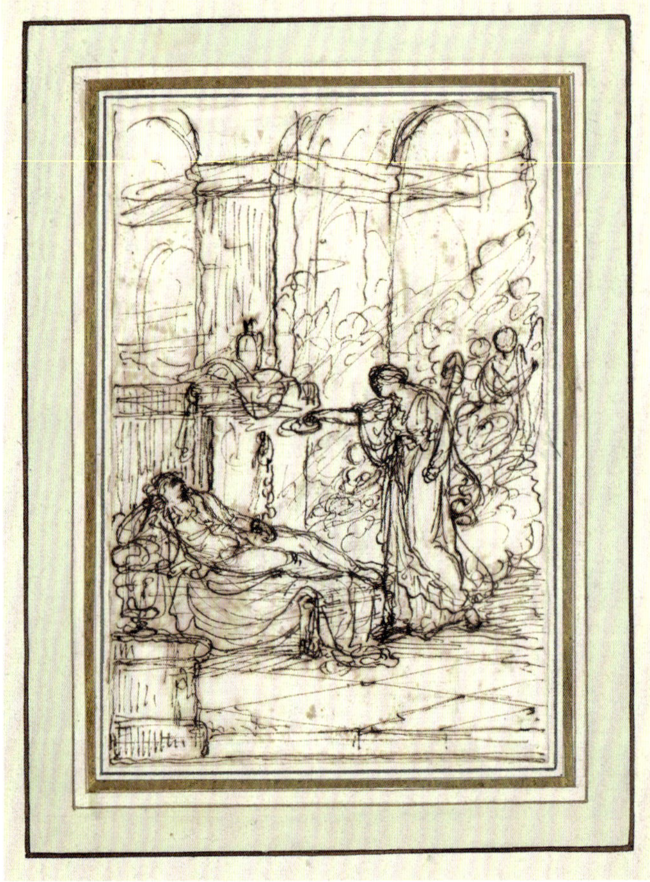

Kat. / Cat. 75
Angelika Kauffmann
*Klärchen als Personifikation
der Freiheit bekrönt Egmont im
Traum, (Klärchen hinter Egmont)* –
1. Illustrationsentwurf zu Goethes
„Egmont", nach Juli 1787
Feder in Braun, auf Bütten mit WZ-
Fragment oben rechts, 16,2 × 11,2 cm
Vorarlberg, Privatsammlung

*Claretta come personificazione della
Libertà incorona Egmont in sogno
(Claretta alle spalle di Egmont)* –
1° studio di illustrazione per l'*Egmont*
di Goethe, post luglio 1787
Penna a inchiostro bruno su carta
a mano con frammento WZ in alto
a destra, 16,2 × 11,2 cm
Collezione privata, Vorarlberg

Kat. / Cat. 76
Angelika Kauffmann
*Klärchen als Personifikation der
Freiheit bekrönt Egmont im Traum
(Klärchen rechts vor Egmont)* –
2. Illustrationsentwurf zu Goethes
„Egmont", nach Juli 1787
Feder in Braun, auf Bütten mit WZ-
Fragment oben rechts, 16,2 × 11,2 cm
Vorarlberg, Privatsammlung

*Claretta come personificazione della
Libertà incorona Egmont in sogno
(Claretta a destra dinanzi a Egmont)* –
2° studio di illustrazione per l'*Egmont*
di Goethe, post luglio 1787
Penna a inchiostro bruno su carta
a mano con frammento WZ in alto
a destra, 16,2 × 11,2 cm
Collezione privata, Vorarlberg

Kat. / Cat. 77
Angelika Kauffmann
*Klärchen als Personifikation der
Freiheit bekrönt Egmont im Traum
(Klärchen in Wolken über Egmont)*
– 3. Illustrationsentwurf zu Goethes
„Egmont", nach Juli 1787
Feder in Hellbraun, auf feinem Bütten,
11,7 × 7,1 cm
Vorarlberg, Privatsammlung

*Claretta come personificazione della
Libertà incorona Egmont in sogno
(Claretta tra le nuvole, soprastante
Egmont)* – 3° studio di illustrazione per
l'*Egmont* di Goethe, post luglio 1787
Penna a inchiostro bruno chiaro
su fine carta a mano, 11,7 × 7,1 cm
Collezione privata, Vorarlberg

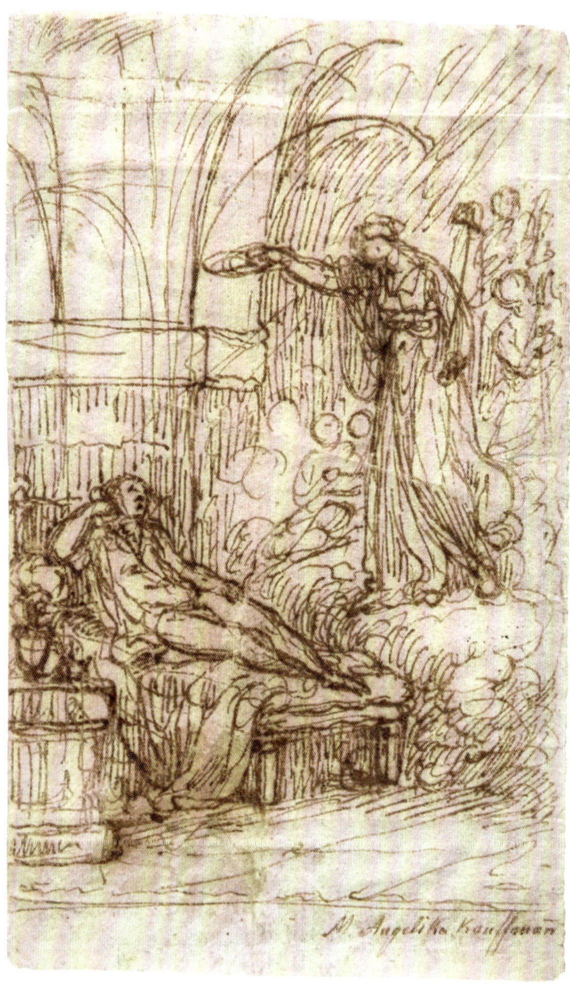

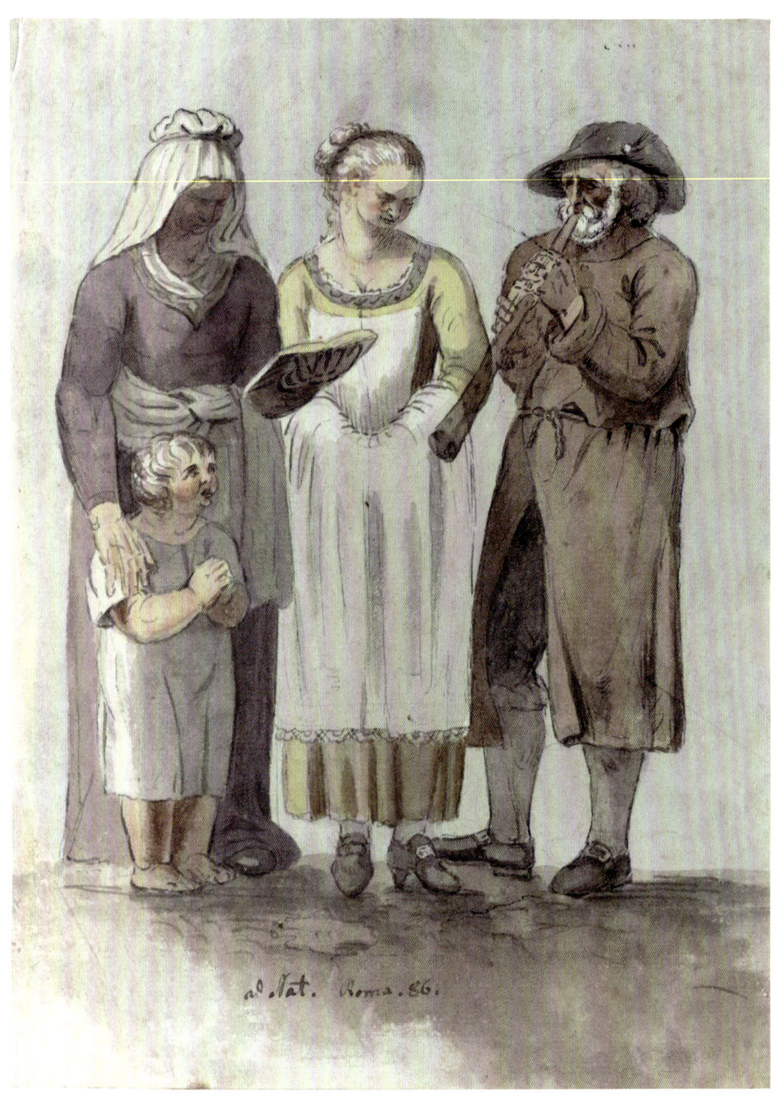

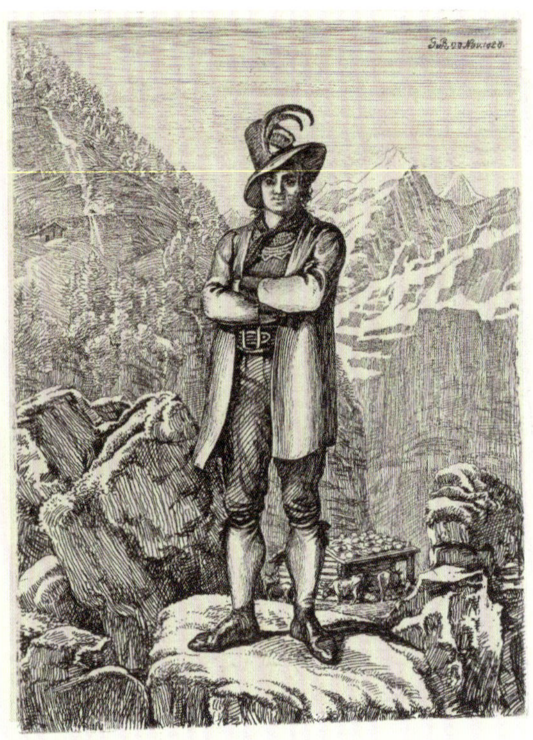

Johann Heinrich Meyer
Italienische Musikanten, 1786
Feder in Braun und Aquarell
über Grafit auf grünlich getöntem
Grund auf Papier, 23,2 × 17 cm
Klassik Stiftung Weimar, Museen
Inv.-Nr. KK 2490

Musicanti italiani, 1786
Grafite, penna a inchiostro bruno
e acquerello su carta preparata
in verde, 23,2 × 17 cm
Klassik Stiftung Weimar, Museen
Inv. n. KK 2490

Gerhardt Wilhelm von Reutern
Tiroler Sennerbub, 1828
Radierung auf Japanpapier,
14,3 × 10,8 cm
Klassik Stiftung Weimar, Museen
Inv.-Nr. GGr/Sch.I.135,0308

Giovane malgaro tirolese, 1828
Stampa all'acquaforte su carta
giapponese, 14,3 × 10,8 cm
Klassik Stiftung Weimar, Museen
Inv. n. GGr/Sch.I.135,0308

Johann Joseph Schmeller
Alpensänger Anton, 1831
Schwarze und weiße Kreide, Kohle,
teilweise gewischt, auf hellbraunem
Papier, 48,2 × 38,2 cm
Klassik Stiftung Weimar, Museen
Inv.-Nr. GHz/Sch.I.288,0666

Anton, il cantante alpino, 1831
Gesso nero, gesso bianco e carboncino,
parzialmente sfumato, su carta
preparata in marrone chiaro,
48,2 × 38,2 cm
Klassik Stiftung Weimar, Museen
Inv. n. GHz/Sch.I.288,0666

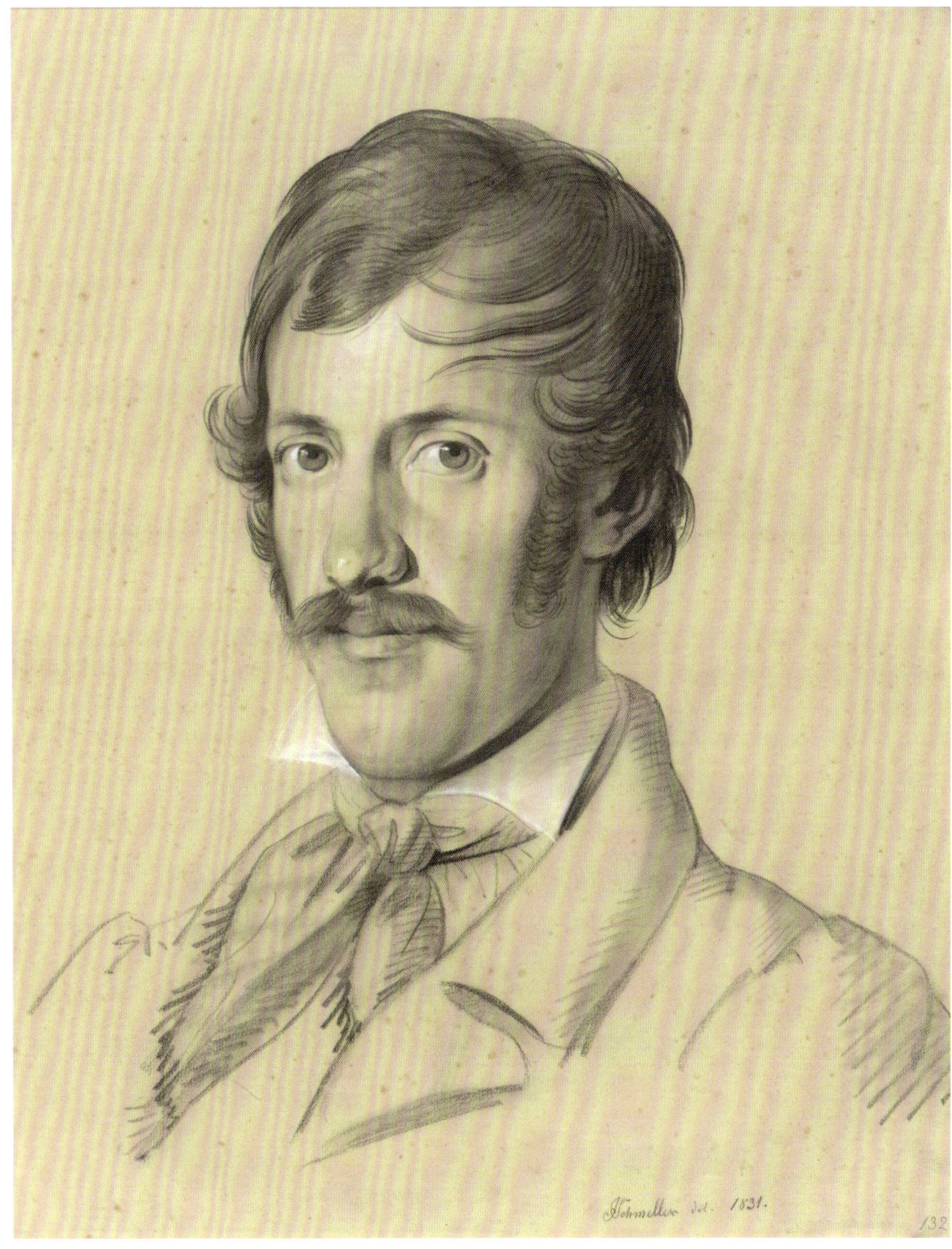

Neapel / Napoli

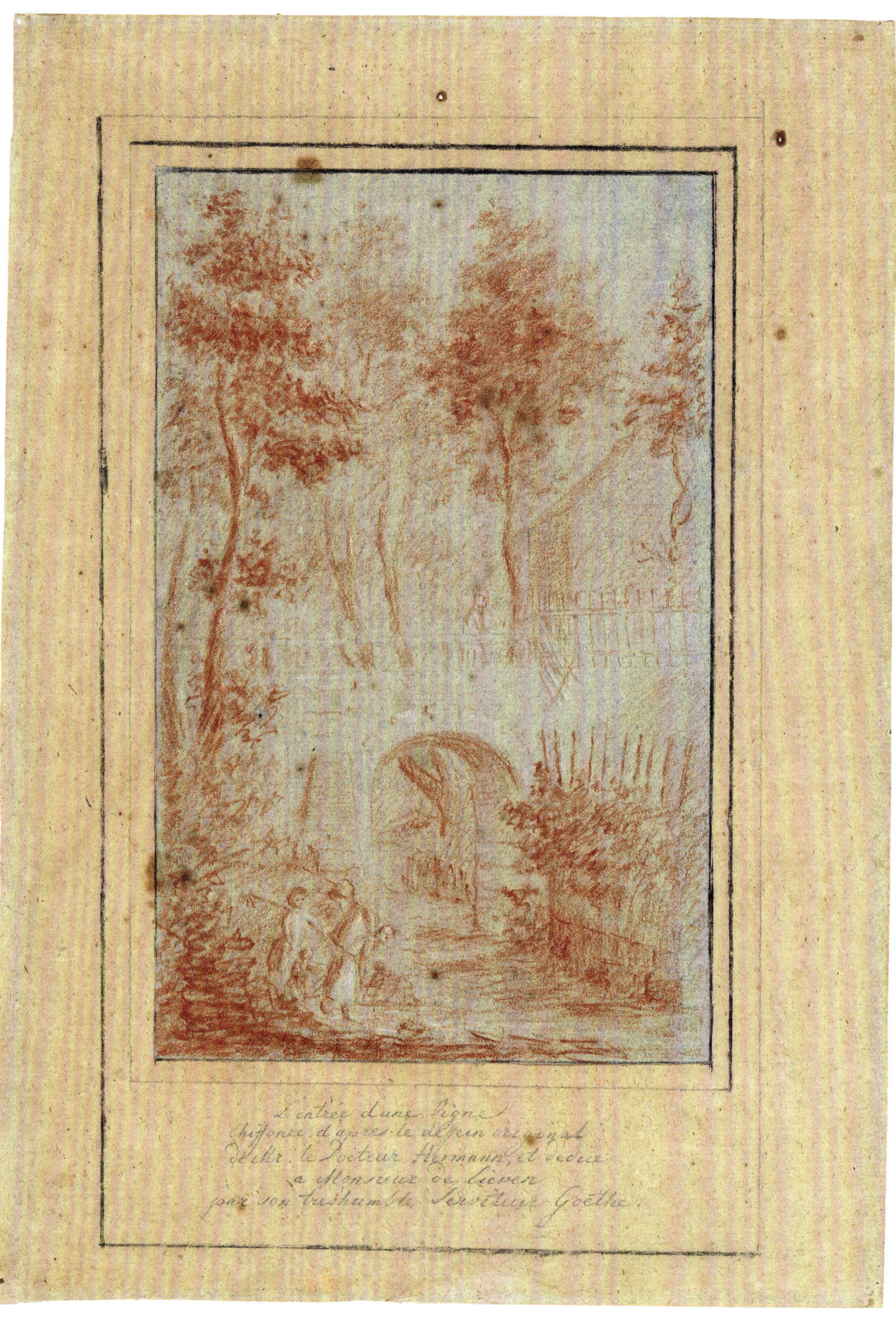

L'entrée d'une Vigne
chiffonée d'après le dessein original
de Mr. le Docteur Hermann, et dediée
a Monsieur de Lieven
par son treshumble Serviteur Goëthe.

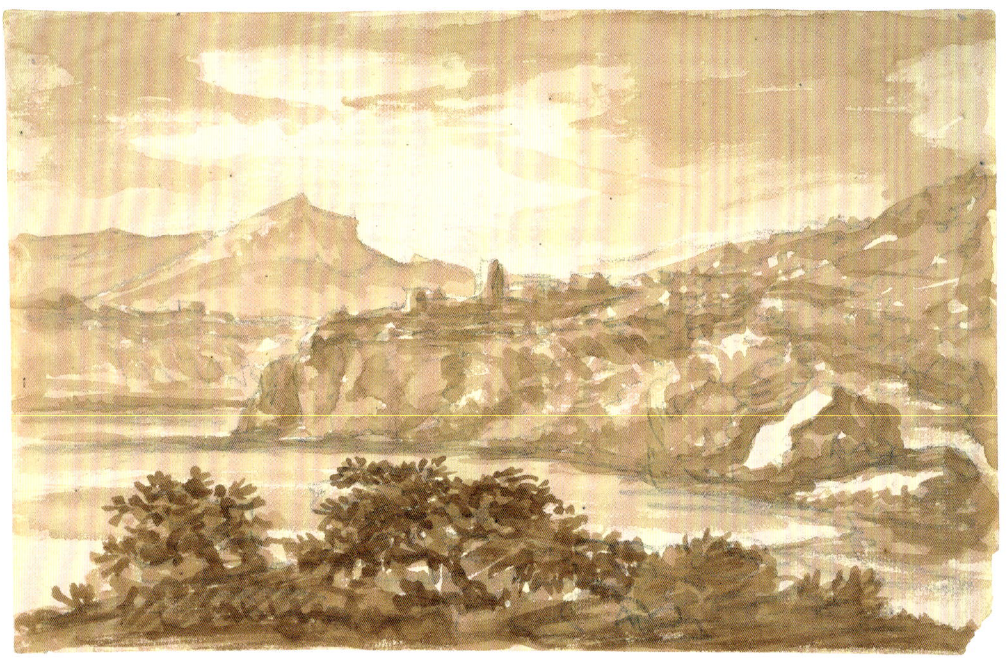

Kat. / Cat. 82
Johann Wolfgang von Goethe
Seelandschaft, o. J.
Pinsel laviert, 19,5 × 31 cm
Albertina, Wien. Dauerleihgabe der
Österreichischen Goethe-Gesellschaft
Inv.-Nr. 34227

Paesaggio lacustre, s.d.
Pennello acquerellato, 19,5 × 31 cm
Museo Albertina, Vienna.
Dauerleihgabe der Österreichischen
Goethe-Gesellschaft
Inv. n. 34227

Kat. / Cat. 83
Johann Wolfgang von Goethe
Landschaft mit drei Figuren, o. J.
Pinsel laviert, 19,4 × 31,1 cm
Albertina, Wien. Dauerleihgabe der
Österreichischen Goethe-Gesellschaft
Inv.-Nr. 34226

Paesaggio con tre figure, s.d.
Pennello acquerellato, 19,4 × 31,1 cm
Museo Albertina, Vienna.
Dauerleihgabe der Österreichischen
Goethe-Gesellschaft
Inv. n. 34226

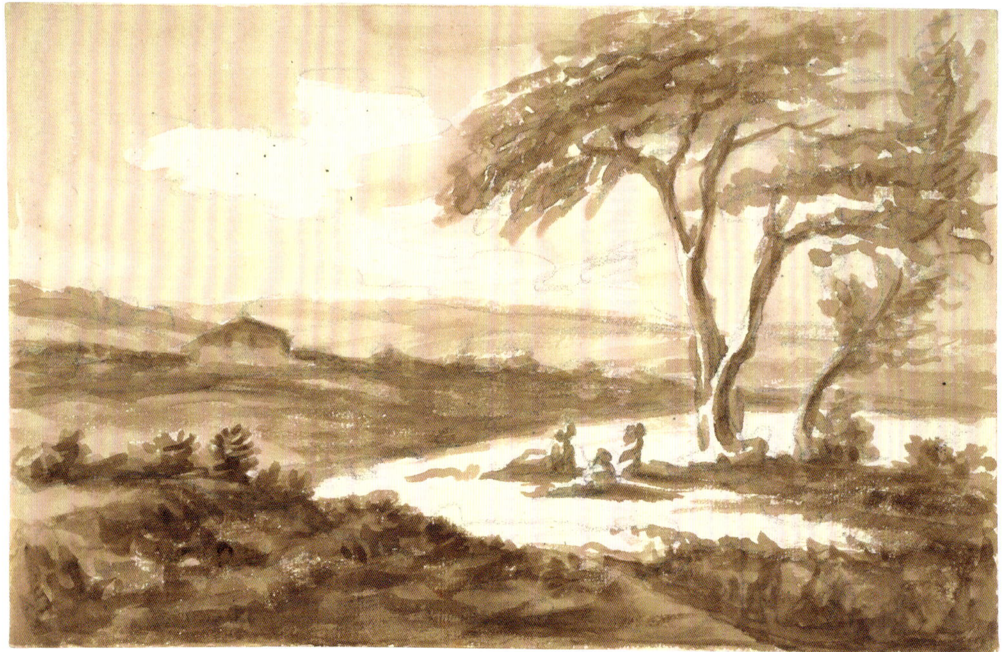

Johann Wolfgang von Goethe
Italienische Landschaft, o. J.
Tusche laviert, Tinte,
23,3 × 34,8 cm
Salzburg Museum
Inv.-Nr. 1365-49

Paesaggio italiano, s.d.
Inchiostro di china e inchiostro
acquerellato, 23,3 × 34,8 cm
Museo di Salisburgo
Inv. n. 1365-49

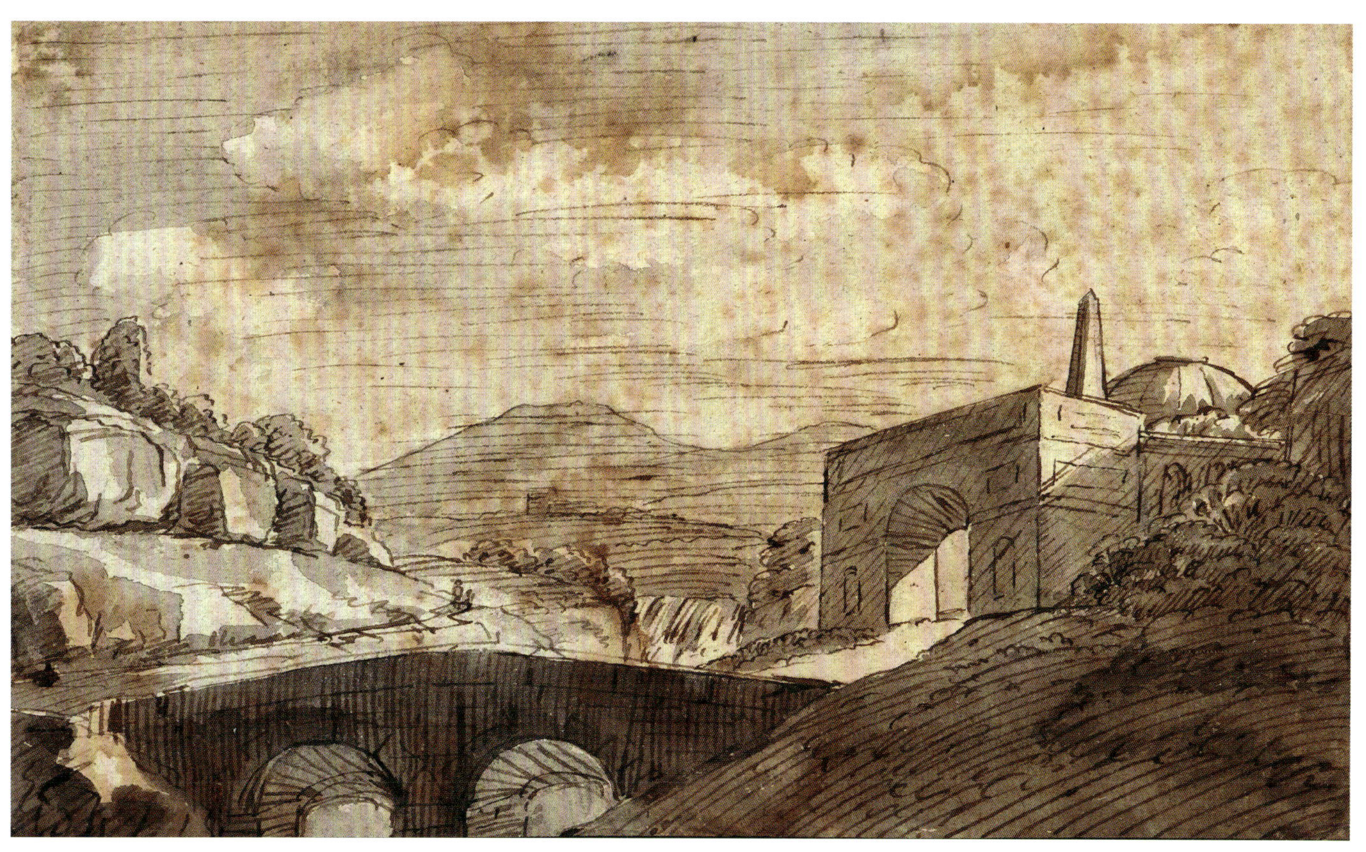

Kat. / Cat. 85
Michael Wutky
*Der Ausbruch des Vesuvs über den Golf
von Neapel gesehen*, um 1780
Öl auf Leinwand, 94 × 147 cm
Gemäldegalerie der Akademie
der Bildenden Künste Wien
Inv.-Nr. GG-742

*L'eruzione del Vesuvio vista dal golfo
di Napoli*, 1780 circa
Olio su tela, 94 × 147 cm
Gemäldegalerie der Akademie
der Bildenden Künste Wien
Inv. n. GG-742

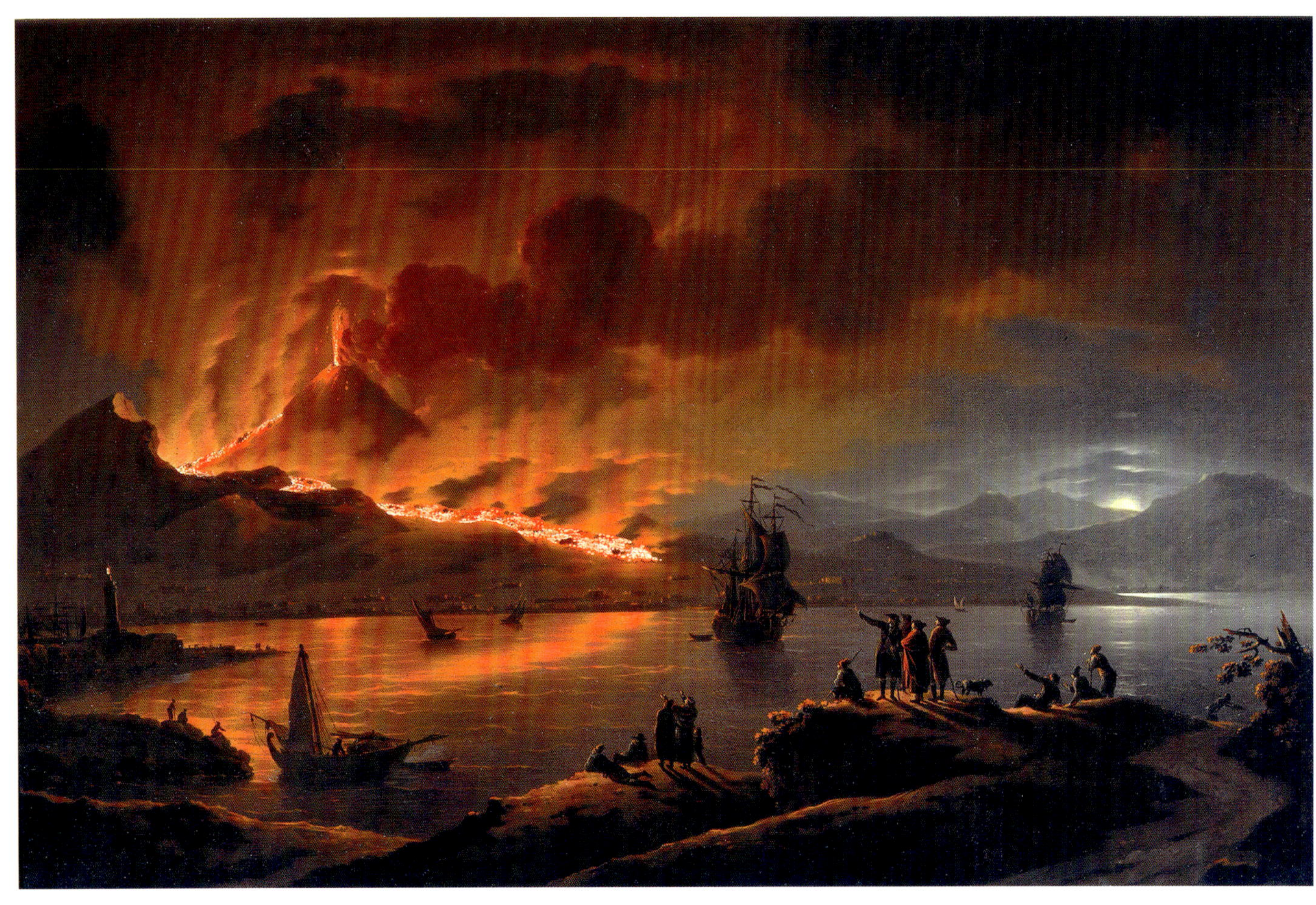

Kat. / Cat. 86
Joseph Rebell
*Küste bei Neapel mit Kastell
und netzziehenden Fischern*, 1815
Öl auf Holz, 23 × 36 cm
Belvedere, Wien
Inv.-Nr. 4330

*La costa nei pressi di Napoli con
fortificazione e pescatori che tirano
le reti*, 1815
Olio su tavola, 23 × 36 cm
Museo del Belvedere, Vienna
Inv. n. 4330

Kat. / Cat. 87
Joseph Rebell
*Der Golf von Neapel mit Szenen
aus dem Volksleben*, 1815
Öl auf Holz, 23,5 × 36 cm
Belvedere, Wien
Inv.-Nr. 4598

*Il golfo di Napoli con scene di vita
popolare*, 1815
Olio su tavola, 23,5 × 36 cm
Museo del Belvedere, Vienna
Inv. n. 4598

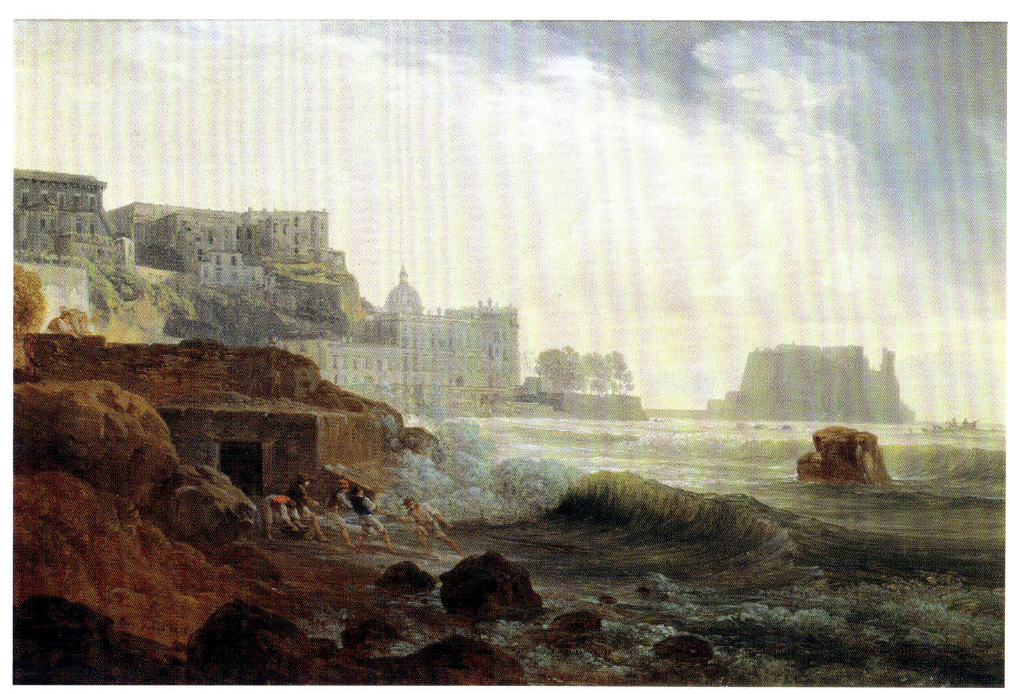

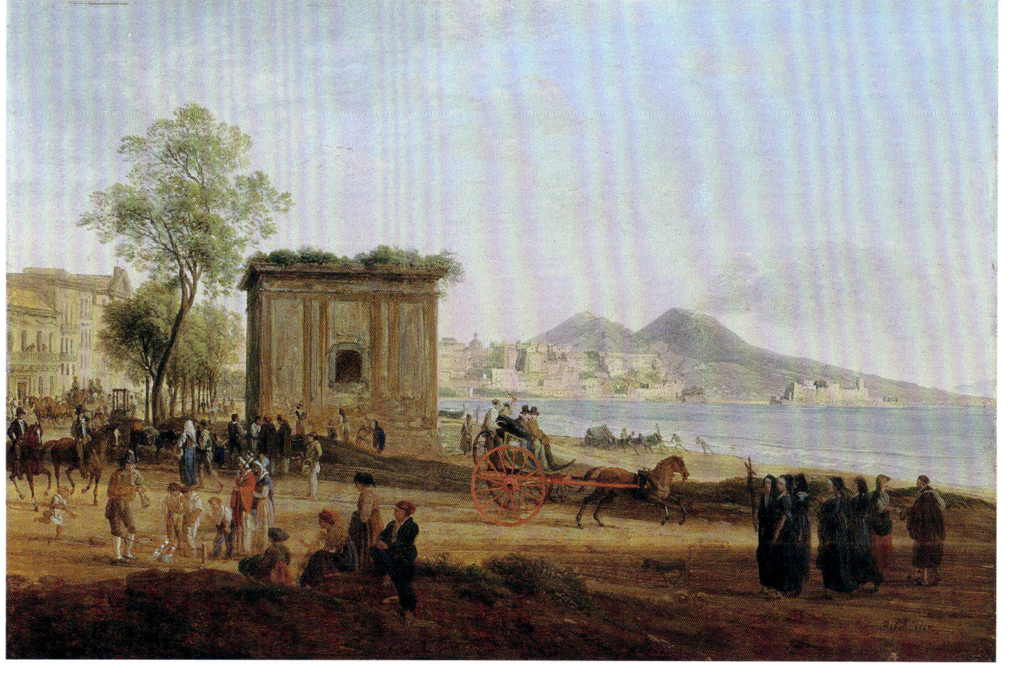

Kat. / Cat. 88

Michael Wutky

Höhlenlandschaft, um 1780
Aquarell, 9,7 × 14,2 cm
Tiroler Landesmuseum Ferdinandeum,
Ältere Kunstgeschichtliche Sammlungen
Inv.-Nr. Gem 1871

Paesaggio con caverne, 1780 circa
Acquerello, 9,7 × 14,2 cm
Tiroler Landesmuseum Ferdinandeum,
Ältere Kunstgeschichtliche Sammlungen
Inv. n. Gem 1871

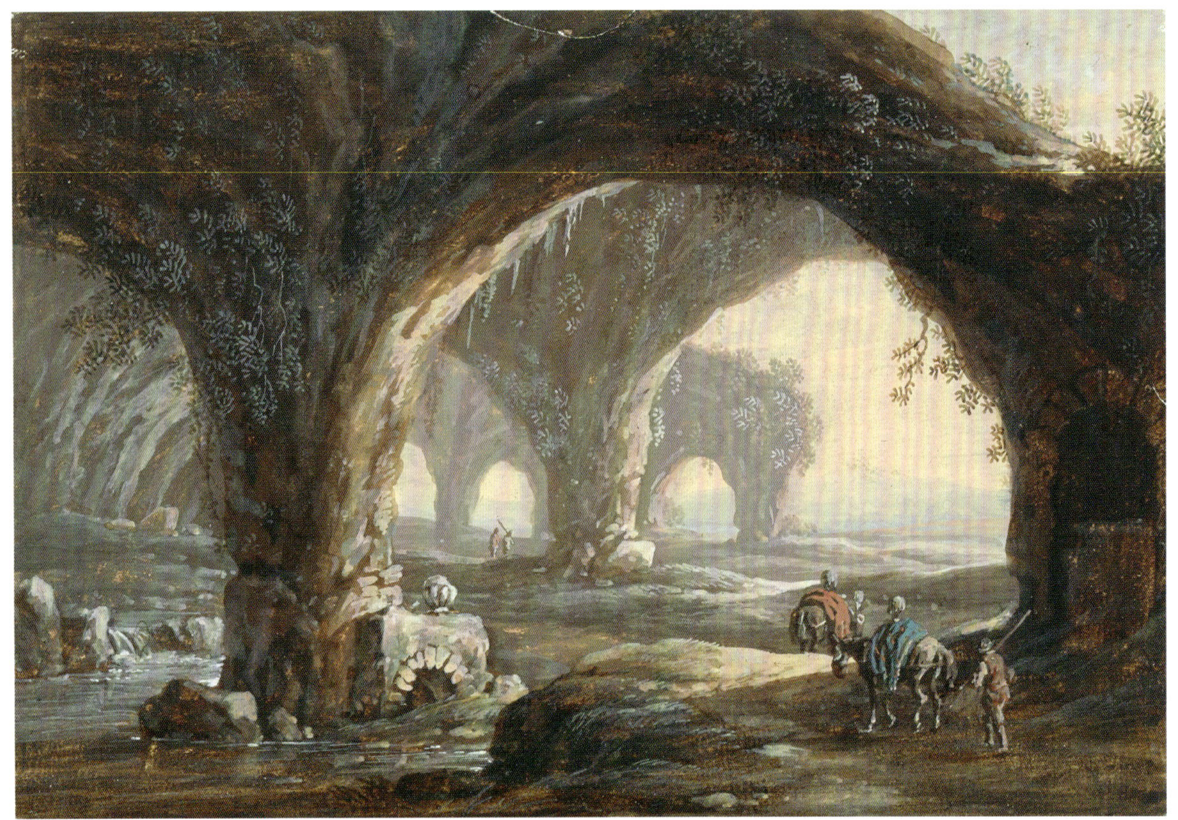

Kat. / Cat. 89
Michael Wutky
Bild von feuerspeienden Bergen,
um 1800
Öl auf Blech
Durchmesser: 7,1 cm
Tiroler Landesmuseum Ferdinandeum,
Ältere Kunstgeschichtliche Sammlungen
Inv.-Nr. M 108

Scena di monti che eruttano fuoco, 1800
circa
Olio su lamina, diametro: 7,1 cm
Tiroler Landesmuseum Ferdinandeum,
Ältere Kunstgeschichtliche Sammlungen
Inv. n. M 108

Kat. / Cat. 90
Michael Wutky
Bild von feuerspeienden Bergen,
um 1800
Öl auf Blech
Durchmesser: 7,3 cm
Tiroler Landesmuseum Ferdinandeum,
Ältere Kunstgeschichtliche Sammlungen
Inv.-Nr. M 109

Scena di monti che eruttano fuoco, 1800
circa
Olio su lamina, diametro: 7,3 cm
Tiroler Landesmuseum Ferdinandeum,
Ältere Kunstgeschichtliche Sammlungen
Inv. n. M 109

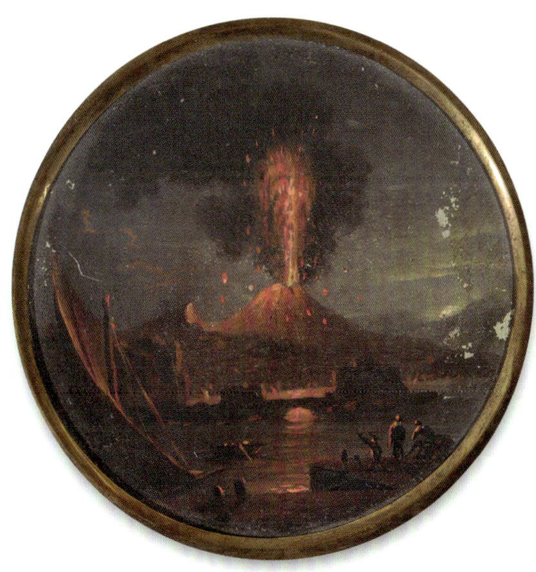
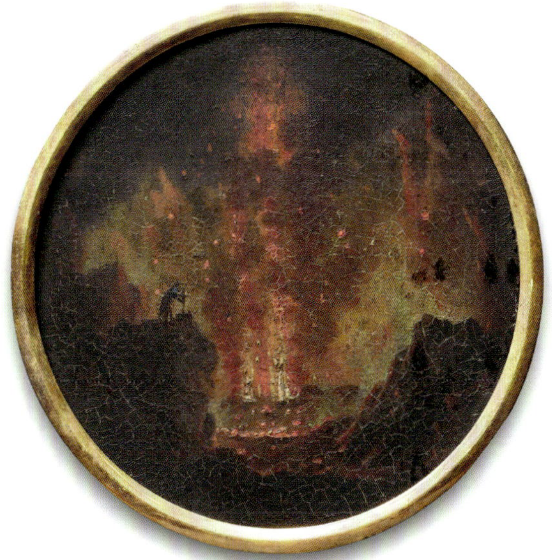

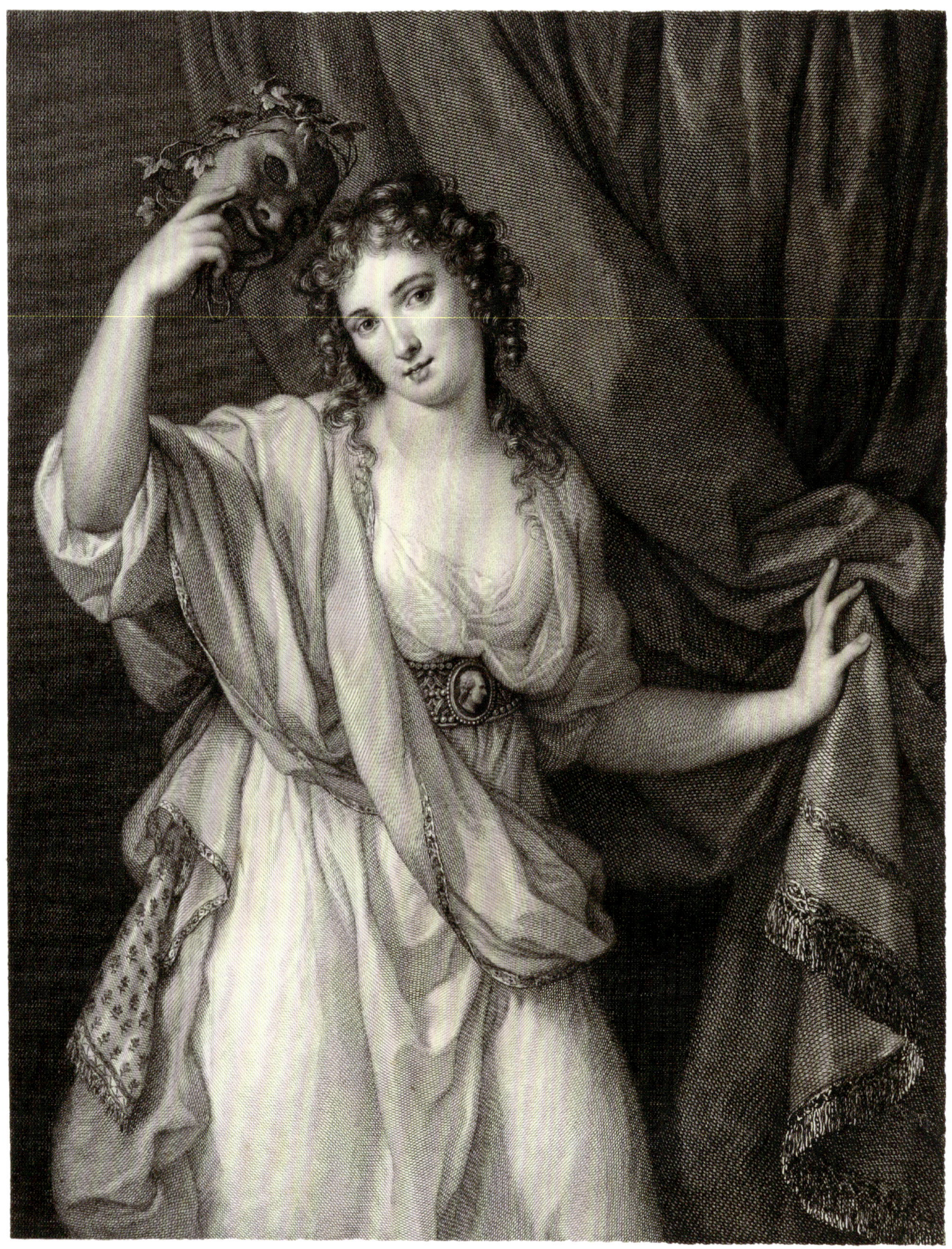

Kat. / Cat. 91
Raffaello Morghen
Lady Hamilton als Thalia, nach 1791
Kupferstich auf Papier
43,8 × 31,5 cm
Klassik Stiftung Weimar, Museen
Inv.-Nr. Gr-2008/2637

Lady Hamilton in veste di Talia,
post 1791
Stampa da incisione su rame,
43,8 × 31,5 cm
Klassik Stiftung Weimar, Museen
Inv. n. Gr-2008/2637

Kat. / Cat. 92
Johann Wolfgang von Goethe
Vesuvausbruch, 1787
Weiß-gelblich, Grafit, Feder
und Pinsel in Grau und Schwarz
auf Papier, 10,8 × 18,8 cm
Klassik Stiftung Weimar, Museen
Inv.-Nr. GGz/1846

Eruzione del Vesuvio, 1787
Grafite, penna e pennello in grigio
e nero su carta bianco giallognola,
10,8 × 18,8 cm
Klassik Stiftung Weimar, Museen
Inv. n. GGz/1846

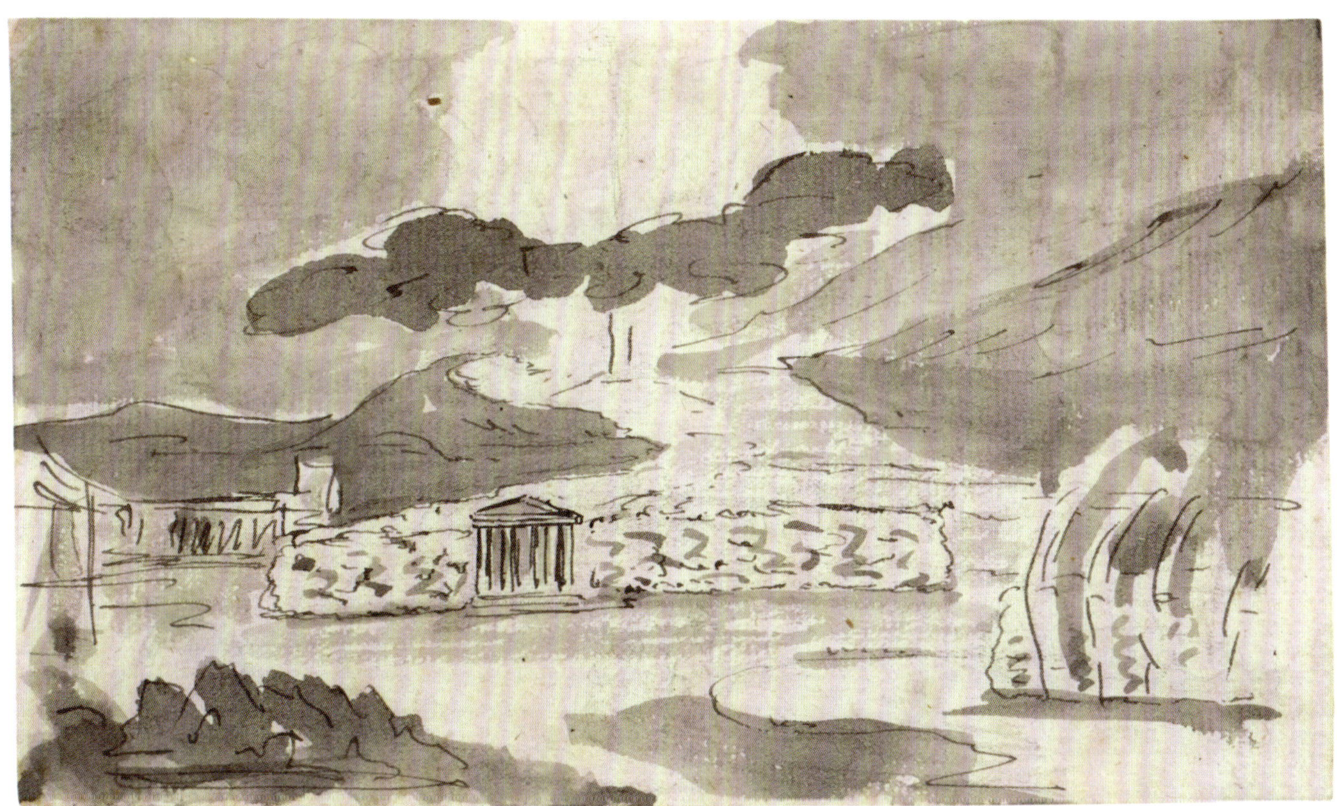

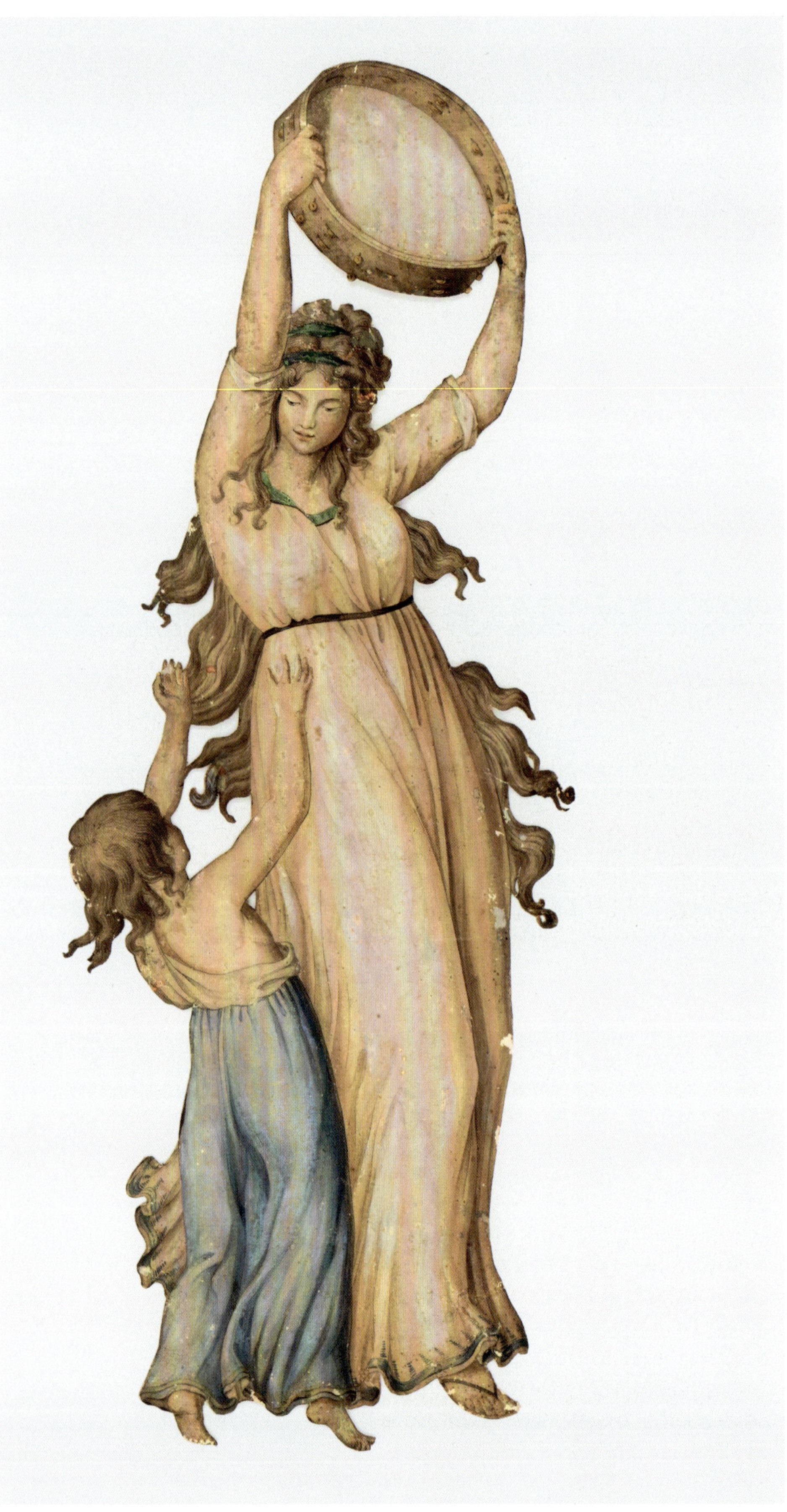

Kat. / Cat. 93
Georg Melchior Kraus nach
Friedrich Rehberg und Tommaso
Piroli / Georg Melchior Kraus
da Friedrich Rehberg e Tommaso
Piroli
„Nymfe" (Attitüde der Lady Hamilton)
Papiertapeteneinsatz nach Blatt 8 der
Umrissradierungen von T. Piroli aus:
Friedrich Rehberg: *Drawings Faithfully
Copied from Nature at Naples* […].
Engraved by Thomas Piroli, Rome
1794, Originalstandort: Bertuchhaus,
Bilderkabinett, Ostwand links, Ende
1790er-Jahre
Feder in Braun und Aquarell,
ausgeschnitten, auf Papier,
118,5 × 54 cm
Klassik Stiftung Weimar, Museen
Inv.-Nr. Gr-2015/177

*"Ninfa" (Lady Hamilton in veste
di ninfa)*
Applicazione per carta da parati dal
foglio numero 8 della raccolta di
acqueforti al tratto di T. Piroli tratte da:
Friedrich Rehberg, *Drawings Faithfully
Copied from Nature at Naples* […].
Engraved by Thomas Piroli, Roma 1794;
ubicazione originaria: Bertuchhaus,
Bilderkabinett, lato sinistro della parete
a est, fine anni novanta del Settecento
Penna a inchiostro bruno e acquerello
su carta ritagliata, 118,5 × 54 cm
Klassik Stiftung Weimar, Museen
Inv. n. Gr-2015/177

Kat. / Cat. 94
**Georg Melchior Kraus nach
Friedrich Rehberg und Tommaso
Piroli / Georg Melchior Kraus
da Friedrich Rehberg e Tommaso
Piroli**

*„Muse des Tanzes" (Attitüde der Lady
Hamilton)*
Papiertapeteneinsatz nach Blatt 6 der
Umrissradierungen von T. Piroli aus:
Friedrich Rehberg: *Drawings Faithfully
Copied from Nature at Naples* […].
Engraved by Thomas Piroli, Rome
1794, Originalstandort: Bertuchhaus,
Bilderkabinett, Ostwand rechts, Ende
1790er-Jahre
Feder in Braun und Aquarell,
ausgeschnitten, auf Papier, 116 × 53 cm
Klassik Stiftung Weimar, Museen
Inv.-Nr. Gr-2015/178

*"Musa della danza" (Lady Hamilton
in veste di musa della danza)*
Applicazione per carta da parati dal
foglio numero 6 della raccolta di
acqueforti al tratto di T. Piroli tratte da:
Friedrich Rehberg, *Drawings Faithfully
Copied from Nature at Naples* […].
Engraved by Thomas Piroli, Roma 1794;
ubicazione originaria: Bertuchhaus,
Bilderkabinett, lato sinistro della parete
a est, fine anni novanta del Settecento
Penna a inchiostro bruno e acquerello
su carta ritagliata, 116 × 53 cm
Klassik Stiftung Weimar, Museen
Inv. n. Gr-2015/178

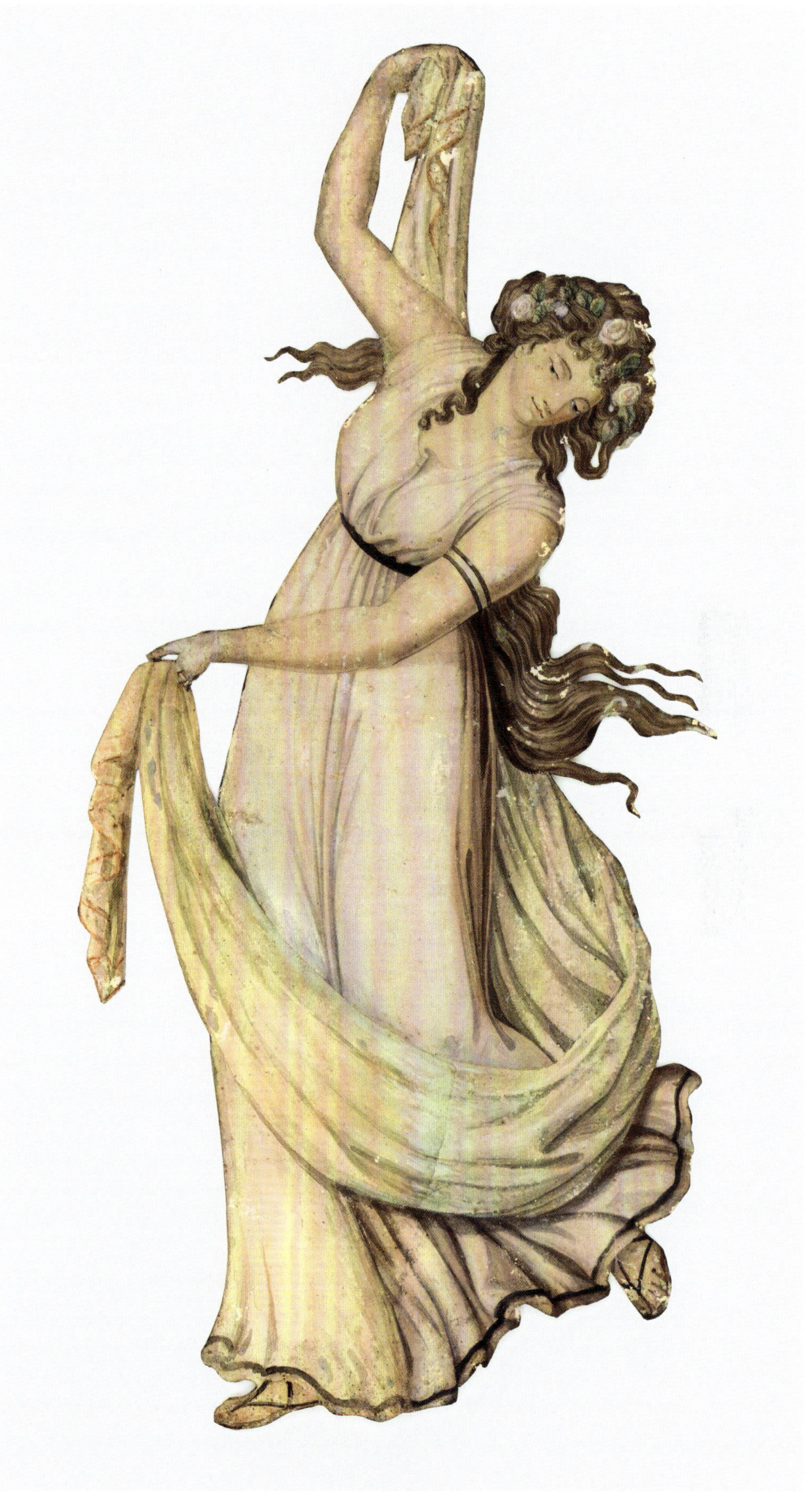

Sizilien / Sicilia

Kat. / Cat. 95
Jacques Philippe de Loutherbourg
Seestück mit Sonnenuntergang, o. J.
Öl auf Leinwand, 119 × 166,5 cm
Residenzgalerie Salzburg
Inv.-Nr. 437

Scorcio marino al tramonto, s.d.
Olio su tela, 119 × 166,5 cm
Residenzgalerie, Salisburgo
Inv. n. 437

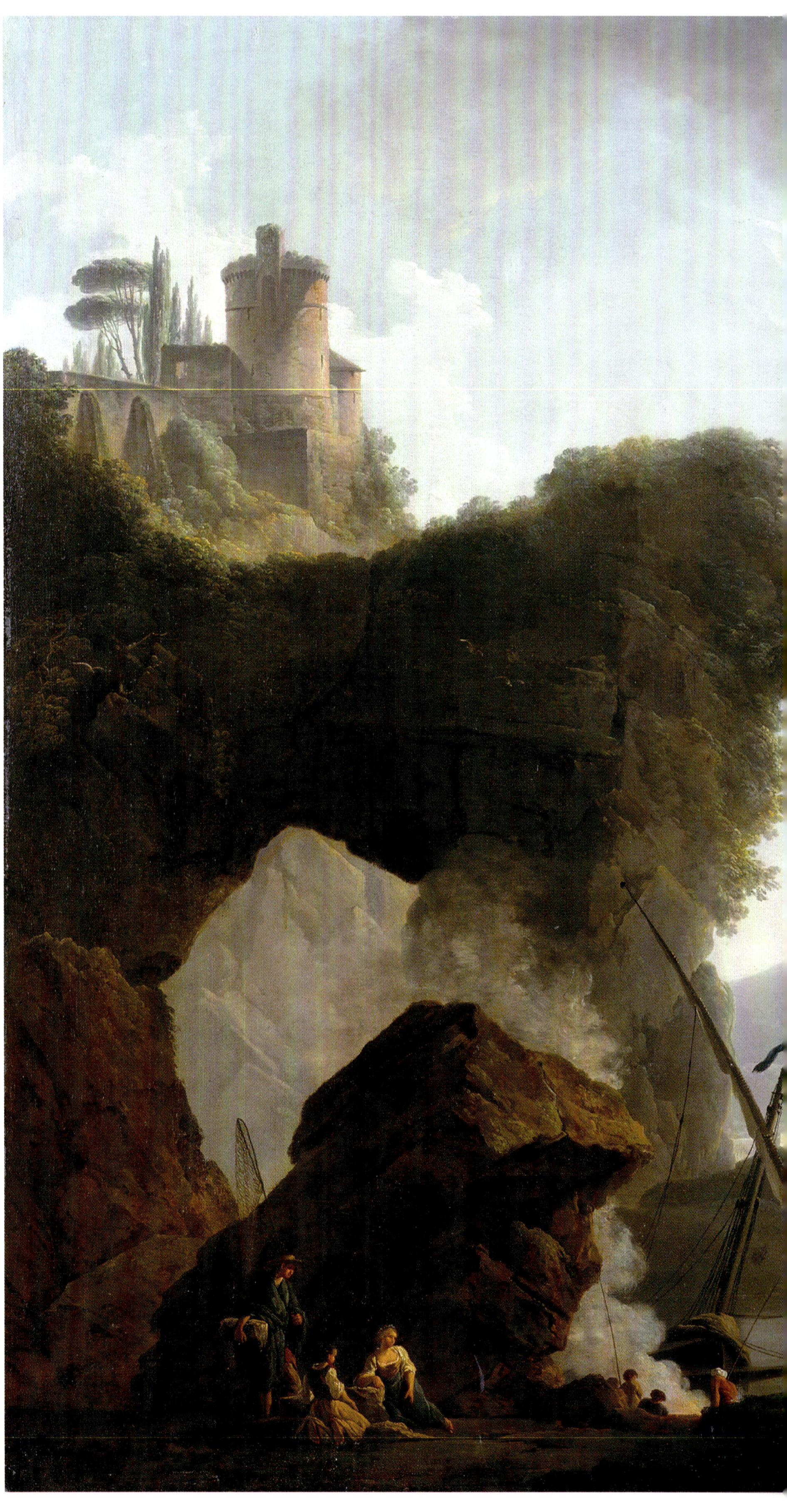

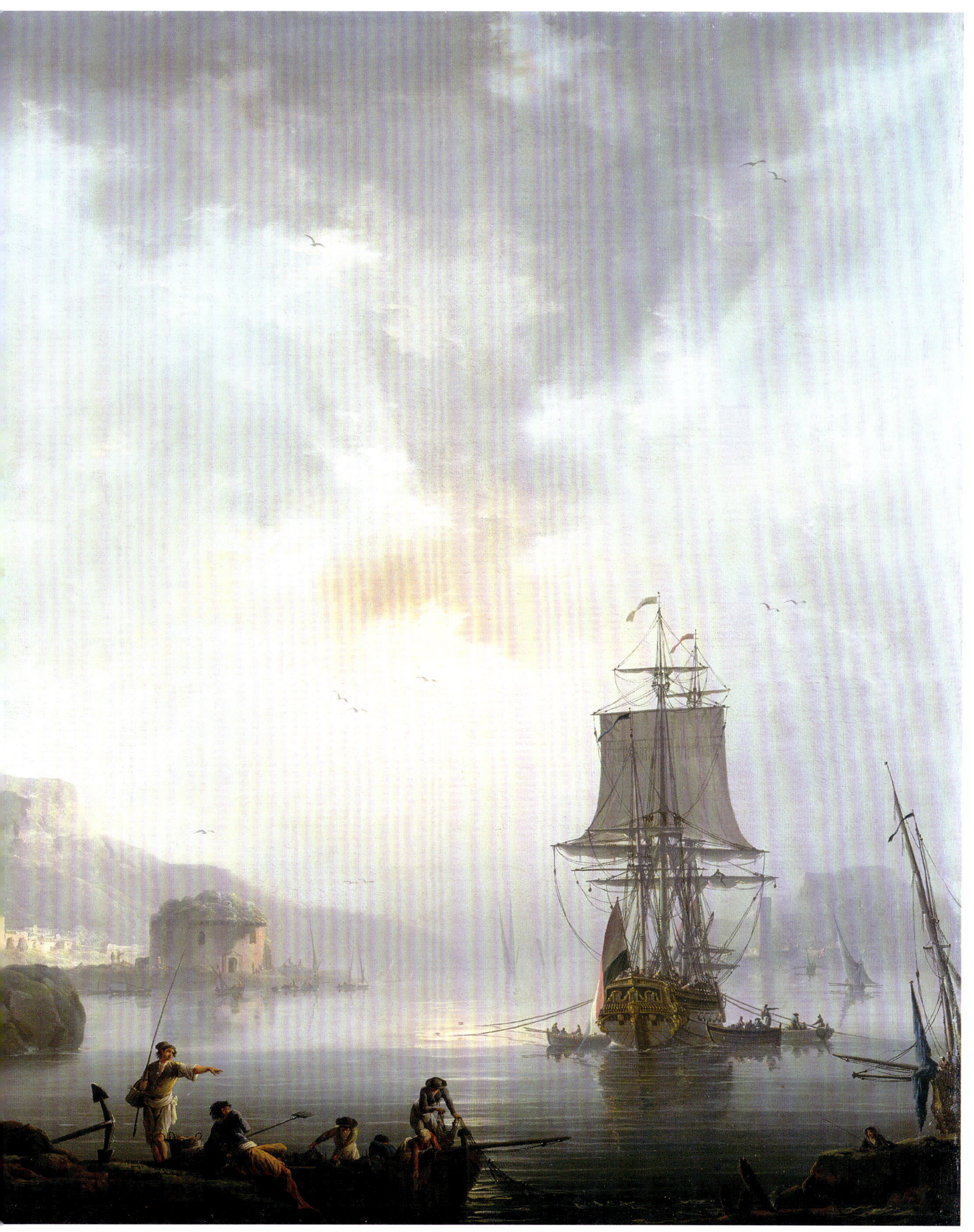

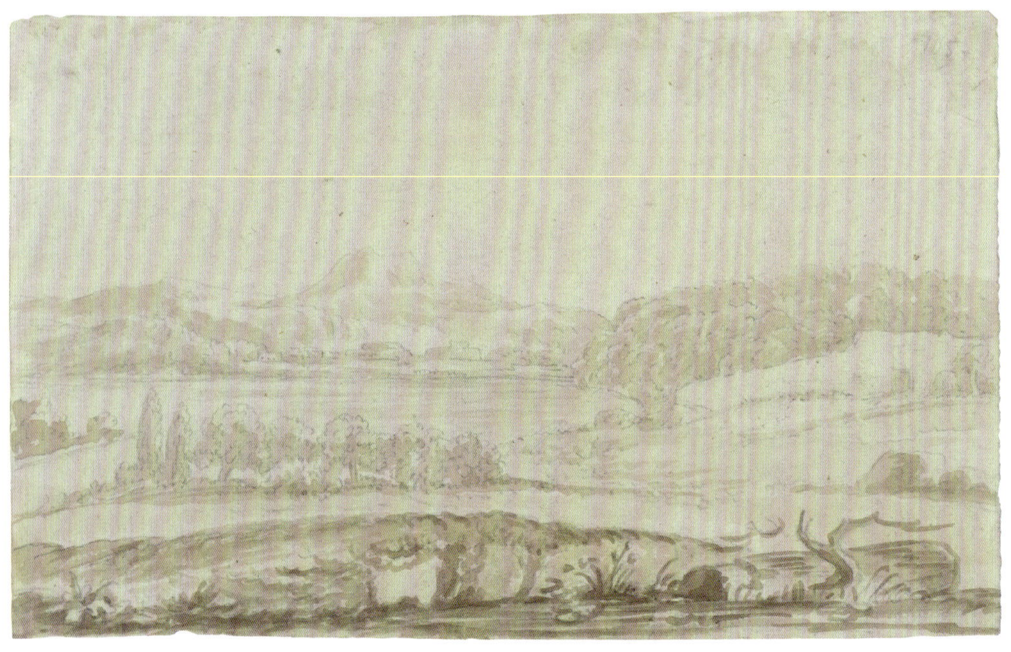

Kat. / Cat. 96
Johann Wolfgang von Goethe
„Im Innern Siziliens", 1787
Grafit und wässriger Pinsel in Braun
auf Büttenpapier, 11,6 × 19 cm
Klassik Stiftung Weimar, Museen
Inv.-Nr. GGz/0251

"Nella Sicilia interna", 1787
Grafite su carta a mano, acquerellato
in bruno, 11,6 × 19 cm
Klassik Stiftung Weimar, Museen
Inv. n. GGz/0251

Kat. / Cat. 97
Johann Georg Schütz
*Italienische Küstenlandschaft mit
Leuchtturm und einigen Fischern
und angeblichem Porträt von Johann
Wolfgang von Goethe*, 1786
Papier auf Pappe aufgezogen, wässriger
Pinsel in Braun, Feder in Schwarz und
Grafit; auf der grünen Papierrahmung
Umrandungslinien mit Feder in
Schwarz, 43,2 × 64 cm
Klassik Stiftung Weimar, Museen
Inv.-Nr. GHz/Sch.I.335,0068

*Paesaggio costiero italiano con faro,
alcuni pescatori e presunto ritratto
di Johann Wolfgang von Goethe*, 1786
Grafite e penna a inchiostro nero su
carta montata su cartone, acquerellato
in bruno; sulla cornice di carta verde
linee di bordura tracciate a penna
con inchiostro nero, 43,2 × 64 cm
Klassik Stiftung Weimar, Museen
Inv. n. GHz/Sch.I.335,0068

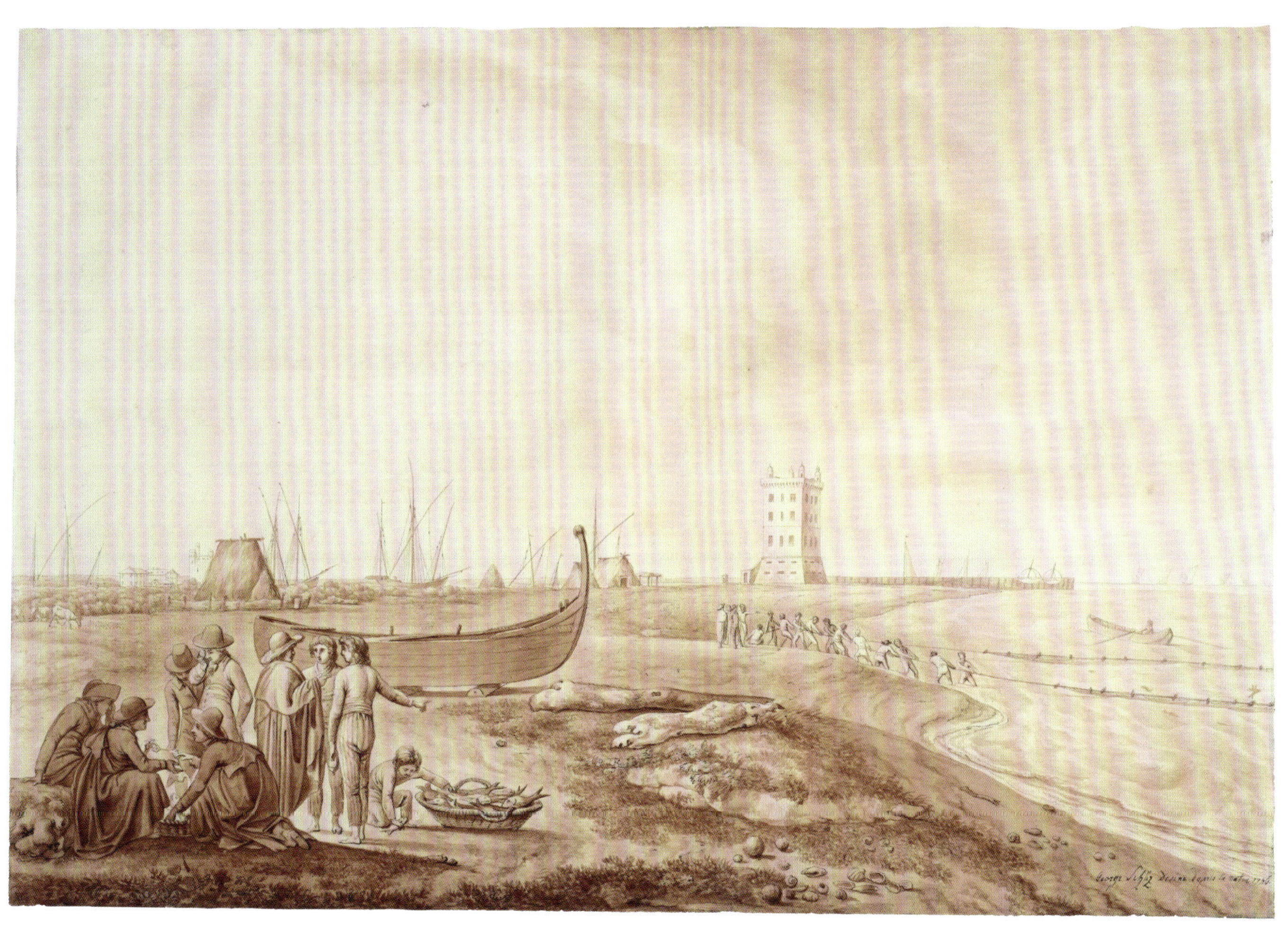

Kat. / Cat. 98

Johann Heinrich Roos

*Italienische Landschaft mit ruhender
Herde*, 1674
Öl auf Leinwand, 63 × 79 cm
Gemäldegalerie der Akademie
der bildenden Künste Wien
Inv.-Nr. GG-795

*Paesaggio italiano con mandria
a riposo*, 1674
Olio su tela, 63 × 79 cm
Gemäldegalerie der Akademie
der bildenden Künste Wien
Inv. n. GG-795

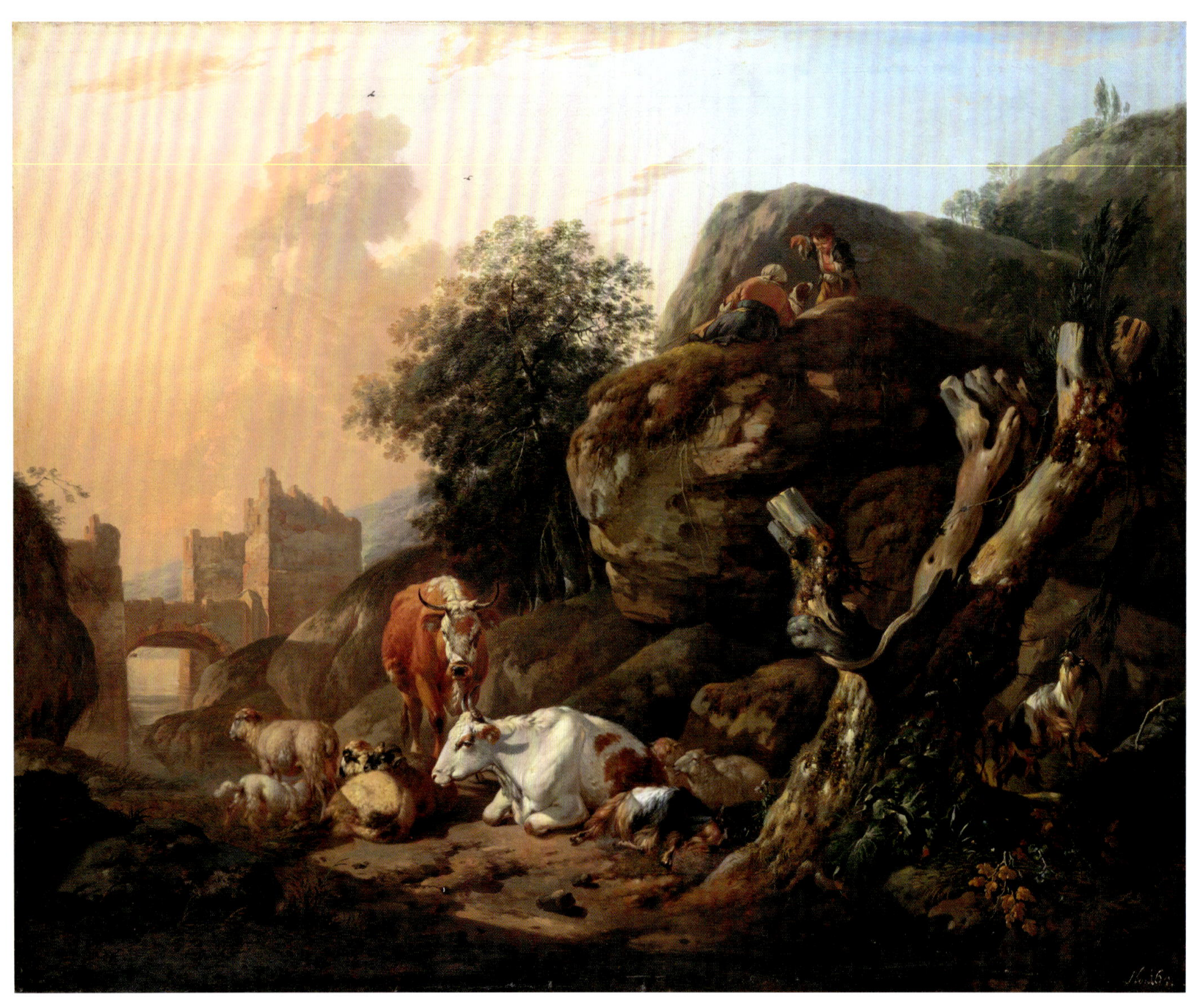

Kat. / Cat. 99

Pieter van Bloemen
Schimmel beim Beschlagen,
1. Viertel 18. Jh.
Öl auf Leinwand, 27,5 × 40 cm
Augustiner Chorherrenstift St. Florian,
Kunstsammlungen
Inv.-Nr. BD 0013

Cavallo bianco alla ferratura,
primo quarto del XVIII secolo
Olio su tela, 27,5 × 40 cm
Augustiner Chorherrenstift St. Florian,
Kunstsammlungen
Inv. n. BD 0013

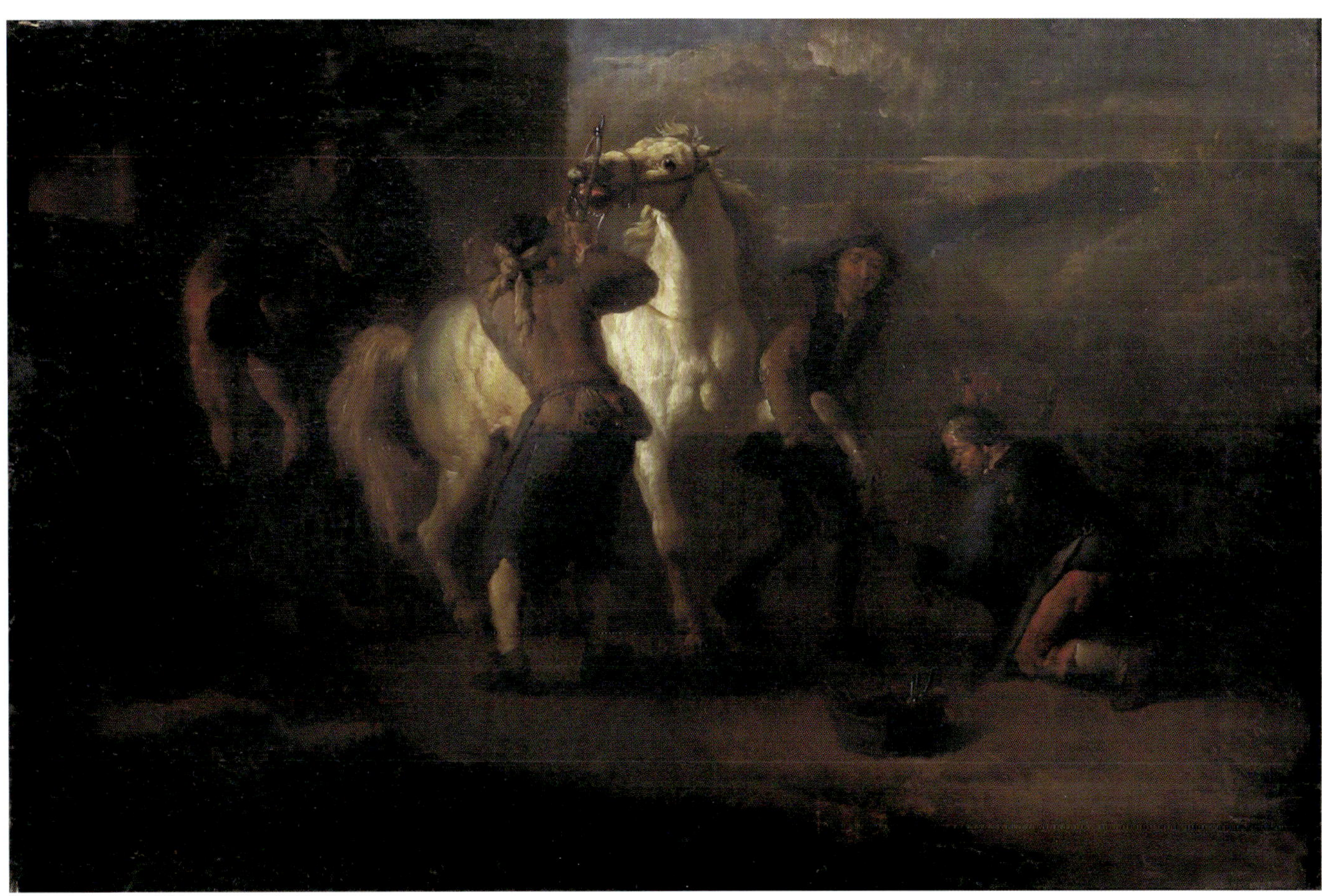

Kat. / Cat. 100
Jan Both
*Italienische Landschaft mit Ruine
und Kirche*, um 1650
Öl auf Holz, 40 × 53,4 cm
Tiroler Landesmuseum Ferdinandeum,
Ältere Kunstgeschichtliche Sammlungen
Inv.-Nr. Gem 3974

Paesaggio italiano con rovine e chiesa,
1650 circa
Olio su tavola, 40 × 53,4 cm
Tiroler Landesmuseum Ferdinandeum,
Ältere Kunstgeschichtliche Sammlungen
Inv. n. Gem 3974

Kat. / Cat. 101
Franz Edmund Weirotter
Landschaft mit Staffage, um 1765
Öl auf Leinwand, 114,5 × 79,5 cm
Tiroler Landesmuseum Ferdinandeum,
Ältere Kunstgeschichtliche Sammlungen
Inv.-Nr. Gem 1476

Paesaggio con figure, 1765 circa
Olio su tela, 114,5 × 79,5 cm
Tiroler Landesmuseum Ferdinandeum,
Ältere Kunstgeschichtliche Sammlungen
Inv. n. Gem 1476

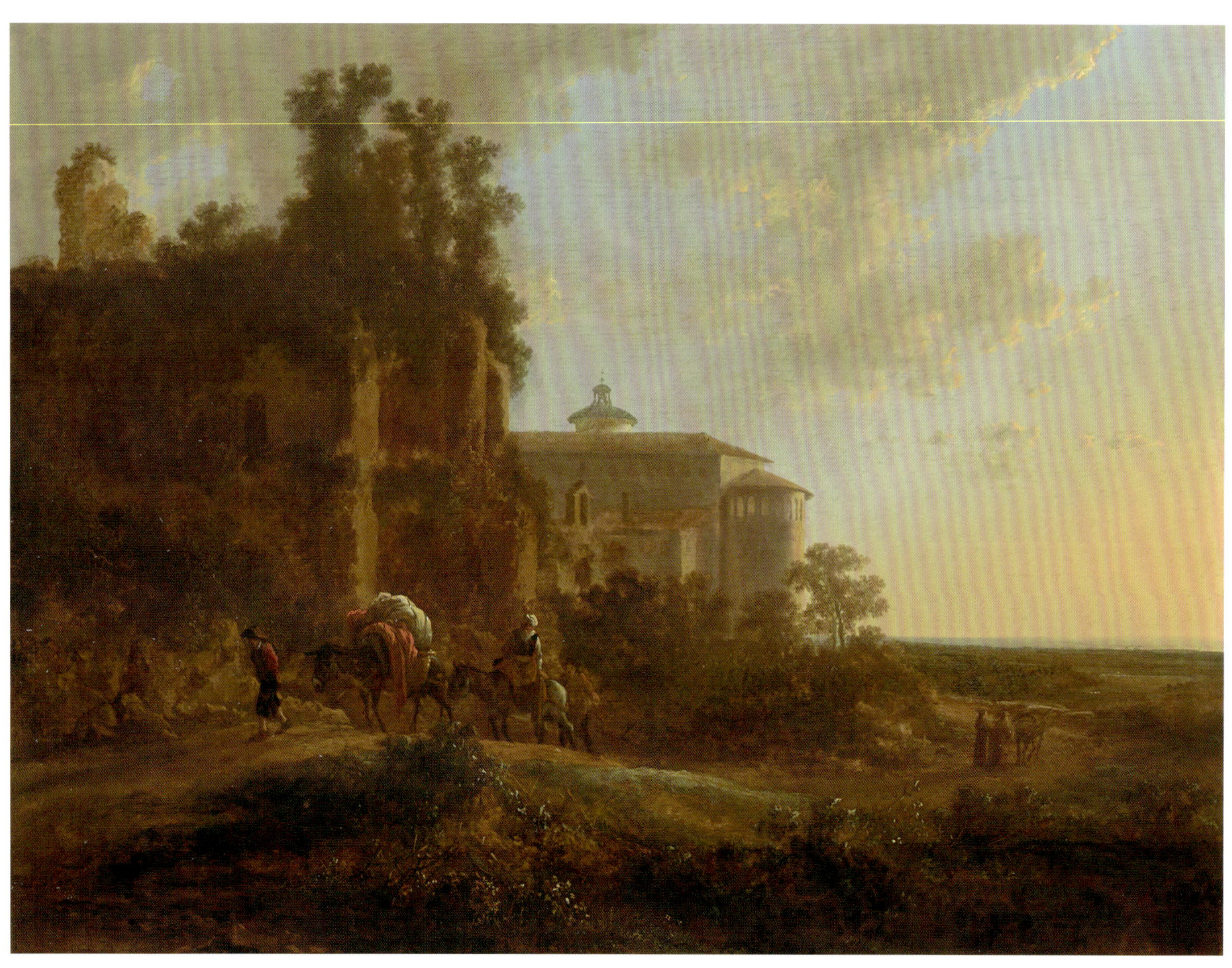

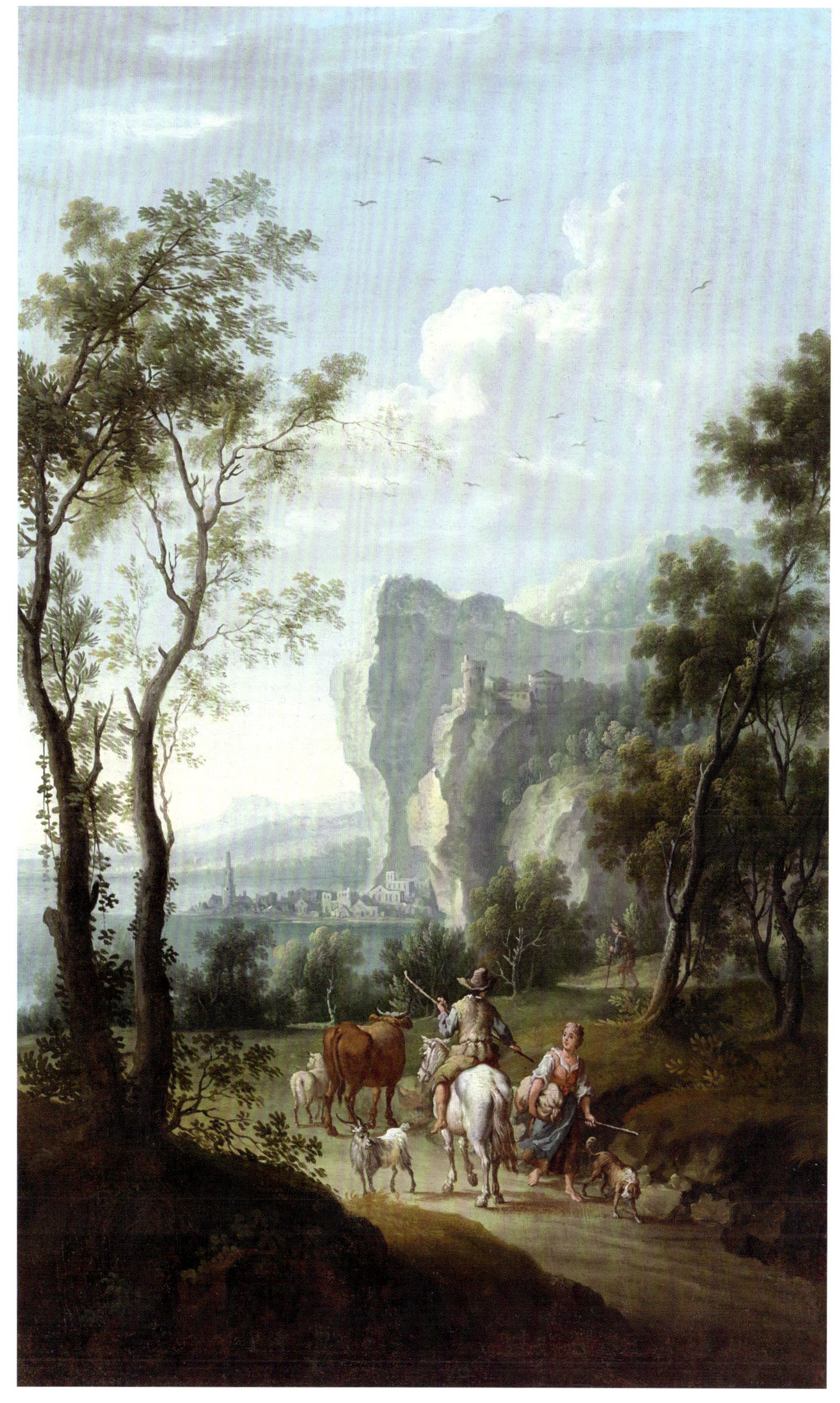

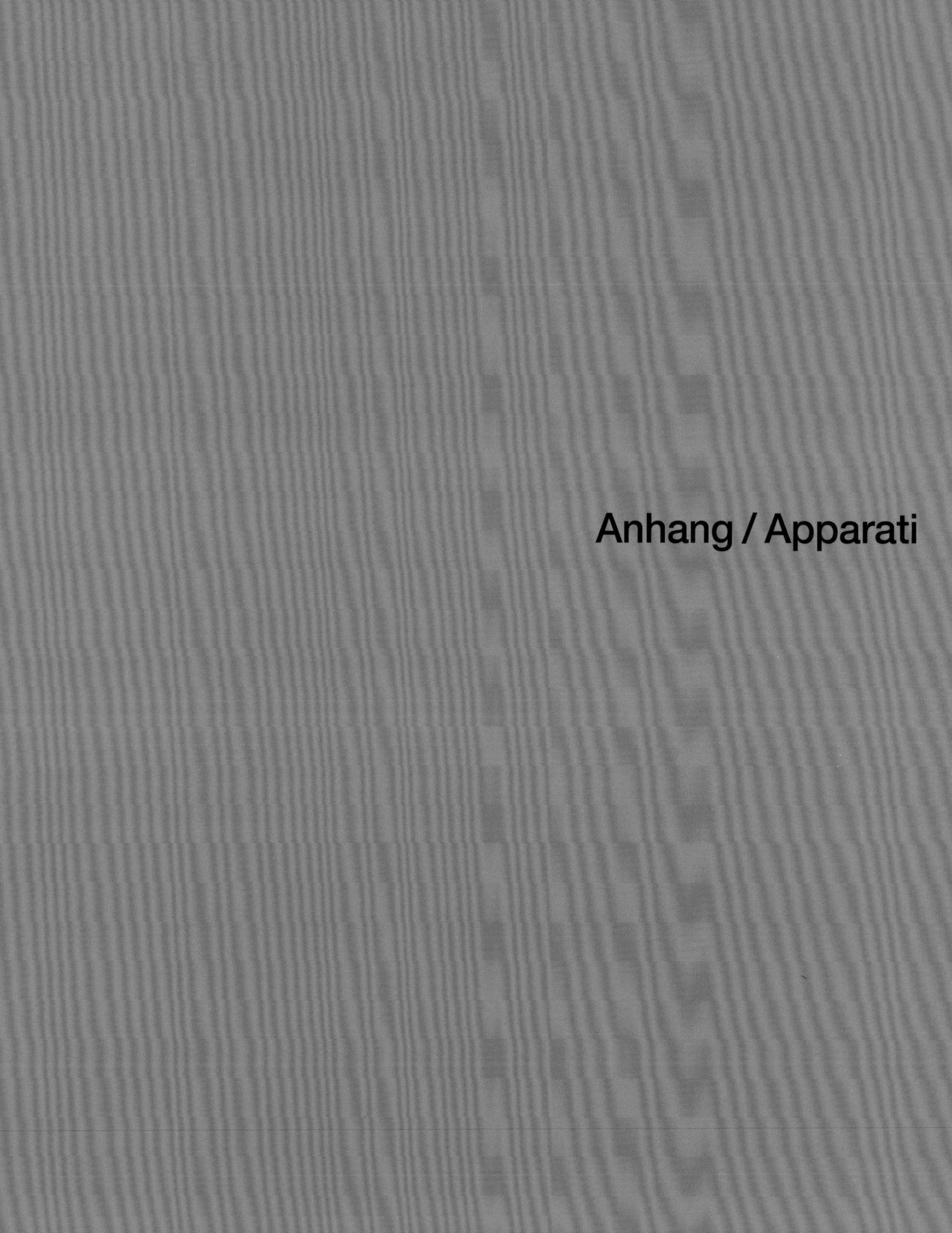

Anhang / Apparati

Bibliografie

Acton, Harold: *The Bourbons of Naples (1734–1825)*, London 1998.

Albrecht, Michael von: *Vergil. Eine Einführung*, Heidelberg 2007.

Alföldi, Elisabeth: *Die Kontorniat-Medaillons*, Berlin 1976.

Allmers, Hermann: *Römische Schlendertage*, Oldenburg [2]1870.

Andrews, Noam: „Volcanic Rhythms. Sir William Hamilton's Love Affair with Vesuvius", in: *AA Files 60*, 2010, S. 9–15.

Baedeker, Karl: *Italien. Handbuch für Reisende. Erster Theil: Ober-Italien bis Livorno, Florenz, Ancona und die Insel Corsica nebst Reise-Routen durch Frankreich, die Schweiz und Oesterreich*, Coblenz–Leipzig [6]1872.

Batten, Charles: *Pleasurable Instruction. Form and Convention in Eighteenth Century Travel Literature*, Berkeley–London 1978.

Baum, Constanze: *Ruinenlandschaften. Spielräume der Einbildungskraft in Reiseliteratur und bildkünstlerischen Werken über Italien im 18. und frühen 19. Jahrhundert*, Heidelberg 2013.

Belmonte, Maria: *Peregrinos de la belleza. Viajeros por Italia y Grecia*, Barcelona 2015.

Berger, Günther: *Relazione. Internationales Wien*, Frankfurt am Main 2009.

Berger, Leonie/Berger, Joachim: *Anna Amalia von Weimar. Eine Biographie*, München 2006.

Beutler, Ernst: „Lili. Wiederholte Spiegelungen", in: Beutler, Ernst (Hg.): *Essays um Goethe*, Bd. 2, Wiesbaden 1947, S. 1–160.

Beyer, Andreas/Radecke, Gabriele (Hg.): *August von Goethe. Auf einer Reise nach Süden*, München–Wien 1999.

Bies, Michael: *Im Grunde ein Bild. Die Darstellung der Naturforschung bei Kant, Goethe, und Alexander von Humboldt*, Göttingen 2012.

Bischöfliche Ordinariats-Kanzlei (Hg.): *Schematism der Geistlichkeit des Bisthums Augsburg für das Jahr 1836. Mit einem Verzeichnisse des Personal-Standes der restaurirten Frauenklöster*, Augsburg o. J. [1835].

Dies. (Hg.): *Schematism der Geistlichkeit des Bisthums Augsburg für das Jahr 1837. Mit einem Verzeichnisse des Personal-Standes der restaurirten Frauenklöster*, Augsburg o. J. [1836].

Boeckh, Franz Heinrich (Hg.): *Merkwürdigkeiten der Haupt= und Residenz=Stadt Wien und ihrer nächsten Umgebungen*, Theil 1, Wien 1823.

Boehn, Max von: *Die Mode. Menschen und Moden im 19. Jahrhundert, 1878–1914*, München 1919.

Borchhardt-Birbaumer, Brigitte: „Michael Wutky – Vesuvausbruch mit drei Zuschauern am Kraterrand", in: Rosenthal, Stephanie/Schwenk, Bernhart/Longhi, Antje: *Die Nacht*, Katalog Haus der Kunst München 1998, München 1998, S. 256.

Borek, Helmut: „Italien zwischen 1770 und 1848", in: Grabner, Sabine/Wöhrer, Claudia (Hg.): *Italienische Reisen. Landschaftsbilder österreichischer und ungarischer Maler. 1770–1850*, Katalog Österreichische Galerie Belvedere 2001–2002, Wien 2001, S. 19–23.

Bormann, Ralf: „Agalmatophilie und Hermeneutik. Posthumane Kunsterfahrung vor dem Bildwerk", in: Cress, Torsten/Murawska, Oliwia/Schlitte, Annika (Hg.): *Posthuman? Neue Perspektiven auf Natur/Kultur*, Paderborn 2021 (in Bearbeitung).

Börsch-Supan, Helmut: „Goethes Kenntnis von der Kunst der Goethezeit", in: Schulze, Sabine (Hg.): *Goethe und die Kunst*, Stuttgart 1997, S. 269–277.

Bottari, Giovanni Gaetano/Ticozzi, Stefano: *Raccolta di lettere sulla pittura, scultura ed architettura scritta da' più celebri personaggi dei secoli XV, XVI e XVII*, Mailand 1822–1825.

Brahm, Otto: *Karl Stauffer-Bern. Sein Leben. Seine Briefe. Seine Gedichte*, Stuttgart 1892.

Brandt, Philine: „Johann Christian Schuchardt als Kustos der Großherzoglichen und Goetheschen Sammlungen", in: Bertsch, Markus/Grave, Johannes (Hg.): Räume der Kunst. Blicke auf Goethes Sammlungen, Göttingen 2005, S. 102–121.

Brandt, Reinhardt: *Arkadien in Kunst, Philosophie und Dichtung*, Freiburg im Breisgau–Berlin 2005.

Breccola, Giancarlo: *San Flaviano. Guida alla scoperta*, Grotte di Castro 2008.

Brilli, Attilio: *Als Reisen eine Kunst war. Vom Beginn des modernen Tourismus: Die ›Grand Tour‹*, Berlin [4]2012.

Ders.: *Italiens Mitte. Alte Reisewege und Orte in der Toskana und Umbrien*, Berlin 1998.

Bibliografia

Harold Acton, *The Bourbons of Naples (1734-1825)*, London 1998.

Michael von Albrecht, *Vergil. Eine Einführung*, Heidelberg 2007.

Elisabeth Alföldi, *Die Kontorniat-Medaillons*, Berlin 1976.

Hermann Allmers, *Römische Schlendertage*, Oldenburg ²1870.

Noam Andrews, *Volcanic Rhythms. Sir William Hamilton's Love Affair with Vesuvius*, in "AA Files" 60, 2010, pp. 9-15.

Autore sconosciuto, *Claude Lorrain und die ideale Landschaft: Radierungen von Lorrain, Both, Berchem, Dujardin, Koch. Gemälde von Both, Patel, Olivier*, cat. mostra Stiftung Oskar Reinhart 1984, Winterthur 1984.

Autore sconosciuto, *Der Katholik; eine religiöse Zeitschrift zur Belehrung und Warnung*, anno 15, vol. 57, fasc. 7-9, Speyer 1835.

Autore sconosciuto, *Königlich-Bayerisches Intelligenz-Blatt für den Ober-Donau-Kreis*, n. 42, 17.11.1836.

Autore sconosciuto, *Lexikon des Jura.ch*, url: https://diju.ch/d/notices/detail/1000105 (ultimo accesso: 6.1.2020).

Autore sconosciuto, *Neuer Nekrolog der Deutschen* 23, parte 1, s.l. 1845.

Autore sconosciuto, *Zeichen der Zeit, Historisch-politische Blätter für das katholische Deutschland* 19, 1847.

Karl Baedeker, *Italien. Handbuch für Reisende. Erster Theil: Ober-Italien bis Livorno, Florenz, Ancona und die Insel Corsica nebst Reise-Routen durch Frankreich, die Schweiz und Oesterreich*, Coblenz-Leipzig ⁶1872.

Charles Batten, *Pleasurable Instruction. Form and Convention in Eighteenth-Century Travel Literature*, Berkeley-London 1978.

Constanze Baum, *Ruinenlandschaften. Spielräume der Einbildungskraft in Reiseliteratur und bildkünstlerischen Werken über Italien im 18. und frühen 19. Jahrhundert*, Heidelberg 2013.

Maria Belmonte, *Peregrinos de la belleza. Viajeros por Italia y Grecia*, Barcelona 2015.

Günther Berger, *Relazione. Internationales Wien*, Frankfurt am Main 2009.

Leonie Berger, Joachim Berger, *Anna Amalia von Weimar. Eine Biographie*, München 2006.

Ernst Beutler, *Lili. Wiederholte Spiegelungen*, in Idem (a cura di), *Essays um Goethe*, vol. 2, Wiesbaden 1947, pp. 1-160.

Andreas Beyer, Gabriele Radecke (a cura di), *August von Goethe. Auf einer Reise nach Süden*, München-Wien 1999.

Michael Bies, *Im Grunde ein Bild. Die Darstellung der Naturforschung bei Kant, Goethe, und Alexander von Humboldt*, Göttingen 2012.

Bischöfliche Ordinariats-Kanzlei (a cura di), *Schematism der Geistlichkeit des Bisthums Augsburg für das Jahr 1836. Mit einem Verzeichnisse des Personal-Standes der restaurirten Frauenklöster*, Augsburg s.d. [1835].

Bischöfliche Ordinariats-Kanzlei (a cura di), *Schematism der Geistlichkeit des Bisthums Augsburg für das Jahr 1837. Mit einem Verzeichnisse des Personal-Standes der restaurirten Frauenklöster*, Augsburg s.d. [1836].

Franz Heinrich Boeckh (a cura di), *Merkwürdigkeiten der Haupt= und Residenz=Stadt Wien und ihrer nächsten Umgebungen*, Theil 1, Wien 1823.

Max von Boehn, *Die Mode. Menschen und Moden im 19. Jahrhundert, 1878-1914*, München 1919.

Brigitte Borchhardt-Birbaumer, *Michael Wutky – Vesuvausbruch mit drei Zuschauern am Kraterrand*, in Stephanie Rosenthal, Bernhart Schwenk, Antje Longhi, *Die Nacht*, cat. mostra Monaco, Haus der Kunst, 1998; München 1998, p. 256.

Helmut Borek, *Italien zwischen 1770 und 1848*, in Sabine Grabner, Claudia Wöhrer (a cura di), *Italienische Reisen. Landschaftsbilder österreichischer und ungarischer Maler. 1770-1850*, cat. mostra Österreichische Galerie Belvedere 2001-2002; Wien 2001, pp. 19-23.

Ralf Bormann, *Agalmatophilie und Hermeneutik. Posthumane Kunsterfahrung vor dem Bildwerk*, in Torsten Cress, Oliwia Murawska, Annika Schlitte (a cura di), *Posthuman? Neue Perspektiven auf Natur/Kultur*, Paderborn 2021 (in lavorazione).

Helmut Börsch-Supan, *Goethes Kenntnis von der Kunst der Goethezeit*, in Sabine Schulze (a cura di), *Goethe und die Kunst*, Stuttgart 1997, pp. 269-277.

Brockedon, William: *Illustrations of the Passes of the Alps, by which Italy communicates with France, Switzerland, and Germany*, 2 Bde., London 1828.

Budde, Emil: *Staunemayer's* römische Kunstfahrten, Bonn 1884.

Burckhardt, Jacob: *Die Cultur der Renaissance in Italien: ein Versuch*, hg. von Mikkel Mangold auf der Grundlage der Vorarbeiten von Kenji Hara und Hiroyuki Numata, München–Basel 2018.

Buzzard, James: „The Grand Tour and After (1660–1840)" in: Hulme, Peter/Youngs, Tim (Hg.): *The Cambridge Companion to Travel Writing*, Cambridge 2002, S. 37–53.

Casciu, Stefano/Toffanello, Marcello (Hg.): *Splendori delle corti italiane: gli Este. Rinascimento e barocco a Ferrara e Modena*, Katalog Reggia di Venaria 2014, Rimini 2014.

Caucci von Saucken, Paolo: „Die Via Francigena und die Pilgerstraßen nach Rom", in: Ders. (Hg.): *Pilgerziele der Christenheit. Jerusalem, Rom, Santiago de Compostela*, Stuttgart 2010, S. 137–186.

Chamberlain, Houston Stewart: *Die Grundlagen des neunzehnten Jahrhunderts, Zwei Hälften*, München 1899.

Chastel, André: *Art et humanisme à Florence au temps de Laurent le Magnifique*, Paris 1959.

Chatwin, Bruce: *Traumpfade*, München 1990.

Christoph, Paul: *Großherzogtum Toskana. Ein Muster österreichischer Regierungskunst* (= Österreich-Reihe 32), Wien 1957.

Clark, Anthony M.: „Roma mi e sempre in pensiero", in: Sandner, Oscar: *Angelika Kauffmann und ihre Zeitgenossen*, Katalog Vorarlberger Landesmuseum 1968 und Österreichisches Museum für Angewandte Kunst Wien 1968–1969, Bregenz 1968, S. 5–17.

Clark, Kenneth: *Landscape into Art*, London [7]1997.

Constantine, David: *Fields of Fire. A Life of Sir William Hamilton*, London 2001.

Ders.: „Goethe and the Hamiltons", in: *Oxford German Studies* 26, Nr. 1, 1997, S. 101–131.

Conte, Paolo: *Pietro Marchioretto (1761–1828). Un paesaggista tra Veneto e Tirolo*, Lamon 2007.

Dall'Acqua, Marzio: *Guida al teatro Farnese. Il teatro delle meraviglie*, Parma 2011.

Dechent, Hermann: „Passavent, Jakob Ludwig", in: Historische Commission bei der Königl. Akademie der Wissenschaften (Hg.): *Allgemeine Deutsche Biographie*, Bd. 25, Leipzig 1887, S. 196ff.

Dehmel, Richard: „Eine Rundreise in Ansichtspostkarten", in: *Die Neue Rundschau* 17, 1906, I, S. 232–244.

De Seta, Cesare: *L'Italia del Grand Tour da Montaigne a Goethe*, Milano 1998.

Dodero, Eloisa: *Ancient Marbles in Naples in the Eighteenth Century. Findings, Collections, Dispersals*, Leiden–Boston 2019.

Döllinger, Ignaz von: „Gedächtnisrede auf Gino Capponi" [1876], in: Ders.: *Akademische Vorträge*, Zweiter Band, Nördlingen 1889, S. 241–253.

Egger, Irmgard: *Italienische Reisen Wahrnehmung und Literarisierung von Goethe bis Brinkmann*, München 2006.

Einem, Herbert von: „Die bildende Kunst im Leben und Schaffen Goethes", in: Zeman, Herbert (Hg.): *Jahrbuch des Wiener Goethe-Vereins* Bd. 86/87/88 – 1982/1983/1984, S. 29–65.

Engelhardt, Wolf von: *Goethe im Gespräch mit der Erde. Landschaft, Gesteine, Mineralien und Erdgeschichte in seinem Leben und Werk*, Stuttgart–Weimar 2003.

Ennemoser, Günther: „Der Brenner in zwölf historischen Bildern", in: Mitterer, Wittfrida (Hg.): *(Grenze) Brenner-Pass. Bautenglossar* (Technisches Kulturgut im Rampenlicht), Brixen [2]2013, S. 242–262.

Erler, Georg: *Die iüngere Matrikel der Universität Leipzig 1559–1809*, Bd. I: *Die Immatrikulationen vom Wintersemester 1559 bis zum Sommersemester 1634*, Leipzig 1909.

Esch, Arnold: *Wege nach Rom. Annäherungen aus zehn Jahrhunderten*, München 2004.

Everson, Jane E.: „The Melting Pot of Science and Belief. Studying Vesuvius in seventeenth-century Naples", in: *Renaissance Studies* 26, Nr. 5, 2012, S. 691–727.

Firmenich, Andrea/Janssen, Johannes: „Reisenotizen", in: Dies. (Hg.): *Reisenotizen. Barbara Klemm – Fotografien. Johann Wolfgang Goethe – Zeichnungen*, Katalog Museum Sinclair-Haus 2014 und Schiller-Museum, Klassik Stiftung Weimar 2015, S. 6–12.

Fleck, Ferdinand Florens: *Wissenschaftliche Reise durch das südliche Deutschland, Italien, Sicilien und Frankreich*, Leipzig 1837.

Fliedl, Konstanze: *Arthur Schnitzler und Italien*, Udine 2006.

Fontane, Theodor: *Sämtliche Romane, Erzählungen, Gedichte, Nachgelasses*, Darmstadt 2002.

Forster, Johann: *Das Neapolitänisch Reisebuch Worinnen der wegk aus Düringen // durchs ubrige Deutzschlandt, vndt Italienn // bis in das Konigreich Neapolis in Campani= // am […]*, o. O. 1590.

Förster, Richard: „Laokoon-Denkmäler und -Inschriften", in: *Jahrbuch des Kaiserlich Deutschen Archäologischen Instituts* 6, 1891, S. 177–196.

Ders.: „Laokoon im Mittelalter und in der Renaissance", in: *Jahrbuch der Preußischen Kunstsammlungen* 27, 1906, S. 149–178.

Frank, Johannes N.: *Südlandfahrt, Böhm*, Prag–Leipzig–Wien 1937.

Früh, Gustav/Goedeke, Hans/Wilckens, Hans-Jürgen von: *Die Leichenpredigten des Stadtarchivs Braunschweig* (= Nieders. Landesverein für Familienkunde e.V. Hannover, Sonderveröffentlichung 14), Bd. II, Hannover 1978.

Fubini, Giorgio/Held, Julius S.: „Padre Resta's Rubens Drawings after Ancient Sculpture", in: [o. Verf.]: *Master Drawings* 2, 1964, S. 123–141, 185–193.

Garber, Klaus: *Arkadien. Ein Wunschbild der europäischen Literatur*, München 2009.

Gendolla, Peter: *Die Erfindung Italiens. Reiseerfahrung und Imagination*, Paderborn 2014.

Gernert, Angelica/Groblewski, Michael: „Von den italienischen Staaten zum ersten Regno d'Italia. Italienische Geschichte zwischen Renaissance und Risorgimento (1559–1814)", in: Altgeld, Wolfgang (Hg.): *Kleine italienische Geschichte*, Stuttgart 2002, S. 185–256.

Gibbs, Alfred S. (Hg.): *Goethe's Mother. Correspondence of Catherine Elizabeth Goethe with Goethe, Lavater, Wieland, Duchess Anna-Amalia of Saxe-Weimar, Friedrich von Stein and Others*, New York 1880; Heller, Marguerite: „Goethe and Music", in: *The German Quarterly* 22, Nr. 4, 1949, S. 205–208.

Giovanni Gaetano Bottari, Stefano Ticozzi, *Raccolta di lettere sulla pittura, scultura ed architettura scritta da' più celebri personaggi dei secoli XV, XVI e XVII*, Milano 1822-1825.

Otto Brahm, *Karl Stauffer-Bern. Sein Leben. Seine Briefe. Seine Gedichte*, Stuttgart 1892.

Philine Brandt, *Johann Christian Schuchardt als Kustos der Großherzoglichen und Goetheschen Sammlungen*, in Markus Bertsch, Johannes Grave (a cura di), *Räume der Kunst. Blicke auf Goethes Sammlungen*, Göttingen 2005, pp. 102-121.

Reinhardt Brandt, *Arkadien in Kunst, Philosophie und Dichtung*, Freiburg im Breisgau-Berlin 2005.

Giancarlo Breccola, *San Flaviano. Guida alla scoperta*, Grotte di Castro 2008.

Attilio Brilli, *Als Reisen eine Kunst war. Vom Beginn des modernen Tourismus: Die "Grand Tour"*, Berlin [4]2012.

Attilio Brilli, *Italiens Mitte. Alte Reisewege und Orte in der Toskana und Umbrien*, Berlin 1998.

William Brockedon, *Illustrations of the Passes of the Alps, by which Italy communicates with France, Switzerland, and Germany*, 2 voll., London 1828.

Emil Budde, *Staunemayer's römische Kunstfahrten*, Bonn 1884.

Jacob Burckhardt, *Die Cultur der Renaissance in Italien: ein Versuch*, a cura di Mikkel Mangold sulla base delle ricerche di Kenji Hara e Hiroyuki Numata, München-Basel 2018.

James Buzzard, *The Grand Tour and After (1660-1840)*, in Peter Hulme, Tim Youngs (a cura di), *The Cambridge Companion to Travel Writing*, Cambridge 2002, pp. 37-53.

Stefano Casciu, Marcello Toffanello (a cura di), *Splendori delle corti italiane: gli Este. Rinascimento e barocco a Ferrara e Modena*, cat. mostra Reggia di Venaria 2014, Rimini 2014.

Paolo Caucci von Saucken, *Die Via Francigena und die Pilgerstraßen nach Rom*, in Idem (a cura di), *Pilgerziele der Christenheit. Jerusalem, Rom, Santiago de Compostela*, Stuttgart 2010, pp. 137-186.

Houston Stewart Chamberlain, *Die Grundlagen des neunzehnten Jahrhunderts, Zwei Hälften*, München 1899.

André Chastel, *Art et humanisme à Florence au temps de Laurent le Magnifique*, Paris 1959.

Bruce Chatwin, *Le vie dei canti*, Milano 1988.

Paul Christoph, *Großherzogtum Toskana. Ein Muster österreichischer Regierungskunst*, (Österreich-Reihe 32), Wien 1957.

Anthony M. Clark, *Roma mi e sempre in pensiero*, in Oscar Sandner, *Angelika Kauffmann und ihre Zeitgenossen*, cat. mostra Vorarlberger Landesmuseum 1968 e Österreichisches Museum für Angewandte Kunst Wien 1968-1969, Bregenz 1968, pp. 5-17.

Kenneth Clark, *Landscape into Art*, London [7]1997.

David Constantine, *Fields of Fire. A Life of Sir William Hamilton*, London 2001.

David Constantine, *Goethe and the Hamiltons*, in "Oxford German Studies" 26, n. 1, 1997, pp. 101-131.

Paolo Conte, *Pietro Marchioretto (1761-1828). Un paesaggista tra Veneto e Tirolo*, Lamon 2007.

Marzio Dall'Acqua, *Guida al teatro Farnese. Il teatro delle meraviglie*, Parma 2011

Hermann Dechent, *Passavent, Jakob Ludwig*, in Historische Commission bei der Königl. Akademie der Wissenschaften (a cura di), *Allgemeine Deutsche Biographie*, vol. 25, Leipzig 1887, pp. 196 sgg.

Richard Dehmel, *Eine Rundreise in Ansichtspostkarten*, in "Die Neue Rundschau" 17, 1906, I, pp. 232-244.

Cesare De Seta, *L'Italia del Grand Tour. Da Montaigne a Goethe*, Milano 1998.

Eloisa Dodero, *Ancient Marbles in Naples in the Eighteenth Century. Findings, Collections, Dispersals*, Leiden-Boston 2019.

Ignaz von Döllinger, *Gedächtnisrede auf Gino Capponi* [1876], in Idem, *Akademische Vorträge*, vol 2, Nördlingen 1889, pp. 241-253.

Irmgard Egger, *Italienische Reisen Wahrnehmung und Literarisierung von Goethe bis Brinkmann*, München 2006.

Herbert von Einem, *Die bildende Kunst im Leben und Schaffen Goethes*, in Herbert Zeman (a cura di), *Jahrbuch des Wiener Goethe-Vereins* voll. 86/87/88 – 1982/1983/1984, pp. 29-65.

Wolf von Engelhardt, *Goethe im Gespräch mit der Erde. Landschaft, Gesteine, Mineralien und Erdgeschichte in seinem Leben und Werk*, Stuttgart-Weimar 2003.

Günther Ennemoser, *Der Brenner in zwölf historischen Bildern*, in Wittfrida Mitterer (a cura di), *(Grenze) Brenner-Pass. Bautenglossar (Technisches Kulturgut im Rampenlicht)*, Brixen [2]2013, pp. 242-262.

Georg Erler, *Die iüngere Matrikel der Universität Leipzig 1559–1809*, vol. I: *Die Immatrikulationen vom Wintersemester 1559 bis zum Sommersemester 1634*, Leipzig 1909.

Arnold Esch, *Wege nach Rom. Annäherungen aus zehn Jahrhunderten*, München 2004.

Jane E. Everson, *The Melting Pot of Science and Belief. Studying Vesuvius in seventeenth-century Naples*, in "Renaissance Studies" 26, n. 5, 2012, pp. 691-727.

Andrea Firmenich, Johannes Janssen, *Reisenotizen*, in Idem (a cura di), *Reisenotizen. Barbara Klemm – Fotografien. Johann Wolfgang Goethe – Zeichnungen*, cat. mostra Museum Sinclair-Haus 2014 e Schiller-Museum, Klassik Stiftung Weimar 2015, pp. 6-12.

Ferdinand Florens Fleck, *Wissenschaftliche Reise durch das südliche Deutschland, Italien, Sicilien und Frankreich*, Leipzig 1837.

Konstanze Fliedl, *Arthur Schnitzler und Italien*, Udine 2006.

Theodor Fontane, *Sämtliche Romane, Erzählungen, Gedichte, Nachgelasses*, Darmstadt 2002.

Johann Forster, *Das Neapolitänisch Reisebuch Worinnen der wegk aus Düringen // durchs ubrige Deutzschlandt, vndt Italienn // bis in das Konigreich Neapolis in Campani= // am […]*, s.l. 1590.

Richard Förster, *Laokoon-Denkmäler und -Inschriften*, in "Jahrbuch des Kaiserlich Deutschen Archäologischen Instituts" 6, 1891, pp. 177-196.

Richard Förster, *Laokoon im Mittelalter und in der Renaissance*, in "Jahrbuch der Preußischen Kunstsammlungen" 27, 1906, pp. 149-178.

Johannes N. Frank, *Südlandfahrt, Böhm*, Praha–Leipzig–Wien 1937.

Glaser, Rudolf: *Goethes Vater. Sein Leben nach* Tagebüchern und Zeitberichten, Leipzig 1929; Schulenburg, Werner von der: *Johann Caspar Goethe. Vater eines Genies*, Berlin 1937.

Gnant, Christoph: „,La nascita della Toscana moderna'. Staats- und Rechtsreformen Pietro Leopoldos als Großherzog der Toskana", in: Zedinger, Renate (Hg.): *Innsbruck 1765. Prunkvolle Hochzeit, fröhliche Feste, tragischer Ausklang* (= Das achtzehnte Jahrhundert und Österreich. Jahrbuch der österreichischen Gesellschaft zur Erforschung des Achtzehnten Jahrhunderts 29), Bochum 2015, S. 299–309.

Goethe, August von: *Auf einer Reise nach Süden. Tagebuch 1830*, hg. von Andreas Beyer/Gabriele Radecke, München 2003.

Goethe, Johann Caspar: *Viaggio in Italia (1740)*, editiert von Arturo Farinelli, Rome 1932.

Goethe, Johann Wolfgang: *Dichtung und Wahrheit*, Frankfurt am Main–Leipzig [10]2000 ([1]1975).

Ders.: *Italienische Reise*, hg. von Andreas Beyer, Norbert Miller und Christof Thoenes, MA Bd. 15, München 1992.

Ders.: *Sämtliche Werke*, Frankfurt am Main 1987–1989.

Ders.: „Ueber Laokoon", in: Ders. (Hg): *Propyläen. Eine periodische Schrifft. Ersten Bandes Erstes Stück*, Tübingen 1798, S. 1–19.

Ders.: *Viaggio in Italia*, Traduzione di Eugenio Zaniboni, Milano [5]2018.

Goethe, Johann Wolfgang von: *Aus meinem Leben. Dichtung und Wahrheit*, Bd. 1, Tübingen 1811.

Ders.: *Briefe*, Bd. 7 I. 18. September 1786–10. Juni 1788, hg. von Volker Giel unter Mitarbeit von Susanne Fenske und Yvonne Pietsch, Berlin 2012.

Ders.: *Italienische Reise*, hg. von Christoph Michel, Frankfurt am Main–Leipzig 1976.

Ders.: *Italienische Reise*, Berlin 2016.

Ders.: *Italienische Reise. Mit zeitgenössischen Illustrationen*, Hamburg [2]2018.

Ders.: „Neapel", 27. Februar 1787, in: Ders.: *Italienische Reise*, hg. von Hans Timotheus Kroeber, Leipzig 1913, S. 197.

Ders.: *Sämtliche Werke nach Epochen seines Schaffens*. Münchner Ausgabe, Bd. 15, München 1997.

Ders.: *Tagebücher und Briefe Goethes aus Italien an Frau von Stein und Herder* (= Schriften der Goethe-Gesellschaft, Bd. 2), hg. von Erich Schmidt, Weimar 1886.

Ders.: „Wahrheit und Dichtung", 11. Buch, in: Ders.: *Goethe's poetische und prosaische Werke in zwei Bänden*, 2. Bd., Stuttgart–Tübingen [2]1846, S. 761.

Ders.: „Wahrheit und Dichtung", 19. Buch, in: Ders.: *Goethe's poetische und prosaische Werke in zwei Bänden*, 2. Bd., Stuttgart–Tübingen [2]1846, S. 833.

Ders.: „Zahme Xenien" VI, in: Holzinger, Michael (Hg.): *Gedichte*, Berlin 2014, S. 711.

Goez, Werner: *Von Pavia über Parma – Lucca – San Gimignano – Siena – Viterbo – nach Rom. Ein Reisebegleiter entlang der mittelalterlichen Kaiserstraßen Italiens*, Köln 1972.

Goltz, Bogumil: *Zur Charakteristik der Spanier, Italiener und Franzosen. Ethnographische Skizzen, Der Mensch und die Leute. Zur Charakteristik der barbarischen und der civilisierten Nationen. Ethnographische Skizzen*, Bd. 4, Berlin 1858.

Gothe, Rosalinde: „Über die Alpen. Goethes Reise nach Italien im Herbst 1786", in: [o. Verf.]: *Der Weg in den Süden. Reisen durch Tirol von Dürer bis Heine / Attraverso le alpi. Appunti di viaggio da Dürer a Heine*, Essay-Band Landesmuseum Schloss Tirol, Schloss Tirol 1998, S. 301–310.

Götting, Franz: „Die Bibliothek von Goethes Vater", in: *Nassauische Annalen* 64, 1953, S. 23–69.

Grave, Johannes: „Erstarrung im Bild oder verlebendigende ‚Erinnerungs-Erbauung'? Goethe und das Bild im Interieur", in: Berndt, Frauke/Fulda, Daniel (Hg.): *Die Sachen der Aufklärung. Beiträge zur DGEJ-Jahrestagung 2010 in Halle a. d. Saale* (= Studien zum achtzehnten Jahrhundert 34), Hamburg 2012, S. 402–412.

Ders.: „Goethes Kunstsammlungen und die künstlerische Ausstattung des Goethehauses", in: Beyer, Andreas/Osterkamp, Ernst (Hg.): *Kunst* (= Goethe Handbuch, Supplemente 3), Stuttgart–Weimar 2011, S. 46–83.

Greif, Sebastian: *„Ich bin nicht G[oethe]." J. G. Herders Italienreise 1788/89*, Kassel 2016.

Grillparzer, Franz: „Selbstbiographie", in: Ders.: *Werke*, Bd. 4, hg. von Peter Frank und Karl Pörnbacher, München 1965, S. 107.

Grimm, Gunter/Breymayer, Ursula/Erhart, Walter: *„Ein Gefühl von freierem Leben". Deutsche Dichter in Italien*, Stuttgart 1990.

Grumach, Ernst: *Goethe und die Antike. Eine Sammlung*, Berlin 1949.

Gsell-Fels, Theodor: *Rom und Mittel-Italien*, Erster Band: *Mittel-Italien und die römische Campagna*, Meyers Reisebücher, Leipzig [2]1875.

Hachmeister, Gretchen L.: *Italy in the German Literary Imagination. Goethe's Italian Journey and its Reception by Eichendorff, Platen and Heine*, Rochester–Woodbridge 2002.

Hafner, German: *Die Laokoon-Gruppen. Ein gordischer Knoten* (= Akademie der Wissenschaften und der Literatur. Abhandlungen der geistes- und sozialwissenschaftlichen Klasse, Jg. 1992, Nr. 5), Stuttgart 1992.

Hambrusch, Horst: „Lageplan Brenner. Bautendokumentation", in: Mitterer, Wittfrida (Hg.): *(Grenze) Brenner-Pass. Bautenglossar* (Technisches Kulturgut im Rampenlicht), Brixen [2]2013, S. 90–187.

Hamilton, William: *Campi Phlegraei: Observations on the Volcanos of the Two Sicilies As they have been communicated to the Royal Society of London […]*, Neapel 1776.

Hantzsch, Viktor: *Deutsche Reisende des sechzehnten Jahrhunderts* (= Leipziger Studien aus dem Gebiet der Geschichte, hg. v. K. Lamprecht und E. Marcks), Bd. I, Heft IV, Leipzig 1895.

Häntzschel, Günter: *„Überschriften" und „Kapitel". Die „Welt" der Venetianischen Epigramme Goethes*, url: https://www.goethezeitportal.de/wiss/ epigramme_haentzschel (Zugriff: 22.12.2019).

Hardt, Manfred: *Geschichte der italienischen Literatur*, Frankfurt am Main 2003.

Hartlieb, Wladimir von: *Italien. Alte und neue Werte. Ein Reisetagebuch*, München 1927.

Gustav Früh, Hans Goedeke, Hans-Jürgen von Wilckens, *Die Leichenpredigten des Stadtarchivs Braunschweig* (Nieders. Landesverein für Familienkunde e.V. Hannover, Sonderveröffentlichung 14), vol. II, Hannover 1978.

Giorgio Fubini, Julius S. Held, *Padre Resta's Rubens Drawings after Ancient Sculpture*, in "Master Drawings" 2, 1964, pp. 123-141, 185-193.

Klaus Garber, *Arkadien. Ein Wunschbild der europäischen Literatur*, München 2009.

Peter Gendolla, *Die Erfindung Italiens. Reiseerfahrung und Imagination*, Paderborn 2014.

Angelica Gernert, Michael Groblewski, *Von den italienischen Staaten zum ersten Regno d'Italia. Italienische Geschichte zwischen Renaissance und Risorgimento (1559–1814)*, in Wolfgang Altgeld (a cura di), *Kleine italienische Geschichte*, Stuttgart 2002, pp. 185-256.

Alfred S. Gibbs (a cura di), *Goethe's Mother. Correspondence of Catherine Elizabeth Goethe with Goethe, Lavater, Wieland, Duchess Anna-Amalia of Saxe-Weimar, Friedrich von Stein and Others*, New York 1880; Marguerite Heller, *Goethe and Music*, in "The German Quarterly" 22, n. 4, 1949, pp. 205-208.

Rudolf Glaser, *Goethes Vater. Sein Leben nach Tagebüchern und Zeitberichten*, Leipzig 1929; Werner von der Schulenburg, *Johann Caspar Goethe. Vater eines Genies*, Berlin 1937.

Christoph Gnant, *"La nascita della Toscana moderna". Staats- und Rechtsreformen Pietro Leopoldos als Großherzog der Toskana*, in Renate Zedinger (a cura di), *Innsbruck 1765. Prunkvolle Hochzeit, fröhliche Feste, tragischer Ausklang* (Das achtzehnte Jahrhundert und Österreich. Jahrbuch der österreichischen Gesellschaft zur Erforschung des Achtzehnten Jahrhunderts 29), Bochum 2015, pp. 299-309.

August von Goethe, *Auf einer Reise nach Süden. Tagebuch 1830*, a cura di Andreas Beyer e Gabriele Radecke, München 2003.

Johann Caspar Goethe, *Viaggio in Italia (1740)*, a cura di Arturo Farinelli, Roma 1932.

Johann Wolfgang Goethe, *Dichtung und Wahrheit*, Frankfurt am Main-Leipzig ¹⁰2000 (¹1975).

Johann Wolfgang Goethe, *Viaggio in Italia*; traduzione di Emilio Castellani; commento di Herbert von Einem adattato da Emilio Castellani; prefazione di Roberto Fertonani, Milano 2005.

Johann Wolfgang Goethe, *Sämtliche Werke*, Frankfurt am Main 1987-1989.

Johann Wolfgang Goethe, *Ueber Laokoon*, in Idem (a cura di), *Propyläen. Eine periodische Schrifft. Ersten Bandes Erstes Stück*, Tübingen 1798, pp. 1-19.

Johann Wolfgang von Goethe, *Aus meinem Leben. Dichtung und Wahrheit*, vol. 1, Tübingen 1811.

Johann Wolfgang von Goethe, *Diari e lettere dall'Italia (1786-1788)*, a cura di Roberto Venuti; traduzioni di Andrea Landolfi (Lettere), Beatrice Talamo e Roberto Venuti (Diari), Roma 2002.

Johann Wolfgang von Goethe, *Italienische Reise*, a cura di Christoph Michel, Frankfurt am Main-Leipzig 1976.

Johann Wolfgang von Goethe, *Italienische Reise*, Berlin 2016.

Johann Wolfgang von Goethe, *Italienische Reise. Mit zeitgenössischen Illustrationen*, Hamburg ²2018.

Johann Wolfgang von Goethe, *Sämtliche Werke nach Epochen seines Schaffens*, Münchner Ausgabe, vol. 15, München 1997.

Johann Wolfgang von Goethe, *Tagebücher und Briefe Goethes aus Italien an Frau von Stein und Herder* (Schriften der Goethe-Gesellschaft, vol. 2), a cura di Erich Schmidt, Weimar 1886.

Johann Wolfgang von Goethe, *Wahrheit und Dichtung*, Libro 11, in Idem, *Goethes poetische und prosaische Werke in zwei Bänden*, 2 voll., Stuttgart-Tübingen ²1846, p. 761.

Johann Wolfgang von Goethe, *Wahrheit und Dichtung*, Libro 19, in Idem, *Goethes poetische und prosaische Werke in zwei Bänden*, 2 voll., Stuttgart-Tübingen ²1846, p. 833.

Johann Wolfgang von Goethe, *Zahme Xenien* VI, in Michael Holzinger (a cura di), *Gedichte*, Berlin 2014, p. 711.

Werner Goez, *Von Pavia über Parma – Lucca – San Gimignano – Siena – Viterbo – nach Rom. Ein Reisebegleiter entlang der mittelalterlichen Kaiserstraßen Italiens*, Köln 1972.

Bogumil Goltz, *Zur Charakteristik der Spanier, Italiener und Franzosen*, in *Der Mensch und die Leute: Zur Charakteristik der barbarischen und der civilisirten Nationen. Ethnographische Skizzen*, vol. 4, Berlin 1858.

Rosalinde Gothe, Über die Alpen. Goethes Reise nach Italien im Herbst 1786, in *Der Weg in den Süden. Reisen durch Tirol von Dürer bis Heine / Attraverso le alpi. Appunti di viaggio da Dürer a Heine*, Essay-Band Landesmuseum Schloss Tirol, Schloss Tirol 1998, pp. 301-310.

Franz Götting, *Die Bibliothek von Goethes Vater*, in "Nassauische Annalen" 64, 1953, pp. 23-69.

Johannes Grave, *Erstarrung im Bild oder verlebendigende 'Erinnerungs-Erbauung'? Goethe und das Bild im Interieur*, in Frauke Berndt, Daniel Fulda (a cura di), *Die Sachen der Aufklärung. Beiträge zur DGEJ-Jahrestagung 2010 in Halle a. d. Saale* (Studien zum achtzehnten Jahrhundert 34), Hamburg 2012, pp. 402-412.

Johannes Grave, *Goethes Kunstsammlungen und die künstlerische Ausstattung des Goethehauses*, in Andreas Beyer, Ernst Osterkamp (a cura di), "Kunst" (Goethe Handbuch, Supplemente 3), Stuttgart–Weimar 2011, pp. 46-83.

Sebastian Greif, *"Ich bin nicht G[oethe]." J. G. Herders Italienreise 1788/89*, Kassel 2016.

Franz Grillparzer, *Selbstbiographie*, in Idem, *Werke*, vol. 4, a cura di Peter Frank e Karl Pörnbacher, München 1965, p. 107.

Gunter Grimm, Ursula Breymayer, Walter Erhart, *"Ein Gefühl von freierem Leben". Deutsche Dichter in Italien*, Stuttgart 1990.

Ernst Grumach, *Goethe und die Antike. Eine Sammlung*, Berlin 1949.

Theodor Gsell-Fels, *Rom und Mittel-Italien*, volume primo: *Mittel-Italien und die römische Campagna*, Meyers Reisebücher, Leipzig ²1875.

Gretchen L. Hachmeister, *Italy in the German Literary Imagination. Goethe's Italian Journey and its Reception by Eichendorff, Platen and Heine*, Rochester-Woodbridge 2002.

German Hafner, *Die Laokoon-Gruppen. Ein gordischer Knoten* (Akademie der Wissenschaften und der Literatur. Abhandlungen der geistes- und sozialwissenschaftlichen Klasse, anno 1992, n. 5), Stuttgart 1992.

Hartwig, Otto: *Album Academiae Vetebergensis ab A. Ch. MDII usque AD A. MDCII*, Vol. II, Halle 1894.

Hauptmann, Gerhart: *Italienische Reise 1897. Tagebuchaufzeichnungen*, Berlin 1976.

Hehn, Viktor: *Italien. Ansichten und Streiflichter*, St. Petersburg 1867.

Ders.: *Reisebilder aus Italien und Frankreich*, hg. von Theodor Schiemann, Stuttgart 1894.

Heidegger, Martin: „Der Ursprung des Kunstwerkes (1935/1936)", in: Ders.: *Holzwege*, Gesamtausgabe, I. Abteilung: *Veröffentlichte Schriften 1913–1970*, Bd. 5, Frankfurt am Main 1977, S. 1–74.

Heinse, Wilhelm: „Aufzeichnungen von der italienischen Reise 1780–1783", in: Ders.: *Sämtliche Werke*, hg. von Carl Schüddekopf, Erste Abt., Bd. 8, Leipzig 1925, S. 271.

Held, Jutta: *Französische Kunsttheorie des 17. Jahrhunderts und der absolutistische Staat. Le Brun und die ersten acht Vorlesungen an der königlichen Akademie*, Berlin 2001.

Hennig, Christoph: *Latium. Das Land um Rom mit Spaziergängen in der Ewigen Stadt*, Köln [2]2004.

Herder, Johann Gottfried: *Italienische Reise. Briefe und Tagebuchaufzeichnungen 1788–1789*, hg. von Albert Meyer und Heide Hollmer, München 1989.

Herzmanovsky-Orlando, Fritz von: *Sämtliche Werke. Bd. 4. Erzählungen, Pantomimen und Ballette*, hg. und kommentiert von Klaralinda Ma-Kircher und Wendelin Schmidt-Dengler, Salzburg 1991.

Heyne, Christian Gottlob: „Prüfung einiger Nachrichten und Behauptungen vom Laocoon im Belvedere", in: Ders.: *Sammlung antiquarischer Aufsätze*. Zweytes Stück, Leipzig 1779, S. 1–52.

Holler, Wolfgang: „Das Da-Sein und das So-Sein der Dinge. Barbara Klemm in der Landschaft", in: Firmenich, Andrea/Janssen, Johannes (Hg.): *Reisenotizen. Barbara Klemm – Fotografien. Johann Wolfgang Goethe – Zeichnungen*, Katalog Museum Sinclair-Haus 2014 und Schiller-Museum, Klassik Stiftung Weimar 2015, S. 15–25.

Hollmer, Heide: *Anna Amalia von Sachsen-Weimar-Eisenach. Briefe über Italien*, St. Ingbert 1999.

Holst, Christian von: *Joseph Anton Koch 1768–1839. Ansichten der Natur*, Katalog Staatsgalerie Stuttgart 1989, Stuttgart 1989.

Holzberg, Niklas: *Vergil. Der Dichter und sein Werk*, München 2006.

Hopp, Doris/Seng, Joachim: *Goethe Pater. Johann Caspar Goethe (1710–1782). Kaiserlicher Rat – Jurist – Sammler – Frankfurter Bürger*, Frankfurt am Main 2010.

Humboldt, Wilhelm von: *Rom*, Berlin [2]1823.

Ders.: *Sein Leben und Wirken, dargestellt in Briefen, Tagebüchern und Dokumenten seiner Zeit*, o. O o. J. [1955].

Huter, Franz (Hg.): *Alpenländer mit Südtirol* (= Handbuch der Historischen Stätten Österreichs II), Stuttgart 1966.

Israel, Jonathan: *Democratic Enlightenment. Philosophy, Revolution, and Human Rights 1750–1790*, Oxford 2013.

Jedding, Hermann: *Johann Henrich Roos. Werke einer Pfälzer Tiermalerfamilie in den Galerien Europas*, Mainz 1998.

Jeitteles, Ignaz: *Eine Reise nach Rom*, Siegen–Wiesbaden 1844.

Justi, Carl: *Briefe aus Italien*, Bonn [2]1922.

Kafka, Franz: *Sämtliche Erzählungen*, hg. von Paul Raabe, Frankfurt am Main 1970.

Kaller, Martina: „Die Erfindung von ‚Pizza & Pasta': Italienisches Essen und italienische Einwanderung in den USA im 19. und 20. Jahrhundert", in: Amenda, Lars/Langthaler, Ernst: *Kulinarische „Heimat" und „Fremde": Migration und Ernährung im 19. und 20. Jahrhundert* (= Jahrbuch für Geschichte des ländlichen Raumes 10), Innsbruck–Wien 2013, S. 54–71.

Karajan, Theodor G. von: *Kaiser Maximilians I. Geheimes Jagdbuch*, Wien 1858.

Kaufmann, Sylke/Kaufmann, Dieter: *Goethe, der Thüringisch-Sächsische Verein und die Entwicklung der Altertumskunde in den Jahrzehnten nach 1800* (= Beiträge zur Ur- und Frühgeschichte Mitteleuropas 27), Weißbach 2001.

Kephalides, August Wilhelm: *Reise durch Italien und Sicilien*, Zwei Theile, Leipzig [2]1822.

Klauß, Jochen: „*Der Kunschtmeyer*" Johann Heinrich Meyer: Freund und Orakel Goethes, Weimar 2001.

Ders.: „Der Kunstsammler Goethe und die Seinigen", in: Baerlocher, Nicolas/Bircher, Martin (Hg.): *Goethe als Sammler. Kunst aus dem Haus am Frauenplan in Weimar*, Zürich 1989, S. 15–30.

Knebel, Kristin: *Goethe als Sammler figürlicher Bronzen. Sammlungsgeschichte und Bestandskatalog*, Weimar–Leipzig 2009.

Kofler, Peter: „*… Wanderschaften durch gedruckte Blätter …*". Italien in Wielands „*Merkur*", Bozen 1997.

Korsch, Evelyn: *Bilder der Macht. Venezianische Repräsentationsstrategien beim Staatsbesuch Heinrichs III.*, Berlin 2013.

Koschatzky, Walter: „Bemerkungen zur Graphik des 18. Jahrhunderts", in: Sandner, Oscar: *Angelika Kauffmann und ihre Zeitgenossen*, Katalog Vorarlberger Landesmuseum 1968 und Österreichisches Museum für Angewandte Kunst Wien 1968–1969, Bregenz 1968, S. 37–43.

Köster, Albert (Hg.): *Briefe von Goethes Mutter*, Leipzig 1917.

Kraa, Klaus Peter: *Römische Elegien. Analysen zu Goethes Italienischer Reise*, München–Ravensburg 2015.

Krahmer, Gerhard: „Die einansichtige Gruppe und die späthellenistische Kunst", in: *Nachrichten von der Akademie der Wissenschaften in Göttingen: Philologisch-Historische Klasse*, 1927, Nr. 1.

Krause, Reinhold: „Das Tagebuch des Weimarischen Prinzen Constantin zu seiner Italienreise (1781/1782), in: Seifert, Siegfried (Hg.): *Animo Italo–Tedesco. Studien zu den Italien-Beziehungen in der Kulturgeschichte Thüringens*, Weimar 1995, S. 77–109.

Kreikebom, Detlev: „Verstreute Bemerkungen zu Goethes Anschauung antiker Kunst", in: Schulze, Sabine (Hg.): *Goethe und die Kunst*, Stuttgart 1997, S. 31–46.

Kruft, Hanno-Walter: „Metamorphosen des Laokoon. Ein Beitrag zur Geschichte des Geschmacks", in: *Pantheon* 62, 1984, S. 3–11.

Horst Hambrusch, *Lageplan Brenner. Bautendokumentation*, in Wittfrida Mitterer (a cura di), *(Grenze) Brenner-Pass. Bautenglossar* (Technisches Kulturgut im Rampenlicht), Brixen ²2013, pp. 90-187.

William Hamilton, *Campi Phlegraei: Observations on the Volcanos of the Two Sicilies as they have been communicated to the Royal Society of London* […], Neapel 1776.

Viktor Hantzsch, *Deutsche Reisende des sechzehnten Jahrhunderts* (Leipziger Studien aus dem Gebiet der Geschichte, a cura di K. Lamprecht e E. Marcks), vol. I, n. IV, Leipzig 1895.

Günter Häntzschel, "Überschriften" und "Kapitel". *Die "Welt" der Venetianischen Epigramme Goethes*, url: https://www.goethezeitportal.de/wiss/epigramme_haentzschel (ultimo accesso: 22.12.2019).

Manfred Hardt, *Geschichte der italienischen Literatur*, Frankfurt am Main 2003.

Wladimir von Hartlieb, *Italien. Alte und neue Werte. Ein Reisetagebuch*, München 1927.

Otto Hartwig, *Album Academiae Vetebergensis ab A. Ch. MDII usque AD A. MDCII*, vol. II, Halle 1894.

Gerhart Hauptmann, *Italienische Reise 1897. Tagebuchaufzeichnungen*, Berlin 1976.

Viktor Hehn, *Italien. Ansichten und Streiflichter*, St. Petersburg 1867.

Viktor Hehn, *Reisebilder aus Italien und Frankreich*, a cura di Theodor Schiemann, Stuttgart 1894.

Martin Heidegger, *Der Ursprung des Kunstwerkes (1935/1936)*, in Idem, *Holzwege*, Gesamtausgabe, I. Abteilung: *Veröffentlichte Schriften 1913–1970*, vol. 5, Frankfurt am Main 1977, pp. 1-74.

Wilhelm Heinse, *Aufzeichnungen von der italienischen Reise 1780–1783*, in Idem, *Sämtliche Werke*, a cura di Carl Schüddekopf, Erste Abt., vol. 8, Leipzig 1925, p. 271.

Jutta Held, *Französische Kunsttheorie des 17. Jahrhunderts und der absolutistische Staat. Le Brun und die ersten acht Vorlesungen an der königlichen Akademie*, Berlin 2001.

Christoph Hennig, *Latium. Das Land um Rom mit Spaziergängen in der Ewigen Stadt*, Köln ²2004.

Johann Gottfried Herder, *Italienische Reise. Briefe und Tagebuchaufzeichnungen 1788–1789*, a cura di Albert Meyer e Heide Hollmer, München 1989.

Fritz von Herzmanovsky-Orlando, *Sämtliche Werke. Vol. 4. Erzählungen, Pantomimen und Ballette*, commento e cura di Klaralinda Ma-Kircher e Wendelin Schmidt-Dengler, Salzburg 1991.

Christian Gottlob Heyne, *Prüfung einiger Nachrichten und Behauptungen vom Laocoon im Belvedere*, in Idem, *Sammlung antiquarischer Aufsätze*. Zweytes Stück, Leipzig 1779, pp. 1-52.

Wolfgang Holler, *Das Da-Sein und das So-Sein der Dinge. Barbara Klemm in der Landschaft*, in Andrea Firmenich, Johannes Janssen (a cura di), *Reisenotizen. Barbara Klemm – Fotografien. Johann Wolfgang Goethe – Zeichnungen*, cat. mostra Museum Sinclair-Haus 2014 e Schiller-Museum, Klassik Stiftung Weimar 2015, pp. 15-25.

Heide Hollmer, *Anna Amalia von Sachsen-Weimar-Eisenach. Briefe über Italien*, St. Ingbert 1999.

Christian von Holst, *Joseph Anton Koch 1768–1839. Ansichten der Natur*, cat. mostra Staatsgalerie Stuttgart 1989, Stuttgart 1989.

Niklas Holzberg, *Vergil. Der Dichter und sein Werk*, München 2006.

Doris Hopp, Joachim Seng, *Goethe Pater. Johann Caspar Goethe (1710–1782). Kaiserlicher Rat – Jurist – Sammler – Frankfurter Bürger*, Frankfurt am Main 2010.

Wilhelm von Humboldt, *Rom*, Berlin ²1823.

Wilhelm von Humboldt, *Sein Leben und Wirken, dargestellt in Briefen, Tagebüchern und Dokumenten seiner Zeit*, s.l., s.d. [1955].

Franz Huter (a cura di), *Alpenländer mit Südtirol* (Handbuch der Historischen Stätten Österreichs II), Stuttgart 1966.

Jonathan Israel, *Democratic Enlightenment. Philosophy, Revolution, and Human Rights 1750–1790*, Oxford 2013.

Hermann Jedding, *Johann Henrich Roos. Werke einer Pfälzer Tiermalerfamilie in den Galerien Europas*, Mainz 1998.

Ignaz Jeitteles, *Eine Reise nach Rom*, Siegen-Wiesbaden 1844.

Carl Justi, *Briefe aus Italien*, Bonn ²1922.

Franz Kafka, *I racconti*, a cura di G. Schiavoni, Milano 1985.

Martina Kaller, *Die Erfindung von "Pizza & Pasta": Italienisches Essen und italienische Einwanderung in den USA im 19. und 20. Jahrhundert*, in Lars Amenda, Ernst Langthaler, *Kulinarische "Heimat" und "Fremde": Migration und Ernährung im 19. und 20. Jahrhundert* (Jahrbuch für Geschichte des ländlichen Raumes 10), Innsbruck-Wien 2013, pp. 54-71.

Theodor G. von Karajan, *Kaiser Maximilians I. Geheimes Jagdbuch*, Wien 1858.

Sylke Kaufmann, Dieter Kaufmann, *Goethe, der Thüringisch-Sächsische Verein und die Entwicklung der Altertumskunde in den Jahrzehnten nach 1800* (Beiträge zur Ur- und Frühgeschichte Mitteleuropas 27), Weißbach 2001.

August Wilhelm Kephalides, *Reise durch Italien und Sicilien*, Zwei Theile, Leipzig ²1822.

Jochen Klauß, "Der Kunschtmeyer" *Johann Heinrich Meyer: Freund und Orakel Goethes*, Weimar 2001.

Jochen Klauß, *Der Kunstsammler Goethe und die Seinigen*, in Nicolas Baerlocher, Martin Bircher (a cura di), *Goethe als Sammler. Kunst aus dem Haus am Frauenplan in Weimar*, Zürich 1989, pp. 15-30.

Kristin Knebel, *Goethe als Sammler figürlicher Bronzen. Sammlungsgeschichte und Bestandskatalog*, Weimar-Leipzig 2009.

Peter Kofler, "… *Wanderschaften durch gedruckte Blätter* …". *Italien in Wielands "Merkur"*, Bozen 1997.

Evelyn Korsch, *Bilder der Macht. Venezianische Repräsentationsstrategien beim Staatsbesuch Heinrichs III.*, Berlin 2013.

Walter Koschatzky, *Bemerkungen zur Graphik des 18. Jahrhunderts*, in Oscar Sandner, *Angelika Kauffmann und ihre Zeitgenossen*, Katalog Vorarlberger Landesmuseum 1968 und Österreichisches Museum für Angewandte Kunst Wien 1968–1969, Bregenz 1968, pp. 37-43.

Albert Köster (a cura di), *Briefe von Goethes Mutter*, Leipzig 1917.

Klaus Peter Kraa, *Römische Elegien. Analysen zu Goethes Italienischer Reise*, München-Ravensburg 2015.

Kühne, Gustav: *Rom und seine Umgebung*, Leipzig o. J. [1870].

Kühner, Hans: *Lexikon der Päpste*, Wiesbaden 1977.

Kunze, Christian: „Zur Datierung des Laokoon und der Skyllagruppe aus Sperlonga", in: *Jahrbuch des Deutschen Archäologischen Instituts* 111, 1996, S. 139–223.

Kurz, Isolde: *Deutsche und Italiener. Ein Vortrag*, Stuttgart–Berlin 1919.

Landesmuseum Schloss Tirol (Hg.): *Reisen durch Tirol von Dürer bis Heine*, Katalog Landesmuseum Schloss Tirol 1998, Meran 1998.

Large, Duncan: „,Sterne-Bilder': Sterne in the German Speaking World", in: de Voogd, Peter/Neubauer, John: *The Reception of Laurence Sterne in Europe*, London 2004, S. 76.

Laschnitzer, Simon (Hg.): *Der Theuerdank* [Faksimile nach der 1. Auflage von 1517], (= Jahrbuch der Kunsthistorischen Sammlungen VIII), Wien 1888.

Lebenwaldt, Adam von: *Damographia oder Gemsen-Beschreibung*, Salzburg o. J.

Leitzmann, Albert (Hg.): *Wilhelm von Humboldts Briefe an Johann Gottlieb Schweighäuser zum ersten Mal nach den Originalen herausgegeben und erläutert* (= Jenaer Germanistische Forschungen 25), Jena 1934.

Lenz, Christian: „Claude Lorrain im Urteil Goethes", in: Roethlisberger, Marcel (Hg.): *Im Licht von Claude Lorrain. Landschaftsmalerei aus drei Jahrhunderten*, Katalog Haus der Kunst München 1983, München 1983, S. 49–53.

Lessing, Gotthold Ephraim: *Laokoon oder* Über *die Grenzen der Malerei und Poesie*, Stuttgart 2003.

Levi, Carlo: „Rom als Hauptstadt des Königreichs Italien 1871–1876", in: *Italia* 3, 1876, S. 34–66.

Lewald, August: *Ein Menschenleben*, Elfter Theil, Leipzig 1846.

Lichey, Georg: *Italien und kein Ende. Reiseerinnerungen*, Schweidnitz 1924.

Lvneschlos, Joannes de (Hg.): *Statuta et Privilegia Almae Universitatis D.D. Philosophorum, Medicorum ac Theologorum Cognomento Artistarum Celeberrimi Archigymnasij Patavini Ab. Excell. Senatu Veneto Concessa*, Padua 1648.

Magi, Filippo: *Il ripristino del Laocoonte* (= Atti della Pontificia Accademia Romana di Archeologia, Serie III. Memorie, Bd. IX), Rom 1960.

Mahon, Denis: *Studies in Seicento Art and Theory* (Studies of the Warburg Institute), London 1947.

Maierhofer, Waltraud: „Goethe on Emma Hamilton's ,Attitudes'", in: *Goethe Yearbook* 9, 1999, S. 222–252.

Maisak, Petra: „Die Sammlungen Johann Caspar Goethes im ,Haus zu den drei Leyern'. Goethes frühe Frankfurter Erfahrungen" in: Bertsch, Markus/Grave, Johannes (Hg.): *Räume der Kunst. Blicke auf Goethes Sammlungen*, Göttingen 2005, S. 23–46.

Dies.: „Et in Arcadia ego – Zum Motto der ,Italienischen Reise'", in: Göres, Jörn (Hg.): *Goethe in Italien*, Katalog Goethe-Museum Düsseldorf 1986, Düsseldorf 1986, S. 133–145.

Dies.: „Et in Arcadia ego. Anmerkungen zur Entwicklung des arkadischen Wunschbilds in Italien und zur Rezeption der Goethezeit", in: Manger, Klaus (Hg.): *Italienbeziehungen des klassischen Weimar*, Tübingen 1997, S. 11–38.

Malraux, André: „Das imaginäre Museum", in: Ders.: *Stimmen der Stille*, Baden–Baden 1956, S. 9–125.

Maltzahn, Hellmut von: „Bücher aus dem Besitz des Vaters in Goethes Weimarer Bibliothek", in: *Jahrbuch des Freien Deutschen Hochstifts*, 1927, S. 363–382.

Mason, Eve: „Erotica Romana", in: *The Cambridge Quarterly* 20, Nr. 1, 1991, S. 67.

Maurer, Golo: *Italien als Erlebnis und Vorstellung. Landschaftswahrnehmung deutscher Künstler und Reisender 1760–1870*, Regensburg 2015.

Mayer, Karl August: *Neapel und die Neapolitaner oder Briefe aus Neapel in die Heimat*, Bd. 1, Oldenburg 1840.

Mayr, Monika: *Ut pictura descriptio? Poetik und Praxis künstlerischer Beschreibung bei Flaubert, Proust, Belyi, Simon*, Tübingen 2001.

Meddlhammer, Albin Johann Baptist von: *Schreiben eines deutschen Flohs, welcher mit Herrn Gustav Nicolai die Schnellfahrt durch die hesperidischen Gefilde gemacht hat, an seine Freundin eine Wanze in Italien. Nebst einem Anhange, ein Schreiben der Akademie der Wissenschaften in Flohburgo enthaltend. Frei nach dem Flohitanischen übersetzt von K. E. L. B. S. Adamssohn*, Meißen 1836.

Meier, Albert: „Die deutsche Nase. Johann Caspar Goethe in Neapel", in: *Studi Germanici* 9, 2016, S. 51–64.

Meier, Albert: „Nachwort", in: Goethe, Johann Caspar: *Reise durch Italien im Jahre 1740. Viaggio per l'Italia, übersetzt von Albert Meier*, München 1999.

Mesina, Caterina/Groß, Nikolaus: *Emilia Romagna. Bologna, Ferrara, Ravenna*, München 2008.

Meulen, Marjon van der: *Copies after the Antique* (Corpus Rubenianum Ludwig Burchard, Teil 23), 3 Bde., London 1994–1995.

Michels, Robert: *Italien von heute. Politische und wirtschaftliche Kulturgeschichte von 1860 bis 1930*, Der Aufbau moderner Staaten 5, Zürich–Leipzig 1930.

Miller, Norbert: *Der Wanderer – Goethe in Italien*, München 2002.

Mittelstädt, Ina: *Wörlitz, Weimar, Muskau. Der Landschaftsgarten als Medium des Hochadels*, Köln–Weimar–Wien 2015.

Moehrke, Silke: *Bauern, Hirten und Gelehrte: Die italienische Villenkultur und Entwürfe ländlichen Lebens, zwischen Ideal und Wirklichkeit*, Gießen 2006.

Moses, Stéphane: „Goethes Entdeckungen der französischen Landschaftsmalerei in Rom (1786–1788)", in: Chiarini, Paolo/Hinderer, Walter (Hg.): *Rom–Europa. Treffpunkt der Kulturen: 1780–1820*, Würzburg 2006, S. 29–42.

Müller-Seidel, Walter: *Die Geschichtlichkeit der deutschen Klassik. Literatur und Denkformen um 1800*, Stuttgart 1983.

Müller-Tamm, Jutta: „Michael Wutky – Vesuvausbruch, drei Zuschauer am Kraterrand", in: Schulze, Sabine (Hg.): *Goethe und die Kunst*, Stuttgart 1997, unpag.

Gerhard Krahmer, *Die einansichtige Gruppe und die späthellenistische Kunst*, in "Nachrichten von der Akademie der Wissenschaften in Göttingen: Philologisch-Historische Klasse", 1927, n. 1.

Reinhold Krause, *Das Tagebuch des Weimarischen Prinzen Constantin zu seiner Italienreise (1781/1782)*, in Siegfried Seifert (a cura di), *Animo Italo–Tedesco. Studien zu den Italien-Beziehungen in der Kulturgeschichte Thüringens*, Weimar 1995, pp. 77-109.

Detlev Kreikebom, *Verstreute Bemerkungen zu Goethes Anschauung antiker Kunst*, in Sabine Schulze (a cura di), *Goethe und die Kunst*, Stuttgart 1997, pp. 31-46.

Hanno-Walter Kruft, *Metamorphosen des Laokoon. Ein Beitrag zur Geschichte des Geschmacks*, in "Pantheon" 62, 1984, pp. 3-11.

Gustav Kühne, *Rom und seine Umgebung*, Leipzig s.d. [1870].

Hans Kühner, *Lexikon der Päpste*, Wiesbaden 1977.

Christian Kunze, *Zur Datierung des Laokoon und der Skyllagruppe aus Sperlonga*, in "Jahrbuch des Deutschen Archäologischen Instituts" 111, 1996, pp. 139-223.

Isolde Kurz, *Deutsche und Italiener. Ein Vortrag*, Stuttgart-Berlin 1919.

Landesmuseum Schloss Tirol (a cura di), *Reisen durch Tirol von Dürer bis Heine*, cat. mostra Landesmuseum Schloss Tirol 1998, Meran 1998.

Duncan Large, *"Sterne-Bilder": Sterne in the German Speaking World*, in Peter de Voogd, John Neubauer, *The Reception of Laurence Sterne in Europe*, London 2004, p. 76.

Simon Laschnitzer (a cura di), *Der Theuerdank* [facsimile della prima edizione del 1517], (Jahrbuch der Kunsthistorischen Sammlungen VIII), Wien 1888.

Adam von Lebenwaldt, *Damographia oder Gemsen-Beschreibung*, Salzburg s.d.

Albert Leitzmann (a cura di), *Wilhelm von Humboldts Briefe an Johann Gottlieb Schweighäuser zum ersten Mal nach den Originalen herausgegeben und erläutert* (Jenaer Germanistische Forschungen 25), Jena 1934.

Christian Lenz, *Claude Lorrain im Urteil Goethes*, in Marcel Roethlisberger (a cura di), *Im Licht von Claude Lorrain. Landschaftsmalerei aus drei Jahrhunderten*, cat. mostra Haus der Kunst München 1983, München 1983, pp. 49-53.

Gotthold Ephraim Lessing, *Laokoon oder Über die Grenzen der Malerei und Poesie*, Stuttgart 2003.

Carlo Levi, *Rom als Hauptstadt des Königreichs Italien 1871–1876*, in "Italia" 3, 1876, pp. 34-66.

August Lewald, *Ein Menschenleben*, Elfter Theil, Leipzig 1846.

Georg Lichey, *Italien und kein Ende. Reiseerinnerungen*, Schweidnitz 1924.

Joannes de Lvneschlos (a cura di), *Statuta et Privilegia Almae Universitatis D.D. Philosophorum, Medicorum ac Theologorum Cognomento Artistarum Celeberrimi Archigymnasij Patavini Ab. Excell. Senatu Veneto Concessa*, Padova 1648.

Filippo Magi, *Il ripristino del Laocoonte* (Atti della Pontificia Accademia Romana di Archeologia, Serie III Memorie, vol. IX), Roma 1960.

Denis Mahon, *Studies in Seicento Art and Theory* (Studies of the Warburg Institute), London 1947.

Waltraud Maierhofer, *Goethe on Emma Hamilton's "Attitudes"*, in "Goethe Yearbook" 9, 1999, pp. 222-252.

Petra Maisak, *Die Sammlungen Johann Caspar Goethes im "Haus zu den drei Leyern". Goethes frühe Frankfurter Erfahrungen* in Markus Bertsch, Johannes Grave (a cura di), *Räume der Kunst. Blicke auf Goethes Sammlungen*, Göttingen 2005, pp. 23-46.

Petra Maisak, *Et in Arcadia ego – Zum Motto der Italienischen Reise*, in Jörn Göres (a cura di), *Goethe in Italien*, cat. mostra Goethe-Museum Düsseldorf 1986, Düsseldorf 1986, pp. 133-145.

Petra Maisak, *Et in Arcadia ego. Anmerkungen zur Entwicklung des arkadischen Wunschbilds in Italien und zur Rezeption der Goethezeit*, in Klaus Manger (a cura di), *Italienbeziehungen des klassischen Weimar*, Tübingen 1997, pp. 11-38.

André Malraux, *Das imaginäre Museum*, in Idem, *Stimmen der Stille*, Baden-Baden 1956, pp. 9-125.

Hellmut von Maltzahn, *Bücher aus dem Besitz des Vaters in Goethes Weimarer Bibliothek*, in "Jahrbuch des Freien Deutschen Hochstifts", 1927, pp. 363-382.

Eve Mason, *Erotica Romana*, in "The Cambridge Quarterly" 20, n. 1, 1991, p. 67.

Golo Maurer, *Italien als Erlebnis und Vorstellung. Landschaftswahrnehmung deutscher Künstler und Reisender 1760–1870*, Regensburg 2015.

Karl August Mayer, *Neapel und die Neapolitaner oder Briefe aus Neapel in die Heimat*, vol. 1, Oldenburg 1840.

Monika Mayr, *Ut pictura descriptio? Poetik und Praxis künstlerischer Beschreibung bei Flaubert, Proust, Belyi, Simon*, Tübingen 2001.

Albin Johann Baptist von Meddlhammer, *Schreiben eines deutschen Flohs, welcher mit Herrn Gustav Nicolai die Schnellfahrt durch die hesperidischen Gefilde gemacht hat, an seine Freundin eine Wanze in Italien. Nebst einem Anhange, ein Schreiben der Akademie der Wissenschaften in Flohburgo enthaltend. Frei nach dem Flohitanischen übersetzt von K. E. L. B. S. Adamssohn*, Meißen 1836.

Albert Meier, *Die deutsche Nase. Johann Caspar Goethe in Neapel*, in "Studi Germanici" 9, 2016, pp. 51-64.

Albert Meier, *Nachwort*, in Johann Caspar Goethe, *Reise durch Italien im Jahre 1740. Viaggio per l'Italia, übersetzt von Albert Meier*, München 1999.

Caterina Mesina, Nikolaus Groß, *Emilia Romagna. Bologna, Ferrara, Ravenna*, München 2008.

Marjon van der Meulen, *Copies after the Antique* (Corpus Rubenianum Ludwig Burchard, Teil 23), 3 voll., London 1994-1995.

Robert Michels, *Italien von heute. Politische und wirtschaftliche Kulturgeschichte von 1860 bis 1930. Der Aufbau moderner Staaten 5*, Zürich-Leipzig 1930.

Norbert Miller, *Der Wanderer – Goethe in Italien*, München 2002.

Ina Mittelstädt, *Wörlitz, Weimar, Muskau. Der Landschaftsgarten als Medium des Hochadels*, Köln–Weimar–Wien 2015.

Silke Moehrke, *Bauern, Hirten und Gelehrte: Die italienische Villenkultur und Entwürfe ländlichen Lebens, zwischen Ideal und Wirklichkeit*, Gießen 2006.

Dies.: „Pietro Fabris und Sir William Hamilton: Campi Phlegraei", in: Schulze, Sabine (Hg.): *Goethe und die Kunst*, Stuttgart 1997, unpag.

Münz, Ludwig: *Zeichnungen und Radierungen*, Wien 1949.

N***: *Wanderungen durch Italien, Frankreich und England. Mit besonderer Hinsicht auf Kunst, Natur und Volksleben*. Erstes Bändchen, Quedlinburg–Leipzig 1832.

Natter, Tobias G. (Hg.): *Angelika Kauffmann. Ein Weib von ungeheurem Talent*, Katalog Vorarlberger Landesmuseum Bregenz 2007 und Angelika Kauffmann Museum Schwarzenberg 2007, Ostfildern 2007.

Neumann, Gotthard: „Goethes Sammlung vor- und frühgeschichtlicher Altertümer", in: *Jahresschrift für Mitteldeutsche Vorgeschichte* 36, 1952, S. 184–242.

Nicolai, Gustav: *Italien wie es wirklich ist. Bericht über eine merkwürdige Reise in den hesperischen Gefilden, als Warnungsstimme für Alle, welche sich dahin sehnen*, Zwei Theile, Leipzig 1834.

Nicolai, Heinz: *Goethe und Jacobi. Studien zur Geschichte ihrer Freundschaft*, Stuttgart 1965.

Nicolson, Adam: *Arcadia. The Dream of Perfection in Renaissance England*, London 2009.

Noack, Friedrich: *Das Deutschtum in Rom seit dem Ausgang des Mittelalters*, 2 Bde., Stuttgart 1927.

[o. Verf.]: *Claude Lorrain und die ideale Landschaft: Radierungen von Lorrain, Both, Berchem, Dujardin, Koch. Gemälde von Both, Patel, Olivier*, Katalog Stiftung Oskar Reinhart 1984, Winterthur 1984.

[o. Verf.]: *Der Katholik; eine religiöse Zeitschrift zur Belehrung und Warnung*, 15 Jg., 57. Bd., Heft 7–9, Speyer 1835.

[o. Verf.]: *Königlich-Bayerisches Intelligenz-Blatt für den Ober-Donau-Kreis*, Nr. 42, 17.11.1836.

[o. Verf.]: *Lexikon des Jura.ch*, url: https://diju. ch/d/notices/detail/1000105 (Zugriff: 6.1.2020).

[o. Verf.]: *Neuer Nekrolog der Deutschen* 23, 1. Teil, o. O. 1845.

[o. Verf.]: *Zeichen der Zeit, Historisch-politische Blätter für das katholische Deutschland* 19, 1847.

Ohrt, Roberto: „Dein Werk in Teufels Küche", in: Geiger, Marcus/Widauer, Johann: *Martin Kippenberger in Tirol. Sammlung Widauer*, Köln 2000, S. 11.

Osterkamp, Ernst: „,Vixi'. Spiegelungen von Carl Justis Italienerfahrung in seiner Biographie Johann Joachim Winckelmanns", in: Pfotenhauer, Helmut (Hg.): *Kunstliteratur als Italienerfahrung* (= Reihe der Villa Vigoni 5), Tübingen 1991, S. 242–261.

Pastor, Ludwig von (Hg.): *August Reichensperger 1808–1895. Sein Leben und sein Wirken auf dem Gebiet der Politik, der Kunst und der Wissenschaft*, 2 Bde., Freiburg im Breisgau 1899.

Pesendorfer, Franz: *Die Habsburger in der Toscana*, Wien 1988.

Petersdorff, Herman von (Hg.): *Briefe von Ferdinand Gregorovius an den Staatssekretär Hermann von Thile*, Berlin 1894.

Plinius: *Naturalis historia XXXVI*, o. O. o. J.

Pollak, Ludwig: „Der rechte Arm des Laokoon", in: *Mitteilungen des kaiserlich deutschen Archäologischen Instituts. Römische Abteilung* 20, 1905, S. 277–282.

Provincia di Ferrara (Hg.): *I racconti del castello. The Castle talks*, Ferrara 2006.

Prutz, Rober (Hg.): *Deutsches Museum. Zeitschrift für Literatur, Kunst und öffentliches Leben* 4, Leipzig 1854.

Quintus Horatius Flaccus: *Ars Poetica*. Lateinisch/ Deutsch, übers. von Eckart Schäffer, Stuttgart 1972.

Rehm, Walther: *Europäische Romdichtung*, München 1939.

Reinsch, Frank H.: *The Correspondence of Johann Caspar Goethe*, Los Angeles 1946.

Reitani, Luigi: „Italien, Deutschland, Europa: Ein Kulturdreieck", in: *Italienisch. Zeitschrift für italienische Sprache und Literatur* 41, 2019/1, S. 27–41.

Ders.: „Italien in der österreichischen Literatur: Eine Annäherung", in: Müller, Manfred/Ders. (Hg.): *Von der Kulturlandschaft zum Ort des kritischen Selbstbewusstseins. Italien in der österreichischen Literatur*, Wien 2011, S. 9–19, 47.

Reumont, Alfred: *Römische Briefe von einem Florentiner 1837–1838, Zwei Theile*, Leipzig 1840.

Reusch, Franz Heinrich: „Werner Franz", in: *Allgemeine Deutsche Biographie* (ADB) 42, Leipzig 1897, S. 43.

Richards, Robert J.: „The Erotic Authority of Nature. Science, Art, and the Female during Goethe's Italian Journey", in: Daston, Lorraine/ Vidal, Fernando (Hg.): *The Moral Authority of Nature*, Chicago 2010, S. 130–154.

Ders.: *The Romantic Conception of Life. Science and Philosophy in the Age of Goethe*, Chicago–London 2002.

Richter, Dieter: *Briganten am Wege. Deutsche Reisende und das Abenteuer Italien*, Frankfurt am Main–Leipzig 2002.

Ders.: *Fontane in Italien*, Berlin 2019.

Richter, Franz Wilhelm: *Hesperien. Ein Cicerone für Italien, vornehmlich für Rom und Neapel*, Quedlinburg–Leipzig 1838.

Ders.: „Hesperien", in: Müller Malten, Heinrich (Hg.): *Bibliothek der Neuesten Weltkunde* 3, Aarau 1839, 8. Teil, S. 106–155.

Ridder-Symoens, Hilde de: „Die Kavalierstour im 16. und 17. Jahrhundert", in: Brenner, Peter J. (Hg.): *Der Reisebericht. Die Entwicklung einer Gattung in der deutschen Literatur*, Frankfurt am Main 1989, S. 199.

Rilke, Rainer Maria: *Briefe*, Bd. 2: 1914 bis 1926, hg. von Karl Altheim, Wiesbaden 1950.

Rilke, Rainer Maria/Andreas-Salomé, Lou: *Briefwechsel*, hg. von Ernst Pfeiffer, Frankfurt am Main 1975.

Rimondi, Riccardo: *Estensi. Storia e leggende, personaggi e luoghi di una dinastia millenaria*, Ferrara ³2008.

Robel, Gert: „Reisen und Kulturbeziehungen im Zeitalter der Aufklärung", in: Krasnobaev, Boris I./Robel, Gert/Zeman, Herbert (Hg.): *Reisen und Reisebeschreibungen im 18. und 19. Jahrhundert als Quellen der Kulturbeziehungsforschung*, Berlin 1980, S. 9–37.

Rousseau, Jean Jacques: *Die Neue Heloise. Deutsch von G. Julius*, Leipzig ²1859.

Stéphane Moses, *Goethes Entdeckungen der französischen Landschaftsmalerei in Rom (1786–1788)*, in Paolo Chiarini, Walter Hinderer (a cura di), *Rom–Europa. Treffpunkt der Kulturen: 1780–1820*, Würzburg 2006, pp. 29-42.

Walter Müller-Seidel, *Die Geschichtlichkeit der deutschen Klassik. Literatur und Denkformen um 1800*, Stuttgart 1983.

Jutta Müller-Tamm, *Michael Wutky – Vesuvausbruch, drei Zuschauer am Kraterrand*, in Sabine Schulze (a cura di), *Goethe und die Kunst*, Stuttgart 1997, senza n. di p.

Jutta Müller-Tamm, *Pietro Fabris und Sir William Hamilton: Campi Phlegraei*, in Sabine Schulze (a cura di), *Goethe und die Kunst*, Stuttgart 1997, senza n. di p.

Ludwig Münz, *Zeichnungen und Radierungen*, Wien 1949.

N***: *Wanderungen durch Italien, Frankreich und England. Mit besonderer Hinsicht auf Kunst, Natur und Volksleben*. Erstes Bändchen, Quedlinburg-Leipzig 1832.

Tobias G. Natter (a cura di), *Angelika Kauffmann. Ein Weib von ungeheurem Talent*, cat. mostra Vorarlberger Landesmuseum Bregenz 2007 e Angelika Kauffmann Museum Schwarzenberg 2007, Ostfildern 2007.

Gotthard Neumann, *Goethes Sammlung vor- und frühgeschichtlicher Altertümer*, in "Jahresschrift für Mitteldeutsche Vorgeschichte" 36, 1952, pp. 184-242.

Gustav Nicolai, *Italien wie es wirklich ist. Bericht über eine merkwürdige Reise in den hesperischen Gefilden, als Warnungsstimme für Alle, welche sich dahin sehnen*, Zwei Theile, Leipzig 1834.

Heinz Nicolai, *Goethe und Jacobi. Studien zur Geschichte ihrer Freundschaft*, Stuttgart 1965.

Adam Nicolson, *Arcadia. The Dream of Perfection in Renaissance England*, London 2009.

Friedrich Noack, *Das Deutschtum in Rom seit dem Ausgang des Mittelalters*, 2 voll., Stuttgart 1927.

Roberto Ohrt, *Dein Werk in Teufels Küche*, in Marcus Geiger, Johann Widauer, *Martin Kippenberger in Tirol. Sammlung Widauer*, Köln 2000, p. 11.

Ernst Osterkamp, *"Vixi". Spiegelungen von Carl Justis Italienerfahrung in seiner Biographie Johann Joachim Winckelmanns*, in Helmut Pfotenhauer (a cura di), *Kunstliteratur als Italienerfahrung* (Reihe der Villa Vigoni 5), Tübingen 1991, pp. 242-261.

Ludwig von Pastor (a cura di), *August Reichensperger 1808–1895. Sein Leben und sein Wirken auf dem Gebiet der Politik, der Kunst und der Wissenschaft*, 2 voll., Freiburg im Breisgau 1899.

Franz Pesendorfer, *Die Habsburger in der Toscana*, Wien 1988.

Herman von Petersdorff (a cura di), *Briefe von Ferdinand Gregorovius an den Staatssekretär Hermann von Thile*, Berlin 1894.

Plinio il Vecchio, *Naturalis historia* XXXVI, s.l. s.d.

Ludwig Pollak, *Der rechte Arm des Laokoon*, in "Mitteilungen des kaiserlich deutschen Archäologischen Instituts. Römische Abteilung" 20, 1905, pp. 277-282.

Provincia di Ferrara (a cura di), *I racconti del castello. The Castle talks*, Ferrara 2006.

Robert Prutz (a cura di), "Deutsches Museum. Zeitschrift für Literatur, Kunst und öffentliches Leben" 4, Leipzig 1854.

Orazio, *Ars Poetica*, versIone bilingue latino/tedesco, traduzione di Eckart Schäffer, Stuttgart 1972.

Walther Rehm, *Europäische Romdichtung*, München 1939.

Frank H. Reinsch, *The Correspondence of Johann Caspar Goethe*, Los Angeles 1946.

Luigi Reitani, *Italien, Deutschland, Europa: Ein Kulturdreieck*, in "Italienisch. Zeitschrift für italienische Sprache und Literatur" 41, 2019/1, pp. 27-41.

Luigi Reitani, *Italien in der österreichischen Literatur: Eine Annäherung*, in Manfred Müller, Luigi Reitani (a cura di), *Von der Kulturlandschaft zum Ort des kritischen Selbstbewusstseins. Italien in der österreichischen Literatur*, Wien 2011, pp. 9-19, 47.

Alfred Reumont, *Römische Briefe von einem Florentiner 1837–1838, Zwei Theile*, Leipzig 1840.

Franz Heinrich Reusch, *Werner Franz*, in "Allgemeine Deutsche Biographie" (ADB) 42, Leipzig 1897, p. 43.

Robert J. Richards, *The Erotic Authority of Nature. Science, Art, and the Female during Goethe's Italian Journey*, in Lorraine Daston, Fernando Vidal (a cura di), *The Moral Authority of Nature*, Chicago 2010, pp. 130-154.

Robert J. Richards, *The Romantic Conception of Life. Science and Philosophy in the Age of Goethe*, Chicago-London 2002.

Robert J. Richards, *Briganten am Wege. Deutsche Reisende und das Abenteuer Italien*, Frankfurt am Main-Leipzig 2002.

Dieter Richter, *Fontane in Italien*, Berlin 2019.

Franz Wilhelm Richter, *Hesperien. Ein Cicerone für Italien, vornehmlich für Rom und Neapel*, Quedlinburg-Leipzig 1838.

Franz Wilhelm Richter, *Hesperien*, in Heinrich Müller Malten (a cura di), *Bibliothek der Neuesten Weltkunde* 3, Aarau 1839, parte VIII, pp. 106-155.

Hilde de Ridder-Symoens, *Die Kavalierstour im 16. und 17. Jahrhundert*, in Peter J. Brenner (a cura di), *Der Reisebericht. Die Entwicklung einer Gattung in der deutschen Literatur*, Frankfurt am Main 1989, p. 199.

Rainer Maria Rilke, *Briefe*, vol. 2: dal 1914 al 1926, a cura di Karl Altheim, Wiesbaden 1950.

Rainer Maria Rilke, Lou Andreas-Salomé, *Briefwechsel*, a cura di Ernst Pfeiffer, Frankfurt am Main 1975.

Riccardo Rimondi, *Estensi. Storia e leggende, personaggi e luoghi di una dinastia millenaria*, Ferrara ³2008.

Gert Robel, *Reisen und Kulturbeziehungen im Zeitalter der Aufklärung*, in Boris I. Krasnobaev, Gert Robel, Herbert Zeman (a cura di), *Reisen und Reisebeschreibungen im 18. und 19. Jahrhundert als Quellen der Kulturbeziehungsforschung*, Berlin 1980, pp. 9-37.

Jean-Jacques Rousseau, *Die Neue Heloise. Deutsch von G. Julius*, Leipzig ²1859.

Walter Rüegg, *Geschichte der Universität in Europa*, voll. 1 & 2, München 1993.

Allan R. Ruff, *Arcadian Visions. Pastoral Influence on Poetry, Painting and the Design of Landscape*, Oxford 2015.

Oscar Sandner (a cura di), *Angelika Kauffmann e Roma*, cat, mostra Accademia Nazionale di San Luca 1999 e Istituto Nazionale per la Grafica 1999, Rom 1998.

Rüegg, Walter: *Geschichte der Universität in Europa*, Bd. 1 & 2, München 1993.

Ruff, Allan R.: *Arcadian Visions. Pastoral Influence on Poetry, Painting and the Design of Landscape*, Oxford 2015.

Sandner, Oscar (Hg.): *Angelika Kauffmann e Roma*, Katalog Accademia Nazionale di San Luca 1999 und Istituto Nazionale per la Grafica 1999, Rom 1998.

Santarelli, Giuseppe: *Loreto. Geschichte und Kunst*, Ancona 1998.

Santi, Bruno: *Die Medici Kapellen und San Lorenzo*, Florenz 1997.

Santini, Loretta/Valigi, Cinzia: *Spoleto. Reiseführer mit Stadtplan*, Narni–Terni 1997.

Schiemann, Theodor: „Vorwort", in: Hehn, Victor: *Reisebilder aus Italien und Frankreich*, Stuttgart 1894, S. III–XX.

Schleicher, Berta (Hg.): *Romain Rolland Malwida von Meysenbug. Ein Briefwechsel 1890–1891*, Stuttgart 1932.

Schmidt, Peter: *Das Collegium Germanicum in Rom und die Germaniker. Zur Funktion eines römischen Ausländerseminars (1552–1914)* (= Bibliothek des Deutschen Historischen Instituts in Rom 56), Tübingen 1984.

Schnitzler, Arthur: *Briefe 1875–1912*, hg. von Therese Nickl und Heinrich Schnitzler, Frankfurt am Main 1981.

Schreiber, Hermann: *Florenz. Eine Stadt und ihre Menschen*, München–Leipzig 1994.

Schuchardt, Johann Christian: *Goethes Kunstsammlungen. 1. Theil: Kupferstiche, Holzschnitte, Radierungen; 2. Theil: Geschnittene Steine, Bronzen, Medaillen; 3. Theil: Mineralogische und andere naturwissenschaftliche Sammlungen*, Jena 1848–1849.

Schudt, Ludwig: *Italienreisen im 17. und 18. Jahrhundert* (= Römische Forschungen der Bibliotheca Hertziana 15), Wien–München 1959.

Schuttwolf, Allmuth: „Ernst II. als Förderer Johann Heinrich Wilhelm Tischbeins. Ernst II. als Gemäldesammler", in: Stiftung Schloss Friedenstein (Hg.): *Die Gothaer Residenz zur Zeit Herzog Ernsts II. von Sachsen-Gotha-Altenburg*, Katalog Schloss Friedenstein 2004, Gotha 2004.

Seifert, Siegfried (Hg.): *Animo Italo–Tedesco. Studien zu den Italien-Beziehungen in der Kulturgeschichte Thüringens*, Weimar 1995.

Ders.: „„Italien in Germanien'. Streiflichter zu den Italienbeziehungen im ‚klassischen Weimar'", in: Ders. (Hg.): *Animo Italo–Tedesco. Studien zu den Italien-Beziehungen in der Kulturgeschichte Thüringens*, Weimar 1995, S. 89.

Settis, Salvatore: *Paesaggio, Costituzione, cemento: la battaglia per l'ambiente contro il degrado civile*, Torino 2010.

Sigismund, Volker L.: *Ein unbehauster Prinz. Constantin von Sachsen-Weimar*, Hamburg 1984.

Sleep, Mark C. W.: „Sir William Hamilton (1730–1803). His Work and Influence in Geology", in: *Annals of Science* 25, Nr. 4, 1969, S. 319–338.

Smith, Alden R: *Vergil. Dichter der Römer*, Darmstadt 2012.

Snell, Bruno: „Arkadien. Die Entdeckung einer geistigen Landschaft", in: *Antike und Abendland* 1, 1944, S. 26–41.

Steinacker, Karl: „Italienische Studienfahrt eines Ostfalen und ihre Auswertung zur Zeit beginnender Barockgesinnung", in: *Braunschweigisches Jahrbuch* 3, 1941–1942, S. 13.

Sterne, Laurence: *Viaggio sentimentale di Yorick lungo la Francia e l'Italia. Con annotazioni di Didimo Chierico* (Ugo Foscolo, ndr), London 1823.

Stifter, Adalbert: *Sämtliche Werke*, hg. von Gustav Wilhelm, Hildesheim ²1941.

Stewart, Alan: *Philip Sidney. A Double Life*, London 2001.

Stuckrad-Barre, Benjamin von: „Zu Besuch in Ferdinand von Schirachs Schreibklausur", in: Ders.: *Ich glaub, mir geht's nicht so gut, ich muss mich mal irgendwo hinlegen.* Remix 3, Köln 2018, S. 45–59.

Sturma, Dieter: *Jean-Jacques Rousseau*, München 2001.

Swoboda, Karl Maria: *Die großen Meister des 17. Jahrhunderts. Textfassung unter der Mitarbeit von Maria Buchsbaum* (= Geschichte der bildenden Kunst 7), Wien–München 1981.

Tenenti, Alberto: „Gli schiavi di Venezia alla fine del Cinquecento", in: [o. Verf.]: *Rivista Storica Italiana*, fasc. I, o. O. 1955.

Tiroler Landesmuseum Ferdinandeum (Hg.): *Goethe und Tirol*, Katalog Tiroler Landesmuseum Ferdinandeum 1982, Innsbruck 1982.

Toffanello, Marcello: „Ferrara: Gli Estensi 1393–1535", in: Folin, Marco (Hg.): *Corti italiane del Rinascimento. Arti, cultura e politica, 1395–1530* (= La grande officina 2), Mailand 2010, S. 180–201.

Traeger, Jörg: „Goethes Vergötterung. Von der Kunstsammlung zum Dichterkult", in: Bertsch, Markus/Grave, Johannes (Hg.): *Räume der Kunst. Blicke auf Goethes Sammlungen*, Göttingen 2005, S. 172–215.

Ders.: *Renaissance und Religion. Die Kunst des Glaubens im Zeitalter Raphaels*, München 1997.

Tresoldi, Lucia: *Viaggiatori tedeschi in Italia 1452–1870*, Bd. 1, Roma 1975.

Trunz, Erich: „Goethe der Sammler", in: *Goethe-Jahrbuch* 89, 1972, S. 13–61.

Tudyka, Klaus: *Vom Vater hab ich die Statur: Johann Caspar Goethe – ein Lebensbild*, Steinberg 1997.

Uden, James: „Impersonating Priapus", in: *American Journal of Philology* 128, Nr. 1, 2007, S. 1–26.

Uhde, Wilhelm: *Am Grabe der Mediceer. Florentiner Briefe über deutsche Kultur*, Dresden–Leipzig 1899.

Vasari, Giorgio: *Das Leben des Filippo Lippi, des Pesello und Pesellino, des Andrea del Castagno und Domenico Veneziano und des Fra Angelico* (= Edition Giorgio Vasari), hg. von Jana Graul/Heike Damm, Berlin 2011.

Ders.: *Le vite de' più eccellenti pittori, scultori e architetti*, hg. von Carlo Milanesi, Vincenzo Marchese und Carol Pini, Florenz 1846–1857.

Viëtor, Karl: *Goethe. Dichtung – Wissenschaft – Weltbild*, Bern 1949.

Wagner, Karl (Hg.): *Briefe an J. H. Merck*, Darmstadt 1835.

Wagner, Reinhard: „Italia et Britannia. Projektionen nationaler Identität in den arkadischen Landschaften Jakob Philipp Hackerts", in: Gaßner, Hubertus/Güse, Ernst-Gerhard: *Jakob Philipp Hackert. Europas Landschaftsmaler der Goethezeit*, Katalog Klassik Stiftung Weimar 2008 und Hamburger Kunsthalle 2008–2009, Weimar–Hamburg 2008, S. 60–69.

Waiblinger, Wilhelm: *Werke und Briefe. Textkritische und kommentierte Ausgabe in fünf Bänden*, Band 4: *Reisebilder aus Italien* (= Veröffentlichungen der Deutschen Schillergesellschaft 37), Stuttgart 1988.

Giuseppe Santarelli, *Loreto. Geschichte und Kunst*, Ancona 1998.

Bruno Santi, *Die Medici Kapellen und San Lorenzo*, Firenze 1997.

Loretta Santini, Cinzia Valigi, *Spoleto. Reiseführer mit Stadtplan*, Narni-Terni 1997.

Theodor Schiemann, *Vorwort*, in Victor Hehn, *Reisebilder aus Italien und Frankreich*, Stuttgart 1894, pp. III-XX.

Berta Schleicher (a cura di), *Romain Rolland, Malwida von Meysenbug: Ein Briefwechsel 1890–1891*, Stuttgart 1932.

Peter Schmidt, *Das Collegium Germanicum in Rom und die Germaniker. Zur Funktion eines römischen Ausländerseminars (1552–1914)* (Bibliothek des Deutschen Historischen Instituts in Rom 56), Tübingen 1984.

Arthur Schnitzler, *Briefe 1875–1912*, a cura di Therese Nickl e Heinrich Schnitzler, Frankfurt am Main 1981.

Hermann Schreiber, *Florenz. Eine Stadt und ihre Menschen*, München-Leipzig 1994.

Johann Christian Schuchardt, *Goethes Kunstsammlungen. 1. Theil: Kupferstiche, Holzschnitte, Radierungen; 2. Theil: Geschnittene Steine, Bronzen, Medaillen; 3. Theil: Mineralogische und andere naturwissenschaftliche Sammlungen*, Jena 1848-1849.

Ludwig Schudt, *Italienreisen im 17. und 18. Jahrhundert* (Römische Forschungen der Bibliotheca Hertziana 15), Wien-München 1959.

Allmuth Schuttwolf, *Ernst II. als Förderer Johann Heinrich Wilhelm Tischbeins. Ernst II. als Gemäldesammler*, in Stiftung Schloss Friedenstein (a cura di), *Die Gothaer Residenz zur Zeit Herzog Ernsts II. von Sachsen-Gotha-Altenburg*, cat. mostra Schloss Friedenstein 2004, Gotha 2004.

Siegfried Seifert (a cura di), *Animo Italo–Tedesco. Studien zu den Italien-Beziehungen in der Kulturgeschichte Thüringens*, Weimar 1995.

Siegfried Seifert, *"Italien in Germanien". Streiflichter zu den Italienbeziehungen im "klassischen Weimar"*, in Idem (a cura di), *Animo Italo–Tedesco. Studien zu den Italien-Beziehungen in der Kulturgeschichte Thüringens*, Weimar 1995, p. 89.

Salvatore Settis, *Paesaggio, costituzione, cemento: la battaglia per l'ambiente contro il degrado civile*, Torino 2010.

Volker L. Sigismund, *Ein unbehauster Prinz. Constantin von Sachsen-Weimar*, Hamburg 1984.

Mark C.W. Sleep, *Sir William Hamilton (1730–1803). His Work and Influence in Geology*, in "Annals of Science" 25, n. 4, 1969, pp. 319-338.

Alden R. Smith, *Vergil. Dichter der Römer*, Darmstadt 2012.

Bruno Snell, *Arkadien. Die Entdeckung einer geistigen Landschaft*, in "Antike und Abendland", vol. 1, 1944, pp. 26-41.

Karl Steinacker, *Italienische Studienfahrt eines Ostfalen und ihre Auswertung zur Zeit beginnender Barockgesinnung*, in "Braunschweigisches Jahrbuch" 3, 1941-1942, p. 13.

Laurence Sterne, *Viaggio sentimentale di Yorick lungo la Francia e l'Italia. Con annotazioni di Didimo Chierico* (Ugo Foscolo, ndr), London 1823.

Adalbert Stifter, *Sämtliche Werke*, a cura di Gustav Wilhelm, Hildesheim ²1941.

Alan Stewart, *Philip Sidney. A Double Life*, London 2001.

Benjamin von Stuckrad-Barre, *Zu Besuch in Ferdinand von Schirachs Schreibklausur*, in Idem, *Ich glaub, mir geht's nicht so gut, ich muss mich mal irgendwo hinlegen*. Remix 3, Köln 2018, pp. 45-59.

Dieter Sturma, *Jean-Jacques Rousseau*, München 2001.

Karl Maria Swoboda, *Die großen Meister des 17. Jahrhunderts. Textfassung unter der Mitarbeit von Maria Buchsbaum* (Geschichte der bildenden Kunst 7), Wien-München 1981.

Alberto Tenenti, *Gli schiavi di Venezia alla fine del Cinquecento*, in "Rivista storica italiana", fasc. I, s.l. 1955.

Tiroler Landesmuseum Ferdinandeum (a cura di), *Goethe und Tirol*, cat. mostra Tiroler Landesmuseum Ferdinandeum 1982, Innsbruck 1982.

Marcello Toffanello, *Ferrara: Gli Estensi 1393-1535*, in Marco Folin (a cura di), *Corti italiane del Rinascimento. Arti, cultura e politica, 1395-1530* (La grande officina 2), Milano 2010, pp. 180-201.

Jörg Traeger, *Goethes Vergötterung. Von der Kunstsammlung zum Dichterkult*, in Markus Bertsch, Johannes Grave (a cura di), *Räume der Kunst. Blicke auf Goethes Sammlungen*, Göttingen 2005, pp. 172-215.

Jörg Traeger, *Renaissance und Religion. Die Kunst des Glaubens im Zeitalter Raphaels*, München 1997.

Lucia Tresoldi, *Viaggiatori tedeschi in Italia 1452-1870*, vol. 1, Roma 1975.

Erich Trunz, *Goethe der Sammler*, in "Goethe-Jahrbuch" 89, 1972, pp. 13-61.

Klaus Tudyka, *Vom Vater hab ich die Statur: Johann Caspar Goethe – ein Lebensbild*, Steinberg 1997.

James Uden, *Impersonating Priapus*, in "American Journal of Philology" 128, n. 1, 2007, pp. 1-26.

Wilhelm Uhde, *Am Grabe der Mediceer. Florentiner Briefe über deutsche Kultur*, Dresden-Leipzig 1899.

Giorgio Vasari, *Das Leben des Filippo Lippi, des Pesello und Pesellino, des Andrea del Castagno und Domenico Veneziano und des Fra Angelico* (Edition Giorgio Vasari), a cura di Jana Graul, Heiko Damm, Berlin 2011.

Giorgio Vasari, *Le vite de' più eccellenti pittori, scultori e architetti*, a cura di Carlo Milanesi, Vincenzo Marchese e Carol Pini, Firenze 1846-1857.

Karl Viëtor, *Goethe. Dichtung – Wissenschaft – Weltbild*, Bern 1949.

Karl Wagner (a cura di), *Briefe an J. H. Merck*, Darmstadt 1835.

Reinhard Wagner, *Italia et Britannia. Projektionen nationaler Identität in den arkadischen Landschaften Jakob Philipp Hackerts*, in Hubertus Gaßner, Ernst-Gerhard Güse, *Jakob Philipp Hackert. Europas Landschaftsmaler der Goethezeit*, cat. mostra Klassik Stiftung Weimar 2008 e Hamburger Kunsthalle 2008-2009, Weimar-Hamburg 2008, pp. 60-69.

Wilhelm Waiblinger, *Werke und Briefe. Textkritische und kommentierte Ausgabe in fünf Bänden*, vol. 4: *Reisebilder aus Italien*, Veröffentlichungen der Deutschen Schillergesellschaft 37), Stuttgart 1988.

Walser, Robert: *Der Spaziergang*, Frauenfeld–Leipzig 1917.

Weber, Beda: „Koch in Rom, niedergeschrieben nach Notizen 1847", in: [o. Verf.]: *Charakterbilder*, Frankfurt am Main 1855.

Weber, Carl Julius: *Deutschland, oder Briefe eines in Deutschland reisenden Deutschen*, Zweiter Band, Stuttgart ²1834.

Weißel, Ludwig: „Städtebilder aus Toskana und Umbrien", in: *Westermanns Illustrierte Deutsche Monatsschrift* 60, 1886, S. 667–680.

Wenzel, Manfred (Hg.): *Goethe-Handbuch. Supplemente Bd. 2 Naturwissenschaften*, Stuttgart–Weimar 2012.

Willems, Gottfried: *Anschaulichkeit. Zu Theorie und Geschichte der Wort-Bild-Beziehungen und des literarischen Darstellungsstils*, Tübingen 1989.

Williams, Gregory H.: „‚Komische Fehlübersetzung': Martin Kippenbergers Reisen", in: Brugger, Ingried/Ortner-Kreil, Lisa: *Martin Kippenberger XYZ*, Wien 2016, S. 51–68.

Winckelmann, Johann Joachim: *Gedanken über die Nachahmung der griechischen Werke in der Malerey und Bildhauerkunst*, Dresden–Leipzig ²1756.

Winkler, Johannes (Hg.): *Der Verkauf an Dresden. Dresden und Modena. Aus der Geschichte zweier Galerien*, Modena 1989.

Winner, Matthias: „Zum Nachleben des Laokoon in der Renaissance", in: *Jahrbuch der Berliner Museen* 16, 1974, S. 83–121.

Witte, Bernd/Buck, Theo/Dahnke, Hans-Dietrich/Otto, Regine/Schmidt, Peter: *Goethe-Handbuch*. Bd. 3: Prosaschriften, Stuttgart 1997.

Wittgenstein, Ludwig: *Tractatus logico-philosophicus (1921)*, Frankfurt am Main ²⁷2001 (¹1963).

Wyl, Wilhelm (Wilhelm Ritter von Wymetal): *Franz von Lenbach. Gespräche und Erinnerungen*, Viertes Tausend, Stuttgart–Leipzig 1904.

Zapperi, Roberto: *Alle Wege führen nach Rom. Die ewige Stadt und ihre Besucher*, München 2013.

Ders.: *Das Inkognito. Goethes ganz andere Existenz in Rom*, München 1999.

Ders.: *Römische Spuren. Goethe und sein Italien*, München 2007.

Zedler, Johann Heinrich (Hg.): *Großes vollständiges Universallexikon* (Reprint), Bd. II, Graz 1961.

Zimmermanns, Klaus: *Florenz. Kirchen, Paläste und Museen in der Stadt der Medici*, Köln 1997.

Ders.: *Toscana. Das Hügelland und die historischen Stadtzentren*, Ostfildern ⁷2009.

Ders.: *Umbrien. Städte, Kirchen und Klöster im „grünen Herzen Italiens": Assisi, Perugia, Orvieto, Spoleto, Gubbio, Todi*, Köln 2000.

Robert Walser, *La passeggiata,* Milano 1976.

Beda Weber, *Koch in Rom, niedergeschrieben nach Notizen 1847,* in Idem, *Charakterbilder,* Frankfurt am Main 1855.

Carl Julius Weber, *Deutschland, oder Briefe eines in Deutschland reisenden Deutschen,* Zweiter Band, Stuttgart ²1834.

Ludwig Weißel, *Städtebilder aus Toskana und Umbrien,* in "Westermanns Illustrierte Deutsche Monatsschrift" 60, 1886, pp. 667-680.

Manfred Wenzel (a cura di), *Goethe-Handbuch.* Supplemento vol. 2 *Naturwissenschaften,* Stuttgart-Weimar 2012.

Gottfried Willems, *Anschaulichkeit. Zu Theorie und Geschichte der Wort-Bild-Beziehungen und des literarischen Darstellungsstils,* Tübingen 1989.

Gregory H. Williams, *"Komische Fehlübersetzung": Martin Kippenbergers Reisen,* in Ingried Brugger, Lisa Ortner-Kreil, *Martin Kippenberger XYZ,* Wien 2016, pp. 51-68.

Johann Joachim Winckelmann, *Gedanken über die Nachahmung der griechischen Werke in der Malerey und Bildhauerkunst,* Dresden-Leipzig ²1756.

Johannes Winkler (a cura di), *Der Verkauf an Dresden. Dresden und Modena. Aus der Geschichte zweier Galerien,* Modena 1989.

Matthias Winner, *Zum Nachleben des Laokoon in der Renaissance,* in "Jahrbuch der Berliner Museen" 16, 1974, pp. 83-121.

Bernd Witte, Theo Buck, Hans-Dietrich Dahnke, Regine Otto, Peter Schmidt, *Goethe-Handbuch.* vol. 3: Prosaschriften, Stuttgart 1997.

Ludwig Wittgenstein, *Tractatus logico-philosophicus (1921),* Frankfurt am Main ²⁷2001 (¹1963).

Wilhelm Wyl (Wilhelm Ritter von Wymetal), *Franz von Lenbach. Gespräche und Erinnerungen,* Viertes Tausend, Stuttgart–Leipzig 1904.

Roberto Zapperi, *Alle Wege führen nach Rom. Die ewige Stadt und ihre Besucher,* München 2013.

Roberto Zapperi, *Das Inkognito. Goethes ganz andere Existenz in Rom,* München 1999.

Roberto Zapperi, *Römische Spuren. Goethe und sein Italien,* München 2007.

Johann Heinrich Zedler (a cura di), *Großes vollständiges Universallexikon* (ristampa), vol. II, Graz 1961.

Klaus Zimmermanns, *Florenz. Kirchen, Paläste und Museen in der Stadt der Medici,* Köln 1997.

Klaus Zimmermanns, *Toscana. Das Hügelland und die historischen Stadtzentren,* Ostfildern ⁷2009.

Klaus Zimmermanns, *Umbrien. Städte, Kirchen und Klöster im „grünen Herzen Italiens": Assisi, Perugia, Orvieto, Spoleto, Gubbio, Todi,* Köln 2000.

Autorinnen und Autoren

Peter Assmann
Geb. 1963, Kunsthistoriker, bildender Künstler, Schriftsteller, Studium der Kunstgeschichte, Germanistik und Geschichte, Direktor der Oberösterreichischen Landesmuseen sowie des complesso museale Palazzo Ducale in Mantua, aktuell Direktor der Tiroler Landesmuseen, Kurator internationaler Ausstellungen, Lehrbeauftragter an verschiedenen internationalen Universitäten in Österreich, Deutschland und Italien, Gründungsmitglied der Künstlergruppen „c/o:K" sowie „Sinnenbrand", Künstlermitglied des Künstlerhauses Wien, der IG Bildenden Kunst, wie auch der Welser Künstlergilde.

Ralf Bormann
Ralf Bormann ist Leiter der Grafischen Sammlung am Tiroler Landesmuseum Ferdinandeum in Innsbruck. Von 1996 bis 2001 studierte er Rechtswissenschaften an den Universitäten in Freiburg und Münster, um nach dem Ersten Staatsexamen das Studium der Kunstgeschichte und Klassischen Archäologie in Münster aufzunehmen. Nach Abschluss seiner Magisterarbeit 2007 über die Umbauten von St. Peter in Rom unter Papst Nikolaus V. wurde Bormann 2011 mit einer Dissertation zur Kunstgeografie promoviert. An den Universitäten in Münster, Göttingen und Marburg lehrend, erschloss Bormann seit 2012 die Bestände des Kupferstichkabinetts des Landesmuseums Hannover, um anschließend von 2015 bis 2018 das DFG-geförderte Digitalisierungsprojekt in der Graphischen Sammlung des Städel Museums in Frankfurt zu leiten. Bormann war Ko-Kurator von vier Ausstellungen und kuratierte 2014 eine Ausstellung der zerstreuten Antiken- und Gemäldesammlung des Grafen Wallmoden. Er ist Autor zahlreicher Beiträge in Ausstellungskatalogen, Sammelbänden und Fachzeitschriften zur Druckgrafik, zu Zeichnungen sowie zur Sammlung Wallmoden.

Rosanna Dematté
Geb. 1980 in Trento, Italien; Studium der Kunstgeschichte und der Romanistik in Innsbruck; 2005–2013 Betreuung der Sammlung des Instituts für Kunstgeschichte an der Universität Innsbruck; 2011–2015 Forschungs- und Ausstellungsprojekte in Österreich, Italien und Deutschland; seit 2013 wissenschaftliche Mitarbeiterin der Graphischen Sammlungen und der Kunstgeschichtlichen Sammlungen (Kunst ab 1900) der Tiroler Landesmuseen; seit 2016 auch wissenschaftliche Mitarbeiterin am Institut für Kunstgeschichte der Universität Innsbruck; kunstkritische und kunsthistorische Beiträge erscheinen seit 2005 in Katalogen, wissenschaftlichen Publikationen und Periodika.

Hannes Etzlstorfer
Geb. 1959 in OÖ., Studium der Kunstgeschichte, Theaterwissenschaften und der Theologie an der Universität Wien, Kunst- und Kulturhistoriker, Ausstellungskurator, Juror und Kulturjournalist. Konzeption sowie Mitarbeit an mehr als 130 Ausstellungen zur Kunst- Kultur- und Sozialgeschichte im In- und Ausland wie etwa Deutschland, Luxemburg, Italien und Japan. Kurator zahlreicher Landesausstellungen. Zudem als Autor und Herausgeber für zahlreiche kunst- und kulturhistorische Kataloge und Bücher tätig. Arbeitsschwerpunkte: Interdisziplinäre Projekte mit großem Vernetzungspotenzial bildender Kunst mit Literatur oder Sozialgeschichte, wissenschaftliche Aufarbeitung monastischer Sammlungen, Geschichte und Kultur der Habsburger-Dynastie, Mitarbeit an diversen TV-Dokumentationsreihen sowie zeitgenössische Kunst. Wohnhaft in Wien und Neulengbach, verheiratet, Vater von drei Kindern.

Autori

Peter Assmann

Nato nel 1963, storico dell'arte, artista visivo
e scrittore, si è laureato in Storia dell'arte,
Germanistica e Storia, è stato direttore dei musei
regionali dell'Alta Austria e del complesso
museale di Palazzo Ducale a Mantova, attualmente
direttore dei Tiroler Landesmuseen, curatore di
mostre internazionali, docente presso diverse
università internazionali in Austria, Germania e
Italia, membro fondatore del gruppo artistico "c/o:
K" e di "Sinnenbrand", membro del Künstlerhaus
di Vienna, dell'IG Bildende Kunst e della Welser
Künstlergilde.

Ralf Bormann

Ralf Bormann è direttore della collezione grafica
del Museo regionale tirolese Ferdinandeum,
a Innsbruck. Dal 1996 al 2001 ha studiato
giurisprudenza presso le università di Friburgo
e Münster. Superato l'esame di Stato, si è iscritto
alle facoltà di storia dell'arte e archeologia
classica di Münster. Laureatosi nel 2007 con una
tesi sui rifacimenti della basilica di San Pietro
al tempo di Niccolò V, nel 2011 ha discusso una
tesi di dottorato in geografia dell'arte. Dopo
aver insegnato nelle università di Münster,
Gottinga e Marburgo, dal 2012 si è occupato di
rendere accessibili i fondi del Gabinetto delle
calcografie del Museo regionale di Hannover, e
successivamente dal 2015 al 2018 ha diretto il
progetto di digitalizzazione della collezione grafica
dello Städel Museum di Francoforte, promosso
dalla DFG. È stato inoltre tra i curatori di quattro
mostre, e di un'esposizione dedicata nel 2014 alla
collezione dispersa di dipinti e antichità del conte
Wallmoden. È autore di numerosi contributi
apparsi in cataloghi di mostre, collettanee e riviste
specializzate dedicate all'incisione, al disegno e
alla Collezione Wallmoden.

Rosanna Dematté

Nata a Trento nel 1980, si è laureata in storia
dell'arte e filologia romanza a Innsbruck; dal
2005 al 2013 è stata curatrice della collezione
dell'Istituto di storia dell'arte dell'università di
Innsbruck; tra il 2011e il 2015 ha partecipato a
diversi progetti di ricerca e di mostre in Austria,
Italia e Germania; dal 2013 si occupa come
collaboratrice scientifica delle collezioni grafiche
e delle collezioni di storia dell'arte (a partire dal
1900) dei musei regionali del Tirolo; dal 2016
si è aggiunta anche la collaborazione scientifica
con l'Istituto di storia dell'arte dell'università di
Innsbruck; i suoi contributi come critica e storica
dell'arte sono apparsi dal 2005, in cataloghi, riviste
specializzate e periodici.

Hannes Etzlstorfer

Nato nel 1959 nell'Alta Austria, ha seguito i corsi
di storia dell'arte, letteratura teatrale e teologia
dell'università di Vienna. Storico dell'arte e della
cultura, curatore di mostre, giurato e giornalista
culturale, ha ideato e collaborato alla realizzazione
di oltre centotrenta mostre dedicate all'arte, alla
cultura e alla storia sociale in Austria e in altri
Paesi tra cui Germania, Lussemburgo, Italia e
Giappone. È inoltre autore e curatore di numerosi
volumi e cataloghi dedicati alla storia dell'arte e
della cultura. I suoi principali campi d'interesse
sono rappresentati da progetti interdisciplinari
con un forte potenziale di connessione tra arti
figurative, letteratura e storia sociale. Si è occupato
inoltre della risistemazione scientifica di collezioni
monastiche, e della storia e della cultura al tempo
della dinastia asburgica. Collabora a diverse
serie documentarie e televisive, e si interessa
anche di arte contemporanea. Vive tra Vienna e
Neulengbach, è sposato e padre di tre figli.

Cecilie Hollberg

Seit 2015 ist Cecilie Hollberg Direktorin der Galleria dell'Accademia di Firenze; im Wintersemester 2019/2020 war sie Visiting Professor an The Harvard University Center for Italian Renaissance Studies in Florenz, 2010–2015 Direktorin des Städtischen Museums Braunschweig. Zuvor war sie als wissenschaftliche Mitarbeiterin am Niedersächsischen Landesmuseum Hannover, an Museen in Leipzig, Magdeburg, Berlin und an den Staatlichen Kunstsammlungen Dresden tätig. Hollberg studierte an den Universitäten Rom, München und Göttingen die vier Hauptfächer Geschichte, Germanistik, Politikwissenschaften und Italienisch, die sie mit Erstem und Zweitem Staatsexamen abschloss. Ihre Promotion in mittelalterlicher Geschichte erlangte sie als Stipendiatin der Deutschen Forschungsgemeinschaft an der Universität Göttingen. Sie kuratierte Ausstellungen zu Themen vom 16. bis zum 21. Jahrhundert, nahm Lehraufträge an Kunsthistorischen und Historischen Instituten der Universitäten Bern, Leipzig, Braunschweig, Göttingen und Florenz wahr. Für ihren Einsatz zur Bewahrung und Förderung der Kunstschätze wurde sie 2019 zum Ehrenmitglied der Kunstakademie, der Accademia di Belle Arti di Firenze ernannt.

Joseph Imorde

Joseph Imorde studierte Kunstgeschichte, Philosophie und Musikwissenschaft in Bochum, Rom und Berlin. Parallel zum Studium arbeitete er mehrere Jahre als Redakteur für die Architekturzeitschrift *Daidalos*. 1996 gründete er den Buchverlag „Edition Imorde". Nach der Promotion wechselte er an das Institut für Geschichte und Theorie der Architektur an die ETH Zürich. 2001 ging er als Stipendiat der Forschungsgruppe „Kultbild" an die Universität Münster. Gefördert wurde er vom Land Berlin, der Volkswagen- und der Thyssenstiftung. Von 2008 bis 2010 war Joseph Imorde Feodor Lynen Stipendiat der Alexander von Humboldt Stiftung, 2012 und 2017 Scholar am Getty Research Institute in Los Angeles. Im August 2008 wurde er auf den Lehrstuhl für Kunstgeschichte der Universität Siegen berufen.

Rainer Krauß

Rainer Krauß absolvierte von 1966 bis 1970 das Studium der Kunstwissenschaft und der Neueren Geschichte an der Humboldt-Universität zu Berlin und erlangte seinen Abschluss mit Diplom. Ab 1970 war er als wissenschaftlicher Mitarbeiter der Kunstsammlungen zu Weimar tätig. Er kümmerte sich um die wissenschaftliche Betreuung von Ausstellungsprojekten vor Ort und im westeuropäischen Ausland. Von 1981 bis 1986 war Rainer Krauß stellvertretender Institutsleiter an der Kunsthochschule Berlin, bis er zwischen 1986 und 1991 das Amt als Direktor der Kunstsammlungen zu Weimar bekleidete. Er übernahm die Projektleitung eines umfangreichen Ausstellungsprogramms in Weimar und im Ausland, vor allem zur Klassischen Moderne und zur Weimarer Kunstgeschichte. Zudem war er Mitglied der Internationalen Kunstausstellungsleiter-Tagung. Von 1998 bis 2003 arbeitete er in den Bereichen der Wissenschaft und der Organisation an der Thüringer Landesausstellung „Thüringen – Land der Residenzen" mit. Von 2004 bis 2007 war Rainer Krauß der Projektmanager der Thüringer Landesausstellung „Die Heilige Elisabeth von Thüringen". Seit 2008 ist er im Ruhestand und freiberuflich als Kunsthistoriker und Museumsberater tätig. Seine Arbeitsschwerpunkte sind die Kunst- und Kulturgeschichte Weimars, die Deutsche Kunst des 19. und 20. Jahrhunderts sowie die Residenzgeschichte Thüringens.

Golo Maurer

Geb. 1971, studierte Kunstgeschichte, Klassische Archäologie und Geschichte in München, wo er 2003 zum Thema Michelangelos Architekturzeichnung promoviert wurde. Seine Forschungen konzentrieren sich seitdem auf die deutsch-italienische Kultur- und Rezeptionsgeschichte seit dem 18. Jahrhundert, dem Thema seiner Wiener Habilitationsschrift. Nach Lehrtätigkeit an den Universitäten Heidelberg, Hamburg, Bochum und Wien wurde er 2015 als Bibliotheksleiter an die Bibliotheca Hertziana nach Rom berufen, dem Max-Planck-Institut für Kunstgeschichte, wo er bereits zwischen 1998 und 2005 als Stipendiat und Assistent wirkte. An der Universität Wien unterrichtet er als Privatdozent. Zum Thema erschienen: *Italien als Erlebnis und Vorstellung*, Regensburg 2015; *Arkadien? Italiensehnsucht. Facetten einer deutschen Fixierung*, Frankfurt am Main 2019. Eine breit angelegte Studie zu Goethes Italienreise und ihrer Rezeption erscheint bei Rowohlt im Herbst 2021.

Helena Pereña

Geb. 1981; Studium der Kunstgeschichte und Philosophie in Madrid und München; 2009 Promotion mit einer Arbeit über Egon Schiele; 2006–2009 am Max Beckmann Archiv in München (Bayerische Staatsgemäldesammlungen) tätig; anschließend bis 2012 wissenschaftliche Mitarbeiterin und Kuratorin an der Städtischen Galerie im Lenbachhaus in München; 2012/2013 Curator in residence am Belvedere, Wien; seit September 2013 Hauptkuratorin der Tiroler Landesmuseen; Kuratorin zahlreicher Ausstellungen, Publikationen und Vorträge zur Kunst des 19. bis 21. Jahrhunderts sowie Museumstheorie im internationalen Kontext.

Hansjörg Rabanser

Geb. 1977 in Dornbirn. Studium der Geschichte und Kunstgeschichte in Innsbruck, Dissertation über die Hexen- und Zaubereiprozesse in Tirol. Mitarbeit an historischen Projekten („Trento tra Nord e Sud"). 2006/2007: Tätigkeit im Stadtarchiv Meran. Seit Dezember 2007 in der Bibliothek des Ferdinandeums. Forschungsschwerpunkte: Hexen- und Zaubereiverfolgungen in Tirol, Tiroler Druckgeschichte, historische Reiseberichte, diverse weitere kulturgeschichtliche Themen.

Johannes Ramharter

Geb. 1960, studierte Kunstgeschichte, Geschichte und Rechtswissenschaften an der Universität Wien. Er ist zudem Absolvent des Instituts für Österreichische Geschichtsforschung. Seine berufliche Laufbahn begann er in der Hofjagd- und Rüstkammer (damals noch „Waffensammlung") des Kunsthistorischen Museums und wechselte dann in die Erste Direktion, wo er für die Umsetzung der Teilrechtsfähigkeit und die Durchführung der Großausstellungen „Prag um 1600" und „Fürstenhöfe der Renaissance" verantwortlich war. 1998 war er Mitbegründer der Organisation PONTE, die für Museen weltweit Ausstellungsprojekte organisiert und abwickelt. Darüber hinaus ist er weiterhin als Autor im Bereich Kunstgeschichte und Geschichte der Frühen Neuzeit tätig.

Cecilie Hollberg
Dal 2015 Cecilie Hollberg è direttrice della
Galleria dell'Accademia di Firenze; nel semestre
invernale 2019/2020 è stata Visiting Professor
presso The Harvard University Center for Italian
Renaissance Studies di Firenze. Dal 2010 al 2015
ha diretto lo Städtisches Museum di Braunschweig.
In precedenza era stata collaboratrice scientifica
presso il Niedersächsischen Landesmuseum
Hannover e presso i musei di Lipsia, Magdeburgo,
Berlino e le Staatliche Kunstsammlungen di
Dresda. Hollberg ha studiato Storia, Germanistica,
Scienze politiche e Italiano presso le università
di Roma, Monaco e Gottinga, superando il
primo e il secondo esame di Stato. Ha svolto un
dottorato in storia medievale presso l'università
di Gottinga come borsista della Deutsche
Forschungsgemeinschaft. Ha curato mostre su
tematiche dal XVI al XXI secolo. Ha insegnato
presso i dipartimenti di storia e storia dell'arte
delle università di Berna, Lipsia, Braunschweig,
Gottinga e Firenze. Nel 2019, l'impegno speso
nella conservazione e nella valorizzazione del
patrimonio artistico le è valso la nomina a
membro onorario dell'Accademia di Belle Arti di
Firenze.

Joseph Imorde
Joseph Imorde ha studiato storia dell'arte,
filosofia e musicologia a Bochum, Roma e
Berlino, lavorando parallelamente per diversi
anni come redattore della rivista di architettura
"Daidalos". Nel 1996 ha fondato la casa editrice
"Edition Imorde". Dopo il dottorato ha lavorato
presso l'Istituto di storia e teoria dell'architettura
dell'ETH di Zurigo. Nel 2001 è stato borsista del
gruppo di ricerca "Kultbild", presso l'università di
Münster. La sua attività di ricerca è stata finanziata
dal Land di Berlino, e dalle fondazioni Volkswagen
e Thyssen. Dal 2008 al 2010 è stato borsista
Feodor Lynen della Alexander von Humboldt
Stiftung, e dal 2012 al 2017 borsista del Getty
Research Institute di Los Angeles. Nell'agosto del
2008 è stato chiamato a insegnare storia dell'arte
all'università di Siegen.

Rainer Krauß
Rainer Krauß ha studiato dal 1966 al 1970
storia dell'arte e storia moderna all'università
Humboldt di Berlino, dove si è laureato.
Dal 1970 ha lavorato come ricercatore alle
Kunstsammlungen di Weimar. È stato curatore
di progetti di mostre in Germania e nell'Europa
occidentale. Dal 1981 al 1986 è stato vice-
direttore d'istituto alla Kunsthochschule di
Berlino, per poi assumere tra il 1986 e il 1991 la
direzione delle Kunstsammlungen di Weimar.
È stato coordinatore di un vasto programma di
mostre tenutesi a Weimar e all'estero, dedicate
in particolare al Klassische Moderne e alla storia
dell'arte di Weimar. È stato inoltre membro del
Congresso internazionale dei direttori di mostre
d'arte. Dal 1998 al 2003 ha collaborato sul piano
organizzativo e culturale all'esposizione regionale
"Turingia: terra di dimore storiche". Dal 2004 al
2007 è stato direttore del progetto della mostra
tenutasi in Turingia dal titolo "Santa Elisabetta
di Turingia". In pensione dal 2008, lavora come
storico dell'arte e consulente museale freelance.
I suoi interessi convergono principalmente sulla
storia culturale e artistica di Weimar, sull'arte
tedesca del XIX e del XX secolo e la storia delle
residenze della Turingia.

Golo Maurer
Nato nel 1971, ha studiato storia dell'arte,
archeologia classica e storia a Monaco, dove
nel 2003 si è laureato con una tesi sul disegno
architettonico di Michelangelo. Da allora la sua
attività di ricerca si è focalizzata sulla storia della
cultura italo-tedesca e della sua ricezione a partire
dal Settecento, argomento tra l'altro della sua
tesi di abilitazione. Dopo aver insegnato nelle
università di Heidelberg, Amburgo, Bochum e
Vienna, nel 2015 è stato chiamato a dirigere la
Bibliotheca Hertziana di Roma dal Max-Planck-
Institut für Kunstgeschichte, presso cui aveva
già lavorato tra il 1998 e il 2005 come borsista
e assistente. Insegna come libero docente
all'università di Vienna. Sul tema oggetto di
questa mostra ha pubblicato: *Italien als Erlebnis
und Vorstellung*, Regensburg 2015; *Arkadien?
Italiensehnsucht. Facetten einer deutschen
Fixierung*, Frankfurt am Main 2019. Nell'autunno
del 2021 è prevista l'uscita per Rowohlt di un suo
ampio studio dedicato al viaggio in Italia di Goethe
e alla sua ricezione.

Helena Pereña
Nata nel 1981, ha studiato storia dell'arte e
filosofia a Madrid e a Monaco, laureandosi nel
2009 con una tesi su Egon Schiele; tra il 2006 e
il 2009 ha lavorato al Max Beckmann Archiv di
Monaco (Bayerische Staatsgemäldesammlungen);
in seguito, fino al 2012, è stata collaboratrice
scientifica e curatrice alla Städtische Galerie im
Lenbachhaus di Monaco e, tra il 2021 e il 2013,
curatrice residente al Belvedere di Vienna. Da
settembre del 2013 è curatrice capo dei musei
regionali del Tirolo; curatrice di numerose
esposizioni, pubblicazioni e contributi dedicati
all'arte dal XIX al XXI secolo e alle scienze museali
in un contesto internazionale.

Hansjörg Rabanser
Nato nel 1977 a Dornbirn, ha studiato storia e
storia dell'arte a Innsbruck, laureandosi con una
tesi sulla stregoneria e i processi alle streghe in
Tirolo. Ha collaborato a progetti di argomento
storico ("Trento tra Nord e Sud"). Tra il 2006
e il 2007 ha lavorato all'Archivio di Stato di
Merano e dal dicembre del 2007 alla biblioteca del
Ferdinandeum. Temi principali della sua ricerca
sono la caccia alle streghe in Tirolo, la storia della
stampa in Tirolo, gli antichi racconti di viaggio e
altre tematiche di storia della cultura.

Johannes Ramharter
Nato nel 1960, ha studiato storia dell'arte, storia
e giurisprudenza all'università di Vienna. Si è
inoltre diplomato all'Institut für Österreichische
Geschichtsforschung. Ha lavorato inizialmente
all'Hofjagd- und Rüstkammer (all'epoca ancora
"Waffensammlung") del Kunsthistorisches
Museum che poi è passato a dirigere, occupandosi
del riconoscimento della capacità giuridica
parziale dell'ente e dell'organizzazione di grandi
mostre tra cui "Prag um 1600" e "Fürstenhöfe
der Renaissance". Nel 1998 è stato tra i fondatori
dell'organizzazione PONTE, che si occupa della
pianificazione e dello sviluppo di progetti di
mostre nei musei di tutto il mondo. È inoltre
autore di pubblicazioni nel campo della storia
dell'arte e della storia della prima età moderna.

Luigi Reitani
Geb. 1959. Studium der italienischen und
deutschen Literatur in Bari und Wien. Professor
für Deutsche Literatur an der Universität
Udine. Vorstandsmitglied des „Istituto Italiano
di Studi Germanici" in Rom. Mitglied des
wissenschaftlichen Beirats des Freien Deutschen
Hochstifts in Frankfurt. Von 2015 bis 2019
Leiter des italienischen Kulturinstituts in Berlin.
Zahlreiche Übersetzungen und Publikationen
zur Goethezeit und zur österreichischen
Literatur des 20. Jahrhunderts (Schnitzler, Musil,
Mayröcker, Bachmann, Jandl, Bernhard, Jelinek,
Winkler). Herausgeber einer zweibändigen
kommentierten italienischen Ausgabe der Werke
Friedrich Hölderlins (Mailand, 2001, 2019;
ausgezeichnet mit dem Internationaler Mondello-
Preis für literarische Übersetzung). Goldenes
Ehrenzeichen für Verdienste um die Republik
Österreich. Lorenzo Montano-Sonderpreis für das
essayistische Werk. Zuletzt erschienen: *Hölderlin
übersetzen. Gedanken über einen Dichter auf der
Flucht*, Folio, Bozen-Wien 2020.

Jonathan Singerton
Dr. Jonathan Singerton ist derzeit
Wissenschaftlicher Mitarbeiter an der
Universität Innsbruck im Rahmen des vom
FWF geförderten Projekts „Neue soziale
Repräsentationen politischer Ordnung um
1800. Konzepte idealen Regierens in der
Korrespondenz Maria Carolinas von Neapel-
Sizilien". Zuvor hat er an der Universität von
Edinburgh, Schottland, in Geschichte promoviert
und war als Gastforschungsstipendiat an der
Österreichischen Akademie der Wissenschaften
und an Forschungszentren in den Vereinigten
Staaten tätig.

Wolfgang Sölder
Studium der Vor- und Frühgeschichte an der
Universität Innsbruck, seit 1989 im Ferdinandeum
in den Vor- und Frühgeschichtlichen und
Provinzialrömischen Sammlungen, seit 2002 deren
Kustos. Publikationen und Ausstellungen mit
Schwerpunkt Archäologie Alttirols. Durchführung
von mehrjährigen Forschungsgrabungen
u. a. im eisenzeitlichen Brandgräberfeld
Wörgl – Egerndorfer Feld, von 2005–2016
im spätbronzezeitlichen Brandgräberfeld
Vomp – Fiecht-Au.

Roberto Zapperi
Geb. 1932 in Catania, lebt seit Langem in Rom.
Historiker. Er war Gastprofessor an der École
Supérieure en Sciences Sociales in Paris und der
Eidgenössischen Technischen Hochschule (ETH)
in Zürich, Warburg-Professor im Warburg-Haus
in Hamburg und Fellow des Wissenschaftskollegs
zu Berlin. Er ist Mitglied der Deutschen Akademie
für Sprache und Dichtung. Seine zahlreichen
Bücher und Aufsätze behandeln Themen der
politischen sowie der Kultur- und Kunstgeschichte
Italiens. Viele seiner Bücher wurden in andere
Sprachen übersetzt. Auf Deutsch sind u. a.
erschienen *Der schwangere Mann* (1984), *Annibale
Carracci. Bildnis eines jungen Mannes* (1989),
*Die vier Frauen des Papstes. Das Leben Pauls III.
zwischen Legende und Zensur* (1997), *Der wilde
Mann von Teneriffa. Die wundersame Geschichte
des Pedro Gonzalez und seiner Kinder* (2004),
*Abschied von Mona Lisa. Das berühmteste Gemälde
der Welt wird enträtselt* (2010), *Eine italienische
Kindheit* (2011), *Die Päpste und ihre Maler, von
Raffael bis Tizian* (2014), *Freud und Mussolini*
(2016).
Von Goethes Aufenthalt in Rom handeln die
beiden Bücher *Das Inkognito. Goethes ganz andere
Existenz in Rom* (1999, Taschenbuchausgabe 2010)
sowie *Römische Spuren. Goethe und sein Italien*
(2007), beide erschienen im Verlag C. H. Beck,
München.

Luigi Reitani
Nato nel 1959, ha studiato letteratura italiana e
tedesca a Bari e a Vienna. Professore di letteratura
tedesca all'università di Udine, è membro del
consiglio direttivo dell'Istituto italiano di studi
germanici di Roma e del comitato scientifico
del Freies Deutsches Hochstift di Francoforte.
Dal 2015 al 2019 ha diretto l'Istituto di cultura
italiana di Berlino. Ha al suo attivo numerose
traduzioni e pubblicazioni sull'epoca di Goethe e
la letteratura austriaca del Novecento (Schnitzler,
Musil, Mayröcker, Bachmann, Jandl, Bernhard,
Jelinek, Winkler). Ha curato l'edizione italiana
commentata, in due volumi, delle opere di
Friedrich Hölderlin (Milano 2001 e 2019; premio
internazionale Mondello per la traduzione
letteraria nel 2002). È stato insignito dell'Ordine
al merito della Repubblica austriaca. Ha vinto
anche il Premio speciale Lorenzo Montano per
la saggistica. Di recente ha pubblicato: *Hölderlin
übersetzen. Gedanken über einen Dichter auf der
Flucht*, Folio, Bolzano-Wien 2020.

Jonathan Singerton
Il professor Jonathan Singerton è attualmente
collaboratore scientifico dell'università di
Innsbruck, nell'ambito del progetto finanziato dal
FWF, "Neue soziale Repräsentationen politischer
Ordnung um 1800. Konzepte idealen Regierens in
der Korrespondenz Maria Carolinas von Neapel-
Sizilien". In precedenza ha svolto un dottorato in
storia presso l'università di Edimburgo in Scozia
ed è stato borsista dell'Österreichische Akademie
der Wissenschaften e di alcuni centri di ricerca
negli Stati Uniti.

Wolfgang Sölder
Ha studiato preistoria e protostoria all'università
di Innsbruck; dal 1989 si è occupato delle
collezioni preistoriche, protostoriche e della
provincia romana conservate al Ferdinandeum,
di cui dal 2002 è diventato conservatore. È autore
di pubblicazioni e ha organizzato mostre dedicate
all'archeologia del Tirolo arcaico. Ha partecipato
a diverse campagne di scavo pluriennali, ad
esempio presso la necropoli di Wörgl-Egerndorfer
Feld (2005-2016) e quella di Vomp-Fiecht-Au
con sepolture a cremazione rispettivamente
dell'Età del ferro e della tarda Età del bronzo.

Roberto Zapperi
Nato nel 1932 a Catania, vive da tempo a Roma.
Storico, è stato professore ospite dell'École
Supérieure en Sciences Sociales di Parigi e
dell'Eidgenössische Technische Hochschule
(ETH) di Zurigo. È stato docente al Warburg Haus
di Amburgo e fellow del Wissenschaftskolleg di
Berlino. È membro della Deutsche Akademie
für Sprache und Dichtung. Le sue numerose
ricerche vertono principalmente sulla storia
politica, culturale e artistica italiana. Molte sue
pubblicazioni sono state tradotte anche in altre
lingue. Tra queste: *L'uomo incinto* (1979), *Annibale
Carracci. Ritratto di artista da giovane* (1989),
Tiziano, Paolo III e i suoi nipoti (1990), *La leggenda
del papa Paolo III. Arte e censura nell'Europa
pontificia* (1998), *Il selvaggio gentiluomo.
L'incredibile storia di Pedro Gonzales e dei suoi
figli* (2005), *Monna Lisa addio. La vera storia della
Gioconda* (2012), *Freud e Mussolini. La psicoanalisi
in Italia durante il regime fascista* (2013). Del
soggiorno di Goethe a Roma trattano: *Una vita
in incognito. Goethe a Roma* (2000) e *Sulle tracce
romane di Goethe* (2011).

Umschlagbild / Copertina
Josef Grois
*Ansicht Innsbrucks von der Weiherburg
Richtung Südwesten*, um 1830
Tiroler Landesmuseum Ferdinandeum,
Ältere Kunstgeschichtliche Sammlungen
Inv.-Nr. Gem 1036

*Veduta di Innsbruck dalla Weiherburg
in direzione sud ovest*, 1830 circa
Tiroler Landesmuseum Ferdinandeum,
Ältere Kunstgeschichtliche Sammlungen
Inv. n. Gem 1036
(Detail aus Kat. / Particolare da cat. 50)

Graphische Gestaltung / Design
Marcello Francone

*Redaktionelle Koordinierung /
Coordinamento redazionale*
Vincenza Russo

Redaktion / Redazione
Cristina Pradella

Ausführung / Impaginazione
Serena Parini

Übersetzungen / Traduzioni
Essay von Jonathan Singerton ins
Deutsche / Saggio di Jonathan
Singerton in tedesco: Margit Pümpel
Essays ins Italienische / Saggi in italiano:
Maria Cristina Coldagelli, Cristina
Colotto, Barbara Venturi und / e Barbara
Orlandini per *Scriptum*, Roma
Essay von Rosanna Dematté ins Deutsche
/ Saggio di Rosanna Dematté in tedesco:
Mia Prucker per *Scriptum*, Roma

ISBN: 978-88-572-4407-5

Herausgegeben von Skira, Milano
Mai 2020
Printed in Italy

Finito di stampare nel mese
di maggio 2020
a cura di Skira Milano
Printed in Italy

www.skira.net

Bibliografische Information der
Deutschen Nationalbibliothek
Die Deutsche Nationalbibliothek
verzeichnet diese Publikation in
der Deutschen Nationalbibliografie;
detaillierte bibliografische Daten sind
im Internet über »http://www.dnb.de«
abrufbar / Informazioni bibliografiche
della Biblioteca nazionale tedesca /
Deutsche Nationalbibliothek
La Biblioteca nazionale tedesca
iscrive questa pubblicazione nella
Bibliografia nazionale tedesca / Deutsche
Nationalbibliografie; le indicazioni
bibliografiche dettagliate sono consultabili
all'indirizzo http://www.dnb.de.